Das Glück
auf dieser Welt

Christian M. Nebehay. Kreidezeichnung von David Hankinson, London, entstanden in Wien, 1982

Christian M. Nebehay

Das Glück
auf dieser Welt

Erinnerungen

Fortsetzung des ersten Teils der Memoiren
„Die Goldenen Sessel meines Vaters"

Mit 273 Abbildungen

Verlag Christian Brandstätter · Wien

LE BONHEUR
DE CE MONDE.

SONNET.

AVoir une maiſon commode, propre & belle,
Un jardin tapiſſé d'eſpaliers odorans,
Des fruits, d'excellent vin, peu de train, peu d'enfans,
Poſſéder ſeul, ſans bruit, une femme fidéle.

N'avoir dettes, amour, ni procés, ni querelle,
Ni de partage à faire avecque ſes parens,
Se contenter de peu, n'eſpérer rien des Grands,
Régler tous ſes deſſeins ſur un juſte modéle.

Vivre avecque franchiſe & ſans ambition,
S'adonner ſans ſcrupule à la dévotion,
Domter ſes paſſions, les rendre obéiſſantes.

Conſerver l'eſprit libre, & le jugement fort,
Dire ſon Chapelet en cultivant ſes entes,
C'eſt attendre chez ſoi bien doucement la mort.

Sonnet compoſé par Chriſtophe PLANTIN, imprimé avec le matériel de la célèbre Architypographie.

DAS GLÜCK
AUF DIESER WELT
SONETT

Ein Haus sein eigen nennen, schön, bequem & sauber;
Dazu ein Garten, voll von duftendem Gesträuch,
Viel Früchte, edlen Wein, wenig Bediente, wenig Kinder,
Ganz still für sich besitzen ein getreues Weib.

Nicht Schulden, Liebschaft, Streit und Hader haben
Noch teilen müssen mit den Anverwandten.
Genügsam sein, von Großen nichts erhoffen,
In seinem Streben gutem Vorbild folgen,

Freimütig leben, ohne Habsucht,
Der Andacht rückhaltslos sich weih'n.
Die Leidenschaften zähmen, zum Gehorsam zwingen,

Sich frisch erhalten Geist und Urteilskraft,
Den Rosenkranz beim Reisigpfropfen beten
Heißt: sanft und gefaßt daheim den Tod erwarten.

Übersetzung von Christian M. Nebehay

Vorwort

Der Titel des zweiten Teiles meiner Memoiren ist dem schönen Sonett des berühmten Antwerpener Buchdruckers Christoph Plantin (1514–1589) entlehnt. Er wurde bekannt durch die Herausgabe handlicher, mit Sorgfalt redigierter Ausgaben der Werke griechischer und lateinischer Klassiker, auch vieler vorbildlich gedruckter liturgischer Bücher. Sein ‚chef d'œuvre‘ ist die ‚Biblia polyglotta‘, in acht Foliobänden, 1569–1573 erschienen.

Die Verbindung zu Peter Paul Rubens stellte sein Schwiegersohn Balthasar Moretus (1574–1641) her. Rubens gestaltete nicht nur eine Reihe von Titelblättern und machte Buchillustrationen für ihn, sondern er entwarf auch das Plantin'sche Druckerzeichen: eine aus Wolken herausreichende Hand mit aufgespanntem Zirkel, um den sich ein Band mit den Worten ‚LABORE ET CONSTANTIA‘ schlingt. Ich liebe das Sonett, seit ich es zum ersten Male las. Es enthält eigentlich all das, was ein Mann sich wünschen könnte. Mehrmals habe ich das Haus Plantins bewundernd besucht. Seine Nachfahren, die Familie Moretus, schenkten es der Stadt Antwerpen mit der gesamten Druckerei-Einrichtung (die noch bis 1876 in Betrieb gewesen ist). Mit all den liebevoll aufbewahrten Spanschachteln zum Versand der Typen, den Zeichnungen von Rubens für Titelblätter, den Pulten der Lektoren und dem wundervollen, Ruhe spendenden Hof. Das Haus scheint eben erst verlassen worden zu sein, man ahnt, wie es dort einst geschäftig und ernst zuging. Welch' Unterschied zum nebenan liegenden Rubens-Haus, das vollkommen leblos und bar jeglicher Reminiszenz ist!

Dieses Buch, das eigentlich rechtzeitig zur Feier meines 85. Geburtstages am 11. V. 1994 hätte fertig sein sollen, erscheint mit einiger Verspätung. Es sei mir ein Rückblick in Anlehnung an das Sonett Plantins erlaubt:

Das Leben hat es gut mit mir gemeint. Ich war verwöhnt in den Tagen meiner Kindheit; betroffen von den wirtschaftlichen Schwierigkeiten meines Vaters; tief betrübt wegen seines unzeitigen Todes mit nur vierundfünfzig Jahren. Mit

Druckerzeichen für Christoph Plantin, entworfen von Peter Paul Rubens

einem Mal stand ich unserer Familie vor. Als der Älteste von fünf Kindern fiel es mir nun zu, für meine Mutter und für meine Geschwister zu sorgen. Dies zu tun, hatte ich im Frühjahr 1935 meinem Vater anläßlich der Abtretung seines Geschäftsanteiles beim Antiquariat V. A. Heck in Wien an mich versprochen gehabt und auch gehalten. Die wirtschaftlichen Schwierigkeiten waren 1935 trostlos. Ich bin dankbar, daß es mir glückte, das vom Untergang bedrohte Schiff in einen sicheren Hafen zu steuern.

Heute besitzen wir, meine Frau und ich, in Pulkau, Niederösterreich, jenes schöne und saubere Haus, von dem Plantin spricht. Es hat einen großen Hof, der dieselbe Ruhe ausstrahlt wie der von seinem Haus in Antwerpen. Es ist umgeben von einem liebevoll gepflegten Garten mit Blumen und duftendem Gebüsch. Obst gibt es in Hülle und Fülle, selbst Wein wächst an der Gartenseite des Hauses. Auch Kinder (aus erster Ehe) sind da, zwei erwachsene Söhne. Der ältere, Nikolaus, ist Manager in der Schweizer Zentrale eines Weltunternehmens der Computerbranche. Der jüngere, Michael, von seinen Patienten gelobt und geliebt, hat sich als Herzspezialist in Kirchdorf, Oberösterreich, niedergelassen. Es gibt drei und vier Enkelkinder (Markus, Nini, Lukas und Agnes, Ivo, Fanni und Anna) deren Heranwachsen wir mit Freude beobachten, nur sehen wir sie – der Entfernung halber – allzu selten.

Mir wurde das Glück zuteil, in zweiter Ehe genau die Frau zu finden, von der Plantin spricht. Uns verbindet eine dreißigjährige glückliche Ehe. Nie gab es Schulden. Wenig Liebschaft vorher; keinen Streit; keinen Hader. Zu teilen gab es nichts. Genügsamkeit war die hervorragende Eigenschaft meiner Mutter, die auf mich überging. Viele Große lernte ich – immer distanziert – in meinem Leben kennen und wurde nicht enttäuscht, da ich mir niemals etwas von ihnen erhoffte. Angestrebt habe ich, dem Vorbild meines Vaters zu folgen. Habsucht oder Neid sind mir unbekannt geblieben. Meine Leidenschaft zwang ich zu Gehorsam, Geist und Urteilskraft schulte mein Beruf, der täglich Neues bringt. Nur beim Reisigpropfen hapert es, da wir keinen Weingarten besitzen und mit dem Kirchgang desgleichen. Einem vor der Einberufung zur deutschen Wehrmacht abgelegten Gelübde zufolge bin ich – bis 1945 protestantisch – nach glücklicher Heimkehr zur katholischen Kirche übergetreten, besuche jedoch nur selten den Gottesdienst. Aber im abendlichen Gebet weiß ich meinem Schöpfer Dank zu sagen.

Ich las einmal vor vielen Jahren in Frankreich das Buch eines französischen Autors mit dem Titel: ‚Un homme se penche sur son passé' und genau das zu tun, habe ich mit diesem Buch unternommen. Einen dritten Band meiner Memoiren wird es wohl nicht mehr geben, aber dem Tod will ich gewiß gefaßt – wie ich hoffe daheim – ins Auge sehen.

Pulkau, Niederösterreich, im September 1994

Ein anderes Signet für Ch. Plantin, gleichfalls von Peter Paul Rubens entworfen

*Dieses Buch ist
dem Andenken meiner Mutter gewidmet,
die ihren fünf Kindern ihre unveränderliche Liebe schenkte*

Meine Mutter Maria Nebehay, geborene Sonntag. Ölbild von Eugen Hamm, Leipzig 1912

1. Meine Mutter

Mein Leipziger Großvater Carl Sonntag mit seiner Frau Caroline, geborene Kainrath aus Wien, und seinen Kindern: Dorothea, Carl, Maria und Ludwig

Der erste Teil meiner Erinnerungen ‚Die goldenen Sessel meines Vaters‘, Wien 1983, ist dem Leben meines Vaters gewidmet, auf daß er nicht vergessen werde. Ich muß mir eingestehen, daß ich es unterlassen habe, dort ausführlicher über meine Mutter, geborene Marie Sonntag aus Leipzig, zu schreiben, deren stiller Art ich wohl gleichviel wie meinem Vater zu verdanken habe. Ich glaube sagen zu können, daß ich ein gutes Beispiel dafür bin, wie sich Charakteristika beider Elternteile auf ein Kind vererben. Was mir von meinem Vater her überkommen ist, möchte ich als mein österreichisches Erbgut bezeichnen. Aber deshalb darf ich nicht auf den mütterlichen Anteil beim Formen meines Lebens vergessen und stelle deshalb dem zweiten Band meiner Erinnerungen ein ihr gewidmetes Kapitel voran. War mein Vater ein strahlender Optimist, so war ihr eine gewisse Schwermut zu eigen, von der wohl die Melancholie stammt, die mich manchesmal zu überrennen droht. Stürmte mein Vater in die Welt hinaus mit wenig Hemmung, mit vollem Elan und großer Hingabe, so blieb meine Mutter – die ihrem Wesen nach ein typisches Leipziger Kind gewesen ist, aber trotzdem in ihrem Alter eine aufrechte Österreicherin wurde – in ihren vier Wänden. Es war ihr nicht gegeben, rechtzeitig einzugreifen und meinen Vater zu lenken. Aber sie hat das große Verdienst, zusammengehalten zu haben, was von dem Vielen, das er mit leichter Hand erwarb (viel davon zerrann allzuleicht in seinen Händen), für daheim übrig geblieben ist. Sie hat dieses Gut verteidigt und für ihre Kinder erhalten. Ihm lag niemals an Geld oder Besitz. Es mangelte ihm die Erkenntnis, daß man Grenzen einhalten muß. Ich verneige mich daher in großer Liebe und Achtung vor dem Andenken an meine Mutter.

An der Schmalseite meines Bibliothekszimmers in Wien I., Annagasse 18, 4. Stock, hängt ein großes Ölbild. Es zeigt eine vor einem kleinen, runden Tisch mit Blumenvase sitzende blonde junge Frau in einem lilafarbenen Kleid. Um 1910 herum entstanden, ist es ein wohlgelungenes Porträt meiner Mutter, so wie ich sie aus jenen glücklichen Tagen meiner frühen Kindheit in Erinnerung habe. Es hing bei uns in Leipzig im Speisezimmer, einem Raum, dessen Möbel – wie bereits vorher die gesamte Junggesellenwohnung-Einrichtung meines Vaters – vom Leipziger Jugendstil-Architekten Hulbe stammte. Sie waren schwarz gebeizt, es gab eine große Eckvitrine mit Fächern aus dickem Glas. Meine Mutter liebte es, zu Besuch kommende Freundinnen vor diese Vitrine zu führen und mit einigem Stolz auf eine große Jugendstil-Schale à la Tiffany aus schimmerndem, mehrfarbigen Glas hinzuweisen. Deutlich erinnere ich mich daran, daß eines Nachmittages, als sie mit einer ihr befreundeten Dame davorstand, zu ihrem namenlosen Schrecken die oberste Glasplatte plötzlich barst und im Fall die beiden unteren Platten zertrümmerte, sodaß alles Zerbrechliche in Trümmer ging. Ich habe meine Mutter niemals fassungsloser weinen gesehen wie an jenem Nachmittag! Die erwähnten Möbel wurden zwar 1916 mit nach Wien übersiedelt, aber – wohl, weil sie in das neue Interieur nicht paßten – fortgegeben. Das Musikzimmer aus hellem Kirschholz mußte überhaupt in Leipzig zurückbleiben und verkauft werden, da es – aus kriegsbedingten Gründen – für den Konzertflügel keine Ausfuhrgenehmigung gab. Wie oft hatte ich, der ich als Kind über einen hellen Sopran verfügte – neben meiner Mutter stehend davor gesungen. Viele Kinderlieder und später – als pièce de résistance – ‚Das Veilchen‘, Text von Goethe, Musik von Mozart. Aber nur in Leipzig, denn in Wien musizierte sie

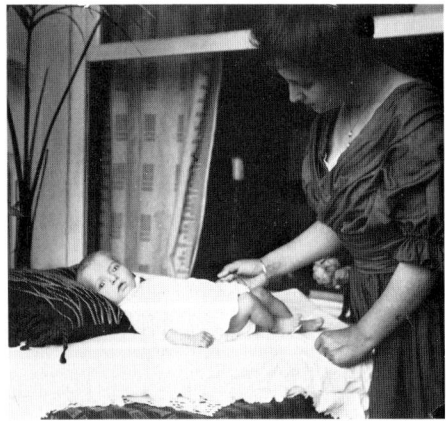

Meine Mutter mit mir, 1909, auf dem Balkon meines Geburtshauses, Leipzig, Windmühlweg 7

nicht mehr, wiewohl es bei uns sehr bald einen anderen Flügel gab. Desgleichen verschwand meiner Mutter Porträt und wurde nicht mehr aufgehängt, ich habe niemals verstanden, warum. Ich liebe dieses Bild, weil sein Anblick in mir nicht nur viele Erinnerungen wachruft, sondern auch deswegen, weil es unzweifelhaft von bester französischer Malart beeinflußt ist. Nach ihrem Tod erbat ich es mir von meinen Geschwistern.

Meine Mutter steht mit ihrer Abneigung gegen ihr Porträt keinesfalls alleine da. Hat doch Emilie Flöge, Gustav Klimts Jugendfreundin und Schwägerin – die ihn ein Leben lang begleitete – es fertiggebracht, an dem nach ihr 1902 von Klimt gemalten berühmten Bildnis, in ganzer Figur, stehend, in einem schimmernden blau-grünlichen, mit Ornamenten übersätem Kleid, so lange herumzumäkeln, bis es – da es auch ihrer Mutter mißfiel – bereits 1908 an das ‚Historische Museum der Stadt Wien‘ verkauft wurde! Und Klimts gleichbedeutendem Bildnis von Margarete Stonborough-Wittgenstein (ebenfalls in ganzer Figur, stehend, im weißen Kleid, 1905 gemalt) ist es ähnlich ergangen. Es wurde von ihr niemals aufgehängt, sondern auf den Dachboden ihrer Villa in Gmunden verbannt. Ihr Sohn, Dr. Thomas Stonborough erzählte mir, daß er es dort 1945 nach seiner Rückkehr total verstaubt auffand und in der Folge bedenkenlos an die Neue Pinakothek in München verkaufte.

Der Maler, der das Porträt meiner Mutter um 1910 herum schuf, ist heute vergessen. Anscheinend hat sich in Leipzig kaum etwas von seinem Werk erhalten. Er wurde – wahrscheinlich seiner jüdischen Abstammung halber – zu den Künstlern der ‚entarteten Kunst‘ gezählt und was sich von ihm in öffentlichem Besitz befand, wohl vernichtet. Ich kannte ihn gut: Eugen Hamm, Maler und Graphiker (1885–1930, Freitod). Er war der Sohn der Besitzerin einer Leipziger Pension, in der mein Vater, als es ihm ab 1904 besser zu gehen begann, für längere Zeit Quartier gefunden hatte. Er war mit Eugen Hamm, der zunächst in Berlin bei Lovis Corinth zu studieren begonnen hatte, dann aber nach Paris gegangen war, wo er im Atelier von Matisse Aufnahme gefunden hatte (sich aber im Porträt meiner Mutter besonders von Renoir beeinflußt zeigt), bis zu dessen traurigem Ende befreundet. Es ging Eugen Hamm leider wirtschaftlich niemals gut. Er fand zu Beginn seiner Karriere in Leipzig Käufer, brach aber, um das Jahr 1930 herum, von einem Tag zum anderen seine Zelte ab, trennte sich von seiner langjährigen Freundin und versuchte, nach Berlin übersiedelt, dort als Karikaturist sein Leben zu verdienen. Als ich in Leipzig Lehrling war, erschienen in den Tageszeitungen in ziemlicher Regelmäßigkeit von ihm gezeichnete und beschriftete, politische Karikaturen. Nun befürchtete er wohl das Heraufkommen des Nationalsozialismus. Den Ersten Weltkrieg hatte er, ein überzeugter Pazifist, als einfacher Soldat mitgemacht und jedes Avancement verweigert. Er gehörte zu den vielen Männern der linksstehenden deutschen Intelligenz, die absolut antimilitärisch waren und das Hurrahgeschrei Kaiser Wilhelms II. ablehnten. Mein Vater, dem er einmal einen Einblick in sein Soldbuch gewährte, erzählte mir, daß er sich als einfacher Soldat wiederholt zu freiwilligen Aufklärungs- und Meldegängen gemeldet habe. Es war mir daher verständlich, daß ein solcher Mann das Wiederentstehen des unglückseligen Militarismus – den er mit dem Jahr 1918 überwunden hoffte – mit tiefer innerer Verzweiflung heraufkommen sah und deshalb seinem Leben ein Ende setzte.

Er war oft bei uns am ‚Himmelhof‘ Logiergast meiner Eltern gewesen, ich habe sein breites Sächsisch und seine oft derben Späße noch im Ohr. Er hatte seinen Malkasten (und was dazu gehörte) mitgebracht, muß sich aber bereits auch in einer künstlerischen Krise befunden haben, die sich schon

*Meine Wiener Großmutter Barbara Nebehay,
geborene Großer, zu Besuch bei meinen Eltern in
Leipzig, Windmühlweg 7, 1910*

Verlobungs-Photo meiner Eltern, Leipzig, 1908

*Mein Onkel, der Buchbinder Carl Sonntag jun.,
mit mir im Vorzimmer, Leipzig, Windmühlweg 7,
um 1911*

*Geschäftsanzeige von Carl Sonntags jun. erster
Werkstatt in Leipzig, 1908*

damals abzuzeichnen begann, denn keine Landschaft wollte ihm gelingen.

Meine Mutter war ein wohlbehütetes Kind. Ihr Vater, mein Großvater Carl Sonntag senior, stammte aus Zwickau in Sachsen, war aber seit seinen jungen Jahren in Leipzig seßhaft geworden. Er war Rohtabakhändler. Sein Geschäft bestand darin, daß er Tabakballen auf holländischen Auktionen erwarb und den Tabak durch seine Reisenden im Erzgebirge an Familien vertrieb, die sich mit dem Drehen von Zigarren ihr kärgliches Leben verdienten. Immer schon waren die Deutschen starke Zigarrenraucher und zogen die Handarbeit allen maschinell gefertigten Erzeugnissen vor. Mein Großvater war ein von Haus aus wohlhabender Mann, der kaum etwas durch seine geschäftliche Tätigkeit zu seinem großen, ererbten Vermögen (eineinhalb Millionen Mark) hinzugewann, seinen Besitz aber durch peinlich korrekte, spartanische Lebensweise zusammenhielt, bis sein großes Barvermögen wegen des Zeichnens von Kriegsanleihen auf ein nichts zusammenschmolz. Ein Schicksal, das 1914–1918 viele deutsche und österreichische Familien traf. Da er vor dem Ende des Ersten Weltkrieges starb, ist ihm das Ausmaß seines Verlustes nicht bewußt geworden. Jubelten 1914 die Zeitungen über den schnellen Vormarsch der deutschen Truppen, so erhob er lautstark seine Stimme und verkündete den Seinen in breitem Sächsisch seinen düsteren Kommentar: „Wir siechen /siegen/ uns zu Tode" hörte ich ihn des öfteren sagen, ohne daß mir die Bedeutung zu Bewußtsein gekommen wäre.

Meine Großmutter mütterlicherseits, Karoline, geborene Kainrath, stammte aus Wien. Ihrer Familie gehörte in bester Lage, nämlich in Wien I., Am Graben/Ecke Spiegelgasse, ein Luxusartikelgeschäft, das an Eleganz das dritte im Bunde war. Auf dem benachbarten Kohlmarkt gab es – mit dem ungefähr gleichen Sortiment – die Firma Hiess und die heute noch bestehende Firma A. Förster. Meine Großmutter war ein liebenswertes, besorgtes Hausmütterchen, das für uns Kinder sehr viel Liebe auszustrahlen vermochte, ihrem Mann gegenüber jedoch immer ängstlich blieb. Er war sein Leben lang ein sonderbar verschlossener Haustyrann, der sie jede Woche das ihr pünktlich überreichte Wirtschaftsgeld nach Pfennigen abrechnen ließ. Die beiden waren Cousins ersten Grades, und das erklärt vielleicht den bedauerlichen Selbstmord des ältesten Sohnes, der – nach Berlin verzogen – ziemlich wirren Plänen als Weltverbesserer nachging. Es haben sich zwei seiner gedruckten Streitschriften erhalten.

Mein Vater verdankte das Kennen- und Liebenlernen meiner Mutter dem zweiten Sohn, meinem Onkel Carl Sonntag junior, der zu Deutschlands besten Buchbindern um 1900 gehörte. Der alte Herr verstand nicht, was dieser Sohn anstrebte, da ihm die Kunst sein ganzes Leben hindurch ein verschlossenes Buch blieb. Er muß ihm wohl eine entsprechende Geldsumme zur Etablierung der Werkstatt vorgestreckt haben, aber dessen künstlerischer Erfolg interessierte ihn überhaupt nicht. Daher verlangte er beim ersten Besuch des geschmackvoll, modern eingerichteten Geschäftslokales die Geschäftsbücher zu sehen, statt die ausgestellten Erzeugnisse dieser Werkstatt zu bewundern! Das Desinteressement seines Vaters war wohl ausschlaggebend, daß mein Onkel seine Werkstatt, an sich selbst zweifelnd, eines Tages zusperrte und – ohne innere Freude – die Firma seines Vaters übernahm.

Ich bin als Kind von meiner Großmutter mehr als liebevoll aufgenommen worden, wann immer ich auf Besuch kam. Mein Großvater hingegen lag vor Tisch auf dem Sofa im Eßzimmer, blickte kurz von seiner Zeitung auf und knurrte „Nu, tritt Dir mal nich uff deene Hosen". Das sollte eine scherzhafte Anspielung auf die selbstverständlich kurzen Hosen meines Matrosenanzuges sein, den ich bei festlichem Anlaß anziehen durfte! Er führte mich eines Tages nach Ausbruch des Ersten Weltkrieges in die Nähe des Leipziger Völkerschlachtdenkmals, wo ein abscheuliches, großes Standbild, aufgestellt war, das für patriotische Zwecke mit Nägeln beschlagen wurde. Auch ich durfte mit dem Hammer einen Nagel eintreiben. Hinterher gingen wir zu einer kleinen Schaustellung, bei der Schützengräben und primitive Unterkünfte für Soldaten in natürlicher Größe gezeigt wurden. Aber auch Fallgruben, in deren Mitte gespitzte Pfähle aufgestellt waren. Sie wurden, so erklärte ein invalider Soldat, mit Laub überdeckt, sodaß der anstürmende Feind der Gefahr nicht inne werden konnte! Ich griff ängstlich nach meines Großvaters Hand. Er drückte sie und ließ mich kleinen Stöpsel sehr deutlich fühlen, wie sehr er derartiges verabscheute. Dieser kleine Ausflug und verschiedene andere Eindrücke meiner Kindheit haben einen Pazifisten aus mir gemacht, daher fiel es mir besonders schwer, 1940 eine deutsche Uniform anziehen zu müssen.

Meine Mutter verbrachte im Hause ihrer Eltern eine geborgene Kindheit. Nach dem Schulbesuch absolvierte sie den obligaten Aufenthalt in einem Pensionat – nicht etwa in der Schweiz, sondern weit preiswerter in Thüringen – wo den jungen Damen Anstand, gute Sitten und auch ein wenig Französisch beigebracht wurde. Durch meinen Onkel Carl, der eine zeitlang in der Graphikhandlung von C. G. Boerner in Leipzig volontierte, wurde mein Vater in die Familie Sonntag eingeführt. Der alte Herr empfing ihn mit gerunzelten Brauen. Zwar lauteten alle vorsichtigerweise eingeholten Auskünfte mehr als beruhigend, aber es fiel ihm schwer, daran zu glauben, daß ein ‚selfmade man‘ imstande sein würde, seine Tochter standesgemäß zu erhalten. Daher war er außergewöhnlich vorsichtig, was die Mitgift anlangte. Es waren nicht mehr als 20.000,- Mark (natürlich neben der normalen Ausstattung, Geschirr, Wäsche etc.). Das Verhältnis zwischen Schwiegervater und Schwiegersohn blieb solange ein gespanntes, bis der alte Herr meinen Vater einmal so verärgert hatte, daß dieser – er hat uns das öfter erzählt – sich hinsetzte, einen Scheck über jenen Mitgift-Betrag ausschrieb und ihm zusandte. Der alte Herr hat keine Sekunde lang gezögert, diesen Scheck einzukassieren, aber von diesem Moment an stieg mein Vater in seiner Achtung!

Ich meine immer, daß meinem Großvater ein unverzeihlicher Fehler unterlaufen ist. Ich glaube, sagen zu können, daß vieles im Leben meiner Eltern anders gekommen wäre, hätte er sich damals entschlossen, seine Tochter bei C. G. Boerner mit einer seinem Vermögen entsprechenden Summe als stiller Partner einzukaufen. Dann nämlich wäre mein Vater, wie ihm erst anläßlich seines Austrittes dort zu Bewußtsein gekommen ist, nicht ausschließlich an der mittlerweile aufgelösten Abteilung C. G. Boerner, Kunstantiquariat (also alte, wertvolle Bücher), sondern am Kapital der Graphikfirma C. G. Boerner selbst beteiligt gewesen, und vieles hätte einen anderen Lauf genommen.

Mein Onkel Carl Sonntag jun. hatte viel Anerkennung als Buchbinder, und seine besten Einbände sind unzweifelhaft Spitzenleistungen deutscher Buchbinderkunst um 1900. Ich komme wieder auf das Vermögen meines Großvaters zurück. Was hätte es diesem schon schaden können, wenn mein Onkel noch ein paar Jahre des Durchhaltens benötigt hätte, um geschäftlich besser dazustehen? Ich habe nie ergründen können, was ihn schließlich bewog, noch vor 1914 seine Werkstatt zu schließen. Er hatte einen hervorragenden, aus England stammenden Vergolder in seinen Diensten. Ich mußte es in den schwierigen Berliner Jahren meines Vaters mitansehen, wie er, der nach Liquidierung des Tabakgeschäftes in Leipzig, ausgerechnet in der geschäftlich schwieriger Zeit nach dem großen Börsenkrach vor 1928 versuchte, in Berlin

Ein typischer Sonntag-Einband, weißes Pergament, grünes, eingelegtes Titelschild. Inhalt: Goethe, Torquato Tasso, Leipzig, Januspresse, 1910

Carl Sonntag jun., roter, reich vergoldeter Maroquinband, Inhalt: Die Psalmen, Ernst Ludwigpresse, 15. Buch, Insel, Leipzig 1911. Aus: Bibliothek R. von Gutmann

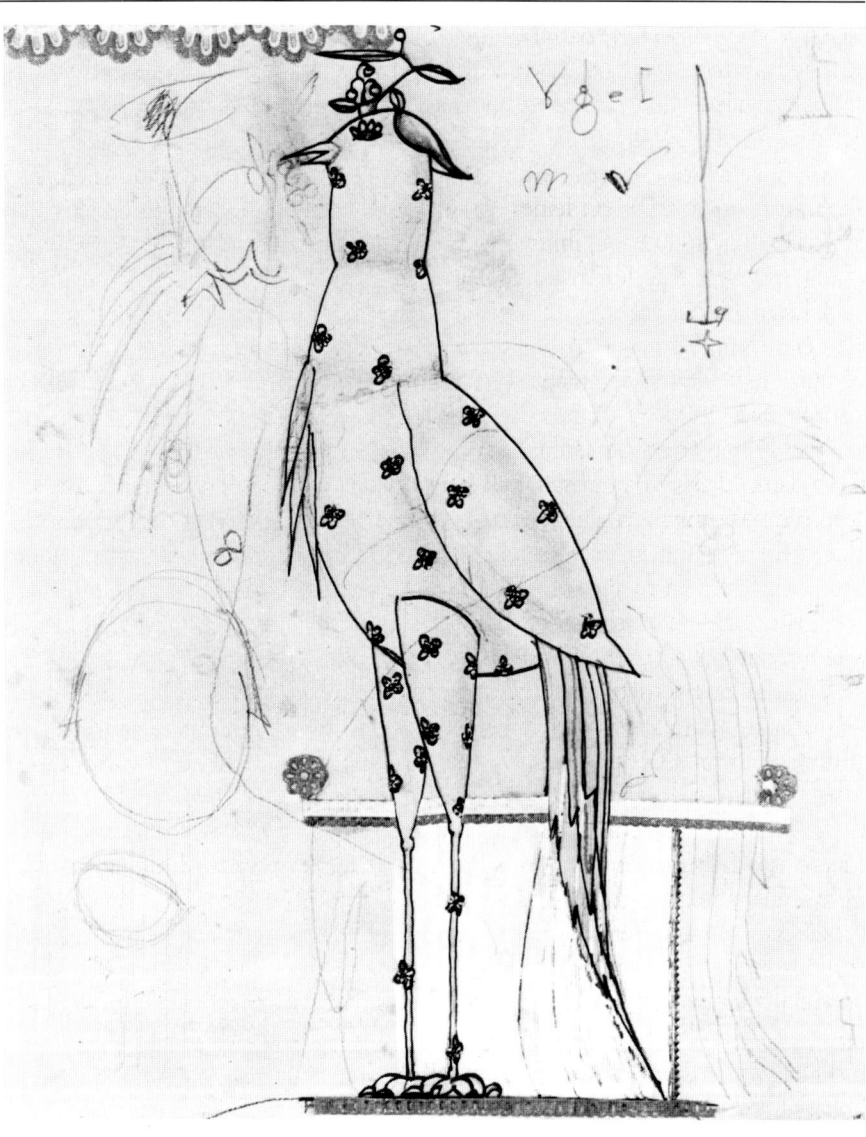

*Werkzeichnung von Dagobert Peche für Silber-
gegenstand der „Wiener Werkstätte", mir von meiner
Mutter zum Geschenk gemacht*

*Von der „Wiener Werkstätte" ausgeführter Silber-
gegenstand: Vogel, um 1918*

eine neue Buchbinder-Werkstatt aufzumachen und scheiterte. Sein englischer
Vergolder fühlte sich zu alt, um nochmals zu ihm zu kommen. Die kleine
Werkstatt konnte sich ohne ihn nicht durchsetzen, mein Onkel schloß sie
knapp vor seinem Tod. Leider gibt es in der Deutschen Bücherei, Leipzig, nur
ein paar eher belanglose Sonntag-Einbände. Viel von seiner Hand Geschaffenes, vor allem seine bedeutende Sammlung alter und eigener Buch-
binderstempel, ist im letzten Jahr des Zweiten Weltkrieges beim großen Brand
des Leipziger Buchhändler-Viertels (6 Millionen verlagsneuer Bücher) zugrunde gegangen, sodaß man sein Schaffen nirgends bewundern kann. Ich bin
daher bemüht, selbst seine Einbände zu sammeln.

Mein Onkel war während meiner Leipziger Lehrzeit von großer Freundlichkeit zu mir, ich verbrachte schöne Stunden in seinem Haus. Er war der
Vertraute meiner Mutter, die sich von ihm Rat und Hilfe erhoffte, weil ihr
meines Vaters Geschäfte allmählich unheimlich und unverständlich wurden.
Aber es entsprach nicht seiner Art, einmal im Namen seiner Schwester und
für uns Kinder bei meinem Vater vorstellig zu werden. Auch hütete er sich,
im Umgang mit mir jemals ein warnendes Wort über meines Vaters
Lebensweise auszusprechen. Er war ein großer Gärtner und Blumenliebhaber
und verstand es, seinen großen Besitz in Großdeuben bei Leipzig (mit Lokal-

zügen vom Bayrischen Bahnhof aus in dreißig Minuten zu erreichen) nicht nur zu pflegen, sondern zu vervollkommnen. Ich bin ihm, der stets verschlossen blieb, für viele dort verbrachte Stunden – die mich formten – dankbar.

Im Gegensatz zu ihrem Bruder fehlte es meiner Mutter an Leidenschaft für die Kunst, obwohl sie ein feines Verständnis ihr eigen nannte. Sie betrachtete es als ihre Hauptaufgabe, ihren Kindern eine vorbildliche Mutter zu sein. Ein wenig sprunghaft in ihren Entscheidungen, machte sie es ihrer Umgebung manchesmal nicht leicht. Vor allem wurden wir Kinder leider immer mehr in die tiefen Konflikte zwischen den beiden Ehepartnern hineingezogen. Wenn sie auch von Geschäften nichts verstand, so hatte sie doch einen verläßlichen Instinkt. Sie sah vieles voraus, und ich bin Zeuge, wie sehr sie sich bemühte, daß die Dinge einen besseren Lauf nehmen sollten. Dankbar bin ich ihr vor allem dafür, daß sie darauf sah, daß ich mich bildete. Das frühzeitige Verlassen des Gymnasiums nach einem verunglückten letzten Schuljahr dort (5. Klasse) und mein Abgang in eine Buchhandelslehre waren keineswegs nach ihrem Sinn, sondern von meinem ungeduldigen Vater gefördert, der mich gar nicht früh genug an seiner Seite sehen konnte und nichts von Schulkenntnissen hielt, weil ihn das Leben und nicht die Schule geformt hatte.

Werkzeichnung von Dagobert Peche für Silbergegenstand

Was das Zusammenleben mit meiner Mutter schwierig machte war, daß sie sich oftmals zu einer schwer zu ertragenden Geheimdiplomatie verstieg. Ich führe als einziges Beispiel nur an, wie sie es zuwege brachte, daß ich Französisch lernte. Eines Tages fuhr sie – ohne ein Wort der Erklärung – mit mir in die Stadt, bestieg mit meinem Vater dessen Fiaker, und erst beim Überqueren des Schwarzenbergplatzes sagte sie zu mir: „Damit Du auch weißt, wohin wir fahren: in die Wohnung der alten Frau Heck. Dort wirst Du jene französische Dame kennenlernen, zu der Du nach Frankreich fahren wirst, um Französisch zu lernen!"

Viel hätte nicht gefehlt (in Wahrheit war es die Anwesenheit meines Vaters, die mich daran hinderte, auch er fühlte sich auf dieser Fahrt gar nicht wohl), und ich wäre aus dem Fiaker gesprungen! Kam ich doch damals frisch aus der abgeschlossenen Leipziger Buchhandelslehre, hatte dort meine erste Liebe erlebt, betrachtete mich als erwachsen und verabscheute derartiges aus ganzem Herzen! Um es kurz zu machen: nichts half, und bald saßen wir in der gräßlich altmodischen Wohnung der alten Frau Heck und einer fetten, aus dem Elsaß stammenden, sehr geschminkten Dame gegenüber, die uns mit einem Schwall von Worten empfing. Mein Vater ließ keinen Ton über seine Lippen, während sie mit ihrem: „mais oui Monsieur, certainement, Madame" meine Eltern überschüttete. Ich fand das komisch, vergaß auf meinen Protest und wurde im darauffolgenden Sommer und Herbst ein aufmerksamer Schüler der Madame Clemence de la Croix in St. Quai-Portrieux in der Bretagne, dann in Paris und bin, um das vorwegzunehmen, meiner Mutter zeitlebens dankbar, daß sie kurz entschlossen eine große Bildungslücke in meinem Leben schloß. Es waren meine Französisch-Kenntnisse, die mich den Zweiten Weltkrieg überstehen ließen!

Von der „Wiener Werkstätte" ausgeführter Silbergegenstand: Bonbonière, um 1918

Ich habe im ersten Teil meiner Memoiren darzustellen versucht, in welch aussichtslose, hoffnungslose Lage mein Vater unsere Familie in den letzten Jahren seines Lebens brachte. Gemeinsam mit meiner Mutter und dank ihrer Fähigkeit, zu sparen – damit das Letzte, was uns geblieben war, zusammenbliebe – ist es mir gelungen, die große Krise unseres Lebens zu meistern.

Nach meiner Scheidung, bis zu meiner Verheiratung mit Renée, 1962, habe ich 7 Jahre mit meiner Mutter zusammengelebt. Durch meinen Wegzug

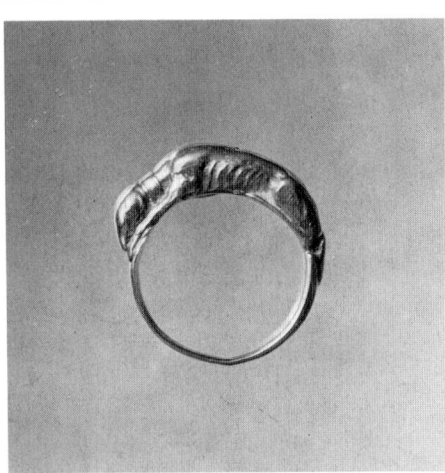

Frühgotischer Goldring in Form einer liegenden Dogge. Das einzige, was meinem Vater von der Sammlung Figdor blieb

wurde es einsam um sie, aber wir hatten das Glück, daß im Haus Wien I., Annagasse 18 eine kleine Wohnung freiwurde, die sich noch dazu – nur durch einen gemeinsamen Korridor getrennt – Tür an Tür mit der ebenfalls kleinen Wohnung, die ihre jüngere Schwester, Dorothea Sonntag, seit Jahren als mein Gast bewohnte, befand. Sodaß die beiden alten Damen, unabhängig voneinander, aber doch nebeneinander leben konnten. Somit konnte ich beiden einen kleinen Teil meiner Dankesschuld für sehr viel Liebe vergelten.

Was meine Mutter angeht, kann ich sagen, daß ich glücklich bin über jene Jahre meiner frühen Kindheit, die ich an ihrer Seite in Leipzig verbrachte. Damals nämlich lebten wir so, wie sie es sich wohl für ihr ganzes Leben gewünscht haben muß. Wohlbehütet, in gewohnter Umgebung und in einer Periode absoluter Sicherheit. Die Unruhe, die über uns kam, war durch den Ersten Weltkrieg verursacht. Er brachte 1916 durch die Einberufung meines Vaters zum österreichischen Militär zunächst eine Trennung der Eltern, dann 1917, unsere Übersiedlung nach Wien. Mit einem mehr als schwierigen Neubeginn in einem total veränderten Milieu, in das sich einzufügen für meine Mutter bestimmt mehr als schwierig war. Umsomehr, als wir, kriegsbedingt, lediglich an der Peripherie der Stadt, unseren 'Himmelhof in Wien XIII., Ober St.Veit fanden. Eine gemietete, eigentlich für die Sommertage erbaute Villa, die in vielen Jahren für sehr viel Geld (leider in fremdes Eigentum investiert) allmählich für uns Kinder zu einem Paradies wurde. Für meine Mutter aber bedeutete das Haus, daß sie 12 Kilometer vom Stadtzentrum entfernt lebte und es ihr nicht gelingen wollte, in Wien jenen Freundeskreis zu finden, den sie in Leipzig hatte. Nicht nur die große Entfernung, die Verarmung des Bürgertums vor allem erwies sich als hinderlich. So bedeuteten die Jahre ab 1916 eine schwere Zeit für sie, bis sie die Trennung von meinem Vater, seinen geschäftlichen und gesundheitlichen Niedergang, seinen unvermutet frühen Tod, 1935, verwinden konnte, um endlich in der Geborgenheit der Annagasse ruhig und ungetrübt, in größter Bescheidenheit allerdings, ihren Lebensabend zu verbringen. Sie ist dort auch, 1972, sanft entschlafen.

Eigenhändiges Albumblatt von Wilhelm Busch: „Halt dein Rößlein nur im Zügel / Kommst ja doch nicht allzuweit. / Hinter jedem neuen Hügel / dehnt sich die Unendlichkeit. Mechtshausen / a (m) Harz 1904"

2. Übernahme des väterlichen Anteils beim Antiquariat V. A. Heck

Der erste Teil meiner Erinnerungen, mein 1983 erschienenes Buch ‚Die goldenen Sessel meines Vaters‘ schloß mit dem Jahr 1935, seinem Todesjahr.

Einmal, als ich noch das Hietzinger Gymnasium besuchte, hörte ich meinen Vater, wie er des Abends zu meiner Mutter sagte, er sei froh, daß er für jeden seiner vier Söhne – meine Schwester Steffy war damals noch nicht geboren – ein Geschäft hätte: seine Wiener Kunsthandlung; seinen Anteil an der Graphikfirma C. G. Boerner in Leipzig (wo er seine erfolgreiche Karriere als Buch- und Kunsthändler begonnen hatte); ein Anteil an der alteingesessenen Firma Artaria & Co. am Kohlmarkt in Wien I. (wo er damals plante, große Kunstauktionen durchführen zu können, weil Artaria eine Konzession hiefür besaß); endlich sein Anteil an der von ihm aus einer Kunsthandlung zum bibliophilen Antiquariat umgewandelten Firma V. A. Heck am Kärntner Ring 12 in Wien I. Ich erinnere mich nicht, gehört zu haben, was meine Mutter ihm damals geantwortet hat. Sie war weit erdgebundener als er und stand seinen Plänen mit einer gewissen Skepsis gegenüber. Ich selbst drehte mich in meinem Bett um und war stolz auf ihn.

Seine großen Träume hatten sich in ein Nichts aufgelöst. Von allen erwähnten Beteiligungen war nichts mehr geblieben, als sein Anteil bei V. A. Heck. Als mein Vater im September 1935 – nur 54 Jahre alt – seine Augen schloß, war er ein ruinierter Mann. Nicht zuletzt war er durch eine von ihm in den letzten Jahren seines Lebens vernachläßigte Diabetes mellitus schwerer angeschlagen gewesen, als er dies wahrhaben wollte. Für mich, der ich immer zu ihm aufgeblickt hatte, war sein Zugrundegehen besonders bitter. Vor allem deshalb, weil ich die letzten Jahre seines Lebens hindurch ihn vergebens unterstützt und gehofft hatte, es werde sich alles noch einmal zum Besseren wenden. Ich hatte an seiner Seite die schwerste Enttäuschung seines

Mein Vater mit einem seiner Traber, den er 1928 nach der Berliner Trabrennbahn transportieren ließ. Er fuhr als Amateurfahrer des öfteren Rennen, gewann aber, leider, in Berlin nichts.

Blick auf das Auktionspult der 1. Figdor-Auktion in Wien. Erste Reihe: Dominik Artaria, Dr. Walter Feilchenfeldt, Berlin, Herr Glückselig, Antiquitätenhändler in Wien

Lebens miterlebt, als er nämlich einsehen mußte, daß er nach dem von ihm mit Zähigkeit und Bravour geführten Kampf um die Freigabe der Kunstgewerbesammlung Dr. Albert Figdors in Wien gescheitert war. Wie viele nächtliche Stunden habe ich nicht an seiner Seite verbracht, zuerst mit ihm nur an den Erfolg denkend. Dann, als ich merkte, daß vieles, was ich viel klarer als er erkannte, fatal war und seinen Erwartungen entgegen verlief, ihn vorsichtig vorbereitend. Es ist hier nicht der Platz, noch einmal zu wiederholen, was da alles geschehen ist und wie dieses immerhin von einem Banken-Konsortium zum Preis von 10 Millionen Mark erworbene Objekt zu einer bedauerlichen Fehlspekulation geworden ist. Nicht durch seine Schuld, vielmehr durch die Schuld unfähiger Partner, auf die er sich verlassen hatte.

Er hatte in einem über zwei volle Jahre dauernden nervenaufreibenden Kampf gegen die Behörden sein kurz vorher, 1928, nach Berlin verlegtes Geschäft vernachlässigen müssen. Es ging im Fall Figdor um einen krassen Fall des Eingriffes des Staates gegen den Privatbesitz. Übergangene Erben, die an einflußreicher Stelle saßen, hatten durchgesetzt, daß der Gesetzgeber die mehrere tausend Objekte umfassende Sammlung zum ,einmaligen unteilbaren Ganzen' erklärt und es somit den rechtmäßigen Erben unmöglich gemacht hatte, auch nur ein einziges Stück aus ihrer Sammlung zu Geld zu machen! Dabei hatte man total darauf vergessen, die zur Sammlung gehörigen Bilder Alter Meister miteinzuschließen! Was umso grotesker war, als ein jedes der über 100 Ölbilder der Sammlung von Dr. Figdor erworben worden war, weil irgendetwas auf ihnen zu sehen war, das er in ähnlicher Form unter seinem Kunstgewerbe besaß. Um es kurz zu machen, die lange Dauer der Freigabeverhandlungen verhinderten die rechtzeitige Abhaltung der geplanten Auktionen. Denn als mein Vater endlich obsiegt hatte, war die große Krise der zwanziger Jahre nach einem New Yorker Börsenkrach geschehen. Die viel zu optimistisch angesetzten Schätzungen erwiesen sich als illusorisch. Nun war für ihn leider die Hoffnung dahin, daß ihn der große, von ihm erwartete Gewinn zu einem wohlhabenden Mann machen würde. Sein bereits vor seiner Übersiedlung nach Berlin defizitäres Geschäft war damit hoffnungslos

„Kunsthändler Nebehay notiert die Preise". Photographie von Lothar Rübelt

18

verschuldet. Die ruinöse Inflation hatte er meisterhaft und spielerisch überwunden. Die durch die Währungsgesundung veränderte Situation (Deflation)
aber leider gröblich mißachtet. Meinem Drängen nachgebend, war er endlich
nach Amsterdam gefahren und hatte seinem großen Kunden und Bankier
Franz Koenigs (der bei ihm viele zehntausend Pfund für kostbare Handzeichnungen Alter Meister ausgegeben hatte) seine Lage klargemacht. Diesem
mußte die finanzielle Situation des an der Verwertung der Sammlung Figdor
beteiligten Bankkonsortiums (dem er auch angehörte) längst bekannt geworden sein. Als aber mein Vater ihm klar zu machen versuchte, wie schlecht
es um ihn stand, war er aufgefahren und hatte ihm mit erregten Worten zu
verstehen gegeben, daß ein Ausgleich oder gar ein Konkurs seine Bank um-
werfen würde. „Hier mein Scheck über 20.000,– Gulden! Auf Wiedersehen!"
habe Franz Koenigs gesagt. Ich war wie vor den Kopf geschlagen, als mein
Vater mit dieser Nachricht nach Berlin zurückkam und mit einem fröhlichen
„Holloderoh" in seinen Bridgeclub ging!

Das war die zweite, diesmal ausschlaggebende Enttäuschung für mich.
Schon vorher hatte es eine andere gegeben, als es mir nämlich gelungen war,
ein einziges Mal seit Bestehen seiner Berliner Firma ein bedeutendes Geschäft
für ihn abzuschließen, indem ich ein Bild seines Lagers für 35.000,– Mark verkaufte. Zu meinem Schmerz gab es der Kunde, ein großer englischer Händler,
8 Tage später zurück, da es eine Fälschung sei. Damit war zum ersten Mal
mein Vertrauen in meinen Vater schwer erschüttert.

Wie konnte es geschehen, daß er, zu dem ich aufblickte, sich vom Verkäufer des Bildes – es war der Maler Carl Moll in Wien, der sich als
‚Marchand Amateur' betätigte, derart hatte hineinlegen lassen? Das sei kein
Beruf für mich, fand ich! Beide Vorfälle und hinzukommender Konfliktstoff
auf dem privaten Sektor ließen mich Berlin verlassen.

Was blieb mir zu tun übrig? Ich war von Jugend an ein williger und
ausdauernder Arbeiter, gab man mir nur die richtige Beschäftigung. Und so
suchte ich in Wien Heinrich Hinterberger auf, der als meines Vaters Partner
die Geschäfte bei V. A. Heck, Antiquariat am Kärntner Ring 12 in Wien I.

*Zwei Ausschnitte aus dem ersten Antiquariats-
katalog von V. A. Heck*

*Das bereits mit neuen Schildern versehene Portal der
Kunsthandlung V. A. Heck, I., Kärntnerring 12*

*Heinrich Hinterberger, Antiquar, Geschäftsführer
und Partner bei V. A. Heck, um 1920*

führte. Die Firma besteht heute in einem Lokal, das dem alten gleicht, sich jedoch im Haus nebenan, Kärntner Ring 10 befindet. Nach meinem Austritt ist, einige Jahre später, mein Bruder Ingo mit dem Anteil unserer Mutter dort ausgetreten und hat sich, gleich mir, als Antiquar selbstständig gemacht. Durch die langen, ihm auferlegten Miltärdienstjahre (österreichisches Heer und Wehrdienst im Deutschen Reich) hat er es unter uns Geschwistern am schwersten gehabt. Einmal selbstständig geworden, hat er binnen kurzem einen mehr als beachtlichen Platz unter den österreichischen Antiquaren eingenommen.

V. A. Heck war, als sich mein Vater um das Jahr 1920 herum dort beteiligte, eine vornehme, gut eingeführte aber durchaus altmodische Kunsthandlung gewesen. Mit einem Verlag von Blättern der Wiener Kupferstecherschule. Nebenbei, doch in sehr bescheidenem Maße, auch mit Autographen handelnd. Robert Heck war, ein etwas verwachsener, frühzeitig kränkelnder Mann, war während der Inflationszeit um ein Haar dem verlockenden Angebot eines Bankhauses erlegen, das ihm einen Millionenbetrag für sein Lokal geboten hatte. Es war meinem Vater gelungen, ihn –, der das Gefährliche der Inflation nicht erkannt hatte, davon zu überzeugen, daß er im Begriffe war, einen nicht wieder gut zu machenden Fehler zu begehen. Er schlug ihm seine Beteiligung an der Firma und ihre Umwandlung in ein bibliophiles Antiquariat vor. Zum Geschäftsführer wurde Heinrich Hinterberger bestellt. Mein Vater hatte ihn zu einem Moment, da bei C. G. Boerner die Antiquariatsabteilung nicht mehr aktiv war, in Graz kennengelernt und war von seinen selbsterworbenen Kenntnissen und seinen geschäftlichen Fähigkeiten so überrascht und begeistert, daß er, nach Leipzig zurückgekehrt, Hans Boerner dazu überredete, den jungen Mann zu engagieren und seinethalben das Buchantiquariat wieder aufleben zu lassen. Der bald danach ausbrechende Erste Weltkrieg ließ H. Hinterberger allerdings sofort in die österreichisch-ungarische Armee einrücken. Er wurde schwer verwundet, hätte um ein Haar den rechten Arm verloren und war nur mehr als Schreiber zu verwenden. Mein Vater hatte ihn nach Kriegsende im Antiquariat von Gilhofer und Ranschburg, Wien I., Bognergasse 2 untergebracht, wo H. Hinterberger sich jedoch nicht wohlfühlte.

Mit einem Schlag wurde unter seiner tatkräftigen Leitung aus der verschlafenen Kunsthandlung (die allerdings – und das war für damalige Zeiten typisch – dem Inhaber erlaubte, vormittags zeitunglesend im benachbarten Kaffeehaus Kremser zu sitzen, des Nachmittags dort Tarock zu spielen, um gegen sechs Uhr in der Firma ‚Kassa zu machen‘) ein lebendiges Antiquariat. Als Spezialität wurden kostbare Autographen geführt. Binnen kurzer Zeit hatte V. A. Heck auf diesem Gebiet einen beachtlichen Rang errungen.

Mein Vater ließ mich unbesonnenerweise in den modernen Buchsortimenten von Hugo Heller, Wien, dann bei Alfred Lorentz in Leipzig lernen, statt – was vernünftig gewesen wäre – den Versuch zu unternehmen, mich in einem der führenden großen deutschen Antiquariate als Lehrling unterzubringen. Bei Lorentz lernte ich, was durchaus beeindruckend war, ein wohlorganisiertes Unternehmen kennen. Mit dem sprichwörtlich bekannten Bienenfleiß der Sachsen wurde dort von acht Uhr früh bis sechs Uhr abends ‚geschafft‚. Dann kamen für mich die neben meinem Vater verbrachten Jahre. Ich vermochte viel von ihm zu lernen, besonders seine Art, mit Menschen umzugehen. Er war ob seines Anstandes und seiner unbedingten Verläßlichkeit ein allgemein anerkannter Mann. Seine Hilfsbereitschaft kannte keine Grenzen. Seine natürliche Begabung für das schwierige Geschäft des Kunst-

handels war bewunderungswert. Sein ausgesprochener Sinn für Qualität ließ ihn kaum jemals im Stich. Er war kein Mann, der über Bücher grübelte. Wie spielerisch flog ihm das meiste zu. Weil er niemals zögerte, für wirkliche Qualität große Preise zu bezahlen, suchte man ihn auf, ohne jemals enttäuscht zu werden. Darüber hinaus war er ein glänzender Verkäufer, der sich hervorragend auf seine großen Kunden einzustellen vermochte. Er wurde in den letzten Jahren seines Lebens zu einem erstklassigen Fachmann auf dem Gebiet von Handzeichnungen Alter Meister. Aber, was ihm zuflog, vermochte er nicht weiterzugeben. Da ihm jegliche Systematik ferne lag, sah er auch nicht darauf, mich entsprechend abzurichten. Ich aber bleibe ihm mein Leben lang dankbar dafür, daß er mir in vieler Hinsicht Vorbild geblieben ist.

Heinrich Hinterberger, an dessen Seite ich eineinhalb Jahre bis Frühjahr 1935 arbeitete, war ein Mann völlig anderer Art. Wie mein Vater ein ‚self-made man‘. Ein unermüdlicher Arbeiter. Für mich – aus der im tiefen Schlaf liegenden Berliner Kunsthandlung meines Vaters kommend, in die sich kaum jemand verirrte – war V. A. Heck ein Fall von anderer Art. Angetrieben von H. Hinterberger, der eben gekaufte Ware gar nicht schnell genug wieder umsetzen konnte, ratterten zeitweise bis zu vier Schreibmaschinen im großen Verkaufslokal. Es war schier unglaublich, den Fleiß von H. Hinterberger zu beobachten! Auf irgendwelchen Zetteln flog seine Feder über das Papier, Beschreibungen verfassend oder Adressen zum Versand der von ihm in großer Menge hergestellten Listen und Kataloge schreibend. Von keinem seiner Kataloge wurden weniger als 4.000 Exemplare verschickt! Er hielt sich ferne von jeglicher Spekulation. Mochten andere die großen Geschäfte machen, er gab sich zufrieden mit dem, was der Tag ihm brachte. Zu seinen Kunden war dieser Mann manchesmal zu unterwürfig, aber er war seiner sprichwörtlichen Anständigkeit halber beliebt und bekannt. Ich kann nicht behaupten, daß er sich mir gegenüber jemals väterlich wohlwollend gezeigt hätte, aber er kannte mich – noch von seiner Leipziger Zeit her – bereits als kleines Kind und behandelte mich stets freundlich.

Wenige Monate vor meines Vaters Tod war er an mich mit dem Vorschlag herangetreten, ob es nicht möglich wäre, daß er uns oder wir ihn auszahlten?

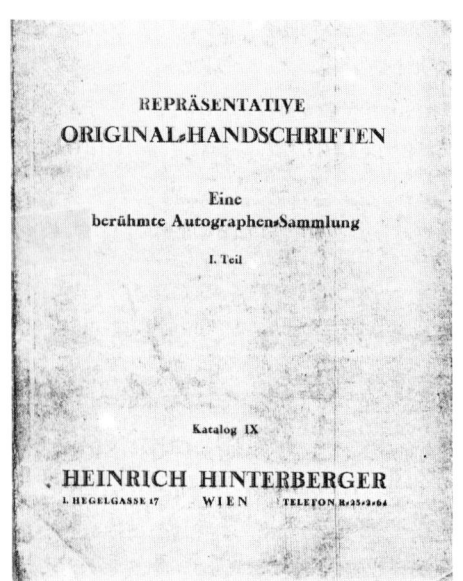

Stefan Zweig sagte zu mir: „Man muß die Spreu vom Weizen scheiden“. Der Inhalt dieses Kataloges wurde zum Großteil für die Bibliothek Bodmer, Genf, erworben

Der Schreibtisch meines Vaters. Wir Kinder umstanden ihn, als der Vater 1925 dort zum Telephon griff, um die mehr als 20jährige Partnerschaft bei C. G. Boerner zu beenden.

Es war ihm sichtlich bange geworden, er könnte mit der Firma Heck in das sich abzeichnende Zugrundegehen meines Vaters hineingerissen werden. Ich dachte zunächst daran, zu gehen. Dann aber machte mich mein Freund Julius Hess aus München darauf aufmerksam, um wieviel schwieriger es sei, irgendwo neu zu beginnen, statt den Versuch zu unternehmen, das Alte zu bewahren. Hinterberger ging und ich blieb. Da er sich klugerweise darauf beschränkt hatte, für seinen Firmenanteil – bares Geld war keines vorhanden – Autographe mitzunehmen (an Büchern hauptsächlich das, was er aus der Handbibliothek am notwendigsten benötigte), konnte er am Ausscheidungstag alles auf einen Handwagen laden, den unser Geschäftsdiener hinüber in die Hegelgasse (in unserer Nähe) beförderte, wo er im Halbstock, lichtlose, niedrige Geschäftsräume ausfindig gemacht hatte, die sehr bald – so wie er es liebte – von oben bis unten von Büchern und Graphik überquollen. Mit einem Seufzer der Erleichterung sah ich ihn gehen. Mein Vater aber machte mir wenige Zeit später ein Kompliment. „Niemals“, sagte er zu mir, „wäre es mir gelungen diesen schwierigen Hinterberger auf ähnlich elegante Weise hinauszubringen!“ Ich war froh über diesen ‚Ritterschlag‘, denn er hatte – wie es Väter oftmals tun – viel zu große Hoffnungen auf mich gesetzt, die ich nicht erfüllen konnte.

Die Übernahme bei V. A. Heck war der erste, entscheidende Schritt zur Selbständigkeit. Ich hatte dort beinahe bei Null zu beginnen. Ich möchte an dieser Stelle erwähnen, daß mir ohne die tatkräftige Hilfe von Frau Dr. Christa Demelius, Tochter der Frau Konradine Heck, die vor allem die Buchhaltung führte, mich aber von Herbst 1944 bis zu meiner Rückkehr nach Wien vertrat, die Weiterführung der Geschäfte der Firma kaum möglich gewesen wäre.

3. Meine Liebe zum alten Buch

Meine Ausbildung zum Antiquar hatte bei V. A. Heck unter Heinrich Hinterbergers Leitung nicht länger als eineinhalb Jahre gedauert. Meine Liebe zum alten Buch jedoch wurde bereits in meiner Schulzeit geweckt, weil damals meine Mutter in das von uns gemietete Haus in Wien XIII., Ober St. Veit ‚Am Himmelhof‘, als Weihnachtsüberraschung für meinen Vater vom Tischlermeister Jonas (der viel für die ‚Wiener Werkstätte‘ geschaffen hat) bemerkenswert schöne Bibliotheksgestelle anfertigen ließ. Meister Jonas hatte aus der Zeit von vor 1914 noch Bestände an amerikanischem Pyramiden-Mahagoni-Furnier, das sich wunderbar für die Bibliotheks-Untergestelle eignete. Die Absicht meiner Mutter war, meinem Vater – der viel zu wenig daheim war – einen Raum zu schaffen, der ihn enger an unsere Familie binden sollte. Zu diesem Zweck wurde die Einrichtung des erwähnten, aus Leipzig mitgebrachten, schwarzgebeizten Speisezimmers geopfert, die ohnehin in ihrer Strenge schlecht in unser eher ländliches ‚Himmelhof-Haus‘ paßte. Zwei straßenseitige Fenster wurden zugemauert, das Trocknen der Wandflächen mittels riesiger eiserner Koksöfen vorangetrieben. Alles wurde rechtzeitig fertig. Es war sogar gelungen, meinen Vater, der nichts mehr haßte als Heimlichkeiten, vom vorzeitigen Betreten des Raumes abzuhalten. Die Bücher wurden an zwei Abenden von uns allen gemeinsam eingeräumt. Die Überraschung war vollkommen geglückt. Ich habe ihn niemals mehr so strahlend

glücklich gesehen, wie an diesem Heiligen Abend! Er nahm sich in der Folge
auch die Mühe, vor uns Kindern gelegentlich seine Schätze auszubreiten und
zu erklären. Nach und nach füllten sich damals die Gestelle mit alten Büchern
über Naturwissenschaft. Er hatte anläßlich von Jahresabschlüssen bei
V. A. Heck Bücher (statt dem dort immer mangelnden Bargeldes) entnommen. An Sonntag Vormittagen machte es ihm Freude, uns Kindern in
seinen Bibliotheksraum zu rufen. Vorher hatte er wohl eine Stunde damit
verbracht, an seinem Schreibtisch mittels Federstiel und altmodischer, spitzer,
auswechselbarer Stahlfedern seine private Korrespondenz zu erledigen. Niemand durfte seine Ruhe stören! Nun hatte er mit rascher Hand und seiner
großen, schwer lesbaren Schrift ganze Stöße von Karten und Briefen geschrieben und rief uns zu sich. Mit uns war meine damals noch sehr kleine
Schwester Steffy, die, in die Hände klatschend, strahlenden Auges, ihr ‚Dill-
Buch‘ zu sehen verlangte und glücklich und zufrieden vor großen Tafeln mit
Abbildungen ausländischer Fauna, insbesondere aber Krokodilen, saß. Wir
anderen durften uns mit meinem Vater – der rasch und eher ungeduldig um-
blätterte – sein Exemplar von Hartmann Schedels Nürnberger Chronik von
1492 ansehen und betrachteten staunend die vielen hundert, oftmals mehrfach
verwendeten Holzschnitte. Meinem Vater war alles Lehrhafte verhaßt. Nie
wäre ihm eingefallen, uns etwa bei dieser Gelegenheit ein paar Worte über den
frühen Buchdruck, über die schematischen oder aber die der Natur entsprechenden großen Holzschnitte der Nürnberger Chronik zu erzählen. Er
erwähnte auch des jungen Dürers Lehrzeit bei Hans Pleydenwurff (von
dessen Hand viele der Holzschnitte stammen) nicht. Auch las er uns nichts
von der köstlichen Schilderung Wiens in Schedels schwerfälligem Deutsch
vor, wie dieser das Völkergemisch in unserer Stadt beschreibt – im Gegensatz
etwa zum patriarchalischen, alles Fremdländische abweisenden Nürnberg.
Auch nichts über die unglaublichen, am frühen Morgen in die Stadt her-
eingeführten Mengen von Lebensmitteln, von denen er staunend berichtet;
nichts von den Befestigungen oder Unterkellerungen. War doch Wien Jahrhunderte ein Bollwerk gegen die Türken! Mein Vater schlug anschließend
einen der sieben Folio-Bände von Johann Wilhelms ‚Phytanthoza icono-
graphia‘, Regensburg 1737–1745, mit 1025 Tafeln auf, um uns einige der
prachtvollen Pflanzenabbildungen zu zeigen. Unterließ es aber, uns darauf
aufmerksam zu machen, daß es sich hier um ganz frühe Farbdrucke handelt,
denen mit dem Pinsel nachgeholfen worden ist. Was er wollte – und das
glückte ihm auch – war in uns allen die Achtung vor alten Büchern anzuregen. Nie hätte einer von uns gewagt, in seiner Abwesenheit in der Bibliothek
herumzustöbern! Es war zwar nicht ‚expressis verbis‘ verboten, aber es existierte bei uns Kindern noch ein ausgesprochener Respekt vor seinem ‚Reich‘.
Es gab übrigens auch ein herrliches Exemplar auf blütenweißem Papier mit
432 sorgsamst kolorierten Kupferstichen von Marc Elias Blochs ‚Ichthyologie‘,
Berlin 1785–97, in 5 Folio-Bänden. Das Exemplar der ‚Library of Lord Essex‘.
Doch fanden Fische damals nicht unser Interesse. Das schönste aber kam
immer zum Schluß, wenn nämlich mein Vater in eines der Fächer griff und
eine von 12 Groß-Folio-Kassetten herausnahm, in denen die wunderschönen
Aquarelle eines niederländischen Künstlers, Van Strij, lagen, die dieser im
Auftrag eines Herrn Ten Kate um 1780 in Holländisch-Indien nach dortigen
Tagesschmetterlingen und Nachtfaltern geschaffen hat. Es gab 600 Blatt davon! Ein jedes auf sorgsam gestalteten Untersatzbögen aus bestem Papier, mit
aufgeklebten Umrahmungen aus Goldpapier montiert! Jedes Aquarell zeigt –
kunstvoll über das ganze Blatt verteilt – große und kleine Schmetterlinge.

*Das von meinen Eltern gemietete Haus in
Wien XIII, Himmelhofallee 163*

*Blick auf die Bibliotheksschränke, voll mit alten
wertvollen Büchern der Naturgeschichte*

Jakob Van Strij, Landschafts- und Tiermaler, 1756 – Dordrecht – 1815. Unternahm um 1810 im Auftrag eines Herrn Ten Kate eine Reise nach Niederländisch-Indien.

Immer waren Vorder- und Rückseiten gezeigt. Man kann sich diese Pracht und unsere entzückten Ausrufe kaum vorstellen! Und man wird verstehen, wie es uns Kinder schmerzen mußte, zu erleben wie 1928, nach meines Vaters Übersiedlung nach Berlin (zeitlich zusammenfallend mit seinen beginnenden geschäftlichen Schwierigkeiten), Stück um Stück aus der Bibliothek verschwand. Den Verlust seiner an den Wänden der Bibliothek in auserwählten alten Rahmen hängenden, umfangreichen Sammlung von mittelalterlichen Miniaturen bester Qualität ertrugen wir leichter. Es tat uns leid, zu erfahren, daß die Versteigerung bei Sothebys in London ein Mißerfolg wurde. Aber das Verschwinden der uns liebgewordenen alten Bücher schmerzte uns besonders tief. Sie wanderten damals alle in die Pfandleihanstalt Gerold und Sohn, mit deren Inhaber mein Vater (im Zusammenhang mit seinen Bemühungen um die Freigabe der Sammlung Figdor) befreundet war. Dieser besaß in Wien nicht weniger als 120 Häuser! So unglaublich dies auch klingen mag, er lebte vom Umsetzen der verpfändeten Sonntagskleidung ärmerer Schichten. Sie wurde Woche um Woche versetzt, aber am Freitag wieder ausgelöst. Nach dem Umbruch von 1938 mußte diese Pfandleihanstalt liquidiert werden. Der Sohn des Besitzers verkaufte mir meines Vaters Bücher, die als Pfand verfallen waren. Ich konnte sie aber nur für das Geschäft, nicht für uns privat zurückkaufen, weil wir ganz einfach nicht über das notwendige Geld verfügten! Schmerzte uns Kinder das Verschwinden jener Bücher, die uns durch das Vorzeigen liebgeworden waren, so machte uns der Verkauf der prachtvollen Sammlung von Van Strijs Aquarellen wirklich zu Tode betrübt. Mein Vater verlor selbst kein Wort hierüber. Es waren dies allesamt Notverkäufe. Er kam immer wieder aus Berlin ohne einen Pfennig in der Tasche nach Hause und verschaffte sich solcherart das notwendige Geld für den kurzen Aufenthalt in Wien. Einmal aber griff ich ein und entnahm den Kassetten – ich vergaß zu erwähnen, daß es auch eine Kassette mit prachtvollen Blumenaquarellen des Künstlers gab – für jeden von uns zwei oder drei Blatt Schmetterlinge. Mein Vater zürnte mir sehr, als er es zufällig entdeckte und verstand meine Motive überhaupt nicht.

Für meine Tätigkeit bei V. A. Heck galt es nun, diese frühe Liebe zum alten Buch umzusetzen und danach zu trachten, neue Ware zu erwerben. Ich hatte das Glück, mich mit einem Mann zu befreunden, dem es immer wieder gelang, interessante Bücher aufzutreiben: Dr. Felix Grafe, der sein ganzes Leben lang sammelte, verkaufte und tauschte. Wie so viele andere hatte auch er in der Inflationszeit sein Geld verloren und seine Bibliothek verkaufen müssen. Über sein trauriges Ende berichtet ein Kapitel dieses Buches.

In unserer unmittelbaren Nachbarschaft lebte ein anderer Freund unseres Hauses: Major Anton Viditz-Ward, der über ausgezeichnete Beziehungen verfügte und selbst sammelte. Seine Leidenschaft war alles Goldglänzende, seien es Porzellantassen, reichvergoldete Einbände oder irgendwelche anderen Gegenstände. Seine Frau stammte aus einer alten amerikanischen Familie, er hatte ihren Namen dem seinen beigefügt. Er selbst war Major in der alten österreichischen Armee und viele Jahre hindurch als Militärattaché in den Vereinigten Staaten tätig gewesen. Seine Aufgabe vor 1914 war es, diejenigen aus Österreich-Ungarn eingewanderten jungen Menschen, die noch nicht die amerikanische Staatsbürgerschaft erworben hatten, als Rekruten in die alte Heimat zurückzubringen, damit sie ihrer Militärpflicht genügten. Das Ehepaar leistete, nach Wien zurückgekehrt, 1918, im unmittelbaren Nachkrieg, Beispielhaftes. Unter anderem riefen sie Ausspeisungen für Wiener Schulkinder ins Leben. Er hatte in den Jahren, da ich ihn kennenlernte, besonders gute

Beziehungen zum Haus Habsburg-Lothringen. Er war ein besonders liebenswürdiger, lebensfroher, wenn auch schwierig zu behandelnder, immer etwas aufgeregter Herr von großem Anstand, Diskretion und Verläßlichkeit. Leider verließ ihn seine Frau nach 1938 und ging mit ihren Kindern in ihre Heimat zurück, ihn mit einer bigotten – aber treu ergebenen – Haushälterin zurücklassend.

Nicht zu erwähnen vergessen darf ich einen anderen ‚Büchernarren‘, eine typisch wienerische Erscheinung, wie es sie heute nicht mehr gibt, ein Herr Bielitz. Er stand sehr spät auf und verbrachte den ganzen Tag mit dem Herumstöbern in kleinen Antiquariaten und Buchhandlungen. Oftmals ist es ihm gelungen, die erstaunlichsten Funde zu machen, denn sein Fleiß – er teilte seine Besuche von Buchhandlungen mit langen Aufenthalten in seinem Lieblingskaffeehaus und dort, nicht etwa daheim, konnte man ihn auch telephonisch erreichen – war bemerkenswert. Er wählte nach 1938 London zu seinem neuen Aufenthaltsort. Ich hörte, daß es ihm gut ginge, leider hat er niemals den Kontakt mit mir aufgenommen, sonst hätte ich ihn eines Tages dort besucht.

All den Genannten fühle ich mich heute noch verpflichtet. Mit ihrer Hilfe gelang es mir, frische, brauchbare Ware zu bekommen. Von Anfang an war mein Bestreben, etwas zu tun, auf daß meine Kataloge sich von den übrigen, damals im Stil von Telephonbüchern gedruckten, Antiquariatskatalogen unterschieden. Große Sprünge konnte ich natürlich nicht machen, aber ich trachtete, ihnen durch bunte Umschläge und originelle Titel ein Aussehen zu geben, das sie von allen anderen unterschied. Mein erster Katalog bei V. A. Heck erschien wenige Wochen nach der Übernahme der Geschäfte dort durch mich. Es ist ‚Katalog 60. Suum Cuique: Eine Auswahl schöner Bücher‘. Er hat einen roten Papierumschlag mit aufgeklebter Titelvignette, eine verkleinerte Abbildung nach einer Tafel des außerordentlich seltenen Buches von Friedrich Ludwig Köller, Uniformen der königlichen Dänischen Armee, Kiel 1801. Es enthält insgesamt 28 mit großer Feinheit, unter Verwendung von Gold, kolorierte Kupferstiche mit sehr gut und lebendig gezeichneten Uniformdarstellungen. Es fehlt in der berühmten Sammlung Lipperheide. Ich besitze noch das von mir mit einigem Stolz und Rührung meinem Vater überreichte Exemplar des Kataloges mit einer etwas pathetischen handschriftlichen Widmung: „Meinem lieben Vater nach bewegten Zeiten einmal etwas Erfreuliches. Möge das Symbol des in die Zukunft sprengenden Reiters über unserem Hause walten. Wien, den 26. III. 35, Christian.“

Das gedruckte Vorwort verweist darauf, daß ein Teil der angebotenen Bücher aus der Bibliothek des Herzogs von Sachsen-Teschen stamme. Sie sind von dem weiter oben genannten Dr. Felix Grafe zu uns gekommen. Ich erwähne ferner den Katalog Nr. 64 ‚Die Original-Zeichnungen von Johann Melchior Füssli zur ‚Physica sacra‘ von J. Scheuchzer‘. Der Autor hatte sich der Mühe unterzogen, den Text der Bibel auf naturwissenschaftliche Hinweise zu durchforsten. : „So bildet die Scheuchzersche Kupferbibel wirklich den Höhepunkt der Augsburger graphischen Kunst des 18. Jahrhunderts“ (Maria Lanckoronska und Richard Oehler, ‚Die Buchillustration in Deutschland, Österreich und der Schweiz‘, Frankfurt 1932, Band I., S. 35). Die Tafeln zeichnete der Züricher Maler Füßli unter des Autors Anleitung. Die von Johann Daniel Preißler geschaffenen „abwechselnden Nebenzierraten (Umrahmungen) gehören zu den phantasievollsten Leistungen ihrer Gattungen“ (Lanckoronska I., op. cit., S. 35). Im ganzen enthält das Werk 750 Kupfertafeln, wir hatten wohl 100 Vorzeichnungen. Es war Julius Hess gelungen,

Stets waren Vorder- und Rückseite der Schmetterlinge dargestellt. Die 600 Aquarelle waren auf geschmackvolle, goldumrandete Unterlagen montiert.

Es gab auch zirka 45 prachtvolle Blumen-Aquarelle.

diesen Schatz an Originalzeichnungen in Wien bei irgendeinem Antiquitätenhändler aufzutreiben. Da er damals bestrebt war, im Ausland Geld anzusammeln, denn er ahnte, daß bald ein Ende seines Verbleibens in München herannahen würde, fand er mich als verläßlichen Partner. Wir erwarben dieses Konvolut von Zeichnungen (von denen wir zunächst einmal gar nicht wußten, von wem sie stammten, denn keines der Blätter war signiert) auf gemeinsame Rechnung. Mein kleiner Katalog ging gut, und ich war glücklich, Julius Hess behilflich sein zu können.

Mit ‚Catalogue 68. Sixty Drawings by Old Masters‘ versuchte ich fortzusetzen, was ich bei meinem Vater gelernt hatte. Ich hoffte, durch den englischen Text an englisch-amerikanische Sammler heranzukommen, hatte damit aber leider nicht den gewünschten Erfolg. Die meisten der im Katalog verzeichneten Blätter entstammten der kleinen Sammlung eines Mannes, der damals noch in einem schönen, an der Donau gelegenen Schloß in Oberösterreich lebte. Die Nummer 9 des Kataloges war eine Ansicht der Stadt Heidelberg, vom gegenüberliegenden Ufer des Neckars aufgenommen, gezeichnet von Jan Breughel dem Älteren, Sohn des ‚Bauernbreughels‘ (1568–1625). Die nicht im Katalog abgebildete Zeichnung Nr. 11, eine Landschaft mit der Hütte eines Einsiedlers, gezeichnet von einem holländischen Künstler des 17. Jahrhunderts, ist mir in besonderer Erinnerung, weil ich sie kühn auf der Versteigerung der Sammlung H. Oppenheimer in London für wenige Pfunde erworben hatte. Die Hauptstücke dieser bekannten Sammlung erzielten damals – wie mir scheinen wollte – horrende Preise. Ich hatte es mir nicht nehmen lassen, zu dieser Auktion nach London zu fahren, im Bestreben, Kontakte zu Handzeichnungssammlern zu gewinnen. Um die Reisespesen zu vermindern, hatte ich mir über die Liebenswürdigkeit einer Freundin unseres Hauses eine verbilligte Fahrkarte dritter Klasse dadurch verschafft, daß ich ‚Reiseleiter‘ der übrigen im gleichen Coupé fahrenden Mitreisenden wurde. Vom ‚Wiener Tagblatt‘, einer der damals führenden Zeitungen, hatte ich außerdem den Auftrag, zwei lange Berichte über die aufsehenerregende Auktion zu schreiben. Damit verbilligte sich die Reise abermals.

Noch einen Katalog möchte ich erwähnen: Katalog 72 ‚Europäische Geschichte in historischen Dokumenten‘. Die Autographen entstammten dem Familienarchiv Sachsen-Teschen und waren Erzherzog Friedrich, dem letzten Eigentümer der ‚Albertina‘, in Wien nach 1918, gemeinsam mit der außergewöhnlichen Bibliothek des Hauses, ausgehändigt worden, als der österreichische Staat die einmaligen Bestände an Handzeichnungen Alter Meister und wertvollster Graphik kurzerhand enteignete. Diesmal war unser Vermittler der zuvor genannte Major Anton Viditz-Ward. Der Hauptschatz bestand aus nicht weniger als 109 eigenhändigen Briefen der Kaiserin Maria Theresia an ihre Lieblingstochter Marie Christine, die Herzog Albert von Sachsen-Teschen geheiratet hatte. Er war der Begründer der ‚Albertina‘ in Wien. Auch einer der enorm seltenen eigenhändigen Briefe der unglücklichen Marie-Antoinette war mit darunter.

Ich gab bei V. A. Heck die Kataloge 60 bis 82 heraus. Die letzten enthielten hauptsächlich deutsche Topographie. Gleich nach dem ‚Anschluß‘ war ich ins ‚Altreich‘ (wie Deutschland damals bei uns hieß) gefahren und hatte mich umgeschaut. Es war mir nämlich aufgefallen, wie vorüberkommende deutsche Antiquare bei uns die damals noch in Stößen, unmontiert, auf unserem Ladentisch herumliegende dekorative Graphik (Blumenblätter und dergleichen) erwarben. In Berlin erkannte ich weshalb. In Deutschland war nämlich damals bereits die dekorative Graphik beliebt geworden. Alle Blätter hingen entweder gerahmt an den Wänden oder sie lagen unter farblich abgestimmten Passepartouts. Nach Wien zurückgekehrt, machte ich einen alten Passepartoutmacher ausfindig, und dieser lieferte uns in bester Qualität Passepartouts. Ich bin heute noch stolz darauf, daß ich es war, der dies in Wien eingeführt hat. Wie man im Vorangehenden erkennen kann, habe ich von allem Anfang an getrachtet auf so vielen Sätteln als möglich tätig zu sein, nicht nur – wie bisher – auf alten Büchern allein.

4. Der Antiquar als Sammler

Der Leser wird sich wahrscheinlich fragen, ob denn der schriftstellerisch tätige Antiquar nicht sammelt? Er tut es, und so sind in der Annagasse 18, 4. Stock, auf dem Gebiet des Buches drei kleine Sammlungen entstanden. Zunächst erwähne ich meine Kinderbücher- und Spielzeug-Sammlung. Indirekt war meine Schwester Steffy an meinem Kinderbuch-Sammeln schuld, denn mein Vater schenkte ihr nach und nach eine ganze Reihe schöner, alter Kinderbücher, die er stets mit Widmungen in seiner sehr eigenartigen Handschrift versah. Als er 1935 verstarb, habe ich aus Tradition meiner Schwester hie und da ein altes Kinderbuch zum Geschenk gemacht. 1942 kam mein älterer Sohn Niki zur Welt, und von diesem Moment an wollte ich zunächst für ihn eine kleine Sammlung von Kinderbüchern aufbauen. Da es im Zweiten Weltkrieg kaum mehr etwas Ordentliches zu kaufen gab, habe ich zunächst aus einzelnen kolorierten Kupfern einer zerlegten Naturgeschichte von Buffon (18. Jahrhundert) ein Leporelloalbum anfertigen lassen, mir zu den Kupfern lustige Zweizeiler ausgedacht und diese unter die Bilder geklebt. Später entstanden nach und nach eine ganze Reihe von mir gezeichneter und bemalter, mehr oder weniger gelungener Spielpläne für Würfelspiele, deren Höhepunkt, eine ‚Reise um die Erde in 80 Tagen‘ (nach dem bekannten Film nach Jules Vernes bezauberndem Buch), so erdacht war, daß nach mannigfaltigen Irrfahrten, Unglücksfällen und Wiederantritten der Reise am Schluße endlich alle Würfelnden fast gleichzeitig ans Ziel kommen! Es gab nämlich Punkte, die Wartestationen darstellten, so zum Beispiel knapp vor dem Ziel ein Gefängnis,

‚Stroboskop‘. Erfunden von Professor Simon Stampfer, Wien. Man blickte durch die Schlitze der Scheibe auf einen Spiegel und versetzte sie in Drehung, worauf die menschlichen Figuren sich zu beleben schienen.

Der von mir für meinen jüngeren Sohn Michael als Weihnachtsgeschenk 1956 entworfene und gezeichnete große Spielplan ‚Die Reise um die Welt in 80 Tagen‘ (angeregt durch den Jules Verne-Film)

Weihnachten 1916. Ich sitze mit meinem jüngsten Bruder Ingo an unserem Spieltisch, auf dem man ein von mir nach den genauen Angaben im ‚Renaissance-Baukasten' erbautes Haus erkennt.

Vorlage für ein mit den buntbemalten Holzbausteinen des ‚Münchner Kindl Baukastens' zu erbauendes Haus

in das der gute Phileas Fogg gesteckt wurde. Wer sich dorthinein würfelte, mußte warten, bis er durch Überholen von anderen Mitspielern erlöst wurde. Dieses, mein bestgelungenes Spiel, ist im Besitz meines jüngeren Sohnes Michael und erfreut meine vier Enkelkinder.

Daß bei meiner Sammeltätigkeit wirklich etwas von bleibendem Wert entstanden war, erkannte ich erst, als in den 50er Jahren Dr. Hubert Kaut vom ‚Historischen Museum der Stadt Wien' mich bat, einmal meine Sammlung im Hinblick auf Leihgaben für eine beabsichtigte Ausstellung seines Museums ‚Das Kind und seine Welt' durchsehen zu dürfen. Wie erstaunt war ich, als über 40 Bücher herausgesucht wurden und man sie alle haben wollte. „Gern", sagte ich, „aber wollen Sie sagen, daß weder das Museum noch die Bibliothek der Stadt Wien diese Bücher besitzen?" So kam es, daß es im Vorwort des Kataloges der Sonderausstellung heißt, daß „diese Sammlung von Wiener Kinderbüchern wohl die schönste ist, die es irgendwo auf der Welt zur Zeit gibt". Ich habe mich über die auszeichnenden Worte sehr gefreut, nehme aber an, daß mittlerweile die Bestände in öffentlicher Hand gewachsen sind. Anfänglich war meine Sammlung in keiner Weise ausgerichtet. Sie entstand durch gelegentlichen Kauf irgendeines schönen alten Kinderbuches, und da gerade die Glanzstücke meiner Sammlung aus Nürnberg, Leipzig und London stammen, ist es nicht weiter verwunderlich, daß ich am Anfang zu sehr in die Breite sammelte. Es hätte mir klar sein müssen, daß man mit begrenzten Geldmitteln heute nur mehr ein kleines, sehr beschränktes Sammelgebiet erfolgreich pflegen kann. Was ich meinen Kunden immer und immer wieder predige, hätte ich mir selbst sagen sollen! Für die Zukunft also versuche ich, nur noch Wiener und alt-österreichische Kinderbücher zu erwerben.

Dazu gibt es einige alte Kinderspiele, zum Beispiel eine alte Teeplantage aus dem Verlag Trentsensky, Wien (der erstaunlicherweise bereits um 1830 herum seine Erzeugnisse selbst in London vertrieb), mit über 50 buntbemalten, ausgeschnittenen Papierfiguren. Und auch eine ‚Laterna magica' mit drei Objektiven, mittels derer man ‚dissolving views' (Nebelbilder) projizieren kann. Der Apparat ist vollkommen, mitsamt den dazugehörigen Petroleumlampen, erhalten, dazu eine Sammlung von fast 100 alten, handbemalten Glasbildern. Einige wenige sind sogar beweglich. Ein Reh, an einer Quelle stehend, vermag seinen Kopf zu senken, oder ein Zwerglein hebt die Mütze und das Wort

Ein Original ‚Richters Ankersteinbaukasten', komplett erhalten

„Ende" wird sichtbar, usw. Die ‚dissolving views' waren die Sensation vor der Verbreitung des Kinos. Hier konnte man – und ich kann es heute noch zeigen – zum Beispiel das Stift Melk im Sommer sehen und durch Abblendung des einen und Aufblendung des anderen Objektives das gleiche Gebäude, nun aber im tiefen Schnee liegend, langsam sichtbar machen! Man muß es selbst in seiner Jugend erlebt haben, mit welcher Freude wir Kinder Vorführungen der ‚Laterna magica' begrüßten. Meine Tante Dora war als technischer Tausendsassa stets die Vorführerin, und unser Jubel nahm kein Ende, wenn es Lustiges zu sehen gab oder die Bilder ‚ganz groß' auf dem zwischen einer geöffneten Türe aufgespannten Leintuch erschienen. Daß dabei zu wiederholten Malen Bilder auf dem Kopf standen oder wirkliches Unglück durch Umfallen des Apparates mit seiner Petroleumlampe gerade noch im letzten Moment verhindert wurde, sei nur am Rande erwähnt. Betrachten wir die Bilder der ‚Laterna magica' oder die Bilder in den alten Bilderbüchern: welch kleine und bescheidene Welt entsteht vor unseren Augen! Man müßte die Bilder meiner ‚Laterna magica' (sie ist heute elektrisch eingerichtet) beim ausreichenden Licht ihrer Petroleumlampe vorzeigen, und desgleichen die Kinderbücher beim Schein einer Petroleumlampe betrachten. Ja, aber: Wo sind die Kinder, denen dies heute noch Spaß machen würde? Wie sehr haben Kino, Radio und Fernsehen die Augen verdorben und verwöhnt! Wie werden die Ansprüche stets höhergeschraubt! Und so ist in Wahrheit eine Sammlung alter Kinderbücher nichts für kleine Kinder, sondern eher etwas für das Kind im Manne. Ein Katalog meiner Kinderbuch-Sammlung existiert noch nicht. Aber mein Verleger schlägt vor, es möge im Laufe des nächsten Jahres ein Buch über diese Sammlung entstehen. Ich will versuchen, den Text hierzu zu verfassen. Ein Exlibris für die Kinderbuch-Sammlung ist vorhanden. Es wurde für mich 1959 von meinem Mitarbeiter Josef Gruber – zum 50. Geburtstag – beim ungarischen Exlibris-Künstler Istvan Drahos bestellt und von ihm in Holz geschnitten.

Beim Spielzeug gibt es zum Beispiel zwei ‚Stroboskop'. Einmal ein frühes, wohl kurz nach der Erfindung um 1850 geschaffenes: kleine Scheiben mit gezeichneten Figuren, voneinander durch senkrechte Schlitze getrennt. Hält man sie vor das Auge und setzt sie in rasche Bewegung, entsteht durch die Schlitze, gegen einen Spiegel blickend, der Eindruck von Bewegung. Später entstanden – kommerziell hergestellt – große Trommeln, deren eine ich besitze. Im Inneren der Trommel kann man Streifen – ich besitze zehn oder zwölf davon – mit kleinen Figuren in verschiedenen Bewegungsphasen einlegen. Beim Blicken durch die Schlitze der in Drehung versetzten Trommel beleben sie sich scheinbar und führen ihre Kapriolen vor.

Es gibt unter dem von mir gesammelten Spielzeug eine Anzahl von Baukästen. Darunter die aus Holz gefertigten, weiß angestrichenen Bausteine meines ‚Münchner Kindl Baukastens'. Ich entsinne mich ganz deutlich, wie mein Vater ein einziges Mal die Geduld aufbrachte, mir als kleinem Kind, zu meinem großen Entzücken, nach den Bauvorlagen ein kleines Haus mit grünen Fensterläden und einem aus rotbemalten Bausteinen zusammengesetzten Dach aufzubauen. Die ‚Bausteine' – von meiner Mutter in einer großen Blechschachtel aufbewahrt – haben nicht nur meine beiden Buben, sondern in späteren Jahren auch zu Besuch kommende Enkelkinder immer wieder erfreut. Es gibt aber auch einige kleine ‚Richters Ankerstein-Baukästen', die kunstvoll nach Vorlagen in ihren Original-Holzkästen liegen, nebst bunt gedruckten Vorlageheften. Sonderbarerweise habe ich mich aber niemals mit den aus diesen Kästen hergestellten Bauten anfreunden können.

Oben: Holztäfelchen, mit buntbemalten primitiven Kupferstichen beklebt. Sie sind mit Bändern verbunden. Ihre Reihenfolge ist variabel. Deutsch um 1780

Unten: Magisches Buch samt Erklärung. Deutsch um 1800

Unterricht zu diesem Magischen Buch, mit welchem man zehen Veränderungen machen kann.

Dieses Buch hat auf dem Schnitt fünf Abtheilungen, wo bey jeder Abtheilung etwas anders vorkommt. Man nimmt das Buch mit der linken Hand bey dem Rücken, und mit der rechten Hand greift man mit dem Daumen und Zeigefinger zu dem ersten Griff, (oder Abtheilung) und läßt die Blätter geschwind durch den Daumen paßiren, so wird man glauben, das ganze Buch sey voller Gegenstände. Greift man zu dem 2ten, 3ten und 4ten Griff, werden andere Gegenstände vorkommen, bey dem 5ten Griff aber, wird das ganze Buch leer seyn. Wendet man das Buch herum, und verfährt wie zuerst, werden ganz andere Sachen zum Vorschein kommen. Das Scherzhafte wird sich von selbsten lehren.

Exlibris meiner Kinderbuch-Sammlung, entworfen vom ungarischen Holzschnitt-Künstler Istvan Drahos

Erfinder der aus verschiedenartig gefärbtem Sand gepreßten Bausteine waren die Brüder Gustav und Otto Lilienthal (letzterer ist 1896 mit seinem Gleitflieger tödlich verunglückt). Sie setzten sich kommerziell damit nicht durch, während ihr Nachfolger, Richter, die Baukästen zum Welterfolg brachte. Ich habe als Schüler des Hietzinger Lyzeums, befreundet mit einem Mitschüler Richter (Sohn des Leiters der Wiener Filiale), das händische Pressen der Bausteine in der nahe dieser Schule gelegenen väterlichen Fabrik erlebt. Leider ging diese kurz darauf zugrunde. Der Vater meines Schulfreundes hörte nicht auf den Rat seiner beiden Söhne, auf dem großen Grundstück Garagen zu bauen. Ich sehe ihn noch, schwer von Melancholie gezeichnet und unansprechbar, seiner Wege gehen.

Mein Lieblingsbaukasten, der eines Tages leider verlorenging, war einer, der ,Renaissance-Baukasten' hieß, und mit dem man, Stockwerk für Stockwerk den genauen Bauplänen folgend, kleine Häuser errichten konnte, die den ,Ringstraßen-Bauten' Wiens glichen. Ich habe mich bis heute vergeblich bemüht, einen solchen Baukasten wiederzufinden.

Nicht vergessen darf ich einiges Spielzeug, mit dem Musik hervorzubringen ist. Das ,Pièce de résistance' ist ein buntbemaltes ,Werkel', das mit einem großen Schlüssel aufgezogen wird. Auf der drehbaren Scheibe werden Platten aus gepreßter Pappe aufgelegt, die für die zu spielenden Noten Löcher aufweisen. Kinder und Erwachsene freuen sich bei Besuchen über die Melodien, die kaum länger als eine Minute pro Platte dauern.

Daß ich der stolze Besitzer einer ganzen Anzahl von Einbänden meines Onkels Carl Sonntag jun. bin, berichte ich im Kapitel, das meiner Mutter gewidmet ist. Hier will ich nur noch von meinen Einbänden der ,Wiener Werkstätte' berichten, von denen ich eine größere Anzahl der künstlerisch wertvollsten besitze. Verspielt und eigenartig, wie manche Produkte der ,Wiener Werkstätte' sind, hat auch hier der für ihre Künstler wie Josef Hoffmann oder Dagobert Peche typische Trieb nach der Beschäftigung mit den ausgefallensten Materialien (wie zum Beispiel Schlangenhaut) die schönsten Blüten getrieben. Es wurde allerdings nicht die geringste Rücksicht auf den Inhalt der eingebundenen Bücher genommen. Beim Besuch des vor kurzem neueingerichteten ,Museums für angewandte Kunst' in Wien wurde mir bewußt, daß in meiner Bibliothek wahrscheinlich die beste Sammlung von ,Wiener Werkstätte-Einbänden' zu finden ist.

Zwei ,Wiener Werkstätte'-Einbände nach Entwürfen von Josef Hoffmann (links: Dantes Göttliche Komödie, H. von Weber, München 1914, 3 Bände blaues Maroquin) und Dagobert Peche (rechts: H. von Hofmannsthal, Der weiße Fächer, grünliches Maroquin, Insel, Leipzig 1907)

5. Franz Cižek, Pionier der Kunsterziehung. Gustav Klimt beurteilt eine meiner Zeichnungen

Hinter meinem Schreibtisch des Pulkauer Landhauses hängen drei gerahmte, im Frühjahr 1917 von mir gezeichnete und mit Aquarellfarben bemalte Blätter. Zwei von ihnen haben thematisch mit dem damals herrschenden Weltkrieg I zu tun: eine Straßenbahn mit Anhänger. Auf den Fenstern und Seitenwänden sieht man das Rote Kreuz. Damals transportierte die Straßenbahn - statt Passagieren - Verwundete oder Lebensmittel (besonders ‚Wrucken' [Futter-Rüben], die nun als Nahrungsmittel dienten). Führer und Schaffner sind durch Frauen in Uniform ersetzt, mit besonderer Sorgfalt ist der Stromabnehmer, ein Bügel, gezeichnet. Denn bis zu unserer Übersiedlung nach Wien kannten wir Kinder nur die Leipziger Straßenbahn, die mit geraden Stromabnehmern ausgestattet war. An ihrem oberen Ende war ein Laufrad eingebaut, das gegen die Stromleitung gepreßt wurde und während der Fahrt mehr als einmal, hauptsächlich bei Kurven oder Weichen, heraussprang. Worauf der Schaffner aussteigen mußte und mit einer langen Stange, unter einigem Fluchen, den Stromabnehmer so lange hin und her bewegte, bis das kleine Rad wieder einsprang. Das zweite Blatt zeigt ein im bewegten Meer fahrendes Kriegsschiff mit gewaltig qualmenden Schornsteinen. An seiner Seite geht eine grell rot und gelb gemalte Mine hoch. Eine Darstellung, die natürlich von damaligen Berichten über große Siege zur See angeregt wurde. Nur das dritte Blatt ist vollkommen friedlich: vier eng aneinander gebaute Häuser, drei davon mit großen Toren. Als mögliches Vorbild haben mir wohl die mit den damals beliebten ‚Münchner Kindl-Baukasten' unzählige Male gebauten kleinen Häuser gedient. Aber die Berge im Hintergrund sind der reinen Phantasie entsprungen. Nur eines der Blätter ist signiert und datiert: ‚Cristian (sic!) Nebehay, 9.6.1917„. Ich war damals acht Jahre alt. Außer dem obligaten Schulzeichnen hatte ich bis dahin keine Vorbilder gehabt, sondern vielmehr entweder Illustrationen aus Büchern nachgezeichnet oder mit kindlicher Phantasie ganze Skizzenbücher mit Eisenbahnzügen gefüllt. Ich war sehr stolz darauf, daß es bei meinen Lastzügen einen Waggon gab, der aus einem riesigen Aquarium bestand, in dem sich Fische tummelten!

Die riesigen Bestände an Kinderzeichnungen (an die 40.000 Blatt), die Professor Cižek, der Pionier der Kunsterziehung (1865–1946) dem ‚Historischen Museum der Stadt Wien' hinterlassen hat, lagen bis 1975 unbeachtet in irgendeinem Magazin. Dann erst besann man sich und stellte 1985 diesen Schatz aus. Eine junge amerikanische Kunsthistorikerin, Wanda Bubriski (ein Mitglied unserer ‚Mittwochrunde'), leistete hiebei vortreffliche Mitarbeit. Mit dem Erfolg, daß die Ausstellung kurz darauf nach Tokio ging und dort Furore machte!

Ich zählte zu den Jüngsten der in einer Klasse zwei oder dreimal die Woche versammelten Kinder. Aus der strengen, altmodisch geführten Leipziger Schule kommend, waren diese Nachmittage beglückend. Als ein Beispiel der humorlosen Art unseres alten Leipziger Lehrers, mit seinen Schülern umzugehen, führe ich nur Folgendes an. Eines Tages kam er in die Klasse, warf einen gestrengen Blick über seinen Kneifer in das Klassenzimmer und sagte: „Wer steht denn vor der Türe?" Betretenes Schweigen der ganzen Klasse. „Du da, geh' mal raus und gucke vor die Türe!" Ein Schüler tat dies und kam mit den Worten: „Is niemand da, Herr Lehrer!", zurück. Darauf der Lehrer, auf einen anderen Schüler zeigend: „Guck Du mal nach!" Wieder die gleiche

Professor Franz Cižek. Er sieht auf dieser Photographie abweisend und streng aus, war aber seinen Schülern ein gütiger Lehrer.

Professor Franz Cizek, in einer seiner Klassen mit den Schülern singend

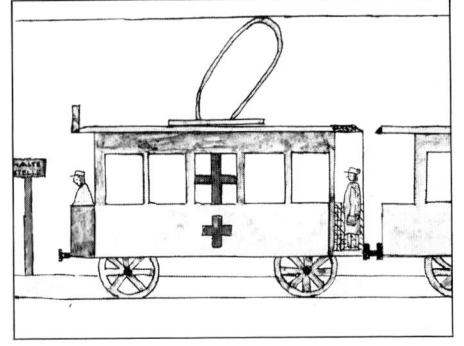

Zwei meiner aquarellierten Zeichnungen, 1917 in seiner Schulklasse entstanden. Oben: Wiener Straßenbahnwagen mit Emblemen des Roten Kreuzes (Krankentransporte). Unten: Minenexplosion vor einem Kriegsschiff

Antwort. Darauf der Lehrer mit erhobener Stimme: „Seid Ihr aber alle dumm! Der Frühling steht vor der Türe!"

Bei Cizek ließ man uns schaffen. Nicht ein einziges Mal griff eine der Aufsichtspersonen, noch griff der Professor selbst ein. Er betrat einmal die Woche den Unterrichtsraum und betrachtete eingehend, stets Worte der Anerkennung und des Lobes spendend, die auf Leisten an den Wänden zur Schau gestellten Arbeiten seiner Schützlinge. Einmal kam ein Musikant, der zur Laute lustige Heurigenlieder sang. Der Refrain eines seiner Lieder ist mir heute noch präsent. Es handelte sich um einen Kongoneger, der mit seiner Frau streitet: „Und wenn's eahm grantig macht / Dann frißt er's z'sam auf d'Nacht. / Ja so a Kongoneger, der hat's guat!" Wir Kinder lachten, aber was er vortrug, regte nicht zum Zeichnen an. Besser ging es ein anderes Mal, da Professor Cizek einen Schriftsteller eine kleine, aufregende Geschichte vorlesen ließ. Uns wurde die Aufgabe gestellt, gut aufzupassen und irgendetwas zu illustrieren. Da es einen Schiffsuntergang gab, hatte ich im Augenblick mein Thema und staunte nicht schlecht, daß ich der einzige war, der sich daran wagte. Die bereits herangewachsenen älteren Mädchen durften mit Ölfarben malen.

Als 1985 die Cizek-Ausstellung im ‚Historischen Museum' gestaltet wurde, stellte sich heraus, daß ich zu den wenigen heute noch lebenden Cizek-Schülern gehöre. Ich war sehr gerührt, eines meiner Blätter, das übrigens unter der Nummer 117 schwarz-weiß im Katalog abgebildet ist, später in Farbe im Katalog der Tokioter Ausstellung abgebildet zu finden! Insgesamt dürften an die dreißig meiner Zeichnungen im Museum verwahrt sein.

Daß mir die Ehre widerfahren ist, eine meiner Zeichnungen im Herbst 1917 durch Gustav Klimt beurteilt zu sehen, habe ich in meinem Buch ‚Die goldenen Sessel meines Vaters', Wien 1983, Seite 109, bereits erwähnt und wiederhole es hier. Mein Vater (er war ein Meister im Auftreiben von Lebensmitteln in einer Zeit, da es Lebensmittel nur auf Marken mit einer höchst kärglichen Zuteilung gab) hatte den großen Mann zu einem friedensmäßigen Abendessen in die sogenannte ‚Pechhütte' in Unter St. Veit (unsere erste eher behelfsmäßige Wiener Wohnung) eingeladen gehabt, war aber infolge des kaum mehr existierenden öffentlichen Verkehrs sehr verspätet aus der Stadt nach Hause gekommen. Klimt beruhigte meine sehr scheue Mutter, er würde mittlerweile mit uns Kindern im Garten spielen und tat dies auch. Daran habe ich keinerlei Erinnerungen, aber als mein Vater endlich kam, griff er in die Lade, in der ich meine Zeichnungen aufhob und zog, ohne mich zu befragen, nicht meine schönste – sondern irgendeine meiner Zeichnungen hervor, hielt sie Klimt vor die Augen und fragte: „Glauben Sie, Herr Professor (Klimt trug bis zu seinem Tod keinen Titel, aber die Wiener können es nicht lassen, zu titulieren), hat der Bengel Talent?" Ich war über diesen Vorgang so beschämt, daß ich das Zimmer fluchtartig verließ, somit Klimts Urteil nicht vernahm. Es kann gewiß nur ein Gemurmel gewesen sein!

Im Hietzinger Gymnasium, das ich bis zur 5. Klasse besuchte, gab es einen ordentlichen Zeichenunterricht. Ein kleines Männchen, Professor Skreiner hieß er wohl, war unser Lehrer und zeichnete mich durch seine Zuneigung aus. Er war es, der in der 3. Klasse das Malen mit Ölfarben lehrte. Natürlich in akademischer Weise. Nach einigem Herumpatzen fand ich dort meinen Weg und malte so, wie es mich freute. Dies verschaffte mir eine Zeitlang den Ruf, der einzige ‚moderne' Maler des Gymnasiums zu sein! Wir Kinder hatten das Bestreben, zu Weihnachten Eltern und Verwandte durch kleine, selbst gezeichnete oder gebastelte Arbeiten zu erfreuen. Laubsägearbeiten vor allem waren en vogue! Das Schönste, das ich mir ausgedacht hatte, bekam stets mein Vater. Und so schenkte ich ihm in meinem letzten Schuljahr zu Weihnachten ein von mir in Öl gemaltes großes Blumenstilleben. Als er es zur Hand nahm, wurde er mit einem Mal ganz ernst und sagte mir: „Talent hast Du, das muß ich anerkennen, aber ich bitte Dich um das eine: werde mir ja kein Maler!" Er wußte, was er sagte, denn was hatte er nicht in jenen Jahren für trostlose Erfahrungen mit jungen österreichischen Malern gemacht! Da ich an seinen Lippen hing, bedeutete dieser Ausspruch, leider, das sofortige Einstellen meiner Beschäftigung mit der Ölmalerei. Er hat damals sicher nicht voraussehen können, welche Folgen seine Worte haben würden. Ich habe erst um das Jahr 1950 herum wieder zu Palette und Pinsel gegriffen und kann nur sagen, daß ich dankbar für jede in der Landschaft verbrachte Stunde bin. Das Ölmalen allerdings habe ich seit einigen Jahren aufgegeben, nicht aber das Arbeiten mit Deckfarben. Ich pflege fast alle meine Blätter zu verschenken und freue mich jedesmal, bei einem Wiedersehen in zeitlichem Abstand, wenn meine Blätter an den Wänden von Fremden halten, was sie versprachen.

Da mir meine schriftstellerische Arbeit in den letzten Jahren viel freie Zeit nimmt, entstehen neue Blätter jetzt zumeist nur während des alljährlichen vierwöchigen Sommeraufenthaltes in St. Moritz im Engadin.

Eines Tages wollte ich für meinen jüngeren Sohn Michael herausgesuchte, von mir gemalte Gouache-Landschaften von Pulkau nach Wien mitnehmen, um sie dort zum Schmuck seiner Wohnung rahmen zu lassen. Abends daheim angekommen, fand ich sie nicht. Hatte ich sie wohl in Pulkau in der Eile des abendlichen Aufbruches liegen gelassen? Nächstes Wochenende: Nein, sie sind nicht im Haus. Also muß ich sie auf das flache Wagendach gelegt haben,

Gustav Klimt, in seinem Arbeitsmantel, eine seiner Katzen auf dem Arm tragend, vor seinem Josefstädter-Atelier (vor 1914)

Meine Mutter im Dirndl mit ihren vier Buben. Links: Hans, in der Mitte: Ch. M., rechts: Wolfgang, vorne: Ingo. Sommer 1917 vor dem Haus ‚Pechhütte' in Unter St. Veit

33

und die Mappe ist heruntergefallen. Ich fuhr sorgsam die Strecke Ortschaft Pulkau bis Bahnhof Eggenburg ab und schaute rechts und links auf die Felder, ob ich nicht Spuren meiner Blätter erblicken würde, nichts! Also zurück in die Ortschaft und zur Gendarmerie. Dort erstattete ich eine Verlustanzeige und bewertete die Blätter vorsichtshalber mit 30.000,– Schilling, weil sich sonst die Gendarmerie überhaupt nicht um den Verlust kümmern würde. Ich hatte mich gewundert, daß sich kein Finder melden wollte. Waren doch alle Blätter datiert und mit meinen Initialen signiert. Nichts geschah. Aber ich erzählte unserer Gina davon, die unser guter Pulkauer Geist ist, und diese erzählte ihrem Mann von meinem Verlust. Er wollte nicht, daß auch nur der leiseste Verdacht auf seine Frau fiele, die ja die Schlüssel zu unserem Haus hat. Und es geschah etwas beinahe Unglaubliches. Vor sich hinbrütend saß er im Gasthaus (das er gern und häufig besuchte) und dachte nach. Er ließ die von mir beim Wegfahren zurückgelegte Strecke in seinem Kopf, Haus um Haus, Revue passieren. Plötzlich stand er auf und ging geradewegs auf einen friedlich sein Glas Wein Trinkenden zu: „Du", sagte er zu diesem, „jetzt paß' einmal auf! Dem Herrn Nebehay ist ein Paket mit seinen Pulkauer Landschaften von seinem Wagen gefallen, als er bei Deinem Haus ums Eck' g'fahren ist. I gib' Dir an guten Rat: geh' schleunigst nach Hause und übergib' mir diese Mappe. Er hat bereits bei der Gendarmerie Anzeige erstattet, und die wer'n über kurz oder lang bei Dir recherchieren und dann bist Du's. Nämlich von wegen Fund-Verheimlichung!" Es war ein Schuß ins Schwarze. Der Mann erhob sich, schwankte hinaus und kam tatsächlich mit der Zeichnungsmappe zurück! Niemals hätte er sie von sich aus zurückgegeben!

6. Der Kreis um den Maler Oskar Laske

Als ich um 1932 herum Berlin verließ, hatte ich – der jahrelangen Abwesenheit halber – jeglichen Kontakt zu meinen Wiener Schulfreunden und Altersgenossen verloren. Am ‚Himmelhof‘ in Ober St. Veit hatte meine Mutter für meine Schwester Steffy ein junges Fräulein gefunden, die nach dem mißglückten Versuch in Indien eine Stelle zu finden, zurückgekommen war: Lilly Damisch, die kurz darauf vom Ehepaar Laske adoptiert wurde. Sie verfügte über ein sonniges Temperament und liebte vor allem den englischen Lebensstil. Sie erzählte meiner Mutter, daß ihre Schwester Trude vor kurzem einen jungen Bankbeamten, Alexander Melingo-Saginth, geheiratet habe, der frischen Wind in das Haus Laske gebracht habe und ein bezaubernder Mensch sei. Meine Mutter bestand darauf, daß ich die Bekanntschaft dieses jungen Paares machte. Sie lebten unweit der Laskes in Wien XIII., Diesterweggasse 1 in einer kleinen, anheimelnd eingerichteten Wohnung. Die wirtschaftlichen Verhältnisse waren damals einfach trostlos, der Gehalt von Alex Melingo klein, aber seine Frau half tapfer mit und steuerte als Hutmacherin von großem Geschmack zum Lebensunterhalt bei. In einer Zeit also, wo niemand sich den geringsten Luxus leisten konnte, hatten die beiden bewiesen, daß es doch möglich sei, den Standard aufrecht zu erhalten. Beide nahmen sich meiner mit großer Herzenswärme an. Die in ihrer Wohnung oder auf gemeinsamen Ausflügen verbrachten Stunden zählen zu meinen schönsten Erinnerungen an eine Zeit, die für mich schwierig war. Ich habe ihnen gegenüber eine große Dankesschuld abzutragen. Dies umsomehr, als beide später mit von Herzen kommender Freude Renée bei sich empfingen und ihr in Freundschaft verbunden blieben.

In ihrem Wohnzimmer stand ein großer weißer Ofen, dessen Kacheln in bezaubernder Weise von Oskar Laske mit phantasievollen Figuren und Szenen bemalt worden waren. Dieser Ofen war nicht nur ein künstlerisch vollendetes Prachtstück, sondern er strahlte, einmal angeheizt, nach hermetischem Verschluß, stundenlang anheimelnde Wärme aus. Ein paar Stück Holz genügten für einen Tag Wärme! Einige gediegene echte Biedermeier-Möbel füllten die beiden ineinandergehenden Zimmer der Wohnung. An den Wänden sah man – neben einigen der bezaubernden Gouachen Laskes (zumeist Blätter aus dem Wienerwald) dessen großes Ölbild ‚Die Vogelpredigt des Heiligen Antonius‘, ein Bild, das er dem jungen Paar als Hochzeitsgabe geschenkt hatte.

Der Maler Oskar Laske war ein Mann, den man ganz einfach lieben mußte. Er war von absoluter Bescheidenheit und Anspruchslosigkeit. Er war der Sohn des gleichnamigen Architekten und Baumeisters und kam 1874 in Czernowitz, Rumänien, zur Welt. Vieles deutet darauf hin, daß es ihm bis zum Ausbruch des Ersten Weltkrieges wirtschaftlich gut gegangen ist. Er betätigte sich bis ungefähr 1905 als Architekt. In Wien gibt ein Gebäude Zeugnis von seiner Begabung: die Fassade des schmalen Hauses Bognergasse 9, Wien I. In dem Haus befindet sich die ‚Engel Apotheke‘. Es ist durch die mit bunten Mosaiksteinen eingelegten großen Figuren eine der schönsten Jugendstilfassaden Wiens. Aber man muß festhalten, daß Laske nicht als Jugendstilkünstler anzusehen ist. Er ging von Anfang an seine eigenen Wege, wurde 1907 Mitglied des ‚Hagenbundes‘ und trat erst 1924 der Secession bei. Er bezog 1916 – im Jahr seiner Heirat – in Wien XIII., in der Nisselgasse das oberste Stockwerk des unmittelbar vor der Hietzinger Brücke gelegenen Hauses. Dort hatte er ein großes, nordseitig gelegenes Atelier, dessen Wände mit vielen seiner Bilder behangen waren und in dem eine typisch künstlerische Unordnung herrschte. Zudem war es unheizbar, oder vielmehr die Heizung hätte so viel Geld verschlungen, daß er in der kalten Jahreszeit – eingewickelt in Decken, um den Hals einen dicken Schal, eine Kapuze auf dem Kopf, bekleidet mit einem warmen Mantel – dort sitzend Jahr für Jahr der Kälte trotzte. Nie wäre ein Wort der Klage über seine Lippen gekommen! Er sprach niemals viel und hatte sich etwas Kindliches, Unbeholfenes bewahrt. Seine liebenswürdige Hausfrau umsorgte ihn (ihre Ehe war kinderlos geblieben) und trug durch Klavierstunden wesentlich zum Haushalt bei. Die beiden waren die gastfreundlichsten Menschen, die man sich vorstellen kann. Ihr Heim wurde zum Treffpunkt gleichgesinnter Menschen. Immer gab es ein Programm. Entweder musikalischer Art oder aber, was mich faszinierte, Vorlesungsnachmittage des Hofrates Dr. Otto Brechler, der – an der Österreichischen Nationalbibliothelk als Bibliothekar tätig – zu den getreuesten Freunden des Hauses zählte. Er war ein glänzender Vortragender und verstand es, sein dankbares Publikum durch außergewöhnlich klug ausgewählte Kostproben der Literatur zu erfreuen. Seien es nun unbekannte Geschichten von Rudyard Kipling, Märchen von Oscar Wilde, Erzählungen von Maupassant, aber auch von unbedeutenderen Schriftstellern, auf die er irgendwie aufmerksam geworden war und sich darauf freute, sie genüßlich zum besten zu geben. Man saß im Raum neben dem Atelier auf schönen Biedermeiermöbeln, der Vorlesende unter einer mit grüner Seide abgeschirmten Stehlampe. Draußen dunkelte es bereits. Verteilt im Raum – wenn es sein mußte, auch auf dem Boden, auf Kissen – saßen die Zuhörer, die ihn liebten.

Oskar Laske, Selbstporträt. Federzeichnung 1927. Geschenk meines Bruders Ingo an mich

Oskar Laske, eingemummt, im niemals geheizten Atelier arbeitend. Eigenhändige Lithographie, handkoloriert

Ihr Mitgehen, ihr Beifall, ihr Lachen war sein schönster Lohn. Nachher servierte die Hausfrau, unterstützt von der bei ihnen wohnenden Adoptiv-Tochter Lilly, eine Schale Tee und mit viel Kunst und Geschick zubereitete kleinste Brötchen. Natürlich saß auch der Hausherr in seinem Fauteuil und schmauchte seine Pfeife, die ihm beinahe niemals ausging. Man durfte gelegentlich vorher auch einen Blick ins Atelier werfen, um das eine oder andere neugeschaffene Bild zu bewundern.

Ich habe oft erlebt und den damals gar nicht mehr jungen Oskar Laske bewundert, wenn er des Morgens mit einem Zeichenblock unter dem Arm, seine Malutensilien und einen kleinen Klappstuhl auf dem Rücken tragend, das Haus verließ, um in der näheren oder ferneren Umgebung, manchesmal die Lokal-Züge ab Hütteldorf-Hacking benützend, um irgendwo ein Motiv festzuhalten. Er war absolut wetterfest, scheute keine wie immer geartete Schwierigkeit und verstand es wie kein zweiter, auch der dem Betrachter unattraktiv scheinenden Landschaft ihren Reiz abzugewinnen. Kam er erfroren und mit klammen Fingern nach Hause, dann trachtete seine Frau, ihn mit einer bereitgestellten Tasse Bouillon zu erwärmen. Bei der Betrachtung dessen, was er Tag um Tag mitbrachte, war sie eine gestrenge Kritikerin. Sie lobte, was ihr gefiel, in lebhaften Worten und stieß Schreie des Unmutes aus, wenn er wieder einmal, was ihm sehr oft passierte, ein schönes Blatt etwa durch die Einfügung eines fahrenden, miserabel, schief und viel zu flüchtig gezeichneten Automobils verdorben hatte! Es saß Oskar Laske nämlich stets der Schalk im

36

Nacken, der ihn zu Übertreibungen verleitete. Aber er bleibt für die Freunde seiner Kunst ein Meister, der wie kein anderer vermochte, die Stimmung der Landschaft um Wien wiederzugeben. Etwa einen Vorfrühlingstag mit gerade aufblühenden Sträuchern. War er gut aufgelegt, dann war es ihm ein Leichtes, einen Auftrag auszuführen. So hatte er die Liebenswürdigkeit, mir zur Freude den Verkaufsraum vom Antiquariat V. A. Heck in Deckfarben zu malen, mit zwei allerdings etwas schemenhaften Figuren: ich selbst stehend, in einem großen Buch lesend, und unsere damalige Schreibkraft an der Schreibmaschine.

Er war, in der Zeit vor dem Ersten Weltkrieg, ein weitgereister Mann. Hatte Italien (1897), England und Schottland (1904/05), Krakau, Czernowitz, Griechenland und die Türkei (1911), Belgien und Holland (1912), Tunis und Kairouan (1913) sowie Spanien (1914) besucht und von überall Blätter mitgebracht. Seine Tätigkeit als Kriegsberichterstatter führte ihn in den Jahren 1914–1918 nach Tolmein (Südtirol), Galizien, Rumänien, Rußland (in die Ukraine, Odessa etc.). Es waren nicht kämpferische Szenen, die er malte, sondern die durch Artilleriebeschuß zerstörten Dörfer oder Landstriche.

Laske besaß eine große Phantasie, die man aus seinen großen Leinwänden wie ‚Arche Noah‘, 1912, oder ‚Fischpredigt‘, 1919, ablesen kann. Und diese Phantasie ließ ihn auch eine Reihe hervorragender Bühnenbilder schaffen. Unvergeßlich ist seine Ausstattung für jenes Stück, mit dem Max Reinhardt 1924 sein ‚Theater in der Josefstadt‘ eröffnete: Goldonis ‚Diener zweier Herren‘! Eine bestimmte Abneigung ließ Laske alles vermeiden, was mit irgendwelchem Druck verbunden war. Es fehlte ihm an Ausdauer. Er liebte es, sein eigener Herr zu bleiben und verdarb es sich manches Mal mit ihm wohlwollenden Auftraggebern.

Das junge Ehepaar Melingo verstand es, ein beispielhaft gastfreundliches Haus zu führen. Zumeist hatte Alex Melingo ‚Aki‘ (den Maler Laske) dazu gebracht, für ihn Menu- und Tischkarten zu zeichnen und zu aquarellieren. Sie waren – darin ähnlichen Arbeiten Toulouse-Lautrecs gleich – voll der köstlichsten, humorvollsten Einfälle. Leider hat sich nichts davon erhalten und bedauerlicherweise sind die Zeichnungen in Laskes Tagebüchern (heute in der Albertina) humorlos. Immer gab es ein vorzügliches Essen, entweder von der Hausfrau oder aber mit gleicher Liebe und gleichem Geschick vom Hausherrn selbst zubereitet.

Als der Zweite Weltkrieg zu Ende war, traf ich Alexander Melingo im Sommer 1945 am Wallersee (nahe von Salzburg), im Hause von Margarethe ‚Putzi‘ Prohaska. Auch Alex Melingo hatte Wehrdienst leisten müssen, aber man hatte ihn, da er ein bereits älterer Jahrgang war, zu seinem nicht geringen Schreck zur Polizei einberufen. Er mußte eine zeitlang im besetzten Polen Dienst tun, aber irgendwo war es ihm gelungen, sich frei zu machen. Sein Bruder Gregor (‚Gori‘ für seine Freunde), der nicht wehrpflichtig war, war damals gerade vom ersten Besuch über die ‚grüne Grenze‘ aus Wien zurückgekommen und hatte ihm Nachricht von seiner Frau Trude und von seinem kleinen Töchterchen, das in den bewegtesten Tagen Wiens, nämlich während des Einmarsches der Russen, im Allgemeinen Krankenhaus das Licht der Welt erblickt hatte, gebracht. An alles hätte das Ehepaar Melingo gedacht, nur nicht daran, daß Beschwerden, die Frau Trude hatte, auf Schwangerschaft zurückzuführen seien! Der behandelnde Arzt hatte vollkommen versagt, und nur so konnte es geschehen, daß ein anderer – den sie schließlich konsultierte – die Hände über dem Kopf zusammenschlug und ausrief: „Ja, wissen Sie denn wirklich nicht, daß Sie bereits im 6. Monat einer

Schwangerschaft sind?" Es hielt Alex Melingo natürlich nicht am Wallersee. Auch er ging über die ‚grüne Grenze' und hatte die große Freude, Frau und Töchterchen Sascha gesund und wohlbehalten in Wien anzutreffen. Hinfort leistete er Kunststücke im Auftreiben der notwendigen Lebensmittel, getreulich unterstützt von seinen beiden Brüdern, die in jenen Zeiten wahre Meister im Überwinden von Schwierigkeiten waren. Als sich die Zeiten ein wenig beruhigten, gab er seinen Beruf als Bankbeamter auf und wurde ein erfolgreicher Hausverwalter. Er ist, leider viel zu früh, am 13. III. 1980 gestorben und liegt am Hietzinger Friedhof begraben. Seine Frau Trude war ihm am 23. XII.1977 vorangegangen. Und 1992 ist auch Lilly Laske, neunzigjährig, verstorben.

7. Richard Teschner, der Zauberer von Gersthof

Er hat mit seinem Marionettenspiel ein hochkünstlerisches Zauberreich ins Leben gerufen, wie es seinesgleichen auf der Welt keines gab. Er hat hiebei neue Wege beschritten, indem er sich von den javanischen Wayang (Schattenspiel-Figuren) hinsichtlich Halterung und Beweglichkeit, vor allem aber wegen der Führung der Figuren an langen Bambus-Stäben von unten her anregen ließ. Diese sind zwar erstaunlich beweglich, jedoch flach, aus Leder geschnitten und nur einseitig bemalt. Teschner schuf jedoch vollplastische Figuren, die er selbst bemalte und ankleidete. Sein Theater war stumm, es sprachen weder die Figuren noch gab es einen Erzähler. Die Handlung seiner selbsterfundenen Stücke war einfach, jedoch voller Phantasie und belebt durch köstliche Einfälle – so zum Beispiel gab es ein kleines schweifwedelndes Hündchen oder gar ihre Flügel bewegende Schmetterlinge zu sehen. Jedermann konnte verstehen, was in den verschiedenen Szenen vor sich ging. Aus dem Hintergrund tönte eine zauberhafte, unwirkliche Musik, die das Ge-

Richard Teschner. Die in einem seiner Glasschränke versammelten Figuren eines Stückes, von ihm bis in das kleinste Detail entworfen, geschnitzt und bekleidet

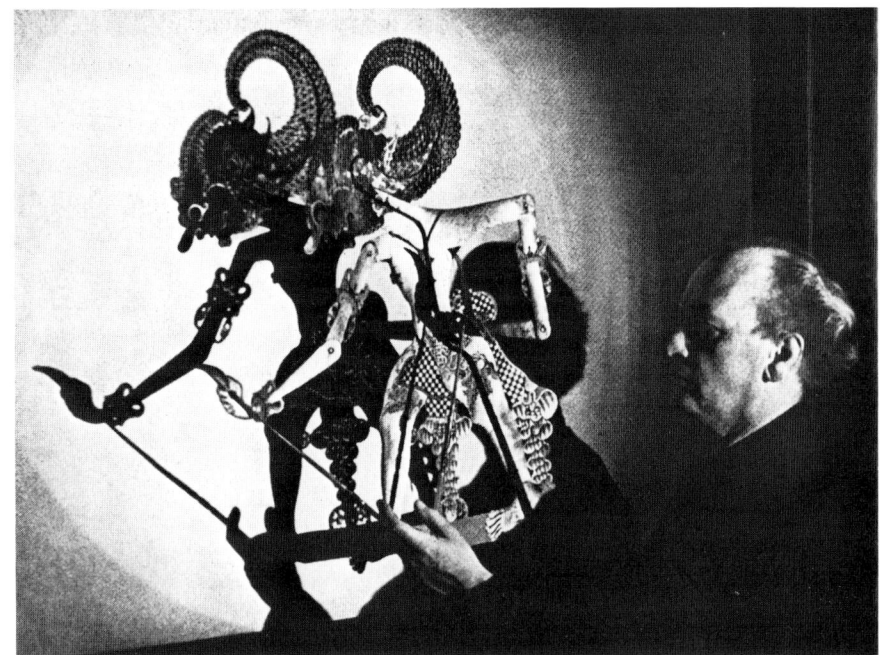

Richard Teschner, eine javanische Wajang-Figur an Stäben führend. Er entdeckte sie (die einseitig bunt bemalt ist) auf seiner Hochzeitsreise in Amsterdam, 1911

schehen begleitete. Sie stammte von einem altertümlichen Musikspielapparat (einem Stimmgabelklavier, das Teschner aus Glasgow hatte kommen lassen und das mein guter Freund, der Bibliothekar Hans von Ankwicz-Kleehoven hinter der Szene spielte). Anscheinend konnte man auch durchlochte Stahlplatten auflegen. Teschner hatte die Zähne des Spielwerkes eigenhändig so lange bearbeitet, bis eine vollkommen unwirkliche Klangwirkung erreicht worden war. Komponiert hat für ihn übrigens Maria Hofer, deren Spezialität das Herstellen von Glockenspielen war.

Die komplizierten Vorgänge auf der Bühne konnten natürlich nicht von einem Spieler allein durchgeführt werden. Teschner hatte in seinen getreuen, ihn bewundernden und ihm ergebenen Assistentinnen Dr. Helene Schreiber, Hermy Ottawa und Lucia Jirgal außerordentlich begabte Mitarbeiterinnen, die auch nach seinem Tod noch einige Jahre wenigstens das ‚Weihnachtsspiel‘ vorzuführen imstande waren. Der ‚Figurenspiegel‘ war Jahre hindurch in den düsteren Räumen, welche die ‚Theatersammlung der Österreichischen Nationalbibliothek‘ im 4. Stock der Hofburg beherbergte, aufgestellt. Jetzt ist die ‚Theatersammlung‘ in das ‚Theatermuseum‘ im Palais Lobkowitz über- siedelt, Teschners ‚Figurenspiegel‘ dort aufgestellt und mit großen Erfolg von Klaus Behrendt und Jarmila Weißenböck bespielt.

Es war mir vergönnt, nach Emma Teschners Tod (1953) einen gewichtigen Beitrag zur Wiederentstehung zu leisten. Ich beschwor die damalige Leitung der ‚Theatersammlung‘, sich nicht mit der Bühneneinrichtung allein zu be- gnügen, sondern die schönen Schränke, die zur Aufbewahrung der Figuren dienen, mitzunehmen. Leider ist der heutige Raum quadratisch, während er in Gersthof rechteckig war. Auch fehlen heute die wundersamen exotischen Schmetterlinge hinter den Glasscheiben. Die Figurinen wurden erst sichtbar, wenn man die Türen öffnete. Aber er, der große Meister, fehlt. Vor allem waren ihm allein großartige Beleuchtungseffekte, die Projektion chemischer Vorgänge oder wachsender Kristalle in Küvetten vorbehalten. Niemand wird vermögen, auf diesem Gebiet seine Nachfolge anzutreten!

Das vielleicht Auffälligste an seiner Kunst der Vorführung war die absolute

Figur aus dem Figurenspiegel-Stück „Der Drachentöter", 1927

Lautlosigkeit des Geschehens. Die langsam und erstaunlich gelenkig agierenden Figuren machten traumhafte Bewegungen. Knapp vor dem Beginn jeder Aufführung trat die dienstälteste seiner Assistentinnen aus der schmalen Türe neben der Bühne hervor, mit leiser Stimme den Titel des Stückes ansagend. Auch der Szenenwechsel erfolgte jeweils völlig lautlos. Nie habe ich bei meinen Besuchen des ‚Figurenspiegels' auch nur den geringsten Zwischenfall erlebt. Alles war perfekt und mit solcher Sorgfalt einstudiert, daß es niemals eine Panne gab! Die Vorführungen des ‚Figurenspiegels' fanden seit 1912 in einem Stockwerk des Hauses in Wien XVIII., Gersthof, Messerschmidtgasse 48 statt. Seine erste Bühne hieß ‚Der goldene Schrein' und wurde von ihm, nebst einigen Figuren, bereits 1940 an die Theatersammlung der österreichischen Nationalbibliothek verkauft (Sie sind heute gleichfalls im ‚Theatermuseum' ausgestellt).

Teschner, der als Sohn eines Lithographen in Karlsbad geboren wurde und bis 1908 in Prag lebte, hatte im November 1911 Emma Bacher-Paulik geheiratet, die wohlhabend war und ihm nun ein behagliches Leben ermöglichte. Sie war die Tochter eines bekannten Kunsttischlers und in erster Ehe mit einem Juwelier verheiratet gewesen. Hatte Teschner bis zur Heirat in engen Räumen in Wien VIII., Piaristengasse 20 gewohnt, so konnte er sich nun eine große Wohnung in dem damals noch in nächster Nähe von Weinbergen stehenden Jugendstil-Haus in Gersthof leisten. Er richtete sich – neben seinen Wohnräumen – nun ein Atelier (denn er war bisher Maler und Buchillustrator gewesen), eine große Werkstatt mit Drehbank etc. und auch eine Bühne mit Zuschauerraum nach Plänen ein. Der Zuschauerraum faßte an die 60 Besucher und war an sich eine Sehenswürdigkeit. An den Längswänden standen Schränke, hinter deren Glastüren man schöne, exotische Schmetterlinge erblickte. In den Pausen seiner Vorführungen – es gab stets ein mehraktiges Hauptstück, gefolgt von einem zumeist lustigen Einakter – erschien der Meister selbst. Er hatte einen schönen, gepflegten Künstlerkopf, trug – wie seine Assistentinnen – einen langen, talarartigen Arbeitsmantel und wirkte wie ein Priester. Wenn er auf einen seiner Kästen zuging und die Glastüre öffnete, geschah jedesmal etwas Überraschendes: an den Innenseiten der Türen hingen nämlich fein säuberlich aufgereiht die Figuren eines jeden seiner Stücke, und das Wunderbare war, daß man vermeinte, eine seiner Figuren sei plötzlich zum Leben erwacht und begrüße ihn. Unmerklich nämlich verstand er es, an der durch eine der hohlen Führungsstäbe gezogenen Schnur zu zupfen, die den Kopf der Figur nicken ließ. Und ihrem Beispiel folgte bald die eine oder andere Figur! Alle Puppen haben meisterhafte von Teschner selbst geschnitzte Köpfe, sind kostbar gekleidet und bestehen aus über 50 Teilen!

Einmal bereitete mir Richard Teschner eine besondere Überraschung. Ich hatte eine Leipziger Kusine zu einer seiner Vorstellungen eingeladen gehabt. Sie war damals kaum sechzehn Jahre alt, feingliedrig und zart. Es fiel mir schon auf, daß Meister Teschner sie besonders liebevoll betrachtete, als ich in der Pause nach dem Stück ‚Die Orchidee' mit den anderen Besuchern herumstand. Als der Gong wieder ertönte, der Zuschauerraum langsam verdunkelt wurde und alles gebannt auf die Bühne starrte, begann dort das Stück ‚Harlekin als Karikaturist'. Eine große Leinwand war aufgestellt, und Harlekin begann, auf dieser mit einem Stück Kreide zu zeichnen. Erst verstand man gar nicht, was er eigentlich im Sinn hatte, aber immer mehr richtete er seine Blicke auf meine Kusine. Plötzlich war mir klar, daß sich Teschner deren Züge in der Pause eingeprägt hatte und nun – von unten her – die Hand des Harlekins leitete. Die Gesten des Harlekins wurden immer eindringlicher, und schließlich begannen alle Anwesenden zu verstehen, daß er tatsächlich porträtierte! Die Zeichnung hatte mittlerweile eine deutliche Ähnlichkeit mit der Dargestellten! Harlekin trat zurück, deutete mit der Hand auf sein Werk, verbeugte sich vor meiner Kusine und begann ein neues Blatt. Das Publikum lachte und klatschte – es war ein vollkommen gelungener Spaß für alle! Es tut mir heute noch leid, daß ich damals zu scheu war, mir die Zeichnung zu erbitten.

An der Schmalseite des Raumes war eine Zwischenwand eingezogen, in deren Mitte sich der große goldgerahmte Spiegel befand, der die Bühne darstellte. Außer dieser Bühne und ihrem technischen Zubehör sind nun nicht nur 135 Figuren Teschners, sondern all seine Entwürfe, seine Arbeitskalender, Arbeitstagebücher, Spielpläne, Photographien, Zeitungsausschnitte (Kritiken) und seine gesamte Graphik im ,Theatermuseum‘ verwahrt.

Kopf des Harlekins, 1929

1906 schuf Teschner Marionettenfiguren für Hugo von Hofmannsthals ,Der Tor und der Tod‘. 1908 war er als Bühnenbildner für den Sänger und Bühnenleiter Angelo Neumann (1838–1910), der ab 1885 das ,Deutsche Landestheater‘ in Prag zu großem Aufschwung gebracht hatte, tätig. Er schuf die gesamte Ausstattung für Claude Debussys Oper ,Pelleas und Mélisande‘. Man weiß auch, daß er 1914 für seine Künstlerfreunde in Wien (es fanden sich unter den Zuschauern Gustav Klimt, Koloman Moser und andere) ein erotisches Marionettenspiel, ,Faun und Nixe‘, geschaffen hat, das verloren ist. Aber in den Jahren, da aus einer Passion Broterwerb wurde (also nach dem Verlust des Vermögens des Ehepaares durch die Inflation, 1918–1924), schrieb er sich seine Stücke alle selbst. Er ließ sich von asiatischer Literatur, letztlich auch vom Wiener Sagenkreis anregen. Manchesmal wucherte seine Phantasie ins Schwülstig-Erotische über (,Die Orchidee‘, 1931). Wenig erfolgreich waren seine Versuche mit dem Film. 1934 spielte er während einer österreichischen Ausstellung in London in der ,Dorland Hall‘ und gab dort 107 Vorstellungen seines ,Figurenspiegels‘, die sogar von der englischen Königin und ihrem Hof besucht wurden. Die Spesen des Transportes der Bühneneinrichtung, die Ausgaben für den Manager und die Steuern ließen nur einen unbedeutenden Teil des erhofften Reingewinns übrig. Wie überhaupt Teschner, der niemals unterstützt worden ist, alles aus Eigenem finanzieren mußte. Es gab in den Jahren 1925–1952 insgesamt 22 Spielzeiten mit drei bis vier Vorstellungen pro Woche. Durch die regelmäßigen Besuche von Bewunderern konnte sich Teschner am Leben erhalten. Da sich sein ,Figurenspiegel‘ ziemlich weit entfernt vom Zentrum der Stadt befand, war er bemüht, im Ersten Bezirk einen Agenten zu finden, der seine Eintrittskarten vertrieb. Er fand ihn in einem außergewöhnlich vielseitigen Buchhändler namens Richard Lanyi, der in Wien I., in der verlängerten Kärntner Straße ein glänzend gehendes Geschäft betrieb. Eine ,Ramschbude‘, wie seine vornehmeren Kollegen verächtlich sagten, da er ein Spezialist für billige, moderne Bücher war. Besonders in der Zeit nach dem Ersten Weltkrieg war man bestrebt, die während des Krieges auf schlechtem Papier gedruckten Bücher zu Schleuderpreisen an den Mann zu bringen. Die Verleger trachteten danach, ihre Lager zu räumen, und für diese ,en gros‘-Verkäufe war Lanyi der richtige Mann. Sein Geschäft war winzig. Gerade noch Platz für eine Auslage, die bis zum Bersten mit Büchern, jedes mit einem Preiszettel versehen, vollgestopft war. Die Ladentüre, auf der stets eine Ankündigung des bei Teschner gespielten Stückes ausgehängt war, führte zu einer schmalen Treppe in den oberen Stock, und schon auf dem Stiegenaufgang hingen Zeichnungen und Gouachen von Egon Schiele, von diesem zum kommissionsweisen Verkauf zur Verfügung gestellt. Lanyi verlegte

auch Postkarten nach Zeichnungen Schieles und war der Herausgeber einer kleinen Mappe von ausgesprochen erotischen Zeichnungen Schieles, die heute Seltenheitswert hat.

Teschners ‚Weihnachtsspiel' wird heute als das erste seiner Stücke wieder aufgeführt. Es ist auch sein populärstes. Die 50 Zuschauer sitzen über eine Stunde lang ruhig im Vorführraum. Im Vorspiel sieht man als alleinige Figur Maria, der Verkündigung lauschend. Im ersten Bild ist sie mit Joseph auf der Wanderung nach Bethlehem. Sensationell und heute noch wunderbar wirksam ist Teschners Idee, die Landschaft, auf einer sehr langen ‚Laterna magica-Glasplatte' aufgemalt und teilweise graviert, langsam an der Optik vorüberzuschieben, wodurch eine scheinbare Bewegung der beiden Figuren vorgetäuscht wird, die in Wirklichkeit stehen und sich nur gering bewegen. Hier hat Teschner revolutionierend als Bühnenbildner gewirkt. Mein alter Freund Professor Remigius Geyling hatte gleichzeitig im Burgtheater ähnliche Versuche der Projektion angestellt, war jedoch an der zu geringen Stärke damaliger Projektionslampen gescheitert. Teschner läßt zusätzlich ein von tausenden von Nadelstichen perforiertes schwarzes Band an einer zweiten Projektionslampe ablaufen, was ein zauberhaft echtes Schneegestöber gibt! Ich darf auch nicht zu erwähnen vergessen, daß Joseph eine elektrisch beleuchtete Lampe in den Händen hält, die er abzusetzen imstande ist! Im zweiten Bild wird die Anbetung gezeigt. Rührend sind die Hände des Christkindes zu beobachten, die in ständiger Bewegung sind! Das letzte Bild zeigt nichts als ein großes Kruzifix. Langsam wird es wieder hell im Raum. Die Vorstellung, die alle in ein Zauberreich geführt hat, ist zu Ende. Der Raum leert sich in aller Stille.

Woran es lag, daß mein Vater, der ein großer Theaterfreund war, niemals zu einer Aufführung Teschners gegangen ist, weiß ich nicht. Daß wir Kinder niemals zu Teschners ‚Figurenspiegel' geführt worden sind, ist verständlich. Sein Marionettenspiel war niemals zur Unterhaltung von Kindern bestimmt. Ich verdanke meinem Vater aber doch das Kennenlernen von Herrn und

Frau Teschner, denn eines Tages, im Jahr 1928, sandte er mich zu ihnen, auf daß ich mir ein um 1500 entstandenes Ölbild ansehen sollte, das Teschner ihm zum Kauf angeboten hatte. „Gefällt es Dir, dann kaufe es!" waren seine Worte an mich. Es gelang mir auch, den Ankauf zu tätigen!

Als Gymnasiast entwickelte ich eine Passion für das Theater. Begeistert von einigen hervorragenden Aufführungen in dem von Max Reinhardt 1924 neueröffneten ‚Josefstädter Theater‘ begann ich, mittels Bausteinen Bühnenbilder nachzubauen. Ich entwarf mir auch, für schnellen Szenenwechsel, eine kreisrunde, große Scheibe, auf der die Dekorationen für vier Akte aufgebaut werden konnten. Benützt habe ich sie leider nie.

Jahre später fiel mir ein Band der österreichischen Konkurrenz zum ‚Neuen Universum‘ in die Hände, die ähnlich gestaltete, alljährlich erscheinende Jugendzeitschrift ‚Frohes Schaffen‘. Ein Architekt – Willi Wiesner – veröffentlichte darin im 11. Jahrgang, 1934, einen Aufsatz: ‚Modernes Schattentheater‘. Ich schrieb ihm, und er lud mich liebenswürdigerweise ein, einer seiner eigenen Vorführungen beizuwohnen. Es war bezaubernd! Seine Bühne hatte er in eine Wand eingebaut, die einen Durchbruch zum Zimmer davor hatte. Dort saßen die Zuschauer. (Wurde nicht Theater gespielt, diente der Durchbruch als Vitrine). Hinter der Wand agierte der Architekt, assistiert – und das entzückte mich – von seiner gesamten Familie. Er und seine Frau führten die Figuren, sein Sohn (er ging damals noch in die Schule) half bei der Beleuchtung, das Stubenmädchen bediente das Grammophon. Ein Freund des Hauses las das Bühnenstück vor. Nach Hause zurückgekommen, zerbrach ich mir den Kopf, wie der Architekt es wohl geschafft haben konnte, seine Schattenfiguren derart beweglich zu machen. Auch er führte sie wie Teschner an Stäben und von unten. Beim nächsten Besuch faßte ich mir ein Herz und fragte. Er verriet mir, einverständlich mit seiner Frau, daß ihm ein alter Puppenspieler seine Technik verraten hatte. Die Figuren waren aus dünnem Preßkarton ausgeschnitten, ihre Glieder waren mittels eines durch ein fein gebohrtes Loch gestecktes Stück einer Darmsaite miteinander verbunden, deren beide Enden mittels eines Streichholzes erwärmt wurden und aufquollen. Ich erzählte dem Architekten, daß ich eine gute Idee für ein von mir mittlerweile erdachtes Schattentheater-Zauberspiel hätte. Der Prinz des Stückes steht verzweifelt vor einer großen Schlucht und vermag sie nicht zu überqueren. Da fällt ihm auf, daß ein großer Baum am Rande der Schlucht steht. Er fällt diesen, der langsam umsinkt und eine Brücke bildet, über die der Prinz zum Tor des Schlosses gelangt. Der Architekt hörte interessiert zu. Und was mußte ich bei meinem nächsten Besuch (zu dem ich meine Schwester Steffy mitnahm) sehen? Meine Idee war bei ihm bereits in die Tat umgesetzt worden! Natürlich sagte ich kein Wort darüber, sondern freute mich über die Brauchbarkeit meiner Anregung. Wenige Zeit später geschah der ‚Anschluß‘ und auch Architekt Wiesner mußte unser Land verlassen. Zufällig traf ihn meine Schwester, die damals in Paris bei meinem Bruder Hans zu Gast war, auf der Préfecture, wo er sich, wie viele andere auch, tagelang um ein Ausreisevisum anstellen mußte, um sich nach Amerika retten zu können. „Keine Angst, ich werde es schon schaffen", sagte er zu ihr, „und ein ReiseSchattentheater begleitet uns!" Leider habe ich nie wieder von ihm gehört!

Aus meinen Plänen, einmal selbst ein Schattentheater zu haben, wurde nichts. Als der Krieg vorbei war, wurde mein Enthusiasmus dafür nicht geteilt. Aber ich besitze noch den Entwurf für eine der von mir erdachten Szenen und auch eine von mir in der Technik des Architekten Wiesner hergestellte Hauptfigur!.

Ch. M. N., sein einziger Versuch für ein geplantes Schattentheater

8. Der große Bibliophile Hans Fürstenberg

Der Bankier und Bibliophile Hans Fürstenberg,
Geschäftsinhaber der Berliner Handelsgesellschaft

Der für Jean Grolier geschaffene Einband aus der
Bibliothek des Rudolf Ritter von Gutmann, Wien

Doch nun zurück zur geschäftlichen Tätigkeit. Schon in den vorhergehenden Kapiteln habe ich die Zusammenarbeit mit dem besten Freund geschildert, den ich damals in unserem Handel hatte: mit Julius Hess aus München (später in Bern ansässig, wo er auch gestorben ist). Er war ein unglaublich vielseitig begabter Mensch. In seiner Jugend mußte er das Violinspielen aufgeben, weil es ihn nervlich überforderte. Seit langem war er im Geschäft seiner Mutter tätig, das diese tapfer nach dem unvermutet, frühen Tod ihres Mannes weitergeführt hatte, bis er erwachsen war. Weil er sich nicht wie sie ausschließlich auf englische und französische Graphik spezialisieren wollte, widmete sich Julius – wie sein verstorbener Vater – dem alten Buch. Aber anders als dieser, dessen Spezialität das französische Buch des 18. Jahrhunderts war, suchte er frühe und seltene Drucke, frühe Wissenschaft, auch kostbare Einbände der Renaissancezeit. Er war überaus gebildet und hatte ein beachtliches Flair für alles Schöne. Eine seiner Angewohnheiten war es, daß er danach trachtete, auf jeder Buchauktion, an der er teilnahm, das erste Buch der Versteigerung zu erwerben. Nicht etwa, weil ihn dieses interessiert hätte, sondern, um den Anwesenden zu zeigen, daß er da war! Die herzliche Freundschaft, die uns gerade in jenen Jahren verband, da in Deutschland die Judenverfolgung begann, gab mir viel. Man konnte sich mit ihm bestens unterhalten, und niemals wurden die Gespräche langweilig. Ich habe schon eingangs darüber geschrieben, wie wertvoll mir sein Ratschlag anläßlich meiner Geschäftsübernahme bei V. A. Heck gewesen ist. Nun hatten wir bereits einige Male als Partner zusammen gearbeitet, immer zu beiderseitiger Zufriedenheit. Und dies wurde durch ein unerwartet großes Geschäft gekrönt. Eines Tages kam er mit einem Paket zu V. A. Heck. „Da habe ich etwas, Christian", sagte er zu mir, „das wird Ihnen Freude machen!" Ich öffnete das Paket, und was lag in meinen Händen? Ein prachtvoller, reich verzierter, für Jean Grolier, Vicomte d'Aguisy (Lyon 1479 – Paris 1565) gebundener Kalbsledereinband! Grolier war Generalfeldzahlmeister und französischer Gesandter in Italien gewesen, wo er sich mit dem Buchdrucker Aldus Manutius befreundet hatte. Er besaß eine berühmte Büchersammlung von über 3.000 Bänden, die sämtlich von erstklassigen Buchbindern der Zeit, zumeist in ausgewähltes Kalbsleder, gebunden wurden. So auch dieses Exemplar. Die beiden Vorderdeckel waren reich verziert und trugen die schöne Devise des Sammlers:

'Jo. Grolierii et Amicorum'

Es haben sich insgesamt an die 350 Grolier-Einbände erhalten, die beinahe ausschließlich in öffentlichen Bibliotheken aufbewahrt werden. Diesen Band hatte vor 1914 mein Vater erworben gehabt, als er das Buchantiquariat bei C. G. Boerner in Leipzig leitete. Er machte den Band zum Prunkstück des damals schönsten Lager-Kataloges der Firma Nr. XXI ‚Kostbare Bucheinbände des XV. bis XIX. Jahrhunderts'. Die 230 Einbände hatte mein Onkel Carl Sonntag jun. beschrieben. Der Grolierband trägt die Katalog-Nummer 14. Er kleidet das einzige Buch eines deutschen Autors in Groliers Bibliothek: ‚Johann Geiler von Keysersberg, Navicula sive speculum in sermones iuxta turmarum seriem divisa', Straßburg, Johann Prüß der Ältere, 1511. Johann Geiler von Keysersberg (1445-1510) war seit 1478 Domprediger zu Straßburg und griff in seinen Predigten schonungslos kirchliche Mißbräuche

an. Mein Vater hat das Exemplar für den außerordentlichen Preis von 16.500.-
Friedensmark an den großen Wiener Bibliophilen Rudolf von Gutmann verkauft gehabt. Nun hatte dieser den kostbaren Einband an Julius Hess zum
treuhändigen Verkauf übergeben. Zum Münchener Haus Hess bestanden bei
Gutmann ähnlich gute Beziehungen wie zu meinem Vater.

Es herrschten damals strenge deutsche Devisengesetze, die den Handel
beinahe zum Erliegen brachten. Daher übergab mir Julius Hess den Grolierband und fuhr wieder nach München zurück. Wenige Zeit später stand,
unangesagt, der wohl bedeutendste Büchersammler Deutschlands dieser
Jahre, Hans Fürstenberg, im Laden von V. A. Heck. Er war der Sohn des
Bankiers Carl Fürstenberg, des führenden deutschen Bankiers der Zeit Kaiser
Wilhelms II. Dieser vermittelte große Anleihen für Österreich-Ungarn, Italien
und Serbien. Er war nach Ende des Ersten Weltkrieges der erste westliche
Bankier in der Sowjetunion; hatte erheblichen Anteil an der Entwicklung des
Ruhrgebietes und an deutschen Schiffswerften. In Berlin beteiligte er sich an
der Erschließung des Kurfürstendammes sowie dem Aufbau der Villenkolonie
Berlin-Grunewald. Zu seinen persönlichen Freunden gehörten Walther
Rathenau, der Reeder Albert Ballin und führende deutsche Industrielle.

Hans Fürstenberg führte bereits mit 29 Jahren die ‚Berliner Handelsgesellschaft‘, der er viele Jahre hindurch vorstand. Schon sein Vater hatte es
verstanden, seine Bank ohne Hilfe von öffentlicher Seite immer wieder den
Weg zur Blüte zu führen. Hans Fürstenberg emigrierte 1938, gezwungener-
maßen, nach Genf, stiftete seine Büchersammlung der deutschen Vorklassiker
und Klassiker der ‚Bibliothèque Nationale‘ in Paris. Seine Sammlung moder-
nerer Originalausgaben der Universität des Kantons Genf, an die auch die
große Bibliothek seiner französischen Erstausgaben gestiftet wurde. Unter
vielen bibliophilen Schriften, die er verfaßte, ist sein Hauptwerk (auf der
eigenen Büchersammlung basierend) sein für die Gesellschaft der Bibliophilen
1929 in Weimar erschienenes Werk ‚Das französische Buch im achzehnten
Jahrhundert und in der Empirezeit‘. Es darf in keiner Handbibliothek eines
Antiquars fehlen. Es beschäftigt sich nicht nur mit den Autoren, Illustratoren
und Buchbindern dieser Blütezeit, sondern, unterstützt von nützlichen Regi-
stern, auch mit den Druckern, Stempelschneidern, Buchhändlern, Verlegern
und Papierfabrikanten, wie auch mit den Büchersammlern. Das Autoren-
register läßt den außerordentlichen Umfang dieses Teiles seiner Bibliothek
erkennen, wobei vermerkt werden muß, daß er zu sichten verstand und nur
hervorragende Exemplare in seine Bibliothek aufnahm. Merkwürdigerweise
war es meinem Vater nicht gelungen, mit Vater oder Sohn Fürstenberg in
Verbindung zu treten, wiewohl er in Berlin manchen Kunden hatte und
schließlich auch einige Jahre dort tätig war. Daher war ich vom Besuch Hans
Fürstenbergs bei V. A. Heck überrascht, sprach mich aber mit diesem bescheiden auftretenden Mann sehr gut. Es war ein Vergnügen, zu beobachten,
mit welcher Liebe er den Grolierband in seine Hände nahm, und zu hören,
was er mir über Groliers Sammeltätigkeit zu erzählen wußte. Für mich war
es, mein ganzes Leben lang, immer wichtig, ein schönes Objekt an den
richtigen Ort zu bringen. Zur Zeit dieses Geschäftes war das Geld bereits
mehr als rar geworden, die wirtschaftlichen Schwierigkeiten überwogen. Hans
Fürstenberg überlegte nur kurz, sah mich mit erfreuten Augen an, schrieb
einen Scheck aus und ging mit dem Paket von dannen! Ich sah ihn, leider,
später nicht mehr. Es waren wohl in erster Linie die welterschütternden
Ereignisse der folgenden Jahre schuld daran. Für mich war der Verkauf des
Einbandes das teuerste Buch, das mir durch die Hände ging.

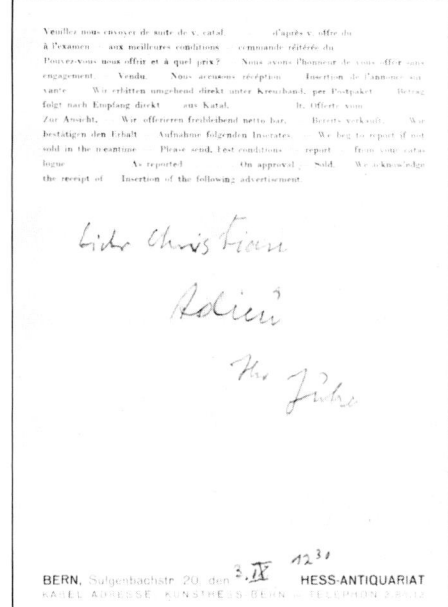

*Der Antiquar Julius Hess, in seinem Schlafzimmer/
Arbeitsraum in Bern, lesend*

*oben: Julius Hess, Postkarte mit seinem Abschied für
Ch. M. N. am Tage der Kriegserklärung der Alliierten, am 3. IX. 1939 (Beginn des Zweiten Weltkrieges)*

9. Paul Graupe, Buch- und Kunsthändler, Berlin, prüft Wien als Standort

Zu den führenden Kunsthändlern Deutschlands gehörte Paul Graupe, der im Berliner Tiergartenviertel ein weit über die Grenzen des Landes bekanntes Auktionshaus besaß. Nach der Machtübernahme durch die Nationalsozialisten in Deutschland – 1933 – wurde es klar, daß man wohl sehr bald gegen alle sich in jüdischem Besitz befindlichen Firmen vorgehen würde. Paul Graupe war einer der bewährtesten Devisenbringer seiner Branche und deshalb schien es längere Zeit hindurch, als würde ihm eine Ausnahmestellung eingeräumt werden. Natürlich war er mißtrauisch und suchte auszuweichen. Und so streckte er seine Fühler auch nach Wien aus, ob sich vielleicht hier eine Möglichkeit für ihn ergeben könnte. Sein größtes Handikap war – darin war er meinem Vater gleich – daß er kein Sprachentalent besaß und allein aus diesem Grund nicht allsogleich an Frankreich, England oder Amerika denken konnte.

Es muß im Sommer des Jahres 1936 gewesen sein, als ich eines Sonntags nachmittags nach getaner Arbeit bei V. A. Heck die Ringstraße überquerte und vis-à-vis vor der Bar des ‚Grandhotels‘ zwei Berliner Kunsthändler in Begleitung einer bildhübschen jungen Dame in der Sonne sitzend traf. Es gab ein Begrüßungshallo und ich wurde gebeten, Platz zu nehmen. Sie hätten, so erzählte einer der beiden Herren, schon einen ziemlich bewegten Tag hinter sich. Erst ein gutes Mittagessen, dann seien sie nach Grinzing hinausgefahren, hätten einen Heurigenwirt dazu bewogen, aufzusperren und hätten dort ausgezeichneten Wein zu sich genommen. Nun saßen sie bei ‚Drinks‘, da es zum Abendessen noch zu früh war. Der ältere der Herren war der beste Berliner Freund meines Vaters, Paul Graupe. Die beiden haben über zahlreiche Jahre hindurch viele erfolgreiche Ge-schäfte miteinander getätigt. Er hatte, gleich meinem Vater, diesen aber überflügelnd, aus dem Nichts eine großartige Karriere gemacht. Er hatte zunächst als Buchhändler begonnen. Meine ältesten Erinnerungen an ihn gehen auf das Jahr 1917 zurück, da meine Eltern mich von Wien aus auf einen Besuch nach Berlin mitgenommen hatten. Ich hatte mir, bevor sich der Zug in Bewegung setzte, durch das herabfallende Fenster des Schlafwagenabteils den Daumennagel der linken Hand beschädigt. Mein Vater zwang mich, ein paar Schlucke Cognac aus seiner stets mitgeführten Reiseflasche zu trinken, was mich sehr bald beruhigte und zum Einschlafen brachte.

Ich erinnere mich, daß wir in Berlin eines Nachmittags bei Paul Graupe zum Tee eingeladen waren. Er betrieb damals sein Buchantiquariat, hauptsächlich mit kostbar gebundenen Pressendrucken handelnd, von seiner elegant eingerichteten, im ersten Stock eines Wohnhauses in der Lützowstraße gelegenen Wohnung aus. Dort war der Beginn der spektakulären Karriere Paul Graupes als Buch- und Kunsthändler. Er war jung verheiratet. Eine schlanke, bemerkenswert elegant angezogene junge Dame empfing uns strahlend. Sie spielte eine wichtige Rolle in seinem Leben, gehörte bald zur Elite der Berliner Gesellschaft, war eine der bestangezogenen Damen der Stadt, war sprachkundig und überaus beliebt. Paul Graupe schickte sie oftmals zu langdauernden Aufenthalten in die großen Hotels Europas, insbesonders nach Orten wie St. Moritz oder Biarritz, wo sie gesellschaftliche Verbindungen zu wohlhabenden Menschen anknüpfte, die dann manchesmal seine guten Kunden wurden. Der Hausherr zündete sich genüßlich eine der schweren Zigarren an, die er zu rauchen pflegte. Es gab – trotz des Krieges – herrlichen russischen Tee und an ‚petit fours‘, was das Herz nur begehrte! Paul Graupe hatte sich, so erzählte er mir einmal, von seiner Mutter, die von dem Verkauf von Gänsen in der Umgebung von Berlin lebte, einen Betrag von 10.000.- Mark zur Gründung seines Geschäftes ausgeborgt und war stolz darauf, daß er ihr das Geld innerhalb eines Jahres habe zurückzahlen können!

In meiner Berliner Zeit habe ich noch die Abrechnung des letzten großen gemeinsamen Geschäftes mit meinem Vater erlebt. Mein Vater hatte – woher, weiß ich nicht zu sagen – ein prachtvolles, in hellen Farben gemaltes Bild, eine Madonna mit dem Jesuskind, aus Rubens‘ italienischer Zeit entdeckt. Es war

Paul Graupe mit seinem Söhnchen Tommy und Ch. M. N. auf der Terrasse seiner in Berlin-Grunewald gemieteten Villa. Um 1928/29

mit Sicherheit eigenhändig gemalt (während viele der späteren Bilder Werkstattbilder sind, bei denen Rubens bestenfalls die letzte Hand bei der endgültigen Fertigung angelegt hat. Daher der große Wert aller Rubens-Skizzen, die Bilder als Vorbild dienten und alle eigenhändig sind). Paul Graupe hatte diesen Ankauf allein finanziert. Jahrelang hing dieses Bild in meines Vaters Berliner Geschäft, bis eines Tages die Stunde schlug und Paul Graupe es war, der das Bild mit gutem Nutzen verkaufte. Wie wütend und enttäuscht jedoch war mein Vater, als er sich – was ich selbstverständlich fand – die mittlerweile aufgelaufenen Zinsen vom Erlös abzog und mein Vater daher sehr viel weniger für seine Hälfte erhielt, als er erhofft hatte!

Was immer Paul Graupe begann, war erfolgreich. Er hatte ein beinahe unglaublich zu nennendes Flair für Geschäfte. Hatte die besten Bankverbindungen und jede Summe die er brauchte, stand ihm zur Verfügung. Zahlte immer prompt zurück und verschaffte sich allein dadurch märchenhafte Kredite. Lebte aufwendig in einem imponierenden Luxus, verfiel aber niemals in den Fehler anderer, die – kaum, daß es ihnen gut zu gehen schien – die Grenzen ihrer Möglichkeiten überschritten und dadurch zugrunde gingen. Er sammelte selbst nichts. Weder Bücher in den Zeiten seines Anfangs, noch kostbares Kunstgewerbe oder teure Bilder Alter Meister in späteren Jahren seiner Karriere. Er sagte mir einmal, als ich bei ihm saß: „Weißt Du, da hat mich doch einmal einer meiner Kunden gefragt, ob ein Bild von Lovis Corinth, das in meinem Büro hing, verkäuflich sei. Mein Herr, habe ich geantwortet, falls Sie es wünschen, können Sie meinen Schreibtisch, meinen Fauteuil oder was immer hier herumsteht, erwerben!“ Er besaß auch nicht die große Villa im Grunewald, die er in späteren Jahren bewohnte und wo er berühmte Feste gab. Klug wie er war, bezahlte er eine hohe Miete, blieb aber

ungebunden und kündigte in dem Moment, da er merkte, daß die Konjunktur umschwang. Ab den späten zwanziger Jahren wurde er zu einem der bedeutendsten, wenn nicht überhaupt zum bedeutendsten Auktionator Deutschlands. Schon immer hatte er es verstanden, sich mit Leuten zu umgeben, die Experten auf ihren ihm ungewohnten Gebieten waren. So die Brüder Ball, die ihr Geschäft im gleichen Haus am ‚Tiergarten‘ hatten und mit kostbarem Kunsthandwerk handelten. Er stand mit ihnen in einem losen Kompanieverhältnis. Sein vortrefflicher, ihn niemals im Stich lassender kaufmännischer Spürsinn ließ ihn – auch, als die Zeiten schlechter wurden – von Erfolg zu Erfolg eilen. Er hatte die internationale Sammlerwelt als seine Kunden. Wo immer man hinkam, lagen seine Kataloge herum. Elegant, aber einfach und niemals verändert in ihrem äußeren Kleid: blaues Umschlagpapier und ein aus weißem Papier bestehendes aufgeklebtes Etikett. Kein Wort der Reklame, kein Hinweis auf den Inhalt! Man sollte neugierig sein auf das, was sein Katalog diesmal brachte. Mit sehr viel Bedacht wählte Paul Graupe seine Mitarbeiter, gleichgültig, ob sie bei ihm im Haus arbeiteten oder als Experten temporär herangezogen wurden. Nie aber, ohne nicht vorher ihre Handschrift durch den damals berühmten Graphologen Raphael Schermann auf ihren Charakter hin überprüft zu haben!

Hinzufügen muß ich, daß dieser Mann im Grunde ein Todkranker war und sich nur durch eiserne Energie am Leben hielt. Klein von Gestalt, mit einem etwas zu groß wirkenden, aber interessanten Kopf und einem von tiefen Furchen durchzogenen ausdrucksvollen Gesicht, hinkte er schwerfällig – immer auf einen Stock gestützt – durchs Leben. Es war ihm ein strahlendes, mitreißendes Lächeln zu eigen. Und noch etwas: schenkte er jemandem seine Freundschaft, so blieb er durch dick und dünn sein Freund. Nichts in diesem Gesicht – vielleicht die Augen – deutete auf das eiskalte Rechnen hinter gütigen Zügen. Eine Hüfttuberkulose, die ihn als Jüngling befallen hatte, wurde er niemals mehr los. Sie zwang ihn dazu, des Sommers monatelang im besten Sanatorium von Montana in der Schweiz still in der Sonne zu liegen. Aber es gab immer wieder böse Rückfälle. Ich erinnere mich an eine auf drei volle Tage angesetzte Versteigerung. Man hob ihn behutsam auf den Fauteuil hinter seinem Auktionspult. Er war leichenblaß, und es schien allen im Saal fraglich zu sein, ob er imstande sein würde, die Auktion zu leiten – etwas, daß er wie kein anderer meisterhaft verstand. Denn mit hohem Einsatz zu pokern, ohne daß auch nur das Zucken eines Gesichtsmuskels ihn jemals verriet, gehörte zu seinen hervorragendsten Eigenschaften. Allein, nach den ersten paar Nummern belebten sich seine Züge, er wurde lebendiger, bis er – zur allgemeinen Erleichterung – in altgewohnter Brillanz die drei Tage durchstand, als wäre nie etwas gewesen!

Sein diesmaliger Besuch in Wien galt zu erkunden, ob und unter welchen Umständen er etwa hier Fuß fassen könnte. Ich war ihm an diesem Sonntag in Wien gerade rechtzeitig in den Weg gelaufen, denn am nächsten Tag erklärte er mir, was er mit mir vor hätte.

Neben ihm saß Arthur Goldschmidt, einer der drei Brüder aus Frankfurt, Antiquitätenhändler von Format, die in Berlin im gleichen Haus wie Paul Graupe ihr Geschäft betrieben. Die Firma Goldschmidt zählte vor 1914 zu den angesehendsten ihrer Branche. Den drei Brüdern, Nachfolger ihres Vaters, gelang es gerade noch, die Fassade des alten Geschäftes aufrecht zu erhalten. Ich stand ihnen immer reserviert gegenüber. Zu sehr hatte mich – damals noch sehr jung – die Erzählung meines Vaters geschockt, wie er ihnen einmal sein Wiener Geschäftslokal für eine Ausstellung ihrer Antiquitäten zur Verfügung gestellt hatte. Wie ‚tout Vienne‘ ins Geschäft gekommen sei und reichlich gekauft habe. Wie aber bei der Wiederholung, wenige Monate später, die Käufer empört auf Rücknahme der Ware und Ersatz des Kaufpreises bestanden hätten, weil die Ware Nachprüfungen nicht standgehalten hatte. Kein Einzelfall etwa, sondern mehr als die Hälfte alles Verkauften mußte zurückgenommen werden! Anders als Paul Graupe waren die Brüder Goldschmidt Menschen, die das Geld sinnlos ausgaben. Zwei von ihnen, darunter auch Arthur Goldschmidt, klammerten sich deshalb an Paul Graupe, der ihnen damals wie eine Art Hoffnungsanker vorgekommen sein muß. Auch spürten sie vielleicht mehr als er, daß ihre Tage in Deutschland gezählt waren. Ich möchte Arthur Goldschmidt – ohne abwertend über ihn urteilen zu wollen – am besten als eine Art von ‚Playboy‘ beschreiben. Er war ein internationaler Typ, sprachenkundig vor allem, auf dem glatten Parkett von Paris genauso zu Hause wie in London oder New York. Alle drei Brüder unterhielten glänzende Beziehungen zur internationalen ‚Haute volée‘. Für Arthur Goldschmidt gab es außer den Bars der großen Hotels dieser Welt noch den Turf, wo er sich in guten Jahren Rennpferde hielt. Immer aber war er – der unverheiratet geblieben war – ein ‚homme à femmes‘, gleichgültig ob es sich um Damen der Gesellschaft oder um solche der Halbwelt handelte. Er wirkte auf die Frauen. Nie war er irgendwo längere Zeit allein. Schon hatte er sich – wie man in Wien sagen würde „eine aufgerissen“, mit ihr geflirtet, soupiert und geschlafen, um sie am Morgen unbekümmert zu verlassen. Anscheinend unbesiegbar wandelte er von einem ‚five o'clock tea‘, von einer Bridgepartie zur anderen. Er saß stundenlang in Bars herum, soupierte nur in den feinsten Restaurants und ging lässig, aber von einem sicheren Instinkt geleitet, durch das Leben. Ein sonderbares, aber für jene Zeit des Nachkrieges nach 1918 charakteristisches Verhalten. Hier in Wien hatte er sich sichtlich an Paul Graupe angehängt, um zu versuchen, sich ihm unentbehrlich zu erweisen. Aber ich merkte deutlich, daß seine Zeit abgelaufen war!

Die junge Frau, die mit an ihrem Tisch saß, konnte man nicht als ‚das süße Wiener Maderl‘ bezeichnen, von denen Arthur Schnitzler zu erzählen weiß. Sie war sichtlich eine, die sich ihre Kundschaft in irgendeiner der besseren Bars zu verschaffen wußte. Ein wahrhaft bildschönes, verführerisches Geschöpf mit Formen, die atemberaubend waren. Sie war mit den beiden Herren bereits den ganzen Tag herumgezogen. Als die Zeit endlich fortgeschritten war, zogen wir zu den ‚Drei Husaren‘, damals das beste und teuerste Restaurant in Wien. Ich werde nie das Gesicht des uns empfangenden Oberkellners vergessen, als er Lintschi – so hieß sie – erblickte. Er wurde blaß, verzog jedoch keine Miene, denn Gäste, die sie anschleppte, waren mit Sicherheit bei Kasse, darauf konnte er sich verlassen. Also setzten wir uns an einen von ihm vorgeschlagenen Tisch. Ich saß neben Lintschi. „Herr Ober, wo bleibt denn die Speis'karten?“ rief sie ungeduldig. Und näher an mich heranrückend sagte sie leise zu mir: „Paß' auf, denen zwei werd' ich's zeigen! Essen tu ich prinzipiell nur das Teuerste, aber Du mußt mir des alles übersetzen, I versteh' ka Wort Französisch! I halt mi an die Preise!“ Also fuhr sie mit dem Zeigefinger entlang den Preisen. Bei den Vorspeisen hieß es: „Geh', um Gottes Willen alles, nur kan Seefisch net, keine Muscheln und so Zeugs. Ja, Gansleber! Darüber könnt mer red'n! Und nachher, was is des (coq au vin)?“ Ich erklärte es ihr. „Bratens Henderl also, das könnt' ich riskieren und alle Beilagen dazu und als Nachtisch selbstverständlich Ananas, s'gibt ja leider nix Teureres!“

Ich beeilte mich, für sie zu bestellen. Die eigentliche Katastrophe geschah aber nach dem schwarzen Kaffee. Bereits durch schweren Wein lustig geworden, rief sie laut aus: „Jetzt werd's was derleben, meine Herrschaften! Herr Ober, wo is die Flaschn mit dem bewußten ‚Cognac Napoleon‘? So was werd's no net trunken hab'n!“ Der Ober hielt den Cognac fest in der Hand und begann, sorgsam einzuschenken, als sie ihm die Flasche mit den Worten wegnahm: „Her damit, jetzt schenk i ein! Net so zimperlich wie unser Herr Ober!“ Sie schüttete das kostbare Naß, indem sie die Flasche in beiden Händen hielt, in drei Gläser, daß es nur so spritzte! Ich lehnte dankend ab, weil ich schon Arges ahnte. Und richtig: als die Rechnung Arthur Goldschmidt vorgelegt wurde, reichte er sie nonchalant an Paul Graupe weiter. Dieser zog aus der Westentasche sein an einem dicken Band befestigtes Monokel hervor, klemmte es ein, warf einen Blick auf die Endsumme und ließ zu meinem Schreck das Monokel fallen! Es fing sich natürlich am Ende des Bandes und er klemmte es, stirnrunzelnd, wieder vor das Auge, schüttelte den Kopf und blickte den Ober an. Dieser, sehr verlegen, erklärte, er wisse, daß der Preis für den Cognac sehr hoch sei. Wenn die Herren einverstanden wären, könnte er ihnen gegen eine geringe Aufzahlung die ganze Flasche mitgeben! Paul Graupe schüttelte den Kopf. Nein, das paßte ihm gar nicht. Er zog die Brieftasche, zahlte und ließ sich seine Garderobe geben. Arthur Goldschmidt machte keinen Versuch, ihm bei diesem Disput zu Hilfe zu kommen! Die Rechnung machte für damalige Zeiten einen exorbitanten Betrag aus. Lintschi aber hängte sich plötzlich bei mir ein und sagte leise: „Also, Du mit Deine schönen blauen Augen, Du g'fallst mir! Komm' lass'n wir de zwei steh'n" und drängte auf die Straße. „Aber bitte," sagte ich, „das geht doch wirklich nicht! Beide Herren sind meine Freunde und haben mich sehr nett zu diesem Essen eingeladen. Was würden sie von mir denken?" und machte mich los. Beleidigt sagte sie: „Alsdann, guat. Was net sein soll, soll halt nicht sein!" und ging dahin. Ich muß gestehen, diese Lintschi schien mir schon eine Sünde wert zu sein. Sie gefiel mir gut, insbesondere, solange sie ihren Mund nicht aufmachte! Ich sah sie niemals wieder!

Allein gelassen bin ich in das Lokal zurückgegangen und habe den Ober gestellt, was ihm denn eingefallen sei? Wir seien doch schließlich nicht auf dem Balkan! Er war voller Entschuldigungen: „Dieses verfluchte Luder," sagte er, empört, „immer macht sie solche Sachen! Nicht nur, daß ich alle Konsumationen, die sie bei Besuchen unseres Restaurants, ohne Anschluß zu finden, zu sich genommen hat, auf die Rechnung des nächsten Gastes setzen muß, versetzt sie mich in tödliche Verlegenheit mit dem Cognac. Es wird mir genau vorgeschrieben, wie viele Gläser ich aus der Flasche ausschenken und verrechnen muß. Nimmt sie sie mir aus der Hand, habe ich keine Möglichkeit zur Kontrolle, sondern muß schätzen und" – mit einem entschuldigenden Blick auf mich – „Sie sahen ja, wohin das führt!"

Tags darauf traf ich beide Herren bei Rechtsanwalt Dr. Otto Kammerlander, der damals noch Substitut in der Kanzlei des Dr. Ludwig Draxler (1896–1972) war. Dieser war der Anwalt von Fürst Starhemberg, der die ‚Heimwehr' (eine vaterländische Organisation gegen die Nationalsozialisten) gegründet hatte; war 1935/36 Finanzminister; verbrachte Jahre in Konzentrationslagern und war nach 1945 Rechtsvertreter des Hauses Habsburg. Dr. Kammerlander arbeitete nur kurze Zeit in seiner Kanzlei.

Es ging darum, daß Paul Graupe in Wien ein Auktionshaus aufmachen wollte. Ich sollte dort Geschäftsführer sein. An alles hätte ich gedacht, nur daran nicht! So sehr mir auch der Vorschlag schmeichelte, wußte ich doch, daß ich hierfür nicht geeignet sei. Die ganze Sache schlief schließlich sang- und klanglos ein, und ich war froh darüber. Ich war mir sicher, daß dieses Projekt niemals geglückt wäre. Kannte ich doch die Wiener Verhältnisse zu gut, um nicht zu wissen, welche Prügel man uns zwischen die Füße werfen würde! Vor allem hätte man mit dem Widerstand der staatlichen Versteigerungsanstalt ‚Dorotheum' zu kämpfen gehabt. Jeder Versuch der Gründung des geplanten Versteigerungsgeschäftes wäre massiv verhindert worden. Arthur Goldschmidt habe ich niemals wiedergesehen.

Wohl aber Paul Graupe, der kurze Zeit später seine Zelte zunächst nicht in Wien, sondern in Paris – selbstverständlich in allerbester Gegend, also auf der Place Vendôme – aufgeschlagen hatte, dann aber (als die Gefahr eines deutschen Durchbruches näherrückte), nach New York auswanderte. Leider ist dort seine sehr viel jüngere Frau an einem Krebsleiden verstorben, sie war ihm unersetzlich. Ich sah ihn nach 1946 in Zürich wieder. Wir wohnten im gleichen Hotel, Hotel Carlton-Elite (was für ihn einen Abstieg bedeutete. Sichtlich mußte auch dieser verwöhnte Mann nun seinen Gürtel enger schnallen). Er wirkte wie verloren und fand sich in dieser Welt nicht mehr zurecht. Er hat noch erlebt, wie sein in England aufgewachsener Sohn, der nun Mr. Grange hieß, ein vornehmes englisches Internat besucht hatte und im Krieg englischer Flieger war, sich im Kunsthandel betätigte. Paul Graupe sagte mir aber, mit leisem Bedauern, daß ihm dessen Leben nicht gefiele. Er war im Handel ungemein beliebt, hat aber seinen unvergeßlichen Vater leider nur um ein paar Jahre überlebt.

Traueranzeige für Paul Graupe. Sein Sohn Thomas war nach England emigriert und nannte sich seither Tommy Grange.

Gustav Mayer, der führende Händler für Graphik Alter Meister in England

10. *Gustav Mayer, London, versucht die ‚Albertina‘ zu kaufen*

Eine der schillerndsten Figuren des internationalen Graphikhandels war – vor, während und nach dem Ersten Weltkrieg – der in London lebende Deutsch-Amerikaner Gustav Mayer, über den ich bereits in: ‚Die goldenen Sessel meines Vaters‘ – berichtet habe. Relativ klein von Statur, sportgestählt, gepflegt, war er gekleidet in der unübertrefflichen Eleganz eines englischen Gentleman. Außerdem vielseitig erzogen (er sprach neben einem akzentfreien Englisch vollendet Deutsch, ein elegantes Französisch und Italienisch). In seinem Auftreten war er still und diskret. Er war ein warmherziger Mensch. Ein strahlendes, gewinnendes Lächeln war ihm zu eigen. Er zählte – nicht zuletzt seiner Sprachkenntnisse halber – zu einem der bestinformierten Männer der Branche. Sein Vater hatte ihn sehr sorgfältig ausbilden lassen und ihm – als sein Interesse am Graphikhandel erwachte – ermöglicht, durch mehr als zwei Jahre hindurch die europäischen Graphiksammlungen der großen Museen gründlich zu studieren. Eine für die damalige Zeit ungewöhnliche und großzügige Ausbildung! Dann kaufte er ihn bei der Londoner Graphikfirma Obach ein. Diese wurde kurze Zeit darauf, 1911, mit dem damals auf dem Gebiete der Graphik führenden Haus P. & D. Colnaghi & Co. (ein seit der Mitte des 18. Jahrhunderts bestehendes, ehrwürdiges Haus, vergleichbar etwa mit der gleichzeitig in Wien gegründeten, heute noch bestehenden Firma Artaria & Co.) fusioniert und hieß eine Zeitlang ‚Colnaghi & Obach‘. Man ließ aber – im kurze Zeit darauf ausbrechenden Ersten Weltkrieg – den allzu deutsch klingenden Namen Obach wieder fort.

Im Hause Colnaghi oblag Gustav Mayer in erster Linie der Handel mit kostbaren Handzeichnungen und wertvoller Graphik Alter Meister, auch mit mittelalterlichen Buchminiaturen. Die Firma besaß in der Old Bond Street – kam man von Piccadilly herauf, zur linken Hand – ein mehrstöckiges Haus, das wohl eigens für ihre Zwecke um 1900 herum erbaut worden ist. Teppichbelegte Räume, gediegener Geschmack, stets nur einige wenige Bilder oder ausgewählte Graphik an den Wänden, als Kostproben der im Safe der Firma eingelagerten Schätze. Der begehbare Safe lag unterhalb des Straßenniveaus und war zimmergroß. Die obersten Stockwerke des Gebäudes dienten der Unterbringung der ungemein großen Handbibliothek, gleichzeitig waren dort Arbeitsräume für Restaurierung und Passepartoutherstellung eingerichtet. Das männliche Personal der Firma trug dunkle Kleidung (Cutaway). Nur gelegentlich sah man Sekretärinnen durch die Räume huschen. Kein lautes Wort im ganzen Haus! Ein altmodischer Lift ratterte durch alle Stockwerke. In den ebenerdigen Räumen war stets eine Ausstellung irgendeines lebenden englischen Graphikers konservativer Richtung zu sehen. Vor dem Portal der Firma stand ein ‚Exserviceman‘ in Uniform, mit gewichstem Schnurrbart und grandiosen Gesten, seine Brust mit militärischen Orden geschmückt.

Gustav Mayers Partner, Otto Gutekunst, stammte aus Deutschland, wo das Haus Gutekunst in Stuttgart eine führende Rolle im Graphikhandel gespielt hatte. Er war ein schlanker, hocheleganter Mann und wurde im Handel insgeheim ‚Lord Darling‘ genannt. Ihm oblag in erster Linie der Handel mit kostbaren Bildern Alter Meister. Wenn er des Morgens seinem Rolls-Royce entstieg, devot vom ‚Exserviceman‘ vor dem Portal von Colnaghis begrüßt, hätte jedermann vermeint, einen waschechten Engländer bester Prägung vor sich zu haben. Im Gegensatz zur freundschaftlichen, offenen Weise, mit der

Gustav Mayer empfing, wahrte Otto Gutekunst stets hoheitsvoll Distanz. Man konnte ihm ganz einfach nicht näherkommen! Meine Mutter, die ein einziges Mal in den Jahren nach dem Ersten Weltkrieg meinen Vater auf einer seiner Geschäftsreisen nach London begleitete, erzählte von einem Abend in seinem Haus, wo O. Gutekunst nach dem Abendessen, von einem Pianisten begleitet, mit seiner gepflegten Tenorstimme Lieder vorgetragen habe. Trotz aller Bemühungen der Gastgeber, habe sie sich in diesem Haus dennoch wie verloren gefühlt. Das große Vermögen Otto Gutekunsts, vor allem sein Geschäftsanteil bei Colnaghis, wurde bei Ausbruch des Ersten Weltkrieges beschlagnahmt. Das radikale Vorgehen der englischen Behörden, die zum ersten Mal in der Geschichte das Privateigentum feindlicher Staatsangehöriger mißachteten und konfiszierten, war beispiellos und zweifelsohne ungut. Soweit die Beteiligung am Lager von Colnaghi betroffen war, gelang es der Firma – wie ich von Gustav Mayer einmal gesprächsweise erfuhr – die beschlagnahmten Bestände einige Zeit später relativ günstig zurückzuerwerben.

Nach Beendigung des Ersten Weltkrieges blühte das Geschäft von Colnaghis auf. Vor allem Dank ihrer ausgezeichneten Beziehungen zu den USA, wo erst in jenen Jahren, sowohl privat, als auch in den führenden Museen, wertvolle alte Graphik und Handzeichnungen Alter Meister beachtet und gesammelt wurde. Colnaghis spielten eine beherrschende Rolle im englischen und amerikanischen Graphikhandel. Im Gemäldehandel waren ihnen andere, Duveen vor allem überlegen. Aber viele der großen, aufregenden, internationalen Verkäufe, die zwischen 1900 und 1938 getätigt wurden, gingen durch ihre Hände. Die Geschäfte dieses Hauses gingen ebenso steil bergauf wie später bergab. Die Partner lebten sicher über ihre Verhältnisse. Als kleines Beispiel für ihren Aufwand mag dienen, daß beiden Herren, der exzellente Weinkeller des – heute nicht mehr bestehenden, damals zu den besten Häusern zählenden – ‚Carlton Hotels‘ am Haymarket nicht genügte. Führten sie mittags Gäste dorthin, dann überreichte der Ober jedem Anwesenden eine Weinkarte, die nur Weine, die den beiden Herren gehörten, verzeichnete. Die Firma florierte in den Jahren nach 1918 vor allem dadurch, daß sie die sich ihnen bietende Chance der deutschen Inflation ausnutzte, indem sie im letztmöglichen Moment ihre deutschen Auktions-Ankäufe bezahlten und somit praktisch um ein Nichts einkaufen konnten, weil die deutsche Mark täglich an Wert verlor. Wie oft hatte sich mein Vater hierüber aufgehalten! Aber ihn verband eine große Freundschaft mit Gustav Mayer, die niemals in Frage gestellt wurde. Um 1930 kam die Firma in geschäftliche Schwierigkeiten, die dazu führten, daß ihr nichts anderes übrigblieb, als ihr schönes Geschäftshaus zu verkaufen. Sie mußten es vom neuen Besitzer mieten und hatten dadurch pro futuro enorme Spesen.

Um 1935/36 erschien Gustav Mayer in Wien und blieb überraschend lange. Er ließ sich nirgends blicken – auch bei mir nicht – und es gelang ihm, zu verhindern, daß seine Tätigkeit im Handel bekannt wurde. Es fiel dem Personal des Studiensaals der ‚Albertina‘ auf, daß er sich systematisch Kassetten der wertvollsten Graphik und aller bedeutenden Handzeichnungen vorlegen ließ und tagelang Zahlen in Listen eintrug. Hatte die Direktion zunächst gegen diese sonderbare Tätigkeit keine rechte Handhabe, so erfuhr sie die Wahrheit, als eines Tages ein Telegramm auf den Tisch des Hauses flatterte. Es stammte vom großen Kunsthändler Duveen aus New York und besagte in wenigen Worten, man möge nicht mit Colnaghis abschließen, das Haus Duveen böte auf jeden Fall um 10% mehr! Daraufhin wurde Gustav Mayer zur Direktion gebeten. Er machte die erstaunliche Mitteilung, daß er im Besitz einer Option auf die gesamten Bestände der ‚Albertina‘ sei, die er vom Erzherzog Friedrich eingeräumt bekommen habe. Dieser war der letzte Besitzer der ‚Albertina‘ und lebte nach 1918 in Ungarn, wo er große landwirtschaftliche Güter besaß. Deshalb hatte er nach 1918 zwar die österreichische Staatsbürgerschaft nicht angestrebt, aber niemals auf seine Rechte in Österreich Verzicht geleistet. Ob er rechtlich jemals seinen Anspruch auf Rückgabe der Schätze der ‚Albertina‘ hätte durchsetzen können, ist fraglich.

Wohl aber schwebten damals – vor 1938 – Verhandlungen der Republik Österreich unter dem Bundeskanzler Kurt von Schuschnigg mit dem Haus Habsburg, die zumindest eine teilweise Abgeltung der konfiszierten Vermögenswerte – in erster Linie der Kunstsammlungen – vorsahen (der Einmarsch der Deutschen brachte das Ende dieser Bemühungen). Spekulant war Gustav Mayer immer gewesen. Kein Wunder, daß er hier eine große Chance witterte, die jeden persönlichen Einsatz wert schien. Die Direktion der ‚Albertina‘ allerdings machte dem Treiben ein Ende, indem sie sehr deutlich klar machte, daß sie seine Tätigkeit weiterhin nicht dulden würde. Als ich anläßlich eines Vortrages in der von mir gegründeten ‚Gesellschaft der Freunde der Albertina‘ 1993 einen kurzen Vortrag über dieses damals in Vorbereitung befindliches Buch hielt, stand der derzeitige Direktor der Albertina, Hofrat Dr. Konrad Oberhuber, der viele Jahre in Boston verbracht hat, auf und ergänzte das von mir Gesagte durch die Mitteilung, wie ernst die Situation der Albertina damals gewesen sei. Gustav Mayer habe es verstanden gehabt, die hinter dem Boston Museum of Fine Arts stehenden Finanziers dazu zu bewegen, eine unglaublich hohe Summe für den Ankauf der Schätze der Albertina zustandezubringen. Gustav Mayer war also auch als Bevollmächtigter dieser ‚Trustees‘ nach Wien gekommen!

Gustav Mayer hatte, so erzählte mir mein Vater, in erster Ehe eine Demimonde geheiratet, eine bildschöne Frau. Sie hätte eines Tages von dieser Ehe genug gehabt und sei unter Mitnahme all dessen, was sich im gemeinsamen Haushalt befand, verschwunden. Als er von einer seiner zahlreichen

Reisen zurückkam, stand er buchstäblich vor den nackten Wänden! Was seine Frau nicht mitnehmen konnte, hatte sie kurzerhand zu Geld gemacht!

Als ich nach London kam, war er zum zweiten Mal verheiratet. Mit der Witwe des Malers und Buch-Illustrators Byam Shaw (1872–1919). Sie war damals eine bereits weißhaarige, warmherzige Dame, die zwei Töchter aus erster Ehe mitbrachte. Nun hatte er ein ruhiges, vorbildlich geführtes Haus voller Jugend und Leben. Was ihn aber anscheinend – so mein Vater – nicht daran hinderte, anderwärtig sein Vergnügen zu suchen.

Mein Vater hatte mich zu Beginn des Sommers 1926 mit nach London genommen. Ich verbrachte ein paar Tage mit ihm. Dann wurde ich von einem Angestellten der Firma Colnaghi nach Woldingham bei Croydon begleitet – wo Gustav Mayer mich im Haus des Pfarrers der Ortschaft für den Sommer untergebracht hatte. Ich denke nicht gerne an diese Zeit zurück, weil ich überfordert war. Nicht nur, daß ich mit meinen damals mehr als geringen englischen Sprachkenntnissen Schwierigkeiten hatte, hätte ich mich in den beiden Sommermonaten auf Nachprüfungen in Griechisch und Latein (die für meinen möglichen Aufstieg in die 6. Klasse des Gymnasiums ausschlaggebend gewesen wären) allein vorbereiten sollen. Ich lernte zwar fleißig, wurde aber – neben dem Englischen – mit dieser Aufgabe nicht fertig und verließ im Herbst das Hietzinger Gymnasium, um den Buchhandel zu erlernen.

Lichtpunkte dieses Aufenthaltes in Woldingham waren ein oder zwei Einladungen bei Gustav Mayer, der in dieser Ortschaft ein großes Landgut‚ ‚Whistler's Wood‘ besaß. Es war ein schöner, einstöckiger Bau aus dem 16. Jahrhundert, den der Vorbesitzer – einer der Cunards von der ‚Cunard Steamship Co‘, die vor allem einen regelmäßigen Personen- und Frachtverkehr zwischen Europa und Nordamerika betrieb – irgendwo abgebrochen und hier – Stein um Stein – wieder aufstellen hatte lassen. Auf der Gartenseite fiel das Terrain in großen Terrassen nach unten. Alle Flächen waren von sorgsam zugeschnittenen Buchsbaumhecken eingefaßt, ganz unten befand sich ein ‚lawn tennis court‘. Ein ‚hard tennis court‘, auf dem ich mich ein einziges Mal versuchen durfte – die Mayers waren ausgezeichnete Tennisspieler und gewannen regelmäßig Turniere im Engadin – befand sich an der Seite des Hauses.

Gustav Mayer, der mich vom ersten Augenblick an durch wohlwollende Freundschaft auszeichnete, fuhr ein- oder zweimal bei der ‚Vicarage‘ vor und überbrachte mir als köstliche Gabe Trauben oder Birnen aus einem seiner Gewächshäuser. Das waren willkommene Gaben. Im Haus der Lady Rivett-Carnac – so hieß die Gemahlin des Pfarrers, bei der ich untergebracht war – herrschte Schmalhans als Küchenmeister. Es gab pro Woche irgendeinen halbgaren Braten, von dem der Pfarrer – nach frommem Gebet – dünne Scheiben heruntersäbelte. Kein Obst, vor allem, und – das war das Bitterste – keinen Anschluß an Gleichaltrige. Die kamen erst, als die englischen Ferien begannen.

Gustav Mayer hatte in ‚Whistlers Wood‘ stets irgendein neues Hobby, das er mit Leidenschaft betrieb. Kurz nach dem Ersten Weltkrieg züchtete er Hühner. Er hatte über 2000 und lieferte dem ‚Carlton Hotel‘ in London eine zeitlang hindurch die Eier. Als ich hinkam, waren Fasane an der Reihe. Ihre Eier wurden von Bruthennen in kleinen Holzhütten ausgebrütet. Rings um die Hütten waren Pflöcke in den Boden eingeschlagen, die mittels eines dünnen Fadens verbunden waren. Man wurde gewarnt, diesen Faden zu zerreißen, weil sonst unweigerlich während der Nacht sich ein Fuchs die Henne holen würde. Der Fuchs sei so mißtrauisch, daß er – mit der Nase an den Faden anstoßend – nicht weiterginge, und röche es noch so gut!

Selbstverständlich wurden die Fasane im Herbst geschossen. Die Strecke betrug in einem Jahr 3000 Stück! Betrat man das Haus, so standen im ersten Raum an die 60 Paar Stiefel verschiedener Größen für die Jagdgäste bereit. In Schränken, hinter Glas, waren ganze Reihen kostbarer Jagdgewehre verwahrt. Als ich später einmal nach ‚Whistler's Wood‘ kam, wurde dort Schlachtvieh gezüchtet. Ein prachtvoller Shorthorn - von imposantem Körperbau - wurde uns vorgeführt und kritisch betrachtet. Hier und dort hieß es, müsse er noch massiert werden, wolle man auf der kommenden Ausstellung einen Preis gewinnen! Einen ersten Preis gewänne man auf keinen Fall, der werde regelmäßig den Tieren des Königshauses zugesprochen! Ich glaube, es war ein Bruder von Mrs. Mayer, der als erfahrener Landwirt alle diese Experimente leitete. Dahinter aber stand der ewig unruhige, spekulierende Hausherr.

‚Whistler's Wood‘ war für mich das Traumhaus schlechthin. Nie hatte ich ähnliches gesehen! Es herrschte dort jene unbeschreiblich behagliche Atmosphäre, jene Kombination von Luxus und Nützlichem, wie man sie - damals wenigstens - nur in England finden konnte. Gepflegtes Essen, lustig flackerndes Kaminfeuer, wenn man von draußen hereinkam; stets lebhaft fließende, aktuell-witzige, geistreiche Konversation, der ich - wenn auch mit einiger Mühe - bald zu folgen lernte.

Damals verkehrte im Hause Mayer eine Freundin der beiden Stieftöchter, eines der bezauberndsten jungen Mädchen, das ich je sah. Heimlich betete ich sie an. Und natürlich fand ich nicht die richtigen Worte, als ich sie - endlich - einmal allein auf dem Rad antraf! Es blieb meinerseits bei sehnsuchtvollen Blicken. Sie hatte für mich ein mich beglückendes, spöttisch-aufmunterndes Lächeln. Dabei blieb es. Als ich ein nächstes Mal nach ‚Whistler's Wood‘ kam, war das Lächeln aus diesem wunderschönen Antlitz verschwunden. Sie war mit einem nichtssagenden, rothaarigen Mann verheiratet. Man sah ihr unschwer an, wie unglücklich sie war.

‚Whistler's Wood‘ war ein seltsames Gemisch aus bequem und bewußt unbequem. So gab es zum Beispiel nicht überall elektrisches Licht im Haus. Der Strom wurde durch einen Generator erzeugt. Wahrscheinlich deshalb, weil aufgestellte Masten und Leitungen den Eindruck des Hauses gestört hätten!

Ging der Hausherr in seinen Keller, zündete er vorher umständlich eine Acetylen-Laterne an und verschwand für eine geraume Weile. Dann kam er schmunzelnd mit einer oder zwei vorsichtig in einem Körbchen getragenen, verstaubten Flaschen nach oben. Er wollte mir, den er als Sohn seines Freundes für einen Weinkenner hielt, eine Freude machen! Sein Weinkeller war berühmt. Meinem Vater wurde einmal eine köstliche Flasche eines Moselweines, Jahrgang 1928 kredenzt. „Das ist der beste Wein, den es je gab", sagte Gustav Mayer zu ihm, liebevoll das gelblich-goldene Naß im hochgehobenem Glas betrachtend. „Ja", sagte mein Vater, „aber einmal wird auch der Jahrgang 1928 zu Ende sein! „Nicht bei mir" antwortete Gustav Mayer. „Ich bin jetzt Mitte Fünfzig und rechne damit, mindestens Fünfundsiebzig zu werden. Ich habe 25.000 Flaschen davon im Keller!"

Ich weiß, daß dies keine Übertreibung war, denn einmal war mein Vater gebeten, für Gustav Mayer eine Weinrechnung in Deutschland zu bezahlen. Es verschlug uns den Atem, als wir sahen, daß es sich bei den Käufen eines Jahresbedarfes um nicht weniger als 1.000 Pfund - damals ein unvorstellbar hoher Betrag - handelte!

Ein einziges Mal durfte ich, Jahre später, in ‚Whistler's Wood‘ übernachten. Des Morgens kam völlig unerwartet ein hübsches Stubenmädchen im schwarzen Kleid mit Häubchen und weißen Manschetten herein, zog die Vorhänge auf, wünschte einen guten Morgen und reichte auf einem Tablett den ‚early morning tea‘ ans Bett.

Ich vermag nicht zu sagen, was aus diesem traumhaft schönen Besitz geworden ist. Da Gustav Mayer, als ich ihn nach dem Zweiten Weltkrieg besuchte, nichts davon erzählte, wollte ich nicht daran rühren. Sicher hat er ihn verkaufen müssen.

Noch immer war er von bezwingender Liebenswürdigkeit, führte mich in ein ‚Restaurant à la Basque‘ in der Nähe seiner Firma, die sich nun in einem Haus auf der rechten Seite der Old Bond Street befand. Er war sichtlich gealtert. Es war aber noch gelungen, das vielleicht größte Geschäft seines Lebens erfolgreich abzuschließen: den Verkauf der Graphiksammlung des österreichischen Feldzeugmeisters F. Ritter von Hauslab (1798–1883), die in den Besitz des Hauses Liechtenstein, Wien-Vaduz, gelangt war, an amerikanische Kunden, hauptsächlich an das Graphic Department des Metropolitan Museum, New York. Die Bestände dieser Sammlung – einer der größten und bedeutendsten im europäischen Privatbesitz überhaupt – waren niemals publiziert worden. Niemand ahnte, was sie an Schätzen barg! An anderer Stelle dieses Buches berichte ich, wie mein guter Freund Dr. August Klipstein, der sie um 1950 zu schätzen hatte, an dieser Schätzung gescheitert ist.

Da er selbst keine Kinder hatte, ermöglichte Gustav Mayer einem Neffen seiner zweiten Frau eine ähnliche Ausbildung, wie jene, die ihm sein Vater hatte zukommen lassen. Jim Byam Shaw, der auch einige Bücher veröffentlicht hat, führte die Firma Colnaghi noch einige Jahre nach dem Tode seines Onkels weiter. Heute ist sie im Besitz der Bank Rothschild, London. Ihre glanzvollen Zeiten gehören der Geschichte an.

II. ‚Kennerschaft‘

1937, zwei Jahre nach der Übernahme von meines Vaters Anteil bei V. A. Heck, schien sich mir die Chance zu einem wirklich wichtigen Geschäft zu bieten, das mit einem Schlag mein Selbstgefühl mehr als gesteigert hätte. Eines Tages tat sich die Türe auf, und herein kam ein gutaussehender, wohlgekleideter Herr, der nach ein paar Worten der Begrüßung sich als Inhaber einer der großen österreichischen Zuckerfabriken zu erkennen gab. Es blieb mir verborgen, wer ihn eigentlich zu mir geschickt hatte. Es mußte aber jemand gewesen sein, der wußte, daß ich mir in der Kunsthandlung meines Vaters auf dem Gebiet der Handzeichnungen Alter Meister meine Sporen verdient hatte. Er kam mit einem Anliegen, das mich aufhorchen ließ. Er habe, so erzählte er, vor kurzem seine Villa umgebaut und sein Speisezimmer mit Möbeln der Renaissancezeit eingerichtet. Nun suche er zum Schmuck des Raumes nicht ein Ölbild dieser Zeit, denn das würde die ihm zur Verfügung stehenden Geldmittel übersteigen. Er habe vielmehr daran gedacht, daß es vielleicht möglich sein könnte, eine besonders schöne und bedeutende Zeichnung aus dieser Zeit zu erwerben. Ich antwortete ihm, daß ich sehr wohl von früher her über gute Beziehungen zu einigen Spezialisten auf diesem Gebiet verfüge, daß ich mich umsehen und ihm berichten würde. Ich würde innerhalb der nächsten 14 Tage Bescheid über Erfolg oder Mißerfolg geben. Damit schied er von mir.

Zu den wirklichen Freunden meines Vaters zählte ein Mann, den ich verehrte und liebte: der aus einer wohlhabenden Familie in Holland stammende Charles Albert de Burlet, ein Grandseigneur seinem Aussehen und Auftreten nach. Nebsther ein profunder Kenner, Spezialist für Bilder Alter Meister, Kenner vor allem der Werke der holländischen Malerschule. Er war von einem untrüglichen Sinn für Qualität geleitet, auch immer bereit, eine erstklassige Alt-Meister-Zeichnung zu erwerben. Stets war er Käufer der Ware, die er auf Lager hatte. Er war ein Mann, der über genügend Geldreserven verfügte. Nur in der allerhektischsten Konjunkturzeit vor dem großen Börsenkrach von 1929 hatte er sich verleiten lassen, ausnahmsweise bei einer Bank für den Ankauf einiger bedeutender Objekte Geld aufzunehmen, was er kurze Zeit später mehr als bereut hat. Denn nach jenem großen Börsenkrach brach die überhitzte Konjunktur auf dem Kunstmarkt zusammen und riß manch einen in großes Elend. Nicht aber ihn, dem es meisterhaft gelang, in zäher Verhandlung mit seiner Bank fertigzuwerden, sodaß sein Schaden begrenzt blieb.

Ich habe bereits in meinem Buch ‚Die goldenen Sessel meines Vaters‘, Wien, 1983, einen kurzen Abriß seines Lebens gegeben und begnüge mich hier damit, nur ein paar wesentliche Punkte anzuführen. Als junger Mann hatte er kurz daran gedacht, so erzählte er mir, in die weltberühmte Druckerei Brill in Leiden einzutreten. Hatte sich dann aber eines anderen besonnen und war an die Firma C. G. Boerner in Leipzig herangetreten, die sich damals, hauptsächlich dank der Tätigkeit meines Vaters, in einer stürmischen Entwicklungsphase befand und dabei war, sich einen internationalen Namen als führendes deutsches Auktionshaus für die Graphik Alter Meister, für wertvolle Bücher und Autographen zu erwerben. Damals begann Herrn des Burlets lebenslange Freundschaft mit meinem Vater. Ein Resultat seiner Vorsprache in Leipzig war, daß die drei Herren, Hans Boerner, mein Vater und Herr de Burlet, beschlossen, Berlin zu erobern. Zu diesem Zweck wurde dort die Kunsthandlung Charles A. de Burlet gegründet und hierfür ein kleines Geschäftslokal mit der bestmöglichen Adresse, nämlich im berühmten Hotel Adlon unter den Linden, gemietet. Herr de Burlet muß wohl bereit und in der Lage gewesen sein, Kapital einzubringen. Er schien, vor allem dank seiner exzellenten Sprachkenntnisse, der richtige Mann zu sein, um dort internationale Beziehungen – die der Firma C. G. Boerner damals noch fehlten – anzubahnen. Ich kann leider aus meiner Erinnerung nichts darüber erzählen, warum dieses Vorhaben nach zwei Jahren sang- und klanglos aufgegeben werden mußte. Ich weiß lediglich, daß es nicht gelang, neue und wichtige Kunden in Berlin zu gewinnen. Mochte auch die kleine Auslage, die jeden Tag geändert wurde, noch so verheißungsvolle Dinge zeigen. Mir ist aber ein Exemplar einer Geschäftskarte geblieben und nichts ist, meiner Meinung nach, charakeristischer, als daß man sie von einem der größten der damals in Deutschland lebenden graphischen Künstler gestalten ließ: von Max Slevogt (1868–1932). Dieser lebte seit 1901 in Berlin „. . . Der Reichtum seiner Phantasie, die Vielfalt der Ausdrucksmittel . . . die Fähigkeit, mit der Andeutung weniger Striche eine unendliche Vielfalt darzustellen, haben Slevogt . . . zum Führer der gesamten modernen Illustration gemacht . . .“ (Thieme Becker, Künstlerlexikon, Band XXXI, S.132).

Herr de Burlet gründete kurz darauf seine eigene Kunsthandlung in der Victoriastraße in Berlin, wo alle bedeutenden Kunsthandelsfirmen damals ihren Sitz hatten. Er blieb dort, bis er – nach 1933, dem Jahr der Machtübernahme – nach Basel übersiedelte. Es gelang ihm – der keineswegs etwa durch

Lukas Cranach der Ältere, Kopf eines Bauern (oder bäuerlichen Jagdtreibers), Aquarell, mit Feder und Tusche. Um 1520. Kupferstichkabinett, Basel

die neuen Rassengesetze betroffen war, sondern dem als selbstbewußten Holländer das Kriegsgeschrei der zur Macht gekommenen Nazi besonders abscheulich in den Ohren klang –, wenn auch unter großen Schwierigkeiten wegen der bereits verfügten Devisengesetze, sein ganzes Lager nach Basel zu übersiedeln. Diese Übersiedlung führte er meisterhaft durch. Er befand sich wieder in der vornehmsten Gegend von Basel, nämlich in der St. Alban-vorstadt und bewohnte dort ein ganzes Stockwerk in einem schönen alten Patrizierhaus. Mit viel Geschmack waren auch diese Räume – teilweise als seine Wohnung – mit mir altvertrauten Möbeln eingerichtet. Ich vermute – ohne es beweisen zu können –, daß die schönen Schränke zur Aufbewahrung von Graphik, ursprünglich für das Lokal Unter den Linden von Bruno Paul (1874–1968) geschaffen worden waren. Herr de Burlet war in Berlin, knapp vor seiner Übersiedlung von einer Rotte Jugendlicher attackiert worden, die mit ihrem: ‚Deutschland erwache, Juda verrecke‘-Geschrei die unter klingen-dem Spiel abziehende Wache des Kriegsministeriums begleiteten, und denen er zugerufen hatte, sie mögen doch besser nach Hause gehen und etwas zu lernen trachten. Eine Hausmeisterin bewahrte ihn, durch Zuschlagen des Haustores, vor dem Ärgsten! Seine Wahl, nach Basel zu gehen, hing wohl auch damit zusammen, daß seine spätere zweite Frau, die sehr jung als

Sekretärin in sein Geschäft gekommen war, nach dem Ersten Weltkrieg über ein Jahr lang als deutsches Kriegskind liebevoll von einer Basler Familie aufgenommen worden war und daher den Basler Dialekt vollkommen beherrschte, was seine Domizilierung wesentlich erleichtern sollte. Besonders in der Zeit nach 1945, bei meinen ersten Besuchen der Schweiz nach dem Kriegsende, hat mir das Ehepaar de Burlet in der reizendsten Art und Weise oftmals Gastfreundschaft geboten und mir durch Zuspruch in schwierigen Entscheidungen außerordentlich geholfen.

Nach der Vorsprache meines Kunden rief ich bei Herrn de Burlet in Basel an und er sagte mir augenblicklich zu, eine besonders schöne Zeichnung von Lukas Cranach dem Älteren schicken zu wollen, die er erst vor kurzem erworben habe. Es sei der Kopf eines Bauern (oder bäurischen Jagdtreibers), um 1520 entstanden, Aquarell mit Pinsel, mit der Feder in Tinte akzentuiert. Format 19,3 : 15,7 cm. Das Blatt stamme, so sagte er mir, aus einem Wittenberger Studenten-Stammbuch der Jahre 1590–1593, in dem sich übrigens noch eine andere Cranach-Zeichnung und eine Zeichnung von Hans von Kulmbach erhalten habe. Dies sei ein Aufsehen erregender Fund und er freue sich, mir das Blatt zur Ansicht zu senden. Was ich natürlich dankbar als großen Vertrauensbeweis wertete. Man nimmt im übrigen an, daß der Dargestellte ein Bauer war, der vielleicht dem sächsischen Fürsten als Jadgtreiber bekannt war, und man daher Cranach aufgefordert habe, sein Porträt zu zeichnen.

Einige Tage später kam das Blatt, sorgfältig verpackt, ins Haus. Ich erlebte damit eine wirklich große Überraschung, denn es schien mir genau das zu sein, was mein Kunde sich wünschte. Damals gab es in Wien I., Riemergasse, das Geschäft von Stiassny und Plobner. Sie waren auf exquisite alte Rahmen spezialisiert. Ich ging mit meinem Blatt zu ihnen und mein Glück wollte es, daß sie einen prachtvollen, echten Rahmen aus der Zeit der Entstehung der Zeichnung hatten, in dessen Ausschnitt mein Blatt so hineinpaßte, als wäre er dafür geschaffen worden! Ich bat Herrn Plobner, mir das Blatt darin zu montieren und holte es wenig später von ihm ab. „Der Rahmen für Ihre Zeichnung" rief er ein über das andere Mal aus! Ich konnte meinem Kunden die freudige Mitteilung machen, etwas besonders Schönes für ihn gefunden zu haben.

Im Gegensatz zu Albrecht Dürer gibt es nur eine sehr beschränkte Anzahl von eigenhändigen Zeichnungen Cranachs. Einfügen möchte ich, in Weimar erfahren zu haben, daß Cranach einer der wohlhabendsten Männer Deutschlands, mit großem Hausbesitz vor allem, gewesen ist. Damals jedoch existierte noch kein ausführliches Oeuvreverzeichnis seiner Gemälde und Zeichnungen. Auch wußte ich, daß das erst kürzlich aufgefundene Basler Blatt noch nirgends publiziert war. Herr de Burlet konnte mir aber etwas Wichtiges mitteilen. Nämlich, daß das unvermutete Auftauchen seines Blattes ein anderes im Besitz des British Museums, das bisher als eigenhändig gegolten hatte, als Kopie entlarvt habe. Allein die nachweisbare Provenienz des Blattes aus einem ‚Liber amicorum‘ eines Wittenberger Studenten war ein wichtiger Hinweis dafür, daß de Burlets Blatt das Original war.

Mein Kunde kam, und ich zeigte ihm in großer Spannung und Erwartung mein Blatt. Er sagte nicht viel, aber es war ihm anzusehen, daß ich genau gefunden hatte, was er zu finden erhofft hatte. Das Blatt sah in diesem herrlichen Rahmen großartig aus! Der Preis – damals wohl einige Tausend Schweizer Franken – war ihm bekannt, er verlor hierüber kein Wort, was mir hoffnungsvoll zu sein schien. Aber er hätte eine Bitte: Würde ich gestatten, daß er es jemandem vorläge, bevor er sich definitiv entscheide. Dies sagte ich zu. Ich muß hier, um jedes Mißverständnis zu vermeiden, nochmals darauf hinweisen, daß ich ihm selbstverständlich von dem Londoner Blatt erzählt hatte, unter genauer Anführung aller Hinweise, die ich weiter oben erwähnt habe. Er aber war so aufgeregt über den Fund, daß er mir nicht aufmerksam genug Gehör schenkte. Und so geschah etwas, was ich wirklich nicht erwarten konnte. Er kam nach einer Stunde zurück, warf mir beinahe das Blatt über den Ladentisch zu und sagte zornig: „Das hätten Sie mir aber sagen sollen, daß dieses Blatt eine Kopie ist!" und wollte mit diesen Worten das Geschäft verlassen. Ich war wie vom Donner gerührt, merkte aber, daß jedes Wort, das ich sprechen würde, vergebens sei. Daher fragte ich nur mit einigem Nachdruck: „Würden Sie die Freundlichkeit haben, mir jetzt zu sagen, bei wem Sie eigentlich gewesen sind!"

Es stellte sich heraus, daß er mit diesem Blatt zu einem Kustos der Albertina gegangen war. Dieser habe einen Blick auf das Blatt geworfen und sofort ausgerufen: „Cranach? Gar keine Spur! Dieses Blatt ist ein Breughel und ich muß es schon einmal irgendwo gesehen haben. Warten Sie, bitte." Damit hatte er zunächst die erste Verunsicherung meines Kunden bewirkt. Nach einer längeren Weile sei er zurückgekommen und habe gesagt: „Ich muß mich berichtigen. Jetzt weiß ich genau, was Sie da haben. Es ist eine Kopie nach Cranach. Das Original befindet sich im British Museum in London. Lassen Sie die Hände davon!" Ich habe oft und oft über diese Geschichte nachgedacht, die ein unglaublicher Vorfall war. Natürlich in erster Linie ein Affront gegen mich.

Niemals soll man spontan derartige Urteile äußern! Hätte der Kustos damals doch das einzig Richtige getan, nämlich meinem Kunden zu sagen, daß er sich selbstverständlich erbötig mache, der Echtheitsfrage im Detail nachzugehen (wozu zum Beispiel die Überprüfung des Wasserzeichens des Papiers der Zeichnung und vor allem aber das Einholen der Meinung seiner Londoner Kollegen gehört hätte. Ganz zu schweigen davon, daß er besser getan hätte, sich mit mir zu besprechen). Aber nein. In fataler Selbstüberheblichkeit fällte er ein ebenso rasches wie falsches Urteil! Ich denke oft mit einiger Wehmut daran, welchen Eindruck dieses falsche Werturteil auf meinen Kunden gemacht haben muß, dem man wahrscheinlich unschwer zum weiteren Erwerb einiger schöner früher Zeichnungen hätte zureden können, statt ihn derart von den Kopf zu stoßen!

Herr de Burlet machte aus seinem Herzen keine Mördergrube, als ich ihm, noch immer fassungslos, den Vorfall berichtete und ihm das Blatt zurückschickte, denn er befand sich oftmals in seinem Leben im Kampf mit Museumsbeamten. Es half mir auch nichts, daß er mich wenige Tage später anrief, um mir mitzuteilen, daß sein Blatt vom Basler Kupferstichkabinett erworben worden sei, dessen stolzer Besitz es heute noch ist. Dies teilte ich natürlich auch meinem Kunden mit, hörte aber von ihm niemals mehr ein Wort!

12. Die Rudolf von Alt-Aktion 1938

Im Herbst 1937 war eines Tages im Antiquariat V. A. Heck ein großgewachsener, schlanker Herr, gekleidet in einen von einem breiten Riemen
zusammengehaltenen, bis zu den Füßen reichenden Ledermantel erschienen.
Man sah ihm auf den ersten Blick den Offizier an. Er hatte kurzgeschnittenes
Haar und sprach – mit reichsdeutscher Färbung – kurz und abgehackt. Ob
wir ihm wohl Aquarelle von Rudolf von Alt vorlegen könnten?

Ich mußte bedauern, im Augenblick hätten wir nichts auf Lager. Aber,
käme er am Nachmittag nochmals vorbei, würde ich sicherlich in der Lage
sein, ihm etwas zu zeigen. 1937 war die Zeit, wo jedermann in unserer Branche Ware, aber keine Kunden hatte! In der Tat, es fiel mir nicht schwer, von
einem befreundeten Kollegen drei schöne, große Alt-Aquarelle zur Ansicht zu
erhalten und diese dem Kunden bei seiner zweiten Vorsprache vorzulegen. Er
deutete auf eine Ansicht des Stephansdomes, vom ‚Graben‘ aus gesehen, ein
kapitales Blatt. Dieses wäre genau das, was er sich vorgestellt hätte. Aber nun
kam es: „Also, passen Se mal jut uff. Ick benöt'che von diesem Blatt eine
Photographie.“ „Bitte sehr,“ sagte ich, etwas voreilig, „kein Problem! Wir
können Ihnen eine gute Aufnahme innerhalb von 24 Stunden besorgen.“
„Unterbrechen Se mich jefälligst nich!“ war – nach einem strafenden Blick –
seine knurrige Antwort. „Lassen Se mich mal ausreden! Also: wat ick brauche
is die Vergrößerung einer 18:24 cm Photographie im jenauen, und ick betone
det nochmals – *jenauen* Maß des Originales. Verstanden?“ „Bitte sehr“, antwortete ich, „so Sie bereit sind, die Kosten zu übernehmen, kann auch eine
derartige Vergrößerung hergestellt werden, nur benötige ich dazu mehr als
24 Stunden Zeit.“ Dann setzte ich hinzu. „Der Preis des Blattes ist 2.000,-
Schilling oder 1.000,- Mark.“ „Is jut, is jut. Se werd'n von mir hören! Hier ist
meine Münchener Adresse. Guten Tach!“ Und damit ging er seiner Wege.

Ich konnte mich nach seinem Weggang nicht enthalten, zu einer Mitarbeiterin zu sagen, daß der Auftraggeber dieses Mannes doch ein merkwürdiger Narr sein müsse. So ungewöhnlich schien mir damals das Verlangen
nach maßstäblich genauer Vergrößerung! Ich ahnte nicht, wie nahe ich daran
war, den Auftraggeber zu erraten! Wir erhielten nach einigen Tagen unsere
ausgelegten Spesen ersetzt. Zu einem Ankauf kam es nicht!

Nach dem ‚Umbruch‘, Frühjahr 1938, hatten wir, was die Geschäfte anging,
zunächst eine Durststrecke zurückzulegen. Die Eingriffe auf allen Gebieten
waren hart. Ich rede hier nicht von allen menschlichen Tragödien, sondern
möchte nur erwähnen, daß zur Neuorientierung auch die Einführung der
Reichsmark kam. Und hier war man im Begriff, brutal vorzugehen und versuchte, einen irrealen Wechselkurs einzuführen. Vor dem ‚Umbruch‘ rechnete
man eine Reichsmark mit zwei Schilling um, was aber keineswegs der
Kaufkraft unseres Geldes entsprach. Diese basierte auf dem Goldstandard
(unsere Währung war zu 40% in Gold gedeckt). Ein Wechselkurs 1 : 1 wäre
durchaus angemessen gewesen. Aber erst nach harten Kämpfen ist es gelungen, eine Umrechnung – eine Mark ist gleich ein Schilling fünfzig –
durchzusetzen! Daß wir mit dem ‚Anschluß‘ so gut wie alle unsere ausländischen Kunden verloren und dadurch der seit Übernahme der Ge-
schäftsführertätigkeit durch mich (Frühling 1935) mühselig erworbene
‚goodwill‘ verlorenging, war eine Tatsache. Die Geschäfte mit dem Ausland
hörten beinahe schlagartig zur Gänze auf. Wir mußten uns wieder einmal
komplett umstellen! Ich darf daran erinnern, daß es in unserem Land die

Kronenwährung gab. Vor dem Ersten Weltkrieg dem Werte nach dem Schweizer Goldfranken gleich, sank ihr Wert durch die Inflation ins Bodenlose, wenngleich in Deutschland die Dinge noch ärger standen! Die Inflation hatte den Verlust des gesamten bürgerlichen Vermögens in beiden Ländern zur Folge gehabt. Dann kam die Deflation und seit 1925 die Schillingwährung (Umrechnungskurs: ein Schilling ist gleich zehntausend Kronen!). Man sprach

stolz von einem ,Alpendollar', weil unsere Währung sich als krisenfest erwies. Nun kam die Einführung der Reichsmarkwährung. Leicht ist uns diese neuerliche Umstellung in unserem Geschäft nicht gefallen. Wir mußten in erster Linie danach trachten, im sogenannten ,Altreich' bekannt zu werden.

Eine meiner langjährigen guten Freundinnen ist Frau Hofrat Dr. Anna Spitzmüller, ehemals Kurator der Graphischen Sammlung Albertina. Sie war viele Jahre hindurch diejenige, an die sich beinahe alle kunstsinnigen ausländischen Besucher um Rat und Auskunft wandten. Einer empfahl sie dem anderen, die Zahl ihrer englischen und französischen Kunstfreunde war erstaunlich. Auch sie hatte Mühe, sich in der neuen Zeit zurechtzufinden, aufrechte Österreicherin, die sie war und ist. Damals machte sie mich aufmerksam, es gäbe in Wien einen Großeinkauf von Aquarellen und Zeichnungen von Rudolf von Alt. Ob ich nicht irgendein Blatt von ihm hätte? Falls man noch nicht an mich herangetreten sei, möge ich doch damit in die Albertina kommen. Ich hatte zwar ein Blatt von ihm, doch ich zögerte, es anzubieten. Es war mir einige Wochen vorher zum kommissionsweisen Verkauf anvertraut worden und stellte eine Teichlandschaft in der Nähe von Nürnberg dar. Das Papier war gebräunt, da man das Blatt im Rahmen auf einer Holzplatte montiert hatte. Es stammte aus den siebziger Jahren, also aus einer Übergangsperiode, in der Alt – entgegen seiner sonstigen Gewohnheit – mit Deckweiß zu experimentieren begonnen hatte. Damit ging durch längere Zeit hindurch viel von der Frische und Duftigkeit seiner bisherigen Arbeiten verloren. Da Frau Dr. Spitzmüller nicht locker ließ, faßte ich Mut und meldete mich in der Albertina klopfenden Herzens an.

Im Zimmer der Direktion waren anwesend: Der damals bereits kränkelnde Direktor, Hofrat Dr. Anton Reichel. An seiner Seite der Kustos Dr. Heinrich

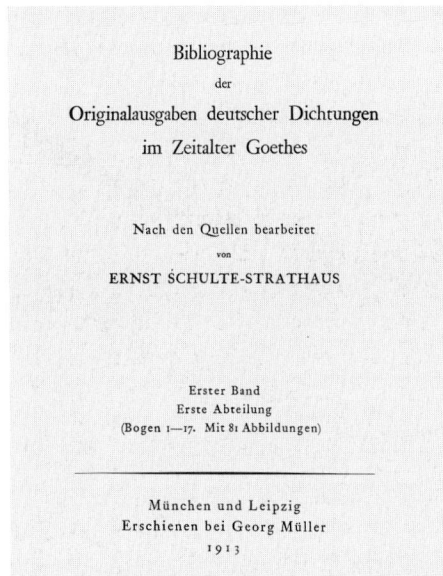

Titelseite der wichtigen, von Ernst Schulte-Strathaus 1913 publizierten bibliographischen Arbeit

Leporini und ein mir unbekannter großer, schlanker Herr mit leicht grau-meliertem Haar. Diesem wurde ich durch die beiden Herren vorgestellt, wobei es einige Verwirrung wegen des nun zu leistenden ‚Deutschen Grußes‘ gab. Mein gestreckter rechter Arm hob sich genau zum gleichen Moment, als jener mir in herkömmlicher Weise die Hand schütteln wollte! Dazu sprach er zu meinem Erstaunen im schönsten Sächsisch: „Ach herrjemine, so schauen Se heute aus, lieber Herr Nebehay? Sie kenn’ ich ja noch als kleenen Grutsch (Stöpsel), als ich einmal Ihren Herrn Vater in seiner Leipziger Wohnung besuchte.“

Es stellte sich heraus, daß jener Herr Dr. Ernst Schulte-Strathaus war, ein Mann, der mit dem deutschen Antiquariatsbuchhandel viele Jahre hindurch verbunden war und unter anderem eine ausgezeichnete Bibliographie der Originalausgaben deutscher Dichtungen im Zeitalter Goethes verfaßt hat. Jetzt war er in Wien als persönlicher Beauftragter Adolf Hitlers, ohne auch nur ein Wort über seinen Auftraggeber verlauten zu lassen. „Nu, was hab’n Sie denn da? Zeichen Sie s’doch mal her! So, ja, ja. Ein früher Alt, hm, hm.“ „Nein“, sagte Dr. Leporini, „das ist ein später Alt“. „Na also,“ sagte Dr. Schulte-Strathaus, „ein später Alt. Is ja egal. Mir jefällt er! Und was kostet er denn?“ Ich nahm meinen ganzen Mut zusammen und verlangte für das Blatt, für das wir bis dahin nicht mehr als den Gegenwert von 500,- Mark (also 1.000,- Schilling) verlangt hatten, 2.000,- Mark. Sehr wohl war mir hierbei nicht zumute, aber was konnte mir schließlich geschehen? Im gleichen Moment sagte Dr. Schulte-Strathaus:

„Nu, da haben wir’s ja! Seh’n Se, meine Herren, s’jibt ja doch noch anständ’che Menschen in diesem werkwürdigen Wien! Da war doch vor ein paar Tagen eener, der die Frechheit hatte, von mir für ein Alt-Aquarell zwanzigtausend Mark zu verlangen! Na, dem bin ich aber mal tüchtig in die Quere jefahren.“

Das Blatt wurde erworben und ich ging meiner Wege, ehrlich froh, gerade den richtigen Preis erraten zu haben, denn offensichtlich durfte man sich mit den neuen Herrschaften nicht spielen! Es gelang mir, in der Verwirrung des Abschiedes wieder einmal Unheil mit dem ‚Deutschen Gruß‘ anzustellen.

Ungefähr zehn Tage später war Dr. Schulte-Strathaus wieder in Wien. Diesmal aber suchte er mich liebenswürdigerweise bei V. A. Heck auf. Unter seinem Arm trug er eine große Ledermappe, die sich – als er sie auf unseren Schreibtisch stellte – ziehharmonikaförmig aufbreitete und eine Unzahl kleiner Fächer erkennen ließ. In jedem dieser Fächer steckten Papiere, hie und da lugte ein Bankscheck hervor.

„Na“, sagte Dr. Schulte-Strathaus, „wo hab’n wir denn die verdammte Rechnung? Ach so, die muß ich unter dem Buchstaben ‚H‘ für V. A. Heck suchen und nich unter ‚N‘ für Nebehay. Da is sie ja schon!“ Damit überreichte er mir einen Scheck, den ich quittierte. Ich staunte über die Organisation, aber noch mehr, als er mir wie beiläufig sagte: „Wissen Sie, da sind Schecks für eineinhalb Millionen Mark drin! Für so viel Geld habe ich bei meinem letzten Besuch in Wien eingekauft.“

Mir verschlug es die Rede! Ich sah später in der Werkstatt unseres alten Passepartoutmachers Kutschera in Wien VI., Gumpendorf, den gesamten Ankauf. Es war nicht zu fassen, was da wie Kraut und Rüben eingekauft worden war. Darunter befand sich übrigens auch alles, was Rudolf von Alts nun bereits greise Tochter Luise noch an Arbeiten ihres Vaters besessen hatte. Man hat sie damals mittels einer großzügig bemessenen Leibrente aller wirtschaftlicher Sorgen enthoben!

Rudolf von Alt war Hitlers großes Vorbild, ihm eiferte er als junger Mensch nach. Nun, zur Macht gekommen, hatte er den Wunsch, für sein Haus ‚Berghof‘ auf dem Obersalzberg, nahe der österreichischen Grenze, einige Alt-Aquarelle als Schmuck der Wände zu erwerben. Die Mission jenes jungen Offiziers, die ich zu Beginn dieses Kapitels erwähnte, fand vor der Besetzung Österreichs statt. Offensichtlich hatte Hitler damals nicht genügend Geld, um ein kapitales Aquarell Rudolf von Alts zu erstehen. Jetzt, nur ein halbes Jahr später, verfügte er augenscheinlich bereits über unermeßliche Summen. Hat man ihm – das wäre meine Vermutung – am Ende gar einen Teil des Gold- und Devisenschatzes der österreichischen Nationalbank nach dem triumphalen Einmarsch in Wien persönlich zur Verfügung gestellt? Zur Zeit des Einmarsches der deutschen Truppen betrug die in den Kellern der österreichischen Nationalbank liegende Währungsreserve 756 Millionen Goldschilling (davon 296 Millionen in ungemünztem Gold). Die Währung war zu 40% durch diese Reserven gedeckt. Zu gleicher Zeit war die Reichsmark bereits ohne Deckung, ihr Barschatz belief sich auf 76 Millionen Reichsmark (nach: Hugo Portisch, Österreich II. Der lange Weg zur Freiheit, Wien 1986, Seite 156).

Kurze Zeit später begann Hitler, auch im großen Stil für sein geplantes Museum in Linz einzukaufen. Es wurden, auch dies sei festgehalten, im Kunsthandel für große Summen Dinge erworben, nicht etwa nur beschlagnahmt oder gestohlen. Ich habe nach 1945 übrigens das von mir verkaufte Alt-Aquarell in der Staatlichen Graphischen Sammlung München unter den annähernd 600 Aquarellen und Zeichnungen Rudolf von Alts aus Hitlers Besitz nicht gefunden. Die Amerikaner hatten sie im ‚Art Collection Point‘ gesammelt und dem Münchener Institut übergeben. Richtiger wäre es wohl gewesen, sie der Albertina in Wien zu überlassen, denn Wien und nicht München ist die Stätte der Alt-Forschung!

Bekanntlich wurde Adolf Hitler die Aufnahme in die Wiener Akademie verweigert, als er sich als junger Mensch darum bewarb. Er fristete, arbeitslos, lange Zeit hindurch sein Leben, indem er Wiener Gebäude in aquarellierten Zeichnungen festhielt, mit einer merkwürdigen Vorliebe für die großen Wiener Bahnhöfe. Zu verkaufen trachtete er sie teils persönlich, teils durch Mittelsmänner, die damit von Lokal zu Lokal oder von Haus zu Haus ziehen mußten. Wir kannten einen, der zu erzählen wußte, daß es jedesmal einen Tobsuchtsanfall Hitlers gegeben habe, kehrte er des Abends unverrichteter Dinge in das Obdachlosen-Heim zurück! Dieser Mann verschwand nach dem Anschluß. Ich sah nach 1938 einige von Hitlers Zeichnungen. Man konnte sie wohl am besten als Produkte eines begabten Bürgerschülers bezeichnen. Aber im Ersten Weltkrieg an der französischen Front als verwundeter Soldat hat Hitler einige Begabung als Aquarellist erkennen lassen. Ich erwähnte den damaligen Direktor der Albertina. Er ist wissenschaftlich nicht sehr hervorgetreten. Aber er hinterließ in der ihm anvertrauten Sammlung untilgbare Spuren. Er zeigte mir eines Tages stolz, wie er durch das eigenhändige Eintragen der jeweiligen Inventarnummern in die linke untere Ecke der Blätter die Registrierung seiner Neuankäufe an Zeichnungen, die er – man möchte dies nicht für möglich halten – mit der Feder, eingetaucht in chinesische Tusche, vornahm. Damit meinte er, seien diese Blätter für Zeit und Ewigkeit vor Diebstahl geschützt! Auch hat er – in unverzeihlichem Übereifer – zugelassen, daß die kostbaren vergoldeten metallenen Kamingitter der Albertina, die aus dem Ende des 18. Jahrhunderts stammten, der ‚Reichsmetallsammlung‘ übergeben worden sind. Das war der Beitrag der Albertina für die Parole ‚Räder müssen rollen für den Sieg‘?

13. Adolf Hitler zieht in Wien ein, März 1938

Am 11. März 1938 hielt der damalige österreichische Bundeskanzler Dr. Kurt von Schuschnigg nach dem Scheitern seiner Pläne (er wollte im letzten Moment eine Volksabstimmung für ‚ein freies und deutsches, unabhängiges und soziales, für ein christliches und einiges Österreich' abhalten) über den Rundfunk eine Ansprache, die mir und wohl vielen anderen unvergeßlich ist. Er schloß mit den Worten:

Einzug Hitlers in Wien, März 1938. Die hinter der Absperrung durch SS-Soldaten auf dem Kärntnerring jubelnde Menge

„So verabschiede ich mich in dieser Stunde von dem österreichischen Volk mit einem deutschen Wort und einem Herzenswunsch: Gott schütze Österreich!"

Seine beiden Besuche bei Hitler auf dem Obersalzberg waren vergeblich gewesen, da Mussolini seine Hand von Österreich abgezogen und sich mit Hitler geeinigt hatte. Die törichterweise 1935/36 unternommene Eroberung Äthiopiens hatte ihn mit den Westmächten entzweit, so daß er – wegen verhängter Sanktionen – auf deutsche Rohstofflieferungen angewiesen war. Ich entsinne mich, bei Urlauben auf dem Semmering unendlich viele, endlos lange Lastzüge, nach dem Süden rollend, beobachtet zu haben.

Der Frieden von St. Germain-en-Laye hatte Österreich gezwungen, sich als ‚Republik Österreich' für selbständig zu erklären, sich nicht an das Deutsche Reich anzuschließen und von der alten Monarchie 73 von Hundert der Fläche und 78 von Hundert der Einwohner abzutreten. Wir waren ein kleines, unbedeutendes Land geworden, an dessen Überlebens-Chance man zweifeln mußte. Die Signatarmächte des Friedensschlusses, später der ‚Völkerbund', hatten zwar feierlich Garantien für den Bestand des Landes übernommen, sahen aber jetzt der Bedrängnis tatenlos zu.

Frankreich war in diesen kritischen Tagen wieder einmal ohne Regierung; die Engländer spekulierten darauf, daß es wohl angebracht sei, Deutschland gegen Rußland stürmen zu lassen, um solcherart beide sich zerfleischen zu sehen. Politik auf lange Sicht also, die um ein Haar die Existenz ihres eigenen Landes in Frage gestellt hat. Österreich stand allein und verlassen da, die Deutschen marschierten ein. Noch heute meine ich, es wäre angesichts der Übermacht richtig gewesen – und hätte es auch nur einen kurzen Augenblick lang gedauert – Widerstand zu leisten. Dann wären wir erobert und nicht ‚befreit‘ gewesen.

Zur Zeit von Schuschniggs Ansprache befand ich mich in Gargellen, Vorarlberg, in einer kleinen Pension. Dorthin war ich mit meinem Freund aus der Volksschulzeit, Dr. Fritz Pelzer, Rechtsanwalt, zum Schilaufen gefahren. Wir hatten uns mit Evi und Wolfgang Sonntag, meiner Cousine und meinem Cousin aus Leipzig, getroffen, Kinder meines damals bereits verstorbenen Onkels Carl Sonntag, jun. Auch ein junges Mädchen aus Wien, uns von ihren Eltern anvertraut, war mit dabei. Sie und Fritz Pelzer stammten aus jüdischen

Der offene Mercedes-Benz. Hitler stehend, neben dem Fahrer, mit starrem Antlitz grüßend. So erlebte ich ihn vom Antiquariat V. A. Heck aus.

Familien, meine Verwandten galten – ihrer Mutter halber – als ‚Halbjuden‘ und hatten sich auf diesen Urlaub in einem freien Land gefreut.

Nach den letzten Worten Schuschniggs brach bei den Besitzern und beim Personal der Pension ein Jubel ohnegleichen aus! Im Nu gab es Hitler-Photos und Hakenkreuzfahnen! Das Absingen jener Lieder, die uns die kommenden Jahre in den Ohren gellen sollten, begann. Aber erfreulicherweise geschah niemandem von uns ein Leid und es fiel auch kein einziges verletzendes Wort! Die Heimfahrt nach Wien gestaltete sich zu einem schwierigen Unternehmen. Meine Verwandten verließen uns, bleich und bedrückt, in Innsbruck. Fritz Pelzer, das junge Mädchen und ich fuhren die Nacht hindurch dritter Klasse nach Wien. In jeder Station drängten junge Leute, bereits in Nazi-Uniformen oder nur durch Hakenkreuz-Armbinden gekennzeichnet, zur Türe unseres Abteils herein, um zu kontrollieren. Es gelang mir jedesmal, sie abzuwimmeln. In Wien empfing uns am Perron die schwarzgekleidete Mutter des jungen Mädchens. Sie schalt ihre Tochter, daß sie sich viel zu auffällig geschminkt habe und zog mit ihr ab. Von Fritz trennte ich mich, Tage später, mit einem Händedruck. Er floh über Jugoslawien nach Frankreich, wo er viele Jahre hindurch seine Urlaube verbracht hatte, und überlebte in Südfrankreich als Helfer auf einem Bauernhof. Wir konnten unsere Freundschaft sehr bald nach 1945 erneuern. Er blieb bis zu seinem Tode in Frankreich. Das junge Mädchen, Lotte, wie auch meine Verwandten haben in den USA Aufnahme gefunden.

Ich übergehe hier alle Einzelheiten der nächsten hektischen und unendlich traurigen Tage. Am Tag des Eintreffens Adolf Hitlers in Wien ruhte überall die geschäftliche Tätigkeit. Entlang der Ringstraße hatte sich bereits in den

Wenig später erfolgte der Besuch Hitlers in Rom bei Mussolini. Damit war das Schicksal Österreichs besiegelt, über das Mussolini bis dahin seine Hand gehalten hatte. Hitler trug den faschistischen Ehrenwinkel und einen faschistischen Ehrendolch.

Mittagsstunden ein zweifacher Kordon aus rasch herbeigeholten SS-Mannen gebildet. Sie hielten einander an ihren Ledergürteln fest – jeder zweite stand mit dem Rücken zur Ringstraße – und bildeten eine dichte, lebende Absperrung. Hinter den großen Spiegelglasscheiben unserer Firma V. A. Heck – wir waren ja nur wenige Schritte vom Hotel Imperial entfernt, wo Adolf Hitler absteigen sollte – hatten wir große Leitern aufgestellt, von denen aus wir über die Köpfe der Wartenden auf die Fahrbahn blicken konnten. Ich habe in meinem Leben zweimal erlebt, daß das Volk auf der Straße war, beide Male war es beängstigend. Das erste Mal erlebte ich als Kind im August 1914 den Abmarsch der in Leipzig bei der Mobilmachung einberufenen Truppen. Sie marschierten im Jubel der Menge, die sich zu beiden Seiten der Kaiser Wilhelm Straße aufgestellt hatte, dem Hauptbahnhof zu. Aus allen Fenstern hingen die schwarz-weiß-roten Fahnen. Damals dröhnte die Straße vom Lärm der mitmarschierenden Militärmusik, die sich mit den Pfeifen- und Trommlerzügen abwechselte. Es gab ein paar gewaltige Pauken- und Tschinellenschläge, dann setzte die Musik von neuem mit den Weisen des kaiserlichen Deutschlands ein. Die Menge sang begeistert mit „Hundertsieben, Hundertsieben ist das schönste Regiment" (das war die Nummer des in Leipzig stationierten Infanterieregimentes) oder „Lieb' Vaterland magst ruhig sein, fest steht und treu die Wacht am Rhein". Man warf den Soldaten Blumen, Zigarren und Zigaretten zu. Manche Frauen weinten. Die meisten Menschen damals dachten wohl an das Jahr 1870, als der Krieg nur von kurzer Dauer war und mit einem großen deutschen Sieg über die Franzosen endete. Als die ersten Nachrichten vom siegreichen Vormarsch eintrafen, setzte sich der Jubel fort, um bald darauf einer lähmenden Stille und Verzweiflung zu weichen.

Dieses Mal war es ein außer Rand und Band geratenes Wien. Für die neue, aufdringliche Marschmusik war durch an die Lichtmaste montierte Lautsprecher gesorgt. Sie wurde nur gelegentlich durch irgendwelche Verlautbarungen unterbrochen. Das Gedränge vor unseren Fenstern wurde immer ärger. Die Leute begannen, ungeduldig zu werden. Endlich, endlich vermehrte sich das Geschrei. Es war nicht – was all die Wartenden erhofft hatten – ein feierlicher, langsamer Triumphzug, sondern die Autos des Konvois fuhren blitzartig an uns vorbei. Erst einige Polizeiautos, dann der große offene Mercedes-Benz. Schemenhaft sah man den aufrecht stehenden Hitler, die Hand zum deutschen Gruß erhoben, sein Antlitz war bleich und maskenhaft. Der Kordon vermochte die Menschen-Menge nach der Vorbeifahrt nicht mehr von der Fahrbahn abzuhalten. Sie drängte nach, um nicht zu versäumen, Hitler vielleicht doch auf einem der Balkons des Hotels Imperial zu sehen, was nach langem weiteren Warten auch der Fall war. Wie man heute weiß, war Hitler sich zu jener Stunde noch keineswegs im klaren, ob nicht die Besetzung eines souveränen Staates augenblicklich einen Krieg mit den Westmächten zur Folge haben würde. Daher zeigte er sich nur für kurze Momente und nicht als Triumphator! Erst tags darauf, als er vor 250.000 Menschen auf dem Heldenplatz sprach, war er seiner Sache sicher. Wir wissen heute auch, daß damals zu den überzeugt Jubelnden Zehntausende aus Betrieben abkommandiert worden waren.

Der Druck gegen unsere Auslagen-Scheiben mehrte sich von Sekunde zu Sekunde. Ich übertreibe nicht, wenn ich von der Wahrnehmung berichte, daß sie sich bereits unter dem enormen Druck nach innen durchbogen! Ich betete darum, daß keine brechen möge, das Unglück wäre mit Sicherheit schrecklich gewesen! Rasch sprang ich von meiner Leiter herunter, um zu erleben, daß mit einem Mal die etwas zurückgesetzte, zweifach versperrte verglaste Eingangstüre mit einem Knall aufsprang. Im Nu füllte sich unser Lokal mit einer beängstigend großen Menge von Leuten, andere drängten nach. Es gelang mir, mich freizumachen, im letzten Moment die rückwärtige Türe unseres Ausstellungsraumes aufzureißen und zur Seite zu springen. Wie ein gigantischer Wurm preßten sich die Leute von draußen durch unser Geschäft in den Hof und von dort auf den Karlsplatz!

Da ertönte plötzlich das Jammern eines alten Weibleins, die von der schiebenden, drängenden Menge der Durchflutenden ins Lokal geschoben worden war und zusammenbrach. Ich konnte sie gerade noch auf einen Sessel ziehen und brachte ihr rasch ein Glas Wasser. Ich verstand kaum, was sie unter Tränen stammelte. Sie mußte wohl bäuerlichen Kreisen angehören und trug ein Kopftuch über ihrem weißen Haar. „Seit 5 Uhr in der Frua steh' i da drauß'n und wart' auf unseren Führer. Und grad, wie er vorbeikimmt, drängt man mi ab, und i hab' eahm net g'sehen!" stammelte sie unter Tränen. „Schauen Sie, gute Frau," sagte ich zu ihr, „Sie sind viel zu alt, um da mitzumachen! Was gehen Sie nicht nach Hause und schauen sich in einem Kino all das in der Wochenschau an?" Sie aber wollte sich nicht beruhigen lassen über das ihr an diesem Tag zuteilgewordene Unglück!

Es wäre falsch, verneinen zu wollen, daß der Jubel da draußen nicht echt und allgemein gewesen wäre. Der Druck, der auf uns allen die letzten Monate über gelastet hatte, war beinahe unerträglich geworden. Wie viele Papierböller waren nicht in unserem Hauseingang explodiert! Harmlos zwar in ihrer Wirkung, aber doch einen unerträglichen Krach verursachend. Die Bevölkerung war verunsichert, verhetzt und voller Erwartung, daß mit einem Schlag alles besser werde! Österreich hatte insbesondere unter der deutscherseits verhängten 1.000,- Mark-Sperre zu leiden. Diesen Betrag zu erlegen war allen deutschen Staatsbürgern auferlegt, die nicht nachweisbar geschäftlich bei uns zu tun hatten! Das bedeutete mit einem Schlag das Ausbleiben von jährlich zehntausenden Rucksack-Touristen, die bisher bis in die entlegendsten Täler gekommen waren. Die Salzburger Festspiele mit ihrem zahlungskräftigen, internationalen Publikum boten dafür keinen Ersatz. Daher erlagen viele der Propaganda. Man fragte beispielsweise einen Dorfschullehrer, was er denn verdiene. Er erwähnte etwa ein Monatsgehalt von 200,- Schilling (nicht viel, aber auskömmlich), dann hieß es: „Menschenskind, det sin ja nur 100,- Mark! Bei uns kriegt jeder Lehrer das Doppelte, 200,- Mark (also 400,- Schilling)!" Kein Wunder, daß dieses Argument wirkte. Es war zudem völlig falsch, denn man ließ wohlweislich die tatsächliche Kaufkraft unserer stabilen Währung aus dem Spiel. Aber es muß erwähnt werden, daß es drüben im Reich gelungen war, mit einem Schlag die Arbeitslosigkeit zu beenden. Es wäre sicherlich richtig gewesen, hätte unsere Regierung weniger Gold und Devisen gehortet, sondern arbeitsintensive Projekte in Angriff genommen, um unseren Arbeitslosen zu helfen. Aber der Schreck der mühsam überstandenen Inflation saß unseren Verantwortlichen zu tief in den Knochen. Die Gescheiteren und Klügeren hielten sich fern von der Straße. Es begann bereits in jenen Tagen, daß sich ein Gefühl der Zusammengehörigkeit anders Denkender zu formen begann. Man lernte zu unterscheiden und hielt sich abseits, so gut dies ging. Gegen den Mob zu handeln war sinnlos.

Die rot-weiß-rote-Fahne verschwand. Das Wort ‚Österreich' wurde ausgemerzt und nicht, wie die lautesten Schreier mit Sicherheit angenommen hatten, durch das Wort ‚Ostmark' ersetzt, denn das hätte wiederum unsere ehemaligen Grenzen erkennen lassen. Darum hieß unser Land nun: ‚Die

Die folgenschwere Begegnung Hitlers mit Bundeskanzler Kurt von Schuschnigg auf dem Obersalzberg am 12. II. 1938. Vergessen war die Garantie des Völkerbundes für Österreich.

Donau und Alpengaue', eine Bezeichnung, die sich niemals einbürgern wollte. Und man möge eines nicht vergessen: Viele unserer Schreier dachten nicht an Angliederung. Sie wollten eine andere, ihrer Meinung nach tüchtigere Regierung. Die binnen Stunden nach dem Einmarsch einsetzende Gleichschaltung, das Fortfallen der Begriffe ,Österreich' und ,Ostmark' zeichnete sich allein dadurch ab, daß der durch ein Abkommen Hitler-Schuschnigg eingesetzte Arthur Seyß-Inquart plötzlich statt Innenminister ,Reichsstatthalter' wurde! Man war auch deutscherseits der Meinung, daß bei abgehaltenen Wahlen keineswegs ein Wahlausgang zugunsten Deutschlands sicher gewesen wäre. Daher der militärische Einsatz.

Mit einem Schlag wurde auch der Verkehr in Wien an die Rechtsfahrordnung angepaßt. Bis dahin hatte die Wiener Stadtverwaltung behauptet, das ginge wegen der zahlreichen Straßenbahn-Weichen nicht. Man fuhr in den letzten Jahren vor 1938 in ganz Österreich bereits, wie beinahe überall in Europa, rechts. Die in Österreich geltende Linksfahrordung hatte ungezählte Opfer gekostet. Kaum einer wird das heute glauben: An der Stadtgrenze von Wien hatte man nach links zu wechseln! Es war wie ein Wunder, daß es in der Stadt nicht dauernd schwere Unfälle gab! Innerhalb knappester Zeit wurden 1938 die Straßenbahn-Weichen ausgetauscht! Wenn mir recht ist, geschah dies über Nacht!

Mit Jubel und Geschrei wurde mit dem Bau der Autobahn Salzburg-Wien begonnen. Sehr weit kam man nicht, denn sehr bald erwies sich, daß die Besetzung Österreichs nur ein Anfang war. „Wollt Ihr Butter oder Kanonen?" hatte Reichsmarschall Hermann Goering nach dem Einmarsch von einer Rednertribüne gebrüllt. Die Entscheidung fiel für die Kanonen. Sie dröhnten gelegentlich bereits bei der kriegsmäßigen Eroberung von Polen im Herbst 1939, um dann beinahe ein Jahr lang zu schweigen. Bis am 10. Mai 1940 mit dem Feldzug gegen Frankreich der Zweite Weltkrieg allen Ernstes begann und alles grau und hoffnungslos wurde.

Ich möchte mit Wehmut an all diejenigen denken, die aus rassischen oder politischen Gründen Opfer wurden und nur hinzufügen, daß das Los derjenigen, die von den Rassengesetzen nicht betroffen waren, auch nicht rosig war. Es gab, als das Jahr 1945 und damit der Friede endlich heraufgedämmert war, wohl keine Familie in Österreich, die nicht ihr Opfer hatte bringen müssen. Ich erwähnte, daß ich als Kind ein ausgesprochener Pazifist war. Ich verbot das Schießen mittels Knallerbsen gegen aufgestellte Spielzeugsoldaten! Den Jubel der deutschen Bevölkerung bei Kriegsausbruch 1914 hatte ich staunend miterlebt; ebenso waren die vier immer schwieriger werdenden Jahre 1914–1918 bewußt an mir vorübergegangen. Unvergeßlich prägte sich mir das monatelange Heimkommen abgerüsteter österreichisch-ungarischer Soldaten ab November 1918 ein. Abgezehrt saßen sie eingepfercht in Viehwaggons, auch auf den Dächern der Waggons, oder sie lagen auf selbstgezimmerten, zwischen den Achsen aufgehängten Plattformen, um nur ja mitzukommen!

Aus war es mit dem klingenden Spiel! Daher wurden seit dem Dröhnen der Stiefel deutscher Soldaten auf unseren Straßen schwere Bedenken in mir wach. Wieder umgeben von Feinden, das konnte nicht gutgehen! Nur 1940, bei dem die ganze Welt überraschenden Durchbruch in Frankreich, der die gefürchtete, jahrzehntelang aufgebaute, waffenstarrende Maginot-Linie umging, geriet wie erwähnt meine Überzeugung kurz ins Wanken. Sollten wirklich die anderen recht haben?

Gleich nach dem Einmarsch der deutschen Truppen in Österreich konnte man überall – zumeist quer über die Schaufenster geschrieben – sinnige

Sprüche in gotischer Schrift, weiß mit prächtigen roten Initialen, gemalt sehen. Man mußte den Fleiß desjenigen, der diese verfertigte, wirklich ebenso bewundern wie seine Dichtkunst, denn die aufgemalten Parolen hatten ausnahmsweise nichts mit Politik zu tun. Sie verkündeten etwa bei Geschäften der Drogisten: ‚Kommst Du nieder, brauchst ein Mieder!‘ oder bei Greißlern: ‚Hast Du Durst, kauf Dir'ne Wurst!‘ Und Ähnliches mehr. Die total verschreckte Bevölkerung ließ auch das über sich ergehen, ohne sich zu wehren. „Es ist halt so im Altreich", sagte man achselzuckend und ging weiter. Wie erstaunt aber war ich, als ich eines Mittags, in unser Geschäft V. A. Heck, I., Kärntner-Ring 12, kommend, quer über eine der drei großen Spiegelglasscheiben die folgenden Worte geschrieben fand: „Die schönen Tage sind bald hin / Nimm' Dir mit ‚nen Stich aus Wien!" Es war sichtlich die gleiche Hand, die sich langsam von Vorarlberg oder Tirol bis nach Wien durchgearbeitet hatte! Ich war zunächst sprachlos, mußte ich doch befürchten, daß der Prokurist (Repräsentant seiner Mutter in unserer Firma, der alles, was aus Deutschland kam, pries) hinter meinem Rücken der Veranlasser gewesen sei. Aber nein, dem war nicht so! Unser Geschäftsdiener, ein typisches Wiener Original, der ‚den lieben Herrgott stets einen guten Mann sein ließ und des Morgens nur gelegentlich mit einem Staubtuch pro forma über unsere Bücher wischte, sagte: „Herr Chef, da san zwa Männer kummen, die hab'n net g'fragt, sondern hab'n ganz einfach drauflos 'pinselt. Se kumma gegen zwei Uhr wieder um's Honorar!" Also galt es, zu warten.

Dann kamen sie. Ich ließ die beiden Männer überhaupt nicht zu Worte kommen, sondern fuhr sie an: „Wenn nicht sofort diese Schmiererei entfernt wird, und zwar so, daß es keinerlei Spuren mehr davon gibt, hole ich die Polizei!" Der eine der beiden empörte sich: „Ick schmiere nich, ick male und uff Ihren Saftladen bin ick überhaupt nich neugierig!" Ich nahm in aller Ruhe meine Uhr in die Hand und sagte: „Ich gebe Ihnen genau fünf Minuten Zeit. Hinaus mit Ihnen und an die Arbeit!" Tatsächlich war die Aufschrift im Nu verschwunden! Wenig später ging ich an einem mir vertrauten Antiquitätengeschäft in Wien I., Himmelpfortgasse, vorüber und was erblickte ich dort? Von der gleichen Hand geschrieben prangten auf allen drei Schaufenstern die Worte: „Heimat, wie liebe ich Dich!" Die Inhaberin erklärte mir, sie habe diese Leute flehentlich gebeten, doch wenigstens eine von ihr gewählte Parole aufzumalen, statt irgendwelcher Sinnsprüche. Sie war, wie wohl die meisten anderen Geschäftsleute auch, der Meinung, die Aktion sei von den neuen Machthabern vorgeschrieben! Nicht sehr viel später las ich im ‚Völkischen Beobachter‘, daß man diese beiden ‚Maler‘ wegen Beschädigung fremden Eigentums hinter Schloß und Riegel gesetzt habe. Meiner Meinung nach müssen sie von der verschreckten Bevölkerung zehntausende Mark einkassiert haben!

In diesen Tagen geschah es auch, daß der Prokurist unserer Firma darauf bestand, eine der Auslagen einem reichsdeutschen Künstler, der ihm wärmstens von Parteifreunden empfohlen worden sei, einzuräumen. „Er ist", sagte er wichtigtuerisch, „einer der wenigen Bildhauer, dem der Führer Modell gesessen ist". Zähneknirschend mußte ich zusehen, wie eine der Auslagen mit einer großen Hakenkreuzfahne dekoriert wurde. Davor stellte man auf einen Holzsockel Adolf Hitlers Kopf in ‚echter Bronze‘. Ich betrachtete mir dieses Machwerk kurz. Man hatte sich nicht einmal die Mühe genommen, die vom Ansatz der Nase zum Hinterhaupt verlaufende Gußnaht wegzupolieren! Es war mir eine Genugtuung, daß der Künstler nach ein paar Tagen mit der Bemerkung, wir seien eben untüchtig, er habe in Wien bereits 10 Exemplare seiner Schöpfung verkauft, den Hitler-Kopf unter den Arm nahm und unser Lokal verließ! Jene Zurschaustellung im Fenster war übrigens die einzige Konzession, die in unserer Firma an die neue Zeit gemacht wurde. Ein einziges Mal hatte ich in jenen hektischen Tagen nachgegeben!

Man kann sich im übrigen kaum vorstellen, was eine teils enthusiastische, teils total verängstigte Bevölkerung in jenen Tagen für Fahnen, Fähnchen, Photographien und Embleme an Geld ausgab. Eine allerdings erst nach 1950 zu internationaler Bedeutung gelangte Salzburger Kunsthandlung rühmte sich 1938, in den ersten Monaten nach dem Anschluß damit Monatsumsätze von 60.000,– Mark gemacht zu haben! Und es dauerte eine lange Zeit, bis man von oben her mit strikten Verordungen darauf zu achten begann, daß das Ganze nicht völlig in Kitsch ausartete.

Sah ich doch noch vor dem ‚Anschluß‘ in deutschen Souvenir-Läden in der Nähe der österreichischen Grenze Hunderte von kleinen, erschreckend buntbemalten Gips-Hitlerbüsten zum Aufstellen auf das Nachtkästchen. Der Werbeslogan hiefür hieß tatsächlich: ‚Der Führer, nachts leuchtend!‘ Es waren Phosphorfarben verwendet worden. Und lange vor 1933 (dem Jahr der ‚Machtergreifung‘ in Deutschland) erblickte ich in Weimarer Schaufenstern, weiß es Gott, Christbaumschmuck mit Hakenkreuzen!

Selbstverständlich erschienen auch Parteigenossen in Uniform, die den Wisch irgendeiner Parteidienststelle in Händen hielten, auf dem zu lesen stand, sie seien berechtigt, unser Geschäft auf Freimaurerliteratur hin zu durchsuchen: „Bitte sehr", sagte ich, „kommen Sie nur weiter!" und führte sie in die rückwärtigen Lagerräume zu einem Regal, auf dem ein Paket Bücher mit der Aufschrift ‚Darf nicht verkauft werden‘ lag. Es enthielt die paar Freimaurer-Druckschriften, die wir aus alten Lagerbeständen noch besaßen. „Das ist alles", sagte ich, den beiden das Paket aushändigend. Damit zogen sie, einigermaßen verblüfft, ab. All das sind gewiß Kleinigkeiten, die aber als ein Zeichen dieser Zeit registriert gehören.

Friedrich Olivier (1791 – Dessau – 1859), Bildnis seiner Frau Fanny am Klavier, „Sonntag, 1. Mai 1836". Aquarell. Nach Katalog 201 von C. G. Boerner, Leipzig, Nr. 18

14. Versteigerung von Romantiker-Zeichnungen bei C. G. Boerner, Leipzig

Einer Empfehlung des auf den vorhergehenden Seiten erwähnten Hofrates Dr. Brechler der Handschriftensammlung der Österreichischen Nationalbibliothek verdankte ich 1939 die Begegung mit einem älteren Fräulein, die gleichfalls an der Nationalbibliothek arbeitete. „Seien Sie bitte nett zu ihr", sagte mir Hofrat Brechler, „sie schaut nach gar nichts aus, ist aber – Sie werden es nicht glauben – eine Enkelin von Friedrich Olivier, ein Fräulein Marie Schmiedl, und hätte gerne Ihren Rat". Sofort schlug mir das Herz höher. Olivier, dieser Name bedeutete doch einen Höhepunkt der deutschen Romantikerzeit! Ich wartete gespannt auf das Erscheinen der Dame, die ihren Besuch für einen der nächsten Nachmittage nach dem Dienst angekündigt hatte. Als sie unser Lokal betrat, sah ich gleich, daß Dr. Brechlers Beschreibung stimmte. Sie kam wie ein kleines, unscheinbares Mauserl herein, sprach mit leiser Stimme und war riesig scheu. Unter dem Arm trug sie eine mittels eines Bindfadens zusammengehaltene, durch Gebrauch beschädigte Zeichenmappe, in die – wie Kraut und Rüben – ihre kostbaren Blätter lose hineingelegt worden waren. Keinerlei Schonung etwa durch Seidenpapier, keinerlei Ordnung, keine Passepartouts! Bewegt ergriff ich Blatt um Blatt. Welcher Schatz bot sich mir dar! Hier waren 19 Blätter beider Brüder Olivier, darunter wirkliche Kostbarkeiten, wie man sie sich schöner nicht wünschen hätte können und – das war vielleicht das Aufregendste – die bis dato vollkommen unbekannt geblieben waren, sieht man von einem Aufsatz von Hans Tietze ‚Aus dem Haus Olivier, Glossen über eine Wiener Kunstsammlung‘ in ‚Mitteilungen der Gesellschaft für vervielfältigende Kunst‘, Beilage zu den ‚Graphischen Künsten‘ Nr. 1, 1910, ab. Die Überbringerin erwähnte diesen Aufsatz nicht. Da jenes Fräulein wortkarg war, unterließ ich es, aus ihr herauszubekommen, welcher Art ihre Verwandtschaft mit den Brüdern Olivier denn war. Es wurde mir auch niemals klar, warum sie sich zu einem Verkauf entschlossen hatte. Es war aber offensichtlich, daß sie selbst kein wirkliches Interesse an den Bildern hatte. Es sollte sich herausstellen, daß sie überhaupt kein wie immer geartetes Verständnis für Kunst hatte, denn beim Fortgehen deutete sie auf zwei oder drei Stöße von Biedermeier-Blumenaquarellen, die damals auf einem Tisch unseres Verkaufslokales lagen, und sagte tatsächlich: „Ach was! Die sind etwas wert? Und ich habe erst vorige Woche ganze Stöße davon in den Ofen gesteckt!" Ich hütete mich, ihr zu sagen, daß es besser gewesen wäre, sie hätte mir auch diese Blätter zur Durchsicht gebracht. Weiß Gott, was da vielleicht noch zu finden gewesen wäre!

Liebend gerne hätte ich diese prachtvolle kleine Olivier-Sammlung bei uns ausgestellt, aber ich wußte, daß Wien nicht der richtige Platz dafür war. Daher bat ich Fräulein Schmiedl um einen Moment Geduld und rief in Leipzig Dr. h.c. Hans Boerner an, den Partner meines Vaters durch viele Jahre hindurch. Natürlich war er sofort Feuer und Flamme! Der Glücksfall wollte es, so sagte er, daß er in seiner diesjährigen Auktion bereits einige prächtige Zeichnungen Ferdinand Oliviers, Wiener Landschaften darstellend, versteigern werde. Diese kleine Sammlung wäre eine mehr als willkommene Ergänzung. Ob er sich gleich in den Zug setzen sollte? Ich meinte, er solle mich einmal verhandeln lassen und tat das auch. Es fiel mir nicht schwer, der Dame auseinanderzusetzen, daß sie dort in den besten Händen seien. Ich sei gerne bereit, ihr alle mit dem Versand verbundenen Arbeiten abzunehmen. Das Transportrisiko könnte ich bei unserer Versicherung abdecken. Irgendwelche Spesen erwüchsen ihr durch meine Tätigkeit nicht, da ich sicher wäre, daß das Haus Boerner mich befriedigen würde. Die genaue Überprüfung ihrer Schätze würde postwendend in Leipzig erfolgen. Ich selbst würde selbstverständlich zur Auktion dorthin fahren und sei bereit, alle ihre Wünsche, falls notwendig, durchzusetzen. Es gab keinerlei wie immer geartete Schwierigkeiten mit ihr. Sie erklärte, volles Vertrauen zu mir zu haben, und schließlich schlich sie davon.

C. G. Boerner veröffentlichten ihren Katalog Nr. 201 ‚Deutsche Handzeichnungen der Romantikerzeit, Deutsche Graphik des XIX. Jahrhunderts, Alte Zeichnungen verschiedener Schulen‘ (das Vorwort verwies darauf, daß diese zum größten Teil der bekannten Sammlung Ehlers in Göttingen entstammten). Auf dem Vorderumschlag sieht man ein Blatt der berühmten Folge von Tonlithographien Ferdinand von Oliviers, ‚Sieben Gegenden aus Salzburg und Berchtesgaden‘ (von denen allerdings ein allegorisches Blatt fehlte), damals zum bescheidenen Preis von nur 1.500,– Mark geschätzt. Wie überhaupt alle Schätzpreise ausnahmslos niedrig waren und, erinnere ich mich recht, auf der Auktion selbst nicht wesentlich überboten worden sind.

Dem Katalog lag ein auf rotes Papier gedruckter Zettel bei, der darauf aufmerksam machte, daß die Kunsthandlung ‚Das Bibliographikon‘ (ge-

Friedrich Olivier, Brustbild seiner Frau Fanny im Profil, „20. Jan. 1843". Bleistift, leicht aquarelliert. Gleicher Katalog, Nr. 11

gründet von Hans Wertheim, einem Sohn des Besitzers des berühmten Kaufhauses Wertheim in Berlin) vor geraumer Zeit, sicher in einer freundschaftlichen Weise über Betreiben von Dr. Wolfgang Boerner (Neffe von Hans Boerner) übernommen, nun nach Berlin W 30, Tauentzienstraße 11, übersiedelt sei. In den neuen Räumen würde eine Ausstellung der schönsten römischen Veduten von G. B. Piranesi in prachtvollen frühen Drucken ausgestellt. Dr. Wolfgang Boerner – der leider aus dem Zweiten Weltkrieg nicht mehr zurückgekommen ist – hatte seinen immer vorsichtig zurückhaltenden, bereits gealterten Onkel dazu überredet, in der Hauptstadt des Landes repräsentativ tätig zu sein. Dr. h.c. Hans Boerner war – seit 1933 – auf gutem Fuß mit den neuen Behörden und hatte, das sollte ich vielleicht erwähnen, in seiner klugen, bedachtsamen Art über Aufforderung der ‚Reichskunstkammer‘ eine neue Auktionsordnung für das Deutsche Reich auszuarbeiten gehabt. Neu war beispielsweise, daß sich zu Beginn des Kataloges eine Zusammenstellung, aufgeschlüsselt nach den einzelnen Besitzern (die namentlich nicht genannt werden mußten, sondern lediglich mit Buchstaben des Alphabets gekennzeichnet waren), zu finden hatte.

Wie alle Kataloge des Hauses C. G. Boerner war auch dieser von Ernst Poeschel (guter Freund meines Vaters) in seiner Firma ‚Poeschel und Trepte‘, Leipzig, gedruckt. Die ausgezeichneten Lichtdrucke (die sehr im Maß reduzierte Reproduktion erlaubten) hatte die Firma Sinsel & Co in Leipzig hergestellt. Ich bin einen Tag vor der Auktion nach Leipzig gefahren. Wie viele Erinnerungen stürmten dort auf mich ein! Hatte ich doch in Leipzig die ersten sieben Jahre meines Lebens, später meine Buchhandels-Lehrzeit verbracht. Mit einigem Herzklopfen stieg ich die altmodische hölzerne Treppe zum ersten Stock des Hauses Universitätsstraße 26 empor. Wie oft war ich als Kind hierher gekommen, immer liebevoll empfangen von Hans Boerner, der einer meiner Paten war. Nun war mein Vater, sein Partner durch über zwanzig Jahre hindurch, bereits vier Jahre tot. Ich wußte, daß sein Ruin auch dem Haus Boerner bedeutenden Schaden zugefügt hatte, weil mein Vater jene Schuld für übernommene Ware, die er anstelle des ihm eigentlich gebührenden Anteils an C. G. Boerner bei seinem Ausscheiden zu übernehmen

Friedrich Olivier, Studienblatt mit zwei welken Blättern. „Die dürren Blätter werden ... zu wehmütigen Herbsterinnerungen an die Lust des Sommers" (Ludwig Grote). Gleicher Katalog, Nr. 14

hatte, niemals zur Gänze bezahlt hat. Hans Boerner hat darauf verzichtet, mehr als einen Versuch zu unternehmen, der ihm – vielleicht – doch noch das ausstehende Geld gebracht hätte. Er bewahrte meiner Mutter seine Freundschaft, wie auch mir gegenüber sein Wohlwollen. Es war für mich jedesmal, da ich die Räume von C. G. Boerner nach meines Vaters Ausscheiden von dort betrat, schwierig, nicht traurig zu sein über den Gang der Dinge. Nun aber war ich stolz darauf, nach kurzer Selbständigkeit ein Partner dieser wichtigen Versteigerung zu sein. Ich verstand, daß das Welthaus Boerner durch die politischen Ereignisse, abgeschnitten von all seinen internationalen Kunden, nun außerordentlich reduziert und lediglich auf den deutschen Inlandsmarkt angewiesen war. Im Gegensatz zu seinem Neffen, der klarer sah, besaß Hans Boerner einen unerschütterlichen Glauben an sein Vaterland, mochten auch die derzeitigen Machthaber nicht nach seinem Geschmack sein.

Da ich nicht weiß, wer von meinen Lesern je die Gelegenheit hatte, einer traditionellen Graphikauktion beizuwohnen, will ich versuchen, die Atmosphäre zu schildern. Zunächst einmal die Feststellung, daß alles außerordentlich klein und bescheiden war. In dem einen Ende des gar nicht besonders großen Auktionsraumes stand das etwas überhöht konstruierte Pult, hinter dem die beiden Auktionatoren walteten. Es stand vor einfachen, mit grünem Tuch bespannten Tischen, an denen vielleicht zwanzig bis dreißig würdige Herren Platz gefunden hatten. Ihre Sitze waren seit Jahren in einer bestimmten Ordnung reserviert. Hinter der ersten Reihe gab es eine zweite, manchmal auch (bereits sehr gedrängt) eine dritte Reihe von Sesseln für die übrigen Besucher. In der ersten Reihe saßen die Direktoren oder leitenden Beamten der großen graphischen Sammlungen und alle wichtigen Händler. Hans Boerner war, durch eine vierzigjährige Tätigkeit geschult, wohl der beste Auktionator Deutschlands. Mit einem knappen, freundlichen Lächeln nahm er Platz, las kurz die Auktionsbedingungen in seinem leicht sächsisch gefärbten Deutsch vor. Dann gab es ein paar kurze erklärende Worte und auf seinen Wink hin reichte man dem im Raum innerhalb der drei Tische hin und her gehenden Geschäftsdiener das erste Blatt. Sie waren alle in gleichgroße Passepartouts montiert. Der Geschäftsdiener hob das Blatt, trug es über stumme Bitten des einen oder anderen Anwesenden kurz in dessen Nähe, und dann begann das Bieten. Man mußte schon sehr deutlich hinsehen, um zu bemerken, wer eigentlich bot. Der Name des Käufers wurde nur ausnahmsweise genannt, alles vollzog sich in einer ruhigen, gelassenen Atmosphäre. Nach dem Fallen des Auktionshammers notierte die anwesende Schreibkraft den Namen des Käufers, der ihr vom Pult aus mittels eines Zettels bekanntgegeben wurde, im Protokoll. Es kam des öfteren vor, daß Hans Boerner etwas selbst für seine Kunden erwarb. Dann hieß es ‚Auftrag so und so‘, wobei meist kein Name, sondern nur eine Nummer genannt wurde. Eine oder mehrere differierende Nummern wurden auch genannt, wenn es darum ging, Rückgeher zu tarnen, denn nach außen hin wurde stets Optimismus verbreitet. Hans Boerner, der an und für sich alles andere denn ein Schauspieler war, verstand es glänzend, ein ‚poker face‘ zu bewahren. Ich weiß, das es selbst meinem Vater oftmals schwergefallen war zu erkennen, ob ein Blatt nun tatsächlich verkauft war oder nicht. Die allerschwierigste Aufgabe des Auktionators ist, die Ausrufpreise richtig festzusetzen. Das Publikum reagiert außerordentlich empfindlich auf hier begangene Fehler, die unter Umständen für den Erfolg oder den Mißerfolg einer Auktion entscheidend sein können.

Julius Schnorr von Carolsfeld. Bildnis des F. Olivier im Alter von 25 Jahren. „Petersdorf (= Perchtoldsdorf) den 22. May 1816". Bleistift. Gleicher Katalog, Nr. 10; „zählt zu den kostbarsten Zeugnissen deutscher romantischer Zeichenkunst"

Dr. h. c. Hans Boerner neben seinem (aus dem Zweiten Weltkrieg nicht heimgekehrten) Neffen Dr. Wolfgang Boerner

Dr. h. c. Ernst Trautscholdt, damals Prokurist der Firma. Er gründete nach 1945 die Niederlassung in Düsseldorf.

Ich habe es ein einziges Mal erlebt, daß ein Auktionator in schwere Verlegenheit geriet. In Luzern wurden in den frühen fünfziger Jahren Rötelzeichnungen vom Genfer Pastellkünstler Jean Etienne Liotard (1702–1789) versteigert, die Kinder der Kaiserin Maria Theresia darstellend. Der Schätzpreis war hoch und ich sah keine Chance dafür, einen Käufer in Österreich zu interessieren. Aber ich wollte dabei sein, wenn dieser wahre Schatz versteigert wurde. Die Nummer wurde ausgerufen, ein lebhaftes Bieten setzte ein. Ungefähr in dem Moment, da die Schätzung erreicht war, sprang ein in der ersten Reihe sitzender, sehr würdiger Schweizer Herr auf und sagte erregt: „Ja, wer bietet denn da gegen mich? Ich mache darauf aufmerksam, daß ich die ‚Gottfried Keller-Stiftung' vertrete, und jetzt bin ich am Ende des mir zur Verfügung stehenden Geldes!" Daraufhin bekam der Auktionator, und das mit einigem Recht, einen roten Kopf und sagte bestimmt: „Sie scheinen zu vergessen, daß es sich um eine öffentliche Auktion handelt. Aber bitte, der Herr, der gegen Sie bietet, sitzt in der vorletzten Reihe und ist mir namentlich nicht bekannt." Jetzt erhob sich jener, ein gutaussehender jüngerer Herr, und sagte pikiert: „Was soll denn das Ganze? Ich verlange, in Ruhe solange weiterbieten zu können, als es mir gefällt." Schließlich, sich nun direkt an jenen Herrn der ‚Gottfried Keller-Stiftung' wendend, setzt er fort: „Sie können ja, weiß es Gott, nicht wissen, ob ich nicht vielleicht die Absicht habe, diese ganze Sammlung einem Schweizer Museum zu schenken!" Es gab noch einiges Hin und Her und alles, was ich zu berichten weiß, ist, daß nicht weiter geboten wurde. Anscheinend ist es dem Auktionator gelungen, die beiden Kampfhähne zu beschwichtigen und amikal zu einer Einigung zu bringen. Beneidenswert war seine Lage keineswegs. Einerseits konnte er es sich nicht leisten, sich mit der ‚Gottfried Keller-Stiftung' anzulegen. Auf der anderen Seite setzte er sich – bei vorschnellem Handeln – berechtigten Forderungen seitens des Einbringers aus, der schließlich ein Recht darauf hatte, daß er ihm zu einem möglichst hohen Preis verhalf! Des Rätsels Lösung könnte gewesen sein, daß jener zweite Bieter ein Beauftragter des Einbringers war, der somit – bei einem allfälligen Zuschlag an jenen – nicht nur seine Sammlung nicht verkauft haben würde, sondern dem Auktionator auch einen beachtlichen Betrag als Auktionsgebühr hätte zahlen müssen. Die Blätter sind heute in Genfer Museumsbesitz. Erst in allerjüngster Zeit ist mir ein ähnlich spektakulärer Vorfall auf einer Kunstauktion bekanntgeworden. Wir boten auf einer Londoner Auktion auf zwei kostbare Objekte (Wiener Topographie). Ich hatte, wie immer, einen englischen Kollegen gebeten, für uns zu bieten, weil man es doch vermeiden soll, sich einem Auktionator zu offenbaren. Nach langem Hin und Her hatten wir ein Limit bekanntgegeben, das ein Mehrfaches der Schätzung betrug. Nach der Auktion rief uns unser Londoner Geschäftsfreund erfreut an. Er habe das Gewünschte weit unter unserem Limit erhalten. Setzte aber hinzu: „Es ist ein wahres Glück, daß Sie nicht auf die nächste Nummer geboten haben. Sie erbrachte – bei einer Schätzung von 12.000,– Pfund – nicht weniger als 6 Millionen Pfund!" Konnte man noch verstehen, daß vor Jahren in New York bei einem wichtigen Bild Van Goghs die Bieter den Kopf verloren, so handelte es sich in London um eine im 18. Jahrhundert in Deutschland hergestellte simple Rechenmaschine, um die es, telephonisch, diese irrsinnige Steigerung gegeben hatte. Man konnte sich nur an den Kopf greifen! Bis es sich herausstellte, daß ein bisher Unbekannter (dem der Zuschlag erteilt worden war) sich kurz darauf als zahlungsunfähig erklärte. Sapienti sat!

Um auf die C. G. Boerner Auktion zurückzukommen: Die Schätzpreise aller Zeichnungen aus dem Besitz der Olivier-Nachkommen betrugen

13.700,– Reichsmark, und ich glaube, daß sich das erzielte Resultat in diesem Rahmen hielt. Hans Boerner war mehr als zufrieden und sah darauf, daß ich nicht zu kurz kam. Jenes ältliche Fräulein aber habe ich niemals wiedergesehen. Sie hat das Geld direkt angewiesen bekommen, es aber nicht für nötig gefunden, mich noch einmal aufzusuchen.

15. Beim deutschen Militär, Mai 1940

Nachstehend abgedrucktten Brief fand ich unter den Papieren meiner Mutter. Ich schrieb ihn ihr am Vorabend meiner Einrückung zur Deutschen Wehrmacht.

„Liebe Mutti,   13. V. 1940*
heute habe ich Zeit und Ruhe, ein wenig meine Sachen zu ordnen – wie erklärlich, daß man zu besinnlicher Stunde die Vergangenheit vorüberziehen läßt. Ich möchte Dir für alle Güte in den letzten Jahren danken . . . . Heute sehe ich in vielem, was ich einstens nicht verstand, daß ich im Unrecht war. Diese Zeit jetzt ist ein neuer Abschnitt in unserem Leben. Zum ersten Male weiß ich Dich allein. An irdischem Gut hänge ich nicht, möge da kommen was wolle. Du wirst diese Zeit in Deiner stillen Tapferkeit genauso durchstehen, wie Du die bitteren Stunden Deines Lebens durchgestanden hast. Jetzt, wo Deine Augen müder werden, nicht um Dich sein zu können, trifft mich schwer. Ich gehe weder verängstigt noch verbittert – was sein muß, muß sein und ich wäre nicht Dein Sohn, würde ich diese Prüfung nicht bestehen. Gott schütze Dich und Steffy!
                                              Dein Christian"

Mit dem Angriff der mittleren deutschen Heeresgruppe unter General Feldmarschall Gerd von Rundstedt am 10. Mai 1940 war die Periode des ‚stillen Krieges‘ in Frankreich – den die Franzosen ‚drôle de guerre‘ nannten – mit einem Schlag zu Ende. Ich war vom Ausbruch des Krieges an tief pessimistisch und überzeugt davon, daß sich die Tragödie des Ersten Weltkrieges, nur noch viel schlimmer, wiederholen müsse. Ich gestehe aber, daß

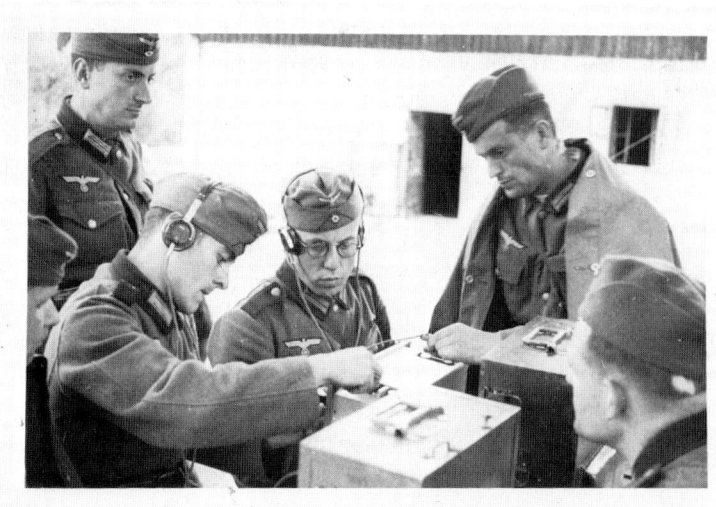

Der Nachrichtenzug des Pionier Ersatz-Bataillon 80 übt im Freien den Funkverkehr mit der Kaserne. Es erwies sich bald, daß ich ungeeignet für das Funken war.

mich der unglaublich rasche Sieg über Frankreich für kurze Zeit in meinem
Urteil schwankend gemacht hat. Wie vielen anderen auch – insbesondere
natürlich den Franzosen – schien mir die berühmte ‚Maginot Linie‘ – ein zur
Deckung der französischen Ostgrenze erbautes Befestigungssystem – ein un-
überwindliches Hindernis zu sein. Entscheidend für den neuerlichen
Durchbruch meiner pessimistischen Beurteilung war der Fehlschlag der
Luftangriffe auf England, Herbst 1940. Von da an wußte ich, daß alles nur eine
Frage der Zeit sein könne. Zu ähnlich waren die auch diesmal begangenen
Fehler. Wohin uns die Einstellung von 1914, ‚viel Feind, viel Ehr‘, gebracht
hatte, konnte ich als Kind allzu deutlich erleben.

In den ersten Tagen des Monats Mai flatterte mir der gefürchtete blaue
Brief in das Haus, der Einberufungsbefehl. Da unser ‚strammer‘ Prokurist sich
standhaft geweigert hatte, sich als Kriegsfreiwilliger zu melden – wie man dies
seiner Einstellung halber hätte erwarten können – gab es für mich keine
Möglichkeit, eine sogenannte U.K.(unabkömmlich)-Stellung beim Militär zu
beantragen, die zu Anfang des Krieges relativ leicht genehmigt wurde. Bei der
vorhergegangenen Assentierung hatte ich mich zu den ‚Luftnachrichten‘
gemeldet gehabt und war bestürzt, daß es nun hieß, ich hätte mich innerhalb
weniger Tage in Klosterneuburg bei Wien beim ‚Pionier Ersatz-Bataillon 80‘
einzufinden. Es war mir klar, daß man jetzt, wo der Krieg ernstlich begonnen
hatte, die geleerten Kasernen mit jenen Jahrgängen füllte, die bisher als Reserve
gegolten hatten. Mein Jahrgang, 1909, taugte zu nicht viel beim Militär. Man
war nicht jung genug, um mit Haut und Haaren vereinnahmt zu werden und
bereits zu alt, um in physischer Hinsicht etwas zu leisten. Die Frage, die ich an
all diejenigen richten möchte, die da meinen, uns wegen des damaligen
‚Einrückens‘ persönliche Feigheit vorwerfen zu sollen, ist, was wohl sie an
unserer Stelle gegen die Maßnahmen eines Polizeistaates getan hätten? An und
für sich wäre ich sofort nach dem Anschluß nach Amerika ausgewandert.
Jedoch der frühe Tod meines Vaters hatte mich mit 26 Jahren zum Oberhaupt
einer unversorgten Familie gemacht. Also hieß es: durchhalten. Fahnenflucht
wurde übrigens mit der Todesstrafe geahndet!

Ich fuhr also am Stellungstag in aller Herrgottsfrühe nach Klosterneuburg. Die Kaserne war – und ist auch heute noch – ein häßliches, großes, vierstöckiges Gebäude. Zwei Flügel – links und rechts – schlossen einen großen Vorplatz ein. Längs der Straße hohe Gitter. In ihrer Mitte zwei niedrige Gebäude: das Wachzimmer und anschließend das Gefängnis. Beim Eingang stand die Wache, Stahlhelm auf dem Kopf. Ich zeigte meinen Befehl vor. Kurze Kopfbewegung, ein geknurrtes: „Rechts, Parterre, Raum 12" und ich betrat den Hof. Zur gleichen Zeit waren andere Zivilisten gekommen, ein jeder trug ein Köfferchen oder einen Pappkarton unter dem Arm. Natürlich begann alsogleich das sinnlose Herumstehen und Warten, charakteristisch für das Militär aller Länder. Der einzige Lichtblick des Vormittages war gegen 12 Uhr die Austeilung von Essensmarken aus Blech, die man bei einem Schalter einreichte und daraufhin in eine Menageschüssel ,einen Schlag Gulasch mit Kartoffel' geleert bekam. Zu meinem Erstaunen gut gekocht, wie es überhaupt – dies eine Erkenntnis meiner viereinhalbjährigen Dienstzeit – immer nur darauf ankam, wieviel die ,Küchenbullen' stahlen. Nur das bestimmte die Qualität des Dargebotenen! Vorsichtshalber hatte ich mir mein Haar kurzschneiden lassen, was überhaupt nichts half, denn der Hauptfeldwebel warf beim Durchschreiten des Raumes nur einen kurzen Blick auf mich und ließ mir auf Stube 15 einen ,ordentlichen' Haarschnitt verpassen. Man frage nicht, wie ich hinterher aussah!

Spät am Vormittag betrat mit langsamen Schritten ein kleiner, untersetzter Mann den Raum. Irgend jemand in seiner Begleitung schrie: „Achtung!" Sofort herrschte eisiges Schweigen. Alles sprang auf. Er stolzierte selbstbewußt durch eine sich bildende Gasse.

Es war, wie sich herausstellte, Feldwebel Giese aus Ostpreußen, offensichtlich aus einer Gegend, wo es nur Sand, Kartoffeln, Kiefern und Soldaten gab. Er hatte seine Mütze vorne aufgetrieben, um größer zu erscheinen und verfügte über ein Organ, das weithin über den großen Kasernenhof schallte. Sprach im schnoddrigen, ostpreußischen Dialekt. Er hatte es verstanden, sich derart aufzuspielen, daß die Offiziere unserer Kaserne ihn gewähren ließen, denn was seine soldatischen Fähigkeiten anlangte, hätte man gegen ihn nicht ankönnen. Klein, wie er war, war er der Terror dieser Kaserne! Wie sich später herausstellen sollte, wollte er ursprünglich Pfarrer werden, hatte sich aber dann als ,länger Dienender' bei der Reichswehr auf eine Reihe von Jahren dienstverpflichtet. Ich kann nicht sagen, daß unsere Beziehungen jemals herzlich wurden, aber immer wieder suchte er das Gespräch mit mir, sichtlich bemüht, zu beweisen, daß er es mit einem Gebildeten aufnehmen könne. Als Paris am 14. Juni 1940 erobert wurde, kam er mir mit dem Fahrrad nach, hielt an und sagte: „Mensch, Nebehay, Paris jefallen und ick nich dabei!" „Ach", antwortete ich, „hoffentlich ist nicht allzuviel von dieser herrlichen Stadt in Trümmer gegangen!" „Sind Se dort jewesen?" „Jawohl, Herr Feldwebel, einige Monate lang!" „Hm, also machen Se weiter" und damit radelte er zurück in die Kaserne. Uns Rekruten gegenüber gab er sich herablassend, mit gelegentlichem Anflug eines Humors, der uns meist unverständlich blieb. Im Nu schied er jetzt die Spreu vom Weizen. Zu mir sagte er: „Sie da, wat sind Se von Beruf? Antiquar? So'n Quatsch! Wat soll denn dat in unserer glorreichen Zeit? Hab'n mer keene Jeduld dafür. Sind Se wenigstens musikalisch? Ja? Dann zum rechten Haufen!" Im Nu hatte er sich 80 Mann unter den Neueingerückten für einen Nachrichtenzug der Pioniere herausgesucht. Und dann ging es los! Hinauf in die Uniformkammer, wo uns bärbeißige, übellaunige ,Kammerbullen' nach kurzem Blick auf die Statur Mützen, Jacken, Hosen und

Ch. M. N. als Gefreiter, Wehrmachtsführerschein. Später wurde ich zum Obergefreiten befördert, was ich angestrebt hatte, da damit jedes weitere Avancement ausgeschlossen war.

Stiefel zuwarfen. Mochte man zusehen, wie sie paßten! Jeder Umtausch wurde zum Problem, die Herren wollten pünktlich nach Hause gehen! Mir wurde eine Hose verpaßt, die ein Beutestück der geschlagenen polnischen Armee war. Schlecht umgefärbt, sodaß die alte gelbliche Farbe durchschimmerte. „Sie da! Ihre Hose is'n nationales Unglück!" brüllte Feldwebel Giese, als er mich erblickte. Am besten war, man antwortete stets mit: „Jawohl, Herr Feldwebel!" Nun hieß es: „Alle fertich? Ab durch die Mitte! Zum Matratzenlager. Hopp, hopp, Ihr faulen Säcke!" Dort bekamen wir grobe Leintücher, kratzende Decken, harte Kopfpolster. „Alles mitnehmen!" wurde gebrüllt und: „Zack, zack. In die Stube zum Bettenbau." Unsere Stube befand sich im obersten Stock. Sie war mit 40 Mann belegt, die in Stockbetten schliefen. Ich schätzte mich glücklich, ein Oberbett erwischt zu haben.

Nur derjenige Leser, der es einmal probiert hat, einen militärischen Bettenbau zu produzieren, kann ermessen, was das heißt: mit eckig gefalteten Leintüchern, glatt gestrichenen Decken. Die Pölster durften nicht um einen Zentimeter mehr hervorschauen, als die Vorschrift besagte. Die Inspektion durch den Feldwebel fand in unserer Abwesenheit statt. Die meisten von uns fanden ihr mühsam arrangiertes Bettzeug auf dem Boden! Um 22 Uhr hieß es endlich: „Licht aus!"

Ich hatte mir vorgenommen und es auch durchgehalten, daß ich stets vor dem Weckruf ‚Aufstehen' und dem Befehl ‚Kaffeeholer raustreten!' wach war. Das bißchen Freiheit, von selbst aufzuwachen, wollte ich mir vorbehalten wissen!

Unerträglich fand ich, daß man vor jedem, der im Rang höher war als wir Pioniere, bei Begegnungen in den Gängen gezwungen war, stehenzubleiben und Haltung anzunehmen mit den Worten: „Ich bitte Herrn Obergefreiten (oder was er schon war), vorbeigehen zu dürfen!"

Die Tageseinteilung bestand aus einer einzigen Hetzjagd. In das Gelände zum Frühsport. Feldwebel Giese bot in der Turnhose einen erhebenden Anblick! Unterrichtsstunde im Funken und Hören, im Verschlüsseln und Entschlüsseln von Nachrichten. Es wurde mir sehr bald klar, daß ich zum Funken ungeeignet war. Ich hatte alle Mühe, es auf das verlangte Minimum von achtzig richtig aufgenommenen Zeichen pro Minute zu bringen. Niemals darf man auch nur den Bruchteil einer Sekunde zögern, sonst ist die nächste Fünfergruppe von Buchstaben vorbei! Man kann Funken bis zu einer gewissen Schnelligkeit erlernen. Es war aber nicht nur eine Frage von Fleiß, sondern eher von Eignung. Ich erlebte, wie erfahrene Berufs-Funker es spielend auf über 200 Zeichen pro Minute brachten! Auch das Entschlüsseln und Verschlüsseln von Funksprüchen hatte seine Tücken. Mit mehr Ruhe hätte man das alles wahrscheinlich besser leisten können, aber die Hetzjagd war unerbittlich. Kaum war diese Stunde vorbei, hieß es hinunter in den Hof zu Zielübungen an Luftdruckgewehren. Zurück hinauf! Unterrichtsstunde: ‚Wie verhält sich der Soldat in der Öffentlichkeit' und, erheiternd: ‚Wie verhält er sich vor Spionen?' „Sie da! Steh'n Se gerade, wenn ich Sie aufrufe! Verstanden? Se sitz'n im Restaurang. Da kommt een total Fremder und bietet sich an, Ihnen een Glas Bier zu stiften. Wat werd'n Se dann sachen?" „Danke schön, Herr Feldwebel!" „Na, da sieht man's wieder! Keen Mark in de Knochen! Se werd'n sachen: ‚Ick danke scheen. Ick pfeife auf Ihr Bier! ick habe meenen Wehrsold und kann mir kofen, wat ick will'. Verstanden?"

Noch dramatischer verlief der Besuch des Ortskinos, eine Art von Wellblech-Schuppen. Die Hitze darin war unbeschreiblich. Wir saßen da in unseren Ausgehuniformen, von uns ‚Sarrasanis' genannt, weil man darin wie

Zirkuspersonal in der Manage aussah. Enganliegende, dunkelgrüne Röcke, schwarze Kragen, versilberte Knöpfe. Man schwitzte erbärmlich! Der Film hätte besser ‚Lustspiel‘ denn ‚Lehrfilm‘ genannt werden sollen! Primitiveres gab es nicht! In den ‚Sarrasanis‘ ging es nach drei Wochen zum ersten Ausgang, zum Treffen mit Familienangehörigen. Meine Braut brach in Tränen aus, als sie mich erblickte! Sie hätte mich beinahe nicht erkannt!

Nach vier Wochen durften wir das erste Mal am Samstag nach Hause gehen, wieder im ‚Sarrasani‘. Das Ausgehen war teuer bezahlt, denn am Vormittag gab es jedesmal Impfungen. Jede Woche eine andere! Manche erregten leichtes Fieber und dann saß man mit schmerzendem Kopf daheim herum und jede Stimmung war vorbei. Auch kam nach einiger Zeit auf, daß auch wir – wegen der Parole ‚Räder müssen rollen für den Sieg‘ – unseren Beitrag zu leisten hatten. Wir durften die Eisenbahn nicht benutzen, sondern mußten zu Fuß von Klosterneuburg entlang der Donau nach Nußdorf wandern, bis wir die Straßenbahn erreichten! Auch zurück dasselbe. Was bedeutete, daß mindestens zwei Stunden der kärglichen Urlaubszeit verlorengingen!

Mittlerweile ging die militärische Ausbildung weiter. Sie wurde nur am Donnerstag nachmittag unterbrochen, der ‚sozialer Nachmittag‘ hieß. Für uns Funker bedeutete dies, daß man uns mit dem vertraut machte, was Pioniere zu leisten haben. Beispielsweise hatten acht Mann eines der aufblasbaren großen Gummiboote zu holen (wobei diejenigen, die größer waren, die Hauptlast auf den Schultern zu schleppen hatten). Manch einer von den Kleineren marschierte seelenruhig, ohne sich etwa zu strecken, neben uns her und lachte fröhlich. Schlimmer aber waren Geräte, erfunden vom Österreicher Karl Freiherr von Birago (1792–1845): zerlegbare Böcke und Pontons zur Errichtung von Kriegsbrücken. Die einzelnen Teile wogen schwer. „Sie da, kommen’Se her. Wir brauchen noch een Philosophen“, hieß es für mich. Ich vermochte die Last kaum zu tragen! Einer von uns sah mich blaß werden, sprang hinzu und löste mich ab. Als Spediteur war er ähnliche Lasten zu tragen gewöhnt! Immer öfter wurde nun des Morgens ausgerückt. Manchesmal sogar zu den Klängen der Regimentskapelle. Es gab bald keinen Hang mehr in der schönen Umgebung von Klosterneuburg, wo wir nicht übten. Angriff einer halben Kompanie auf die im Wald verstreuten Kameraden. Sie kamen mit Hurrahgeschrei an und wurden mit dem Knallen von Platzpatronen aus unseren Gewehren empfangen. Diese waren Beutewaffen, aus polnischen Beständen, die Schäfte viel zu kurz für uns. Man konnte – die Hand an das abgestellte Gewehr gelegt – kaum gerade stehen!

Eines Morgens lagen wir wieder in einem Waldstück, diesmal in einem ausgehobenen Graben. Es ging um das Üben mit Handgranaten. Neben jedem Rekruten stand ein Unteroffizier oder ein Obergefreiter. Man hatte die Handgranate aufzunehmen, abzuziehen, langsam „einundzwanzig, zweiundzwanzig, dreiundzwanzig“ zu zählen und sie dann möglichst weit wegzuwerfen und sich zu ducken, damit die Splitter einen nicht träfen. Nun stellte sich heraus, daß wir es mit Munition des ehemaligen österreichischen Bundesheeres zu tun hatten. Diese Bestände waren in hochbeinigen Kästen im Augebiet der Donau aufgestellt gewesen. Da es kurz zuvor Hochwasser gegeben hatte, waren viele der Handgranaten feucht geworden und explodierten nicht. Feldwebel Giese stand etwas entfernt vom Graben neben dem uns zugeteilten Stubenältesten, dem Obergefreiten Schreibmüller, der ein auf 10 Jahre verpflichtet gewesener ausgezeichneter Soldat des österreichischen Bundesheeres war. Diese hatten die Vergünstigung, neben dem Militärdienst als Handwerker ausgebildet zu werden, sodaß ihnen nach den Dienstjahren der Übertritt zum zivilen Beruf erleichtert wurde. Feldwebel und Obergefreiter hatten die Aufgabe, die nicht explodierten Handgranaten zuzammenzulegen und durch eine abgezogene Handgranate zu vernichten. Ich füge hier ein, daß eine Handgranate im Freien sozusagen verpufft. Es gab Soldaten, die Handgranaten auf ihren Stahlhelm stellten und abzogen! Sie krachten, aber verletzten nicht! Verheerend ist ihre Wirkung in geschlossenen Räumen, wo der Luftdruck allein tödlich wirkt. Das Fehlschlagen des Attentats auf Hitler war dem Umstand zuzuschreiben, daß die Besprechung nicht – wie ursprünglich geplant – im Beton-Bunker, sondern in einer Holzbaracke stattfand, deren Wände nach außen gedrückt wurden! Sonst hätte es im Raum keinen Überlebenden gegeben, zumal die damals verwendete Bombe mehr Sprengkraft hatte, als eine Handgranate!

Es war ein schwüler Tag, die Luft schwärmte von Mücken. Deshalb hatte Feldwebel Giese ein aus Ästen improvisiertes Feuer angezündet und Laub darauf gelegt, in der Hoffung, daß die dicken Rauchschwaden die Mücken vertreiben würden. Plötzlich ritt ihn der Teufel und er begann, eine abgezogene unexplodierte, Handgranate nach der anderen auf das Feuer zu legen. „Tun's dös net, Herr Feldwebel!" rief der Obergefreite ihm zu. „Ach wat denn, wat denn? Hamse vielleicht Angst, Schreibmüller?" „Des net, aber gefährlich ist's, was Sie tun!" war die Antwort des Obergefreiten, der sich in einen der Sicherungsgräben geworfen hatte. In diesem Moment legte Feldwebel Giese noch eine abgezogene Handgranate auf die übrigen. Und nun geschah es! Mit einem Donnerschlag explodierten alle gemeinsam, gerade, als er sich über sie gebeugt hatte! Schreie nach der Sanität ertönten, eine Tragbahre wurde von zwei Soldaten eilends herbeigeschafft. Man trug Feldwebel Giese mit gebotener Vorsicht zum Krankenwagen. Er war leider bei vollem Bewußtsein und sah schrecklich aus. Statt der beiden Augen, die es ihm herausgesprengt hatte, sah man blutige Höhlen!

Dabei rief er den ganzen Weg zum Auto: „Schreibmüller, Schreibmüller!" Ansonsten gab er keinen Klagelaut von sich. Es muß ihn gepeinigt haben, durch seinen Leichtsinn unter Umständen an einer schweren Verletzung des Obergefreiten oder etwa gar an dessen Tod schuldig geworden zu sein. Feldwebel Giese kam, so hörten wir, als Blinder mit dem Leben davon! Ich weiß über sein weiteres Schicksal nichts.

Eines Morgens hieß es beim Appell im Kasernenhof: „Wer kann Französisch?" Einmal konnte der Pionier Nebehay seine Hand heben, es gab außer ihm nur noch einen, der sich meldete. Nichts geschah! Aber 8 Tage später gab es die gleiche Frage, die gleiche Meldung, und tags darauf wurden wir beide per Lastauto ins Wehrkreiskommando XVII gefahren, um eine Prüfung abzulegen.

Das Wehrkreiskommando XVII hatte seinen Sitz im ursprünglichen Reichskriegsministerium, ein riesiges Gebäude am Stubenring, 1909–1913 nach den Plänen des Architekten Ludwig Baumann erbaut. Vor dem Eingang steht das von Kaspar von Zumbusch 1892 geschaffene Reiterdenkmal des Feldmarschalls Josef Wenzel Graf von Radetzky (1766–1858), der 1848 einen entscheidenden Sieg über die Italiener bei Custozza erfochten hat. Wurden von hier aus einmal die Geschicke der großen kaiserlich-königlichen österreichisch-ungarischen Armee gelenkt, reichten jetzt die Räume nicht einmal mehr für die Administration des gesamten Gebietes der ehemaligen Republik Österreich! Denn es gab zusätzlich in Salzburg das Wehrkreiskommando XVIII für Oberösterreich-Vorarlberg!

Hatten wir in der Klosterneuburger Kaserne bestenfalls einmal einen Offizier von ferne gesehen, so wimmelte es hier natürlich von ihnen! Wir kamen mit den Ehrenbezeugungen kaum nach! Endlich befanden wir uns in einem kleinen Raum. Hier nahmen Zivilisten die Prüfungen aus Französisch ab. Bei mir ging es erstaunlich rasch: Vorlesen einer Seite aus dem Lexikon von Larousse, Übersetzung eines technischen Textes, ein wenig Konversation, ein Lächeln, und ich war – offensichtlich mit gutem Resultat – entlassen. Nebenan gab es Prüfungen in Englisch und ich dachte mir, es könne nichts schaden, legte ich auch hier eine Prüfung ab. Der Prüfende war ein junger Dozent von der Universität. Ich habe kaum je einen Ausländer die englische Sprache besser beherrschen erlebt, wie ihn. Schon seine erste Frage war verhängnisvoll. Er deutete auf den ‚Reichsadler‘, der auf der Vorderseite jeder Uniformjacke zu sehen war und fragte, wie ich dieses Emblem auf Englisch nennen würde. Das Wort ‚insignia‘ fiel mir natürlich nicht ein, und damit war eine gewiße Unsicherheit bei mir vorhanden, die meine an sich guten Kenntnisse nicht zur Geltung kommen ließen. Ich liebte die englische Sprache (und hatte mir für die vorausgeahnte Wartezeit des ersten Tages der Einrückung ein englisches ‚poketbook‘ mit den Militärerzählungen Rudyard Kiplings, ‚Soldiers three‘, eingesteckt gehabt). Die Konversation ging ganz gut, das Lesen eines schwierigen Textes über Hochspannungsleitungen ebenfalls. Auch das Übersetzen klappte ziemlich mühelos. Aber ich ging etwas betrübt meiner Wege. Und nicht sehr viel später schalt ich mich selbst wegen meines Übereifers. Wäre es, wie es ganz kurz danach aussah, zum Versuch einer Besetzung der englischen Insel gekommen, hätte man mich sicherlich dazu als Dolmetscher geholt. Ich war erstaunt über den Mangel an Kenntnissen fremder Sprachen beim deutschen Militär.

Zwei Tage nach der Prüfung kam für meinen Kameraden und für mich der Befehl, zum Hauptfeldwebel zu kommen. Dort wurde uns mitgeteilt, wir seien zum ‚Stalag 230‘ versetzt, hätten in der Kleiderkammer neue Uniformen und feldmäßige Ausrüstung zu empfangen und uns in Strebersdorf zu melden. Das war der Schluß der Ausbildungszeit. Wir waren die ersten, die den Nachrichtenzug von Klosterneuburg verließen. Wohin wir versetzt waren und was ‚Stalag‘ bedeutete, sollten wir erst an Ort und Stelle erfahren.

Im Barackenlager Strebersdorf angekommen, sah ich mich einem erfreulich menschlichen Hauptfeldwebel gegenüber, der mich wiederholt mit ganz unwesentlichen Besorgungen für sich in die Stadt schickte, wofür ich ihm heute noch dankbar bin. Das Wichtigste aber war der gute kameradschaftliche Ton, der mit einem Mal vorherrschte. Vorbei war es mit dem Anschnauzen, vorbei war auch die sture Disziplin der Kaserne. Wir waren Personal für ein Kriegsgefangenen-Lager.

In Strebersdorf wurde in einem Barackenlager das Personal des Stalag 230 (Gefangenen-Stammlager) zusammengestellt. Man hatte uns Dolmetschern den eigentlich zustehenden ‚Sonderführerrang‘ (der uns Offizieren gleich-gestellt hätte) nicht bewilligt. Es dauerte mehrere Tage, bis sich ein langer, aus alten Personenzugs-Garnituren und Güterwagen zusammen-gestellter Zug in Bewegung setzte. Wir waren zu je acht Mann in einem Abteil dritter Klasse untergebracht. Es dauerte, bis uns klar wurde, daß man sich nach dem Aus-breiten von Zeitungen auf den Boden legen und in Schichten schlafen konnte. Die Offiziere und Verwaltungsbeamten fuhren bequemer, einige von uns – ich jedoch nicht – machten sich bei ihnen als ‚Putz‘ beliebt. Wir waren fünf volle Tage unterwegs. Auf französischem Gebiet fiel uns auf, daß man die Stations-namen mittels Kalkübertünchung vergeblich unkenntlich zu machen versucht hatte. Dort, wo wir fuhren, sah man keinerlei Kriegsverwüstungen. Auf den Landstraßen erblickte man immer wieder einherkeuchende Personenautos, die hoch mit allen möglichen Gegenständen und Koffern beladen waren. Obenauf zumeist als Krönung einen Vogelkäfig. Das waren zehntausende – teilweise durch bewußt falsche deutsche Radio-Nachrichten in französischer Sprache – aufgeschreckte und geflüchtete französische Familien, die nun mühselig danach trachteten, in ihre Wohnungen zurückzukehren. Daß unser Ziel die Stadt Poitiers in Mittelfrankreich war, wurde uns verheimlicht.

Poitiers ist eine bezaubernde kleine Stadt mit – irre ich mich nicht – über 50 Kirchen, darunter die Kathedrale Saint Pierre (12.-14. Jahrhundert), die Kirchen Notre Dame (11. Jahrhundert) und Sainte Radegonde (11. Jahr-hundert, mit dem Grabdenkmal der Schutzheiligen dieser Stadt); einem frühen Tempel in der Art unserer Karner und vieles andere mehr. Darunter auch einem bemerkenswerten profanen gotischen Bau, das Schloß der Grafen von Poitou, mit einem wohlerhaltenen großen Saal, an dessen einem Ende ein riesiger offener Kamin eingebaut war, der, in Betrieb genommen, ganze Wälder verschlungen haben muß! Man kam beim Durchwandern der Stadt

Halt in der Station Passau. Für uns stand eine Garnitur uralter Waggons zur Verfügung. 8 Mann hatten sich 6 Tage hindurch ein Abteil zu teilen.

84

aus dem Staunen gar nicht heraus, wenn man auch leider nichts von den schönen verzierten Portalen sehen konnte, denn diese steckten hinter Aluminiumgerüsten und waren mittels Sandsäcken vor den Bomben, so gut dies eben ging, geschützt. Ein friedliches Städtchen also, Universitätsstadt mit großen Bibliotheken. Mit einer ‚Grande Place‘, auf welcher zu gegebener Zeit deutsche Militärmusik spielte, ohne daß sich auch nur ein französischer Zuhörer eingefunden haben würde! Der kleine Fluß Clain umfließt die Stadt und bot Gelegenheit zu Bootsfahrten in der Freizeit.

Unser Kommandant war ein alter österreichischer General, nun selbstverständlich in deutscher Uniform. Er sah sich in der Stadt und in dem uns zugedachten Gelände um und erklärte, wie man uns erzählte: „Hier g'fallts mir, hier bleiben wir!" Sein Beharren war für uns alle erfreulich. Militärisch gesehen war es ein Unsinn, denn das geplante große Auffanglager für farbige französische Gefangene befand sich nur wenige Kilometer von der damaligen Demarkationslinie entfernt. Jenseits dieser hielt sich für einige Zeit noch das von Marschall Pétin regierte ‚France libre‘ mit der ‚Vichy-Regierung‘. Daher trachteten viele Gefangene, dorthin zu gelangen. Die französische Bevölkerung half ihnen nach Kräften, und Nacht für Nacht verschwanden aus unserem Lager bis zu 50 Gefangene! Vom Bahnhof führte eine altertümliche Straßenbahn hinauf in die Stadt. Einer unserer Unteroffiziere, ein Sudetendeutscher, der jahrelang in Marseille in einem düsteren Hotel Portier gewesen war, knirschte vor Wut mit den Zähnen, wenn ihm Franzosen des Morgens bei der Fahrt zum Bahnhof sagten: „Eh, dites-donc. Cette nuit encore cinquante échappés!"

Da die tägliche Zählung im Lager um Mittag stattfand, erfuhr die Lagerleitung erst zu diesem Zeitpunkt, was geschehen war. Doch ich eile voraus.

Wir waren, am Rande der Stadt, in einer hochgelegenen ehemaligen französischen Kavallerie-Kaserne untergebracht. In den verlassenen Räumen herrschte bei unserer Ankunft eine schreckliche Unordnung.

Die Toiletten - einfache Plumpsklos ohne Sitz - befanden sich an der Schmalseite des Gebäudes und waren in unbeschreiblichem Zustand. Nach oberflächlicher Reinigung der Fußböden breiteten wir unsere Decken über den Eisenbetten aus und legten uns nieder. Kaum war das Licht erloschen, wurden wir von ausgehungerten Wanzen überfallen, deren man ganz einfach nicht Herr wurde. Erst als alle Räume mit Blausäure vergast worden waren, hatten wir Ruhe.

Wir hatten an die 40.000 farbige Gefangene, die nach und nach eintrafen: Algerier, Marokkaner und Senegalneger. Nur die letzteren waren halbwegs diszipliniert und sprachen teilweise französisch. Mit allen übrigen kamen bestenfalls die französischen Sergeanten, zumeist Mischlinge (die beide Sprachen beherrschten), zurecht, vor denen sie immer noch Respekt hatten. Poitiers schien aus klimatischen Gründen für Farbige besonders gut geeignet. Die Behandlung der Gefangenen war human, ohne Härte, man sah aber deutscherseits auf alle Farbigen mit deutlicher Verachtung herab. Ihre Unterbringung war primitiv, das Essen so schlecht, wie es nur sein konnte. Die Verwaltung hatte zum Beispiel keine Ahnung vom Fastenmonat ‚Ramadan‘ (der neunte Monat des mohammedanischen Mondjahres), in dem sich jeder Mohammedaner von Tagesanbruch an bis Sonnenuntergang des Essens und Trinkens enthalten muß. Das kärgliche Essen wurde nach wie vor zu Mittag ausgeteilt. Natürlich verzehrten die Andersgläubigen die Rationen ihrer Kameraden, die immer bleicher und bleicher wurden und unablässig um Brot bettelten, was mehr als unerfreulich war. Die Gefangenen waren passiv, es gab

Auf dem Perron die Zugwache mit Stahlhelm

Proviantausgabe unter Aufsicht des mir sehr gewogenen Feldwebels

85

Die Zivilbevölkerung war durch in französischer Sprache ausgestrahlte Nachrichten in Panik versetzt worden und irrte umher.

keinerlei Gewalttaten, keine Bestrafungen. Wir fanden heraus, daß gegen Kriegsende ganze Kompanien übergelaufen waren.

Unsere wichtigste Aufgabe war die namentliche Erfassung der Gefangenen. Karten für das Rote Kreuz mußten ausgestellt und verschickt werden. Hierbei gab es unüberwindliche Hindernisse. Die Sergeanten brüllten die vortretenden Gefangenen an, die zunächst einmal das einzige Wort in französischer Sprache, das man ihnen eingetrichtert hatte, stammelten: ‚le numéro du matricule‘ (während wir unsere Erkennungsmarken um den Hals trugen, hatten sie Armbänder, auf denen ihre Matrikelnummer eingestanzt war). Wir aber benötigten zusätzlich ihre Namen und die Heimatanschrift. Bald stellte sich heraus, daß wir einige hundert ‚Ali ben Mohammed‘ und gleichviel ‚Mohammed ben Ali‘ hatten! Es war hoffnungslos! Bis eines Tages eine ‚Photomaton-Maschine‘ – in einem französischen Warenhaus abmontiert – aufgestellt wurde und es somit möglich wurde, den jeweiligen Karteikarten ein Paßphoto zuzuteilen.

Das Lager war überorganisiert. Die Zahlmeisterei, die Verpflegungsstelle und die Lagerevidenz führten getrennte Karteien. Man kann sich das Durcheinander unschwer vorstellen! Einige Senegalesen halfen uns bei den Büroarbeiten aus. Ich entsinne mich, daß ein gebildeter Untersuchungsrichter aus Paris darunter war. Die Disziplin der deutschen Soldaten in der Stadt Poitiers war vorbildlich. Solange ich dort war, wurde kein schwerwiegender Verstoß bekannt. Die unter der Kontrolle von Sanitätern stehenden Bordelle – eines für Offiziere, eines für Mannschaftsgrade – sorgten dafür, daß es so gut wie keine Belästigungen von Frauen und Mädchen gab. Freundeten diese sich aber mit Besatzungs-Soldaten an, schor man ihnen nach der Befreiung die Köpfe und stellte sie an den Pranger! Ich war eine Zeitlang aus gesundheitlichen Gründen von der Heeresverpflegung abgesetzt und mußte mich im Ort selbst in einem kleinen Restaurant in der Nähe des Bahnhofes verköstigen. Dadurch gelang es mir, mit der Bevölkerung ins Gespräch zu kommen. Man war reserviert, aber nicht unfreundlich. Der Eindruck der französischen Niederlage war verheerend. Verblendet hatten die Menschen auf die Propaganda gehört und waren nun erstaunt, die ‚sales boches‘ menschlich zu finden. Solange das Militär noch die Verwaltung der besetzten Gebiete über hatte, ging alles gut. Erst als die nachrückende Zivilverwaltung das Land systematisch auszuplündern begann, regte sich der Widerstand, und viele Möglichkeiten zur Zusammenarbeit wurden solcherart zunichte gemacht.

Unser disziplinärer Vorgesetzter war Hauptmann Bülow, ein geborener Elsässer, der zweisprachig aufgewachsen war. Ein typisch deutscher Offizier, wie ich sie noch aus meiner Jugend in Erinnerung hatte. Ihm waren harte Züge zu eigen, die an den alten General-Feldmarschall von Hindenburg erinnerten. Er gab sich betont martialisch, ging stets in einer Pelerine herum und wahrte uns gegenüber den Respektabstand. Unser Dienst, ein reiner Bürodienst, bot auch kaum Gelegenheit, ihn näher kennenzulernen. Ich will aber gerade ihn aus der Fülle unserer Vorgesetzten herausgreifen, weil ich einige erzählenswerte Begegnungen mit ihm hatte.

Meine Mutter hatte drei ihrer Söhne bei der Wehrmacht. Meinen Bruder Ingo (Jahrgang 1915) hat es besonders arg getroffen, da er während seines Militärdienstes für das österreichische Bundesheer vom Anschluß überrascht wurde und sieben lange Jahre (zum Schluß als Feldwebel) bei Einsatzflughäfen der Luftwaffe zu dienen hatte. Mein Bruder Wolfgang (Jahrgang 1914) diente gleichfalls bei der Luftwaffe, zunächst bei einer Ballonsperre in Deutschland; dann lag er mit Fliegerabwehrgeschützen vor Leningrad; zum Schluß diente er

Rasieren. Das heiße Wasser holte man sich in der Menage-Schale vom Lokomotivführer.

als Sanitäter – bei gleichzeitigem Studium der Medizin – in Jugoslawien. Ich unterstützte nach seiner Rückkehr nach Graz sein Studium bis zum Abschluß. Von meinem Bruder Hans (Jahrgang 1911) hatten wir seit dem Beginn des Zweiten Weltkrieges keinerlei Nachricht. Er lebte seit 1930 in Paris, wollte auf keinen Fall einen deutschen Paß und wurde auch Franzose. Er setzte sich in den Süden des Landes ab; wurde – unter miserablen Lebensverhältnissen – Fischer am Mittelländischen Meer; gründete in dem kleinen Ort, wo er lebte, eine Gruppe der ,Résistance' und hatte – mutig wie er war – eine Fülle aufregender Abenteuer zu bestehen. Man zeichnete ihn mit der Ehrenlegion aus. Meine Mutter, die an ihm besonders hing, hatte mich gebeten, in Frankreich Nachforschungen nach ihm anzustellen. So faßte ich mir eines Tages ein Herz und ersuchte Hauptmann Bülow um eine private Unterredung, die er mir gewährte. Ich bat ihn, bei seinem bevorstehenden Besuch in Paris Nachforschungen nach Hans anzustellen. Hauptmann Bülow war im Stalag 230 für Fragen der Abwehr zuständig. Meine Anfrage war daher nicht ganz ungefährlich, aber ich hoffte, ihn verständig zu finden. Er kam nach ein paar Tagen aus Paris zurück, zog mich zur Seite und eröffnete die Unterredung mit den Worten: „Na, Ihr Bruder muß ja ein schöner Schuschnigianer gewesen sein! Wie wir in Paris einmarschiert sind, ist er nach dem Süden verschwunden." Ich atmete auf und war ihm für seine Menschenfreundlichkeit dankbar. Meiner Mutter war diese Nachricht ein Trost. Erst viele Monate später meldete sich das rumänische Konsulat in Wien mit guten Nachrichten von Hans.

Eines Morgens wurden sämtliche uns zugeteilte Lastkraftwagen in Bewegung gesetzt. Fahrer und Beifahrer saßen vorne, im Inneren des Autos die Wache (ich). Wir würden Gefangene einholen, hieß es. Die Wachmannschaften hatten französische Beutegewehre bekommen, die erkennen ließen, wie die Lieferanten ihre Armee betrogen hatten. Die Läufe wackelten in den Schäften, es gab keinen umlegbaren Sicherheitsbügel (weshalb sich beispielsweise bei uns im Schlafraum unvermutet im falschen Moment ein Schuß lösen konnte). Außerdem waren sie so kurz, daß ich – wenn „Gewehr bei Fuß" kommandiert wurde – den jeweiligen Unteroffizier zur Verzweiflung brachte, weil ich – statt gerade zu stehen – gebückt dastehen mußte, um das Gewehr zu halten!

Es bildete sich eine Kolonne von etwa 50 Fahrzeugen, allen voran die Autos der Offiziere. Aber: alles war schlecht organisiert. Weder hatte man die zu verladenen Gefangenen vor der relativ langen Fahrt zum Austreten bewegt, noch – was weit ärger war – hatte der Schirrmeister dafür gesorgt, daß auf der Hinfahrt getankt wurde. So ergaben sich unerquickliche Szenen vor ländlichen Militärtankstellen in Dörfern, da die Bevölkerung gewahr wurde, wie die Gefangenen in den Autos zusammengepreßt stehen mußten. Vielen war schlecht geworden. Es war ein milder Nachmittag. Auf halbem Weg nach Poitiers – wir hatten unsere ,Beute' in einem Lager in Saumur, wo die berühmte französische Kavallerie zu Hause war, abgeholt – hielt mein Lastauto plötzlich auf offener Landstraße an. Ein Pneu war geplatzt und mußte ausgewechselt werden. Also hieß es: „Alle Gefangenen herunter!" Chauffeur und Beifahrer plagten sich mit dem Radwechsel, ich schritt – Gewehr im Arm – den am Straßenrand sitzenden ,Haufen' ab. Plötzlich deutete einer der Gefangenen auf seinen Unterleib, gleichzeitig machten andere ähnliche Gesten und rollten mit den Augen. Kaum hatte ich einem von ihnen die Erlaubnis erteilt, sich zu erleichtern, als mindestens zehn andere sich hinhockten und ihn nachahmten! In diesem Augenblick kam eines der bis zum Dach hinauf beladenen fran-

Das deutsche ,Rote Kreuz' half jedermann durch Ausspeisung.

Ein Raum der von uns bezogenen ehemaligen Kavalleriekaserne in Poitiers

zösischen Zivilautos vorbei. Als die Insassen mich inmitten dieser halbentblößt Hockenden erblickten, hielten sie an und bogen sich vor Lachen! Ich hatte alle Mühe, sie zum Weiterfahren zu bewegen.

Kaum aber war dies vorbei, als etwas mir völlig Unverständliches begann. Einige Gefangene sonderten sich ab, knieten auf der Straße, beugten ihre Häupter zur Erde und verharrten in Andachtsstellung, ihr Abend-Gebet bei

sinkender Sonne murmelnd! Wiederum stand ich in ihrer Mitte. Dann hieß es plötzlich „einsteigen" und wir fuhren weiter. Ein kleines Automobil mit einem unserer Leutnants kam uns entgegen und hielt an: „Nebehay, wie viele Gefangene haben Sie?" „Fünfundvierzig, Herr Leutnant", war meine Antwort. „45? Da fehlen Ihnen drei! Vorwärts, wir zählen im Lager nochmals nach."

Mir wurde anders. Sollte es mir wirklich passiert sein, daß drei meiner Gefangenen echappiert waren? Mit mehr als unguten Gefühlen fuhr ich ins Lager ein. Dort stand der Leutnant, eine Liste in der Hand, zählte meine ‚prisoniers' ab, sagte: „Ist gut", und verschwand! Wenige Zeit später hatte Hauptmann Bülow einen französischen Offizier – in unserem Lager waren nur gewöhnliche Soldaten und Unteroffiziere – nach Bourges zu überstellen, der vermutlich irgendwo in Lagernähe in Uniform aufgegriffen worden war. Liebenswürdigerweise wählte mich Hauptmann Bülow als Bewacher des Gefangenen aus, damit ich mir die Kathedrale Saint-Etienne von Bourges, eine der schönsten Frankreichs, ansehen könne. Ich mußte mir vom Waffenmeister eine Pistole geben lassen und saß neben dem Franzosen im Fond des Wagens. Mit dem im Dienst stets wortkargen Hauptmann gab es keinerlei Gespräch. Plötzlich aber wendete sich der gefangene Offizier mir zu und sagte: „Dites donc, j'ai un besoin d'urgence." „Herr Hauptmann," sagte ich „bitte anzuhalten! Der Franzose muß austreten." Gebrumm, sonst keine Reaktion! Der Franzose stieß mich an und machte deutlich, daß es dringend wurde. „Herr Hauptmann, darf ich nochmals ums Anhalten bitten, sonst . . ." „Himmel Herrgott noch einmal", tönte es unwillig vom Vordersitz, „wie komme denn ich dazu?" Schließlich veranlaßte er aber doch seinen Fahrer, anzuhalten und ich verschwand mit meinem Franzosen hinter Bäumen, die gezückte Pistole in der Rechten. Zum zweiten Mal war ich vom Schicksal zu diesem sonderbaren Bewachungsdienst ausersehen! Es war auch hier meine Absicht, im Notfall zu schießen, aber immer ins Leere zu zielen.

Höhepunkte des Aufenthaltes in Poitiers waren übrigens zwei Ausflüge. Der eine auf die damals vollkommen unberührte Isle de Ré bei La Rochelle, mit einem herrlichen, unbenutzten Sandstrand, das andere Mal nach Biarritz, das vollkommen tot und verlassen vor uns lag. In Biarritz angekommen, bat ich meine Kameraden, sie mögen mir die Wahl eines Lokales für das Mittagessen überlassen und ging auf eine der wartenden Kutschen zu, deren Pferd traurig den Kopf hängen ließ. Der Kutscher verriet mir gegen ein gutes Trinkgeld – aber deswegen kein bißchen freundlicher – das wohl beste baskische Restaurant der Stadt. Als wir sechs Soldaten dort zur Türe her-

einkamen, warf uns die Besitzerin – die, wie üblich, auf einem erhöhten Sitz an der Bar saß – recht abweisende Blicke zu. Sie wurde aber freundlicher, als ich sie ansprach. „Madame," sagte ich zu ihr, „wir schauen zwar aus wie vom Unglück verfolgt, sind aber im Zivilberuf: ein Rechtsanwalt, ein Notar, zwei Kaufleute, ein Arzt, und ich selbst bin Buchhändler. Wir sind alle aus Wien. Wir wissen genau, daß wir so bald nicht mehr hierher kommen werden. Seien Sie nett, und bereiten Sie uns ein Essen nach bestem Können und dem Renommé Ihres Hauses entsprechend. Nicht wie," dabei warf ich einen diskreten Blick auf die Teller der ringsum sitzenden deutschen Offiziere, die hier irgendein billiges Menu verzehrten – „jene Herren!" Mir wurde mit einem Mal ein liebenswürdiges Lächeln zuteil: „Mais oui, Monsieur, mais oui et avec plaisir!" sagte sie, hinzusetzend, daß sie in den Zeiten vor dem Krieg stets gute Gäste aus Deutschland gehabt hätte. Wo Wien lag, war ihr unklar. Wie durch Zauberei bekamen wir – selbstredend nach entsprechendem Warten – ein unvergeßliches Mahl vorgesetzt. Hummer zuerst, dann gebratene Enten, anschließend irgendeine Nachspeise. Dazu herrlichen Weiß- und Rotwein. Wir tafelten ganze zweieinhalb Stunden hindurch. Die Herren Offiziere warfen scheele Blicke auf uns, konnten uns aber nicht an. Sie verließen, einer nach dem anderen, sehr bald das Lokal. Einer sagte noch, wie beschämend es doch sei, hier gut zu essen, während daheim die Bomben fielen und unsere Familien den größten Teil des Tages im Keller verbringen müßten. Unvorsichtig, wie ich manchesmal war und bin, rutschte es mir heraus, zu sagen, daß meine Kameraden und ich wenigstens vorläufig diese schweren Sorgen nicht hätten und einen schönen Urlaubstag genießen wollten.

Es war bemerkenswert, wie schnell sich viele an das ‚dolce vita' in Frankreich gewöhnten, weil den Soldaten viel zu viel Geld zur Verfügung stand. Unter den Heeresbeamten im Offiziersrang gab es bald keinen, der nicht seidene Unterwäsche kaufte oder bestellte. Am köstlichsten fand ich, daß die sogenannten ‚Fahrer vom Bock' (Kutscher, primitive burgenländische Bauern), bald den ‚Vin rouge ordinaire' stehen ließen und nurmehr Flaschenweine tranken, als müßte dies so sein!

In den Februartagen 1941 war es mir gelungen, eine Versetzung nach Wien zu erreichen. Ich hatte im Dezember 1940 in den letzten Tagen des mir gewährten Wirtschaftsurlaubes in Wien geheiratet und brannte natürlich darauf, dorthin zurückkehren zu können. Vor meiner Abreise sprach ich bei Hauptmann Bülow vor, ob nicht meine Beförderung zum Gefreiten denkbar wäre, blitzte aber ab. Ich war keineswegs ehrgeizig und schaffte es später, schließlich Obergefreiter zu werden. Damit war ich vor jedem weiteren Avancement gerettet, während ein Gefreiter, wie es hieß, ,den Marschallstab im Tornister trug'. „Protektion gibts nich" brummte Hauptmann Bülow mit strafendem Blick. Aber, als ich mich abmeldete, sagte er mit dem freundlichsten Lächeln der Welt: „Ach, hören Sie, Nebehay, Sie sind wohl so freundlich, ,nen kleenen Koffer mit Schalottchen (Zwiebeln) nach Wien mitzunehmen? Ich habe ihn in meiner Wohnung bereitgestellt. Adieu!" Er hörte gar nicht erst darauf, daß ich ihm sagte, ich sei bereits mit Gepäck überladen und könnte nur etwas Leichtes mitnehmen. Beim obligaten Zugwechsel in Saarbrücken sei ich allein auf mich angewiesen. Hier in Poitiers würden mir meine Kameraden sicher beim Einsteigen helfen, dort käme ich sicherlich in allergrößte Schwierigkeiten. Ich ging aber trotzdem in seine Wohnung und fand dort einen Koffer, der vielleicht vierzig Kilogramm wog! Ich brachte ihn kaum aus dem Haus und ließ ihn schließlich mit den – wieder einmal – frechen Worten: „Sagt's dem Hauptmann, für einen gewöhnlichen Soldaten ist der zu schwer. Ein Gefreiter hätte es wahrscheinlich geschafft!" auf dem Bahnhof zurück. Meine Kameraden haben, wie ich später erfuhr, wohlweislich diese Worte nicht weitergegeben! Kaum war ich in Wien angekommen und hatte mich bei meiner neuen Dienststelle gemeldet, als die Frau des Hauptmanns bis in das Schlafzimmer meiner damals erkrankten jungen Frau drang, ihre Schalotten reklamierte und wutschnaubend abschob, als sie erfuhr, daß der Koffer zurückgeblieben sei. Offizieren war es möglich, aus dem besetzten Frankreich jederzeit mit ihren Familien zu telephonieren. Für uns Soldaten war das – selbst bei schwersten Erkrankungen daheim – unmöglich.

Ich füge hier noch an, daß ich nach Poitiers Ende September ein Telegramm mit der guten Nachricht bekommen hatte, daß ich nach einenhalb Jahren Wartens die Genehmigung zur Heirat durch Bemühungen eines Familienforschers, Landrat Firnhaber, endlich erhalten hatte. In der Hoffnung, es werde mir gelingen, meinen Urlaub verlängert zu bekommen, hatte ich unseren Hochzeitstermin auf drei Tage vor Urlaubs-Ablauf festgelegt gehabt. Die Verlängerung wurde abgelehnt und ich mußte zwei Tage nach der Hochzeit zurück.

Als der Krieg zu Ende war, gab es Erstaunliches von Hauptmann Bülow zu hören. Er sei wie gelähmt in Tirol gesessen – das damals zu der von Franzosen besetzten Zone Österreichs gehörte – und habe es einfach nicht gewagt, über die ,grüne Grenze' durch die Wälder ins Salzburgische, in die amerikanische Zone zu wandern. Ich hörte, unter welchen Schwierigkeiten es einem meiner Kameraden aus Poitiers endlich gelungen war, diesen Mann – der sich als Offizier nur allzuoft als Halbgott gebärdete – in Sicherheit vor dem französischen Geheimdienst zu bringen, den er als gebürtiger Elsässer gefürchtet hatte! Ich selbst habe ihn in der unmittelbaren Nachkriegszeit anläßlich einer meiner damals häufigen Reisen in die Schweiz in Vorarlberg aufgesucht, ihn ausgeführt und am nächsten Tag einen Ausflug mit ihm auf den ‚Pfänder‘ gemacht. Er war gerührt über mein Kommen und wir verbrachten gemeinsam eineinhalb schöne Tage. Was war er nun? Ein armseliger kleiner Vertreter von Büroartikeln, der kärglich in einem Zimmerlein auf dem Dachboden eines Bauernhauses lebte. Seine Frau habe ihn verlassen, sagte er traurig. Sic transit gloria mundi!

Über die im Wehrkreiskommando XVII in der Abteilung Ic/Wpr (= Wehrmachtpropaganda) in Wien I., Stubenring, verbrachten eineinhalb Jahre, gibt es nicht viel zu berichten. Dort arbeiteten 6 oder 7 Offiziere, denen die Kontrolle der Militärnachrichten in den Zeitungen und die Wehrmachtpropaganda anvertraut waren. Der Abteilungs-Chef war Major Trotzmüller, aus Weimar stammend, ein ambitionierter Mann, dem unter anderem auch die Herausgabe der Soldatenzeitschrift ‚Der Soldat im Donauland‘ unterstand. Mir wurde die Ehre zuteil, einmal dort einen Artikel über Soldatentum im XVIII. Jahrhundert veröffentlichen zu dürfen. Ich illustrierte ihn, sehr zur Freude meines Vorgesetzten, mit Reproduktionen nach dem schönen Buch von Hanns Friedrich von Fleming, ‚Der vollkommene Teutsche Soldat‘, Leipzig 1762. Die Zeitschrift wurde nach einem Verteilungsschlüssel an unserem Wehrkreis zugehörige Truppenteile versandt, ganz gleichgültig, wo sie sich befanden. Ich hatte gelegentlich bereits in Poitiers Hefte in die Hand bekommen. Es stand das langweiligste, fadeste Zeug darin – hauptsächlich Artikel aus der Hand des Majors über Preußens Gloria, und ich bin sicher, daß keine Schreibstube der Armee je etwas anderes mit den ihr zugesandten Exemplaren getan hat, als sie – fein säuberlich zerschnitten – auf gewisse Örtchen zu hängen. Ich machte einmal den schüchternen Versuch, darauf aufmerksam zu machen und schlug vor, sich doch einmal durch Stichproben zu überzeugen, ob die Veröffentlichung überhaupt jemals in die Hände der zu betreuenden Soldaten gelange. Man hätte hören sollen, wie hohnvoll man dies ablehnte.

Die rechte Hand des Dienststellenleiters war der damalige Rittmeister (später Major) Alexander Förster, von Beruf Teilhaber des alteingesessenen Ledergalanterie- und Luxuswarengeschäftes A. Förster am Kohlmarkt in Wien I. Ein Mann von hoher Intelligenz, soldatisch ein Musterbeispiel an Verläßlichkeit, Pünktlichkeit und Dienstergebenheit, ohne jemals unterwürfig zu sein. Er erzählte mir, wie er 1938 nach seiner Einberufung zu einer Waffenübung als Rittmeister den Befehl erhielt, mit seiner Schwadron ein Waldstück zu durchkämmen. Er tat dies, wie es in der alten Armee der österreichischen Monarchie üblich gewesen war: langsam, aber gründlich. Der leitende Offizier ließ ihn zu sich kommen. „Ne, Herr Förster“, hieß es, „so jeht det nich bei uns! Immer dalli, dalli!“ Kurz darauf, im Polenfeldzug, sei dieser Offizier im Waldgebiet mit seiner gesamten Schwadron von polnischen Schützen niedergemacht worden!

Alexander Förster war fleißig wie eine Biene und ausgestattet mit einem mitfühlenden Herz. Sicher war er es, der aus reiner Menschlichkeit und im Bestreben, einem in Wien ansässigen Firmeninhaber beizustehen, an meiner Versetzung aus Poitiers nach Wien mittätig gewesen war, wiewohl wir einander gar nicht kannten. Später hat er, als meine Abberufung zu einer kämpfenden Einheit drohte, meine Versetzung zur ‚Auslandstelegramm-Dienststelle‘ bewirkt. Während meiner Dienstzeit wahrte er den Abstand zu mir als Untergebenem. Aber als wir uns nach dem Krieg 1945 zum ersten Male wieder zufällig auf dem Michaelerplatz trafen, war das erste, was er tat, mir das ‚Du-Wort‘ anzutragen. Er bezog sich dabei auf das in der österreichisch-ungarischen Armee gebräuchliche ‚Du' zwischen Offizieren, der ich ja niemals war! Er handelte mit ostasiatischer Kunst und nannte sich selbst einmal einen ‚lachenden Dickbauch-Buddha', meinte es aber ernst mit seiner Zuneigung zur asiatischen Philosophie. Er hielt auch auf irgendeine mir niemals ganz klar gewordene Art und Weise Rücksprache mit einem geheimnisvollen Geist, den er bei besonderen Vorkommnissen in seinem Leben zu befragen pflegte. Ich entsinne mich, daß er eines Tages einem Mit-Offizier, der ganz plötzlich ein Kind verloren hatte, mit den Worten kondolierte, er habe sich nachts beraten und erfragt, daß dieser Tod nicht notwendig gewesen sei! All das berührte einen schon ein wenig merkwürdig bei einem sonst auf festen Füßen im Leben stehenden Herren und Kaufmann. Er war im Umgang mit seinen Kunden von exemplarischer Höflichkeit. Ich war oftmals Zeuge, auf welche exquisite Art und Weise er Damen der Gesellschaft beim Betreten seines Geschäftes zu begrüßen pflegte. Ich empfand es als eine Auszeichnung und als ein Glück, von ihm und seiner sehr warmherzigen Frau daheim empfangen zu werden. Sein bequem mit tiefen Lederfauteuils eingerichtetes Wohnzimmer, um ein flackerndes Kaminfeuer aufgestellt, machten Abende bei den Försters zu einem Erlebnis, wozu auch die außergewöhnlich gepflegte Konversation beitrug. Es wehte ein Hauch vom vergangenen Glanz der alten Monarchie in seinen Räumen, gleichgültig, ob im Geschäft am Kohlmarkt oder daheim in Hietzing. Das Ehepaar starb kurz hintereinander, Hilma Förster am 30. 11. 1971, Alexander Förster am 1. 1. 1972. Zu Allerseelen legen Renée (gleichfalls liebevoll von ihnen empfangen) und ich stets – vom Grab meiner Eltern kommend – ein paar Blumen auf ihr Grab und gedenken ihrer beider in einem kurzen Gebet.

Ich arbeitete im Wehrkreiskommando gemeinsam mit vier oder fünf Soldaten, die – gleich mir – als Schreiber beschäftigt waren und außerdem Botengänge etc. zu machen hatten. Es war mehr als schwierig, den Ansprüchen des Majors zu genügen. Er brachte es doch tatsächlich fertig, ein Exemplar des ‚Völkischen Beobachters' Tag für Tag durch seinen Chauffeur seiner Frau zustellen zu lassen, sich solcherart 20 Pfennige ersparend!

Wir Soldaten unterstanden selbstverständlich dem Hauptfeldwebel, der beim geringsten Verstoß Nachtdienste verhängte. Diese waren sehr wenig beliebt, weil man niemals imstande ist, entgangenen Schlaf tagsüber nachzuholen. Außerdem war das Wachzimmer (rechts vom Haupteingang), in dem man sich auf zwei oder drei Stunden ausruhen konnte, eine Brutstätte für Flöhe. Wenn immer ich nach Hause kam – denn Zivilerlaubnis nach dem Dienst und Wohnen daheim gehörten zu den kostbaren Privilegien dieser Dienststelle – mußte ich mit der Uniform in die leere Badewanne steigen und alles, was ich anhatte, sorgfältig ausbeuteln. Nicht selten fing ich derart bis zu zwanzig dieser lästigen Tierchen!

Für die Nacht hatte ein Offizier Dienst, dem ein Obergefreiter und ein Soldat zugeteilt waren. Er hatte Wien durchfahrende Offiziere mit Benzingutscheinen zu versorgen, mit Hilfe einer Entschlüsselungsmaschine einlangende Geheimtelegramme zu entschlüsseln und sie – je nach Wichtigkeit – entweder sofort durch telephonische Verständigung dem zuständigen Dienststellenleiter oder aber durch Abliefern in die betreffenden Büroräume mit aller inzwischen eingelangten Tagespost auf die Schreibtische durch uns Soldaten verteilen zu lassen. Die beiden diensthabenden Soldaten sausten die ganze Nacht durch die endlosen, abgedunkelten Korridore aller vier Stockwerke. Wie in den Korridoren großer Passagierdampfer – wo das Tageslicht fehlt – wußte man nie, in welche Richtung man zu gehen hatte. Ich erinnere mich an köstliche Unbeholfenheiten diensthabender Offiziere, deren einer es fertigbrachte, mitten in der Nacht den im Haus schlafenden Wehrkreiskommandanten, einen General, wecken zu lassen, weil er – angeschnauzt von einem durchreisenden hohen Offizer – die in seiner Mappe befindlichen Benzingutscheine nicht gleich gefunden hatte. Das Gewitter, das sich über ihm entlud, hörte man durch drei Stockwerke hindurch!

Zweimal in der Woche gab es Frühsport in den Praterauen, unter Aufsicht des Hauptfeldwebels. Man hatte punkt sechs Uhr dreißig dort zu sein, und jede versäumte Minute bedeutete einen Nachtdienst. Disziplinär unterstanden wir einem Offizier, und dieser, ein vollkommen humorloser Mann, ließ mich dreimal bei der von ihm verlangten ‚Gefreitenprüfung‘ (das war der erste Schritt auf der militärischen Stufenleiter) durchfallen, weil seine diversen Fangfragen unbeantwortbar waren. Was sollte es, wenn er danach fragte, welche Distinktion Angehörige von Minenräumbooten trugen? Es erfüllte mich daher mit großer Freude, daß sich dieser Mann eines Tages dem Gelächter aussetzte, indem er – aus blauem Himmel heraus – verlangte, daß alle am Frühsport Teilnehmenden in Reih’ und Glied und in korrekter militärischer Marschordnung zurück in das Wehrkreisgebäude am Stubenring zu marschieren hätten. Der gesunde Menschenverstand hätte ihm eingeben müssen, daß derartiges ohne vorherigen Drill zum Scheitern verurteilt sein mußte. So aber ritt er – stolz zu Pferd – an der Spitze des Zuges, dessen Reihen weder Schritt noch Abstand noch auch die Richtung einzuhalten wußten! Wir langten letztlich in drei Gruppen – von allerhand wenig schmeichelhaften Zurufen seitens der Passanten und vorübergehenden Wehrmachtsangehörigen bedacht – beim Haupttor ein. Er wurde daraufhin prompt versetzt!

Interessant für mich waren wöchentlich einlangende, gedruckte geheime Nachrichten über das, was sich auf den zahlreichen Kriegsschauplätzen tatsächlich abspielte. Sie waren nüchtern und klar und nicht durch Propaganda verschönt. Der Ausbruch des Krieges mit der Sowjetunion am 22. VI. 1941 verbreitete überall lähmendes Entsetzen. Hatte man den Stalin-Hitler-Nichtangriffspakt mit gemischten Gefühlen zur Kenntnis genommen und an der Aufteilung des unglücklichen Polen das später auf uns zukommende Schicksal geahnt, so lag jetzt ein Bruch des seitens Hitlers feierlich gegebenen Versprechens vor, es werde niemals – so wie 1914 – einen Zweifrontenkrieg geben. Das Radio mochte melden, was es wollte, der ‚Führer‘ mochte reden, was ihm einfiel: Jedermann im Lande wußte, welche Stunde uns nun geschlagen hatte. Jedermann? Es gab immer wieder auch gebildete Menschen, die der fleißig gerührten Propagandatrommel zum Opfer gefallen sind. So, um nur ein Beispiel anzuführen, unser Dienststellenleiter, der Major. Ich sehe ihn am Morgen nach der Durchsage jener fatalen Nachricht ins Büro kommen und in sein Zimmer eilen. Ein kurzes „Morjen, meine Herr’n“ ertönte. Alle Offiziere waren von ihren Sitzen aufgesprungen, er verschwand in seinem Zimmer. Kurze Zeit später rief er mich zu sich, um zu prüfen, was ich wohl dächte. Natürlich wich ich aus, aber er muß aus meinen sehr vorsichtig gewählten Worten erkannt haben, was ich für eine Meinung dazu hatte. „Mensch, Nebehay. Hab’n Se keene Bange nich. Rußland, wissen Se, is wie’ne Eierschale. Piekt man die an, zerbricht alles. Sie werden’s ja erleben!“ War schon die Ankündigung des Rußlandfeldzuges via Radio mehr als lahm – einmal hatte es selbst Goebbels die Rede verschlagen –, so erkannte man bald den Ernst der Lage. Unzählige Sondermeldungen mit so und so viel hunderttausend gefangenen Russen änderten nichts an der Tatsache, daß die Offensive steckenblieb. Sehr bald sollte es sich herausstellen, daß die deutsche Wehrmacht gegen die Härte dieses Feldzuges, vor allem gegen die Härte des Klimas, nicht gerüstet war. Was sollte es also, daß man im Oktober 1941 damit anfing, Skiausrüstungen einzusammeln und daß man sich bemühte, der Bevölkerung zur Abgabe von Pelzen zuzureden. Das alles kam um Monate zu spät! Hinzukam, daß dieser erste Winter des Rußlandfeldzuges einer der härtesten seit Jahrzehnten war. Die dünnen Wehrmachtsmäntel schützten genausowenig vor der Kälte wie die normalen, ungefütterten Stiefel. Man mußte das Schicksal all jener, die dort kämpften, bedauern. Gott allein wird wissen, wieviele deutsche Soldaten einfach erfroren sind!

18. In der Auslandstelegramm-Prüfstelle

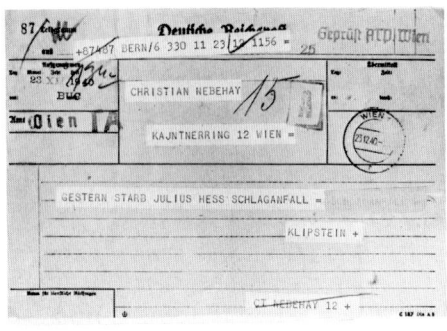

Das Telegramm, mit dem mir Dr. August Klipstein, Bern, das Ableben unseres gemeinsamen Freundes Julius Hess mitteilte, trägt oben rechts den Zensurstempel „geprüft ATP Wien" = Auslandstelegrammprüfstelle Wien. Darunter die Nummer „25" (meine Nummer als Prüfer war „7"). Julius Hess war bei einer sanften Abfahrt vom Berner „Gurten" tot zusammengestürzt.

Die sich bald nach Beginn des Ostfeldzuges erstmalig einstellenden großen Verluste machten eine rigorose Auskämmung aller Dienststellen notwendig, und so mußte auch ich – da als kriegsverwendungsfähig beschrieben – meinen Schreiberposten im Wehrkreis-kommando XVII verlassen. Mein dortiger unmittelbarer Vorgesetzter, Rittmeister Alexander Förster bewirkte meine Versetzung zur Dolmetscherkompanie des Wehrkreises XVII und ich wurde in die im 5. Stock des Haupttelegraphenamtes Wien tätige ‚Zensurstelle für Auslandstelegramme' versetzt. Unser Dienst war dem Rhythmus der Post angepaßt. Eines Nachts ritt mich der Teufel. Ich hielt ein Telegramm in Händen, mit dem ein Wiener Südfrüchtehändler einen Waggon Zitronen in Sizilien, also bereits – wie ich vom heimlichen Abhören ausländischer Sender wußte – hinter den amerikanischen Linien, bestellte. Ich ging damit, spaßeshalber, zu meinem Gruppenhauptmann, der auf dem abgedunkelten Gang eine Zigarette rauchte. „Was soll ich damit machen?" fragte ich, mich absichtlich naiv stellend. Seine Reaktion konnte ich beim besten Willen nicht voraussehen. Anstelle mir zu sagen: „Lassen Sie es liegen, es kann doch augenscheinlich nicht mehr zugestellt werden!" schritt er auf das Diensttelephon zu, hob ab, meldete sich zackig und berichtete – es war kurz vor Mitternacht – dem diensthabenden Offizier im Abwehr-Hauptamt, Berlin: „Juten Abend, Herr Swobóda" (die deutschen Offiziere begrüßten einander stets unter Fortlassung des Ranges und immer per ‚Sie', statt des kameradschaftlichen ‚Du' der alten österreichisch-ungarischen Armee und betonten fremdländische Namen nach Willkür). „Also wat hätt'n wir denn da? So! Da bestellt eener 'nen Waggon Limoni . . . nun sarjen Se mal, Herr Swobóda, wat is denn det? Ach so, ick vastehe, det sin Zitronen. Na und? Der Empfangsort is hinter den amerikanischen Linien?" Ich hielt den Atem an. Wenn jetzt die nächste Frage geheißen hätte: „Ja woher wiss'n Se denn dat?" wäre ich verloren gewesen, denn auf Abhören fremder Nachrichten stand für Soldaten die Todesstrafe. Aber nichts dergleichen geschah! Das Gespräch schloß freundschaftlich mit den Worten: „Nu, lassen'S es man liejen bis mojen Früh. Wir jeben Ihnen Bescheid!"

Ich war erschüttert über so viel Dummheit und fehlendes Urteilsvermögen. Aber wir sollten es noch oft erleben, daß vieles im deutschen Heer schief ging, lief nicht alles wie am Schnürchen nach der Heeresdienstvorschrift ab!

Als 1943 die Amerikaner in Italien Fuß gefaßt hatten und nachdem insbesondere der Flughafen Anzio in ihre Hände gefallen war, wurde es sehr rasch auch in Wien ungemütlich. Als die ersten amerikanischen Bombengeschwader über Wien erschienen, lief die Bevölkerung auf die Gasse, und es hätte nicht viel gefehlt, man hätte die Flugzeuge durch Schwenken von Tüchern begrüßt. Bis dahin glaubten nämlich sehr viele, Österreich würde eine Ausnahmestellung einnehmen und von Luftangriffen verschont bleiben! Sehr bald jedoch bedeutete jedes Ertönen der Sirenen Flucht in die Keller, um der tödlichen Himmelslast zu entgehen. Wir als Soldaten waren angewiesen, dort, wo wir wohnten, Stahlhelme aufzusetzen und auf die Dachböden der Häuser zu gehen, um dort eventuell entstandene Brände zu löschen. Insgeheim belächelten wir diese Maßnahme. Es ging das Lied um:

„Wer hat Angst bei der Nacht, / Wenn die Fliegerbombe kracht?
Der Luftschutz, der Luftschutz!
Mit'nem halben Eimer Sand / rettet er das Vaterland!
Der Luftschutz!"

Drei Dinge sind in meiner Erinnerung geblieben: An einem Sonntag Vormittag war ich mit meinem kleinen Sohn Niki, damals nicht einmal zwei Jahre alt, in den Zoologischen Garten von Schönbrunn gefahren. Wir waren schon auf dem Heimweg, in der Nähe des Palmenhauses, als ganz in unserer Nähe Bomben fielen. Alarm hatte es – aus mir unbekannten Gründen – nicht gegeben. Fronterfahrene Soldaten warfen sich links und rechts von uns zu Boden. Ich aber eilte zu einem großen Baum, den ich mit den Händen umfaßte. Zwischen meinen Knien hielt ich Niki fest, der nicht wußte, wie ihm geschah. Wir konnten, da der Verkehr eingestellt worden war, erst nach einer unendlich lang scheinenden Weile nach Hause fahren. Dies also war der erste wirklich schwere Angriff von Bombern auf Wiens Innenstadt. Er galt wohl in erster Linie der Einschüchterung der Zivilbevölkerung. Mit Strategie hatte er genausowenig zu tun wie am 13. II. 1945 – also knapp vor Kriegsende – der Angriff auf Dresdens Innenstadt, der über 12.000 Gebäude zerstörte und – nach offizieller Schätzung – 60.000 Menschen, zumeist Flüchtlinge aus dem bereits von Russen besetzten Teilen von Schlesien das Leben kostete! Dresden war vollkommen unverteidigt geblieben. Es gab weder eine Fliegerabwehr, noch Jagdflugzeuge. Dafür die Auslösung eines schrecklichen Flächenbrandes, wie ihn die Welt bis dahin noch nie erlebt hatte. Daß man ausgerechnet 1992 jenem Fliegergeneral Harris, der der strategische Planer dieses Angriffes war, ein Denkmal in London errichtete, zählt mit zu den unbegreiflichen Dingen unserer Zeit!

In Wien gab es auch keinerlei Schutz durch Jagdflieger, sondern lediglich Flak (Fliegerabwehr), für die man inmitten der Stadt Betontürme errichtet hatte. Aber aus irgendeinem Grund funktionierte an diesem Tag der Fliegeralarm überhaupt nicht oder vielmehr unverzeihlich verspätet. Der in der Innenstadt angerichtete Schaden war als schwer zu bezeichnen. Das Bundeskanzleramt war schwer beschädigt, so auch Teile der Hofburg, die Hälfte des Albertinagebäudes, desgleichen das Unterrichtsministerium, etc. Die Straßen waren meterhoch übersät von Glassplittern und Schutt. Der Kohlmarkt war unpassierbar. Kurzum, die Illusion, daß man mit der Stadt Wien eine Ausnahme machen würde, war im Nu dahin. Nun hatten auch wir den Krieg mit all seinen Schrecken!

Da Wien jahrhundertelang Festungsstadt gewesen war, verfügten die meisten Häuser der Innenstadt über zwei- bis drei-stockwerktiefe Kellergeschosse. Dort wurden die Mauern zum benachbarten Haus durchbrochen,

Ch. M. N. mit Söhnchen Niki im Belvedere-Park 1942. Dank des Entgegenkommens unserer Dienststelle trugen alle Soldaten der 'ATP' nur während des Dienstes eine Uniform.

sodaß man von einem Keller in den anderen gelangen und somit entkommen konnte, falls ein Eingang verschüttet war. Man konnte – ich habe das ein einziges Mal getan – von der Oper bis zum Schottentor die ganze Stadt unterirdisch in einem bis dahin nur wenigen bekannten schmalen Gang der alten Befestigungs-Anlage durchqueren! Es war ein unheimliches Gefühl, zusammen mit Hunderten von Menschen in einer Richtung zu gehen und sich dabei mit einem ähnlichen Strom von Menschen aus der Gegenrichtung zu treffen. Da es keine Ausweichmöglichkeiten gab, hätte jede Panik zu unausdenkbaren Resultaten geführt! Große Löschteiche waren an einigen Punkten gegraben, betoniert und mit Wasser gefüllt worden. Auch in der Kärntner Straße, parallel zur Oper, befand sich ein solcher. Wahrscheinlich hätte das Wasser dort ausgereicht, um am 12. III. 1945 den Brand der Oper einzudämmen oder gar zu löschen. Im Opernhaus war während eines Angriffes der eiserne Vorhang nicht heruntergelassen worden, daher brannten das Bühnenhaus und ein Teil des Zuschauerraumes aus. Die Feuerwehrautos waren – niemand verstand, warum aus der Stadt geschickt worden! Ernster für mich wurde es ein wenig später. Ich war eines Mittags von Hilda von Mossig zu einem bescheidenen Mahl eingeladen. Sie war unsere gute Freundin, Gemahlin des liebsten Menschen, den wir in jenen Jahren um uns hatten: Hans (eigentlich Johann) Ritter von Mossig. Damals stand er als Major an der Kaukasusfront, als Nachschuboffizier. Er war der Sohn eines hohen österreichischen Offiziers, der im Ersten Weltkrieg eine Zeitlang Stadtkommandant von Wien war und war selbst mit Leib und Seele Soldat. Nach 1918 war er Fabrikant von Dachpappe geworden, hatte aber durch die Nachlässigkeit eines jungen Mitarbeiters (den ich leider an ihn empfohlen hatte), bei einer großen Lieferung von Dachpappe nach Konstantinopel einen Totalverlust der Sendung erlitten. Jener junge Mann hatte nämlich vergessen, in die Verladepapiere zu schreiben, daß diese Rollen nur aufrecht stehend verladen werden durften. So war geschehen, daß sich alles Material, aufeinandergelegt, hoffnungslos verklebte! Von diesem Verlust hat sich Johann von Mossig leider finanziell niemals mehr erholt.

Es gibt keinen Menschen auf dieser Welt, dem ich dankbarer wäre, als ihm! In einem für mich und meine kleine Familie kritischen Moment hat er uns – hochherzig, wie er war – in die Arme genommen und beschützt. Seither haben wir uns wie Brüder gefühlt! Ich traf ihn im Herbst 1945, nach Kriegsende, durch einen großen Zufall in einem der Salzburger Restaurants, wo man damals stundenlang auf ein dürftiges Mittagessen warten mußte. Wir saßen eine Zeitlang, ohne dies zu bemerken, Rücken an Rücken. Er kam aus Gastein, wohin er sich nach Kriegsende 1945, buchstäblich mit letzten Kräften, nach einer Diphterieerkrankung geschleppt hatte. Kein Platz, wo immer er anklopfte, bis sich die Türe zu einem großen Reservespital (ein ehemaliges Hotel) öffnete und die Schwester Oberin herauskam. Ein Blick auf dieses menschliche Wrack genügte, und sie sagte ihm: „Kommen's nur weiter, Herr Major, für Sie finde ich schon noch a Platzerl!". Er erzählte mir von der Wunderwirkung Gasteins. Wie er nämlich nach einigen Tagen Ruhe beim erstmaligen Betreten des Baderaumes ein Kribbeln in seinem total gelähmten rechten Knie verspürt habe. Das war der Beginn einer kompletten Heilung! Nun war er auf dem Weg ins Ennstal, wo er und seine liebe Frau in Aigen ein kleines Haus besaßen. Leider war sie kurz vorher gestorben.

Als ich damals, von ihr eingeladen, den Platz bei der Votivkirche überquerte, überfiel mich ein ungutes Gefühl der Vorahnung und richtig, schon heulten die Sirenen auf! Ich erreichte gerade noch das Haus, in dem sie wohnte und half ihr, die schwer herzleidend war, in den Keller zu gehen. Kaum saßen wir dort gemeinsam mit den übrigen Bewohnern, als ein gräßliches, immer lauter werdendes Pfeifen ertönte. Es war eine Fliegerbombe, die Sekunden später im Nebenkeller einschlug und mehrere Menschen tötete! Ich entsinne mich nur an die merkwürdige Sensation, daß man unwillkürlich – während des Pfeifens – zu zählen begann und sich sagte: „Bei 10 muß sie einschlagen, hoffentlich nicht bei uns!" Wir wurden durch die Explosion alle durcheinandergewirbelt. Es gelang mir gerade noch, die überaus zarte Frau von Mossig aufzufangen!

„Der Stephansplatz", eines der Hauptblätter der Folge. Unmittelbar vor der Kathedrale standen schmale Häuser, dahinter war der durch Joseph II. aufgelassene Friedhof.

19. Die Wiener-Ansichten von Schütz-Ziegler, 1779–1798

Eines Tages lief in der Auslandstelegramm-Prüfstelle ein Telegramm nach Holland durch. Einer der mit am Tisch sitzenden Soldaten reichte es mir mit den Worten: „Ist das vielleicht interessant für Dich?" Das war es in der Tat, denn es war das telegraphische Angebot einer Konkurrenzfirma, die bei einem holländischen Versteigerer eine bestimmte Summe auf ein Album mit Schütz-Ziegler-Ansichten bot. Die Wiener Ansichten von Carl Schütz und Johann Ziegler, 1779–1798, gehören ohne Zweifel zu den schönsten Stadtbildern, die eine europäische Hauptstadt aufzuweisen hat. Die Folge hat das merkwürdige Schicksal, daß sie – im Gegensatz zu den ungefähr gleichzeitig im selben Verlag erschienenen Rhein-Ansichten derselben Stecher – niemals vollständig als Buch erschienen ist. Dazu gehört auch der Umstand, daß es vier Blätter in Quer-Imperial-Folio gibt, die niemals mit eingebunden werden konnten. Verleger war das bekannte Haus von Artaria & Co., das damals den Wiener Markt in vielfacher Hinsicht beherrschte. Sie waren Kunsthändler und Lieferanten kostbarer Kupferstiche und Handzeichnungen für die Kunstsammlung Herzog Alberts von Sachsen-Teschen der späteren ‚Albertina'. Es

Das Blatt ‚Der Kohlmarkt‘. Oben das erste Haus links im alten Zustand mit Neugierigen vor dem Geschäft von Artaria (1. Etat, 1786). Unten der 3. Etat mit dem geänderten ‚Dreilauferhaus‘, 1794

gingen aber auch bedeutende Bilder erster Meister für andere Kunden durch ihre Hände. Ferner waren sie – was heute beinahe vergessen ist – Musikverleger von Format. In ihrem Haus erschienen Kompositionen von Mozart und Beethoven. Letzterer, bekannt für seinen impulsiven Briefstil, begann einmal einen seiner Briefe mit den Worten: „Dieser Esel von einem Artaria“. Diesen Brief schenkte mein großzügiger Vater seinen guten Freunden August und Dominik Artaria für ihr Hausarchiv!

Die Ansichten der Wiener Folge sind in der damals kurz vorher in Mode gekommenen Umrißmanier hergestellt. Das heißt, daß nach den Vorlagen (Original-Aquarelle) Radierungen hergestellt wurden, die lediglich die Umrisse alles Dargestellten aufweisen. Koloriert wurden die Blätter – zumeist von begabten Kindern – mit der Hand, und es oblag dem Pinsel, für Licht und Schatten zu sorgen. Den Blättern war ein großer Verkaufserfolg zu eigen. Die zuerst erschienenen 36 Blatt wurden als ‚Première Partie‘ bezeichnet und erhielten ein Titelblatt. Die darauffolgende Ausgabe behielt Titelblatt und Blattanzahl bei, nur waren bereits 10 Blätter durch in der Zwischenzeit neu erschienene ausgetauscht. Die Platten der eingezogenen Blätter wurden abgeschliffen. Da einige der schönsten Ansichten dieser Folge darunter sind, versteht man heute nicht mehr, was die Verleger hierzu bewog. Nach und nach fügte man den gebundenen Folgen andere, damals in gleicher Manier im Artaria-Verlag erschienene Blätter bei, sodaß es Sammelbände mit insgesamt 87 Blatt gibt. Es kamen Ansichten von Orten an der Donau, von Linz, Solbad Hall, Innsbruck, Passau, Preßburg, Budapest und Belgrad, aber auch zwei aktuelle Blätter des damaligen Kriegsgeschehens, nämlich der Schlacht bei Martinesti und der wiedereroberten Stadt Belgrad hinzu.

Gesucht sind Blätter in den frühen Zuständen, mit der bezaubernden Rokokostaffage. Die Blätter müssen sich einzeln besser verkauft haben, als die für durchreisende Ausländer zusammengestellten Folgen. Die Verleger waren bemüht, ihre Erzeugnisse stets auf dem aktuellen Stand zu halten. Man leistete Hervorragendes, indem man nicht nur die Figuren der Staffage wegen der neuen Empire-Mode änderte (die letztlich in Biedermeierkostümen zu sehen sind), sondern indem man alle Änderungen der Architektur festhielt. Aus zweistöckigen Häusern wurden vierstöckige, bei anderen kamen beispielsweise die im Auftrag Kaiser Josephs II. längs der von den Toren der Stadt hinwegführenden Straßen gepflanzten Alleebäume hinzu, und so fort. Für ausgewählte Kunden ließ man auf Wunsch alle Blätter mit sorgsam abgestimmten Umrahmungen anfertigen. Endlich erschien auch im Jahr 1794 ein gedruckter deutsch-französischer Text. Für diese 3. Ausgabe wurden die Blätter neu numeriert. Es gibt bis zu 7 verschiedene Etats der Blätter, von der schönen Staffage einiger davon ist letztlich nur ein kleines Hündchen übriggeblieben! Alles andere mußte fortfallen.

Das damalige Auftauchen eines Exemplares der ‚Première Partie‘ mit Titel und 36 Blatt war für mich das zweite gebundene Exemplar, das mir unterkam. Das erste hatte ich, kurz nach der Übernahme des Anteils meines Vaters bei der Firma V. A. Heck, 1936, auf meiner ersten Reise nach London im dortigen Handel bei Mr. Sinelikoff (Orion Booksellers) erworben. Er war gebürtiger Russe und hatte ausgezeichnete Beziehungen zum Haus Sachsen-Gotha. Ich mußte damals meinen ganzen Mut zusammennehmen, um das teure Exemplar zu erwerben!

Nun stellte sich die Frage, was ich wohl anfangen könnte, um mir dieses Exemplar zu sichern? Der Zufall wollte es, daß ich in diesen Tagen den Besuch von Anton Hiersemann aus Leipzig erhielt. Die guten Verbindungen zum Hause Hiersemann stammten bereits von meinem Vater her. Nun sollte sich die Freundschaft zwischen den Söhnen beider Häuser fortsetzen. Anton Hiersemann tat sehr geheimnisvoll. Er habe irgendwoher gehört, sagte er, daß irgendwo irgendjemand ein Exemplar eines Schütz-Ziegler-Albums versteigern werde. Ob mich das wohl interessiere? Er war verblüfft, als ich ihm sagte: „Mein lieber Herr Hiersemann, tun Sie doch nicht so geheimnisvoll! Ich weiß nicht nur, wer es versteigert, sondern kenne auch – fragen Sie mich bitte nicht, wieso – das Gebot, das eine auch Ihnen bekannte Konkurrenzfirma zu zahlen bereit ist. Wir müssen also trachten, jenen Preis erheblich zu überbieten. Aber: Wer wird hinfahren? Ich bekomme vom Militär niemals die Erlaubnis zu einer Reise nach Holland, also werden Sie es sein!" meinte ich. Nun, es gab für ihn Schwierigkeiten, auf die er nicht eingehen wollte. Ich habe den Verdacht, daß er sich vielleicht auf einer vorangegangenen Reise dort unbeliebt gemacht haben könnte, denn er war ein stets laut sprechender, impulsiver Mann, den man schon genau kennen mußte, um ihn richtig beurteilen zu können. „Nein", sagte er, etwas verlegen, „ich kann nämlich auch nicht hinfahren!" Wir überlegten also, was wir tun sollten und kamen schließlich überein, auf das Exemplar ein hohes Gebot abzugeben, ohne es gesehen zu haben. Das Risiko war, daß die Holländer natürlich nicht die notwendigen Kenntnisse hatten, um ihr Exemplar bibliographisch richtig zu beschreiben. Auf der anderen Seite konnte ich Anton Hiersemann beruhigen, daß es nirgendwo ein gebundenes Exemplar mit späten Zuständen gäbe. Wir entschlossen uns, einen seiner holländischen Geschäftsfreunde bieten zu lassen. Wie recht ich mit dem hohen Gebot hatte, beweist, daß ich Jahre später vom Berliner Antiquar Gerd Rosen erfuhr, daß er – damals noch beim Antiquariat Wertheim in Berlin tätig – unser Gegenbieter gewesen war. Aber, wir waren siegreich geblieben. Ein paar Tage später kam Anton Hiersemanns Anruf. Das Exemplar sei soeben bei ihm eingetroffen und so schön, daß er versucht sei, es über den Krieg hinweg, in seinem Safe zu verwahren. Dagegen war ich allerdings sehr und erreichte auch, daß es nach Wien kam.

Einer der wichtigsten Freunde, den ich in Wien hatte, war Rechtsanwalt Dr. Otto Kammerlander. Es gab niemanden, von dem mir jemals besserer und freundschaftlicherer Rat in allen möglichen Lebenslagen zuteil geworden wäre! Er hatte einen bewunderungswerten, scharfen und verläßlichen Verstand. Ging man zu ihm mit der verzwicktesten Angelegenheit der Welt, ließ er einen zunächst einmal ruhig ausreden, dann unterbrach er an geeigneter Stelle das ihm Vorgebrachte und sagte: „Genug! Jetzt weiß ich, was ich wissen muß!" und gab nachfolgend seinen Rat, der immer menschlich warm und zutreffend war. Ich stehe tief in seiner Schuld, weil er mir als noch völlig unbeschriebenem Blatt seine Sympathie und Freundschaft entgegengebracht hat. Etwas, das von seiner Seite aus nur wenigen Menschen in diesem Ausmaß zuteil geworden ist.

Er kam und war von dem Album fasziniert. Es war genau das, was zu besitzen er sich seit langem gewünscht hatte! Ich nannte ihm den mit Anton Hiersemann ausgemachten Verkaufspreis. Er schüttelte bedauernd den Kopf: „Nein," sagte er, „das geht über meine Verhältnisse". Meine Gegenfrage lautete, ob er denn nicht Objekte hätte, die im Tausch in Frage kämen? Wir gingen in seiner Kanzlei in einen Abstellraum und fanden dort, etwas verstaubt, einen Rahmen mit einer Zeichnung von Adolf Menzel und dann einen großen, gezeichneten Entwurf des Münchner Historien-Malers Wilhelm von Lindenschmidt (1829–1895). Das Sujet war: ,Friedrich Schiller, seinen Freunden im Freien seine ,Räuber' vorlesend'. Lindenschmidt erlebte in der

Oben ein Paar in Rokokotracht (Blatt ,Grenadier-kaserne', 1. Etat, 1780). Unten das gleiche Paar in Empiretracht, 2. Etat

damaligen Überbewertung deutscher romantischer Zeichenkunst kurzlebig einen Aufstieg aus der Vergessenheit, in die er heute wieder versunken ist. „Mit ein wenig Glück brauche ich nicht mehr, als diese beiden Blätter!" erklärte ich dem erstaunten Dr. Kammerlander, der sie an Zahlungsstatt von Klienten, die auswandern mußten und sich für seine guten Dienste nicht anders hatten bedanken können, erhalten hatte. Dr. Kammerlander legte den verlangten Preis vor. Ich überwies Anton Hiersemann den Einstandspreis plus seinem halben Gewinnanteil. Es gelang mir in kürzester Zeit, beide Zeichnungen zu einem erstaunlich hohen Preis zu verkaufen, sodaß für Dr. Kammerlander letztlich nur noch ein kleiner Betrag zu begleichen war. Ein paar Weihnachten später war ich so glücklich, auf einer Dorotheums-Auktion den zu einer späteren Ausgabe gedruckten Text zur Schütz-Ziegler-Folge gebunden zu erwerben und übersandte ihn Dr. Kammerlander mit meinen guten Wünschen.

20. Die Bibliothek Schloß Hernstein

Da die sich bereits in Vorbereitung befindliche Invasion Englands abgesagt worden war, gab es – bis zum Beginn des Rußland-Feldzuges – eine länger dauernde Kampfpause. In Wien war mittlerweile unser Prokurist doch ‚einrückend' gemacht worden und war, nach der obligaten Ausbildungszeit, irgendwohin nach Frankreich versetzt worden. Das Antiquariat V. A. Heck war daher verwaist. Es gelang mit Hinweis darauf, in Poitiers einen dreimonatigen Wirtschaftsurlaub zu erhalten, der bis Ende Dezember 1940 gewährt wurde. Da mittlerweile, endlich, die Genehmigung zu meiner Verheiratung eingetroffen war, setzte ich den Termin der Hochzeit auf drei Tage vor Ablauf dieses Urlaubes fest. Wir heirateten in der Hofburgkapelle, Wien. Es gab einiges Aufsehen, weil der alte Pfarrer total darauf vergessen hatte, mich – der ich damals noch protestantisch war (mein Gelübde, so ich heil aus diesem Krieg davonkäme, zum katholischen Glauben überzutreten, habe ich nach Kriegsschluß erfüllt) – auf die Bibel schwören zu lassen, daß die aus dieser Ehe hervorgehenden Kinder katholisch getauft würden und ich meiner Frau keinerlei Hindernis bei Ausübung ihres Gottesdienstes bereiten würde. So standen wir denn volle zwanzig Minuten vor dem Altar, bis diese Zeremonie vorbei war!

Bei V. A. Heck wartete eine Unmenge von Dingen auf mich. Wenn es für mich je eine Traumbibliothek gab, so war es die Bibliothek des Schlosses Hernstein in Niederösterreich, von der nun die Rede ist. Es gibt einen dicken, gedruckten Katalog ‚Schloß Hernstein. Seine Bücher- und Kunstsammlungen. Bibliothek-Ansichtensammlung', Privatdruck, Wien, 1897, verfaßt von Dr. Franz Schnürer. Prachtvoller Kalblederband, gebunden von F. W. Papke in Wien IV., mit reicher Goldverzierung und buntgemaltem Wappen auf den Deckeln. Der Vermögensverwalter war der ehemalige Oberstleutnant Zwilling, seinerseits mit dem Major Anton Viditz-Ward befreundet. Der Auftrag des Oberstleutnants Zwilling an mich lautete, ich möge ihm doch über den Wert der Bibliothek in Hernstein Auskunft geben. Ihm ferner auch, für das Denkmalamt, mit einem Gutachten dienen, daß die Verbringung der Bibliothek in einen anderen, trockenen Aufbewahrungsort geboten sei. Das Schloß Hernstein war – im Parterre zumindest – feucht. Die Gemahlin von

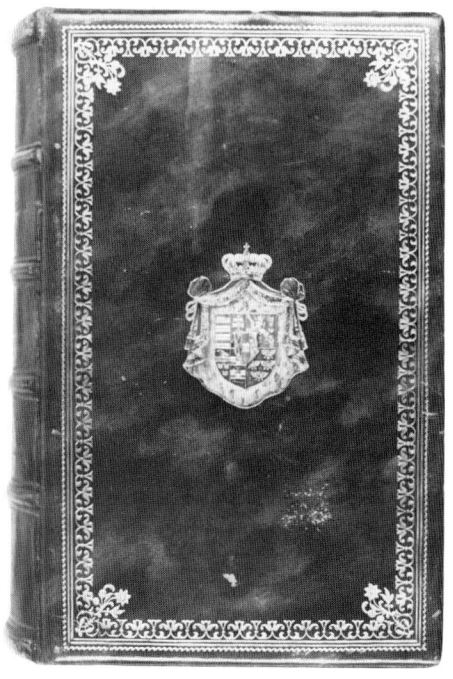

Ledereinband des Bibliothekskataloges mit handgemaltem Wappen (Buchbinder F. W. Papke)

Erzherzog Anton von Habsburg-Lothringen, Prinzessin Ileana aus Rumänien, hatte damals bereits diesen Besitz an die Erste österreichische Sparkasse verkauft (heute veranstaltet die Kammer der gewerblichen Wirtschaft dort kaufmännische Schulungskurse), Bibliothek und Graphiksammlung sich jedoch zurückbehalten.

Ich bin im Spätherbst 1940, warm angezogen in Touristenkleidung, teils mit der Bahn nach Hernstein gefahren und teils gewandert. Auf dem Rücken trug ich meinen Rucksack. In diesem war nicht nur eine Reiseschreibmaschine für die ebenfalls mitreisende Sekretärin von V. A. Heck, sondern auch unsere Verpflegung eingepackt, da ich keineswegs sicher sein konnte, dort verköstigt zu werden. Standen wir doch mitten im Krieg mit all seinen Einschränkungen.

Schloß Hernstein war in jeder Hinsicht ein Märchenschloß. Aus einem alten, viereckigen, großen Hof – malerisch an einem großen Teich gelegen – hatte der aus Dänemark stammende, in Wien heimisch gewordene große Architekt Theophil von Hansen (1813–1891, er war unter anderem der Erbauer des Gebäudes des Wiener Musikvereins und des Parlamentes) ein Schloß gestaltet, dessen Fassade im Stil der englischen Neu-Gotik ist. Weit bemerkenswerter sind jedoch die von ihm geschaffenen Interieurs, die keinen Vergleich mit dem berühmten, in der Nähe von Triest gelegenen Schloß ‚Miramare‘ des unglückseligen Erzherzogs Maximilian, des späteren Kaisers von Mexiko (1832–1867), zu scheuen brauchen. Das gesamte Ameublement war von Hansen entworfen worden. So auch die relativ schmucklosen Büchergestelle. Er muß es gewesen sein, der dem erzherzoglichen Erbauer eingeredet hat, man müsse die Bibliothek des Schlosses Hernstein die (samt der Graphik) einen einmaligen Überblick über die Geschichte und Topographie der österreichisch-ungarischen Monarchie gab – ein exzeptionelles Kleid geben. Daher wurden alle Bücher einheitlich in schlichtes weißes Pergament gebunden, wobei man die alten Einbände rücksichtslos entfernt hat! Damit aber nicht genug, hatte man sich dazu verstanden, einen prachtvollen, frühen handgeknüpften, kostbaren persischen Seiden-Teppich zum Schmuck des einen Wohnzimmers mit Leim an die Decke zu kleben, der im Laufe der Zeit die Textilstruktur zerfressen hat! Die Lage aller Zimmer des Parterres ist spektakulär. Breite verglaste Türen und ebensolche Fenster erlauben einen ungehinderten Blick auf den Teich und die weitere Umgebung. Plafonds und Wände sind mit Malereien von damals berühmten Künstlern geschmückt. So finden sich dort Arbeiten des Historienmalers Christian Griepenkerl (der unerbittliche, strenge, ungeliebte Professor von Egon Schiele an der Akademie, 1839–1916). Ferner von Karl Rahl (1812–1865, Historienmaler von einiger Bedeutung. Er übte durch seinen drastischen und farbigen Eklektizismus großen Einfluß auf die Wiener Malerei aus). Alle Gänge des Parterres waren geschmückt mit Geweihen, darunter viele Abnormitäten. Zu den wahrscheinlich ähnlich prunkvoll eingerichteten Schlafzimmern des ersten Stockes hatte ich keinen Zutritt. Die Bibliothek war damals wohlgeordnet. Ein liebenswürdiger, bereits sehr alter Verwalter, der über manches interessant zu erzählen wußte, betreute uns. Intensiv arbeitend war ich mit meiner Schätzung um die Mittagszeit herum fertig. Ich kam auf einen Gesamtwert von rund 200.000,- Mark (die zum damaligen Zeitpunkt immer noch eine entsprechende Kaufkraft hatte). Da ich mich erbötig gemacht hatte, die Besichtigung auf meine Kosten vorzunehmen und kein Honorar verlangte, schenkte mir Erzherzogin Ileana liebenswürdigerweise vier schöne Jagdstiche von Horace Vernet, die dann in meiner Wohnung hingen. Mein Gutachten bewirkte, daß sie die Bibliothek in ihr Palais in Wien IV., Argentinierstraße verbringen konnte. An einen Verkauf

Blick in den Bibliotheksraum. Alle Bücher waren in weißes Pergament mit farbigen Rückenschildern gebunden.

Blick auf einen der überreich ausgestatteten Salons im Parterre

war damals nicht gedacht. Aber am Nachmittag zeigte mir der Verwalter eine umfangreiche Sammlung von prachtvoll erhaltenen alten Jagdstichen von Johann Elias Ridinger (1698–1767). Da Ridingers Kupferstiche mit Vorliebe gerahmt wurden, gingen viele im Laufe der Zeit an den Wänden zugrunde. Die Originalplatten hatten sich erhalten und man verwendete sie – bis etwa in die Mitte der vierziger Jahre – für die Herstellung von Neudrucken. Dann fielen sie dem Zweiten Weltkrieg zum Opfer. Auch diese Sammlung kam kurz darauf nach Wien, wo ich feststellte, daß es eine ganze Reihe von Doubletten gab, die ich erwerben konnte.

Wichtig war die in vielen Mappen verwahrte große Sammlung von über 2500 Porträt-Lithographien des Josef Kriehuber (1800–1876). Sie stammte aus dem Besitz des Künstlers, dessen Erben sie an Erzherzog Leopold Salvator verkauft hatten. Kriehubers œuvre ist künstlerisch hervorragend. Er war der unbestrittene Meister in diesem Fach und florierte, bis in der Mitte des 19. Jahrhunderts die Photographie aufkam. Dann fand er keine Kunden mehr, denn seine Arbeiten waren keineswegs billig. Verlangte er doch für ein Brustbild 60, für ein Kniestück 110,– Gulden! Sein Leben verlief unbefriedigend. Von der großen Zahl seiner Kinder verstarben die meisten in zarter Jugend. Er hatte hinsichtlich seines Vermögens eine höchst unglückliche Hand, vertraute sein Geld Spekulanten an und verlor schließlich alles. Er verdiente sich sein Leben in den letzten Jahren als Zeichenlehrer am ‚Theresianum‘! Die beste und verläßlichste Quelle für ihn ist: Wolfgang von Wurzbach, ‚Katalog der Porträtlithographien Josef Kriehubers‘, 2. Auflage, Wien 1955. Wurzbach beschreibt mit Akribie alle ihm bekanntgewordenen Porträt-Arbeiten des Künstlers und stellt fest, daß die Hernsteiner Sammlung die wichtigste aller ihm bekannt gewordenen ist. Über den Umfang des sich in der Porträtsammlung der Österreichischen Nationalbibliothek befindlichen Bestandes konnte er sich keinen Überblick verschaffen, da die Kriehuber-Lithos in das allgemeine Alphabet der großartigen, einige Hunderttausend Blatt zählenden Sammlung eingeordnet sind. Ihren Grundstock bildet die Porträtsammung des Johann Kaspar Lavater (1711–1801). Er wurde berühmt durch seine Ideen über Physiognomik, die er zu einer Wissenschaft vom inneren Menschen zu erheben suchte. Goethe lieferte ihm wichtige Beiträge.

Die Kriehuber-Sammlung verkaufte ich, noch im Krieg, an das sich damals in Planung befindliche Linzer Museum. Zu meiner großen Überraschung bekam ich nach Kriegsende die Sammlung ein zweites Mal in meine Hände. Sie lag geraume Zeit in meinen Räumen. Der Bruder des Erzherzogs Anton, Erzherzog Josef, strebte nach Beendigung des Zweiten Weltkrieges in New York einen Prozeß gegen Erzherzog Anton und seine Gemahlin Ileana an. Angeblich seien die beiden nicht berechtigt gewesen, Schloß Hernstein und Teile der Sammlung zu verkaufen. Es ging laut Zeitungsberichten um die phantastische Summe von nicht weniger als 1,5 Millionen Dollar! Es kam jedoch niemals zu einer Verhandlung, man scheint sich gütlich geeinigt zu haben. Es blieb mir verborgen, wieso der österreichische Staat diese Kriehuber-Sammlung, die man an irgendeinem der Bergungsorte für Kunstgut unbeschädigt aufgefunden hatte, als Rückstellung unentgeltlich zurückgab. Sie blieb nicht sehr lange bei mir, da sie sich als ein schwer verwertbares Objekt erwies und von dem ungeduldig gewordenen Erzherzog eines Tages zurückgezogen wurde. Ich hörte, daß es ihm damals gelungen sei, sie im Zusammenhang mit einer Grundstückstransaktion zu veräußern.

Leider ist auch die Bibliothek Hernstein den Weg alles Irdischen gegangen. Sie hat die russische Besetzung des Palais Toskana in der Argentinierstraße mirakulöserweise unbeschädigt überstanden. Die Wiener Versteigerungsanstalt ‚Dorotheum‘ verkaufte Teile der Bibliothek in ihrer 555. Auktion im April 1955. Allerdings fehlten einige wichtige Bücher. So das einzige Holzschnitt-Buch des 16. Jahrhunderts, ein (leider nicht ganz vollständiges) Exemplar von Kaiser Maximilian I., ‚Teuerdank‘, Erstausgabe von 1517, und eine größere Anzahl der ‚Denkschriften der Wiener Akademie der Wissenschaften‘. Das Bundesdenkmalamt hatte dem Verkauf zugestimmt, aber darauf bestanden, daß unter der Nummer 50 eine Reihe der wichtigsten illustrierten Bücher ‚en bloc‘ zum Ausruf gelangten. Da das Amt selbst für sein Archiv mitbot, war es aussichtslos, dagegen zu bieten, und somit ist wenigstens der ‚nucleus‘ dieser einmaligen Bibliothek in guten Händen. Sehr viel später tauchten übrigens im Handel noch eine Anzahl von Bänden dieser Bibliothek auf. Dem spekulierenden Buchhändler schwebte vor, mit dieser ‚kaiserlichen Bibliothek‘ ein Riesengeschäft zu machen. Er mußte aber sehr bald – sehr zu seinem Leidwesen – einsehen, daß das eine Illusion war. ‚Habent sua fata, libelli‘!

Fast schien es, als sollte die Bibliothek Hernstein für mich wirklich nichts anderes als ein schöner Traum bedeuten. Bis unvermutet in einer Bücher-auktion des ‚Dorotheums‘ in Wien – zur Zeit, als ich dort im Nachkrieg einige Zeit hindurch als Schätzmeister tätig gewesen bin – von irgendjemandem das graphische Hauptwerk der deutschen romantischen Kunst: ‚Sieben Gegenden aus Salzburg und Berchtesgaden‘ geordnet nach den sieben Tagen der Woche verbunden durch zwey allegorische Blätter‘, von Ferdinand Olivier, Wien bei Adolph Kunike, 1823, eingebracht wurde. Es stammte aus Hernstein. Ich konnte es von der Dame, die es auf der Auktion ersteigerte, erwerben. Olivier hatte auf zwei Reisen, 1815 und 1817, die Schönheiten des Salzburger Landes für die deutsche Landschaftsmalerei entdeckt. Es war ihm gelungen, seine unend-lich differenzierten Bleistiftzeichnungen graphisch in Kreidelithographien um-zusetzen. Der Drucker, Franz Kunike (1777–1838), Freund der deutschen Künstlerkolonie in Wien, vollbrachte mit der künstlerisch vollendeten Wieder-gabe sein Meisterwerk. Die ‚Sieben Gegenden aus Salzburg‘, in kleiner Auflage erschienen, kosteten bei Erscheinen 24 Gulden, fanden aber in Wien weder bei der Presse noch beim Publikum Beachtung. Heute werden einzelne Blätter, die selten genug vorkommen, hoch bezahlt. Ein komplettes Exemplar kam 1990 auf dem deutschen Markt vor und brachte einen außerordentlichen Preis. Im Katalog werden nur noch zwei weitere Exemplare nachgewiesen, davon das eine unvollständig. Durch meine Hände ging das oben erwähnte Exemplar und – einige Jahre später – ein weiteres, das sich heute in der Sammlung der Eidgenössischen Technischen Hochschule, Zürich, befindet.

Titelblatt des Kataloges

Der Bibliotheksraum von Schloß Hernstein, nach einem Aquarell von Franz Alt, aus „Album von Hernstein, herausgegeben von M. A. Becker, Wien 1882"

Ch. M. N. vor einem der verglasten barocken Bücherkästen aus der gräflichen Bibliothek

21. Kauf einer Bibliothek aus gräflichem Besitz

Es sollte sich herausstellen, daß meine temporäre Rückkehr nach Wien segensreich für die Geschicke des verwaisten Antiquariats V. A. Heck war. Einem vertraulichen Hinweis verdankte ich die Nachricht, daß Anton Hiersemann nach Wien unterwegs und im Hause eines Aristokraten angemeldet sei. Es habe den Anschein, als würde dort eine große Bibliothek verkauft werden. Das war alarmierend und brachte mich auf die Beine. Ich erfuhr (durch Umfrage bei den Hotels), wo er absteigen, wann er eintreffen werde und paßte ihn nach seiner Ankunft vor dem Hotel Imperial ab. Es gab ihm einen Riß, als er mich erblickte! Ich trat auf ihn zu und sagte: „Schöne Geschichten machen Sie, mein lieber Herr Hiersemann. Da kommen Sie heimlich nach Wien und wollen mir die Bibliothek des Grafen X. vor der Nase wegkaufen! Also bitte, so einfach geht das nicht! Kommen Sie, wir werden diese Sache bei einer Schale Kaffee besprechen!" Was auch geschah. Ich habe nie wieder in meinem Leben frecher geblufft wie damals, aber mein Coup gelang! Ich konnte ihn davon überzeugen, daß es in unser beider Interesse wäre, wenn wir uns einigen würden, statt einander dieses wunderschöne Objekt (von dessen Beständen ich nicht die geringste Ahnung hatte) so zu verteuern, daß keiner etwas davon hätte. Hätte er mir nur eine einzige Fangfrage gestellt – nur nach einem der dort vorhandenen Bücher gefragt – hätte er mich spielend leicht entlarven können! Wie durch ein Wunder machte er keinen Einwand gegen meinen Vorschlag, ging aber allein zur ersten Besprechung. In der Folge ließ er mich ins Palais kommen, und ich blickte staunend auf die verglasten barocken Bücherschränke, die voll bestückt an den Wänden standen. Es handelte sich zunächst um die sogenannte ‚kleine Bibliothek'. Zur größeren hatten wir bei diesem Besuch keinen Zutritt. Bereits die erste kurze Durchsicht ergab, daß es sich um eine wohl im 18. Jahrhundert angelegte, gepflegte Bibliothek voller brauchbarer Bücher handelte. Von großen österreichischen Uniformwerken angefangen bis zu deutscher Literatur in schönen Kalbslederbänden waren vielleicht ein- bis zweitausend in diesem Zimmer aufgestellt. Wir machten einen Überschlag und boten dem Besitzer (der gleich mir in Uniform, auf kurzem Militärurlaub in Wien war) einen großen Betrag, der voll und ganz seinen Erwartungen entsprach, denn er erklärte sich damit, ohne daß es ein Handeln gab, einverstanden. Es wurde ausgemacht, daß ich die Bücher von einer Spedition, so rasch es damals möglich war, zu V. A. Heck schaffen lassen würde. Dort sollte ich das Gekaufte in zwei Hälften teilen und er, Hiersemann, würde auf ein telephonisches Aviso hin mit seinem Antiquar, Wilhelm Olbrich, nach Wien kommen, alles durchsehen und sich dann äußern, ob meine Teilung brauchbar sei oder nicht. Jeder, der schon eine ähnliche Arbeit zu machen hatte, wird wissen, wie anstrengend das alles ist. Vor allem deshalb, weil ich damals allein im Geschäft war. Aber ich hielt durch und konnte einige Tage später Herrn Hiersemann einladen, nach Wien zu kommen.

Anton Hiersemann war ein durchaus großzügiger Mensch und ein guter Geschäftsmann. Zu Lebzeiten seines Vaters, dem Gründer dieses Welthauses, hatte er es schwer, sich durchzusetzen, weil er im Grunde eher ein bedeutender Verleger denn Antiquar war. Was alte Bücher anlangt, war er auf zwei Dinge angewiesen. Erstens: einen Zettelkatalog von Zehntausenden wertvoller Bücher, die entweder in den letzten 40 Jahren durch sein Haus gegangen oder in Katalogen befreundeter Firmen angeboten waren. Zweitens:

das phänomenale Gedächtnis seines Herrn Olbrich. Dieser war einer jener phantastisch geschulten Antiquare, wie sie die gute alte Leipziger Schule hervorgebracht hat. Bienenfleißige Menschen, die nichts anderes kannten, als von früh bis spät Katalogaufnahmen zu schreiben. Im persönlichen Umgang war Herr Olbrich das Gegenteil seines Chefs, introvertiert, verschlossen, kaum ansprechbar, humorlos, leicht knurrig. Ich fand keinen richtigen Kontakt zu ihm. Die Aufteilung der gekauften Bücher erwies sich als schwierig, besonders, weil Herr Olbrich mehr als kleinlich war und auch Unwichtiges umständlich prüfte. Er war übrigens – als ob er nicht schon in seinem Alltag genug zu arbeiten gehabt hätte – der Verfasser des ,Romanführer. Der Inhalt der Romane und Novellen der Weltliteratur', von dem bis 1992 nicht weniger als 28 Bände erschienen sind. Das Haus Hiersemann war immer schon ein bedeutendes Verlagshaus gewesen, und Anton Hiersemann hat seinen Verlag nach dem Zweiten Weltkrieg in Stuttgart zielstrebig wieder aufgebaut und seinem Sohn Gerd übergeben. Das Haus in Leipzig, der 1884 gegründeten Firma, muß kurz nach 1900 erbaut worden sein. Ein dreistöckiges Gebäude mit großen Schauräumen im Parterre, Arbeitsräumen im ersten Stock, darüber Lagerräume. Eine Spezialität der Firma war der Ankauf von Gelehrten-Bibliotheken. Die Beziehungen reichten über die ganze Welt.

Ich besuchte Anton Hiersemann ein letztes Mal, als ich, von Belzig bei Berlin aus, an einem Sonntag als Begleiter eines Transportes mit einem großen Holzgas-Lastauto nach Leipzig fahren konnte. Ich bat meinen Fahrer, auf meine Gegenwart für zwei oder drei Stunden zu verzichten und ließ mich vor dem Haus, in dem Hiersemann wohnte, absetzen. Das war zeitlich im Frühjahr 1945, zu einem Moment also, da sich die deutsche Niederlage bereits abzeichnete und die Besetzung Sachsens nur mehr eine Frage der Zeit sein konnte. Nein, Herr Hiersemann hatte weder wichtige Bestände noch etwa seine imponierend große Handbibliothek nach dem Westen verlagert und wollte absolut nichts davon wissen, dieses doch noch – wie auch die anderen Leipziger Firmen – zu tun. So rettete etwa Anton Kippenberg, Inhaber des Insel-Verlages, seine bereits auf das Land verbrachte großartige Goethe-Bibliothek vor den Russen (oder der Beschlagnahme durch die damaligen ostdeutschen Behörden). Sie ist heute intakt in Düsseldorf. Ich hütete mich, zu erklären, woher meine Kenntnisse der weiteren Entwicklung in Deutschland stammten. Ich habe auch gar nichts erreicht, denn er erklärte mir rundheraus, er sei ohne seinen großen Apparat, ohne seine Mitarbeiter und ohne sein großes Lager außerstande, an einem anderen Ort neu zu beginnen. Zudem würde er, so sagte er, mit den Russen leicht fertigwerden, denn er kenne deren Mentalität und beherrsche ihre Sprache, da er – was ich nicht wußte – im Ersten Weltkrieg als Fliegeroffizier über den russischen Linien abgeschossen worden war und russisch in der Gefangenschaft erlernt habe. Um dies vorwegzunehmen: es kam weit schlimmer, als er es sich vorgestellt hatte. Denn es waren gar nicht die Russen, sondern die Radikalinskis unter den von ihnen eingesetzten ostdeutschen Behörden, die ihm zu schaffen machten, den ganzen Betrieb kurzerhand zu einem ,volkseigenen' erklärten und ihn enteigneten. Ich traf ihn erst wieder im Nachkrieg auf einer der ersten Bücherauktionen, die im Haus von Dr. Karl in München stattfanden. Ich gewann den Eindruck, es müsse ihm doch im letzten Moment gelungen sein, wenigstens einige wertvolle Bücher nach dem Westen zu retten und in München verauktionieren zu lassen. Er mußte in Westdeutschland praktisch ohne Geld und ohne genügend Ware neu anfangen. Er erzählte mir, daß er anfänglich den Plan gehabt hätte, gemeinsam mit Dr. h.c. Eduard Trautscholdt von C. G. Boerner in Leipzig (der sich nach dem Westen abgesetzt hatte und – da unverständlicherweise bereits nach dem Westen verlagerte Lagerbestände wegen des Herannahens der amerikanischen Streitkräfte wieder nach Leipzig beordert worden waren – weder über Ware noch über Geld verfügte) eine Firma aufzumachen. Es sei aber weder ihm noch Dr. Trautscholdt gelungen, das zur Firmengründung notwendige Kapital von 20.000,– Mark aufzutreiben!

Doch zurück zur Teilung der Bücher. Natürlich mußte ich mehrmals nachgeben und Herrn Hiersemann zum Beispiel einen prachtvollen Sammelband mit über 100 altkolorierten Stadtansichten von F. B. Werner, im Verlag von Engelbrechts und Jeremias Wolf um 1730 erschienen, überlassen, was mir wehtat. Aber bei einem kleinen unscheinbaren Blatt, das allem Anschein nach aus den ersten Jahren des 16. Jahrhunderts stammen mußte, blieb ich hart und siegreich. Keiner von uns beiden, auch Dr. Olbrich nicht, hatte auch nur die geringste Ahnung, was es mit dem Zettel für eine Bewandtnis hatte. Rein instinktiv fühlte ich, daß er unter Umständen wertvoll sein könnte. Dies war tatsächlich auch der Fall. Er erwies sich als überaus wichtig. Ich hatte ihn, da mir jede Zeit fehlte selbst nachzuforschen, einem mir befreundeten gelehrten Bücherfreund zu treuen Händen mit der Bitte übergeben, sich damit zu beschäftigen und mir zu berichten. Durch eine tragische Verkettung von Umständen sah ich diesen Zettel leider niemals wieder.

Erhard Etzlaub (um 1460–1532) war Kompaßmacher, Astronom und Arzt. Er hatte bereits 1492 eine Umgebungskarte von Nürnberg im Durchmesser von 21,8 cm herausgegeben, von der zwei Exemplare (darunter eines in Wien) bekannt geworden sind. Um 1500 folgte die sogenannte ‚Romweg-Karte‘ in Holzschnitt, Format 29 x 41 cm, von der noch 6 Exemplare in verschiedenen Auflagen vorhanden sind. Die Karte stellt Mitteleuropa dar und reicht südlich bis Mittelitalien. Die wichtigsten Pilgerstraßen nach Rom sind punktiert eingetragen, wobei der Abstand zwischen zwei Punkten jeweils eine Meile beträgt. Mein Blatt war anscheinend der dazugehörige, bis dahin unbekannte Text!

Herr Hiersemann hat zu einem späteren Zeitpunkt auch noch die sogenannte ‚größere‘ Bibliothek des Grafen X. erwerben können. Ihr Umfang war derart, daß ich zu meinem Bedauern nicht mit ihm kaufen konnte, sondern sie ihm – abgefunden durch eine entsprechende Provision – überlassen mußte. Ich erwarb aber die schönen barocken Bücherschränke der sogenannten ‚kleinen‘ Bibliothek. Sie waren schon damals um einige dazu passende, nachgearbeitete Schränke ergänzt worden und stehen heute, als Zierde meines Geschäftes, Annagasse 18, erster Stock, im Hauptzimmer. Die Gestelle der ‚großen‘ Bibliothek auch zu erwerben wäre möglich gewesen, hätte ich damals nur irgendeine fachkundige Kraft gefunden. Sie waren auch alt, aber weit einfacher gearbeitet und derart übereinandergestellt, daß sie bis zur hohen Decke reichten. Also verzichtete ich schließlich darauf.

22. Die Bibliothek von Schloß Marchegg in Niederösterreich

Ich habe in meinem Leben als Antiquar drei oder vier komplette Exemplare (die genaue Anzahl kann ich mangels Unterlagen nicht mehr feststellen) des ‚Teuerdank' von 1517 besessen und einige inkomplette dazu. Das Buch ist ein nach den Worten Kaiser Maximilians I. von seinem Kaplan Melchior Pfinzing und seinem Schreiber Marx Treitzsauerwein aufgezeichnetes allegorisches Gedicht, das des Kaisers Brautfahrt (mit vielen Abenteuern) zu Maria von Burgund zum Inhalt hat. Es gilt, wohl zu Recht, als das schönste deutsche illustrierte Buch des 16. Jahrhunderts. Nimmt man es genau, so ist es ganz bewußt zu Ehren des Hauses Habsburg geschrieben. Eine größere Anzahl von Exemplaren ist auf Pergament gedruckt, alle aber – ich spreche hier von der allein begehrenswerten Erstausgabe, Augsburg 1517 – gelangten seinerzeit nicht in den Buchhandel, sondern wurden vom Kaiser an Auserlesene verschenkt. Der kaiserliche Auftraggeber förderte insbesondere den Augsburger Künstlerkreis und beauftragte zur Illustration seines ‚Teuerdank' die besten damals dort lebenden Künstler, nämlich Hans Schäufelein (um 1480/85–1538/40), Hans Burgkmair der Ältere (1473–1531) und Leonhard Beck (um 1475–1542). Sie leisteten in ihren Holzschnitten Außerordentliches. Vielfach wird übersehen, daß das Buch auch typographisch ein Juwel sondergleichen ist, denn zumindest die frühen Ausgaben wurden in einer eigens hiefür geschaffenen noblen Type gedruckt. Wobei auf vielen Seiten die Initialen in großen Schnörkeln auslaufen und man sich daher glücklich preisen muß, wenn diese – wie es leider oft der Fall gewesen ist – nicht dem Messer des Buchbinders zum Opfer gefallen sind. Offensichtlich lagerte das Buch nach dem Tod des Kaisers in losen Bogen, und die Obsorge um den Einband wurde, zumal in späteren Jahren, demjenigen überlassen, der in der glücklichen Lage war, diese Lagen in die Hände zu bekommen. Von den Exemplaren, die durch meine Hände gingen, waren zwei altkoloriert oder, besser gesagt, ‚illuminiert'. Das heißt, mit aller erdenklichen Vorsicht koloriert. Oftmals ist es so, daß ein zu stark aufgetragenes Kolorit die Schönheit der Holzschnitte verdeckt, daher meinen Kenner, man sollte einem unkolorierten Exemplar den Vorzug geben. Es gibt kein gekröntes Haupt in der europäischen Geschichte, das ein ähnlicher Bibliophile gewesen wäre, wie Kaiser Maximilian I. Die Schönheit fast aller Seiten seines ‚Teuerdank' ist überwältigend, es gibt kaum Vergleichbares.

Das Exemplar, dessen ich mich besonders gern entsinne, war jenes, das Fürst Palffy, damals bei weitem der eleganteste Mann Wiens, mir brachte. Er war ein Grandseigneur, wie er im Buche steht, bereits weißhaarig, als er in den letzten Jahren des Zweiten Weltkrieges eines Tages unvermutet bei der Türe von V. A. Heck hereinschritt. Er trug ein verschnürtes Paket und legte es mit aller Vorsicht auf den Ladentisch. „Ich habe hier ein kostbares Buch, das ich Ihnen gerne zeigen möchte", sprach er, indem er sorgsam die Schnüre der Verpackung löste. Er ließ sich hiebei nicht helfen, und ich erhielt den ‚Teuerdank' aus seinen gepflegten Händen. Ich weiß bis heute nicht, welchem Umstand ich die Ehre dieses Besuches verdankte. Möglicherweise war ihm unser Geschäft am Kärntner Ring beim sonntäglichen Korso aufgefallen. Der Korso, den es heute nicht mehr gibt, fand auf der gegenüberliegenden Straßenseite statt und reichte vom Stephansplatz zum ‚Neuen Hotel Bristol' (mit seiner berühmten ‚Sirkecke', so benannt nach einem vornehmen Ledergeschäft, das sich Ecke Kärntner Ring und Kärntner Straße befand) und dann

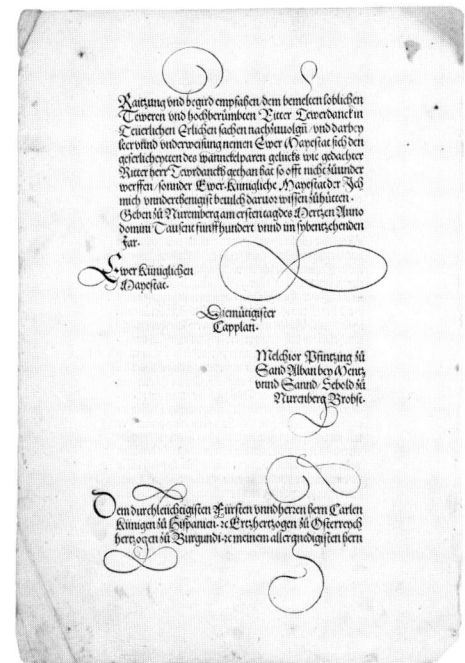

Die Seite a2 verso der ersten Ausgabe des Teuerdank 1517, vom Kaiser ausschließlich für Geschenkzwecke zum Ruhm des Hauses Habsburg bestimmt. Mit der Widmung des Dichters und Geheimschreibers Melchior Pfintzing (Nürnberg 1481–Mainz, als Probst von St. Viktor, 1535). Er war mit der Vollendung des vom Kaiser verfaßten Textes beauftragt. Man beachte die kunstvollen Schnörksel, die durch den Druck der Presse in den folgenden Ausgaben durch Wegbrechen beschädigt wurden und schließlich ganz fortbleiben mußten.

weiter, am ‚Grandhotel' entlang zum Schwarzenbergplatz und wieder zurück. Am beherrschenden Platz, nämlich an der zuvor genannten ‚Sirkecke', konnte man jeden Sonntag die elegante Erscheinung des Fürsten Palffy wahrnehmen, der es sich nicht entgehen ließ, mit Kennerblick die schönen Wienerinnen in Augenschein zu nehmen! Er war damals eine stadtbekannte Erscheinung.

„Sie werden sich vermutlich wundern, warum ich dieses Buch zu Ihnen bringe. Ich habe aber im Laufe meines Lebens unendlich viel an Besitz verloren und fürchte sehr die nunmehr heraufkommenden Zeiten. Deswegen habe ich beschlossen, dieses kostbare Buch zu Geld zu machen. Was können Sie mir dafür bezahlen, junger Mann?" Ich erbat mir ein paar Stunden Bedenkzeit, denn man kann kein altes Buch erwerben, ohne sich vorher von seiner absoluten Vollständigkeit überzeugt zu haben. Auch bereiteten mir einige Seiten mit verfärbtem Pergament Sorgen. Das machte ich ihm mit ein paar höflichen Worten klar und fand, Gottlob, Verständnis bei ihm. Er kam am Nachmittag nochmals vorbei, und es gelang mir, ihm einen Preis zu nennen, mit dem er einverstanden war.

Meine Hauptsorge war, ob es wohl gelingen würde, die Verfärbung des Pergaments einiger Seiten rückgängig zu machen. Damals war unsere Restauratorin Fräulein Poldi Meder, eine Nichte des berühmten, langjährigen Direktors der Albertina. Ihre ganze Jugendzeit hatte sie an seiner Seite verbracht und war eine hervorragende Kraft geworden, mit den sorgsamsten Händen der Welt. Nie durfte man sie drängen, sie brauchte ihre Zeit. Und niemals gab es mit ihrer Arbeit die geringste Enttäuschung. Sie war eine jener raren ‚Dienerinnen am Werk', mit der größten Hochachtung vor den großen Schöpfungen der graphischen Kunst.

Es gab, als sie – aus Altersgründen und verbittert über den Ausgang des Krieges – zu arbeiten aufhörte, in Wien einen Mann, der Papier zu restaurieren verstand, aber eher ein ausgezeichneter Buchbinder und Passepartouthersteller denn ein Restaurator war. Erst sein Sohn, der an seines Vaters Stelle trat, weitete sein Arbeitsgebiet aus, machte eine Reihe von Entdeckungen auf dem Gebiet der Papierrestaurierung, aber man erlebte mit ihm die dümmsten Überraschungen. Vor allem aber betrachtete er seine Auftraggeber aus dem Handel als Schwindler und glaubte niemals, daß die von ihm verlangte Arbeit selbstverständlich in der Beschreibung der restaurierten Objekte festgehalten werde. Zwei Beispiele mögen genügen: Einmal bat ich ihn, mir eine Seite des Vorwortes eines bekannten naturhistorischen Buches der italienischen Renaissance photographisch zu reproduzieren und einen Abzug auf altes, passendes Papier herzustellen. Als er kam, sah ich auf den ersten Blick, daß er gute Arbeit geleistet hatte. Das Blatt fügte sich wunderbar zu den übrigen Blättern des Buches. Aber dann, glücklicherweise, fiel mein Blick auf das Kolophon der Rückseite, das der Drucker kunstvoll in eine umgekehrte Pyramide hatte auslaufen lassen. Und was erblickte ich links und rechts am Ende? Zwei befremdliche Initialen, die dort gar nichts zu suchen hatten. „Und was soll das, ich bitte Sie?" fragte ich ihn, etwas aufgebracht. „Das sind meine Initialen, die ich angebracht habe, auf daß mit dem Blatt kein Mißbrauch getrieben und es als echt ausgegeben werde!" Viel hätte nicht gefehlt, und ich hätte ihm das Buch samt seinem Monogramm an den Kopf geworfen, so wütend war ich! Ich betrachtete es noch als ein Glück, daß ich rechtzeitig daraufgekommen war, denn ich hätte mich, einem späteren Käufer des Buches gegenüber, sonst unsterblich blamiert. „Hinweg, mit Ihnen", donnerte ich ihn an. „Verschwinden Sie mit dem Buch und bringen Sie es mir erst dann wieder, wenn diese zwei Initialen verschwunden sind. Es geht doch wirklich zu weit, wenn Sie meinen, daß ich mich der selbstverständlichen Pflicht entheben würde, einen Käufer auf dieses faksimilierte Blatt aufmerksam zu machen!"

Ein anderes Mal jedoch geschah wirklich Schlimmes und leider – infolge Zeitmangels – Irreparables. Ich war so glücklich gewesen, von der Tochter meines Kollegen Olschki in Florenz ein Exemplar der ersten Ausgabe von Jacob Hoefnagels (1542–1600) großem Vogelschau-Stadtplan der Stadt Wien des Jahres 1609 angeboten bekommen zu haben. Es hieß im Begleitbrief, daß sie das Exemplar auf dem Dachboden eines Florentiner Hauses entdeckt hätte. Leider sei der Erhaltungszustand nicht besonders gut und es gäbe sogar eine Fehlstelle. Sei ich interessiert? Ich stürzte zum Telephon und kaufte den Stadtplan blind, denn ich wußte, daß von dieser ersten Ausgabe, seinerzeit in einer für den Wiener Magistrat hergestellten Auflage von 1500 Exemplaren lediglich ein einziges Exemplar, noch dazu in einer ausländischen Bibliothek, überlebt hatte! Derartig großformatige Blätter sind – da man sie niemals in einer Mappe oder in einem Schrank aufheben konnte – an Ort und Stelle, also an den Wänden zugrundegegangen. Als das Exemplar aus Florenz ankam, konnte man es nur mit allergrößter Vorsicht zur Hand nehmen, denn das Papier war brüchig geworden. Als es vom Restaurator kam, war es diesem in einem langwierigen Prozeß geglückt, das Papier wieder geschmeidig zu machen. „Aber," rief ich entsetzt, „was soll diese Stelle?" Dort nämlich, wo ein größeres Loch im Papier gewesen war, hatte er zwar ein Stück alten Papiers eingesetzt, aber nicht, wie ich dies für selbstverständlich angenommen hatte, den fehlenden Teil der Darstellung faksimiliert, sondern durch eine auffällig schlechte Handzeichnung ersetzt. Und zwar so, daß man auf den ersten Blick jene Fehlstelle bemerken mußte. Ich war sprachlos. „Was soll das?" fragte ich wutschnaubend. „Ja, mit dieser musealen Restaurierung habe ich jeglichem späteren Mißbrauch Einhalt geboten", war die unglaubliche Antwort. Da ich am Nachmittag dieses Tages die Eröffnung meiner Weihnachtsausstellung hatte, war es ganz einfach zu spät. Ich konnte aus Zeitmangel nichts machen, außer, seine geschmalzene Rechnung zu bezahlen!

Der Hoefnagel-Blick über Wien hängt heute in einem Festraum des Hotels Sacher in Wien. Ich hatte für selbstverständlich angenommen, daß das Historische Museum der Stadt Wien interessiert sein würde, denn es war die einmalige Chance, eine große topographische Kostbarkeit zu erwerben. Anwesend bei der Eröffnung meiner Ausstellung war Rechtsanwalt Dr. Gürtler senior, Chef des Hotels Sacher, und er erklärte, Käufer zu sein. Ich ging also mit ihm zum damaligen Direktor des Museums der Stadt Wien, um diesen um eine Entscheidung zu bitten. Es gab einen Wortwechsel unfreundlicher Art, denn offensichtlich glaubte der Direktor mir den seiner Meinung nach (um Druck auf ihn auszuüben) ‚vorgeschobenen' Kunden nicht – und verzichtete knurrend. Was ich achselzuckend zur Kenntnis nahm. Dr. Gürtler hingegen – damals einer unserer großen Kunden, da es ihm einige Jahre hindurch möglich war, Kunstgegenstände für sein Hotel Sacher anzukaufen und steuerlich abzuschreiben – ging als unerwarteter Sieger von dannen.

Um aber auf den ‚Teuerdank' zurückzukommen: es ist Fräulein Poldi Meder tatsächlich gelungen, diese schwierige Pergament-Restaurierung so durchzuführen, daß man den von ihr behandelten Blättern des herrlichen Buches kaum mehr ansah, daß sie einmal gelitten hatten. Wir verkauften damals das Exemplar nicht, sondern sandten es, wohlverpackt in einer der 14 Kisten, mit denen ich – aus Luftschutzgründen – das Wertvollste aus unserem Lager immer an verschiedene Bergungsorte in Oberösterreich oder

Jacob Hoefnagel (Antwerpen 1575 – Holland um 1630) und Johann Nicolaus Visscher. Ausschnitt aus der Vogelschau von Wien vom Norden her. Radierung in 6 Blättern, 80 : 159,5 cm, 1609. Nur in zwei Exemplaren auf uns gekommen, kein Exemplar in Wiener öffentlichen Bibliotheken. Auch von der zweiten Auflage, 1640, kennt man nur einige wenige Exemplare. Alle wichtigen Gebäude sind klar erkennbar, die Brücke über den Donauarm (heute „Donaukanal" genannt) ist eine Holzbrücke. Man erkennt auch die hervorragenden Stadtbefestigungen, die zweimal den Türken erfolgreich Widerstand leisteten.

im Land Salzburg verschickte, fort. Ich füge hier an, daß ein gütiges Geschick verhinderte, daß auch nur ein Kratzer an einer unserer Kisten entstand! Dahingegen, auch dies sei festgehalten, regte sich der damals in Frankreich als Soldat dienstmachende Prokurist der Firma über meine, wie ich überzeugt war, selbstverständliche Vorsichtsmaßnahme auf. Man könne, so schrieb er tatsächlich in einem wütenden Brief, auch dadurch zugrundegehen, daß man zuviel berge! Das hatte natürlich mit seinem unerschütterlichen Glauben an den deutschen Endsieg zu tun!

Mit Fürst Palffy blieb ich in bestem Einvernehmen. Er kam bald nach dem ‚Teuerdank'-Ankauf wieder zu mir, und diesmal bat er mich, doch nach seinem Schloß Marchegg in Niederösterreich zu fahren, um dort einmal die Bibliothek durchzusehen. Er wolle, so sagte er mir, für die Zeit des sich nun abzeichnenden Kriegsendes gewappnet sein und habe die Absicht, aus dem Erlös schwer beweglicher alter Bücher Juwelen zu erstehen.

Schloß Marchegg liegt nahe der ungarischen Grenze und war ein beneidenswert schöner Besitz. Es entzieht sich meiner Kenntnis, wie es die russische Besatzungszeit überstand. In meiner Dienststelle im Wehrkreiskommando XVII hatten wir einen Hauptmann, der in Hietzing wohnte und den ich gelegentlich schon vorher bei Zusammenkünften des Oskar Laske-Kreises getroffen hatte. Nach Ausbruch des Krieges mit Rußland faselte er davon, daß er zum Direktor des größten Hüttenkombinats der Sowjetunion, Magnitogorsk (im Süd-Ural) auserlesen sei! Er erzählte, er habe in seiner Jugend die Aufgabe gehabt, den Katalog der Bibliothek Marchegg zu erarbeiten, und diese Arbeit habe er so lange als möglich ausgedehnt, weil er unsterblich in die Hausfrau verliebt gewesen sei, die das eine oder andere Mal in den in einem kleinen Nebengebäude untergebrachten Bibliotheksraum gekommen sei! Es war aber auch leicht möglich, sich in diesen wunderschön gestalteten Raum zu verlieben. Die alten Bände standen geordnet in gut gearbeiteten Regalen, die vom Boden bis zur Decke reichten. Als Mobiliar, das einfach aber behaglich ausgewählt war, gab es prachtvoll bequeme, mit weißgegerbtem Hirschleder überzogene Fauteuils und Sofas, die geschickt zu einer Sitzecke arrangiert waren. An der Wand gab es ein gut gemaltes Ahnenporträt. Als Beleuchtung schöne Kristalleuchter, wie man sie heute noch bei der Firma Lobmeyr in Wien bestellen kann. Kurzum, es war tatsächlich ein Raum der Behaglichkeit und zum Träumen. Einige in der Bibliothek verteilte Stehlampen mit großen grünen Schirmen sorgten für gutes Licht zum Lesen.

Wenn immer ich das Glück habe, in eine schöne alte Bibliothek eingeladen zu werden, ist mein Sinnen und Trachten, Rücksicht auf das Interieur zu nehmen und ja nicht die Einheit durch rüdes Herausnehmen großer Reihen zu stören. Finden sich doch immer einige wenige Bücher, die wertvoll und interessant sind und den wahren Wert der Bibliothek darstellen. Hier waren es zunächst eine oder zwei Reihen von primitiv gehefteten annotierten kleinen Textbüchern von Theateraufführungen vom Beginn des 19. Jahrhunderts. Einige Hundert meiner Erinnerung nach. Sie standen, da sie dem Äußeren nach unscheinbar waren, hinter gebundenen Büchern. Damals dämmerte mir nicht gleich, was sie darstellten: die Handbibliothek jenes Mannes, der lange Zeit hindurch Theaterdirektor des Hoftheaters in Wien war: Ferdinand Graf Palffy (1774–1840). Er war ursprünglich Montanist, pachtete aber 1807 die beiden Hoftheater und erwarb das ‚Theater an der Wien'. Seit 1810 hatte er die Gesamtleitung der Hoftheater über, deren alleiniger Pächter er 1812–17 war. Der Kaiser entzog ihm die Pacht, weil Graf Palffy mit großen finanziellen Schwierigkeiten zu kämpfen hatte. Durch seine Verpflichtung von Joseph

Schreyvogel (1768–1832, der 1794–97 Mitarbeiter an Schillers ‚Thalia‘ und Wielands ‚Merkur‘ war) als Hoftheatersekretär legte er den Grundstein für einen der bedeutendsten Abschnitte des Burgtheaters. Später widmete er sich ausschließlich dem ‚Theater an der Wien‘, führte dort Ballette, später Spektakelstücke auf, bis er, total verschuldet, 1825 das Theater schließen mußte, das ein Jahr später versteigert wurde. Er lebte eine Zeitlang auf seinem Preßburger Besitz und kehrte erst 1830 wieder nach Wien zurück. Ich vermittelte diesen Schatz an die Theatersammlung der Österreichischen Nationalbibliothek, die sofort zugriff. Es war mir gelungen für Bücher, die dem Fürsten ohne Wert zu sein schienen, ihm einen respektablen Preis zu verschaffen.

Alle Adelsbibliotheken, die ich berufsbedingt besichtigte, haben ein gemeinsames Merkmal: Sie tragen deutlich die Handschrift dessen, der einmal in der betreffenden Familie ein Bibliophiler gewesen ist und Bücher nach seinem Geschmack gesammelt hat. Die nachfolgenden Generationen haben in beinahe allen Fällen kein wie immer geartetes Interesse an dem, was ihr Vorfahre erworben hat. Etwas boshaft pflege ich zu sagen: Nach dem Tode des Büchersammlers wird allerhöchstens das ‚Salonblatt‘ in vielen Jahrgängen (eine seinerzeit wöchentlich erscheinende Zeitschrift mit gesellschaftlichen Nachrichten) oder höchst triviale Tagesliteratur ins Regal gestellt.

Ich will an einem Beispiel aufzeigen, was in den damaligen unruhigen Zeiten alles aus Unverstand zugrunde ging. In der unmittelbaren Zeit nach Beendigung des Zweiten Weltkrieges hatte ich des öfteren den Besuch eines liebenswürdigen Grafen Erdödy, dessen riesiger Besitz in der Umgebung von Bad Pistyan (radiumhaltige Heilquelle in der benachbarten Slowakei) ihm verlustig gegangen war. Er erzählte mir, wie er im letzten Moment vor dem Herannahen der russischen Armee Gelegenheit gehabt hatte, einen Frachtwaggon der Bahn mit seinen Büchern zu beladen. Er ließ ihn vollräumen und mußte dann erleben, daß er in Bruck an der Leitha auf einem Abstellgleis stehen blieb und geplündert wurde. Wobei die törichten Plünderer den mißglückten Versuch unternahmen, den kostbaren Maroquin- und Glanzledereinbänden das Leder abzuziehen, um Material zum Reparieren von Schuhen etc. zu gewinnen! An sich ein Unsinn, ist doch das für Einbände verwendete Leder viel zu dünn, um solchen Zwecken zu dienen. Wie es denn auch gewesen sein mag, der Inhalt dieses Waggons lag zerfetzt und zerrissen auf dem Geleise! Nicht ein einziges Buch konnte der Graf retten! Es ging ihm in unseren Gesprächen darum, welchen Schaden er anmelden solle. Meine Frage nach einem Katalog der Bibliothek verlief negativ. Er selbst vermochte mir nicht einen einzigen Titel zu nennen! Da ich aber vom Grafen Erdödy erfuhr, daß einmal, vor Jahren, Anton Hiersemann aus Leipzig die Bibliothek besichtigt hatte, setzte ich mich mit diesem (der damals bereits in München lebte) in Verbindung. Ich erfuhr zwar einige Titel, an die er sich erinnerte, aber das reichte nicht für das erbetene Gutachten. Verbittert konnte ich nur eines sagen: hätte man mich doch gegen Ende des Krieges, da ich in der Küche der Belziger Funkstelle Kartoffeln zu schälen hatte, in gefährdete Gebiete geschickt! Bereits nach wenigen Stunden ist ein geschulter Antiquar imstande, jene zehn bis zwanzig Bücher zu nennen, die den Hauptwert einer Bibliothek ausmachen! Meines Erachtens hatte Graf Erdödy damals einfach, seinem Auge folgend, eingepackt, was schön gebunden war. Somit ist mit Sicherheit Kostbares sinnlos verloren gegangen!

Fürst Palffy muß noch im letzten Kriegsjahr gestorben sein. Sein schönes Palais am Josephsplatz, vis à vis der Österreichischen Nationalbibliothek, ist erhalten und wird heute für Vorträge und Tagungen genutzt.

23. Das fatale Gedicht auf Adolf Hitler

Dr. Felix Grafe (1888 – 18. XII. 1942), Photographie wohl noch aus der Zeit vor dem Ersten Weltkrieg

Am 18. Dezember 1942 klebten, wie schon so oft, besonders in der Nähe des Landesgerichtes für Strafsachen in Wien VIII., genannt das ‚Graue Haus‘, die ominösen roten, plakatartigen Zettel, die in nüchternen Worten die Hinrichtung einer Anzahl von Personen bekannt gaben. Darunter war diesmal ein guter Bekannter von mir, einer der gütigsten Menschen, die es gegeben hatte, Dr. Felix Grafe (1888–1942).

Ich empfand schon lange zuvor großes Erbarmen mit diesem außergewöhnlichen Mann, wenn er sich, nun gezeichnet mit dem Judenstern, scheu und ängstlich zu V. A. Heck schlich, um etwas anzubieten. Er verfügte über die seltene Begabung, interessante Dinge aufzutreiben. Seit wir uns im Jahre 1935 kennengelernt hatten, waren wir einander auch menschlich sehr nahe gekommen und hatten außerordentlich gut miteinander gearbeitet. Im Herbst 1941 hatte ich ihn schon längere Zeit hindurch nicht mehr gesehen, aber endlich erfahren, daß er inhaftiert sei und im Wiener Landesgericht auf seinen Prozeß warte. Der Grund, weshalb ich ihn dort aufsuchen mußte, war, daß ich ihm kurz vor seiner Verhaftung am 25. VII. 1941 bei V. A. Heck auf seine Bitte hin ein riesiges handgeschriebenes Graduale aus dem 15. Jahrhundert anvertraut hatte, das zu verkaufen uns nicht gelingen wollte. Der Besitzer verlangte es nun zurück. Da auch die Frau von Felix Grafe verhaftet worden war – man ließ sie allerdings nach vielen Monaten wieder frei – blieb mir nichts anderes übrig, als beim Gericht die Möglichkeit zu erbitten, die nun versiegelte Wohnung aufsuchen zu dürfen. Ich wollte dort nach unserem Graduale fahnden. Unerwarteterweise erteilte man mir hiezu die Erlaubnis. Es war mir gar nicht besonders wohl zumute, denn ich befürchtete mit einigem Recht unangenehmen Fragen nach unserer Geschäftsverbindung mit Felix Grafe. Bekanntlich war Juden damals jede geschäftliche Tätigkeit untersagt. Ich hatte mir zurechtgelegt, mich darauf ausreden zu können, daß Dr. Grafe noch immer Konsulent der Bücherabteilung des Dorotheums geblieben war, da seine Fachkenntnisse außerordentliche waren. Mein Glück wollte, daß diese Fragen ausblieben.

Ich betrat also unter Polizeiaufsicht die mir so gut bekannte Wohnung im ersten Stock eines kleinen Biedermeier-Hauses im 8. Bezirk. Sie hatte immer schon – angeräumt mit vielen Büchern – einen eher unordentlichen Eindruck gemacht. Nun aber, mit überall verstreuten Schriftstücken, geöffneten Schreibtischladen, aufgebrochenen Kästen, boten die kleinen Räume einen schlimmen Anblick! Achselzuckend mußte ich meine Suche nach einer halben Stunde einstellen. Das Manuskript war so groß, daß es mir unbedingt in die Hände hätte fallen müssen. Ich mußte also um ein Gespräch mit Dr. Grafe im Landesgericht ansuchen. Auch dieses wurde bewilligt. Ich ging in Uniform hin, um mich durch meine Zugehörigkeit zur Wehrmacht vor Zugriffen der geheimen Staatspolizei zu schützen, da sie nicht berechtigt war, gegen Militärangehörige vorzugehen. Vorsichtshalber hatte ich aber meiner Dienststelle von diesem Gang Meldung gemacht und saß nun eines Nachmittags im schlecht beleuchteten Besuchszimmer des ‚Grauen Hauses‘ vor der Unterteilung des Zimmers, einem feinmaschigen Gitter. Das Herz stockte mir, als ich im Hintergrund der anderen Raumhälfte eine Bewegung wahrnahm und Dr. Felix Grafe im schlecht passenden Sträflingsgewand vor mir auftauchte, rechts und links von je einem Aufseher begleitet. Seine in den letzten Jahren immer stärker gewordene Schwerhörigkeit konnte man nun fast

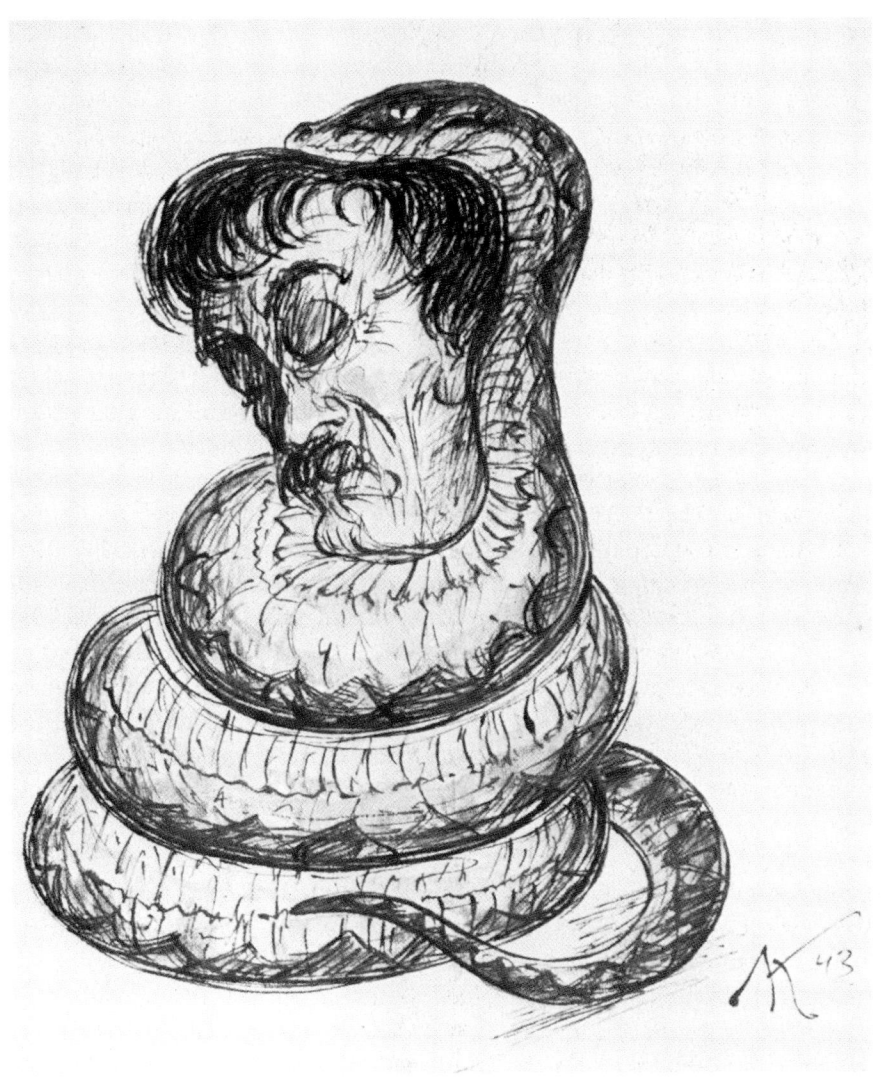

von seinen krankhaft vergrößerten Pupillen ablesen. Unsere Unterhaltung war – weisungsgemäß – kurz: „Herr Grafe", sagte ich zu ihm, „Sie müssen entschuldigen, aber wir waren außerstande unser Graduale zu finden. Wo, bitte, ist es? Haben Sie es verkauft, oder?" Nein, er wußte nicht genau, ob jener Kunde, dem er es – allerdings ohne uns zu fragen – nach Berlin zur Ansicht geschickt hatte, es behalten würde oder nicht. Er nannte mir dessen Namen. Es war ein auch uns bekannter Musikhistoriker, der es nicht für notwendig befunden hatte, auch nur den Versuch zu unternehmen, das Manuskript zurückzuschicken! Erst auf meine Reklamation hin erhielt ich es später. Schon im Begriff, abgeführt zu werden, rief Herr Grafe mir zu: „Haben Sie Nachricht von meinem Sohn? Wie geht es ihm?" Ich konnte ihm nur mit einem Nicken des Kopfes zu verstehen geben, daß es dem etwa zehnjährigen Buben einigermaßen gut ginge. Dann verschwand er langsam und – wie mir schien – nur mit Mühe gehend, im Hintergrund.

Nun war also wieder einmal mit dumpfem Gepolter das Fallbeil im Landesgericht gefallen, ein Geräusch, das von den übrigen Gefangenen des Hauses stets mit Klagelauten beantwortet wurde, weil man genau wußte, was geschah. Und dieser Mann hatte sein Leben für eine unverzeihliche Dummheit hingeben müssen. Seit er sich – vielleicht dem Drängen seiner zweiten Frau (die er 1927 geheiratet hatte) nachgebend – dazu bereitgefunden hatte, seinem

Schwager Franz Tastel, Cafetier in Klosterneuburg (der dort insgeheim eine kommunistische Widerstandszelle geleitet hatte) ein gegen Hitler gerichtetes Gedicht zur Verfügung zu stellen, war sein Schicksal besiegelt. Man hatte einen Verräter in jenen Klosterneuburger Kreis eingeschleust gehabt und alle Mitverschworenen hochgehen lassen. Das Gedicht, das Felix Grafe geschrieben hatte, war von derart hohem literarischen Rang, daß es der untersuchenden Gestapo sofort klar war, daß nicht der Cafetier – ein eher primitiver, halbgebildeter Mann – sondern ein anderer der Autor sein mußte. Unter Druck gab er schließlich den Namen seines Schwagers, Dr. Felix Grafe, preis. Bis zu diesem Zeitpunkt hatte dieser noch als ‚geduldet' sein kleines Leben leben können. Vor der allgemeinen Verschickung hatte ihn die Tatsache bewahrt, daß er mit einer Arierin verheiratet war und mit dieser ein Kind hatte. Seine zweite Frau stammte aus Siebenbürgen, Rumänien, und war jünger als ihr Mann, der sie auf Händen trug. Sie waren ein merkwürdiges Paar. Er ein grundgescheiter, belesener Gelehrter, dessen Gedichte, auf die ich noch zurückkommen werde, bereits um 1910 Aufsehen erregt hatten. Sie eine warmherzige, fröhliche, munter in den Tag hineinlebende junge Frau. Jung vor allem im Vergleich zu ihm, der – als ich ihn kennenlernte – weit über sein tatsächliches Alter hinaus gealtert schien. Sie zwitscherte fröhlich einher, brachte wohl mit ihrer stets guten Stimmung viel Sonnenschein in das Leben ihres Mannes, den man als einen Sonderling, einen echten Bücherwurm vor allem, ansehen mußte. Sie hätte niemals dulden dürfen, daß er sich derart exponierte! Auch aus heutiger Sicht fällt es schwer, seine Handlungsweise gutzuheißen. Ausgerichtet hätte er, dazu wäre er wohl fähig gewesen, vielleicht etwas mit einem beißenden, ironischen Vierzeiler auf Hitler, den auch der ‚kleine Mann' verstanden und vor allem weiterverbreitet hätte. Welche Propagandawirkung konnte er sich jemals für ein Gedicht im Geschmack der ‚happy few' erwarten? Und somit scheint sein schrecklicher Tod doppelt tragisch.

Dr. Felix Grafe, in der allgemeinen Bodenkreditanstalt, Wien, tätig, hatte 1915 in Wien Frau Marianne Weil geheiratet. Sie sei mit Alfred Kubin befreundet gewesen, ich habe sie aber nie kennengelernt. Mit ihren beiden Söhnen stand ich allerdings in guter Beziehung. Vor allem mit dem Älteren, der damals mit einem philologischen Studium begonnen hatte. Er kam des öfteren zu V. A. Heck, war – kaum 20 Jahre alt – ernst und hochgebildet, geistig – nicht dem Aussehen nach – ein Abbild seines begabten Vaters. Diese drei sind, soweit mir bekannt wurde, rechtzeitig nach England geflüchtet. Dort hätte auch Dr. Felix Grafe sicherlich sehr bald seine großen Kenntnisse anwenden können. Es entzieht sich meiner Kenntnis, was ihn damals daran gehindert hat, es seiner ersten Frau gleichzutun. Fühlte er sich, der zur Zeit seines Todes 53 Jahre alt war, bereits zu verbraucht und zu müde? Es könnte sein, daß er – wie alle Schwerhörigen – sich davor fürchtete, eine fremde Sprache sprechen zu müssen. Das literarische Englisch beherrschte er hervorragend, das ‚colloquial English' war wohl niemals sein Fall gewesen. Wollte seine zweite Frau mit ihm nicht ins Ungewisse ziehen, die scheinbare Sicherheit ihres sehr eingeschränkten Lebens vorziehend? Ich weiß nicht, wer Dr. Felix Grafes Eltern gewesen sind, glaube aber, daß er aus einem wohlhabenden bürgerlichen Haus kam und – wie so viele andere Menschen – in der Inflation der Jahre nach dem Ersten Weltkrieg sein Geld verloren hatte. Seit 1908 hatte er in München gelebt und war bis 1914 in der Dresdner Bank tätig. Er hatte sehr rasch Kontakt zu literarischen Kreisen gefunden, war bekannt mit Frank Wedekind, Heinrich Mann, Alfred Kubin und anderen. Es spricht für die Qualität seiner Dichtung, daß Karl Kraus, der in den frühen

Jahrgängen seine Zeitschrift ‚Die Fackel' (für die er in späteren Jahren allein schrieb) begabten Menschen öffnete und deren Arbeiten abdruckte, ihn in den Jahren 1908 bis 1910 zum Mitarbeiter gewann.

Grafes erste Gedichte erschienen 1910 in Buchform im Hyperionverlag Hans von Webers. Sein letzter Gedichtband ‚Ruit hora' (Die Stunde hat geschlagen) erschien 1916. Darüber hinaus betätigte er sich als Übersetzer. Er übersetzte unter anderem: Gabriele d'Annunzio; Percy Bysshe Shelley, der Freund Byrons; Algernon Charles Swinburne und Oscar Wilde. Erst in allerletzter Zeit fand seine schriftstellerische Tätigkeit eine Würdigung in Jürgen Serkes ausgezeichnetem Buch ‚Böhmische Dörfer', München 1987, in dem noch von vielen anderen, heute fast vergessenen literarischen Talenten des alten Österreich die Rede ist. Die überaus große Bescheidenheit, die Dr. Felix Grafe zu eigen war, hatte ihn daran gehindert, mir jemals von seiner reichen literarischen Tätigkeit zu erzählen. Ich verdanke ihm viel, da er mir zur Zeit meiner ersten Tätigkeit bei V. A. Heck wohlwollend gegenüberstand. Unsere Beziehungen datierten von meiner Übernahme der Geschäftsführung im Frühjahr 1935 her. Schon in meinem ersten Katalog Nr. 60 verzeichneten wir unter den Nummern 220, 223 und 224 drei außerordentlich seltene Uniformbücher, die wir mit viel Freude von ihm erwerben konnten. Er verfügte sein Leben lang über ausgezeichnete Verbindungen, besaß nicht nur ein großes Wissen, sondern hatte auch einen ausgezeichneten Geschmack. Er wurde zum wichtigsten unserer damaligen Lieferanten, die er alle an Tüchtigkeit übertraf. Es war immer vergnüglich und instruktiv, sich mit ihm zu unterhalten, zumal er, bei betonter Bescheidenheit im Auftreten, ein Herr war, dessen untadelige Manieren man anerkennen mußte. Bei Abwicklung von Geschäften blieb er stets liebenswürdig und entgegenkommend. Wenn ich etwas bedaure, ist es der Umstand, daß er in den letzten Jahren seines Lebens nicht genügend Vertrauen zu mir hatte. Wäre er offener gewesen, hätte ich ihn unschwer vor einigen Fehlern bewahren und ihm freundschaftlich helfen können, so gut dies damals überhaupt möglich war. Er aber, der niemals viel geredet hat, verkroch sich immer mehr innerhalb seiner vier Wände, wurde immer verschlossener und mißtrauischer, wofür ich an sich alles Verständnis gehabt hätte. Mein Besuch bei ihm im Landesgericht gehört zu meinen traurigsten Erinnerungen, vor allem wegen der absoluten Hilflosigkeit, in der man sich in dieser gnadenlosen Zeit befand. Man gestattete, daß er vor seiner Hinrichtung noch zwei Abschiedsbriefe, an seine erste und an seine zweite Frau, schreiben konnte. Sein Brief an letztere schloß mit den Worten:

„Ob Schierling oder Enthauptung, / Es bleibt die gleiche Handlung. / Doch was sie Strafe glauben / Ist heilige Verwandlung."

24. „Teuerdank! Welche Ausgabe?"

Gegen Ende meiner Tätigkeit im Wehrkreiskommando XVII geschah mir eines Nachts etwas Absonderliches. Gerade, als ich den Korridor des dritten Stockes – vorbei an der Wohnung des kommandierenden Generals – mit einem Arm voller Depeschen durcheilte, ‚baute' sich plötzlich ein Obergefreiter vor mir auf, schlug die Hacken zusammen, daß es weithin knallte und hob den Arm zum ‚Deutschen Gruß'. Ich wußte nicht, wie mir geschah und drehte mich rasch um, weil ich dachte, der General des Wehrkreises sei mir

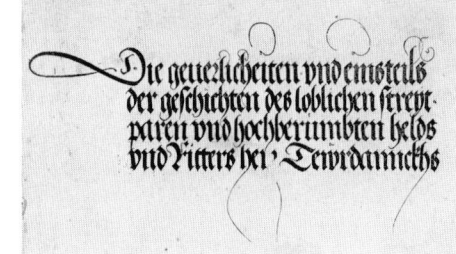

Der Text des Titelblattes der ersten Ausgabe 1517: „Die geuerlicheiten und einsteils der geschichten des loblichen streytparen vnd hochberümbten helds vnd Ritters her Tewrdannckhs"

Blatt Nr. 26: Teuerdank auf einer Treppe vor einem großen Gebäude mit Turm

Blatt Nr. 32: Teuerdank auf einem großen Segel-schiff, nahe dem Ufer

auf leisen Sohlen nachgekommen. Doch nein! Der Gruß galt mir! Es war die einzige derartige Ehrenbezeugung, die mir in meinem ganzen Leben geleistet worden ist! Jetzt erst sah ich mir den Salutierenden genauer an, und alles wurde mir klar. Einige Wochen zuvor war in meiner Abwesenheit ein junger Soldat zu V. A. Heck gekommen. Er hatte zwei kleine Bilder und ein altes Buch mitgebracht. Ob wir wohl an einem Ankauf interessiert wären? Man bat ihn, die Sachen dazulassen, da ich erst nach dem Dienst vorbeikommen könnte. Die beiden Bilder erwiesen sich auf den ersten Blick als wertlos. Aber als ich das Buch aufschlug, erblickte ich – auf den Innendeckel geklebt – das Exlibris der Grafen Wilczek mit einer Ansicht der Burg Kreuzenstein. Das Buch mußte also von dort stammen. Da ich die Familie gut kannte, rief ich an und bat, im Katalog nachzusehen, ob dieses Exemplar vielleicht einmal aus-geschieden worden sei. „Nein", hieß es. Daraufhin ließ ich mich mit dem damaligen Oberhaupt der Familie verbinden, um ihm zu berichten und zu erfahren, was er zu tun gedenke. Er war derart empört, daß er sofort die Polizei verständigen wollte. Ich aber bat ihn um etwas Geduld, rief die Standortkommandantur an und ließ mich mit dem diensthabenden Offizier verbinden: „Herr Major", sagte ich, nachdem ich mich vorgestellt hatte, „da hat ein Soldat ein altes Buch bei uns vorgezeigt." Sofort wurde ich unter-brochen: „Altes Buch? Welches denn?" „Ein Holzschnittbuch aus dem 16. Jahrhundert." Wieder wurde ich unterbrochen, diesmal noch unwilliger. „Holzschnittbücher gibt es zehntausende. Wie lautet denn der Titel? Reden Sie schon!" „Teuerdank". Ich kam gar nicht zum Weiterreden, als der Major in das Telephon hineinbellte: „Teuerdank? Welche Ausgabe?" Mein Respekt vor der Wehrmacht stieg ins Unermeßliche. Da gab es also wirklich einen Standortkommandanten, der sich mit alten Büchern auskannte! Ich erklärte ihm, daß es sich um ein Exemplar einer Ausgabe um 1600 handle, also bereits mit ausgedruckten Holzschnitten und nicht mehr in der prachtvollen, für die Erstausgabe von 1517 eigens geschaffenen wunderschönen Type gedruckt. „Hörn' Se' uff, Mensch", bellte es zurück, „is mir doch alles bekannt. Dem Mann das Soldbuch abnehmen, uns anrufen! Eine Streife kommt augen-blicklich und holt ihn ab! Verstanden? Schluß!" Damit war das Gespräch, Gottlob, beendet, denn der Major hatte total darauf vergessen, meinen Namen und meine Adresse festzuhalten. Ein paar Tage später kam der Obergefreite zu V. A. Heck. Ich bat ihn in mein Chef-Zimmer und ließ ihn Platz nehmen. „Also, bitte. Erst einmal zeig' mir Dein Soldbuch" (ich behielt es in der Hand). „Erzähl mir, wie dieses Buch in Deine Hände kam." Darauf begann die altbekannte Geschichte vom Erbstück, von der alten Tante, etc. Doch ich unterbrach ihn sofort und sagte: „Weißt Du, von allen dummen Menschen, die mir in meinem Leben begegnet sind, bist Du doch der allerdümmste, und für wie blöd hältst Du mich eigentlich? Dieses Buch gehört dem Grafen Wilczek und ich habe Dich nun der Wehrmachtsstreife zu übergeben:" „Um Gottes willen!" rief der Obergefreite, blaß werdend. „Nur das nicht! Die stellen mich doch glatt vor ein Kriegsgericht, schicken mich zu einer Straf-kompanie oder erschießen mich! Wir sind neben der Burg Kreuzenstein ein-quartiert. Bei einem Besuch der Burg sprach der Burg-Führer von den dort vorhandenen Millionenwerten, und da bin ich der Versuchung erlegen und habe durch die auf die Bibliotheksflächen genagelten Gitter gegriffen." „Hör' auf!" sagte ich, „ich werde etwas versuchen!" und rief beim Grafen Wilczek an. Ich hätte den Täter jetzt vor mir sitzen, erklärte ich diesem, brächte es aber nicht über mich, ihn der Streife zu übergeben. Mein Vorschlag wäre, daß er, Graf Wilczek, dem Mann die Leviten lese. Alles Übrige überließe ich ihm.

Zuständig sei aber das Militär, nicht die Polizei. Und so geschah es auch. Ich gab die beiden Bilder und den ‚Teuerdank‘ im Stadtbüro des Grafen Wilczek ab und dachte weiter nicht mehr daran. Der Obergefreite, der mir im Gang salutierte, war nun kein anderer als jener Dieb. Einige Zeit später sprach er mich (er war ein primitiver Bauernsohn aus Schlesien) im Speisesaal des Wehrkreiskommandos XVII an. Er sei jetzt an die Front versetzt worden und marschiere am nächsten Tag ab. Noch einmal aber möchte er mir für die ihm zuteil gewordene menschliche Behandlung danken!

Man sollte glauben, daß damit die Geschichte mit dem ‚Teuerdank‘ zu Ende sei. Keineswegs! Vor ungefähr 20 Jahren bat mich ein bei einer hiesigen Dienststelle der USA tätig gewesener Amerikaner, ich möge doch auf eine Tasse Tee zu ihm kommen und mir seine Bücher durchsehen, er kehre nun in die Staaten zurück. Vielleicht, daß ich irgend etwas fände, das wertvoll sei. Ich sah mir die Bücher in den Stellagen durch. Es war keine Ware für mich, aber plötzlich stutzte ich, denn ich hatte jenen ‚Teuerdank‘ in der Hand! „Jetzt müssen Sie aber so freundlich sein, mir zu sagen, wie Sie zu diesem Exemplar gekommen sind! Danach erzähle ich Ihnen etwas darüber!" sagte ich.

Es stellte sich heraus, daß er, ein gebürtiger Österreicher, mit der Familie Wilczek bekannt war. Er habe ihnen in der unmittelbaren Nachkriegszeit mehrmals ‚Carepakete‘ (Lebensmittel) gesandt. Und eines Tages habe ihm die Familie Wilczek als Dank dieses Buch geschickt! Ich war einen Moment lang versucht, es zu erstehen, habe aber letztlich davon abgesehen.

Lange Zeit später klärte sich auch auf, wieso jener Major der Standortkommandantur sachverständig war. Er war Bibliothekar von Beruf und war nach der Eingliederung Österreichs an die Österreichische Nationalbibliothek versetzt worden. Eine seiner Aufgaben, der er mit Leidenschaft nachkam, war die Erziehung der dort arbeitenden Herren zu wehrtauglichen Männern. Daher hatten alle – ohne Ausnahme, wie man mir erzählte – zwei- oder dreimal die Woche frühmorgens vor dem Dienst in einem kleinen Hof anzutreten, um dort unter seiner Aufsicht Freiübungen zu turnen! Sapienti sat!

Blatt aus der 9. und letzten Ausgabe des Teuerdanks, Ulm 1679. Die Druckstöcke der großen Holzschnitte konnten noch ein letztes Mal verwendet werden, der Text aber wurde in einer normalen Schrift nachgesetzt. Der Holzschnitt zeigt Teuerdank bei einem Turnier.

25. Die Nacht des 20. Juli 1944

Am 20. Juli 1944 gegen 22 Uhr schrillte in meiner Wohnung Wien I., Meistersingerstraße 13 (ehemals und heute wieder: Mahlerstraße), das Telephon. Ich lag schon im Bett. Schlaftrunken griff ich zum Hörer, aus dem es herausbellte: „Sofort zur Dienststelle einrücken! Voll adjustiert, mit Stahlhelm auf! Ende!" Blitzartig zog ich mich an, Uniform, Stiefel, Koppel mit Seitengewehr (Bajonett) umgelegt und hinaus auf die Straße. Der Himmel war von Wolken bedeckt.

Es war die unheimlichste Nacht meines Lebens! Ohne im geringsten zu wissen, worum es ging, spürte ich mit jedem Nerv, daß etwas Besonderes vorgefallen sein mußte. Draußen war es, nicht zuletzt infolge der rigorosen Verdunkelung, vollkommen finster. Um nicht die Orientierung zu verlieren und irgendwo hinzufallen, mußte man sich teilweise mit ausgestreckter Hand an den Häusern entlangtasten! Die unheimliche, bedrückende Stille wurde nur von den hallenden Schritten hastender Soldaten unterbrochen, deren mit Nägel bestückte Stiefelsohlen ein unmißverständliches, metallisches Geräusch machten. An der Oper vorbei. Vorbei auch an der Albertina, der National-

117

bibliothek, über den Michaelerplatz, durch die Herrengasse und endlich zum Börseplatz. Beim Eingang der Telegraphenzentralstation, zu der einige Stufen hinaufführten, standen – was vollkommen ungewohnt war – Angehörige der SS-Sturmtruppe in ihren schwarzen Uniformen, gleichfalls Stahlhelm auf, mit schweren Maschinenpistolen in den Armen, deren Läufe sich drohend gegen jeden richteten, der des Weges einherkam. Barsche Kommando-Töne: „Ausweise vorzeigen, Soldbuch her!" Nach kurzer Kontrolle und Abtasten meines Körpers: „Vorwärts, dalli, dalli! Oben melden!"

Hinter mir schlug das große Tor zu. Im 4. Stock, in meiner Dienststelle, trafen kurz hintereinander alle dort Beschäftigten ein. Die Offiziere, sonst die Liebenswürdigkeit in Person, mit bleichen, verschlossenen Gesichtern, zu keiner Auskunft bereit. Sie waren nahezu vollzählig versammelt nur einer von ihnen fehlte. Keiner von uns Soldaten wußte, worum es ging. Bedrückendes Schweigen, Flüstern, Achselzucken. Gegen Mitternacht ertönte plötzlich eine ‚Sondermeldung' aus dem Lautsprecher. Ein Attentat auf den ‚Führer' sei verübt worden, dieser jedoch nur leicht verletzt, hieß es.

Wir sahen einander an. Was – von vielen von uns sehnlichst herbeigewünscht – vielleicht mit einem Schlag das Ende des Schreckens hätte bedeuten können, war sichtlich fehlgeschlagen. Wehe uns allen! Was würden wir wohl noch durchzumachen haben? Der Fehlschlag mußte, darüber waren wir uns klar, eine Verschärfung des Drucks der Partei bedeuten. Nach einigen Stunden sinnlosen Wartens wurden wir – bis auf jene, die Dienst hatten – heimgeschickt. Tags darauf trat auch meine Gruppe zur gewohnten Stunde den Dienst an. Ich ging auf dem Gang hinaus, zu jenem Offizier, der nachts nicht erschienen war. „Ich habe mich wohl gehütet," sagte er zu mir, „heute nacht zur Dienststelle zu kommen, denn ich habe geahnt, worum es ging. Wissen Sie, daß alle Nazibonzen stundenlang im Wehrkreiskommando verhaftet gewesen sind? Man kann", setzte er fort, „in Stunden wie diesen nicht vorsichtig genug sein! Wie gerne hätte ich zum Beispiel einem dieser verhafteten Bonzen einen Tritt in den Hintern gegeben! Nun sehen Sie ja selbst, wie alles gekommen ist. Wundern tut's mich nicht. Diese Preußen! Sie können ganz einfach nicht improvisieren! Was nicht nach ‚Heeresdienstvorschrift' abläuft, geht schief!"

Heute weiß ich aus den Quellen, daß das, was er mir damals anvertraute, Tatsache war. Nur im Wehrkreis Paris und in unserem Wehrkreis XVII war die von Verschwörern ausgegebene Parole ‚Walküre' auf das Wort befolgt worden. Da zufällig in unserem Wehrkreiskommando eine Besprechung stattgefunden hatte, seien – vom Gauleiter angefangen – alle anwesenden hohen Nazifunktionäre kurzerhand festgenommen worden!

Oftmals denke ich mir, daß damals vielleicht ein sofortiges energisches Durchgreifen – und sei der Preis auch der Tod einer größeren Anzahl von hohen Parteifunktionären gewesen – die allenthalben vorsichtig Zögernden mitgerissen haben könnte. Denn die Zeit war reif, auf daß etwas Entscheidendes geschähe. Nur Narren konnten noch immer an den ‚Endsieg' glauben. Und man sah ein paar Monate später, wie in Italien – nach dem Tod von Mussolini – (28. IV. 1945) der ganze Zauber des Faschismus schlagartig in sich zusammenbrach.

Es war offensichtlich, daß viele Stunden hindurch in der Armee, im Reichsgebiet und in den von der Deutschen Armee besetzten Ländern eine vollkommene Lähmung geherrscht haben muß. Die internen Machtkämpfe zwischen Wehrmacht und Partei wurden – wie man an unserem Beispiel erkennen kann – erst zehn Stunden später durch den Einsatz ergebener

SS-Truppen beendet. Das als unglücklich zu bezeichnende deutsche Volk, zu dem wir seit 1939 mit Wohl und Weh zählten, mußte den bitteren Becher bis zur Neige ausleeren! Man bedenke nur, was dieses besonders schreckliche letzte Jahr des solcherart verlängerten Krieges für Opfer kostete! Wobei allerdings nicht außer acht zu lassen ist, daß die höchst unglückselige Forderung nach bedingungsloser Kapitulation des deutschen Heeres zum Durchhalten zwang.

Zum Attentat selbst wäre meiner Meinung nach zu sagen: Erstens war kaum zu verantworten, daß derjenige, dem rasches und entschlossenes Handeln aufgebürdet war, auch der Attentäter selbst sein durfte. Sein Leben war dafür zu kostbar. Oberst Claus Graf Schenk von Stauffenberg (1907–1944) wurde im Zweiten Weltkrieg schwer verwundet. Seit dem 1. Juli 1944 war er zum Stabschef des Befehlshabers des Ersatzheeres kommandiert worden und konnte daher – er gehörte seit 1943 dem Widerstand an – an militärischen Lagebesprechungen teilnehmen. Das Attentat hatte am Vormittag stattgefunden. Ihm war es gelungen, den Tatort zu verlassen und nach Berlin zu fliegen. Dort geschah es, daß sich der in die Verschwörung eingeweihte General-Oberst Friedrich Fromm (1888–1945), Befehlshaber des Ersatzheeres, im Verlauf des Tages gegen die Verschwörer wandte und durch ein Standgericht Graf Schenk von Stauffenberg und drei Mitverschworene verurteilen und erschießen ließ. Auch ihm selbst wurde später der Prozeß gemacht und er wurde am 12. März 1945 hingerichtet.

Zweitens sind bei der Organisation des Putsches einige schwerwiegende Fehler unterlaufen. Man hatte unter anderem die Telephonleitungen zum Führerhauptquartier unterbrochen, jedoch auf eine direkte Leitung (zum Rundfunk) vergessen, über die von dort – mit großer Verzögerung allerdings – mitgeteilt werden konnte, daß Hitler am Leben geblieben war. Im entschlußlosen Warten auf die amtliche Bestätigung vom Tod Hitlers mißlang dieses Attentat.

Drittens waltete wieder einmal – wie schon bei früheren Attentatsversuchen – ein Schutzengel über Hitlers Leben. Kurz vor der angesetzten Besprechung in der ‚Wolfsschanze‘, dem unterirdischen Bunker des Führerhauptquartiers in Rastenberg, Ostpreußen, hatte Hitler befohlen, die Besprechung nicht dort, sondern in einer Holzbaracke zu halten. Es dürfte nicht allgemein bekannt sein, daß eine innerhalb eines geschlossenen Raumes explodierende Handgranate (viel mehr noch eine Bombe) alle Anwesenden nicht allein durch Splitterwirkung, sondern vielmehr durch den Druck der Explosionswelle auf der Stelle tötet! Hier aber verpuffte die Wirkung, weil die leichten Wände der Baracke ganz einfach ins Freie gedrückt wurden. Hitler wurde nur leicht verletzt.

Es wäre wohl die Pflicht aller Überlebenden gewesen, nach Schluß des Zweiten Weltkrieges denjenigen, die ihr Leben dem Wohl des Vaterlandes aufgeopfert haben, Denkmäler zu setzen. So in Wien für jenen unglücklichen Major Karl Biedermann (1890–1945), der versucht hatte, unmittelbar vor der Besetzung Wiens mit den heranrückenden Russen zu einer Verständigung zu kommen. Er wurde verraten und mit zwei Mitverschworenen in Floridsdorf am Spitz gehängt. Die heutige Jugend betet nach, was ihr eingeredet wird, und unsere – ihnen unverständliche – erzwungene passive Haltung läßt sie vorschnell über jene Zeit urteilen.

Einer der damaligen Erlässe verfügte, daß dem Militär nach dem verunglückten Attentat der verhaßte ‚Deutsche Gruß‘ (erhobener rechter Arm) statt des bisherigen Salutierens (Handanlegung an die Mütze) befohlen war.

Immer ein lebhafter Träumer, träumte mir in einer der folgenden Nächte, ich sei auf einem Balkon des 3. Stockes im Innenhof der ‚Hofburg' gestanden. Neben mir Adolf Hitler, der plötzlich nach kurzem Anlauf über die Ballustrade des Balkons in den Hof hinunter sprang. Ich blickte ihm nach und sah einen regungslosen Körper in einer großen Blutlache liegen. Machte kehrt, betrat einen großen Raum, der voller rastender Offiziere war, schlug die Haken zusammen und verkündete lauthals: „Meine Herren, ab nun wird nicht mehr so (deutscher Gruß), sondern wieder so gegrüßt (und legte die Hand an meine Mütze)!". Einer der merkwürdigsten Träume meines Lebens!

26. *General Heldenklau*

Wegen der ungeheuren Verluste im Rußland-Feldzug war es bald aus mit meinem Verbleiben im Wehrkreiskommando. Da wir dort zum Stab I/C gehörten, gelang es dem mir freundschaftlich gesinnten Rittmeister Alexander Förster, der die rechte Hand des Dienststellenleiters war, mich innerhalb der Abteilung I/C zur Auslandstelegramm-Prüfstelle zu versetzen. Meine seinerzeit abgelegten Prüfungen aus Französich und Englisch erwiesen sich als rettende Faktoren. Ich mußte mich selbstverständlich beim Adjutanten des Dienststellenleiters melden. Dies war Hauptmann Gassinger, einer der liebenswürdigsten Vorgesetzten, den ich beim Militär haben sollte. Seinem Beruf nach war er Auslandskorrespondent der Floridsdorfer Lokomotivfabrik. Er beherrschte mehrere Sprachen in Perfektion. Die Prüfungsfragen, die er mir vorlegte, konnte ich zufriedenstellend beantworten. Er stand auf und ging ins Nebenzimmer, um dem Major zu berichten. Dieser erwies sich als äußerst distanziert. Nach einigen förmlichen Worten und einer nachdrücklichen Verwarnung, nach außen hin Schweigen zu bewahren, war ich aufgenommen und angewiesen, mich einen Stock höher bei dem gerade Dienst machenden Gruppenhauptmann Swoboda zu melden.

Im obersten, fünften Stock des Gebäudes befand sich ein großer Saal. Dorthin wurde ein Transportband geleitet, das Tag und Nacht in Bewegung war und Telegramme auf einen großen Tisch beförderte. Dienst machten von unserer Dienststelle, abwechselnd, in Stoßzeiten sich überschneidend fünf verschiedene Gruppen, jeweils einem sprachkundigen Offizier unterstellt. Jede dieser Gruppen bestand aus drei Zivilisten (Damen oder Herren) und je einem Soldaten. Sie waren derart zusammengesetzt, daß die meisten Telegramme innerhalb dieser Gruppen gelesen und übersetzt werden konnten. Nur für Japanisch mußte das Telegramm angehalten werden, bis der Unteroffizier Dr. Mayer (seines Zeichens Bibliothekar an der Bayerischen Staatsbibliothek, München) zum Dienst kam und den Text verstand. Jeder von uns beherrschte zumindest 3–4 Sprachen. Außer Englisch und Französisch vermochte ich auch italienische Texte zu prüfen oder zu übersetzen. Ein wenig Tschechisch eignete man sich auch an, weil sich manche Texte – wie zum Beispiel Rückrufe von Arbeitsdienstverpflichteten in die Heimat – zu wiederholen pflegten. Zumeist konnte am Tisch entschieden werden, ob ein Telegramm freizugeben war oder angehalten werden mußte. Jeder von uns hatte einen Stempel mit seiner Nummer (ich hatte die Nummer 7), damit im nachhinein festgestellt werden konnte, wem etwa ein Fehler unterlaufen war. Das Entschlüsseln von Telegrammen, die in Handels-Codes gesendet worden waren, geschah mit

Hilfe aufliegender gedruckter Verzeichnisse, dem Mosse-Code, etc. Man erkannte bald auf den ersten Blick, welches Verzeichnis man zur Hand zu nehmen hatte. Am interessantesten waren natürlich Presseberichte, die vom neutralen Ausland, beispielsweise aus Konstantinopel, in die Schweiz gingen. Aus technischen Gründen können anscheinend Telegramme nicht über allzu weite Distanzen gesendet werden. Wien war eine der europäischen Zentralstationen, von wo aus sie neu getastet wurden. Die Diensteinteilung entsprach der Dienstzeit der Postbeamten, die im gleichen Raum saßen. Es ging alternierend von 8–14 Uhr, tags darauf von 10–20 Uhr, am dritten Tag Nachtdienst von 20 Uhr bis 8 Uhr morgens. Somit gab es freie Stunden, die ich beruflich nutzen konnte. Hinzu kam, daß man Mühe hatte, während der Nacht wachzubleiben, da es selbstverständlich keinen Kaffee zu trinken gab. Erst um 3 Uhr morgens wurde ich abgelöst und konnte ich mich auf ein Feldbett legen, um trotz des Lärms sofort einzuschlafen. Um 6 Uhr früh hieß es ‚Aufstehen‘. Zu dieser Zeit kamen Bedienerinnen und machten sauber. Es war, sowohl was die Prüfarbeit am Tisch anlangt als auch was das Verhältnis zu den Offizieren betraf, die etwas entfernt von uns an einem Schreibtisch saßen, eine ideale Zusammenarbeit. Ruhig, diszipliniert, aufmerksam und – abgesehen von kleinsten Pannen – klaglos funktionierend. Wir Soldaten hatten Zivilerlaubnis für die dienstfreien Stunden und konnten daheim schlafen.

Weihnachten nahte und damit die unvermeidliche Ansprache des Majors. Einer meiner Kameraden, ein witziger junger Rechtsanwalt, imitierte im schönsten ‚Kucheldeutsch‘ (das tschechische Dienstboten zu sprechen pflegten), wie dessen Worte wohl lauten würden. In der Tat, er machte dies so vorzüglich wie nur möglich! Wir alle, Postbeamte, Personal des Büros, die Prüfer, standen im 5. Stock zur Feier bereit, als – mit schleppendem Säbel – der Major samt Adjutanten erschien. Hauptmann Swoboda, der meiner Gruppe vorstand, hatte sich schwitzend geplagt, die Soldaten der Dienststelle in einer Linie tadellos ausgerichtet aufzustellen. Dann eilte er ins Stiegenhaus, dem Major entgegen, und dieser betrat – bei feierlichem Schweigen aller – gemessenen Schrittes den großen Raum. Der Hauptmann rief: „Habt Acht! Die Augen links!“ und dann, vortretend: „Herr Major, ich melde, die Offiziere und Soldaten der ‚ATP‘ sind vollständig angetreten.“ Die Köpfe der Soldaten flogen herum, der Major legte zwei Finger an die Mütze und dankte. Dann stieß er, unglücklicherweise genau vor mir, seinen in der Scheide verwahrten Säbel gegen den Fußboden und begann: „Meine Lieben. Wenn Sie jetzt nach Hause gehen und unter dem Christbaum eine sinnliche Stunde erleben . . . äh, äh, ich wollte sagen: eine *besinnliche* Stunde . . ..“ Es war die gefährlichste Situation meiner militärischen Laufbahn! Die Drastik seines Versprechers, seine Diktion (die unser Kamerad so treffend imitiert hatte), waren ganz einfach überwältigend komisch! Hätte nur eine unserer Damen zu kichern begonnen, wäre es weniger kritisch gewesen, denn sicherlich verlangte sein Versprecher nach einem Ausbruch fröhlicher Heiterkeit. Aber nein! Alles biß sich auf die Lippen und blieb still! Der Major rang nach Worten und blickte mich dabei scharf an. Ich weiß bis heute nicht, wie es mir gelang, ernst zu bleiben!

Wenig später erlitt ich unvermutet einen ersten schweren Herzanfall. So schwer, daß der Truppenarzt, der ein- oder zweimal die Woche in der Sanitätsstube der benachbarten Roßauerkaserne ordinierte, das Stethoskop absetzte, mich ernst anblickte und sagte: „Mein Lieber, wie es bei Ihnen ausschaut, läßt mich daran zweifeln, ob ich Sie überhaupt bei der Truppe werden halten können!“ Damit wurde ich in das ‚Spital der Barmherzigen

Brüder' geschickt und dort vom Oberarzt Professor Dr. Ernst Lauda, damals einer der besten Wiener Internisten, untersucht. Auch er schüttelte den Kopf, gab mir aber Tabletten und den Befehl, tags darauf wiederzukommen. Von diesem Tag an war ich, der bis dahin als ‚kriegsverwendungsfähig‘ beschrieben war, ‚garnisonsverwendungsfähig Heimat‘. Ich suchte Professor Lauda eine Woche später in seiner Privatordination auf, und er beruhigte mich. Jeder Körper habe einen kritischen Punkt. Ich müßte trachten, sagte er, Überanstrengung des Herzens zu vermeiden, so gut dies eben beim Militär ginge. Bei entsprechender Schonung sähe er keinerlei Lebensgefahr.

Ich bekam acht Tage Erholungsurlaub und fuhr in die Semmering-Gegend. Dort erreichte mich ein Handschreiben des gütigen Majors P. O. Mayer, der mir mit den Worten, er wolle etwas Gutes für mich tun, den Urlaub um acht weitere Tage verlängerte, wofür ich ihm heute noch dankbar bin! Kurze Zeit später erkrankte er schwer. Ich konnte ihm, als auch er zur Erholung auf den Semmering geschickt wurde, insoferne einen Dienst leisten, als es über einen mir bekannten Eisenbahnbeamten gelang, ihn – bevor alle übrigen Passagiere den Zug besteigen durften – in ein Abteil des Zuges zu geleiten. Alle Militärzüge waren stets bis zum Bersten gefüllt. Kurze Zeit darauf ist er zu meinem Leidwesen gestorben.

Im Oktober 1944 mußten alle Soldaten unserer Dienststelle zu einer Nachmusterung in die Roßauerkaserne gehen. Der gefürchtete Sonderkommissar Hitlers – von den Soldaten treffend ‚General Heldenklau‘ genannt – hatte den Auftrag, die Dienststellen aller Wehrkreise durchzukämmen. Es gab damals überall Plakate, die einen Teufel – der ‚Kohlenklau‘ genannt wurde – mit einem Sack Kohlen zeigte. Es war ein Aufruf an die Bevölkerung, mit Heizmaterial (das sowieso nur kümmerlich zugeteilt wurde) zu sparen. Bevor General Walter von Unruh in Wien seine Tätigkeit begann, war er bereits in Belgien tätig gewesen, wo er nach nur 14 Tagen Aufenthalt drei Divisionen aus Etappenstäben zusammengestellt hatte! Ähnlich scheint es in Holland gewesen zu sein. In Frankreich werde er, so habe er Hitler versprochen gehabt, zwei Armeekorps auf die Beine bringen (nach Fritz Molden, ‚Fepolinski und Waschlapski auf dem berstenden Stern‘, Wien 1976, Seiten 197 ff). Da standen wir Soldaten wieder einmal, unbekleidet, in einer Reihe. Vor mir befand sich ein blutjunger Kamerad aus Agram. Er war erst vor kurzem zu uns gestoßen. Ich staunte über seinen sonnengebräunten, kraftstrotzenden, muskulösen Körper. Als er vortrat, reichte der Feldwebel seine Papiere dem General. Dieser schüttelte den Kopf und fuhr ihn an: „Wat machen Se denn eigentlich mit diesem Befund in dieser Dienststelle? Kriegsverwendungsfähig, abtreten!“ Dann kam ich an die Reihe, und mein Anblick löste fröhliche Heiterkeit der Kommission aus. Mein Unterkörper war nämlich von unzähligen Flohbissen gezeichnet. „Ja, Menschenskind“, rief General Heldenklau aus, „wie sehen Sie denn aus?“ „Zu Befehl“, sagte ich, „das sind die Flöhe unserer Dienststelle. Ich bringe von jedem Nachtdienst mindestens zehn Stück nach Hause“. „Wat es da doch alles jibt“, rief der General und setzte hinzu: „Abtreten. Kriegsverwendungsfähig!“ Der General nahm sich nicht ein einziges Mal die Mühe, etwa durch den anwesenden Truppenarzt einen Befund bestätigen zu lassen. Wer imstande war, auf seinen beiden Beinen zu stehen, war in seinen Augen geeignet, an die Front geschickt zu werden.

27. In Belzig bei Berlin, 1944

Schweren Herzens saß ich kurz nach dem Besuch des Generals ,Heldenklau' im Zug nach Berlin. Für Hauptmann Gasser, Nachfolger des verstorbenen Majors der Auslandstelegramm-Prüfstelle Wien, ein stiller und gütiger Mann, bot sich nach der Aktion ,Heldenklau' eine einzige Chance, die in seiner Dienststelle nicht weiterhin zu haltenden Soldaten bei der Abwehr zu lassen, indem er sie zu einem Funkkurs nach Belzig bei Berlin schickte. Damals hatte das Oberkommando der Wehrmacht einen kaum zu rechtfertigenden Einfall: Es sollten Soldaten in großer Zahl als Funker ausgebildet werden, sich samt ihren Funkgeräten vom Feind überrollen lassen und hinter der Front Nachrichten über Bewegungen und Stärke des Feindes in die Heimat funken. Reine ,Himmelfahrtskommandos' also, denn es konnte doch in allen Fällen nur kurze Zeit dauern, bis der Feind diese Sender angepeilt, die Funker gefangengenommen und an Ort und Stelle füsiliert hätte! Keine Militärmacht geht mit Spionen glimpflich um! Soweit mir bekannt ist, kam es auch nicht mehr zum Einsatz der Ausgebildeten. Zwei meiner Kameraden der Wiener Dienststelle waren mir voraus nach Belzig geschickt worden, hatten aber ihre Stammkompanie in Wien beibehalten, waren also lediglich zur Ausbildung kommandiert. Ich, als der Spätkommende, war zu meinem Leidwesen dorthin versetzt worden, sodaß meine Stammtruppe nunmehr die Belziger Dienststelle war.

Die durch Fliegerangriffe viele Male unterbrochene Reise nach Berlin dauerte über 24 Stunden. Ich hatte mir Feldpostkarten eingesteckt und zeichnete während der ganzen Fahrt für mein kleines Söhnchen Niki Eisenbahnzüge mit viel Rauch, Schiffe und komische Tiere. Ich warf die Karten in den Briefkasten, wo immer wir hielten und setzte diese Tätigkeit dann auch in Belzig fort, bis die Russen Niederösterreich besetzten. Ich tat dies in der törichten Hoffnung, solcherart bei Niki – im Fall der Fälle – die Erinnerung an mich wach zu erhalten. Ich betrachtete diese Versetzung als durchaus ernst und fragte mich, ob ich wohl gesund heimkommen würde.

In Berlin angekommen, in einer Stadt, an die ich seit den unglücklichen, an der Seite meines Vaters verbrachten Jahren keine gute Erinnerung hatte, suchte ich meinen Geschäftsfreund Gerd Rosen auf, der nach längerem Aufenthalt in Österreich wieder dorthin zurückgekehrt war. Man hatte ihm seiner Abstammung halber übel genug mitgespielt. Er war, neben Helmuth Domizlaff in München, sicher der ,grundgescheuteste' deutsche Antiquar jener Zeit, vor allem ein hervorragender Kenner der Literatur des 16. Jahrhunderts. Zuvor Leiter des Buchantiquariates im Kaufhaus Wertheim, Berlin, hatte man ihm eines Tages zu verstehen gegeben, daß man ihn in Zukunft – seiner Abstammung halber – nur in der orientalischen Abteilung würde behalten können. Dort jedoch hielt er es nur kurze Zeit aus. Der Handel mit Vasen und Kunstgewerbe interessierte ihn nicht im geringsten. So hatte er zugegriffen, als H. P. Kraus, der damals bereits seinen steilen Erfolgsweg begonnen hatte, ihm eine Stelle als Antiquar in seinem Wiener Geschäft im Zweiten Wiener Bezirk angeboten hatte. Dort lebte er wieder auf, wenngleich die Zusammenarbeit nicht durchwegs glücklich zu nennen war. Ich unterstützte ihn, als er von H. P. Kraus schied, darin, seine durchaus berechtigten Ansprüche gegen diesen durchzusetzen. Er hatte eine bemerkenswerte Frau, eine ,Germania' reinsten Blutes, Tochter der einzigen Frau Deutschlands, die nicht nur ein Kapitänspatent besaß, sondern handeltreibend mit ihrem Segelschiff die Ostsee durchpflügte, solange dies möglich war. Während er in Wien in der Welt der alten Bücher sofort glücklich war, hatte Frau Rosen große Schwierigkeiten, sich in Wien einzugewöhnen. Zu Anfang – als Österreich noch Österreich war – ärgerten sie die ungezählten Fragen im Park, wie es denn dem „lieben Führer in Berlin ginge" und ähnliches. Nach dem ‚Anschluß', 1938, hörte sie von an ihr und ihrem weinenden Kind vorübergehenden Frauen empörte Ausrufe wie: „So schreit auch nur a Preuß!" Bekanntlich sind die Wiener mehr als wankelmütig! So war es Frau Rosen, die auf eine Änderung drängte. Das Ehepaar sollte erleben, daß es am gleichen Tag die Quotenzuteilung für die Einwanderung nach den USA erhielt, wie auch eine Genehmigung (Abstammung hin, Abstammung her, Gerd Rosen war wie gesagt jüdischer Abstammung und lediglich durch seine Frau und seine Kinder bereits vor der Übersiedlung nach Wien geschützt gewesen), in Berlin weiterhin als Antiquar tätig zu sein. Diese Genehmigung hatte ihm kein anderer als der ‚Reichsjugendführer' Baldur von Schirach (1907 geboren; er verstarb 1974 nach Verbüßung einer Gefängnisstrafe von 20 Jahren) verschafft. In den Tagen, da Rosen bei Wertheim als Antiquar beschäftigt war, war er einer seiner besten Kunden gewesen.

So fand ich Gerd Rosen anläßlich meines Besuches frisch, fröhlich und aktiv in einer im ersten Stock eines Hauses gelegenen schönen, lichtvollen Wohnung, von der aus er sein Antiquariat betrieb. Er behielt mich über ein gutes Mittagessen dort. Schwierigkeiten, sich auf dem ‚schwarzen Markt' einzudecken, gäbe es nicht für ihn, sagte er schmunzelnd. Als ich ihn nach seinem Militärdienst fragte, zuckte er lächelnd die Schulter: „Sie werd'ns nicht für möglich halten", sagte er zu mir, „meine Wehrevidenz-Karteikarte ist" – nun augenzwinkernd fortsetzend – „eines schönen Tages verlorenjegangen. Mir kann keener!" Ich staunte nicht schlecht. Das also gab es damals also auch!

Der eigentliche Grund meines Besuches war für mich ein wichtiger. Wir stimmten beide dahingehend überein, daß der Krieg verloren sei und Österreich – so war zu hoffen – wiedererstehen würde. Ich hatte gut vorgesorgt und legte ihm eine lange Liste der Lagerbestände von V. A. Heck in Wien an deutschen dekorativen Blättern und Landkarten vor. Damals war das eine begehrte Ware, für die Nachkriegszeit sah ich damit, was V. A. Heck anlangte, eher schwarz. „Was ich da aufgezeichnet habe, hat für uns – vorsichtig kalkuliert – einen Tageswert von vielen zehntausend Mark. Ich bin nun bereit, Ihnen das alles zu einem Nettopreis von 30.000,- Mark zu verkaufen. Unter der Bedingung, daß Sie prompt nach Erhalt der Waren bezahlen. Ich habe die Chance, im Februar 1945 den der Firma V. A. Heck auf die Dauer von zehn Jahren gewährten Kredit meines alten, leider verstorbenen Onkels Carl Nebehay (ältester Bruder meines Vaters, der mir 1935 bei der Übernahme von meines Vaters Anteil bei V. A. Heck großes Vertrauen bewiesen hatte) zurückzahlen zu können. Wäre er noch am Leben, könnte ich das nicht tun. Ich möchte unbedingt nach dem Krieg den neuen Anfang in Wien unbelastet beginnen. Weiß es Gott, was für Zustände wir erleben werden." Es dauerte nur einen einzigen Augenblick, und Rosen schlug ein. Damit war ich eine Hauptsorge für die Zukunft los. Ich traf ihn übrigens später, 1950, nach einer Buchauktion bei Karl und Faber in München wieder. Kaum war der Krieg vorbei, hatte er ein großes Lokal am Kurfürstendamm in Berlin – also in bester Lage – aufgemacht und florierte. Er beschäftigte damals nicht weniger als 36 Angestellte! Hatte ein Antiquariat (seine eigentliche Domäne), eine Kunstabteilung und ein modernes Sortiment. Kurzum, er war zu dem

Buchhändler des Nachkriegs-Berlin avanciert und freute sich, seine große Tüchtigkeit unter Beweis zu stellen. Aber, als wir im vertrauten Gespräch beieinandersaßen, deutete er mir an, daß die Dinge gar nicht so glänzend standen, wie es den Anschein hatte. Er hatte sich sichtlich übernommen, war vollkommen überarbeitet und hatte außerdem schwere häusliche Sorgen, denn er hatte sich unvorsichtigerweise in ein Verhältnis mit einer seiner Angestellten eingelassen. Nun bildete deren Abfindung für ihn eine Katastrophe, an der er um ein Haar gescheitert wäre! Augenblicklich sei allerdings seine Ehe wieder in Ordung. Seine Frau hatte mannhaft in all den vorangegangenen Jahren zu ihm gehalten. So wäre es doch vernünftig, meinte ich, diesen aufgeblähten Aufwand fahren zu lassen und sich wieder auf seine alte Linie, den Handel mit Büchern der Reformationszeit, zu konzentrieren. Er schien dazu bereit. Außerdem hätte ihm die ‚Internationale Schlafwagengesellschaft' für sein Lokal bereits die runde Summe von 50.000,– Mark geboten. Er hoffe, zumindest das Doppelte dafür erzielen zu können! Ich habe ihn leider später nicht mehr wiedergesehen. Er ist sehr früh, viel zu früh gestorben und konnte sich des Erworbenen nur kurze Zeit erfreuen!

Am Abend ging ich zum Bahnhof. Der Bummelzug nach Belzig blieb, wohl wegen Luftalarms, alle Augenblicke auf offener Strecke stehen. Ich entsinne mich an die liebliche Stimme eines kleinen Mädchens, das beim offenen Fenster eines Nebenabteiles hinaus sang:

„Wenn mir eener wat tut, den hau ick uff de Schnut, Den hau ick uff de Neese, bis daß er blut!"

Endlich fuhr der Zug schnaubend in der total verdunkelten Station Belzig ein. Unwillig gab man mir Auskunft, wo ich meine Dienststelle finden würde. Ich hatte keine Ahnung, was ich vorfinden würde und konnte nur einige Maste, die hoch in den nächtlichen Himmel hineinragten, ausnehmen. Mit Hilfe einer Taschenlampe, die ich hier und da kurz aufleuchten ließ, kam ich endlich zum großen Tor einer Umzäunung. ‚Um Gottes willen', sagte ich zu mir, ‚ist das am Ende ein Konzentrationslager?' Der rauhe Ton eines diensthabenden Unteroffiziers in Wehrmachtsuniform (der später als Feldwebel mein Freund werden sollte) belehrte mich rasch eines Besseren. „Wohl nich janz richtig im Kopfe? Unerhört, einem Diensthabenden ins Jesicht zu leuchten!" Damit ließ er mich ein, schlug das Tor zu, sperrte ab und deutete auf eine unter Föhren liegende hölzerne Baracke. Dort fand ich eine ‚Stube' und fiel auf das nächste freie Feldbett. Meine bangen Gedanken galten dem nächsten Morgen. Was würde ich hier vorfinden? Wie würde der Dienststellenleiter reagieren, wenn ich meine Meldung gemacht haben würde? Ich schlief diese Nacht mehr als unruhig und hatte – offen gestanden – sehr viele Bedenken. Vor allem fürchtete ich, daß ich – fern von meinem Wehrkreis XVII – hier keine wie immer geartete Unterstützung finden würde. Endlich kam der Morgen. Gegen 10 Uhr konnte ich mich bei Hauptmann Lafontaine melden, der eine separate Baracke bewohnte.

Er war blutjung, kurz angebunden, zackig. „Herr Hauptmann, ich melde mich bei Ihnen, von der ‚ATP Wien' zu Ihrer Dienststelle versetzt. Ich möchte jedoch nicht versäumen, Sie davon in Kenntnis zu setzen, daß ich mich augenblicklich in einer mehr als schwierigen Situation befinde. Es besteht für mich die Gefahr, als ‚wehrunwürdig' das Militär verlassen zu müssen, um irgendeinem Zwangsarbeitsdienst übergeben zu werden, bis ich für meine kleine Familie vor dem Staatsanwalt in Wien einen bereits eingeleiteten Abstammungs-Prozeß gewonnen habe." „Mensch Meier", sagte Hauptmann Lafontaine ungerührt und keineswegs neugierig auf Details, „det is ja n'Ding! Machen Se mir Meldung, wenn alles jut vorüber is. Abtreten!" Und damit war ich draußen! Meine Familie war im Sommer 1944 Opfer – erst der versuchten Erpressung, dann der Anzeige – eines durchtriebenen italienischen Gestapospitzels geworden, der sich in die Familie meiner Frau eingedrängt hatte. Ich habe lange geschwankt, obiges überhaupt zu erwähnen, wäre es nicht, um meine Dankbarkeit der Deutschen Wehrmacht gegenüber zum Ausdruck zu bringen, die in einem Moment der Erniedrigung schützend ihre Hand über mich gehalten hat. Ich bin überzeugt davon, daß Hauptmann Lafontaine bei seiner vorgesetzten Stelle im Oberkommando der Wehrmacht in Berlin Meldung über mich machen mußte. Erst Jahre später war mir klar, daß gerade der Umstand, in einer Dienststelle der Abwehr tätig zu sein, die bekanntlich unter der Leitung des Admirals Wilhelm Canaris (1887–1945, hingerichtet im April) gegen Hitler war, mich vor einem schlimmen Schicksal bewahrt hat. Denn an und für sich hätte meine Abkommandierung zu irgendeiner Marscheinheit durchaus stattfinden können. Unzuverlässige oder belastete Soldaten konnte man gerade in dieser Dienststelle nicht brauchen!

Mein Lehrgang fand nicht mehr statt. Meine beiden Wiener Kameraden waren noch rechtzeitig zur Teilnahme an dem allerletzten eingetroffen. Ich saß herum, übte ziemlich verzweifelt das ,Geben' an einem alten Morseapparat, da ich – von meiner Klosterneuburger Zeit her – um meine Unfähigkeit, je ein brauchbarer Funker zu werden, wußte. Natürlich fragte ich meine beiden Wiener Kameraden, die mich rührenderweise mit Abschnitten von Lebensmittelkarten bedachten (die es ermöglichten, im Gasthaus gelegentlich Bratkartoffeln zu essen), was denn eigentlich damals bei der Musterung von General ,Heldenklau' vor sich gegangen sei? Ich erfuhr, daß die beiden – was mir unbekannt geblieben war – Schwäger waren und aus einer wohlhabenden Agramer Kaufhaus-Familie stammten. Diese hatte es mittels mehrfacher Lieferung halber Schweine an einen der Familie befreundeten hohen Offizier in Wien (oder in Graz?) erreicht, daß nach langen Bemühungen endlich irgendein Arzt einer Nervenklinik die beiden Schwäger als nicht voll zurechnungsfähig eingestuft hatte. Sie waren mir bereits in Wien als wohlgenährt und ,pumperlgsund' aufgefallen. Daher die erstaunte Frage des Generals ,Heldenklau', was denn der eine der beiden – der bei der Assentierung vor mir gestanden hatte – mit diesem Befund in der ,ATP' zu schaffen hätte? Vermutlich wäre ohne das Gelächter über meine Flohbisse diese krumme Sache aufgeflogen, als der hinter mir aufgestellte Schwager sich mit dem gleichen Befund auswies. Damals sind sie mit gutem Glück ungeschoren davongekommen. Gegen Ende des Krieges jedoch, fielen sie leider, wie ich hörte, – bei unvorsichtig verfrühter Heimkehr – serbischen Partisanen in die Hände und wurden erschossen.

Nur gelegentlich wurde ich, aushilfsweise, mit einigen Soldaten in das große Funkhaus kommandiert und lernte dort die Verschlüsselungsmaschinen bedienen. Ich vermute – ohne dies beweisen zu können – daß dort die berühmten ,Enigma-Maschinen' in Betrieb standen, die dem deutschen Heer zum Verschlüsseln dienten. Wir Soldaten hatten für sie den Namen ,Ratschbum', weil ihre Bedienung mit sehr viel Geräusch verbunden war. Im Prinzip bestanden sie aus vier miteinander verbundenen Scheiben voller durcheinandergewürfelter Buchstaben des Alphabets, die nach Eintippen eines Buchstabens durch einen großen Hebel in Drehung versetzt wurden und irgendeinen anderen Buchstaben ausdruckten. Auf einem mitlaufenden Papierstreifen erschien sowohl der Klartext wie auch die Verschlüsselung. Die Scheiben dieser Maschinen wurden, genau um Mitternacht eines jeden Tages, angehalten. Sie wurden für die nächsten vierundzwanzig Stunden mittels eines neuen Codewortes eingestellt. Für uns – Laien, die wir waren – schien das ein absolut sicheres System zu sein. So dachte auch die Deutsche Wehrmacht, bedachte jedoch nicht, daß diese von dem deutschen Konstrukteur Dr. Arthur Scherbius bereits 1923 auf den Markt gebrachten und nachher erheblich verbesserten Maschinen vom Feind nachgebaut werden könnten. In der Tat verdanken die Engländer 1940 die Rettung vor der bereits sich bedrohlich abzeichnenden Invasion der Deutschen Wehrmacht wie auch das Brechen der deutschen Luftherrschaft (in Vorbereitung der Invasion), ferner die Zerstörung der U-Bootwaffe wie auch das Scheitern des deutschen Versuches, unter Kommando des Generals Rommel nach Ägypten einzudringen (1941/42) dem Umstand, daß sie – ohne daß die Deutschen es je wahrnahmen – den gesamten deutschen Funkverkehr überwachen und entschlüsseln konnten. Ein enggehütetes Geheimnis, das ihre Kriegsführung siegreich von den Waffen weg zur Überwindung des Feindes durch den Geist führte! Die besten Wissenschaftler auf dem Gebiet der Mathematik, der Physik und der elektronischen Technik waren Mitarbeiter des Militärs. Es war ihnen gelungen, durch einen jungen Polen, der als Gastarbeiter bei der Herstellung von ‚Enigma'-Maschinen beschäftigt gewesen war, diese mittlerweile raffiniert vollendeten Geräte nachzubauen und in der Folge nicht nur Tag für Tag, sondern beinahe unmittelbar nach dem Auffangen einer Funkmeldung den Inhalt elektronisch zu entschlüsseln und danach zu handeln. In dem Buch ‚The Ultra Secret' legt der Autor F. W. Winterbotham (der neben dem verkrüppelten und schwerkranken Rechtsanwalt Rodger Wimm Leiter des ‚Submarine Tracking Room' in Bletchley Park, London, war) das allmähliche Eindringen der Engländer in den deutschen geheimen Nachrichtendienst dar. Insbesondere lasen die Engländer alle Einsatzbefehle Hitlers an die Armee und alle auch noch so kurzen Funkmeldungen der deutschen U-Boote mit. Es erscheint einem nachträglich beinahe unfaßbar, daß man deutscherseits nicht bereit war, die Lehren aus dem Ersten Weltkrieg zu berücksichtigen. Damals versenkte ein russisches Kriegsschiff ein deutsches Hilfsschiff in der Ostsee. Die Russen ließen den zwischen Bleiplatten eingepackten Marinecode – der befehlsmäßig über Bord geworfen worden war – durch Taucher bergen und spielten ihn den Engländern in die Hände!

Man möge aber nicht glauben, daß dieses Eindringen in die geheimsten Gedanken des Gegners auf die beiden Weltkriege beschränkt gewesen wäre. Bereits im 18. Jahrhundert existierte in Wien ein sogenanntes ‚schwarzes Kabinett'. Dort war man in der Lage, die Wachssiegel aller ausgehenden oder eingehenden Depeschen ausländischer Missionen spurlos aufzubrechen, respektive sie unter Umständen mittels extra angefertigter Geräte zu ersetzen. So waren damals die Franzosen zu wiederholten Malen gezwungen, ihre Codes zu ändern, weil sie gebrochen waren! Man lese auch in diesem Buch das Kapitel über Mr. J. Rives Childs nach, der im Herbst 1918 im ‚Deuxième Bureau' der französischen Armee daran beteiligt war, den vor der letzten großen Offensive der Deutschen, 1918, neueingeführten Armee-Code gerade noch rechtzeitig zu entschlüsseln. Damit war die Hoffnung auf Durchbruch und Sieg, zumindest aber auf ein Schachmatt, zunichte geworden!

Waren wir alle von diesen Verschlüsselungsapparaten beeindruckt, so staunten wir nicht schlecht zu hören, was die an den Funkgeräten Sitzenden zu leisten imstande waren. Bin ich in Klosterneuburg daran gescheitert, daß ich beim Funken nicht einmal das verlangte Tempo 80 (das sind achtzig Buchstaben in der Minute beim Senden und Empfangen) zu tasten oder zu hören imstande war, so lernte ich in Belzig Berufsfunker kennen, die aus Wien kamen und mir erzählten, daß sie imstande seien, Tempo 240 zu hören! Das sind 240 Buchstaben in der Minute! Es gäbe aber auch andere, die ein derart geschultes Ohr besaßen, daß sie die schwachen ‚pip-pip‘ Signale eines Agenten unter gleichzeitig auf derselben Welle von anderen gesandten Signalen unterscheiden konnten! Daß sie ferner in der Lage waren, die individuelle ‚Handschrift‘ derjenigen, die eine Morsetaste bedienten, sofort zu erkennen, sei nur am Rande erwähnt. Heute ist durch den Einsatz elektronischer Geräte all das längst überholt und gehört der Geschichte an, weshalb es auch keine Geheimnisse sind, die ich preisgebe. Die einwandfrei nachgewiesene Möglichkeit der Engländer, mitzuhören, wirft aber auch bedenkliche Schlaglichter. Sie müssen somit rechtzeitig von dem bevorstehenden verheerenden deutschen Luftangriff auf Coventry gewußt haben und evakuierten trotzdem die Stadt nicht, aus Furcht damit das Geheimnis des Mithörens zu verraten! Wie viele Tote waren hier zu beklagen? Und wie sieht es mit dem japanischen Angriff auf Pearl Harbour am 7. XII. 1941 aus, bei dem acht amerikanische Schlachtschiffe versenkt und 3500 Tote zu beklagen waren? Bereits zwischen den beiden Weltkriegen hatten die Amerikaner den japanischen Marine-Code geknackt. Es liegt der Verdacht nahe: amerikanische Stationen hörten und schwiegen! Gewiß stellte ein erbarmungslos geführter Krieg die Verantwortlichen vor schwerwiegende Entscheidungen. Wer möchte jemals an ihrer Stelle sein?

Eines Abends, als wir uns zu später Stunde aus dem Funkhaus in unsere Baracken begaben, nahmen wir ein Naturwunder wahr, das ich zwar aus der Lektüre aufregender Schilderungen der Segelschiffahrt kannte, jedoch nur ein einziges Mal in meinem Leben tatsächlich erleben sollte: das ‚Sankt Elmsfeuer‘. So nennt man dieses seit der Antike beschriebene Phänomen, das bei starker Erhöhung des elektrischen Erdfeldes, beispielsweise vor Gewittern, stattfindet. Es galt von jeher als ein Zeichen schlechter Vorbedeutung. Die Entladungen tanzten hier in Belzig auf den isolierten Verspannungsdrähten der Funktürme unserer Station und zwar genau entlang des Weges, den wir in unsere Baracken zurückzulegen hatten. Wir betrachteten dieses Wunder – bei uns waren es Büschel-Entladungen – sprachlos und bedrückt und trachteten in unsere ‚Stube‘ zu kommen. Erst in allerjüngster Zeit las ich, daß Piloten der deutschen Luftstreitkräfte beim nächtlichen Durchfliegen von Gewitterwolken ‚St. Elmsfeuer‘ um ihre kreisenden Propeller wahrnahmen!

Da ich einer der ältesten Soldaten der neuen Dienststelle war und wohl auf Grund meiner Dienstbeschreibung als vertrauenswürdig galt, wurde ich bald zu allen möglichen Botenfahrten ausgeschickt. Mit der Eisenbahn in verschiedene Gegenden, um große Funkgeräte zurückzuholen; dann wiederholt – mit einer sorgsam mittels Schlüssel in meiner Gegenwart versperrten Aktentasche (der Offizier der Empfangsstelle hatte den gleichen Schlüssel) – in das Oberkommando der Wehrmacht nach Berlin. Dieses war damals bereits im ‚Haus des Fremdenverkehrs‘ einquartiert, da das ehemalige Stammhaus von Bomben zerstört worden war. Das Gebäude war streng bewacht. Da sich der Ring der Russen um Berlin immer enger schloß, hieß es – als ich das erste Mal hinein wollte: „Mensch, mach' schnelle. Rin kommste gerade noch! Ob Du noch' rauskommst, ist zweifelhaft." Ich war über die Aussicht, unter Umständen mein Leben hier einsetzen zu müssen – ganz in der Nähe des Hauses Schönebergerufer 37 (wo sich meines Vaters Geschäft befunden hatte) – alles

andere als erfreut! Hatte ich doch dort bis 1932 die unglücklichsten Jahre meines jungen Lebens verbracht.

Meine Aktentasche enthielt die in den letzten 24 Stunden empfangenen entschlüsselten Funksprüche, und ich bekam bereits verschlüsselte Funksprüche für Belzig zur Weitergabe mit. Jedesmal, wenn ich an die Stadtgrenze von Berlin kam, hieß es: „Soldaten raus!" Neben den Geleisen stand eine dreiköpfige Wehrmachtsstreife, ein Offizier, ein Unteroffizier und ein Soldat, alle mit Maschinenpistolen in den Händen, Stahlhelme auf den Köpfen. Die Marschbefehle aller Soldaten wurden augenblicklich zerrissen und die Unglücklichen abgeführt, um an die Front gegen die Russen abgestellt zu werden, die immer näher rückten. Nur ich konnte meine Fahrt fortsetzen, denn ich hatte auf der Rückseite meines Marschbefehls einen großen Stempel: ‚Gehört zum Oberkommando der Wehrmacht. Darf nicht abgestellt werden.‘ Ich schwor mir insgeheim, nach Kriegsende meinem Sohn Niki zuallererst das Fälschen solcher Stempel beizubringen. In einem Polizeistaat, gleichgültig welcher Nation auch immer, hängt letzten Endes ein Leben von einem Stück Papier, von einem Stempel ab! Wie so manches Vorhaben, habe ich auch dieses jedoch nicht in die Tat umgesetzt.

Öfters war ich auch als Begleiter großer Holzgas-Lastautos unterwegs, die vor der Fahrt vom Fahrer jedesmal mittels kleiner entzündeter Holzstückchen in Betrieb genommen wurden. Oftmals gab es Halts und dann mußte der Rost des Kessels gerüttelt und neu mit Holz bestückt werden. Einmal holten wir in Berlin aus einem schauerlich verwüsteten jüdischen Tempel eingelagerte Uniformteile und Ausrüstungsgegenstände ab. Die Ermordung eines Herrn von Rath, tätig bei der deutschen Botschaft in Paris, durch einen jungen Juden diente 1938 als Vorwand für die sogenannte ‚Reichskristallnacht‘, bei der durch Rollkommandos im gesamten deutschen Hoheitsgebiet die jüdischen Gotteshäuser verwüstet und jüdisches Eigentum geplündert worden waren. Ich sehe noch heute am Ende des Gebäudes einen großen Haufen aufgeschichteter Stahlhelme vor mir, auf die von oben her, durch das zerborstene Dach, der Regen tropfte. Das Geräusch dieser Tropfen schien mir ein Symbol des unguten Geschehens zu sein! Es gab übrigens Fliegeralarm. Mit dem Chauffeur unseres Lastautos suchten wir in einem Nachbarhaus den Luftschutzkeller auf. Die Soldaten, die uns beim Verladen geholfen hatten, waren verschwunden. Sie sagten dann: „Wir waren im großen Betonbunker und nicht in einer dämlichen Mausefalle!" Auf die Idee, uns Ortsfremde mitzunehmen, sind sie nicht gekommen!

Besonders im Gedächtnis ist mir die Fahrt nach Leipzig, wo wir zunächst bei einer großen Weinkellerei vorfuhren, deren Besitzer Kunde vom Antiquariat V. A. Heck in Wien waren und mir – mehr als freundlich – eine Kiste mit köstlichem Rhein- und Moselwein verkaufte.

Dann setzte mich der Fahrer vor der Wohnung von Anton Hiersemann ab, mit dem ich ein langes und von meiner Seite aus vorsichtig geführtes Gespräch hatte. Anschließend ging ich von Hiersemanns Wohnung, was riskant war, weil ich keinen Marschbefehl bei mir hatte, durch den Park zum Haus eines Mannes, der mein Pate war und den ich stets verehrt habe: Dr. h.c. Hans Boerner. Noch stand damals sein schönes Privathaus in der Hillerstraße. Ich wurde sehr freundlich zu einer Tasse eines aus irgendwelchen Blüten gewonnenen Tees eingeladen. Er kam, nur ein Schatten seiner selbst, zur Türe herein. Alle Aufmerksamkeit galt von diesem Moment an diesem außergewöhnlichen Mann. Aber sonderbarerweise sprach ich mich diesmal nicht gut mit ihm. Er war wie entrückt von dieser Welt und hatte kein

Verständnis für meine Besorgnis über die unmittelbar bevorstehende Weiterentwicklung. Sein Haus, in dem stets absolute Ruhe für ihn beobachtet worden war, quoll nun über von seinen aus Schlesien nach Leipzig geflüchteten Verwandten. Darunter gab es eine Dame, die empört erzählte, wie der zuständige Ortsgruppenleiter sie dazu gezwungen habe, ihr Hab und Gut auf einen Lastwagen zu laden, dem ein Traktor vorgespannt wurde, den sie dann selbst bis Leipzig gesteuert habe! Die Straßen bei ihrem Heimatort seien überfüllt mit Fahrzeugen von Flüchtenden gewesen, und sie habe zunächst einmal umkehren müssen. Zu ihrem Zorn habe sie erlebt, wie deutsche Soldaten ihr Haus geplündert hätten!

In jenen Monaten, Oktober 1944 bis Anfang Mai 1945, die ich in Belzig verbrachte, mehrten sich die Schrecken des Krieges. Ohne daß unsere Funkstelle mit ihren großen Masten, die weithin sichtbar waren, angegriffen worden wäre, erlebten wir, wie die Erde beim Bombardement von Magdeburg bis zu uns bebte! Wir beobachteten auch die Angriffe auf Berlin durch Bombenflugzeuge, die sich nachts unangefochten in Räumen konzentrierten, die durch sogenannte ‚Christbäume' (langsam nach unten schwebende Gebilde aus Leuchtkörpern) markiert wurden. Tagsüber gab es gleichfalls immer heftiger werdende Bombardements. Von deutschen Jägern bemerkte man nichts, auch sahen wir niemals abstürzende feindliche Bomber. Es gab sichtlich gegen diese Übermacht keine Abwehr mehr. Dünne Strahlen der um die Stadt aufgestellten Scheinwerfer fingerten suchend über den Himmel. Manchesmal gerieten die feindlichen Flugzeuge in ihren Bann und glitzerten dann wie Spielzeug auf. Es war eine Apokalypse, die einem das Herz zusammenkrampfte.

28. Wie ‚Mutter Courage'

Der Ring der russischen Armee um Berlin hatte sich geschlossen. Nicht einen Schritt weiter nach dem Westen wären sie vorgerückt, bis sie nicht sicher waren, die Stadt und damit auch Hitler fest in der Hand zu haben. Ich habe mir immer vorgestellt, daß das Schlimmste, was uns hätte passieren können, ein Ausbruch Hitlers mit einem Panzer und – daran anschließend – sein glorreicher Tod gewesen wäre. Sein unrühmlicher Selbstmord hätte wohl vielen der bis dahin Überzeugten die Augen öffnen sollen.

Seit einigen Tagen war hinter der Ortschaft Belzig ein riesiges Eisenbahngeschütz aufgefahren und feuerte gegen die Berlin angreifenden Russen große Geschosse, deren Flug man deutlich beobachten konnte. Eine Kompanie der ‚Hitlerjugend', feldmarschmäßig ausgerüstet, lagerte kurze Zeit in unserer Nähe. Es war ein Jammer, diese Kinder – keiner war älter als sechzehn Jahre – bedenkenlos in den Tod geführt zu sehen!

Während der letzten Tage meines Aufenthaltes in Belzig war ich auf die kleine Plattform einer der großen Funktürme hinaufgeschickt worden, um gegen Osten Ausschau zu halten. Anfänglich hatte ich mit Schwindel zu kämpfen, aber man gewöhnt sich an manches! Bedenken hatte ich lediglich wegen der nun immer zahlreicher herumfliegenden feindlichen Jagdflugzeuge. Wie leicht hätte es einem Piloten Spaß machen können, einen Soldaten von der Höhe des Mastes abzuschießen!

Auf schicksalhafte Weise haben wir einen SS-Offizier verloren, den man

uns zur militärischen Ertüchtigung in den letzten Wochen vor Kriegsende zugeteilt hatte. Es fing gut an mit ihm. Als Übung wurden Pappendeckel-Tanks an Schnüren durch die Landschaft gezogen. Auf die darauf gemalten Panzer wurde mit ‚Panzerfäusten' geschossen. Das waren primitiv hergestellte Rohre, an deren Spitze eine Sprengladung saß, die nur wenige Meter weit flog. Man hätte also die feindlichen, feuernden Panzer-Ungetüme bis auf wenige Meter herankommen lassen und irgendwo gut verborgen sitzen müssen, sonst wäre man zur Unzeit erspäht und selbst ein Opfer geworden! Wir hatten auch mit Maschinenpistolen zu üben. Drückte man ab, dann hob sich der Lauf und die Schüsse knatterten nur so dahin, über jedes Ziel hinaus. Eine gefährliche Waffe, die sicher im Nahkampf hervorragend war. Dann kamen Gewehrübungen. Wir hatten auf Zielscheiben zu schießen, wobei es uns ungeübten Soldaten spielend gelang, die Unteroffiziere zu übertreffen – die bis dahin, wie das nun schon so ist, den Mund recht voll genommen hatten! Kurz und gut: dieser Mann hätte uns beim Herannahen der Russen mit Sicherheit Schützengräben ausheben lassen, um das bereits hoffnungslos verlorene Vaterland zu retten!

Eines Morgens wachte ich durch Maschinengewehrgeknatter auf und warf mich aus dem oberen Teil des Stockbettes auf den Boden. Sicher eine völlig nutzlose Handlung! Jener SS-Offizier tat – einige Räume von uns entfernt – augenscheinlich dasselbe und war von den rund einhundert Soldaten, die in unserer Barracke schliefen, das einzige Opfer! Er starb kurz darauf an seinen schweren Verletzungen! Ein amerikanisches Flugzeug hatte ein deutsches Jagdflugzeug zu Tode gehetzt. Beim Kurven geriet eine Maschinengewehr-Garbe in die Richtung unserer Holz-Baracke und durchschlug das Dach. Wir fanden unweit von uns die noch rauchenden Trümmer der deutschen Maschine. Dem Piloten war, leider, nicht mehr zu helfen.

Ich hielt also einsame Wacht, rund 60 Meter über dem Boden, als plötzlich – zisch, zisch, begleitet von großen Staubwolken – russische Granaten in der Nähe des Funkturmes in das Erdreich einschlugen. „Machen Se, daß se schleunigst runter kommen!" beantwortete Hauptmann Lafontaine meine telephonische Meldung. Nie war ich rascher auf dem Erdboden angelangt! Das Näherkommen der Russen bedeutete das Ende unserer Funkstelle. Gegen Abend ließ Hauptmann Lafontaine die Panzersperre des Ortes zur Seite räumen, um ungehindert mit einem in letzter Minute beschlagnahmten großen Mercedes-Benz, den der Dentist des Ortes bis dahin wie seinen Augapfel behütet hatte, bei uns vorzufahren. Vor dem Tor stand schon ein Autobus, in den die Nachrichtenhelferinnen verladen wurden, die separat wohnten und die ich niemals zu Gesicht bekommen hatte. In den Bus stiegen außer dem Hauptmann der Schirrmeister und unser Hauptfeldwebel (der mir noch am Vortag beim ‚Antreten' alle Knöpfe meiner Uniformjacke abgeschnitten hatte, weil einer zufällig offenstand!) ein. Er war ein besonderer Feigling, wie sich herausstellte. Denn am nächsten Morgen kam heulend seine im Ort wohnende Frau zu uns, die er samt den beiden kleinen Kindern rücksichtslos und ohne auch nur ein Wort zu sagen, zurückgelassen hatte! Es stieg aber auch das gesamte Personal der als ‚Geheimnisträger' eingestuften Funker und Schlüssler in einen zweiten Bus. Sie nahmen das Küchenpersonal und unseren exzellenten Koch (der seines Zeichens Hotelbesitzer war und uns wirklich gut genährt hatte) mit. Ein Aufheulen der Motoren, und weg waren sie! Hauptmann Lafontaine hatte es nicht für notwendig befunden, auch nur ein Wort zum zurückbleibenden Teil der ihm Unterstellten zu sprechen. Wir waren an die 30 Soldaten, viele durch schwere Verwundungen behindert.

Eine der großen Eisenkonstruktionsbrücken, die – wie jene bei Tangermünde, über die ich im Mai 1945 zu den Amerikanern überging – vorsorglich gesprengt worden war. Die hier abgebildete photographierte ich im Sommer 1940 auf meiner Fahrt nach Poitiers.

Ein Soldat der Schreibstube, der in der Lage war, sich selbst vollgültige Marschpapiere auszustellen (die notwendigen Formulare und Stempel hatte er, die notwendigen Unterschriften konnte er unschwer fälschen) war bereits drei Tage vorher desertiert. Er wollte seiner sich im Westen befindlichen Familie zu Hilfe kommen, nun, da die Amerikaner, Engländer und Franzosen bereits den ganzen Westen einzunehmen im Begriff waren. Wir suchten einige Stunden hindurch die nähere Umgebung vergebens nach ihm ab!

Unsere neuen Vorgesetzten waren: ein blutjunger Leutnant Christler, der über keinerlei Erfahrungen verfügte und ferner – dies war unser Glück – ein besonnener Heeresverwaltungsbeamter im Offiziersrang. Er war bereits im Ersten Weltkrieg Offizier gewesen und behielt seinen kühlen Kopf. Vor allem ließ er uns mit neuen Soldbüchern ausstatten. Mit einem Mal waren wir – statt unserer Dienststelle – einem Heeresnachrichtenregiment zugehörig. Dadurch wurden uns in der Gefangenschaft langwierige Verhöre erspart. Dann wurden im Verlauf des Tages alle Lebensmittel zusammengetragen, die die anderen nicht mitgenommen hatten. Erst von diesem Moment an merkten viele der jungen Soldaten unter uns, daß es wirklich ernst wurde. Denn der deutsche Landser hatte die Tendenz, dort zu bleiben, wo es zu essen gibt! Die Frage war nur, wie das Gepäck und vor allem wie die Frauen und Kinder der Unteroffiziere – es waren über 15 Kleinkinder – zu transportieren? Jener Unteroffizier – jetzt zum Feldwebel befördert, der mich bei meiner Ankunft des Nachts angeknurrt hatte – hatte nicht weniger als drei seiner Kinder im Ort! Die Frau trug ihr Jüngstes, das vor nur 8 Tagen geboren war, im Arm! Was an Kraftfahrzeugen vorhanden gewesen war, hatte Hauptmann Lafontaine mitgenommen. Uns blieb ein Motorrad mit Beiwagen, in dem jener Heeresbeamte samt dem Leutnant Platz nahmen und ein zufällig aufgefundener, auf der Straße abgestellter Pferdewagen. Er wurde beladen und die ganze Strecke unseres Fußmarsches der Elbe zu von uns gezogen, denn Pferde gab es keine mehr in unserer Umgebung. Wir zogen wie ‚Mutter Courage und ihre Kinder‘ in Bertold Brechts Bühnenstück (das im dreißigjährigen Krieg spielt) durch die Gegend. Wir brachen in den frühen Morgenstunden des nächsten Tages auf, aber nicht früh genug, als daß unser Weggang nicht von der Bevölkerung bemerkt worden wäre. Es gab Fragen und einige recht deutliche, vorwurfsvolle Worte.

Unser Problem war, ob unsere beiden Offiziere imstande sein würden, sich und uns für unseren Wegzug gültig auszuweisen. Zu unserem Glück war die Funkverbindung mit der uns übergeordneten Dienststelle in Berlin-Stansdorf abgerissen. Möglicherweise war dieser Ort bereits von den Russen eingenommen. Aber es hielt uns niemand auf! Die Situation war die, daß nun bereits das gesamte linke Elbeufer von den Amerikanern besetzt war. In unserem Rücken zog sich die 8. und 9. deutsche Armee kämpfend aus dem Gebiet der Umgebung Berlins zurück. Es war offensichtlich, daß uns für den Marsch in Richtung Elbe nur sehr knapp Zeit bleiben würde. Die erste Nacht verbrachten wir in der Scheune eines Bauern. Dort war vorher Quartier gemacht worden. Im Morgengrauen des nächsten Tages gelangten wir an die Elbe. Hier hieß es plötzlich: „Halt!" und eine Rast wurde eingelegt. Die beiden Offiziere wickelten sich in Decken ein und waren unansprechbar. Wir waren in der Nähe einer großen, von der deutschen Armee vorsorglich gesprengten Brücke gelagert. Über diese hinüber in die Freiheit, zu den Amerikanern kommen können, schien technisch für Frauen und Kinder unmöglich zu sein. Das ganze Vorfeld dieser Brücke glich einem verlassenen Heereslager. Überall standen vollgepackte Sanitätsfahrzeuge, Mannschafts-

wagen und dergleichen herum. Auf den Feldern verstreut lagen militärische Ausrüstungsgegenstände. Einen schrecklichen Anblick boten einige an den Ästen von Bäumen im Winde baumelnde Soldaten, die man wohl wegen Feigheit hingerichtet und zur Abschreckung hatte hängenlassen! Auch im Wasser, an den Brückenpfeilern vorbei, trieben die Leichname von anderen Soldaten. Man hatte sie wohl von der Brücke heruntergeschossen. Niemand hatte sich gefunden, sie zu bergen! Plötzlich kamen zwei unserer Kameraden grinsend an. Sie hatten von anderen Soldaten gegen eine Handvoll Zigaretten zwei stämmige Gäule eingehandelt. Also Schluß mit dem mühseligen Ziehen!

Mich aber packte angesichts der völligen Auflösung jeglicher Disziplin die Unruhe. Einem plötzlichen Durchbruch russischer Panzer hätte sich hier niemand in den Weg stellen können. Daher weckte ich den Feldwebel auf, der sich gleichfalls zur Ruhe begeben hatte. „Herr Feldwebel", sagte ich zu ihm, „so geht das nicht weiter. Der Leutnant hat uns eine Ansprache gehalten, laut welcher er beabsichtigt, uns die Schmach der Gefangenschaft zu ersparen und er deshalb den Versuch unternehmen wolle, uns auf freies deutsches Reichsgebiet (damit meinte er jenes Stück von Schleswig-Holstein, das noch unbesetzt war!) zu leiten. Das ist doch ein reiner Unsinn! Am anderen Elbeufer ist der Krieg aus. Hier wird er es in wenigen Stunden oder Tagen auch sein. Und was dann? Also gehen Sie und wecken Sie ihn auf! Noch haben wir ein paar ehemalige Pioniere bei uns, die sicher aus ausgehängten Scheunentoren eine Überfuhr für Frauen und Kinder zimmern könnten, falls auch die nächste Brücke ähnlich schwierig zu überklettern wäre. Ich mache mich erbötig, diese Brücke zu inspizieren und mit den Amis zu reden." Das sah der Feldwebel, der ein langsam Denkender, Schwerfälliger war, endlich auch ein. Der Leutnant wurde geweckt. Plötzlich kam Bewegung in alles. Die letzten Lebensmittel wurden verteilt. Ein mir bis dahin unbekannt gebliebener, sehr junger Feldwebel der Luftwaffe, der anscheinend sein eigenes Motorrad im Ort Belzig eingestellt gehabt hatte, wurde beauftragt, mit diesem und mir zur nächsten Brücke zu fahren, um zu berichten.

Wir fuhren, was ein wirklicher Leichtsinn war, ohne Marschpapiere los und gelangten nach rund fünfzehn Minuten Fahrt zu einer großen Eisenbahnbrücke, deren ufernahe Pfeiler, gleichfalls von der Wehrmacht gesprengt, im Wasser lagen. Wir bemerkten aber, wie Soldaten über die Trümmer kletterten. Und das war für mich der Augenblick, um zu handeln. Ich sagte zum Feldwebel: „Herr Feldwebel. Ich bin Österreicher. Ich habe nun viereinhalb Jahre hindurch eine reichsdeutsche Uniform getragen und meine Pflicht getan. Nun ist dieser Krieg für mich zu Ende. Ich bitte Sie, mir keine Schwierigkeiten zu bereiten und mich ziehen zu lassen. Ich vermag auch unserer kleinen Gruppe keinerlei Dienste mehr zu leisten, denn alles ist zu konfus. Der Leutnant hat jeden Sinn für die Realität verloren. Ergo gehe ich jetzt über jene Brücke da, die leider auch für die Frauen und Kleinkinder ein unüberwindliches Hindernis sein würde. Sie haben keine Waffe bei sich, aber – sehen Sie her – hier ist mein Revolver, den zu tragen ich berechtigt bin. Machen Sie mir Schwierigkeiten, werde ich dreimal schießen. Das erste Mal in den Boden hinter Ihrer Maschine, das zweite Mal ziele ich auf Ihre Beine, das dritte Mal – geben Sie noch immer nicht nach – erschieße ich Sie. Sie haben die Wahl!"

Bis heute weiß ich nicht, wer mir diese Worte eingegeben hat! Die Reaktion des Feldwebels war verblüffend. Plötzlich nahm er Haltung an, schlug die Hacken zusammen, streckte seine Rechte aus, sah mir tief in die Augen und sagte: „Ick wünsche Ihnen viel Jlück, Kamerad!" bestieg sein Motorrad und fuhr davon! Ich aber machte kehrt, lief zum Fluß hinunter und begann dort mit der Besteigung der vom Wasser umspülten Brückenteile, die durch die Kraft der Sprengung teilweise übereinandergetürmt waren. Es war keineswegs einfach, aber es gab kein Zurück! Zuerst mußte ich mich über gänzlich im Wasser liegende Teile hanteln, dann ging es mit einem Mal hoch hinauf. Vor mir mühte sich ein älterer, bereits ergrauter Soldat. Er war von Schwindel gepackt, hielt ein und konnte weder vor noch zurück. Ich redete ihm gut zu, und es gelang mir, ihn langsam, ganz langsam in Bewegung zu setzen, indem ich nachschob. Mit viel Mühe erreichten wir schließlich einen Höhepunkt und hielten beide an, um zu verschnaufen. Vielleicht fünfzehn Meter unter uns befand sich auf dem noch intakten Teil der Brücke ein amerikanischer Wachposten. Wie hinunterkommen? Da erblickte ich ein festgebundenes, derbes Seil, das von irgendeinem Vorgänger hängengelassen worden war und sagte zu meinem hilfsbedürftigen Soldaten: „Paß auf! Sieh mir genau zu! Es geht ganz leicht!", umschloß das Seil mit den Beinen und rutschte langsam hinunter, er folgte mir. Unten angekommen, wußte ich nicht genau, was dem amerikanischen Posten sagen. Er aber machte mir die Sache leicht. Ich überreichte ihm zunächst meinen Revolver, den er interessiert prüfte, dann aber griff er mich derb an und riß mit den Worten: „Oh, what a nice watch!" meine Armbanduhr vom Handgelenk! Er hatte recht, sie zu bewundern, denn ich hatte von irgendwoher eine für die deutsche Luftwaffe hergestellte Uhr mit schwarzem Zifferblatt erwerben können. Ich aber sprach kein Wort, so tief empört war ich über sein Vorgehen. Ich hätte ihm von Herzen gern und mit einem gewinnenden Lächeln diese Uhr als Dank für die gewonnene Freiheit geschenkt. Aber so? Er warf sie in einen neben ihm stehenden Korb, der bis zum oberen Rand hin mit den Uhren meiner Vorgänger angefüllt war! Alles hätte ich mir vorstellen können. Nur diesen enttäuschenden Empfang nicht!

Mit einer Kopfbewegung deutete er mir an, weiterzugehen. Beim Brückenanfang standen ein paar amerikanische Soldaten herum. Ich merkte erst jetzt, wie erschöpft ich war und setzte mich an den Strassenrand. Da ich Hunger hatte, suchte ich vergeblich in meiner Manteltasche nach etwas Eßbarem. Ich hatte meine Ration in die Büchse meiner Gasmaske gestopft, diese aber leider zurückgelassen. Was aber fand ich? Eine Eierhandgranate! Ich hatte auf sie, die uns bei der letzten Rast, nahe der Elbe, zugeteilt worden war, total vergessen gehabt! Was tun? Ich übergab sie einem der sehr jungen Amerikaner, der augenblicklich damit zu spielen begann und sie einem Kameraden zuwarf. Dieser warf sie dem nächsten zu und so fort. Ich aber lag - zu ihrem Amusement - flach auf dem Bauch im Straßengraben! Schien es mir doch mehr als töricht zu sein, in der ersten halben Stunde der gewonnenen Freiheit verletzt oder gar getötet zu werden!

Dann hieß es, sich mit anderen in Sechserreihen zu gruppieren, und wir marschierten - mittlerweile war die Dämmerung hereingebrochen - über Felder auf Gebäude zu. Es waren wohl die Häuser am Stadtrand von Tangermünde. Ein kurzes Stück führte uns der Weg durch die Straßen. Links und rechts standen Frauen und Kinder, die uns mit wenig schmeichelhaften Zurufen bedachten. Wieso, dachte ich bei mir? Gibt es denn wirklich noch Menschen, die nach all dem Vorgefallenen nochmals Kampfhandlungen oder gar Krieg herbeiwünschen?

Wir marschierten schweigend nebeneinander her, begleitet von zwei oder drei amerikanischen Soldaten, die Sturmgewehre unter dem Arm trugen und uns keines Blickes würdigten. Wir kamen schließlich zu einer Umzäunung. Ein großes Gittertor wurde geöffnet. Wir marschierten hindurch, und plötzlich stand ich allein! Die mit mir Marschierenden waren links und rechts verschwunden, mit keinem war ich in irgendein Gespräch gekommen. Es überfiel mich im ersten Augenblick ein Gefühl völliger Verlassenheit. Dann aber sah ich eine ganze Anzahl von Wachfeuern, um die Soldaten saßen, das Feuer mit kleinen aufgefundenen Holzstücken nährend. Auf meinen freundlichen Gruß hin antwortete keiner, auch nicht, als ich darum bat, beim Feuer Platz zu nehmen. Also setzte ich mich ganz einfach zu ihnen, die für mich nur unfreundliche Blicke hatten. Es war eine eiskalte Mainacht. Ich war durchgeschwitzt und mußte mich des öfteren umdrehen, um auch meine Rückseite zu wärmen. Ich blickte gegen den klaren Himmel, suchte und fand einen Doppelstern im Sternbild des großen Wagens, der - wie mit daheim ausgemacht gewesen - in schwierigen Situationen sozusagen eine Verbindung zu den Meinen herstellen sollte. Vor Müdigkeit fielen mir die Augen zu.

29. „How do you do, Mr. Brown?"

Irgendwie verging diese lange Nacht, und endlich dämmerte der Morgen, der eine Orientierung erlaubte. Was ich für hohe Wände irgendwelcher Hallen gehalten hatte, waren in Wirklichkeit hohe Dämme, zwischen denen Kanonen eingeschossen worden waren. Es muß der Schießplatz Gruson-Krupp bei Grieben gewesen sein, südlich von Tangermünde. Der Industrielle Wilhelm Gruson (1821–1895) stellte in seiner Eisengießerei Waffen, vor allem Kanonen her. Krupp in Essen kaufte 1893 sein Werk.

Die Amerikaner waren von der großen Zahl der aus dem Osten über die Elbe zu ihnen flüchtenden deutschen Soldaten mehr als überrascht. Zumal in einem Moment, da auf dem von ihnen bereits besetzten Gebiet die Waffen gestreckt waren. Es müssen innerhalb dieser Umzäunung mehrere tausend Soldaten zusammengekommen sein, für die es nichts gab: keine Verpflegung, keine Unterkünfte (und seien sie noch so primitiv), keinerlei medizinische Betreuung vor allem. Es war ein wahrer Segen, daß die Temperaturen halbwegs erträglich waren und vor allem, daß es nicht regnete.

Mein Glück wollte, daß ich nach sinn- und zwecklosem Herumirren irgendwo saß und in einem kleinen Büchlein las, das ich bei mir hatte. Es sprach mich ein junger Soldat an, ein Architektur-Student, wir verstanden uns auf Anhieb. Ich bin ihm heute noch dankbar, daß er mit mir seine Rationen teilte und mich mit unter seine Zeltplane nahm, unter welcher wir, im Gelände liegend, aneinandergeschmiegt die ersten Nächte verbrachten. Am nächsten Tag hatte ich durch Befragen der Posten erfahren, daß kleine Arbeitskommandos zusammengestellt würden. Es gelang mir, uns beide zu einem solchen Kommando einteilen zu lassen. Wir hatten Schutt aus einem halb zerbombten Gebäude wegzuschaffen. Des Abends, bevor man uns zurückeskortierte, gab es – aus dort aufgefundenen Wehrmachtsbeständen – für jeden eine Schachtel Schokoladenkonfekt. Etwas, das wir jahrelang nicht mehr zu Gesicht bekommen hatten! Der junge amerikanische Leutnant, der uns beaufsichtigte, verlor einen Moment lang völlig den Kopf und stürzte mit gezogenem Revolver auf mich zu, als er mich auf einen herumstreunenden polnischen Hilfsarbeiter – der auf seine Repatriierung wartete – losgehen sah. Was war geschehen? Ich hatte, weil die Sonne bereits zu wärmen begann, meinen Militärmantel ausgezogen und ihn vor unserer Arbeitsstätte zusammengerollt hingelegt. Ich kam zufällig dazu, wie jener Pole die Taschen des Mantels durchwühlte und meine Habseligkeiten einsteckte. Darunter war auch meine große Dunhill-Pfeife. Mein silbernes Pfeifenfeuerzeug, das ich törichterweise von Wien mitgenommen hatte, war mir bei einer der zahlreichen Durchsuchungen bereits abgenommen worden. Um meine Pfeife aber wollte ich kämpfen, und ich hatte sie auch bereits glücklich in der Hand, als der Leutnant auftauchte. Für ihn war der Fall klar. Hier ein ‚poor displaced Polish citizen‘, dort einer dieser verdammten ‚Krauts‘. Aber schließlich verstand er, worum es ging. Der Pole verdrückte sich, und ich konnte meine Pfeife behalten. Nun, bei der Schokolade-Aufteilung, ging ich als einziger leer aus. Aber letztlich ließ der Leutnant Milde walten und steckte mir nachträglich meine Ration zu. Hatten wir uns doch vorher sehr nett unterhalten gehabt.

Tags darauf führte uns ein anderes Arbeitskommando mit Lastautos in die Stadt Tangermünde, wo wir für die Amerikaner aus einer großen Bäckerei Mehlsäcke abzuholen hatten. Ich kam mit der Besitzerin dieser Mühle ins Gespräch. Sie schaute mich lange an und sagte, daß ich ihrem Sohn ähnlich sähe, von dem sie seit Monaten nichts gehört habe. Als wir von einem kleinen, von ihr gespendeten Imbiß – Kaffee mit Brötchen – aufstanden, winkte sie mir zu und steckte mir, ohne daß es jemand sah, eine Kostbarkeit zu: ein halbes Kilo Zucker! Es tut mir heute noch leid, daß ich damals ihren Namen nicht aufgeschrieben habe und mich somit auch später niemals dafür bedanken konnte.

Ich zähle diese kleinen Begegnungen deshalb auf, um darzutun, wie man niemals, auch in den schwierigsten Situationen nicht, den Mut verlieren soll und auch nicht das Gottvertrauen. Hier der Kamerad, der mit mir seine kärgliche Ration und sein ‚Lager‘ teilte, dort der Leutnant, der Beute-Schokolade austeilte und die Bäckerin mit dem Zucker. Dann die Pfeife. Wer kann heute ermessen, was es damals bedeutete, ein oder zwei Zigaretten hineinzustopfen und ein paar Züge zu tun?

Nach ein paar Tagen wurden wir auf offene Eisenbahnwaggons verladen. Ich war so schwach, daß ich mich mit dem Rücken an den auf einer primitiven Bank Sitzenden anlehnen mußte. Von Zeit zu Zeit, wenn es gar nicht mehr weitergehen wollte, nahm ich ein Stück Zucker und ließ es langsam im Munde zergehen. Heimlich, damit niemand von meinem Schatz erführe und mich beraube. Hing doch vielleicht mein Leben von ein paar Stücken Zucker ab! Der Zug kroch nur so über die Strecke. Plötzlich sagte mein Kamerad: „Genug jetzt, ich empfehle mich! Leb wohl!" Sprang ab und lief seelenruhig über die Felder, ohne daß einer der amerikanischen Posten ihm nachgeschossen hätte!

In der Nähe der Stadt Wolfenbüttel kamen wir in ein großes Barackenlager, in dem über Jahre hindurch Fremdarbeiter untergebracht gewesen waren. Niemand von uns stieß sich daran, daß es dort mehr als primitiv war. Wir waren glücklich, endlich ein Dach über dem Kopf zu haben! Wir machten Ordnung, stellten aus Kisten und dergleichen Schlafplätze her und bildeten so eine kleine Einheit, die ‚Stube 35' benannt wurde. Deutsche Offiziere waren offiziell der Mannschaft gleichgestellt, aber sie hielten sich abseits. Nur beim Essenholen konnte man erleben, daß einer sich – vergeblich – vorzudrängen versuchte. Die Amerikaner hatten Respekt vor der Ordnung im deutschen Heer. Sie hatten die Befehlsgewalt über unseren Teil des Lagers einem deutschen Oberst übertragen, der Soldaten auch in den Arrest hätte stecken dürfen. Denn es gab ein mehr als primitives vergittertes Loch hierfür.

Das Lager war von Zäunen umschlossen, die Posten standen auf hohen Wachtürmen und hatten nachts Scheinwerfer neben sich. Niemand dürfe die Baracke bei Dunkelheit verlassen, hieß es. Aber das war Theorie, denn zum ‚Austreten' mußte man hinaus! Nahrung wurde zweimal am Tag ausgeteilt. Mittags mußte man sich um eine warme Wassersuppe anstellen, in der ein wenig Dörrgemüse herumschwamm, abends gab es karge kalte Verpflegung.

Es war lehrreich, das Verhalten der Soldaten zu beobachten. Da gab es welche, die stundenlang auf einen aufgeworfenen Hügel standen und nach Süden starrten, wo sich die Erhebungen des Harzes vom Horizont abzeichneten. Viele saßen in kleinen Gruppen verstreut auf ausgebreiteten Zeltplanen und pokerten den ganzen lieben Tag lang. Oftmals lagen erhebliche Geldsummen in der Mitte des improvisierten Spieltisches! Geld schien für niemanden mehr irgendeinen Wert zu besitzen. Mir war es gelungen, 1.200,– Mark, die ich von daheim für Notfälle zu mir gesteckt hatte, zu behalten. Ich brachte sie später auch bis nach Salzburg, und diese Summe bildete den Grundstock meines Geschäftskapitals, als ich dort meine Galerie aufmachte!

Interessant für mich war, daß sich augenblicklich innerhalb des Lagers eine neue Währung bildete. Die Einheit war eine Zigarette, lebenswichtig für die vielen starken Raucher, zu denen ich nicht gehörte. Für 5 Zigaretten konnte man eine Scheibe Brot eintauschen und sich damit die Kost ein wenig aufbessern. Zigaretten gehörten zur Tagesration und wurden ein- oder zweimal die Woche ausgeteilt. Sehr schwierig aber erwiesen sich andere Tauschgeschäfte. So wollte sich jemand von einigen Wehrmachtskonserven trennen, so man ihm etwas Wertbeständiges, am liebsten Gold, dafür gäbe. Es fand sich einer, der ihm irgend ein Äquivalent bieten konnte. Die Frage war nun: war das auch wirkliches Gold oder nur vergoldetes Silber? Ich erinnere mich, daß ich zwei Tage lang das Lager auf und ab lief, bis es mir gelang, einen ehemaligen Goldschmied aufzutreiben, der behauptete, sachverständig zu sein. Ich bekam letztlich für meine Vermittlung zwei Wehrmachts-Fleischkonserven, die ich wie meinen Augapfel hütete, um sie als Geschenk für die Meinen mitzunehmen.

Solange unser Lager von amerikanischen Soldaten bewacht wurde, blühte ein Schleichhandel unter dem Zaun hindurch. Gegen Armbanduhren gab es amerikanische Heereskonserven, wie wir sie später in Wien aus den beliebten 'CARE-Paketen' kennenlernten: Kalte Verpflegung, erstklassig verpackt und in fünf Varianten an die Soldaten der amerikanischen Armee ausgeteilt. Das änderte sich schlagartig, als Engländer die Verwaltung unseres Lagers übernahmen, denn ihre Soldaten waren – gleich uns – an 'austerity' gewöhnt (ein Wort, das noch viele Jahre später die Situation Englands als wirtschaftlich ausgeblutete 'Sieger' kennzeichnete), und hatten nichts zu tauschen. Mit einem Mal wurde aber auch unsere mehr als kärgliche Verpflegung auf ein absolutes Minimum reduziert. Waren doch mittlerweile alle Konzentrationslager aufgefunden worden und die Welt hatte empört von der himmelschreienden Behandlung von Menschen dort Kenntnis nehmen müssen. Es schien also naheliegend zu sein, deutschen Gefangenen Gleiches mit Gleichem zu vergelten. Das war die Zeit, in der ich des Nachts veritable Hungerträume hatte, bei denen mir Leckerbissen vorgegaukelt wurden, was ein schmerzliches Zusammenziehen der Magenschleimhäute zur Folge hatte und mich aufweckte. Trotzdem bin ich heute noch für dieses Erleben dankbar.

Menschen, die Hunger leiden, verwandeln sich nur allzuleicht in solche, die unkontrollierte Handlungen begehen. Die Zuteilung der Abendverpflegung (pro Mann ein oder zwei Scheiben Brot und für alle ein Stück dürre Wurst, im Ganzen belassen) wurde zum Problem. Da ich eine ruhige Hand habe, wurde mir die Aufteilung dieses jämmerlichen Wurststückes auf die vierzig Soldaten unserer 'Stube' anvertraut! Ich schnitt also, von 39 Augenpaaren mit durchdringenden Blicken bewacht, Scheibe um Scheibe ab. Wir hatten uns ausgedacht, daß einer mit dem Gesicht zur Wand einen Namen nach dem anderen auszurufen hatte, und so wurden die geschnittenen Stücke verteilt. Man möchte glauben, daß dieses ein fehlerfreies System gewesen sei. Doch erst später kam ich darauf, daß es eine Absprache in der 'Stube' gab. Wer immer zum Nennen von Namen auserwählt war, wurde durch geheimnisvolle Zeichen geleitet, die dicksten Stücke besonderen Kameraden zuzuteilen! Ich bin nie ganz dahintergekommen, wie das funktionierte. Die Differenz zwischen den einzelnen Scheiben konnte nur ein bis zwei Millimeter betragen haben und im Grunde überhaupt keine Rolle spielen! Gier und Hunger beherrschten alle. Etwas Eßbares auch nur kurze Zeit irgendwo weggelegt zu haben, war fatal!

Anfänglich sah es aus, als bliebe jeder von uns ein bis zwei Jahre (meine Schätzung) in den vom Krieg verwüsteten ehemaligen Feindländern, wo man bereits zu jener Zeit mit Wiederaufbau-Arbeiten beschäftigt war.

Für den Umgang mit den bewachenden Amerikanern beziehungsweise Engländern waren Sprachkenntnisse notwendig. Daher arbeitete ich einen Sprachkurs aus, der mittels der einen Schreibmaschine, die unserem Lagerbüro zur Verfügung stand, in Durchschlägen vervielfältigt und auf jede unserer 'Stuben' verteilt wurde. Der Titel meines Kurses hieß 'How do you do, Mr. Brown?' Die ersten Lektionen hatten großen Erfolg und jedermann lernte eifrig. Sobald die Soldaten aber die Zahlen und die primitivsten Wörter täglichen Umgangs erlernt hatten, blieben sie den Kursen fern!

Unser Lagerkommandant veranlaßte nichts, was nützlich gewesen wäre. Seine Tätigkeit beschränkte sich darauf, daß er nach vielen Tagen des Nachdenkens ein Meldegängersystem für unseren Teil des Lagers ersonnen hatte. Pro 'Stube' hatte ein Mann sich in seinem Vorraum Tag und Nacht aufzuhalten, auf daß er zu jedem Moment in der Lage sei, ihm wichtig dünkende Nachrichten augenblicklich durchgeben zu lassen. Dieser Dienst, zu dem man angehalten wurde, war außerordentlich unbeliebt. Denn erstens mußte man in einem hellerleuchteten, lauten Durchgangs-Raum schlafen, und zweitens gab es keine wie immer geartete Gewähr dafür, daß die in der ‚Stube' mittlerweile ausgeteilten Abendrationen je in den Besitz des unglückseligen Botengängers gelangten! Für Beschwerden hatte der Oberst taube Ohren! Er war ein außerordentlich von sich eingenommener Mann. Er schickte mich – der für einen Tag zu seinem persönlichen Dolmetscher bestimmt war – in das Lager nebenan. Er verlangte den Besuch des englischen Lagerkommandanten punkt 15 Uhr 30 zu einer ‚wichtigen' Besprechung. Der dort diensthabende Soldat lachte bei meinen Worten schallend auf, der Kommandant blieb aus! Unser Oberst tobte. Ich bat ihn, von diesem Dienst befreit zu werden, da augenscheinlich meine Englischkenntnisse ungenügend seien!

Plötzlich hieß es, es würden Werkstätten zu unserer Beschäftigung eingerichtet. Dafür wurden lange Listen von benötigtem Werkzeug vorgelegt. Diese sollten von mir ins Englische übersetzt werden, um das Material anfordern zu können. Es gab keinerlei Behelfe. Durch irgendein kompliziertes Zigaretten-Tauschgeschäft gelang es mir, den Band Deutsch-Englisch eines Langenscheidt-Taschenwörterbuches, kleine Ausgabe, in meinen Besitz zu bekommen. Bedenke ich den Wert der damals in Tausch gegebenen Zigaretten, so war es wohl eines der teuersten Bücher, das ich jemals erworben habe! Es stellte sich heraus, daß dieses Taschenwörterbuch keineswegs ausreichend war. Es amüsierte mich, wie einer der englischen Offiziere, sichtlich ein Emigrant, mir die Liste mit den Worten aus der Hand nahm, er werde das gleich schaffen. Aber nach fünf Minuten händigte er mir mit einem Achselzucken die Liste unbearbeitet wieder aus! Es kam auch nicht zur Einrichtung von Werkstätten, die Entlassungen begannen.

30. Fahrt gegen Salzburg

Vom Lager aus hatten wir, ein kleiner Trupp Österreicher – wir waren mit einem Mal keine Kriegsgefangenen mehr, sondern ‚displaced persons', ungefähr eine Stunde zum nächsten Bahnhof zu gehen. In meinem kleinen Notizbuch hatte ich mir eines Abends in Belzig das schöne Gedicht von Eichendorff notiert, das in seiner Novelle ‚Aus dem Leben eines Taugenichts' zu finden ist. Ich zog mein Büchlein aus der Tasche und las es während des Gehens laut vor. Natürlich kannte es niemand, und ich vermag auch nicht zu sagen, ob es gefiel oder ob ich – meiner Sentimentalität halber – insgeheim verspottet wurde. Ich ließ mich aber nicht stören und trug vor:

„Die treuen Berg' stehn auf der Wacht: *Da kennt mich erst die ganze Rund,*
Wer streicht bei stiller Morgenzeit   *Nun grüßen Bach und Vöglein zart*
Da aus der Fremde durch die Heid?   *Und Wälder rings nach Landesart.*
Ich aber mir die Berg' betracht'   *Die Donau blitzt aus tiefem Grund,*
und lach' in mich vor großer Lust,   *Der Stephansturm auch ganz von fern*
Und rufe recht aus frischer Brust   *Guckt über'n Berg und säh' mich gern,*
Parol' und Feldgeschrei sogleich: *Und ist er's nicht, so kommt er doch gleich,*
Vivat Österreich!   *Vivat Österreich!"*

Es stellte sich sehr bald heraus, daß durchgehende Zugsverbindungen in Richtung München nicht existierten. Immer wieder waren die Geleise zerstört.

Da ich wußte, daß ich nach dem noch immer von den Russen besetzten Wien nicht würde entlassen werden können, hatte ich mir die Stadt Salzburg als Ziel ausgedacht und vorgegeben, dort Schätzmeister der Versteigerungsanstalt ‚Dorotheum' zu sein. Dorthin wollte auch ein bulliger, aus Wien stammender Sanitätssoldat, dem ich mich in der Erkenntnis anschloß, daß man zu zweit viel eher ans Ziel kommen könnte, als allein. Er war ein gelernter Drogist und trug als Schatz aus Wehrmachtsbeständen einen Sanitätslederkoffer mit sich, der randvoll mit kostbaren Medizinen, Morphium vor allem, gefüllt war. Nie jedoch fand er sich bereit, irgendeinem von uns mit einem Medikament zu helfen! Er war in blendender physischer Verfassung, als wir aufbrachen und erzählte mir, ohne Scham darüber zu empfinden, daß er in dem neben uns gelegenen Gefangenenlager in der Sanitätsstube untergekommen sei und sich mit den für Schwerkranke bestimmten Schonkostzuteilungen zunächst einmal selbst sehr gut bedient habe. Wir beschlossen, gemeinsam die schwierige Heimreise anzutreten.

Verpflegt wurden damals Soldaten und Heimkehrer unentgeltlich von den Bahnhofsmissionen des ‚Roten Kreuzes', dem man für seine Tätigkeit gar nicht dankbar genug sein konnte. Wenn es auch nur Kartoffelsuppe gab, so wurde niemals gefragt, sondern bereitwilligst die Menageschale oder eine leere Konservendose (wie in meinem Fall) gefüllt! Mit den Zügen allerdings kam man nur mühsam, sozusagen von Station zu Station, weiter. Unser erster Aufenthalt war Kassel! Hier erfragte ich den Weg zur Direktion der ‚Henschel & Sohn GmbH. Lokomotivfabrik', die sich zu einer Weltfirma für den Bau von Lokomotiven und Werkzeugmaschinen entwickelt hatte. Jetzt lag auch sie in Trümmern, aber das Verwaltungsgebäude stand noch. Ich meldete mich dort und wurde mehr als liebenswürdig empfangen. Ich konnte mich mit dem Hinweis darauf vorstellen, daß eine Dame der Familie Henschel jahrelang eine unserer guten Kunden in Wien gewesen sei, deren oftmals ausgefallene Wünsche auf dem Gebiet der Graphik wir immer erfüllt hätten. Was ich in meinen kühnsten Erwartungen nicht für möglich gehalten hätte: Man bot uns für eine Nacht ein Fremdenzimmer im gleichfalls erhalten gebliebenen Gästehaus der Firma an! Ich vermag gar nicht zu schildern, wie glücklich ich mich fühlte, endlich wieder ein Bad benützen und in einem weiß überzogenen Bett schlafen zu können! Meinem Drogisten gegenüber stand ich demnach 1 : 0 da.

Tags darauf ging es wieder stückerlweise weiter. In der Nähe von Frankfurt war die Strecke wieder total unterbrochen. Wir kamen an dem vorbei, was einmal die Stadt Offenbach gewesen war. Es war erschütternd, daß buchstäblich kein Haus mehr stand und daß wir, auf der Plattform eines Holzgaslastautos stehend, das uns ein Stück des Weges weiterbrachte, nichts wie Trümmer erblicken konnten. Kurz danach war es endgültig aus mit der Eisenbahn. Wir kamen zu einem großen Rangierbahnhof, und dort sank ich, total ermüdet, mutlos und erschöpft, auf einer Bank nieder.

Hier bewährte sich mein Drogist. Er ließ mich sitzen und kam, nach schier endloser Wanderung über mit abgestellten Waggons besetzten Geleisen, mit einer guten Nachricht zurück. Er habe in einem Lokomotivschuppen mit dem Heizer einer Lokomotive gesprochen, die in kürzester Zeit mit einem Heimfahrerzug voller italienischer Arbeitsdienstverpflichteter nach Salzburg fahren würde. Nun stand es 1 : 1. Wie elektrisiert sprang ich auf und lief mit ihm zum Lokomotivschuppen. Ein kurzes Gespräch dort ergab, daß die Lokomotive zunächst einen in der Nähe abgestellten Frachtwaggon holen und dann mit diesem zu jenem Zug fahren würde. Ich wollte meinen Augen nicht trauen, denn aus der geöffneten Schiebetüre dieses abgestellten Waggons blickten bequeme Fauteuils hervor, deren einer von kleinen Kindern besetzt war. Zwei Frauen, derbe Bergschuhe an den Füßen, Schals um den Hals, Tücher über dem Kopf, liefen hin und her. Die eine von ihnen war gerade zurückgekommen. Sie hatte erreicht, daß unser freundlicher Lokführer ihr ein wenig kochend heißes Wasser für das Aufwärmen von Milchflaschen zur Verfügung gestellt hatte. Ich möchte hier einfügen, daß überhaupt in jenen Tagen in der Bevölkerung in Deutschland wie in Österreich ein selten zu beobachtender Wille zur Freundlichkeit und Hilfsbereitschaft herrschte. Ein jeder dachte, indem er Gutes tat, werde vielleicht irgendwo irgendjemand einem seiner Familienmitglieder in ähnlicher Weise hilfreich beistehen! Ich näherte mich sehr schüchtern den beiden Damen, stellte mich vor und fragte, ob es denn richtig sei, daß sie nach München fahren. „Ja", war die Antwort. Nach tagelangem Abgestelltsein auf irgendeinem Gleis sei es ihnen endlich gelungen, beim Bahnhofsoffizier zu erreichen, daß ihr Waggon nun angehängt und weitertransportiert werde. Sie seien in großer Sorge, ob der mitgenommene Vorrat an Milchpulver für ihre Kinder wohl ausreiche, denn zu kaufen gab es unterwegs nichts. Im übrigen stellte es sich heraus, daß sie bereits eine lange Fahrt hinter sich hatten. Sie kamen aus der Nähe des Harzes, wohin sie mit allen Möbeln ihres Münchener Heimes kriegsverschickt gewesen waren. Der Ehemann der einen, ein hoher Eisenbahnbeamter in München, habe erreicht, daß ihre Habe wieder in einen Waggon eingeladen würde. Nun hoffe sie, innerhalb der nächsten zwei Tage in München eintreffen zu können. Ich hörte teilnahmsvoll zu, und dann wagte ich die Bitte vorzubringen, ob sie nicht geneigt wäre, meinen Drogisten und mich bei sich im Waggon aufzunehmen? Ich machte beiden Damen klar, daß es doch für sie sicherlich einen willkommenen Schutz bedeuten würde, zwei anständige junge Männer aus gutem Haus bei sich zu haben. Wir wären selbstverständlich zu allen Hilfsdiensten bereit. Und wirklich, nach einigem Zögern erhielt ich die Erlaubnis, winkte meinem Drogisten, die Lokomotive pfiff, stieß sachte den Waggon vor sich her. Dieser wurde vor den Rückkehrertransport angehängt. Und wie im Traum ging die Reise weiter, 2 : 1 für mich!

Wir saßen auf bequemen Fauteuils, blickten durch offenstehende Schiebetüren auf die Landschaft. Sprangen in jeder Station herunter, um uns beim ‚Roten Kreuz' zu nähren, und brachten auch für die Damen und Kinder Erbetteltes zurück. Es hätte sich alles besser nicht finden können! Leider gab es einen Wermutstropfen. Ein junger, mir unsympathischer Soldat bedrängte die Damen in einer der nächsten Stationen und bat – gleich uns – aufgenommen zu werden. Die Damen gaben seinem Drängen nach. Er brauche nichts anderes, als ein wenig Platz, sagte er, rollte sich in seine Decke und schlief augenblicklich ein. Am Morgen war er wortlos verschwunden und mit ihm ein Paar Bergschuhe, kostbares Gut einer der beiden Damen! Wir fanden kaum Worte, um die aufgebrachte Verlustträgerin zu trösten.

Noch eine Nacht und wir rollten in einem Vorortebahnhof Münchens ein. Von den beiden Damen und den sehr lieben beiden Kindern empfahlen wir uns. Beinahe übrigens wären wir beide sehr unsanft aus dem Zug gestoßen worden, denn plötzlich stand ein amerikanischer Offizier vor uns, der den Heimkehrerzug begleitete. Sehr barsch fragte er, ob wir denn nicht wüßten, daß es Deutschen verboten sei, diese Heimkehrerzüge zu betreten? Ich versuchte, ihm mit netten Worten klarzumachen, daß wir bereits zwei Tage unangefochten in diesem Waggon mitgefahren seien, jeden Kontakt mit den Italienern vermieden hätten und vermeiden würden. Endlich gab er nach und ging knurrend davon.

Wir durchquerten München irgendwie und fanden sehr bald einen bereits fahrplanmäßig verkehrenden Zug mit einer elektrischen Lokomotive. Wie im Flug vergingen die letzten einundeinhalb Stunden der Heimfahrt, dann rollten wir im Salzburger Hauptbahnhof ein, und ich nahm Abschied von meinem Drogisten. Wir sahen uns ein wenig später nochmals im Haus seiner Salzburger Tante, gingen aber dann ein jeder unserer Wege.

Vorher jedoch, an der Grenze bei Freilassing, wollte mir für einen Augenblick mein Herz stocken. Ich sah von ferne eine junge Frau mit einem Kind an der Hand den Zug entlang kommen und suchend in jeden Waggon blicken. Für einen kurzen Augenblick hoffte ich, es wäre meine erste Frau mit meinem Sohn Niki. Die Illusion verschwand, als die beiden nähergekommen waren.

31. Firmengründung in Salzburg, Herbst 1945

Da stand ich nun in den Hallen des Salzburger Bahnhofes, immer noch im bereits sehr abgetragenen, dünnen Militärmantel. Was ich damals überhaupt besaß, konnte ich unschwer tragen: Einen kleinen Beutel mit dem allernotwendigsten Toilettezeug in der linken Hand. In der Rechten trug ich meinen ‚Schatz‘, jene beiden Wehrmachts-Fleischkonserven, die ich als einziges ‚Mitbringsel‘ den Meinen überreichen wollte. Auf das Wichtigste hätte ich beinahe vergessen: In meiner Brieftasche befanden sich jene 1.200,– Reichsmark, die ich – trotz aller Filzereien in der Gefangenschaft – hatte behalten können. So unglaublich dies heute auch klingen mag, das war mein Kapital zu neuem Geschäftsbeginn. Denn was ich von dem, was ich in Wien besaß, wirklich noch vorfinden würde, war ein einziges großes Fragezeichen. Aber ich hatte immer zu mir selbst gesagt: Wenn es mir nur gelänge, ohne körperlichen Schaden genommen zu haben, heimzukehren aus einem Krieg, der alles bisherige an Grauen, Blut und Kummer übertroffen hatte, dann wollte ich – wenn dies notwendig wäre – an der nächsten Straßenecke neu beginnen. So weit war es also jetzt. In Wahrheit besaß ich damals nichts als den Glauben an mich und die Hoffnung, daß es mir gelingen werde, mich mit den Meinen zu vereinen und neu anzufangen.

Der Bahnhof mit einrollenden oder abfahrenden Zügen, den aussteigenden oder zum Einstieg hastenden Menschen bot das gewohnte, friedensmäßige Bild von einst. Sie waren anständig, zumeist in Landestracht, zumindest aber in Loden angezogen und sahen friedlich und unbekümmert aus. In all dem Treiben rings um mich war ich der einzige ruhende, an eine der eisernen Stützsäulen des Bahnhofes angelehnte Punkt. Ich hatte keine Ahnung, was die nächsten Stunden mir bringen würden und wollte ein wenig nachdenken, bevor ich auch nur einen Schritt in die Stadt setzen würde.

Die Verbindung mit meiner Familie war seit Ostern 1945 abgebrochen, die Russen hatten Wien erobert und hielten Niederösterreich bis zum Fluß Enns besetzt. Dort hätte genausogut Asien beginnen können. Hinter der Enns lag eine feindliche, fremde Welt. Trotzdem wäre ich auch dort über die ‚grüne Grenze‘ gegangen, um dort Nachschau nach den Meinen zu halten und sie, wenn irgendmöglich, zu mir in die westliche Welt zu bringen. Ich machte mir Vorwürfe, ihnen nicht klipp und klar eingeprägt zu haben, vor den einmarschierenden Russen nach dem Westen zu fliehen. Was mich davon abgehalten hatte war die Erfahrung, die ich in den letzten Wochen meines

Aufenthaltes in Belzig machen mußte. Wie vollgepfropfte Transportzüge, mit Hunderten von Flüchtlingen aus den deutschen Ostgebieten besetzt, irgendwo immer wieder wegen der Fliegerangriffe halten mußten. Wie es an allem mangelte, die Mütter nicht wußten, wie ihre armen Kinder ernähren. Und wie unsagbar primitiv jene Stätten waren, die man den Geflohenen als Quartier anbot. Kleinkinder vor allem hielten diese Entbehrungen nicht aus. Wie oft hatte ich mitansehen müssen, wie Mütter ihre Babys irgendwo nahe den Eisenbahndämmen eingraben mußten, rasch und gehetzt, auf daß ihnen der Zug nicht davonführe. Da gebe einer guten Rat! Aber – wie ich da auf dem Bahnhof stand – mußte ich mir sagen, daß ein Fortgehen doch bei weitem der bessere Teil gewesen wäre. Eines war mir klar. War in Wien – wie es den Anschein hatte – tatsächlich alles verloren, müßte ich hier neu anzufangen versuchen, um die Meinen versorgen zu können. Ich mußte mir sagen, daß ich mit sehr viel Glück vor dem Schlimmsten bewahrt geblieben war. Durch die Entbehrungen und Sorgen ausgepumpt, war ich ein Schatten meiner selbst, von 80 Kilo Normalgewicht abgemagert auf kaum mehr als 60 Kilo. Wäre es daher nicht am Ende das Allerklügste, ich würde mich auf irgendeine der Salzburger Almen zurückziehen und dort trachten, im Sonnenschein liegend auf all das Bedrückende zu vergessen? Doch mußte ich mir sagen, daß ich das gewiß nicht können würde, bevor ich nicht Nachricht von zu Hause hätte. Hinzu kam, daß die Russen die Entlassungsscheine aus der Kriegsgefangenschaft – ausgestellt von den anderen Alliierten – ganz einfach zerrissen und die Unglückseligen, in Marschkompanien zusammengetrieben, nach dem Osten marschieren ließen. Also blieb mir, so mußte ich mir sagen, nur das eine: Hier zu versuchen, Fuß zu fassen. Nachdenklich bestieg ich den wie in Friedenszeiten funktionierenden, elektrisch angetriebenen Bus und fuhr ins Zentrum. Langsam durchschritt ich die mir vertrauten Straßen und Plätze. Welche Stadt, welcher Friede, welche kaum faßbare Schönheit! Keinerlei Kriegsschäden. Und überall Wasser, Quell des Lebens. Sei es die ungestüm dahinfließende Salzach, seien es die zahllosen Brunnen der Stadt – längst befreit von kriegsmäßigen Schutzumhüllungen. Und die Musik, die von überallher klang. Das liebreizende Geläute des Glockenspiels. Der Klang der Kirchenglocken, an denen ich vorüberschritt. Tief bewegt betrat ich die wunderschöne gotische Franziskanerkirche und verweilte dort eine Zeitlang in einem innigen Gebet. Ich wollte, so schwor ich mir, tapfer sein und ertragen, was mir unter Umständen auferlegt sei. Vorerst aber stattete ich der Allmacht meinen Dank ab, daß sie mich erhalten und bewahrt hatte, und bat – so wie an jedem Abend – um Schutz der Meinen. Tief bewegt verließ ich das Zentrum der Stadt, um die einzige Adresse aufzusuchen, die ich in Salzburg kannte.

Ich bestieg neuerlich den Elektrobus und fuhr zu der am Rande der Stadt gelegenen kleinen Villa, wo eine der Schwestern meiner Schwiegermutter mit ihrem Mann, einem Hofrat Wolf, wohnte. Er, 1938 aus politischen Gründen amtsenthoben, war – wie sich bald herausstellen sollte – nun wieder der zu Amt und Ehren gekommene Leiter der Abteilung Land- und Forstwirtschaft der Landesregierung Salzburg. Mit bangem Herzen läutete ich an der Gartentüre an. Die Frau Hofrat öffnete nach einigem Zögern, er selbst saß an einem Tisch und legte die Zeitung weg, als ich den Garten betrat.

Schon nach den ersten Begrüßungsworten – ich kannte die beiden nicht, nur ihre einzige Tochter, die hier und da einmal nach Wien gekommen war – hatte ich die traurige Gewißheit, daß meine Frau mit meinem Söhnchen Niki in Scheibbs in Niederösterreich geblieben war. Dort hatte auch eine andere

Schwester meiner Schwiegermutter Zuflucht gefunden gehabt. Sie aber war vor dem Einmarsch der Russen samt ihrer Tochter nach dem Westen geflüchtet und hatte irgendwo in oder bei Hallein eine provisorische Unterkunft gefunden. Sie hätte sich vergebens bemüht, meine Frau zur Mitflucht zu überreden. Es sollte noch zwei oder drei Wochen dauern, bis ich endlich Nachricht, auch von meiner Mutter und Schwester hatte und wußte, daß sie alle am Leben waren.

Daß der Empfang bei dem alten Hofrats-Ehepaar besonders herzlich gewesen wäre, kann ich nicht behaupten. Schon mit den ersten Worten ließ der grantige Herr Hofrat erkennen, daß er mit aller Absicht sein Haus so erbaut habe, daß er niemals Gäste würde bewirten können! Aber sie konnten mir doch nicht einfach die Türe weisen, umso weniger, als sich auch die Tochter für mich einsetzte. Ich bekam also ein Feldbett auf dem Boden des Hauses, inmitten von Gerümpel, unter Wäscheleinen aufgestellt und hatte somit zumindest einmal ein Dach über dem Kopf. Schon am nächsten Morgen, nahm mich die Frau Hofrat zur Seite: „Bist Du heut' nacht leicht munter g'worden?" fragte sie, leicht zuzelnd, wie es ihre Art war. „I hab di nämlich geh'n g'hört. Fast wär' der Onkel munter g'worden!" Der letzte Satz dieses Ausspruches ist seither in meiner Familie zum geflügelten Wort geworden! Es war gut, daß ich meine Gesichtszüge zu kontrollieren vermochte. Ich war versucht, sie ganz einfach auszulachen. Als ich ihr tags darauf, so rasch es überhaupt ging, meine Lebensmittelkarten übergab, hieß es: „Also, I muß Dir was sag'n. Gestern abend hab' i nit a bisserl Brot mehr im Haus g'habt. I kann di a net weiterhin verköstigen. Die paar Markerln helfen mir net. Heut' nacht hab' i bet: Lieber Gott, hab' i g'sagt, hülf mir und schaff' mir an Struzzen Brot für meinen Mann. Und was soll i Dir sag'n? Wie i zum Greißler komm', steht die Frau Schneider neben mir und sagt: ‚Frau Hofrat', sagte sie, ‚wolln's vielleicht einen Struzzen hab'n? Da ist er!'"

Es war wirklich grotesk! Der Hofrat saß in der Landesregierung direkt an der Quelle. Wie leicht wäre es für ihn gewesen von den hundert Bauern und Förstern, mit denen er amtlich zu tun hatte, gelegentlich irgend etwas einzukaufen, was es am Markt kaum gab: Butter, Eier, Wild, etc. Aber nein! Der Herr Hofrat lehnte dies aus moralischen Gründen ab und hätte wahrscheinlich seelenruhig zugesehen, wie seine Familie langsam verhungert wäre. Denn, daß Frau und Tochter selbstredend auf ihn Rücksicht zu nehmen und ihm von ihren kärglichen Lebensmittelzuweisungen das meiste abzutreten hatten, war klar.

Was blieb mir also übrig, als in einen Gasthof essen zu gehen. Das war natürlich ein Leidensweg, der sich jeden Tag wiederholte. Denn niemals werden kleine Leute unangenehmer, als wenn Notzeiten anbrechen. Man mußte sich also ihrer unverschämten Tyrannei fügen und trachten, punkt 12 Uhr einen Platz einzunehmen; bekam dann gnadenhalber einen Teller lauwarmer Suppe und mußte auf den kärglichen Hauptgang wie auch auf den nur gelegentlich servierten Nachtisch so lange warten, daß man niemals vor zwei Uhr den Tisch verlassen konnte. Da half einfach nichts! Um mein Kapital zu erhalten, ging ich nicht etwa auf dem Schwarzmarkt einkaufen.

Meine zweite Sorge galt der Beschaffung einer zivilen Kleidung. Die Tante half für kurze Zeit mit einem alten, geflickten Janker des Herrn Hofrats aus, und ich lief mir vergeblich die Füße wund, um irgendeinen Schneider zu finden, der gegen Geld und gute Worte willens gewesen wäre, meine Uniformjacke durch geringfügige Veränderungen in eine Steirerjacke zu verwandeln. Da wollte es der Zufall, daß ich plötzlich vor dem Festspielhaus dem

Regisseur Herbert Waniek und seiner Frau, der Schauspielerin Sylvia Devié, in die Arme lief. Ich kannte beide sehr gut von vielen schönen Abenden im Hause von Gregor Melingo, Bruder meines Freundes Alex Melingo, der sich am Heumarkt mit allem Raffinement, so schien es mir damals, eine Junggesellen-Wohnung eingerichtet hatte und reizend empfing. Wobei es, trotz Krieg, niemals an Köstlichkeiten fehlte: schwarzer Kaffee, große Zigarren und französischer Cognac. Dafür war der im bescheidenen Teil der Wohnung lebende dritte, stille, unscheinbare Bruder Christoph zuständig, der alles aufzutreiben imstande war. Herbert Waniek verdanken wir besonders zur Zeit der deutschen Besetzung und auch später viele ausgezeichnete Inszenierungen im Burgtheater, besonders von Raimund- und Nestroy-Stücken. Er war ein hochgebildeter Mann, der seine Briefmarkensammlung verkauft hatte, um nun mit gleichem Eifer und mit sehr viel Geschick sich eine Autographensammlung zuzulegen. Hierbei verfolgte er eine originale Idee: Erwarb er nämlich den Brief irgendeines Dichters oder Schriftstellers (er sammelte deutsche Literatur), der an einen erkennbaren Adressaten gerichtet war, so trachtete er, im Anschluß daran ein Autograph dieses Mannes zu erwerben. Ich hatte mich während der Kriegsjahre seinethalben von manchem wertvollen Stück getrennt, an dem ihm lag, weil es mir Freude machte, ihm beim Aufbau seiner Sammlung zu helfen. Strahlend und bester Laune ging er auf mich zu:

„Nein", rief er leicht theatralisch aus, „so etwas! Wie freuen wir uns, Sie wohlbehalten heimgekommen zu sehen! Und gleich das Wichtigste: Meine Autographensammlung ist gerettet, wir haben sie mit bei uns im Hotel Bristol!" Er war, unbescholten wie er war, von den Amerikanern, denen am raschen kulturellen Wiederaufbau Salzburgs lag, in ihre Dienste genommen worden; inszenierte Aufführungen im Festspielhaus, wo man bereits 1945 mit Hilfe der in die Umgebung Salzburgs verschlagenen Künstler Aufführungen veranstaltete. Nach einigem Hin und Her faßte ich mir ein Herz und sagte ihm: „Lieber Herr Waniek, Sie könnten mir einen großen Gefallen erweisen, der Sie nicht einmal etwas kostet: Geben Sie mir eine Empfehlung an den Theaterschneider, damit er mir meine Wehrmachtsjacke umändert!" Schlagartig änderte sich die vorher so deutlich zu Tage getretene Bonhomie. Seine Stirn wies mit einem Male Falten auf, er murmelte nach einem Blick auf seine Frau, daß dies aus den oder jenen Gründen nicht ginge, faßte sie unter und verschwand! Das war, sozusagen, der erste Streich. Der zweite war, daß er – für damalige Begriffe opulentest im Hotel Bristol verpflegt – es niemals für notwendig fand, mich dorthin zu einem Essen einzuladen. Man kann heute kaum ermessen, was das bedeutet hätte! Aber der dritte Streich folgte kaum ein paar Wochen später, als ich bereits in der Haffnergasse 16 auf eigene Rechnung etabliert war und zwei oder drei Ausstellungen mit Erfolg veranstaltet hatte. Er erschien eines Abends nach Geschäftsschluß mit seiner Frau, sah sich um, ob uns auch niemand zuhörte und sagte: „Was ich Ihnen jetzt anvertraue, ist strikt vertraulich! Ich bin bereit, mich von allem zu trennen, was verkäuflich ist – auch von meinen Autographen, und möchte bei Ihnen als Partner eintreten, weil mich die Arbeit für die Bühne degoutiert."

Beinahe hätte ich ihm glatt ins Gesicht gelacht! Ich faßte mich jedoch, murmelte meinerseits ein paar Komplimente und draußen war er! Im übrigen war sein Schicksal sehr bald tragisch. Er verliebte sich, nach Wien zurückgekehrt, in ein um vieles jüngeres Fräulein, Tochter eines bekannten Wiener Rechtsanwaltes, ließ sich von seiner Frau scheiden, heiratete seine junge Flamme und starb kurze Zeit darauf.

145

Es gelang mir, mit sehr viel Zureden meine Jacke doch geändert zu bekommen; später konnte ich aus einer der Bergungskisten von V. A. Heck, die ich vom Ennstal nach Salzburg kommen ließ, einen vorsorglich miteingepackten Anzug entnehmen, auf dessen Existenz ich total vergessen hatte.

Bei meinen alltäglichen Wanderungen durch die Altstadt von Salzburg war mir in der Haffnergasse 16 aufgefallen, daß in das kleine Gassenlokal rechts vom Eingangstor, das für die ehemalige Rahmenhandlung Welz gute Dienste geleistet hatte, ein Tapezierer eingewiesen worden war. Ich erkundigte mich beim Hausbesorger und erfuhr, daß Herr Welz im Lager Glasenbach von den Amerikanern festgehalten wurde. Friedrich Welz war kunstbesessen und strebte danach, weg von den engen Verhältnissen des väterlichen Unternehmens im Kunsthandel tätig zu sein. Seine erste große Chance war, daß der begabte und unternehmungslustige Dr. Otto Nirenstein-Kallir ihn vor 1938 eingeladen hatte, für ihn oder vielleicht besser gesagt: mit ihm, den Sommer über bei den von ihm ins Leben gerufenen internationalen Kunstausstellungen in einer für diese Zwecke in Salzburg adaptierten Villa in bester Lage tätig zu sein. Es sollte sich allerdings bald herausstellen, daß ein solches Unternehmen damals in Salzburg nicht reüssierte. Die Festspielzeit währte zu kurz. Dr. Kallir emigrierte 1938 nach den USA und wurde dort – dank seiner Tüchtigkeit – zu einem erfolgreichen Kunsthändler, dem unter anderem die Entdeckung und Vermarktung der berühmten ‚Grandma Moses' gelang.

Es mag sein, daß Friedrich Welz durch seine Bestrebungen, für die Stadt Salzburg ein Kunstmuseum ins Leben zu rufen, nach 1945 in Schwierigkeiten kam, denn die Amerikaner hielten ihn – erinnere ich mich richtig – länger als zwei Jahre fest. Es schien 1945 fraglich zu sein, ob er – der in diesem Lager um ein Haar seine von Jugend an mit einem schweren Fehler behaftete Sehfähigkeit mangels ärztlicher Betreuung verloren hätte – jemals wieder in seinem alten Beruf werde tätig sein können. Ich nehme vorweg: Unser gegenseitiges Verhältnis ist all die Jahre hindurch eines der gegenseitigen Achtung gewesen. Er mußte bald erkennen, daß ich mich an meine Abmachungen hielt und ihm sein Hoflokal – von dem weiter unten die Rede sein wird – in dem Augenblick zurückstellte, da er freigekommen war. Ich betone ausdrücklich, daß ich ein völlig leeres Lokal bezog. Das Lager des Herrn Welz befand sich im vierten Stock des Hauses, den ich niemals betreten habe. Damals war ich zum Hausbesitzer gegangen, und es ist gelang mir, das Hoflokal des Herrn Welz als Unternehmer solange benutzen zu dürfen, bis sich dessen Angelegenheit geregelt haben würde. Es gab nicht einmal einen schriftlichen Vertrag, sondern ein freundlicher Handschlag beschloß die Unterredung.

Ich muß zu näherem Verständnis hier anführen, daß es unmittelbar nach Kriegsende eine selbstverständliche Hilfsgemeinschaft unter den meisten Menschen gab, wie man sie sich heute wieder wünschen würde. Es genügte, auf Mitmenschen einen guten Eindruck zu machen. Auch in Ämtern. In Salzburg war für mich die freundschaftliche Unterstützung seitens des Hofrates Hanifle der Salzburger Landesregierung ausschlaggebend. Zum allgemeinen Erstaunen war ich binnen 14 Tagen im Besitz einer Vollkonzession, die mich zur Ausübung meines Berufes in der Haffnergasse 16 berechtigte. Irgendwelche Garantien konnte ich nicht erbringen, keine Bank hätte sich bereitgefunden, mir zu helfen. Wieder war es ein Handschlag, ein freundliches Verstehen. Es war wie in einem schönen Traum!

Solcherart kam es, daß ich kaum drei Wochen nach meiner Ankunft in Salzburg beginnen konnte. Ich verließ die Familie Wolf, weil die Verhältnisse für mich zu bedrückend waren. Sie haben nicht schlecht gestaunt, was binnen

Meine Schwester Steffy Belloin mit ihrem Söhnchen Philipp in Genf, im unmittelbaren Nachkrieg von mir aufgenommen

Der hofseits gelegene ehemalige Ausstellungsraum der Firma F. Welz, Salzburg, Haffnergasse 16, den ich – vollkommen leer – von der Hausverwaltung mieten konnte.

kurzem aus mir geworden war, aber ängstlich vermieden, mich jemals aufzusuchen! Bei freundlichen Nachbarn fand ich mir ein kleines, meinen Ansprüchen genügendes Zimmer, das ich zwei Jahre lang – zwischen Wien und Salzburg pendelnd – bewohnte. Wie durch ein Wunder hatte meine um zehn Jahre jüngere Schwester Steffy tapfer und couragiert mit meiner Mutter die schwierigste Zeit der Besetzung Wiens durch die Russen überstanden, ohne Schaden zu nehmen. Mein kleiner Sohn Niki war auf einige Monate als Kostkind bei einem reizenden Scheibbser Schneider-Ehepaar untergebracht, die ihn mehr als liebevoll aufgenommen hatten. Wer ein Handwerk beherrschte, hatte es leicht, sich Lebensmittel zu verschaffen, also ging es ihm gut. Das kleine Städtchen Scheibbs hatte – damals eine bemerkenswerte Ausnahme – einen gestrengen russischen Ortskommandanten, der vom ersten Tag an auf Ordnung und Zucht hielt. Dort befreundete sich sogar die Bevölkerung mit den russischen Soldaten. Ich entsinne mich, daß die junge und hübsche Tochter des Hauses – die erstaunlich rasch Russisch erlernt hatte – sich in allen Ehren mit einem jungen russischen Leutnant angefreundet hatte, den sie uns eines Tages auf ein bescheidenes Essen nach Wien I. in die Mahlerstraße brachte. Es sah beinahe nach einer Verlobung aus! Schien es damals doch, als würden wir die Russen niemals mehr los! Die Konversation war schwierig, aber es ging irgendwie. Er saß steif und förmlich bei Tisch, hatte aber erstaunliche Manieren! Es war das einzige Mal, daß wir menschlichen Kontakt mit einem Russen hatten! Wahrscheinlich verbot das Militär kurze Zeit später, energisch seinen Angehörigen diese damals vielleicht geförderten, sicher aber geduldeten Beziehungen!

Die Firmengründung in Salzburg bedeutete die erste Stufe meiner Selbständigkeit, begonnen mit jenen 1.200,– Mark, die ich über die Zeit der Gefangenschaft gerettet hatte.

ALBRECHT DÜRER

ORIGINAL
HOLZSCHNITTE UND
KUPFERSTICHE

AUSGESTELLT SEPTEMBER · OKTOBER 1945 BEI
CHRISTIAN M. NEBEHAY
ANTIQUARIAT · KUNSTHANDLUNG · SALZBURG
SIGMUND · HAFFNER · GASSE 16
(Im Hof links)

Katalog meiner ersten Salzburger Ausstellung

*Katalog der erstmalig in Salzburg ausgestellten in-
teressantesten Handzeichnungen Alter Meister aus
dem Besitz des Erzbischofs Wolf Dietrich*

HANDZEICHNUNGEN
ALTER MEISTER

AUS DER SAMMLUNG DES ERZBISCHOFS

𝔚olf 𝔇ietrich
(1559–1617)

IM BESITZE DER STUDIENBIBLIOTHEK SALZBURG

BESCHREIBENDER KATALOG VON
Dr. ERNST VON FRISCH

AUSGESTELLT IM NOVEMBER 1945 BEI
CHRISTIAN M. NEBEHAY
ANTIQUARIAT · KUNSTHANDLUNG · SALZBURG
SIGMUND · HAFFNER · GASSE 16
(Im Hof links)

32. Die Kunsthandlung Ch. M. Nebehay in Salzburg

Ich eröffnete mein Salzburger Geschäft mit einer Ausstellung von erlesenen Holzschnitten und Kupferstichen von Albrecht Dürer. Der Zufall führte mich mit einer in Wien lebenden Dame zusammen, die damals (und nicht mehr lange) über diese 16 Blätter verfügen konnte. Sie war mehr als freundlich und überließ sie mir für eine Ausstellung. Ich ließ dafür von einer Salzburger Druckerei einen vornehmen kleinen Katalog auf büttenähnlichem gelblichen Papier drucken. Als ganzseitige Abbildung hatte ich den großen Holzschnitt ‚Anbetung der Könige‘, 1511, gewählt. Aus einem Buch von Max J. Friedländer, ‚Der Holzschnitt‘, Berlin 1926, druckte ich die Einleitung – leicht gekürzt – auf zwei Seiten ab. Dann folgte eine Aufzählung derjenigen Bücher über Dürer, die man in der Salzburger Studienbibliothek einsehen konnte. Die Beschreibungen der ausgestellten Blätter entnahm ich Josef Meders ‚Dürer Katalog‘, Wien 1932. Wiewohl es in meinem Katalog heißt, daß ein Teil der ausgestellten Blätter verkäuflich sei, war dem nicht so. Es war vielmehr ein Versuch, um eventuell mit an alter Graphik interessierten Kunden in ein Gespräch zu kommen. Mein Beginn fand ein ausgezeichnetes Echo in der Salzburger Presse. Ich hatte durch ein Plakat auf mein neugegründetes Geschäft aufmerksam gemacht und ich war – wie sich herausstellte – der erste, der einem Salzburger Publikum Graphiken Dürers vorführte! Die Ausstellungsdauer war September – Oktober 1945. Sie erfolgte demnach nur kurze Zeit nach meiner Ankunft in Salzburg.

Bei Besuchen der Salzburger Studienbibliothek hatte ich mich mit deren damaligem Leiter Dr. Ernst von Frisch angefreundet. Das Resultat war, daß ich als zweite Ausstellung im November dieses Jahres einige bis dahin der Öffentlichkeit unbekannt gebliebene Handzeichnungen Alter Meister aus dem Besitz der Studienbibliothek zeigen konnte. Sie waren erst vor 20 Jahren aus sechs großen Klebebänden der ehemaligen salzburgischen Hofbibliothek aus dem Besitz des Erzbischofs Wolf Dietrich von Raitenau (1559–1617) abgelöst worden. Seine immense Bautätigkeit ließ das mittelalterliche Salzburg barocker Pracht zuliebe verschwinden. Viele der ehrgeizigen Pläne des nach langer Festungshaft Verstorbenen wurden allerdings erst von seinen Nachfolgern vollendet. Insgesamt enthalten diese Bände 1000 Blatt, von denen 46 ausgestellt waren. Man könne, so schrieb Dr. von Frisch in seinem Vorwort, an den vielen topographischen Blättern den Reiseweg des Fürsten durch Europa und besonders Italien verfolgen. Er muß von einem guten Zeichner begleitet gewesen sein. Der Erzbischof habe auf seinen Reisen insbesondere die Ateliers der großen Meister besucht, und von diesen Besuchen stammen wohl die Blätter von Luigi Cambiaso, Paolo Veronese, Jacopo Palma il Giovane, Giacomo da Ponte (genannt Bassano), von Federigo Zuccaro und einigen anderen. Beinahe ausschließlich unbekannte Blätter, von denen nur das eine oder andere vorher anderswo auf Ausstellungen zu sehen gewesen war. Beide Ausstellungen verschafften mir einen Achtungserfolg. Sie machten mir aber zugleich klar, daß Salzburg nicht die richtige Stadt für ältere Kunst war. Die gleiche Erfahrung hatte übrigens mein Vater gemacht, der einmal in den zwanziger Jahren mit einer Ausstellung von Skulpturen, Gemälden und erlesener Graphik während der Festspielzeit völlig vergebens sein Glück in dieser Stadt versucht hatte! Was für mich erfreulich war, war das Entgegenkommen der ‚Salzburger Druckerei und Verlag‘, die damals überhaupt nicht ausgelastet waren, sich über jeden Auftrag freuten und trachteten, ihr Bestes zu

Alfred Kubin, eine liegende männliche Märchen-gestalt. Feder und Aquarell. Im Besitz meines Sohnes Michael

geben. Daher versuchte ich mich – in sehr bescheidener Form – auch als Verleger, indem ich eine von mir behutsam gekürzte Neuausgabe von Rudolf Weigels Buch ‚Die Werke der Maler in ihren Handzeichnungen‘, Leipzig 1865, herstellen ließ. In der Einleitung zu diesem interessanten Nachschlage-werk hat der Autor (damals wohl der bedeutendste Graphikhändler Deutschlands) eine Geschichte der Handzeichnungen nach alten Quellen zu-sammengestellt. Mein Exemplar ist eines der wenigen Bücher, die ich aus meines Vaters großer Spezialbibliothek auf diesem Gebiet besitze. Diese ging – mitsamt seiner einzigartigen Sammlung von Handzeichnungsreproduktionen – bei Auflösung seines Berliner Geschäftes auch den Weg alles Irdischen. Mein Vater hatte immer davon gesprochen, selbst einmal einen Nachdruck dieses Buches zu veranstalten. Leider war mein Versuch verkaufsmäßig ein totaler ‚flop‘.

Immerhin freute ich mich, in der Stadt durch meine Tätigkeit bereits von allem Anbeginn an festen Fuß gefaßt zu haben. Geschäftlich wesentlich interessanter erwiesen sich Ausstellungen moderner Kunst. Ich entsinne mich nicht mehr genau, was wir damals ausstellten, weiß nur mit Gewißheit, daß ich es der Liebenswürdigkeit des Kunsthistorikers und Kunstkritikers Dr. Wolfgang Schneditz zu verdanken hatte, daß ich zwei wirklich bedeu-tende Ausstellungen von Zeichnungen und farbigen Blättern Alfred Kubins veranstalten konnte, der bis 1959 in Zwickledt am Inn – also nicht allzuweit entfernt – lebte. Daß ich ihn nicht selbst aufgesucht habe, ist mir heute noch leid.

Meine Firmengründung in Salzburg bewies mir, daß ein Neuanfang immer möglich ist, so man sich seinen guten Ruf erhalten hat. Rückblickend kann ich sagen, daß mein Salzburger Geschäft von allem Anfang an ein Erfolg war, auf den ich hätte aufbauen können, wäre nicht Wien gewesen, das für mich letztlich weit wichtiger war. Selten sind mir irgendwo mehr Sympathien, ist mir mehr Lob für meine Tätigkeit zuteil geworden, wie in jenen wenigen Salzburger Jahren!

Mein Salzburger Geschäft entwickelte sich derart schnell, daß ich umge-hend eine Hilfe brauchte. Erst meldete sich eine junge Dame, die es fertig-

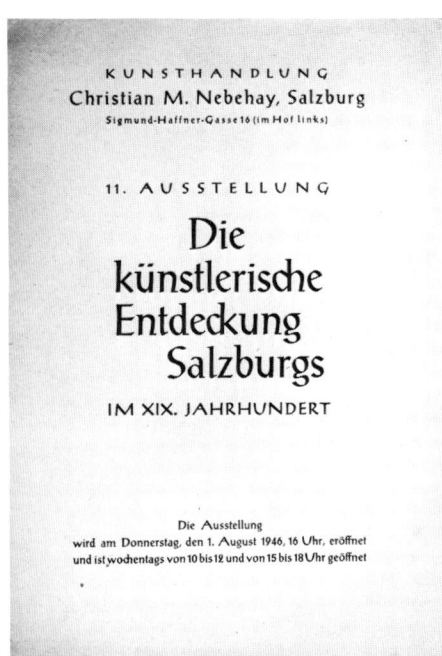

*Katalog meiner 11. Salzburger Ausstellung,
August 1946*

brachte, zu Pferd über die Felder zum ausgemachten Rendezvous zu reiten! Damit hatte sie sich sofort selbst disqualifiziert! Aber kurz darauf machte ich die Bekanntschaft des Fräuleins Erna von Neunteufel. Sie hatte sich mit ihrer aus der Tschechoslowakei geflüchteten, ebenso zierlichen Schwester in einer – wie sie sagte ‚Biedermeier-Puppenwohnung‘ knapp hinter einem der Tore der Stadt eine bezaubernde Wohnung eingerichtet. Es gab dort echten Tee (damals eine Seltenheit) in zierlichen vergoldeten Porzellanschalen und die winzigsten Sandwiches, die ich jemals vorgesetzt bekommen habe. Aber beides mit Grazie serviert. Und so wie diese Wohnung war auch Erna von Neunteufel. Ein bezauberndes Wesen, eine Dame vor allem aus allerbestem Haus, über deren Lippen niemals auch nur ein einziger Laut der Klage über die verschwundenen Zeiten, wohlgeborgen verbracht in einem schönen böhmischen Besitztum, kam. Es gelang mir, sie zu überreden, zu mir zu kommen. Sie arbeitete damals als schlecht bezahlte Kraft in einer staatlichen Stelle, und ich habe mir später oftmals Vorwürfe gemacht, sie von dort weggelockt zu haben. Sie aber gab mir zu verstehen, daß sie keinen Moment der mit mir verbrachten Zeit missen möge. Sie war äußerst diskret, voller Begeisterung, pünktlich und verläßlich, anteilnehmend und von unübertrefflicher Liebenswürdigkeit. Nie wieder habe ich mit irgendjemandem anderen an meiner Seite besser gearbeitet, als mit ihr! Wir haben gemeinsam ‚unsere‘ Kunsthandlung aufgebaut, und es wird mir immer leid tun, daß wir eines Tages die Firma schließen mußten.

Unerwartet nämlich wurde Friedrich Welz doch eines Tages freigelassen, ohne daß es jemals zu einer Verurteilung gekommen wäre, oder daß man ihm österreichischerseits für künftige berufliche Tätigkeiten irgendwelche Hindernisse in den Weg gelegt hätte. Zu Beginn nämlich sah es gar nicht rosig diesbezüglich aus. Er muß in den Jahren 1938 – 1945 viele Menschen vor den Kopf gestoßen haben! Er kam und wollte sich verletzt zeigen, daß ausgerechnet ich ihm seine Firma weggenommen hätte. „Was wollen Sie eigentlich, Herr Welz“, konnte ich ihm leichten Herzens sagen, „dieses Lokal hat mir geholfen, mein Selbstvertrauen wiederzugewinnen. Ich habe immer – fragen Sie nur den Hausherrn – erklärt, ich würde es Ihnen sofort zurückstellen, so Sie eines Tages freikämen und wieder arbeiten können. Nun sind Sie frei, geben Sie mir bitte drei Monate Zeit, um zu liquidieren. Auf Wiedersehen!“ Wir machten in späteren Jahren, da er sich durch große Tüchtigkeit zu einem bedeutenden Kunsthändler entwickelt hatte, ohne jedes Ressentiment beiderseits auch Geschäfte miteinander. Mittlerweile war meine in Wien neugegründete Firma mein wahres Arbeitsgebiet geworden. Zwei Firmen nebeneinander aufrecht zu erhalten war mir von Monat zu Monat schwerer gefallen.

Unweit von Salzburg befindet sich der kleine Wallersee, und an dessen Ufer besaß Frau Margarete Prohaska (kurz ‚Putzi‘ genannt) ein altes ‚Fischerhäusel‘. Oben mit einem Balkon-Umgang, unten mit einer gemütlichen Küche mit Holzfeuerherd. Des Morgens konnte man erleben, daß sich an der Decke der Küche eine Klappe auftat, eine Hand durchgesteckt wurde, die ein Häferl hielt, und eine verschlafene Stimme sagte: „Mitzi (das war die Köchin des Hauses), a warmes Wasser bitte!“ Frau Prohaska war die Tochter des Wiener Malers Julius Schmidt (1854–1935), dessen Bild ‚Ein Schubertabend in einem Wiener Bürgerhaus‘ (Schubert Museum der Stadt Wien) bekannt ist. Sie war mit dem Komponisten Karl Prohaska verheiratet gewesen. In ihrem Haus in Wien XIII., Maxingstraße 18, das zeitweise im Eigentum von Johann Strauß war, hatte dieser 1874 ‚Die Fledermaus‘ geschaffen. Niemals mehr bin ich im

Leben auf größere Hilfsbereitschaft und Gastfreundlichkeit gestoßen, als 1945 in ,Putzi' Prohaskas Haus. Es konnte kommen, wer wollte und um welche Zeit immer. Stets war noch die Möglichkeit, im bereits übervollen Haus zu übernachten. Eine Nacht? Zwei Nächte? Bitte sehr! Diese Frau hatte – welch dramatischer Unterschied zur bigotten Frau Hofrat – das Herz auf dem rechten Fleck! Das Haus ging über von Leuten, die der Krieg dorthin verschlagen hatte. Putzi Prohaskas ältester Sohn Felix war Dirigent. Lange Zeit hindurch war er nach 1945 angestellt bei der Wiener Staatsoper, aber niemals an das Pult gelassen worden! Damals dirigierte er im Festspielhaus Salzburg die erste Mozart Oper in der Nachkriegszeit. Frau Prohaska lief eines Morgens, als sich nicht gleich ein Fahrzeug für ihren Sohn zum Transport nach Salzburg finden lassen wollte, auf die Landstraße und hielt ein Auto nach dem anderen an mit den Worten: „Hilfe für den Dirigenten der Salzburger Festspiele, er muß sofort hingebracht werden!" Man kann sich vorstellen, wie die amerikanischen Soldaten über sie lachten, aber schließlich hielt doch ein Lastauto an und der gute Felix erreichte sein Ziel! Ein anderer Sohn war Flötist, der dritte Meteorologe in Südamerika. Die drei vereinigten sich damals beinahe jeden Abend zum Trio, manchmal – unter Hinzuziehung eines zufällig Anwesenden – zum Quartett. Der Flötist wusch bei den Amerikanern Geschirr und brachte, meist gegen 9 Uhr abends, aus deren Küche mit, was übriggeblieben war. Also gab es für alle Hungrigen des ,Fischerhäusels' zu essen! Das Haus war voller Bücher, die man uneingeschränkt ausleihen durfte, ja es gab sogar, worüber man aber nicht sprechen durfte, eine spezielle ,W.C.-Bibliothek', ausgestattet mit Detektiv-Romanen! Ich erinnere mich nicht, in irgendeinem anderen Haus lustigere und ähnlich beschwerdefreie Stunden verbracht zu haben. Wir alle hatten unsere Sorgen, dachten wir nur an unsere Lieben daheim. Aber in diesem wunderbaren Haus war alles wie fortgeblasen, und herzerfrischende Heiterkeit steckte alle Besucher an!

Der von mir veranstaltete (textlich etwas gekürzte) Neudruck eines ersten Versuches, die Geschichte des Sammelns von Handzeichnungen Alter Meister aufzuzeichnen. Rudolf Weigel gründete in Leipzig die damals wohl bedeutendste deutsche Kunsthandelsfirma, für die er 1837–67 seinen ,Kunstlagerkatalog' in vielen Bänden herausgab.

33. Heimkehr nach Wien

Endlich war es im Spätherbst 1945 soweit! Man bekam in Salzburg ohne besondere Formalitäten von der Polizei eine Identitätskarte. In dem vorgedruckten Text war lediglich von der Hand des Beamten der Name des Inhabers und seine Geburtsdaten eingetragen. Ein Photo war nicht verlangt. Das Wichtigste an diesem Dokument, mit dem man einige Jahre (bis es wieder Reisepässe gab) reisen konnte, waren genau sieben Rundstempel. Die kontrollierenden russischen Soldaten vermochten sowieso nicht zu lesen, was da geschrieben stand. Aber zählen konnten sie. Daher drehten sie das Dokument so lange in ihren Händen, bis sie sich überzeugt hatten, daß die Zahl sieben stimmte!

Der Zug nach Wien – es war eine normale, abgenützte Schnellzuggarnitur – führte einen Schlafwagen mit sich. Nicht mehr ,Mitropa', sondern wieder ,Wagons-Lits'. Selbstverständlich ältester Bauzeit. Mit den Mitreisenden wechselte man kaum mehr als einen kurzen Gruß. Ein jeder, der diesen Zug damals benutzte, hatte keine Lust zur Unterhaltung. Die Gedanken schweiften in die Ferne. Man versuchte, sich vorzustellen, wie die Welt in der russischen Zone aussehen würde. Bis an die Zonengrenze, die berüchtigte Brücke über den Fluß Enns, der Oberösterreich von Niederösterreich trennt, war alles

Herta Czoernig-Gobanz, Blick über den Donau-kanal mit der zerstörten Marienbrücke und dem Viertel um eine der ältesten Kirchen Wiens, die Ruprechtskirche

normal. Auf der Brücke hielt der Zug, der in normaler Geschwindigkeit von einer elektrischen Lokomotive gezogen wurde, für die beiden Kontrollen an. Bei den Amerikanern war es kaum mehr als ein flüchtiges Durchgehen. Dann gab es zunächst einmal ein paar derbe Rucke, die das Ankuppeln einer Dampflokomotive ankündigten. Und dann dauerte es lange, bis endlich feste Schritte ertönten und die Türe grußlos aufgerissen wurde. Man kann nicht sagen, daß der Anblick des ersten russischen Soldaten ein erfreulicher gewesen wäre. Eine zerbeulte, fleckige Uniform, die Kappe ins Genick geschoben, ungewaschene Hände, ungepflegte Stiefel. Verächtliche Blicke, kein einziges Wort! Man hielt den Atem an, solange sich das kostbare Dokument in seinen Händen befand. Er blickte sich kurz um, riß wieder grußlos die Türe auf und verschwand im Nachbarcoupé. Dann verhallten seine klirrenden Schritte und nichts geschah für eine lange, lange Zeit. Endlich ertönten ein paar Pfiffe, man hörte die Lokomotive Dampf ausstoßen, wieder ein paar Rucke, Lärm der aufeinanderprallenden Kupplungen und langsam, langsam setzte sich die Garnitur in Bewegung. Draußen war es bereits dunkel. Man erkannte nichts von der Landschaft, die vorbeizog. Der Zug schlich dahin. Geisterhaft tauchten menschenleere Perrons auf. Kaum ein Stationsname war zu lesen. Aufgerissene Geleise, verbeultes Gestänge, große Haufen von Schutt. Dann versank alles wieder in der Dunkelheit. Als der Tag endlich heraufdämmerte, erkannte man erst, durch welche Geisterwelt man fuhr. Zerstörungen überall. Vom Westbahnhof – in dem man nach ungefähr zwölf Stunden Fahrt eintraf (heute dauert die Fahrt Salzburg–Wien nicht einmal drei Stunden) – war so gut wie nichts mehr übrig.

Auf der Mariahilfer Straße angelangt, konnte man ermessen, wie sehr die Stadt durch die Luftangriffe gelitten hatte. Ein paar schäbige alte Straßenbahngarnituren tauchten auf. Ich aber, der ich außer einem kleinen Toilettebeutel und meinen bereits erwähnten Wehrmachts-Fleischkonservendosen (mein einziges Mitbringsel) nichts zu tragen hatte, beschloß, zu Fuß in die Innere Stadt zu gehen. Ich war tief deprimiert und mutlos. Das war die rauhe Wirklichkeit! Verglichen mit Salzburg war alles trostlos. Vor allem die Menschen, die sich alle dahinschleppten. Zusammengestoppelte, armselige Kleidung, oftmals trugen die Männer statt Stiefeln mit Bindfaden zusammengebundene Fetzen. Alle Frauen trugen Kopftücher, viele von ihnen Hosen statt Röcke. Vom Elend gezeichnete Gesichter. Die meisten Menschen, die unterwegs waren, zogen kleine primitive Karren oder mit allem möglichen Hausrat beladene Kinderwagen. Jedermann war mit sich und seinem Kummer beschäftigt und trachtete, die wenige gerettete Habe in Sicherheit zu bringen. Keinerlei Verkehr. Auffällig war das Fehlen der Polizei. Von den Russen sah man einige Soldaten, genauso unordentlich adjustiert wie jene, die uns im Zug kontrolliert hatten. Alles schlich dahin. Keiner blickte auf. Viele der Häuserfassaden waren mehr oder weniger schwer beschädigt. Bei den meisten waren die Fensterscheiben durch provisorisch auf die Fensterflügel genagelte Pappendeckel ersetzt. Angewinkelte Ofenrohre wiesen darauf hin, daß die Bewohner – der beschädigten Kamine halber – sich kleiner Eisenöfchen bedienen mußten, um ein wenig Wärme in dem oft einzig bewohnbaren Raum zu schaffen.

Endlich war die Mariahilfer Straße abgegangen, ein paar Schritte durch die Babenberger Straße. Dann Einbiegen in Wiens Prachtstraße, die Ringstraße, die allen Glanz verloren hatte. Auch die Alleebäume waren schwer beschädigt. Langsam tauchte die Silhouette der Staatsoper auf. Zuerst vermeinte man, aufatmend, der Schaden sei gar nicht so arg, wie man befürchtet hatte. Dann aber erkannte man sehr bald, daß lediglich die Eingangsfassade noch in Ordnung war. Zwischen Zuschauerraum und Bühnenhaus, das nackt und bloß dastand, gähnte ein gewaltiges Loch mit einer riesigen Schutthalde, die aus dem Inneren herausquoll. Es schnürte einem das Herz zusammen! Ein paar Schritte noch, und die Mahlerstraße war da. Ein handgemaltes Pappschild verkündete ihren alten Namen. Das Schild schwankte ein wenig im Wind und ließ darunter noch die Bezeichnung ‚Meistersinger Straße‘ erkennen, weil der Name Gustav Mahlers 1938 als untragbar empfunden worden war! Meine Schritte verlangsamten sich, während ich auf das Haus Nr. 13 zuschritt, wo wir seit unserer Verheiratung wohnten. Es hatte nur minimale Schäden erlitten. Natürlich funktionierte der Lift nicht. Aber alles sah so aus, wie ich es in Erinnerung hatte.

Vor dem Anläuten der Türglocke zögerte ich eine Weile. Was würde mir die Heimkehr bringen? Schlürfende Schritte näherten sich der Türe. Eine mir unbekannte Stimme fragte: „Wer is denn da?“ Ich nannte meinen Namen, worauf die Türe so weit geöffnet wurde, als eine vorgelegte Kette es zuließ. Aus dem Türspalt blickte mir das zerfurchte, blasse Gesicht eines älteren weiblichen Wesens entgegen. Über ihre Schultern blickte ängstlich und neugierig eine Greisin. Diese beiden – Mutter und Tochter – waren ausgebombt und unsere Untermieter, die man aufgenommen hatte, damit nicht total fremde Personen eingewiesen wurden. Wir hatten in der Folge alle Mühe, sie – die an und für sich nette Umgangsformen hatten – wieder loszuwerden. „Ihre Frau is bei die Amerikaner. Bei der Votivkirche, wissen's. Wollen's net hereinkommen? Nein? Na, dann wartens, I hol’ mir nur den Zettel, auf dem ich die genaue Adresse aufgeschrieben hab‘. Sie arbeitet dort“. Das ältliche Wesen verschwand, während die Greisin mich unverwandt anstarrte. Endlich

Herta Czoernig-Gobanz, Blick auf die zerstörte Albrechtsrampe und die zerstörte Vorderfront der Albertina. Feder, aquarelliert, 23. V. 1947

Wie durch ein Wunder blieb der Stephansturm von den Flammen verschont. Vom ‚Haashaus' blieb lediglich die ausgebrannte Fassade übrig. Es war das erste in Wien für ein Warenhaus entstandene Gebäude, innen mit einer freitragenden Eisenkonstruktion. Erbaut von den Architekten der Staatsoper, Eduard van der Nüll und August Sicard von Sicardsburg (nach: Josef Schöner, Wiener Tagebuch, Böhlau, Wien 1992).

näherten sich wieder die schlürfenden Schritte und man sagte mir, wohin ich zu gehen hätte. Ich wandte mich nach kurzem Gruß um und schritt die Treppen vom 4. Stock hinunter. Wie oft hatte ich mir den Empfang bei den Meinen vorgestellt und nun dieses triste Heimkommen! Daheim und doch nicht zu Hause!

Der Weg zur Votivkirche führte mich, an der Oper vorbei, durch die Innere Stadt. Anscheinend hatte man mittels Armee-Bulldozer die Hauptstraßen der Inneren Stadt frei von Schutt geschaufelt, der sich nun, zu wahren Bergen angehäuft, zur Rechten und Linken auftürmte. Hier und da stieß man auf Arbeitskolonnen, Männer und Frauen, die damit beschäftigt waren, weitere Ordnung in das Chaos zu bringen. Sie arbeiteten lustlos und sichtlich erschöpft mit dem primitivsten Arbeitszeug, das man sich vorstellen kann.

Plötzlich fiel mein Blick auf einen der großen Schutthaufen, und was mußte ich erblicken? Saß doch dort wahrhaftig meine alte, gute Freundin, die Malerin und Graphikerin Hertha Czoernig-Gobanz! Auf den Knien hielt sie einen großen Zeichenblock, in den Händen ihren Malkasten und den Pinsel. Sie, deren Auftreten immer schon etwas männlich wirkte, bot in ihrer rustikalen Kleidung nun das Bild eines alten Haudegens. Ein Hut mit breiter Krempe bedeckte ihr Gesicht mit seiner Adlernase. Es wäre vergebens gewesen, sie anzurufen, das wußte ich. Diese Frau arbeitete ihre Leben lang wie ein Pferd, pausenlos, niemals die schwersten Arbeiten an der Druckerpresse scheuend, deren nur schwer drehbares Rad sie lange Jahre hindurch allein betätigte. Sie war die letzte Topographin Wiens. Ihr Lebenswerk galt der Darstellung jener Häuser und Gärten, in denen Wiens Musiker gelebt und gewirkt hatten. Sie stammte aus einem guten Haus. Ihr Vater, Karl Freiherr von Czoernig, war Finanzlandesdirektor von Klagenfurt. Da vor dem Ersten Weltkrieg Frauen das Studieren an der Akademie nicht gestattet war, besuchte sie zuerst die Kunstschule für Frauen und Mädchen in Wien, anschließend die Großherzogliche Schule in Weimar. Radieren lernte sie bei Professor Ludwig Michalek (1859–1942), Porträt- und Landschaftsmaler, Kupferstecher und Radierer. Einer der Großen der damals berühmten Wiener Stecherschule, weit über die Grenzen des Landes bekannt. Ich hatte die Ehre, mitten im Zweiten Weltkrieg einmal zu einem Abendessen beim Ehepaar Czoernig mit ihm zusammen eingeladen zu sein. Er war ein vornehmer alter Herr, den man nur bewundern und lieben konnte, voll unendlicher Bescheidenheit, der überhaupt kein Wesen aus sich machte. Frau Czoernig wurde – neben Luigi Kasimir (1881–1962) zur letzten Radiererin, die noch die leicht altertümliche, typisch Wienerische Art der Darstellung pflegte. Die Inflation nach dem Ersten Weltkrieg hatte wohl auch ihr Vermögen aufgezehrt.

Nun faszinierten diese Frau, die weit über 60 Jahre alt war, die malerischen Aspekte der Kriegsschäden. Sie hat, sicherlich mit knurrendem Magen, Tag für Tag festgehalten, was sich ihrem Blick bot. Und irgendwo auf einem Schutthaufen ausgeharrt, bis das Licht zu schwinden begann. Solcherart hat sie über 200 große Veduten des zerstörten Wiens geschaffen, eindrucksvolle, zeichnerisch erstklassige Dokumente. Als die Zeiten sich bereits etwas beruhigt hatten, faßte sie eines Tages den Mut, mit ihrer Mappe zum Direktor des Historischen Museums der Stadt Wien zu gehen und ihn in ihrer bescheidenen Art und Weise zu fragen, ob sein Museum denn kein Interesse an ihren Arbeiten hätte? Seine Antwort, die sie mir mitteilte, verdient, festgehalten zu werden: „Was wollen Sie denn hier? Ich habe Ihnen ja diese Arbeit net g'schafft!" Und damit war sie draußen und kam, berechtigterweise empört, zu mir um Rat. In der Tat war die Reaktion dieses immer schon schwierigen Mannes überhaupt nicht zu verstehen. Denkt man beispielsweise nur daran, daß die Verwaltung der Stadt New York auch heute noch Tag um Tag zwei Berufsphotographen in ihren Straßen arbeiten läßt, um jede Veränderung des Stadtbildes festzuhalten! Ich beruhigte die aufgeregte alte Dame und machte ihr den Vorschlag, daß wir in unseren Räumen eine Ausstellung ihrer Blätter veranstalten würden, worüber sie mehr als erfreut war. Die Ausstellung ging vorüber, ohne daß sich auch nur ein Käufer für diese Blätter gefunden hätte. Wer wollte schon Erinnerungen an all den Schrecken? Aber eines Nachmittags, wir standen kurz vor Geschäftsschluß, tat sich die Türe meiner Galerie auf, und eine Delegation von drei Herren kam herein. Sie waren von der Österreichischen Nationalbibliothek, angeführt von Dr. Hans Pauer. Dieser sagte ungefähr das Folgende: „Ich komme gerade von einer längeren Studienreise durch die Vereinigten Staaten zurück und kann Ihnen sagen, daß ich mehr als beeindruckt bin von dem, was ich sah. Können Sie sich vorstellen, daß in der National Library in Washington heute noch, ungeordnet in Waschkörben aufbewahrt, tausende von Originalphotographien aus dem amerikanischen Sezessionskrieg (1861–1865) liegen? Und wissen Sie, daß wir in unserem Land nicht eine einzige Photographie aus dem österreichisch-preussischen Krieg von 1866 besitzen? Das nur als kleines Beispiel für alles, was ich drüben sah. Ich setze hinzu, daß wir im Bildarchiv der Österreichischen Nationalbibliothek so gut wie keine Dokumentation über Kriegsschäden Wiens im Zweiten Weltkrieg besitzen. Die Russen haben – wie Ihnen sicherlich bekannt sein wird – kurzerhand jeden Photoapparat beschlagnahmt, dessen sie habhaft werden konnten. Ich bin mit meinen beiden Kollegen gekommen. Wir haben uns alles angeschaut und können Ihnen mitteilen, daß die Nationalbibliothek bereit wäre, die gesamten – auch die vielleicht nicht ausgestellten – Blätter zum Thema von Hertha Czoernig-Gobanz zu erwerben, falls Sie bereit wären, uns einen reduzierten Globalpreis einzuräumen."

„Unser armes Wien – wann wird man diese Wunden wieder einmal schließen können? 11. April 1945"
Blick von der Tegetthoffstraße auf den Neuen Markt, gleiche Quelle

Das war tatsächlich eine erfreuliche Entwicklung! Rasch hatte ich die Gesamtsumme aller Blätter errechnet, den Herren einen verbilligten Preis genannt, dem sie erfreut zustimmten und tags darauf die Blätter in die Porträtsammlung der Nationalbibliothek bringen lassen. Die freudige Überraschung von Frau Czoernig-Gobanz war rührend. Sie, die sehr verschlossen war und manchesmal etwas barsch in ihrem Wesen schien, aber ein Herz von Gold hatte, verlor für einen kurzen Moment die Fassung und rief beglückt ihren Mann, einen ehemaligen Offizier der österreichischen Kriegsmarine. Er dankte mir auf netteste Weise und setzte hinzu, daß sie beide diese Arbeiten, das zerstörte Wien zeigend, als die Krönung des künstlerischen Schaffens seiner Frau betrachtet hätten und nun stolz und zufrieden seien, ihre Blätter geschätzt und gut aufgehoben zu wissen!

Doch nun zurück zu meinem Gang durch das zerbombte Wien. Je näher ich meinem Ziel – einem großen, unversehrt gebliebenen Haus nahe der Votivkirche – kam, desto langsamer wurden meine Schritte. Was würde, nach diesem schlechten Beginn, das Wiedersehen bringen? Als ich an der Aufschrift ‚C.I.C.‘ erkannte, daß meine Frau ausgerechnet in einer Dienststelle des amerikanischen Geheimdienstes Beschäftigung gefunden hatte, war mir gar nicht besonders wohl zumute. Mußte ich mir doch sagen, daß der Schutz, den die Amerikaner ihr bieten könnten, dann fraglich wäre, wenn die Kommandantur des Ersten Bezirkes, wo wir wohnten, wie gewöhnlich jeden vierten Monat wechseln würde.

Man hatte mich beim Eingang in den dritten Stock geschickt. Es war mir nicht gestattet, dort die Büroräume zu betreten, sondern ich hatte im Stiegenhaus zu warten, wo dann auch unser Wiedersehen stattfand. Mittlerweile hatte ich reichlich Gelegenheit, die aus- und eingehenden Soldaten und Offiziere zu beobachten. Lauter sportliche, wohlgenährte junge Leute in schmucken Uniformen. Und hier stand ich in meiner zusammengestoppelten Kleidung, abgemagert, gezeichnet von den Erlebnissen und Strapazen des letzten Kriegsjahres. Nachdenklich betrachtete ich meine armseligen Wehrmachtskonserven. Wie sehr hatte ich mich, seit ich sie mir im Kriegsgefangenen-Lager eingetauscht hatte, auf die Übergabe, auf ein gemeinsames Mahl mit langentbehrtem Fleisch gefreut! Auch sie konnten gegenüber dem, womit die Amis wohl in ihren ‚PX Stores' aufzuwarten hatten, nicht konkurrenzieren. Ein dunkles Gefühl sagte mir, das könne nicht gut ausgehen. Ich sollte, leider, recht behalten. Bereits die ersten gewechselten Worte ließen mich daran zweifeln, ob ich rechtgetan hatte, überhaupt nach Wien zu fahren!

34. Das Billard der Firma V. A. Heck

Als ich im Herbst 1945 nach Wien zurückkehrte, war das Geschäftslokal schwer gezeichnet. Die russische Armee hatte die beiden großen Hotels ‚Imperial' und ‚Grand Hotel' zur Unterbringung der Angehörigen ihrer Offiziere beschlagnahmt. Sie lebten dort familienweise in je einem Zimmer. Ich meine heute noch, daß für die Russen das Überschreiten der einstigen Grenze im Westen der Anbeginn aller Schwierigkeiten war, in denen sich die Sowjetunion später befinden sollte. Selbstverständlich darf man nicht darauf vergessen, daß das Radio und später auch das Fernsehen grenzüberschreitend wurden, sodaß es nicht mehr möglich ist, irgendein Volk in Unkenntnis des Weltgeschehens zu lassen, wie dies erfolgreich in Rußland oder in Deutschland bis 1945 durch Androhung drakonischer Strafen mehr minder gelungen war. Dadurch aber, daß nicht nur Soldaten, sondern auch Frauen im Armeedienst das Vordringen bis in das Herz Europas ermöglicht wurde, mußten konterrevolutionäre Gedanken geboren werden. Denn niemand wird mir – um nur ein kleines Beispiel herauszugreifen – widersprechen, daß die in derben Wollstrümpfen herumlaufenden russischen Hilfspolizistinnen sich nicht genarrt fühlen mußten, als sie – Angehörige einer Sieger-Nation – sahen, wie die Frauen der Besiegten im Nachkriegs-Wien in von Amerikanern geschenkten Nylonstrümpfen herumstolzierten! Das mußte selbstverständlich seine Auswirkungen haben.

Die drei vorderen Räume von V. A. Heck hatten auf Anordnung der Russen, die bereits seit Ostern 1945 alleine in Wien herrschten (bis endlich die drei anderen Alliierten nachkamen), zwecks Errichtung eines Lebensmittel-Magazins für Armee-Angehörige geräumt zu werden. Eine Aufgabe, die meine Schwester Steffy mit bewunderungswürdiger Energie durchführte. Alle Bücher und auch die Graphik lagen in den rückwärtigen Räumen der Firma aufgestapelt. Daß ausgerechnet unser Lokal von den Russen beansprucht worden war (es hätte eine ganze Reihe leerer Lokale in nächster Umgebung gegeben), hatte – wie ich meine – damit zu tun, daß der Prokurist der Firma (der seit 1935 seine Mutter innerhalb der Firma vertrat) es sich mit dem damaligen Hausbesorger verdorben haben mußte. Dieser war im Ersten Weltkrieg von den Russen gefangengenommen worden, und es dauerte viele

Jahre nach Friedensschluß, bis er endlich aus Sibirien heimkehren durfte. Er war ein reichlich unangenehmer Mann, mit dem nicht leicht auszukommen war. Natürlich hatte er unseren Prokuristen nach 1938 wiederholt in der Uniform eines Angehörigen des ‚Nationalsozialistischen Kraftfahrkorps‘ (dessen weltpolitischer Schulungswart für den 3. Wiener Gemeindebezirk er geworden war) herumgehen gesehen und – fließend russisch sprechend – sich bei den Russen Liebkind gemacht, indem er ihn und damit leider unsere Firma anzeigte. Nichts wollte helfen, um die Russen zur Freigabe unseres Lokals zu bewegen. Meine Schwester drang – noch in meiner Abwesenheit – sogar eines Tages bis zum russischen Stadtkommandanten vor, der sie freundlich anhörte, dann aber ölig lächelnd die Achseln zuckte! Die Besitzer eines Theaterkartenbüros, die ein winziges Lokal neben uns ihr eigen nannten, schafften die Freigabe, indem sie irgendjemandem Gold oder Schmuck in die Hand drückten. Das hätten wir uns nicht getraut! So vegetierten wir mehr, denn wir lebten, und es sollte Jahre dauern, bis das Lokal endlich frei wurde! Von außen her sah es trostlos aus: zerborstene Spiegelglasscheiben, verbeulte Rollbalken, die durch den Luftdruck ringsum explodierender Bomben aus den Angeln gerissen worden waren und grotesk verformt herumhingen. Der angerichtete Schaden war nur notdürftig mittels darübergenagelter Holzleisten repariert. Ich füge hier an, daß ich in den letzten Monaten meiner Tätigkeit als Soldat in Wien (das war bis Frühherbst 1944) in vielen Kisten, die an alle möglichen Adressen im Westen des Landes verschickt wurden, sowohl die kostbarsten Werke der Handbibliothek als auch alle wirklich wertvollen alten Bücher und ausgewählte Graphik verpackt hatte. In den Kisten lagen auch, verteilt, Mikroaufnahmen unserer Geschäftsbücher seit dem März 1938, gab es doch damals keine Photokopien. Ich aber wollte jederzeit in der Lage sein, den Nachweis einer sauberen Geschäftätigkeit zu erbringen, zu einer Zeit, da sich viele an fremdem Eigentum vergriffen und sich schonungslos bereicherten. Sonderbarerweise hat dann niemand danach gefragt! Alle diese Kisten haben am Bergungsort unbeschädigt den Krieg und den Nachkrieg überlebt.

Abgesehen von ihrer Präsenz störten uns die Russen nicht bei der Abwicklung der kümmerlichen Geschäfte, die wir damals abschließen konnten. Wer hatte schon in dieser abgestorbenen Stadt Interesse für Dinge, mit denen wir handelten? Wichtig war damals nur eines: jene Nahrungsmittel aufzutreiben, und seien es lediglich Kartoffeln, die ein Überleben sicherten!

Eines Vormittags kam ich gerade zurecht, als sechs abgemagerte junge österreichische Burschen mit vereinten Kräften bemüht waren, das schwere Billard der Firma V. A. Heck aus dem Geschäft zu schleppen. Mitten durch eine der großen – ehemals durch Spiegelglas abgeschlossenen – Öffnungen des Gewölbes hindurch. Das Billard hatte eine absonderliche Geschichte. Eines Tages nämlich kam unser Prokurist von einer der zahlreichen Hausauktionen zurück, die vor dem Jahr 1938 bei Auflösungen von Wohnungen veranstaltet wurden. Er habe, so sagte er, der Versuchung nicht widerstehen können und als einziger Bieter zum Ruf ein wohlerhaltenes, großes Billard für einen Spottpreis erworben! Was sollten wir damit anfangen? Er schlug vor, man sollte es im vorderen Raum aufstellen, wir könnten dann nach Geschäftsschluß Billard spielen. Ich vermeinte nicht recht zu hören, aber zu Protesten war es zu spät. Es werde tags darauf von einer Spedition geliefert, hieß es. Wir konnten das Billard, seiner Größe halber, tatsächlich nur im vordersten Raum aufstellen und hatten alle Mühe, es zu kaschieren. Ich verfiel schließlich darauf, von einem Tischler einen Rahmen anfertigen zu lassen, der genau über die mit grünem Tuch bespannte Spielfläche paßte. Zwei verschiebbare Glasplatten

schirmten die vertiefte Fläche ab. Wir legten ein paar Alt-Wiener Glückwunschkarten, kleine Ansichten und hübsche Almanache in die Vertiefung.
Dieses Billard entlockte den meisten unserer Kunden zumeist ein höfliches
Lächeln! Bespielt wurde es nicht ein einziges Mal! Jetzt aber ging es darum,
unser Eigentum zu verteidigen, war doch schon unser großer Kassenschrank
abtransportiert worden. Das Billard müsse bleiben, fand ich. Also gab es einen
ziemlich erregten Wortwechsel. Die jungen Burschen stellten das Billard auf
dem Gehsteig ab, und wir stritten lautstark miteinander. Plötzlich erschien ein
kleiner russischer Leutnant. Er hatte seine Mütze vorne aufgetrieben, um
größer zu erscheinen als er war. Die Burschen machten ihm durch Gesten
klar, warum ihr Transport stockte, ich tat dasselbe. „Das Billard gehört uns
und bleibt hier", sagte ich so bestimmt, als ich dies vermochte.

Der Leutnant antwortete in Russisch, einer Sprache, von der ich kein Wort
verstehe. Schließlich ergriff er meinen Arm, deutete mir an, am Fleck stehenzubleiben und lief eilends über die Straße auf das ,Grand Hotel' zu. Mir war
gar nicht wohl zumute. Was würde geschehen? War er gegangen, um mit
einer Militärstreife zurückzukommen? Das hätte mit Sicherheit eine Verurteilung wegen Mißachtung militärischer Anordnungen zur Folge gehabt!
Doch nein! Zu meiner Erleichterung kam er allein zurück, kramte in seiner
Uniformtasche und überreichte mir grinsend einen gefalteten Zettel, den er vor
der Übergabe glattgestrichen hatte. Und was mußte ich lesen? Von der Hand
meiner Schwester Steffy stand geschrieben:

> „Habe heute dem Herrn Leutnant Iwanow / das Billard der Firma Heck für
> 5 Kilo Speck / verkauft". Unterschrift und Datum!

Was blieb mir, als mich sehr höflich vor dem Leutnant zu verbeugen und
mit einer beschwingten Geste das Billard freizugeben? Die sechs Burschen
nahmen ihre schwere Last auf und schleppten sie – unter mehrmaligem Absetzen – quer über die Ringstraße. Der Leutnant schritt neben ihnen, sah sich
ein paarmal nach mir um, salutierte freundlich und verschwand im Inneren
des ,Grand Hotel'. Warum mir meine Schwester kein Wort über diese
Transaktion berichtet hatte, die meiner Mutter und ihr zur Zeit der aller-
größten Hungersnot unmittelbar nach Einmarsch der Russen tatsächlich das
Leben gerettet hatte, blieb mir unverständlich.

Ich trat wenig später bei V. A. Heck aus, mein Bruder Ingo wurde dort
mein Nachfolger. Er hatte es schwer, denn er wurde erst im Herbst 1945
endlich entlassen. Daher hat es ihm an der Möglichkeit gefehlt, sich als
Antiquar ausbilden zu lassen. Mit bemerkenswerter Energie setzte er sich
durch, trat 1962 mit dem Anteil unserer Mutter von V. A. Heck aus und
gründete seine eigene Firma ,Wiener Antiquariat'. Eine heute in der Welt des
alten Buches weltbekannte Firma, die sich insbesondere auf Autographen
spezialisiert hat, während mir als Spezialität die alte Graphik zugefallen ist. Ich
hatte Anspruch auf ein Drittel des Anteils meiner Mutter, das mir mit der
Übergabe von einigen Büchern der Handbibliothek, einer Anzahl alter Bücher
und alter Graphik ausgehändigt wurde. Bargeld war keines vorhanden. Ich
habe darauf verzichtet, einen – an sich berechtigten – Anspruch auf Abgeltung
des ,good wills' und der Mietrechte beim Austreten oder zu einem Moment
der Normalisierung der Verhältnisse zu stellen. Als ich meinen Wiener
Gewerbeschein in Händen hatte, war es wieder eine Stunde Null. Mein
eigentliches Kapital war das Vertrauen in meine Fähigkeiten.

Unsere Wohnung in Wien I., Mahlerstraße 13, war uns von meiner Schwiegermutter überlassen worden. Leider war es nicht gelungen, ihre ursprünglich dort befindlichen Biedermeiermöbel für uns zu erhalten. Mit großem Wortschwall und vielen Versprechungen wurden uns aus ihrem reichen Lager von Antiquitäten zumeist Dinge geschickt, mit denen wir wenig Freude hatten. Was sich 1945 nach unserer Rückkehr als besonders schwerwiegend herausstellen sollte, war der Verlust aller Textilien der Wohnung, gleichgültig, ob es Vorhänge waren oder Bettzeug. Es hieß es gäbe eine Wohnung im 2. Stock, die von einer Dame bewohnt sei, die ihre Gunst bereitwillig den russischen Offizieren geschenkt habe. Man erzählte sich, daß sie durch Winken von einem Fenster des ‚Grand Hotels‘ aus (wo sie einquartiert waren) mit zwischen den Fingern gesteckten Geldscheinen sich den Weg zu ihr gebahnt hätten. Diese Wohnung nun war versperrt, die ‚schöne Ilona‘ war in die amerikanische Zone übersiedelt und schenkte ihre Gunst nun amerikanischen Offizieren.

Knapp bevor wir im Sommer 1946 nach Kärnten in einen höchst bescheidenen Urlaub fuhren, war die Wohnung im 2. Stock polizeilich geöffnet worden und die Hausparteien konnten, endlich, ihr Gut an sich nehmen. Meiner wiederholten Bitte, nur ja keine Textilien in unsere Wohnung zu bringen, wurde nicht Folge geleistet. Noch am Tag unserer Abreise kam einiges Bettzeug zu uns.

Der Eisenbahnverkehr kam nur stockend in Gang. Man hatte mehr minder pro Tag einen Zug nach Kärnten, der natürlich gestürmt wurde. Wir hatten aber einen Herrn Karl, der ursprünglich Eisenbahner gewesen war und uns ermöglichte, daß Niki und seine Mutter vor der Öffnung der Bahnsteigsperre Plätze im Zug belegen konnten. Auch die Rückreise im gleichermaßen überfüllten Zug dauerte ewig, man fiel totmüde ins Bett. Ich schlief im Hofzimmer, auf einer Couch. Ober mir hing das Porträt von Marie-Antoinette, gemalt von der bekannten Malerin Mme. Elisabeth Vigée Lebrun. Ich löschte das Licht, um kurz darauf von einem heftigen Jucken geweckt zu werden. Das konnten nur Wanzenbisse sein, schloß ich und entdeckte auch zwei davon. Diese wurden getötet und ich vermeinte, nun sei Ruhe. Dem aber war nicht so, denn kaum hatte ich das Licht wieder ausgelöscht, als das Jucken erneut begann. Diesmal hob ich das Kissen auf – und richtig – da war eine ganze Familie, Großvater, Großmutter, Vater, Mutter und viele liebe Wanzenkinder – aufgeschreckt durch das Licht – in Bewegung. Natürlich wurde eine Wanze nach der anderen getötet und ich glaubte, gute Arbeit geleistet zu haben, als ich, zum Rahmen des Bildnisses von Marie-Antoinette aufblickend, eine ganze Kompanie in Marschordung den Rahmen herunterkommen sah! Mit einem Aufschrei war ich aus dem Bett und ins Badezimmer geflüchtet, wo ich (von einer Decke zugedeckt) in der Badewanne eine miserable Nacht verbrachte. Gleich am nächsten Tag wurde der Raum vergast, das Bettzeug verbrannt, und damit war die nächtliche Ruhe gesichert.

Heute kann sich kein Mensch mehr vorstellen, wie man damals von Ungeziefer geplagt wurde. Wir waren keineswegs die Einzigen. Wien war, besonders in den ärmlichen Bezirken, immer schon verwanzt. Meine Schwiegermutter hatte, als sie uns ihre Wohnung in der Mahlerstraße überließ, eine schöne Wohnung im Ersten Bezirk, in der Wallnerstraße, einer Nebengasse des Kohlmarktes, gefunden. Dem Vernehmen nach wurde dieses große, schlichte Barockhaus von Kaiserin Maria Theresia als Gästehaus für solche Besucher ihres Hofes benutzt, die nicht hochrangig genug waren, um in der Hofburg selbst untergebracht zu werden. Diese Wohnung war in den späten Jahren des XIX. Jahrhunderts mit einem überreichen Dekor in Neu-Barock ausgestattet worden. Sie hatte einen unschätzbaren Vorteil, da sich unterhalb der Räume ein Gasthaus befand und die Wärme aus Gastzimmern und Küche die dicken Mauern erwärmte. Somit herrschte im ersten Stock immer eine gemäßigte Temperatur, während wir im 4. Stock in der Mahlerstraße unter einem Kachelofen litten, der sicher – solange nämlich die großen länglichen Teile seines Hauptgeschosses noch erhalten gewesen waren – leicht zu beheizen gewesen war. Meine Schwiegermutter kaufte mit Vorliebe den Inhalt von Dachböden auf und wollte nicht zur Kenntnis nehmen, daß diesem Unding von einem Kachelofen das wichtigste ‚Geschoß‘ fehlte. Als ihr Hafner ihn bei uns aufbaute, empfahl er sich mit den klassischen Worten: „Wann Eahna der Hitler soviel Kohl'n geben wird, die was Sie brauchen werd'n, um dieses Luada zu heizen, heiß i Hias!" und empfahl sich. Das sei aber nur nebenbei erwähnt. Die paar Briketts aus Braunkohlenstaub, die man damals auf Karten beziehen konnte, und das bißchen Holz, das man monatlich erhielt, reichten niemals aus, um diesen Ofen zur Glut zu bringen. Mein kleiner Niki lag mit blaugefrorenen Wangen in seiner Wiege. Als wir ihn per Kinderwagen zur Taufe im Haus seiner Großmutter brachten, borgte ich mir den Lippenstift meiner Frau aus, um ihm rote Bäckchen zu malen, weil ich fürchtete, ihr mit einem halb blaugefrorenen Enkelkind die Freude an ihrem großartig inszenierten Tauffest zu nehmen!

Eines Mittags hörte meine Schwiegermutter Hilferufe vom Hof her. Ein Fenster öffnend, sah sie in der Nachbarwohnung dicke Rauchschwaden aus dem Fenster dringen. Am Fensterkreuz festgeklammert hing ein Mann, der um Hilfe rief. Er hatte diese Wohnung vergast, der Behälter mit dem Blausäuregas war aus Ungeschicklichkeit umgefallen. Eine Leiter, die im Hof aufgestellt wurde, erwies sich zu kurz. Man alarmierte die Feuerwehr. Sie hieß damals – es war mitten im Weltkrieg II – ‚Feuerschutzpolizei‘ und war stramm militärisch organisiert. Es wurde uns nachher aufgeregt berichtet, was sich abgespielt hatte. Ein Mannschaftswagen fuhr vor. Die Feuerwehrmänner sprangen von ihren Sitzen und stellten sich zunächst in Reih' und Glied im Hof auf. Mit ihnen war ein ‚Feuerschutzfeldwebel‘ gekommen, der zuerst inspizierte, ob die Leute in tadelloser Reihe standen. Dann fuhr in einem kleinen Zweisitzerauto ein Leutnant vor. Zackig marschierte er durch den Hof, nahm die Meldung des Feldwebels entgegen, blickte kurz zu dem immer noch am Fensterkreuz sich anklammernden Ungeziefervertilger und schnauzte kurz ein Wort, mit der Hand hinaufdeutend: „Retten!" Man hätte das Ganze für eine Lustspielszene halten können, wäre die Situation nicht ernst gewesen.

Ursprünglich hatte ich daran gedacht, mich im Geschäft meiner Schwiegermutter zu etablieren. Rechts von der Eingangstüre ihres Antiquitätengeschäftes im Hause I., Himmelpfortgasse 6 befand sich ein vom übrigen Lokal abtrennbarer großer Raum, der mir – mitsamt einer der drei Auslagen – für den Anfang genügt hätte. Er war von oben bis unten mit einem Durcheinander von bric à brac angeräumt und wurde weder benutzt noch aufgeräumt. Das Ganze wäre eine Notlösung für mich gewesen, und ich war eigentlich froh, daß sie sich weigerte, mir diesen Raum zu geben. Statt dessen überraschte sie mich, indem sie meine schönen Barock-Bücherkasten (die bei ihr eingelagert waren) insgeheim über Nacht ganz hinten in ihrem Lokal – wo es noch dazu feucht war – samt einem Schreibtisch aufstellte. Abgesehen davon, daß das ein finsteres Loch war, wäre es dort unmöglich gewesen, unsere beiden Arbeitsbereiche zu trennen, und ich wußte, warum ich das nicht wollte. Also blieb eine andere Lösung: Unsere Untermieter zum Auszug zu bewegen und die beiden von ihnen bewohnten Zimmer für mich einzurichten, was mit einiger Mühe gelang. Im langen Gang wurden die Barockschränke aufgestellt, das kleinere der beiden Zimmer wurde Arbeitsraum. Im großen Hofzimmer (gleichzeitig mein Schlafzimmer) saß ich. Es glückte, diesen Raum gut einzurichten. Es war eine akzeptable Notlösung für einen bescheidenen Anfang. Der Lift des Hauses I., Mahlerstraße 13, funktionierte schon sehr bald, nach und nach konnte ich dort Kunden empfangen. Im übrigen herrschte rasch eine aktive Tätigkeit, und bald klapperte im kleinen Zimmer eine Schreibmaschine.

36. Nachkrieg in Wien, 1946/47

Das erste Lebenszeichen meiner neugegründeten Firma in Wien I., Mahlerstraße 13, war meine Liste 1: ‚Bibliotheca Judaica & Hebraica‘. Sie umfaßte 148 Nummern und beschrieb eine kleine Bibliothek, die mir zufällig von einer bekannten Dame zum Verkauf übergeben worden war. Sie muß im Monat April des Jahres 1947 erschienen sein und wurde noch von der ‚Salzburger Druckerei‘ in Salzburg gedruckt, zu der ich damals beste Verbindungen durch mein Salzburger Geschäft hatte. Das Handexemplar hat sich erhalten und verzeichnet einige Verkäufe an österreichische Kunden. Wenn es eines Hinweises auf die unglaublichen Schwierigkeiten, denen man sich damals ausgesetzt sah, bedurft hätte, so die eingedruckte Mitteilung, daß es nicht möglich sei, Sendungen in das Ausland zu versichern! Ein anderer Hinweis hält fest, daß der von der Österreichischen Nationalbank lange Zeit hindurch festgehaltene Kurs des Schillings im Verhältnis zum Dollar 1 : 10 war. Aber man erhielt auf dem freien Markt pro Dollar bis zu 35,– Schilling!

Damals war ein amerikanisches Antiquariat bestrebt, geschäftliche Verbindungen in Österreich anzubahnen: die Firma Herbert Reichner in der Umgebung von New York. Ich übertreibe nicht, wenn ich sage, daß, wohin immer man damals kam, ein dick in Rot und Blau angestrichener Werbebrief herumlag, der wortreich dazu aufforderte, sich der guten Dienste dieser Firma bedienen zu wollen. Ich kannte Herbert Reichner seit seinem ersten Beginn als Antiquar in Wien. Er begann im Geschäft seines Vaters – der Installateur war – in Wien I., Tiefer Graben 19, und verstand es, sehr bald auf sich aufmerksam zu machen. Insbesondere, als er im April 1928 begann, die wohl beste jemals veröffentlichte bibliophile Zeitschrift in deutscher Sprache, ‚Philobiblon, eine Zeitschrift für Bücherfreunde‘ erscheinen zu lassen. Von allem Anfang an hervorragend gesetzt (und auch gedruckt) von Jahoda & Siegel in Wien, in den vom Stempelschneider Claude Garamond geschaffenen Typen, die drei Jahrhunderte hindurch in Europa vorherrschend waren, war dieser Zeitschrift vom ersten Tag ihres Erscheinens an Erfolg beschieden. Die Nachrichten aus der Welt des alten Buches waren hervorragend ausgewählt und erlaubten, nebst monatlich gebrachter Mitteilungen verschiedenster bibliophiler Gesellschaften, dem Leser, so er dies wünschte, mit Gleichgesinnten in Verbindung zu treten. Hatte Herr Reichner ursprünglich als Antiquar begonnen und

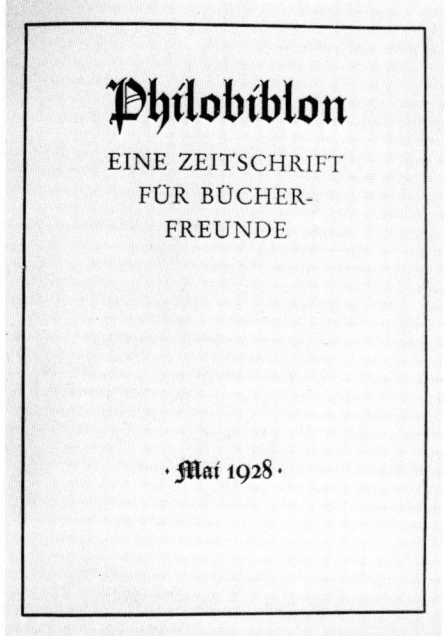

Titelblatt der ersten Nummer von ‚Philobiblon‘. Die Abbildung zeigt einen Buchstabenentwurf aus dem Werk von Luca Pacioli, Venedig 1509. Reichner ließ es sich angelegen sein, die Inserate in seiner Zeitschrift typographisch mustergültig zu gestalten.

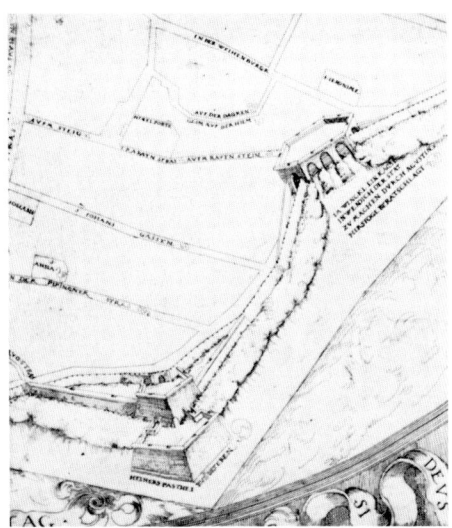

Rundplan der Stadt Wien von Augustin Hirsch-vogel, 1547. Rarissimum. Ausschnitt aus dem oberen Teil. Gezeigt ist der bis heute unveränderte Verlauf der Annagasse, damals ,Pipingerstraß' genannt. Unten: Vignette

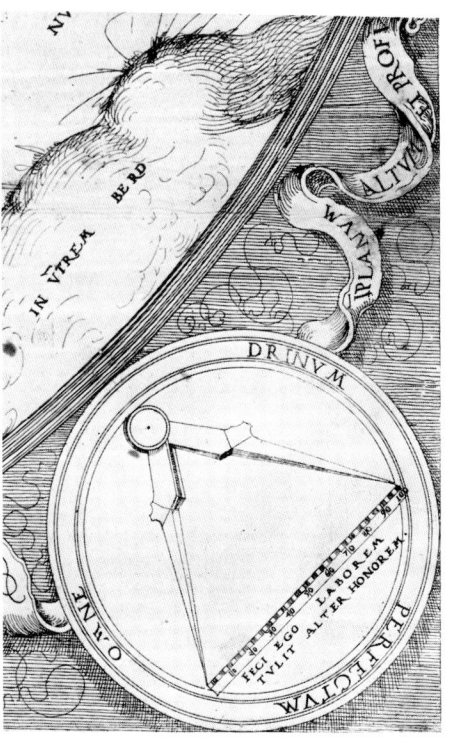

hauptsächlich mit Luxusausgaben und Pressendrucken erfolgreich gehandelt, so widmete er sich nun hauptsächlich seinem Verlag, in dem eine Reihe von bibliographischen Büchern, immer hervorragend ausgestattet, erschien, und vor allem seinen Aufgaben als Herausgeber des ,Philobiblon'. Seine Sternstunde schlug, als es kurze Zeit nach der Machtübernahme in Deutschland zu Bücherverbrennungen von Werken jüdischer Autoren kam und diese in der Folge kurzerhand verboten wurden. Es gelang Herbert Reichner damals, Stefan Zweig als Autor zu gewinnen, und bis zum Jahr 1938 erschienen Jahr um Jahr dessen Bücher, auf deren Erscheinen seine große Leserschaft nun wartete. Mit dem Einmarsch der Deutschen war es natürlich damit schlagartig aus, aber es gelang ihm, seine damals bereits durch die zahllosen Buchbesprechungen im ,Philobiblon' angewachsene und umfangreiche Handbibliothek ins Ausland zu bringen. Sie machte ihm ein Niederlassen als Antiquar in der Nähe von New York möglich. Hinzu kam, daß er mit allen wichtigen internationalen Bibliothekaren durch seine Zeitschrift die besten Beziehungen hergestellt hatte.

Ich sandte ihm per Luftpost-Express im vorhinein ein Exemplar meiner kleinen Liste Nr. 1 und hatte die Freude, von ihm eine große Bestellung zu erhalten. Daraufhin machte ich ihm den Vorschlag, daß ich ihm die bestellten Bücher mit einer ,pro Forma' Faktur per Postpaket senden würde, er mir kein Geld anweisen, sondern ganz einfach die Hälfte seines Erlöses mir gutschreiben möge. Er ging auf diesen Vorschlag ein, aber das war auch das letzte, was ich von ihm hörte! Es war ganz einfach unmöglich, von ihm eine Aufstellung über Verkauftes, geschweige denn irgendeine Zahlung zu bekommen. Seine Bestellung bewegte sich in den unteren Grenzen. Fängt man aber – wie ich damals – neu an, ist jeder Pfennig willkommen! Das zog sich so lange hin, bis eines Tages die ,International League of Antiquarian Booksellers' in Genf gegründet wurde. Ich bat den damaligen Präsidenten der ,Antiquarian Booksellers Association of America', Mr. Richard Wormser, um freundliche Vermittlung, weil mittlerweile auch Österreich in die ,International League' aufgenommen worden war. Das Resultat war verblüffend: Mr. Wormser lud Herrn Reichner zu einer Besprechung ein. Dieser antwortete damit, daß er seinen Austritt aus der amerikanischen Vereinigung bekanntgab! Ich füge hier an, daß es viel mehr die Tatsache seines schlechten Willens war, die mich ärgerte, als das Warten auf Geld. Ein oder zwei Jahre später flatterte plötzlich ein Brief Herbert Reichners auf meinen Schreibtisch. Und dieser Brief war ein entwaffnendes, menschliches Dokument! Es hieß darin, daß es mir wohl unbekannt geblieben sei, daß der Absender nach einem schweren Herzanfall monatelang in einem Spital hatte liegen müssen. In den Stunden des Verlassenseins habe er überlegt, wem er in seinem Leben Unrecht getan habe. Auch ich sei darunter. Hier sei sein Scheck und ich möge ihm verzeihen! Natürlich tat ich dies mit ein paar liebenswürdigen Zeilen sofort nach Erhalt des Briefes. Leider aber ist Herr Reichner kurz darauf gestorben. Ich habe immer bedauert, daß dieser hochbegabte Mann – wie ich hörte – mit einer ganzen Anzahl von Menschen ähnlich verfahren ist wie mit mir und habe mich gefragt, ob er das denn wirklich notwendig gehabt habe? Menschliches Handeln ist oftmals unergründbar.

37. Das Antiquariat Ch. M. Nebehay übersiedelt in die Annagasse 18

Die Annagasse in Wien I. verbindet die Kärntnerstraße mit der Seilerstätte. Sie ist mittelalterlich schmal, leicht gewunden und besteht zum größten Teil aus wohlerhaltenen barocken Bürgerhäusern, die von guten Baumeistern anstelle der gotischen Gebäude errichtet worden sind. Bis die Annagasse vor dreißig Jahren endlich zur Fußgängerzone geworden ist – wofür ich jahrelang gekämpft habe – gab es schmale Trottoirs zu beiden Seiten und somit an ihrem engsten Teil gerade noch Platz zum Passieren eines Fuhrwerkes. Jahrelang parkten Autos auf dem linken Trottoir, sodaß für den Durchgangsverkehr nichts anderes übrigblieb, als teilweise das rechte Trottoir zu befahren, und man sich vielfach gerade noch durch einen Sprung in ein Haustor retten konnte! Seit ein paar Jahren ist das vorbei. Heute sind auf der rechten Straßenseite drei Pizzerias etabliert, eine jede mit einer Anzahl von Tischen und großen Schirmen vor den Häusern. An warmen Tagen sind sie bis zehn Uhr abends voll besetzt. Ein beinahe südländischer Anblick!

Es gehörte Mut dazu, sich hier anzusiedeln, denn die Gasse hatte keinen besonders guten Ruf (Absteigquartiere, ein Stundenhotel, etc.). Es gab jahrzehntelang einen sogenannten ‚Strich' in der Kärntnerstraße, bis endlich – gleichfalls vor ungefähr fünfunddreißig Jahren – die Prostitution aus der Innenstadt verbannt wurde. Ich wagte die Niederlassung. Meine Hoffnung, es würden Firmen von gutem Ruf meinem Beispiel folgen, hat sich nach und nach erfüllt. Tatsächlich sind heute die kleinen Läden von Gewerbetreibenden Modegeschäften und Boutiquen gewichen. Josef Hoffmann (1870–1956, Architekt und Kunstgewerbler, 1903 Mitbegründer der ‚Wiener Werkstätte'; sie hatte viele Jahre lang im Palais Esterhazy, Ecke Kärntnerstraße und Annagasse ihre Niederlassung und vor allem ihre Modeabteilung gehabt) veröffentlichte 1938 einen langen Artikel in einer der führenden Tageszeitungen Wiens, in welchem er einen interessanten aber nicht beachteten Vorschlag machte. Nämlich den, die Mieter aller Häuser der Annagasse auszumieten und dort Kunstgewerbewerkstätten anzusiedeln, denen in den Gewölben und Schaufenstern Gelegenheit für die Schaustellung ihrer Erzeugnisse eingeräumt worden wäre. Er wurde verlacht und sein Vorschlag mißachtet. Damals wäre es wohl möglich gewesen, seine Idee zur Tat werden zu lassen!

Was die Geschichte der Annagasse und ihrer Häuser angeht, können hier nur einige Hinweise gebracht werden. Immer schon galt eine Hauptsorge der Stadtväter Wiens der Sicherheit vor dem Feind aus dem Osten, den Türken. In der Tat belagerten sie zweimal, 1592 und – gefährlicher noch - 1683 die Stadt und schlugen große Breschen in die Mauern der Festung Wien, die jahrhundertelang ein Bollwerk Europas gegen die Türken war. Für den östlichen Teil der Annagasse herrschte deshalb bis in den Beginn des 18. Jahrhunderts ein Bauverbot, weil der Raum hinter der Ostbastei als Lagerplatz freigehalten werden mußte; doch wurde die Stadt nicht hier, sondern immer im Süden angegriffen.

Wir haben aus dem Jahr 1547 den ersten auf Grund genauer wissenschaftlicher Vermessung in sechs Radierungen geschaffenen Rundplan der Stadt Wien, 84,5 : 85 cm, den der Nürnberger Glasmaler und Radierer Augustin Hirschvogel (1503–1553) geschaffen und der sich nur in einigen wenigen Exemplaren erhalten hat. Das Stadtinnere erscheint im Grundriß, die Ringmauern mit ihren Toren und Basteien im Aufriß. Hirschvogel war seit 1546

Die Tore beider Gewölbeöffnungen waren stets geschlossen. Schon sehr früh machte eine Reinigungsfirma auf sich aufmerksam.

Links vom Haustor befand sich vor 1914 die Werkstatt des Schusters Franz Sokol.

Kartograph der Stadt Wien und ist der Erbauer der ‚Elend-Bastei' (in der Nähe des Schottentores). Er war ein vielseitig begabter Mann. Ihm ist die Erfindung des Theodoliten zu verdanken, mit dessen Hilfe erstmalig verläßlich vermessen werden konnte. Auf diesem Plan heißt die Annagasse noch ‚Pippingerstraße' (nach einem bereits 1342 genannten Geschlecht), aber die kleine Kirche, die der Gasse nach dem Erlöschen dieser Familie ihren heutigen Namen gab, ist in ihrem Grundriß genau erkennbar. Mit der Abwendung der Türkengefahr blühte die Stadt auf und große Baumeister schufen vielbewunderte Bauten. Aber im Grunde behielt sie ihren Festungscharakter, bis um 1850 die Fortifikationen und das Vorfeld, auf dem in Kanonenschuß-Weite Bauverbot bestanden hatte, dem modernen Wien mit seiner ‚Ringstraße' wich.

In das von den Jesuiten in der Annagasse bis zur Aufhebung ihres Ordens durch Josef II. bewohnte große Gebäude zog 1786 die ‚Kaiserliche Akademie der Vereinigten bildenden Künstler' (die durch Zusammenlegung der Kupferstecher- und Zeichenschule mit der Akademie entstanden ist). Sie übersiedelte 1876 in das von Theophil Hansen errichtete neue Gebäude in I., Schillerplatz 3. Heute sind es die Studenten der Musikakademie, die den unteren Teil der Gasse beherrschen; mit dem Klang vieler Instrumente und dem Gesang, der aus den Fenstern dringt.

Als ich mir, 1949, nach der Geburt meines zweiten Sohnes Michael eine neue Arbeitsstätte suchen mußte – was in Anbetracht meiner bescheidenen Mittel nicht leicht war – fiel mir ein Inserat in einer der Tageszeitungen auf, und ich ging, mir das Haus Annagasse 18 und die angebotenen Räumlichkeiten anzusehen. Damals führte links vom Haustor in einem schmalen Aufgang eine steile Holztreppe in den ersten Stock. Dafür hatte man rüde das Parkett des großen Raumes eingeschnitten! Das Haus hatte Ursache, einem der Mieter – einem ehrsamen Schweineborstenhändler – dankbar zu sein, der es verstanden hatte, in der ärgsten Zeit der Besatzung mit den Russen umzugehen. Der Sohn dieses Mannes hatte in den Räumen des ersten Stockes seine Firma ‚Tabia' etabliert, mit der er Schiffbruch erlitten hatte. Der Anblick der Räume war trostlos. Als Beleuchtung dienten an Drähten herunterhängende Glühlampen. Das Mobiliar bestand aus einem einzigen Schreibtisch, alles übrige war wohl kurz vorher gepfändet und weggeschafft worden. Wahrscheinlich wäre jeder andere sofort umgekehrt und hätte diese schäbige und traurige Stätte schleunigst verlassen! Ich aber sah meine Chance! Mit dem damaligen Mieter wurde ich rasch einig. Er war ein junger Mann ohne viel Illusionen. Mein nächster Weg war zum Hausbesitzer. Ich hatte mich vorher bei der sehr netten Hausbesorgerin über ihn und auch gleichzeitig über die sonstigen Mieter des Hauses erkundigt. Er war ein Fabrikant von Maschinen für Fleischverarbeitung im dritten Wiener Bezirk. Er habe, so erzählte er mir, das Haus 1938 von einem jüdischen Sangesbruder erworben, der emigriert sei. Die Bekanntschaft mit diesem sei durch die Chorvereinigung St. Stephan erfolgt, in der sie beide tätig waren. Er muß, was damals zu den großen Ausnahmen zählte, mit dem Vorbesitzer sehr anständig verfahren sein, denn es gab nach 1945 keine Rückstellungsforderungen. Ich redete mich gut mit Herrn Sausele (was sich für die Zukunft als besonders wichtig erwies) und mietete die Räume – weil er dies nicht anders wollte – als Untermieter. Sie gingen erst später an mich in Hauptmiete über, wie ich auch alle im Haus freiwerdenden kleinen Wohnungen nach und nach erwarb. An das Lokal gassenseits anschließend befanden sich zwei Gewölbeöffnungen mit großen Toren. Die Räume wurden von der Reinigungsanstalt ‚Germania' als Leitermagazin benützt. Die Inhaber des heute blühenden Unternehmens waren 1938 nach

Fritz Busse, Blick in die Annagasse (Ausschnitt mit dem Haus Nr. 18), Federzeichnung, 1965

England emigriert. Verwalter war ein junger, im österreichischen Rundfunk tätiger Mann, der gerade von einer Motorradtour aus Persien zurückgekommen war. Es ging mir darum, von ihm die Erlaubnis zu erhalten, in eine der Türöffnungen eine Auslage einzubauen, ohne die ich die oberen Räume nicht hätte mieten wollen. Gegen eine bestimmte Summe stimmte er zu, und ich schloß mit dem Besitzer der Firma ‚Tabia‘ ab.

Die Adaptierung meiner Räume (zunächst der halbe Stock) ging rasch über die Bühne. Beim Ausmalen trat an einer der Stirnwände eine blaue Farbe hervor, die wir jedes Mal wieder übertünchen müssen. Letztes Überbleibsel der Dekoration einer Freimaurer-Loge, eine zweite befand sich übrigens einen Stock höher. Meine Mutter war hilfsbereit und trat mir den großen weiß-goldenen Barockofen ab, der seither eine Zierde meines Geschäftes ist (er stand ursprünglich in unserem Speisezimmer am ‚Himmelhof‘). Die Barock-Büchergestelle fügten sich großartig in den vorhandenen Raum ein. Ein viel-flammiger Luster wurde erworben, ein großer Tisch und 12 Stühle gleichfalls, ein paar schöne Stiche an die Wände gehängt, und im Nu hatten meine Räume das ‚caché‘ von dem ich geträumt hatte.

Ich fasse mich kurz. Zunächst erwarb ich die an meine Räume anschließenden Zimmer. Ich mußte einer Familie mit zwei kleinen Kindern an der Stadtgrenze ein kleines Haus mit Garten finden. Die Kinder, von den Eltern stundenlang alleine gelassen, machten mir zu schaffen, weil sie auf kleinen Fahrrädern klingelnd durch ihre zwei Räume und den Korridor hinter

Geschäftskarte meiner in die Annagasse 18 übersiedelten Firma. Entworfen von meinem Mitarbeiter Josef Gruber

Katalog Nr. 1 bot mein Lager von Autographen an. Seit mein Bruder Ingo von V. A. Heck austrat und sich selbständig machte (Wiener Antiquariat Ingo Nebehay), haben meine Kataloge nur Bücher und Graphik zum Inhalt.

meinem Schreibtisch fuhren oder sie drückten sich hungrig und weinend an die hofseitigen Fensterscheiben, in der Hoffnung, von der gütigen Hausmeisterin, die ihr kleines Gemüsegeschäft bereits ihrem natürlichen Sohn, Herrn Tacho, abgetreten hatte, gefüttert zu werden.

Viele Räume des Hauses waren von eingewiesenen älteren Menschen, die bombengeschädigt waren, bewohnt. Mit allen lebten wir im Einverständnis. Ihre Lebensgeschichten würden ein Buch füllen. Ich greife daher nur einiges Bemerkenswerte heraus. Da war eine stille Person, die – ohne jemals mit irgendjemandem zu sprechen – stets in einem altmodischen Kleid samt großem Hut das Haus täglich um 6 Uhr verließ, um den Altar in der Annagassen-Kirche zu putzen und zu schmücken. Dann erst ging sie als Bedienerin in verschiedene Häuser der Nachbarschaft. Als man sie eines Tages tot im Stiegenhaus eines dieser Häuser auffand, stellte sich bei Sichtung ihres ärmlichen Nachlasses heraus, daß sie jahrelang Insassin eines Bordells der Innenstadt gewesen war! Eine uneheliche Tochter räumte verdrossenen Antlitzes ihre zahllosen Gebetbücher fort. Die Mutter hatte in ihren alten Tagen ihren Frieden mit dem Herrgott gemacht! Übrigens war sie keine Untermieterin, sondern wohnte im 5. Stock als ,Bettgeherin' bei der Tochter eines Schusters, der einmal dort, wo der Aufgang zu meinem Geschäft begann, seine Werkstatt gehabt hatte. Im zweiten Stock wohnte eine leicht geistesgestörte Frau, ruhig, solange sie die ihr verordneten Medizinen einnahm. Unterließ sie dies, kam es leider zu Anfällen von Verfolgungswahn, mit Hämmern gegen einen eisernen Ofen, Schreien und Fluchen. Die Polizei verhielt sich passiv, weil ihre Tochter mit einem Polizisten verheiratet war! Letzlich mußten wir die Feuerwehr holen, denn sie hing, alle Welt verfluchend, beim Hoffenster hinaus. Die Feuerwehr trachtete, in der Hofeinfahrt ein Sprungtuch aufzubreiten, was aus räumlichen Gründen nicht gelang. Schließlich trat, zu unserer Erleichterung, ein junger Polizist die Türe zum Wohnungseingang ein und die Bewohnerin verschwand aus unserem Gesichtskreis. Beinahe unglaublich aber sollten die Schwierigkeiten mit einem neuen Hausmeisterpaar werden, das die Hausverwaltung unvorsichtigerweise nach dem Tod der guten alten Frau Schneider aufgenommen hatte. Abgesehen davon, daß sie gemeinsam mit ihrer Tochter eines Tages meiner Frau Renée auflauerten und sie im Hof mit einem Kübel Wasser übergossen, erlebten wir anläßlich der Eheschließung des Töchterleins eine Tragikomödie. Sie war vom Sohn eines biederen Musikinstrumentenerzeugers geschwängert worden und mußte heiraten. Wir kamen aus dem Staunen nicht heraus. Ein livrierter Chauffeur, der einen großen blumengeschmückten Mercedes-Benz fuhr, holte die drei, alle aufgedonnert und herausgeputzt, ab. Ein paar Tage später hörten wir im Hof eine erregte Auseinandersetzung. Der Vater des Jünglings war erschienen, um sich zu erkundigen, wann sein Sohn über das Geld verfügen könne, von dem die Braut (die mit einer im Haus für sie umgebauten Fünfzimmerwohnung, einem Landhaus in Gmunden etc. prahlte) erzählt hatte. Die Armseligkeit dieser Hausmeisterwohnung, die er bemerkenswerterweise zum ersten Mal betrat, und das verlegene Geständnis des Ehepaares, daß die Tochter geflunkert hatte, gaben Anlaß zu einem gewaltigen Zornesausbruch des Vaters, der, das schwere Haustor zuschmetternd, das Weite suchte. Verfolgt von der kreischenden Hausmeisterin, die im höchsten Diskant unaufhörlich „Ehestörung, Ehestörung" schrie! Wir atmeten auf, als die drei kurz darauf auf Nimmerwiedersehen verschwanden, weil sie die höhnischen Gesichter der Nachbarn nicht länger ertragen konnten! Diese kleinen Hinweise mögen genügen. Seither sind auch die übrigen Mitbewohner verschwunden.

In den letzten beiden Jahren gab es mit Hilfe des Stadterneuerungs-Fonds einen Sanierungsumbau des Hauses. Das Dach, das aus Schuld des Barock-Zimmermeisters in die Krugerstraße abzustürzen drohte (wie durch ein Wunder hatte die Fehlkonstruktion zweihundert Jahre lang gehalten), wurde saniert, alle Fensterstöcke ausgetauscht, die Substandard-Wohnungen des fünften Stockes zusammengelegt und daraus drei modern eingerichtete Wohnungen geschaffen. Die Fassade wurde neu gestrichen. Wir erlebten die Freude, daß das Bundesdenkmalamt (das Haus steht unter Denkmalschutz) den Farbvorschlägen, die Renée gemacht hatte, nach einigem Zögern zustimmte, weil die gewählten Farben tatsächlich den für das Haus in der Barockzeit verwendeten entsprachen! Endlich wurden auch die drei kleinen Geschäfte rechts vom Eingang saniert, sodaß heute das Haus, in alter Pracht wiederhergestellt, ohne Zweifel eines der schönsten der Wiener Innenstadt geworden ist. Die aufgewandte Mühe hat sich also gelohnt!

Ich schließe dieses Kapitel mit dem Bericht über den Besuch jenes Mannes, dessen exzellentem Rat ich unendlich viel verdanke, Dr. Otto Kammerlander. Er kam, als ich meine erste Geschäftskarte von der neuen Adresse aus verschickt hatte, sah sich um und sprach die denkwürdigen Worte: „Wissen Sie, als ich Ihre Karte bekam, sagte ich mir, Sie sind doch wirklich ein rechter Narr! Wie konnten Sie nur in diese Gasse ziehen? Jetzt aber, wo ich sehe, wie Sie es geschafft haben, das Interieur dem Äußeren dieses Hauses anzupassen, sagt mir ein Blick auf Ihre Räume und auf draußen: Sie haben recht! In dieser Gasse ist doch alles, was man sich für Wien wünschen könnte: die barocke Kirche, die schönen Häuser, und – pardon, wenn ich dies ausspreche – auch die süßen Maderln, wenn auch nur nächtlicherweise. Meine Gratulation!"

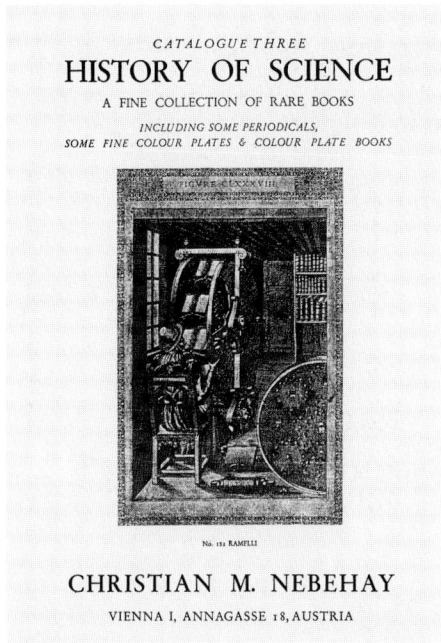

Katalog Nr. 3 mit Abbildung eines ‚Bücherrades'. In der Bibliothek des Klosters Strahov, Prag, befindet sich ein tadellos erhaltenes ‚Bücherrad', in dessen ‚Schaufeln' man geöffnete Bücher legen kann.

38. Die goldene Schaffhausener Uhr

Kurz nachdem ich mich in Wien selbständig gemacht hatte, lernte ich eine alte Dame kennen, die Witwe eines Notars im dritten Bezirk. Sie war eine kleine, für ihr hohes Alter unglaublich lebendige Person, die in einem altmodischen Haushalt voller zinnbekrönter altdeutscher Möbel wohnte. Gemeinsam mit ihren zwei anscheinend unverheiratet gebliebenen Töchtern (die schon silbergraues Haar hatten, weit über 60 Jahre alt waren und sie scheu und wortlos umkreisten), die sie wie Schulkinder behandelte. Man sah beiden an, wie sehr sie unter dem Pantoffel ihrer Mutter standen! Ich wurde eingeladen, mir Bücher anzusehen, die im letzten Raum der großen Wohnung in einem kleinen Kabinett standen, das nur durch ihr Schlafzimmer zu betreten war. Es war die Bibliothek ihres seit langem verstorbenen Gatten. Ich übertreibe wohl nicht, wenn ich sage, daß vermutlich seit seinem Tod dort weder die Fensterscheiben gereinigt wurden noch Staub gewischt worden war! Wohl aus Angst, man könne sie bestehlen. Daher lag der Staub – wie ich dies seither niemals mehr gesehen habe – buchstäblich zentimeterhoch auf den Büchern.

Irgendwie hatte sie ein besonderes Zutrauen zu mir gefaßt, und ich freute mich, ihr dadurch behilflich sein zu können, daß ich ihr von meinen häufigen Reisen in die Schweiz in Österreich damals unauftreibbare Medikamente mitbringen konnte. Immer, wenn sie damit zu Ende war und neue benötigte, rief sie mich an, um bei ihr zu schauen, ob ich nicht wieder brauchbare Bücher fände. Es war eine mit Liebe zusammengebrachte Bibliothek mit vielen

Die Abbildung auf dem Titelblatt des Kataloges ist der Nr. 38: (Ludwig Lässl) ‚Schwazer Bergbuch', Handschrift, entnommen.

deutschen illustrierten Büchern. Immer saß sie bei mir und hielt ein wachsames Auge auf mich, während die Töchter draußen bleiben mußten.

Eines Morgens erhielt ich wieder einen ihrer Anrufe, diesmal war ihre Stimme scharf und bestimmt: „Kommen Sie augenblicklich zu mir", sagte sie kurz angebunden. Bei ihr angekommen empfing sie mich mit ernster Miene, führte mich in das Kabinett, setzte sich und sagte mit ausgestrecktem Zeigefinger, auf mich deutend: „Nehmen Sie Platz! Sie waren der letzte, der diesen Raum betreten hat!" „Kann schon möglich sein", sagte ich, „aber worum handelt es sich eigentlich?" „Haben Sie die goldene Uhr meines Mannes gesehen? Sie lag in diesem Fach da, hinter den roten Büchern, und nun ist sie auf einmal nicht mehr dort!" „Einen kleinen Moment", sagte ich, mir war nach diesen einleitenden Worten recht unbehaglich zumute: „Eine Uhr habe ich nicht gesehen. Wohl aber bin ich einmal auf einen zugeknöpften Damenstrumpf gestoßen, den ich Ihnen gezeigt habe. Sie haben mir gesagt, ich möge ihn ruhig liegen lassen, und ich erinnere mich, daß ich, daheim angekommen, mir Vorwürfe darüber gemacht habe, Sie nicht gleich darum gebeten zu haben, nachzusehen, ob alles in diesem Strumpf Verwahrte vollständig vorhanden sei." „Nein, nein", sagte sie, „der Strumpf ist da und es fehlt auch nichts. Ich habe Ihnen ja damals erklärt, daß darin der Schmuck meiner besten Freundin aufbewahrt ist! Nein, was ich suche, ist ein längliches Futteral, in dem die Schaffhausener Uhr meines Mannes verwahrt liegt. Eine *goldene* Uhr" setzte sie mit Nachdruck hinzu.

Mein Unbehagen vermehrte sich, wußte ich doch, wie vergeßlich alte Leute sein können. Weiß der Teufel, dachte ich bei mir, wohin sie diese verdammte Uhr wirklich gesteckt hat! „So, liebe gnädige Frau", sagte ich mit vollendeter Höflichkeit und in aller Ruhe. „Nun setzen Sie sich neben mich und ich gehe – in Ihrer Gegenwart – Fach für Fach durch. Vielleicht, daß Sie sie doch in einem anderen als jenem mir bezeichneten Fach verwahrt haben?" „Nein, nein", sagte sie, nun bereits erregt, „hinter jenen roten Büchern ist sie immer gelegen, das weiß ich ganz genau!" „Gestatten Sie, daß ich meinen Rock ausziehe?" sagte ich und tat dies auch. Bei mir dachte ich: das ist eine dumme Situation. Was tue ich, finden wir die Uhr nicht? Im stillen kalkulierte ich, wie hoch eigentlich mein Schaden sein könnte, falls sie Ersatzansprüche gegen mich stellen würde, als sie ausrief: „Damit Sie es wissen! Die Uhr ist kostbar! Wissen Sie, daß mein alter Uhrmacher, der drüben auf der Landstraßer-Hauptstraße seinen Laden hat, mir dafür 45.000,– Mark geboten hat?" Ähnliches hatte ich gefürchtet. Jene 45.000,– Mark waren – falls sie sich richtig an den Preis erinnerte, natürlich Besatzungsmark, die keinen realen Wert besessen hatten. Aber, wie es nun schon einmal so ist, jene Summe hatte sich bei der alten Dame festgesetzt!

Die Bibliothek stand in Regalen, die die ganze Länge des Kabinetts bedeckten. Es dürften ungefähr 7 oder 8 Stellagen gewesen sein, mit je 10 Fächern, die bis zur Decke mit Büchern angefüllt waren. Es stand mir also eine ganz schöne Arbeit bevor! Nach ungefähr einer halben Stunde hatte ich mich bis in die Mitte des Kabinetts durchgearbeitet und war so glücklich, endlich, endlich, das Futteral zu finden! Sie hüpfte wie ein junges Mädchen behende von ihrem Sessel herunter und rief, indem sie das Futteral öffnete: „Na, was habe ich Ihnen gesagt? Ein Schaffhausener Erzeugnis. Sehen Sie nur die in goldenen Lettern abgesetzte Adresse des Herstellers. Und der Schlüssel zur Uhr hat sich auch erhalten, sehen Sie nur her!" sagte sie und hob ihn empor. Ich atmete auf. Diese Uhr mußte vom Großvater ihres Mannes stammen. Es gab kein Wort der Entschuldigung noch ein Wort des Dankes!

Ich hatte damals gute Lust, durch das Fallenlassen einer Reihe von Büchern das Zimmer mit einer Staubwolke zu erfüllen und in dieser zu verschwinden! So aber gedachte ich meiner eigenen, lieben Leipziger Großmutter, die aus Wien stammte und nach Leipzig geheiratet hatte. Die reizendste Großmutter, die man sich nur denken kann. Nur war auch sie bei ihren letzten Besuchen in Wien bereits so vergeßlich, daß sie uns Kinder vielleicht zwanzigmal nacheinander, in immer kürzer werdenden Abständen, nach dem Verbleib ihrer Tochter, meiner Tante Dora, fragte! Ich blieb daher ruhig und ging erleichtert heim.

39. Die Bibliothek von Rudolf Ritter von Gutmann im Salzbergwerk von Bad Aussee

In der unmittelbaren Nachkriegszeit – es muß Sommer 1947 gewesen sein – erreichte mich ein Anruf des Rechtsanwaltes Dr. Karl Josef Steger. Leider ist er vor ganz kurzer Zeit gestorben. Er war einer unserer prominentesten Anwälte und seit vielen Jahren ein wahrer Freund unseres Hauses, dem ich viel zu verdanken habe. Er stammte aus Vorarlberg und hatte es sich als Sammler zum Ziel gesetzt, eine möglichst umfangreiche Sammlung von Büchern und Stichen, seine Heimat betreffend, zusammenzustellen. Viele der schönsten Dinge, die er – alle sorgfältig katalogisiert – besaß, sind durch meine Hände gegangen.

„Hätten Sie Zeit", fragte er mich, „auf ein paar Tage in meinem Auftrag nach Bad Aussee zu fahren, um aus dem Depot im Salzbergwerk die Bibliothek von Rudolf von Gutmann zurückzuholen, die dort eingelagert ist?" Mein Herz schlug höher! Das war genau das, was man in einer durch und durch trostlosen, aussichtslosen Zeit, wo nichts voranzugehen schien, erhoffen konnte. Als ich begann, bei V. A. Heck zu arbeiten, wäre es unmöglich gewesen, auch nur ein einziges Mal die Vergünstigung zu erhalten, die berühmte Bibliothek Gutmann in I., Beethovenplatz – und sei es auch nur für einen Augenblick – besichtigen zu dürfen.

„Wenn Sie es wünschen, fahre ich sofort! Es wird aber wohl vernünftig sein, wenn ich meinen Mitarbeiter mitnehme, denn ich sehe voraus, daß ich alleine die Arbeit nicht werde schaffen können." „Einverstanden", hieß es. „Morgen früh um 8 Uhr holt Sie das Taxi des Herrn Mazur (heute ein großes, auf den Transport von Passagieren von und nach dem Flughafen spezialisiertes Unternehmen), der mich ständig fährt, ab. Alles weitere werden Sie mir von dort telephonisch berichten."

Dr. Steger war unter anderem Anwalt der ,Mobiloil-Gesellschaft' und war solcherart in der Lage, das damals streng rationierte Benzin für die Fahrt nach Bad Aussee und auch für die diversen Lastauto-Transporte bereitstellen zu lassen.

Rudolf von Gutmann war der jüngste von drei Brüdern, denen in Wien das vornehme Bankhaus ,Gebrüder Gutmann' gehörte und die darüber hinaus ein unermeßliches Vermögen mit großen Industriebeteiligungen besaßen. So gehörten ihnen (gemeinsam mit der Familie Rothschild) unter anderem die ,Kohlen- und Eisenwerke Witkowitz', eines der führenden industriellen Unternehmungen in der Tschechoslowakei. Die Geschäfte des Bankhauses

Das Exlibris der Bibliothek des Rudolf Ritter von Gutmann. Wo immer man es antrifft, kann man sicher sein, etwas auserwählt Schönes vor sich zu haben.

wurden jahrelang von den beiden älteren Brüdern geführt und Rudolf von Gutmann, 1880 geboren, konnte seinen Passionen leben. Er bewohnte in Wien I., Schubertring 5, ein Haus, in dessen Parterreräumen die Bank untergebracht war. Seine sich darüber befindliche Wohnung barg Kunstschätze großen Wertes und war mit aller Pracht eingerichtet. Rudolf von Gutmann war ein stattlicher, gepflegter Mann mit einem schwarzen Schnurrbart und den Allüren eines Weltmannes. Sehr eitel, niemals Widerspruch ertragend. Das ging so weit, daß er auch auf Gebieten, von denen er gar nichts verstand, sein Urteil abgab und nichts hätte ihn umstimmen können. Ich erwähne in diesem Zusammenhang lediglich seinen ersten Besuch in meinem Geschäft. Er deutete auf den großen weiß-goldenen Kachelofen aus der Zeit um 1780 (in den Wiener Stadtpalais waren Kachelöfen weiß, auf dem Land braun oder grün) und sagte: „Sie bilden sich doch hoffentlich nicht ein, daß dieser Ofen echt ist? Er ist falsch!" Ich erlaubte mir einzuwenden, daß dieser Ofen mehr als zwanzig Jahre hindurch in der von meinen Eltern bewohnten Villa am ‚Himmelhof' gestanden habe. Daß mein Vater ihn von einem Meister seines Faches, dem alten Ofensetzer Paroubeck gekauft und aufstellen hatte lassen. Wir beobachteten als Kinder den schwierigen Zusammenbau. Der Meister war besorgt, daß die Decke des Zimmers nicht hoch genug für dieses Prachtstück sei! „Schon gut, schon gut!" sagte Herr von Gutmann, „mir aber hat die Ofenfirma Erb in Wien gehört. Wir hatten im Hof der Firma einhundert ähnliche, aber wirklich alte Öfen aufgestellt. Leider haben die Russen aus purem Vernichtungsdrang alle mit einem Panzer niedergewalzt. Dieser Ofen, ich wiederhole dies, ist falsch!" Mir blieb nur übrig, zu schweigen!

Seine Graphiksammlung, er besaß alle wichtigen Blätter von Dürer und Rembrandt in erlesenen Exemplaren, war einzigartig. Er war beraten von einem der damals besten Kenner alter Graphik, von Hofrat Dr. Josef Meder, Direktor der Albertina. Betreut wurde er als Kunde von der vornehmsten Wiener Kunsthandlung Artaria & Co., Wien I., Kohlmarkt. Dominik Artaria, der mit seinem Bruder August (einem ehemaligen Oberstleutnant) dort die Geschäfte führte, war vor dem Ausbruch des Ersten Weltkrieges auf allen bedeutenden Graphikauktionen Europas ständiger Gast und kaufte für Herrn von Gutmann das Beste und Erlesenste.

Gleich bedeutend, jedoch nicht gleich streng ausgerichtet, war die Bibliothek. Das Hauptaugenmerk des Sammlers galt kostbaren französischen

Rudolf Ritter von Gutmann (Wien 1880 – Victoria, British Columbia, 1966) lesend. Gemeinsam mit der Familie Rothschild besaß er nahe von Mährisch Ostrau die ‚Bergbau und Eisenwerke Witkowitz', ein Unternehmen, das zu den größten Industrien der österreichisch-ungarischen Monarchie zählte.

Büchern des 18. Jahrhunderts, die er – gleichfalls von ausgesuchten Händlern auf das Beste betreut – in nur auserlesenen Exemplaren erwarb. Darüber hinaus gab es aber eine große Anzahl kostbarer Atlanten, Bände mit Stadtabbildungen, etc. Er muß einmal eine große Adelsbibliothek erworben haben, die im 17. oder 18. Jahrhundert zusammengebracht worden ist. An diesen Büchern, so kostbar manche davon auch waren, hing sein Herz nicht. Ich komme darauf zurück.

Neben dem Sammeln war die zweite große Leidenschaft Herrn von Gutmanns die Jagd. Eine der schönsten Jagden in der Steiermark gehörte ihm und seinem Bruder Max: die Herrschaften Kallwang, Rottenmann-Strechen mit Gföhl (NÖ), zusammen an die 50.000 Hektar! Seine Jagdexpeditionen führten ihn vor dem Ersten Weltkrieg bis nach Alaska. Sein besonderes Interesse galt daher dem Werk des Johann Elias Ridinger (1698– vermutlich 1767), von dessen Jagdstichen er ein komplettes Exemplar besaß. Allerdings herrschte hier das Bestreben nach Vollständigkeit, daher ließ die Qualität einzelner Blätter zu wünschen übrig. Ich habe mich lange Zeit hindurch bemüht, diese interessante Sammlung zu verkaufen. Schließlich gelang es Dr. Steger durch persönliche Beziehungen, sie an die Staatliche Graphische Sammlung in München zu vermitteln. In einem aufwendig gedruckten, zweibändigen Katalog – der in kleiner Auflage erschienen ist – ist sie bibliographisch erfaßt. Darüber hinaus aber besaß er einige prachtvolle Maroquinbände des 18. Jahrhunderts, in denen hervorragende Exemplare der großen Ridinger-Folgen montiert waren. Wann immer man heute ein Buch aus der Gutmann'schen Bibliothek aufschlägt, auf dessen Innendeckel das Exlibris (sein Wappen, darunter die Worte ‚Semper progrediens‘) eingeklebt ist, kann man sicher sein, etwas Kostbares in den Händen zu halten. Erwähnen möchte ich, daß die Sammler-Tätigkeit Rudolf von Gutmanns mit dem Jahr 1918 zu Ende war. Das Bankhaus hatte, wie er mir erzählte, für 26 Millionen Kronen Kriegsanleihen gezeichnet, die nun wertlos waren. Es hat sich niemals von diesen und anderen Verlusten (durch die Zerstückelung der Monarchie verursacht) erholt.

Am Morgen des nächsten Tages trafen wir vor dem Stolleneingang des Salzbergwerkes in Bad Aussee ein und wurden von einem der leitenden Ingenieure erwartet, der uns bat, ihm zu folgen. Im von Steinen eingefaßten Torbogen des Eingangs befindet sich ein Schlußstein mit dem Datum 1475. Während wir leicht gebückt durch den ins Innere führenden tunnelartigen Gang wanderten, erzählte mir jener Ingenieur Interessantes. So vor allem, was ich nicht wußte, daß die Temperatur im Inneren dieses Bergwerkes genauso konstant bliebe wie der Feuchtigkeitsgehalt der Luft. Es habe sich, so sagte er, herausgestellt, daß alle dort aus Luftschutzgründen eingelagerten Bestände (Bilder und Kunstwerke) nirgendwo anders hätten besser aufbewahrt sein können! In diesem Bergwerk waren nicht nur die Schätze unserer öffentlichen Kunstsammlungen geborgen worden, sondern auch Kunstschätze aus Holland oder Belgien. Wie beispielsweise der Altar der Brüder van Eyck aus Gent! Es sei dahingestellt, ob nicht – außer der Bewahrung vor der Gefahr durch Bomben aus der Luft – auch andere Motive hinter der Deponierung fremdländischen Besitzes in Bad Aussee standen, denn man plante damals den Bau eines großen Kunstmuseums in Linz! Was es an in- und ausländischem Staatsbesitz hier gegeben hatte, sei mittlerweile abtransportiert und zurückgestellt worden. „Sie werden aber staunen, was Sie noch alles sehen werden“, fügte der Ingenieur hinzu.

Nach etwa zwanzig Minuten standen wir vor einem aus Holz gefertigten

Die Villa ‚Perlhof‘ in Gießhübel, südlich von Wien. Hier verwahrte Herr von Gutmann seine großartige Graphiksammlung und seine kostbaren Manuskripte. Sein Kunstbesitz wurde 1938 konfisziert, konnte ihm jedoch beinahe zur Gänze nach 1945 wieder zurückgegeben werden.

Doppeltor, das mit einigen Schlössern versehen war. Eine Hilfskraft leuchtete mit dem leicht flackernden Licht einer mitgebrachten Karbidlampe, die – gespenstische Schatten an die niedrigen Wände werfend – uns bisher begleitet hatte. Der Ingenieur tastete sich zu einem Schalter. Plötzlich, wie durch Zauberei, gab es elektrisches Licht! Ein Flügel der Doppeltüre öffnete sich. ‚Sesam, tue Dich auf‘ wie es in einem Märchen in ‚Tausendundeine Nacht‘ heißt! Wir standen staunend in einer riesigen ‚Halle‘ im ungefähren Ausmaß des Inneren einer großen gotischen Kathedrale! Der Unterschied zwischen der bedrükkenden Enge des Zuganges und dieser Weite war überwältigend! Aber nicht genug damit, gegen Ende dieser ersten ‚Halle‘ – ich setze hinzu, daß diese durch Auslaugung entstanden war – neigte sich der Boden und führte – nach einem Durchbruch – in einen zweiten ‚Raum‘ ähnlichen Ausmaßes. Unwillkürlich blieben unser aller Stimmen gedämpft.

Ich vergaß zu erwähnen, daß wir den ganzen Weg vom Eingang her über die Geleise von schmalspurigen Hunten gegangen waren, die sich nun in der Weite der Halle verzweigten. Links und rechts an den Wänden standen frischgezimmerte Stellagen und auf diesen ruhten, übereinandergestellt, Kisten über Kisten. In ihnen befand sich damals noch der geraubte Kunstbesitz vertriebener österreichisch-jüdischer Familien. Alles war sorgsam mit Tafeln versehen, als hätte man – was mit Sicherheit niemals auch nur in Gedanken erwogen gewesen war – einmal den Besuch der rechtmäßigen Besitzer hier erwartet! Ich weiß nicht, ob ich die richtigen Worte gefunden habe, um den unheimlichen Eindruck dieses Bergungslagers zu schildern. Wir standen eine Zeitlang wie verzaubert, aber auch verblüfft über die überall herrschende Ordnung, schweigend herum. Es ist schon etwas Eigenes um den Kunstbesitz, der immer wieder – auch in den rauhesten Zeiten – sorgsam behandelt wird und somit erhalten bleibt!

Schließlich kamen wir zum Depot Gutmann und begannen, die Kisten auf einen Hunt zu laden, der dann mit anderen zu einem kleinen Zug zusammengestellt wurde. Eine niedrige elektrische Maschine leistete den Vorspann. Der Zugangstunnel war des öfteren gewunden, was uns beim Gehen nicht sonderlich aufgefallen war. Jetzt aber mußten bei zu starken Kurven einige große Bilder, die mitaufgeladen worden waren (künstlerisch unbedeutende Jagddarstellungen des 18. Jahrhunderts, die Herr von Gutmann kurz darauf dem ‚Haus der Natur‘ in Salzburg schenkte), hochgehoben werden. Der ‚Zug‘ fuhr weiter, hielt an und die Bilder wurden wieder aufgeladen. Ich entsinne mich nicht mehr, wie viele dieser Hunte wir beladen hatten, weiß aber, daß wir nicht weniger als 146 Kisten Bücher hatten!

Im Gespräch teilte mir jener Ingenieur noch andere interessante Dinge mit. So habe der damalige Gauleiter von Oberösterreich, Eigruber, den Befehl erteilt, daß einige besonders große und schwere Kisten ohne Bezeichnung einzulagern seien. „Pro ‚Halle‘ eine Kiste“, hieß es. Und das habe die Bergarbeiter stutzig gemacht. Es hätten sich daher Männer des österreichischen Widerstandes über Nacht einsperren lassen, hätten eine dieser Kisten geöffnet und darin eine große, nicht explodierte feindliche Fliegerbombe entdeckt! Sie hätten einen ihrer Ingenieure, auf den sie sich hätten verlassen können, tags darauf gefragt, was geschehen würde, brächte man diese Bomben innerhalb des Bergwerkes zur Explosion? Der Ingenieur habe ein wenig gerechnet und dann gesagt, daß schon die Explosion einer Bombe einen derartigen Druck auslösen würde, daß alle Gänge und ‚Hallen‘ zusammenstürzen und das Bergwerk – in entlegenen Teilen damals immer noch aktiv – rettungslos vernichtet sein würde. In den letzten Tagen des Krieges – auch davon hatte man gehört – hätte es erregte Auseinandersetzungen zwischen dem Führerhauptquartier und jenem Gauleiter gegeben, der darauf bestehen wollte, alles zu vernichten, „bevor es dem Weltjudentum in die Hände fiele" (dies seien seine Worte gewesen). Der Ingenieur berichtete mir, daß dieser Streit endlich durch die Aktivität des österreichischen Widerstandes beendet worden sei. Sie hätten ganz einfach im entscheidenden Moment den Eingang zum Stollen zugesprengt und dem amerikanischen Panzergeneral Patton eine Deputation entgegengeschickt, mit der Bitte um schleuniges Eingreifen. Die Gegend von Aussee sei überhaupt als das letzte Reduit der geschlagenen deutschen Armee ausersehen und daher besonders gefährdet gewesen.

Genaugenommen, erklärte mir der Ingenieur, sei es den Bergarbeitern gar nicht um die eingelagerten kostbaren Schätze gegangen, sondern lediglich um die Erhaltung ihrer eigenen Existenz! Auf Veranlassung der Kaiserin Maria Theresia (der wir viele Dinge, von ihr durch Weisheit und Menschlichkeit verfügt, verdanken) sei zu deren Regierungszeit angeordnet worden, daß die Bergarbeiter – neben ihrer Tätigkeit im Stollen – Bergbauern zu bleiben hätten. Ich gebe hier das mir damals Mitgeteilte wieder, obwohl mir bewußt ist, daß es in mancher Hinsicht von mittlerweile bekanntgewordenen offiziellen Nachforschungen abweicht.

Die Kisten der Gutmann'schen Bibliothek wurden auf einige große Lastautos verladen, und mit ihnen fuhren wir nach Salzburg, wo uns die Landesregierung entgegenkommenderweise den großen Saal eines der ihr gehörenden Gebäude zum Aus- und Umpacken zur Verfügung gestellt hatte. Sobald die Kisten im ersten Stock standen, begannen wir mit dem Auspacken. Ich wollte meinen Augen nicht trauen: in der ersten Kiste befanden sich Telephon- und Adressbücher. In der zweiten internationale, moderne Pornographie. In der dritten, vierten, fünften desgleichen! Es war nicht zu fassen und doch eine Tatsache, die ich mir nur mit dem blinden Gehorsam, der 1938 im besetzten Österreich waltete, erklären konnte. Irgendeiner der Verantwortlichen muß erklärt haben, daß die Bibliothek von Gutmann zu jenen Beständen gehöre, die einst im geplanten ‚Führermuseum' in Linz aufgestellt werden würden. Daher habe es im Palais Gutmann am Beethovenplatz geheißen: „Alles Gedruckte einpacken!" und so war es auch geschehen! Erst ab der sechsten Kiste kamen alte Bücher zum Vorschein! Meine Instruktionen hatten gelautet: Alles für den Besuch des Herrn von Gutmann vorbereiten. Die Bestände in drei Gruppen aufteilen. Minderwertiges ausscheiden, Besseres auslegen, nachher aber wieder in Kisten einpacken, deren Inhalt für eine Auktion in Bern vorgesehen sei. Ganz Kostbares sei auf improvisierte Tische zu legen, denn Herr von Gutmann habe sich die Entscheidung vorbehalten. Eile täte not, und somit arbeiteten wir bis 2 Uhr morgens.

Tags darauf gegen 10 Uhr erschien Herr von Gutmann mit seiner eher zierlichen Frau Marianne. Sie war ihrem Auftreten nach eine vollendete Dame, eine geborene Baronin Ferstel, eine Enkelin des berühmten Architekten und Baumeisters Heinrich von Ferstel, dem Erbauer der Wiener Universität, der Votivkirche und vieler Wiener Paläste. Sie überlebte ihren Mann um 20 Jahre. Ich hatte beide bis dahin nicht kennengelernt, sie übertrugen mir jedoch in der Folge ihr Vertrauen und Wohlwollen. Anfänglich hatte ich es gar nicht besonders leicht, war ich doch ihnen gegenüber ein unbeschriebenes Blatt. Ich wußte viel über Herrn von Gutmann, der ein besonderer Kunde meines Vaters gewesen war und von ihm einige bemerkenswerte Objekte seiner Sammlung erworben hatte, aber vor 1938 war er für mich unerreichbar geblieben.

Die 'Hedwigslegende', folio 38v. Die heilige Hedwig geht im Winter barfuß zur Kirche; buß-fertige Geißelungen. Gehört zu einer Anzahl von Seiten (fol. 29–52), "die sich von den Darstellungen des Hauptmeisters ganz deutlich abheben und die Schwächen der Illumination des Hedwig-Codex erkennen lassen" (A. von Euw und J. M. Plotzek. Die Handschriften der Sammlung Ludwig, vol. III, S. 81)

Jetzt waren seine ersten Worte nach der Begrüßung: „Haben Sie die ‚Hedwigslegende' gefunden oder nicht?"

Das mußte ich verneinen und sah, wie sich seine Miene verdüsterte. Aber ich deutete auf die für ihn auf den improvisierten Tischen bereitgelegten Bücher und sagte: „Wir haben heute nacht ganz einfach alles für Sie ausgelegt, was wertvoll erschien. Ohne, daß wir Zeit gehabt hätten, die einzelnen Bücher oder Manuskripte näher zu besichtigen. Bitte sehen Sie sich doch alles an, es sind viele schöne Dinge darunter." Ein unwilliges Schnauben war die Antwort und dann hieß es: „Die ‚Hedwigslegende' muß her! Alles übrige interessiert mich nicht. Und meine Rembrandt-Radierungen? Wo sind diese?" (sie wurden bis heute nicht aufgefunden). Damit zog er sich sein Jackett aus und begann, leicht gelangweilt, mit der Durchsicht. In diesem Augenblick kamen zwei Herren vom Bundesdenkmalamt bei der Türe herein und verwickelten ihn, der sichtlich froh war, nicht weiterarbeiten zu müssen, in ein Gespräch. Und in diesem Gespräch fielen folgende Worte: „Wissen Sie, meine Herren. Als ich die ‚Hedwigslegende' vor 1914 vom Kloster Schlackenwerth in Böhmen erwarb, habe ich beim Kauf, statt Bargeld zu geben, eine Wasserleitung bauen lassen, die einige hunderttausend Kronen gekostet hat. Die Handschrift muß jahrzehntelang quer in einem der Fächer der Bibliothek des Klosters gelegen haben. Und zwar so, daß man wiederholt die Bibliotheksleiter an den Schnitt des Buchblocks angelegt hat, was Einkerbungen verursachte, die jedoch weder den Text noch die Abbildungen betroffen haben." Mir hatte Herr von Gutmann hievon nicht ein Wort erzählt. Wie leicht hätte ich die Handschrift durch diesen Hinweis erkennen können! Ich hatte sie niemals zu Gesicht bekommen. Die Herren vom Denkmalamt hatten sich verabschiedet, und ich fuhr fort mit meiner Arbeit. Plötzlich sah ich, wie Herr von Gutmann erstarrte, dann mit einigen kleinen Schritten auf eines der auf dem Tisch liegenden Bücher zuging, den Atem anhielt, zu blättern begann, nach einigen Seiten innehielt, einen tiefen Seufzer ausstieß, sich mir mit ernstem Gesicht zuwandte und empört sagte: „Junger Mann, wollen Sie wirklich zugeben, daß Sie meine ‚Hedwigslegende' nicht erkannt haben? Da liegt sie und die große Miniature ist auch erhalten!" Damit winkte er seiner Frau und ging.

Die Handschrift der ‚Hedwigslegende' war in der Tat das wertvollste Stück seiner Bibliothek. Sie stammt aus dem Hofatelier des Herzogs Ludwig I. von Liegnitz und Brieg und ist mit dem Jahr 1353 datiert. Nach wechselvollem Besitz kam sie schließlich in das Piaristenkloster Schlackenwerth bei Karlsbad in der Tschechoslowakei. Nach Auflösung des Klosters gelangte sie vor 1914 in den Besitz des Herrn von Gutmann. 1938 wurde sie beschlagnahmt und kam in die Österreichische Nationalbibliothek. Wieso sie dann doch wieder mit den übrigen Beständen der Bibliothek Gutmann vereint und gemeinsam mit diesen im Salzbergwerk geborgen wurde, ist nicht klar erkennbar.

„. . . Der Hedwig-Codex ist ein nationales Denkmal des alten Schlesiens und heutigen Polens insgesamt. Er enthält ein wesentliches Stück Landes- Kirchen- und Frömmigkeitsgeschichte des 13. Jahrhunderts und ist außerdem ein kunstgeschichtlich bedeutendes Bilderbuch des 14. Jahrhunderts . . .

Da sich die ganzseitige Darstellung der Heiligen Hedwig nicht am Anfang der Handschrift befindet, konnte es ganz leicht geschehen, daß ich beim Aufschlagen des Manuskriptes auf die von dem erwähnten minderbegabten Illuminatoren geschaffenen Darstellungen stieß und deshalb das Manuskript – ohne weiter darin zu blättern – zu den übrigen auf den Tisch legte. Es war bereits 2 Uhr früh und die Übermüdung machte sich bemerkbar. Das ent-

schuldigt meine offensichtliche Unaufmerksamkeit nicht, aber es erklärt sie.

Die ‚Hedwigslegende' wurde in der Folge von Herrn von Gutmann im Safe einer New Yorker Bank verwahrt, die von ihm selbst ausgesuchten übrigen Cimelien seiner Bibliothek wurden von uns nach der ‚New Pearl Farm' in Victoria, British Columbien, verschickt, wo er damals lebte. Er betrieb dort eine gutgehende Hühnerfarm, auf die er sehr stolz war. Ihr merkwürdiger Name ist eine Übersetzung des Namens seines ehemaligen Besitzes ‚Perlhof' in der Nähe von Gießhübel, südlich von Wien. Dort befanden sich, als er fluchtartig 1938 Österreich verließ, in einem Safe seine wichtigsten Schätze. Ich weiß, daß man – als um 1938 die Bedrohung durch das Nationalsozialistische Deutschland immer gefährlicher wurde, ihm vergeblich zugeredet hatte, das Wertvollste rechtzeitig in die Schweiz zu verschicken. Er hätte dafür offene Türen in Vaduz gefunden, da eine seiner Schwestern die Gattin des damals regierenden Fürsten von Liechtenstein war! Allein, er war ein österreichischer Patriot und wollte davon nichts hören.

Als er einige Jahre nach dem Wiederauffinden der wichtigsten Bestände seiner Sammlung in Victoria, B. C., schwer erkrankte und für einige Jahre ein

Pflegefall wurde, tat seine Frau alles, um ihn am Leben zu erhalten. Sie verkaufte deshalb die ‚Hedwigslegende' für 200.000,– kanadische Dollar – damals ein großer Betrag – an den aus Wien stammenden Antiquar H. P. Kraus in New York. Kurios ist, festzustellen, daß dessen Sachverständige und Mitarbeiter seinen Enthusiasmus für diese einmalige Handschrift keineswegs teilten und der Meinung waren, sie sei lediglich kulturhistorisch und geschichtlich interessant (siehe H. P. Kraus, A rare book Saga, New York, 1977, S. 304 ff.

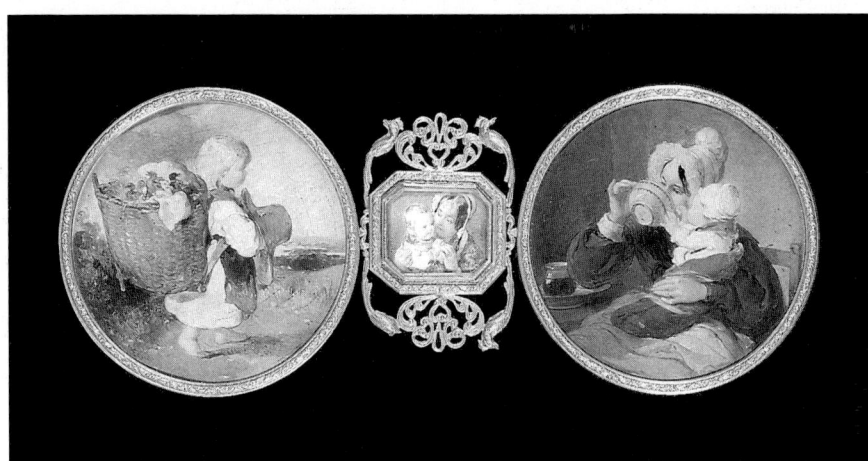

Das Liechtenstein-Gutmannsche Album mit Aquarellen und Zeichnungen von Peter Fendi (1796–1824), „der Lyriker unter den Alt-Wiener Malern, ein unvergeßlicher Skizzierer". Abgebildet ist der Vorderdeckel mit drei montierten Miniaturen. Das Album wurde von mir an die Albertina vermittelt.

Er erzählt, daß er später die Handschrift für 285.000,– amerikanische Dollar an Herrn Dr. Ludwig in Köln verkauft habe).

Alle besseren damals von uns aus dem Bergwerk geholten Bücher, die Herr von Gutmann zum Verkauf freigab, wurden über meine Vermittlung im Oktober 1948 bei Gutekunst und Klipstein, Bern, versteigert: ‚Bibliothek eines Kunstfreundes. Auktion XLVII'. Sie erbrachten einen angemessenen Betrag. Man darf nicht vergessen, daß zu dieser Zeit Händler in Deutschland und Österreich keine Devisen hatten, um kaufen zu können und daß es auch in England keine Devisen für Ankäufe gab, da dem Land ‚austerity' verordnet war. Unmittelbar nach dem Zweiten Weltkrieg arbeitete mein guter, väterlicher Freund Dr. August Klipstein in Bern mit dem dort ansässigen Buch-Antiquar Robert Alder zusammen, der ihm Buchsammlungen für Auktionen ins Haus brachte, da Klipstein zu wenig Ware für seine Graphikauktionen aufzutreiben imstande war.

Für die Katalogbeschreibungen der Bibliothek Gutmann habe ich mich zwei oder drei Wochen in Bern, im schönen Haus in der Laupenstraße, aufgehalten und dazu beigetragen, daß wir mit der Arbeit zeitgerecht fertigwurden. Ich will noch erwähnen, daß uns bei der Katalogisierung ein sehr netter Dr. Thommen, ein gebildeter Basler, half, der sich damals bei Alder die notwendigen Kenntnisse für die Gründung eines eigenen Antiquariates zu holen trachtete. Er war ein begeisterter Buchliebhaber, aber es fehlte ihm jeglicher Sinn für das Kaufmännische. So kaufte ich wenig später einmal bei ihm für meinen guten Kunden, den Casanova-Sammler J. Rives Childs irgendein Buch, das Thommen mir für einhundert Franken angeboten hatte. Als ich um eine Rechnung mit dem üblichen Rabatt von 10% bat, sah er empört auf: „Ja, was glauben Sie eigentlich? Ich muß knapp kalkulieren! Lege ich mein Geld bei der Bank an, bekomme ich 4% Zinsen. So schlage ich auf meine Bucheinkäufe 10% auf, mache somit ein gutes Geschäft, weil ich 6% über den Einkauf verdiene." Sapienti sat! Er hat sein Geschäft nicht sehr lange offenhalten können!

Der Katalog der Berner Auktion beschreibt 1152 Nummern, gegen Ende eine bedeutende Sammlung von Bibliographien, die meisten kostbar handgebunden, darunter das kaum komplett auffindbare ‚Jahrbuch der kunsthistorischen Sammlung des Allerhöchsten Kaiserhauses‘. 51 Bände; zahlreiche Faksimile-Ausgaben berühmter Handschriften, etc. An alten Büchern: Braun & Hogenberg, Civitates orbis terrarum, 6 Bände, unkoloriert; J. Blaeu, Atlas maior, 11 Bände, Karten und Ansichten, mit Gold und Silber gehöht; kostbare Erstausgaben der französischen und deutschen Literatur; ein Sammelband mit 131 Originalaquarellen der ‚Armata delle due Sicelie‘, Handexemplar Ferdinands II., König beider Sizilien (1810 – 1859), etc.

Die Nummer 10: ‚Stammbuch des Freiherrn Gottlob Günther von Berlepsch‘ (1786–1875, Bibliothekar in Wolfenbüttel) mit 52 Originalzeichnungen, zumeist von Dresdener Künstlern, aber auch mit einer eigenhändigen Zeichnung samt Widmung von Goethe, blieb zu unserem Erstaunen unverkauft und ging zurück. Ich hatte für diese Nummer eine besonders ausführliche Katalogbeschreibung gemacht, die sich auf eine Aufnahme meines Vaters in seinem ‚Katalog einer ausgewählten Sammlung von Erstdrucken und Seltenheiten der Werke Johann Wolfgang von Goethes, zusammengestellt zum 75. Todestag‘, Leipzig, C. G. Boerner, 1907, Seite 3, stützte. Ich wußte aus meines Vaters Erzählungen, daß er damals an Herrn von Gutmann dieses bemerkenswerte Stück und eine Reihe von Erstausgaben deutscher Literatur verkauft hatte, als er mit den Spitzenstücken dieses Kataloges nach Wien gefahren war. Nur so konnte es geschehen, daß auch ich übersah, was schon mein Vater seinerzeit übersehen hatte: daß nämlich das Wertvollste dieses Stammbuches nicht die Originalzeichnung Goethes, sondern die Nr. 12 war. Eine Federzeichnung von Caspar David Friedrich und, beigelegt, dessen vierseitiger Brief an Berlepsch, datiert vom 1. Mai 1815. Hatte also 1907 mein Vater die Bedeutung dieser Nummer nicht erkannt, so auch niemand im Hause Gutmann, wo ein eigener Bibliothekar jahrelang an einem Katalog der Bibliothek beschäftigt gewesen war. Gingen wir in Bern 1948 daran vorüber, so sollte es geschehen, daß dieses Stammbuch 1982 bei Sotheby in London – wieder ohne Hinweis auf Caspar David Friedrich – versteigert wurde. Dort endlich wurde es vom Freien Deutschen Hochstift, Frankfurter Goethemuseum, entdeckt, gekauft und später veröffentlicht.

Rudolf von Gutmann stiftete 1947 der Österreichischen Nationalbibliothek in Wien nicht weniger als 12 Manuskripte. Darunter waren 10 Stammbücher aus der Zeit von 1577 bis 1873, mit vielen Wappenmalereien, Trachtenbildern, etc. Die zwei wichtigsten Manuskripte waren (heutige Bibliotheks-Nummer): Series nova 2978, Kopie des Fechtbuches von Hans Talhofer. Die Originalhandschrift ist in Gotha verwahrt. Auf 268 Blatt sind mit der Feder gezeichnete Kampfphasen, leicht laviert, dargestellt, die alle nur erdenklichen Arten des Zweikampfes zeigen. Das wichtigste Manuskript aber ist: Series nova 2977, ein bis dahin unbekannt gebliebenes Exemplar des ‚Nürnberger Schönbartlaufens‘. Es war dies eine der Metzgerzunft von Nürnberg gestattete Fastnachtslustbarkeit mit glänzendem Maskenumzug, der in den Jahren 1349 bis 1539 stattfand. Die vielen hundert Figuren des Manuskriptes zeigen, teilweise auf mehrfach gefalteten Tafeln in klein-folio Format, hervorragend gezeichnete und in bunten Farben gemalte Figuren: Turniere, Kämpfe mit Schwertern, Erstürmung eines Schiffes, Zahnziehen auf dem Marktplatz, etc. Das Gutmann'sche Manuskript wurde 1955 von Karl Anton Nowotny im Buch: ‚Masken in Mitteleuropa‘ veröffentlicht. Es ist um die Mitte des 16. Jahrhunderts entstanden. Ich hatte vergebliche Mühe, Herrn von Gutmann

Eines der größeren Aquarelle des Albums: ‚Lasset die Kindlein zu mir kommen‘. Fendi war insbesondere seiner unübertrefflichen Darstellungen kleiner Kinder halber berühmt.

Charles-François Hutin (Frankreich, 1715–1776).
Junger Mann, einen Brief schreibend. Junge Frau,
einen Brief lesend, Gegenstücke, signiert und datiert
1750. Öl auf Leinwand. Je 65 : 51 cm. Wurden von
meinem Vater an Herrn von Gutmann verkauft.

klarzumachen, welch ungemein wertvolle Manuskripte er – ohne im geringsten deren Wert zu erkennen – fortschenkte. Seine Liebe galt dem französischen Buch des 18. Jahrhunderts. Bei diesen Büchern erinnerte er sich genau an den bezahlten Preis und an den Verkäufer. Jene 12 Manuskripte gehörten sicherlich der vorher erwähnten, ‚en bloc‘ erworbenen, Adelsbibliothek an. Ich sehe heute noch das erstaunte Gesicht des damaligen Leiters der Handschriftensammlung, als ich ihm diese Schätze übergab! Ein anderes, noch viel nobleres Geschenk machte er damals übrigens der Albertina in Wien. Es handelte sich um ein prachtvolles Exemplar eines frühen deutschen Kupferstiches des 15. Jahrhunderts. Auch hier machte ich ihn aufmerksam, welchen Wert er fortzuschenken im Begriffe sei. Er aber sagte nur kurz, daß er zeitlebens der Albertina für viele dort verbrachte schöne Stunden (anscheinend war ihm vor dem Ersten Weltkrieg, als Hofrat Dr. Meder die Direktion innehatte, ein eigenes kleines Zimmer eingeräumt gewesen) verpflichtet sei und sich entsprechend revanchieren wollte!

Herr von Gutmann hatte, als er seine Frau Marianne heiratete, zwei außereheliche Töchter. Mit der einen hatte er nach 1945 jeden Verkehr abgebrochen, die zweite hatte nach Holland geheiratet, und in ihre Nähe, nach Blaricum, war Frau Marianne von Gutmann als Witwe gezogen. Sie hatte sich von einem guten holländischen Architekten ein nicht allzu großes, behaglich eingerichtetes Haus erbauen lassen, umgeben von einem schönen Garten, den sie selbst mit großer Liebe pflegte. Die schönsten Renaissance-Bronzen, astronomische Instrumente, chinesische Vasen und Porzellan standen, alles in erlesener Qualität, in den Wohnräumen. Im Wohnzimmer, dessen Fenster auf den Garten gingen, standen die Bücherkästen, angefüllt mit jenen Büchern, die ich seinerzeit im Salzbergwerk für Herrn von Gutmann auszusortieren gehabt hatte. ‚In nuce‘ war es noch immer eine beachtliche Bibliothek mit schönsten Büchern in erlesenen Exemplaren. Ich bin, teils alleine, teils mit Dr. Hansjörg Krug (unserem Kompagnon) des öfteren zu ihr auf Besuch gefahren. Herr Dr. Steger in Wien betreute und beriet sie. Vor allem riet er ihr, doch immer rechtzeitig Rat einzuholen. Meine Tätigkeit für sie begann damit, daß es Dr. Steger und mir im allerletzten Moment gelang, ihr einen exorbitanten Betrag für ein Album mit den schönsten Aquarellen des österreichischen Aquarellisten Peter Fendi zu verschaffen, die sich heute in der Albertina befinden. Um ein Haar hätte sie diesen Schatz, den sie nicht richtig zu bewerten verstand, für ein Butterbrot aus der Hand gegeben! Wir wurden jedesmal auf das Liebenswürdigste von ihr aufgenommen. Es war erstaunlich, wie frisch und unverbraucht sie sich zu erhalten verstand!

Nach ihrem Tode wurde dieses schöne Haus aufgegeben und seine Bestände nach und nach, teils in Holland, teils in London, versteigert. Um ein bedeutendes Manuskript mußten wir uns einige Jahre hindurch bemühen. Immer nämlich verstand sie es, Summen zu verlangen, die keineswegs leicht aufzubringen waren. Dies fand auch seine Fortsetzung, als der Enkel ihres Mannes, stellvertretend für alle übrigen Erben, die Liquidierung anvertraut bekam. Es gab mit jenem Manuskript harte Kämpfe, bis wir endlich handelseinig werden konnten! Im Frühjahr 1993 sind nun, vor allem, weil niemand Interesse am Erhalt der Bücher hatte, die Reste der Bibliothek in London bei Sotheby versteigert worden und haben teilweise erstaunliche Preise gebracht!

40. Klimts Neffe Rudolf Zimpel

Es war mir im Jahr 1960 gelungen, eine Anzahl Zeichnungen von Gustav Klimt zu erwerben. Ich veranstaltete eine Ausstellung damit und veröffentlichte einen kleinen Katalog: Liste 65' ‚Vierzig ausgewählte Handzeichnungen von Gustav Klimt'. Das teuerste Blatt kostete damals 2.500,– Schilling, während heute der drei- bis vierhundertfache Preis für ein erstklassiges Blatt gelten würde! Da sich niemand fand, der diesen damals als exorbitant empfundenen Preis bezahlen wollte, erwarb ich das Blatt für mich privat.

Meine Liebe zu Gustav Klimt war schon in meiner Kindheit geweckt worden. Hing doch in unserem Spielzimmer am ‚Himmelhof', in einer schwarz gebeizten Josef Hoffmann-Leiste gerahmt (was eine von Hoffmanns merkwürdigen Ideen war), eine schöne Zeichnung Klimts. Oftmals muß ich daran denken, daß meinem Vater nicht nur Klimts Nachlaß zur Verwertung anvertraut gewesen war, sondern auch der Nachlaß von Egon Schiele. Es wäre doch für ihn, der damals viele und bedeutende Geschäfte tätigte, ein Leichtes gewesen, für unsere Familie einige Bilder und Zeichnungen beider Künstler zurückzubehalten! Daß er es nicht tat, hatte zweierlei Ursachen. Zum ersten, daß mit dem Friedensschluß von 1918, der Zerstückelung der österreichisch-ungarischen Monarchie und der damals eingesetzten Inflation das Bürgertum mit einem Schlag verarmte und daß diejenigen, die das Glück hatten, ihr Geld zu behalten, vorzogen, es ab nun nur in internationalen Werten anzulegen. Zum zweiten war meinem Vater eine spielerische Natur zu eigen. Geld und Besitz bedeuteten ihm nur wenig. Und als Sammler interessierten ihn alte, illustrierte naturwissenschaftliche Bücher oder mittelalterliche Miniaturen. Ich muß auch erwähnen, daß meine Mutter eine leicht verständliche Aversion gegen moderne Künstler hatte. Erlebte sie doch, wie mein Vater wieder und wieder das Opfer seiner Hilfsbereitschaft und Freundschaft Künstlern gegenüber wurde. Außerdem, so fand sie, Modernes passe schlecht zu ihrem Mobiliar. Wie immer das gewesen sein mag, es blieb bei einigen schönen Klimt- und Schiele-Zeichnungen zum Schmuck der Wände unseres Spielzimmers.

Mein kleiner Katalog hatte so gut wie kein Echo bei unseren Kunden gefunden. Doch ich erhielt einen Brief von Dr. Otto Nirenstein in New York, der etliche Jahre zuvor seinen Namen in ‚Kallir' geändert hatte. Es sei schön, schrieb er, daß sich jemand in Österreich nun wieder um Klimt kümmere. Er gratulierte mir zu meinem Beginn und setzte hinzu, daß er Hunderte Klimt-Zeichnungen besäße und nicht wisse, was damit zu tun. Sie interessierten derzeit in den USA niemanden, schrieb er. Meine Antwort erhielt er postwendend. Er möge doch so freundlich sein, mir fünfzig Klimt-Zeichnungen aus seinem Schatz zu senden. Ich erhielt niemals eine Antwort von ihm, kannte ihn aber aus seiner Wiener Zeit her, wo dieser vielseitig interessierte und außerordentlich tüchtige Mann tätig gewesen war. Er war der erste, der – noch in Wien – einen Oeuvre-Katalog von Schieles Gemälden veröffentlicht hatte. Nun war die von ihm erst in Paris gegründete, dann nach New York transferierte ‚Galerie St. Etienne' jene Kunsthandlung, von der aus nach 1938 der amerikanische Markt langsam aber energisch und zielstrebig für Klimt und Schiele erschlossen wurde. Er gehörte zu jenen Männern des Handels, an die man ohne große Schwierigkeiten verkaufen konnte, immer aber gab es Ausflüchte und Schwierigkeiten, wollte man von ihm etwas erwerben. Es war meist so, daß von diesem Moment an sich sein Innerstes dagegen sträubte, sein

Vorder- und Rückseite meines ersten Katalogs von Handzeichnungen Gustav Klimts. Als er 1960 erschien, lagen Klimts Blätter unbeachtet bei Kunsthändlern herum. Mein kleiner Katalog verschaffte mir die Bekanntschaft mit Klimts Neffen Rudolf Zimpel.

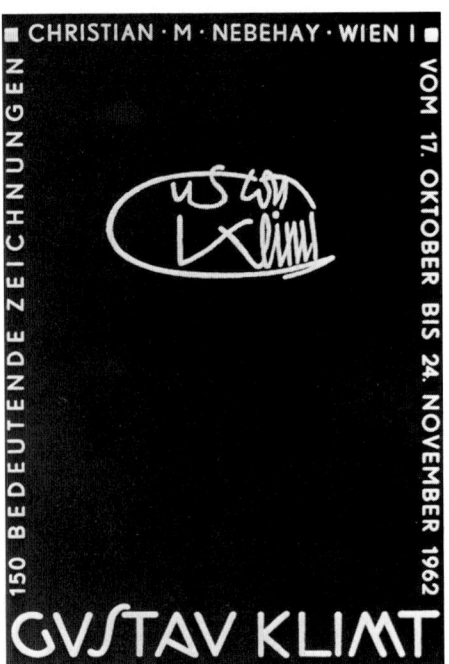

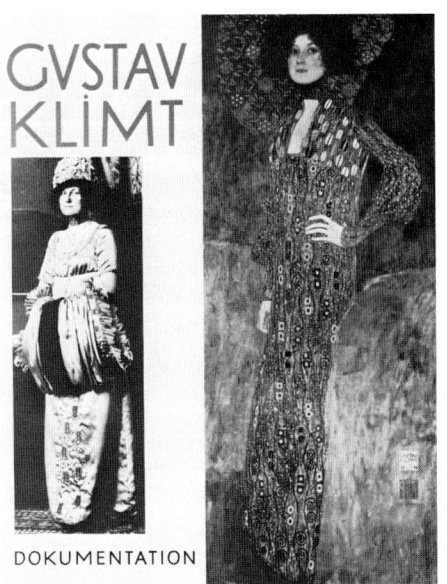

Eigentum plötzlich in den Händen eines Konkurrenten zu wissen! Jahre später stattete ich ihm mit meiner Frau Renée in New York einen Besuch ab. Die Zeiten hatten sich inzwischen sehr geändert und Klimt und Schiele waren nunmehr – hauptsächlich Dank seiner Bemühungen – dort keine Unbekannten mehr. „Dr. Kallir", sagte ich zu ihm, „meine Frau und ich sind dabei, uns eine kleine Sammlung von Klimt-Zeichnungen aufzubauen. Es wäre nett, wenn Sie uns aus ihren reichen Schätzen – Sie erinnern sich vielleicht, daß Sie von Hunderten von Klimt-Zeichnungen in Ihrem Besitz sprachen – etwas zeigen würden?" „Bitte sehr", sagte er, plötzlich reserviert werdend, „ich bringe Ihnen gleich etwas!" und verschwand. Ich stieß belustigt meine Frau an und sagte ihr, wie gespannt ich sei, was nun geschähe. Er kam zurück – nicht etwa mit einem Stoß Klimt-Zeichnungen, sondern eine einzige (die gerahmt war) in seinen Händen haltend und stellte diese in das Licht eines kleinen Scheinwerfers. Es war in der Tat ein besonders schönes Blatt. Ein Damenporträt, bei dem Klimt – was selten ist – ein wenig Farbe für die Wangen und Lippen aufgetragen hatte. „Und was kostet dieses Blatt?" fragte ich, ihn genau beobachtend. Ich konnte seinem Minenspiel ablesen, was nun folgen würde: „Zweitausendfünfhundert Dollar", sagte er nach einigem Zögern. Das war – und das wußte er genau – nach damaligen Verhältnissen ein absolut prohibitiver Preis, weit über dem, was ähnliche Blätter auf den teuersten Auktionen gekostet haben würden. Es war wiederum sein altes Spiel. In dem Augenblick ging die Türe zu seiner Galerie auf und ein Herr erschien, der von einer Angestellten begrüßt wurde. Was aber tat Dr. Kallir? Er packte das gerahmte Blatt, preßte es gegen seine Brust und murmelte: „Der darf dieses Blatt auf keinen Fall sehen!" Stand auf und verschwand, um es irgendwo zu deponieren. Ich gab meiner Frau ein Zeichen und wir gingen, nicht im Groll, aber doch vor den Kopf gestoßen!

Unvermutet war meinem kleinen Katalog aber doch ein beachtlicher Erfolg beschieden – es war damals keineswegs leicht, für Klimt-Zeichnungen, Kunden zu finden. Aber er sollte mich mit Rudolf Zimpel, dem Sohn von Johanna Zimpel – eine der Schwestern Klimts – zusammenbringen. Er war ein großgewachsener, schlanker Mann, der sich ein wenig vornübergebeugt hielt. Ob ich wohl Lust hätte, ihm eine Klimt-Zeichnung abzukaufen, fragte er. Es gab keine Schwierigkeiten, wir waren im Nu handelseinig und kamen nachher in ein mehr als interessantes Gespräch. Er sei Personalchef der Böhler-Stahlwerke, sagte er, und stünde vor seiner Pensionierung. Und dies bedeutete für ihn bedauerlicherweise, daß er das ihm von der Firma seit dem Kriegsende zur Verfügung gestellte Haus – eine kleine Villa in Unter St. Veit – räumen müsse. Er habe bereits einen Baugrund in Breitenfurt, an der südlichen Stadtgrenze von Wien, erworben und wolle dort eine kleine Villa für sich und seine Familie bauen. Er habe von seiner Mutter her jenen Teil der Klimt-Zeichnungen erhalten, die ihr bei der Erbteilung nach Klimts Tod zugefallen seien. Er spiele nun mit dem Gedanken, diese Blätter, oder vielleicht auch nur einen Teil davon, zu Geld zu machen. Würde ich bereit sein, ihn zu besuchen? Tags darauf suchte ich ihn und seine Frau auf. Seine Wohnung war gutbürgerlich, aber eher bescheiden eingerichtet. Was an den Wänden hing, hatte nichts mit Klimt oder dem Jugendstil zu tun. Umso gespannter war ich, mir den großen Stoß von Zeichnungen Klimts durchzusehen, die unmontiert in einem bereits geöffneten Paket auf dem Tisch vor mir lagen. Was er mir vorlegte, waren durch die Bank frühe, daher schwerverkäufliche Studienblätter. Ich möchte an dieser Stelle anfügen, daß Klimt – im Gegensatz zu Schiele – Zeichnungen als Vorarbeit für seine Gemälde ansah und sie kaum je

verkaufte. Daher sind die meisten unsigniert. Sie waren demnach für Klimt lediglich Arbeitsmaterial. Ich brauchte nicht viel Worte zu machen. Herr Zimpel wußte Bescheid. Es war anzunehmen, daß die interessanten Blätter seines Teils des Nachlasses in den vergangenen Jahren verkauft worden waren. „Liebes Ehepaar Zimpel", sagte ich, „Sie stellen mich vor keine leichte Aufgabe und diese ist nur zu lösen, wenn Sie mir ihr volles Vertrauen schenken. Geht es doch darum, diese Blätter einmal zu bestimmen, zu bearbeiten, zu sortieren. Ich mache Ihnen einen Vorschlag: vertrauen Sie mir zunächst einmal die Hälfte aller Blätter an. Erlauben Sie mir, ohne etwa zu wählen, zwei Stöße zu machen. Es bleibt Ihnen überlassen, welchen Sie mir übergeben wollen. Meine Bedingungen sind einfach: Ich verlange von Ihnen 30% von jedem Verkauf. Dafür nehme ich alle Spesen auf mich, als da sind: Passe-

Die mir gestellte Aufgabe lautete, aus dem Verkauf der Klimt-Zeichnungen soviel Geld zu gewinnen, daß Herr Zimpel sich südlich von Wien ein kleines Familienhaus erbauen lassen konnte. Er besaß zumeist Arbeitsskizzen Klimts, nicht aber die schönen und begehrten Aktdarstellungen.

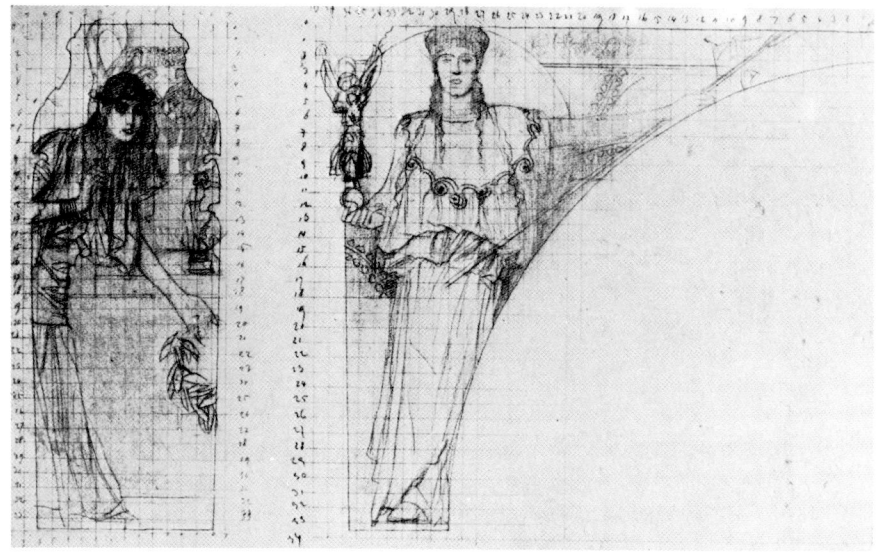

Ein Blatt mit Übertragungsskizzen für die Dekora-
tionen im Stiegenhaus des Kunsthistorischen Museums,
Wien: Griechische Antike I und II, (Alice Strobl,
Die Zeichnungen Gustav Klimts, 1879–1903,
Nr. 239)

partouts, Photographien, Klischees, Druckkosten, etc." Das Ehepaar blickte einander an, sie nickte ihm ihr Einverständnis zu, und ich ging an diesem Nachmittag mit einem großen Paket (es waren weit über hundert Klimt-Zeichnungen), begleitet von ihren guten Wünschen, von dannen.

Um es kurz zu machen: Sie hatten ihre Zustimmung nicht zu bereuen, denn es gelang mir innerhalb von relativ kurzer Zeit, die Blätter zu verkaufen. Da – zu meiner Überraschung – das Kunsthistorische Museum zugriff und alle Blätter erwarb, die mit Klimts Malereien im Stiegenhaus zu tun hatten, konnte ich sogar sehr bald aus dem zweiten Stoß noch Zeichnungen dazu erbitten und glaube, sagen zu können, daß Dank meiner Tätigkeit das Haus Zimpel in Breitenfurt erbaut werden konnte. Unser Einvernehmen war vom ersten Tag an ein gutes, oftmals konnte ich Herrn Zimpel mit Resultaten überraschen, die er sich gar nicht erwartet hatte!

Vielleicht genauso wichtig war der Umstand, daß er mir nach und nach wertvolle, bis dahin völlig unbekannt gebliebene Dokumente zum Schaffen Klimts ins Haus brachte. Schriftstücke, Auszeichnungen, Photographien etc. Dank der Unterstützung des ,Vereins der Museumsfreunde' unter der Leitung meines guten Freundes, des Rechtsanwaltes Dr. Max Allmayer-Beck, konnte ich in der Albertina ein ,Gustav Klimt-Archiv' gründen, wo diese Dokumente nun verwahrt werden.

Was war naheliegender – da es an geeigneter Klimt-Literatur fehlte –, als dieses bis dahin völlig unbeachtete Material für die Publikation eines Buches zu verwenden? Solcherart schrieb ich 1969 meine ,Klimt-Dokumentation', ein Buch, das mittlerweile als wichtiges Quellenwerk für die Geschichte der österreichischen Kunst um 1900 weltweit anerkannt ist. Meine Idee war es, ein Buch zu schreiben, das dem Leser – der keine Möglichkeit hat, in einer nahe-gelegenen Bibliothek ergänzend weiterzuforschen – die Quellen nicht durch Verweise, sonder durch vollständiges Zitieren zu bringen. Ich habe es meiner Frau Renée zu verdanken, daß sie mir großzügig bei der Herstellung half. Ich ließ mein Buch im eigenen Verlag erscheinen, den ich auszubauen vorhatte, falls mein jüngerer Sohn Michael zu mir ins Geschäft kommen würde, was dann nicht der Fall war. Dank ausgezeichneter Rezensionen fand ich – wie-wohl ich keinen herumreisenden Verlagsvertreter zur Verfügung hatte – innerhalb kurzer Zeit genügend Abnehmer, sodaß ich Renée das ausgeliehene Geld sehr bald zurückzahlen konnte.

41. *Gustav Ucicky, Filmregisseur, Gustav Klimts Sohn*

Als ich 1969 meine ‚Klimt-Dokumentation' herausgeben wollte, erfuhr ich, daß die Schutzfrist nach Klimt erst im Jahr 1988 ablaufen würde, da man in Österreich die normale Frist von 50 Jahren auf 70 Jahre verlängert hatte. Um keinen Fehler zu machen und mich nicht vielleicht nach Drucklegung irgendwelchen Ansprüchen auszusetzen, bat ich Herrn Zimpel, mit mir einen Rechtsberater zu besuchen. Der Anwalt fand binnen kurzem den Verlassenschaftsakt nach Klimt auf. Er bestätigte die Tatsache, daß Herr Zimpel erbberechtigt nach seiner Mutter Johanna war. Wir erfuhren die bisher völlig unbekannt gebliebene Tatsache, daß nicht weniger als 14 Mütter der natürlichen Kinder Klimts vorstellig geworden waren, im Versuch, für ihre Kinder als Erbberechtigte auftreten zu können. Nur vier Mütter sind mit ihren Ansprüchen durchgedrungen und aus der Verlassenschaft abgefertigt worden, die übrigen zehn mußten wohl einsehen, daß nichts zu holen war und haben die Sache nicht weiter verfolgt. Ich erinnere mich aber nicht, den Namen von Marie Zimmermann gelesen zu haben, die jahrelang Klimts Geliebte war und vermutlich nicht an das Gericht herantreten wollte. Es gibt – und das war vielleicht einer meiner glücklichsten Funde überhaupt – 10 eigenhändige Briefe Klimts an sie, aus denen hervorgeht, wie nahe er ihr gestanden hat. Ich hatte es seinen beiden Enkeln zu verdanken, daß ich diese Briefe publizieren durfte und habe sie auch in meinem Buch ‚Gustav Klimt, von der Skizze zum Bild', Wien 1992, abgedruckt. Allerdings mit Ausnahme des wichtigsten, den ich leider nicht vorgelegt bekam, in dem Klimt seiner Liebe klar gemacht hat, warum er außerstande sei, sie zu ehelichen, aber er werde bis zu seinem Tod für sie sorgen. Diesen Brief aufzubewahren und niemals aus der Hand zu geben, mußte Klimts natürlicher Sohn aus dieser Bindung seiner Mutter auf dem Totenbett versprechen und beide Enkel haben sich daran gehalten.

Es fehlte im Akt aber auch der Name Maria Ucicka. Sie stammte aus Prag und war die Mutter des Mannes, von dem ich nun berichten werde, Gustav Ucicky. Auch sie war ein Klimt-Modell. Wenn es eines Nachweises bedürfte, um zu belegen, daß Gustav Ucicky einer der mindestens 14 natürlichen Kinder Klimts war, so sind dies drei kleine Täfelchen, die sich unten auf den Rahmen früher Bilder Gustav Klimts in der ‚Österreichischen Galerie', Wien, befinden: ‚Damenbildnis en face', um 1898/99, Dobai Werkverzeichnis Nr. 79; ‚Bauernhaus mit Birken', 1900, Dobai Nr. 110; ‚Apfelbaum II', 1916, Dobai Nr. 195. Auf den Täfelchen steht zu lesen: ‚Vermächtnis Gustav Ucicky. In Erinnerung an seinen Vater Gustav Klimt'.

Gustav Ucicky hatte die gleiche hohe, gefurchte Stirn wie sein Vater. Er hat ihn noch knapp vor dessen Tod im Allgemeinen Krankenhaus in Wien besucht. Dieser habe ihm mit eher wehmütiger Geste gesagt: „Da schau, wie ich jetzt da liege! Und was mich am meisten kränkt, ist, daß ich mich von Frauenhänden pflegen lassen muß".

Gustav Ucicky war von überquellender Liebenswürdigkeit und besaß ein vornehmes Wesen. Klimt hat seine künstlerischen Fähigkeiten auf seinen Sohn vererbt. Ähnlich ist es dem Maler Renoir ergangen: mit seinem Sohn Jean (1894–1979), der mit seinem Film ‚Die große Illussion' 1936 einen Welterfolg errang. Zwei große Maler also hatten große Filmregisseure zu Söhnen! Als einer der führenden deutschen Filmregisseure war Gustav Ucicky bis zum Jahr 1945 ein Mann, der viel Geld verdiente. Sein Honorar pro Film betrug zuletzt 100.000,– Mark und damit konnte man mitten im Zweiten Weltkrieg,

trotz der eingeschränkten Möglichkeiten, Geld auszugeben, noch allerhand
anfangen! Er war so klug, Werke seines Vaters zu erstehen, besaß eine Menge
seiner Zeichnungen und auch einige seiner Bilder. Sie schmückten seine
wohleingerichtete Wohnung in Wien III, Am Modenapark, ebenso wie sein
Bungalow-ähnliches Landhaus, das er sich – noch mitten im Krieg – in der
kleinen Ortschaft Schlagl oberhalb von Gloggnitz im Semmeringgebiet erbauen hatte lassen. Man hatte durch die großen Fenster einen wunderbaren
Blick auf Rax und Schneeberg. Dort bin ich mehrmals sein Gast gewesen. Des
Abends durfte man sein Haus nur auf Zehenspitzen betreten, um seine kleine
Tochter, die sein ganzes Glück war, nicht zu stören! Ich erwarb mir in seinem
Haus den Ruf eines Orakels, indem ich meiner Meinung Ausdruck gab, daß
diese Ortschaft zwar vor Bomben sicher sein werde, nicht aber, was das
Kriegsende beträfe. Denn ich sah voraus, daß der Semmering und seine
nähere Umgebung der geeignete Ort wäre, wo sich die Alliierten treffen würden: die Russen aus dem Osten, die Amerikaner aus dem Süden, die Engländer und Franzosen aus dem Westen. Ich sollte, was die Kriegshandlungen
anlangt, recht behalten, wenngleich es zweimal die Russen allein waren, die
dieses Gebiet eroberten und besetzten. Allein der Umstand, daß ich – damals
Soldat – absolut sicher sein konnte, dies offen auszusprechen, sei ein Hinweis
dafür, daß Gustav Ucicky alles andere denn ein Nazi gewesen ist. Im Gegenteil, er hat mir wiederholt erzählt, wie schwer es für ihn gewesen sei, sich
erfolgreich gegen alle Bemühungen der damaligen ‚Reichsfilmkammer‘
durchzusetzen, die ihm das Drehen von hetzerischen Filmen auferlegen
wollte. Er hat zwar den einen oder anderen leicht patriotisch gefärbten Film
schaffen müssen, war aber alles andere denn ein Mitläufer!

Er hat es, aus kleinsten, bescheidenen Verhältnissen stammend – seine
Mutter war eine arme Wäscherin und ein Klimt-Modell – zu Wohlhabenheit
gebracht. Als junger Mann war er zunächst Zeichner im Militär-
geographischen Institut, dann war es ihm geglückt, bei der damals neugegründeten Sascha-Filmgesellschaft unterzukommen, die Graf Alexander Josef
(Sascha) Kolowrat (1886–1927) ins Leben gerufen hatte und die Österreichs
bedeutendste Filmgesellschaft wurde. Ucicky war Jahre hindurch Kameramann und – wie er mir erzählte – derjenige, der die erstaunlichen Film-
aufnahmen schuf, die anläßlich des Leichenbegängnisses von Kaiser Franz
Josef I. (1916) gedreht wurden. Man konnte sie eingeblendet in die großartigen
Fernsehaufnahmen anläßlich des Leichenbegängnisses von Kaiserin Zita erleben (1989). Sein Regiedebut datiert von 1937. Mit zwei seiner großen Filme
machte er sich einen Namen: ‚Der zerbrochene Krug‘ nach Heinrich von
Kleist mit Emil Jannings in der Titelrolle und mit ‚Der Postmeister‘, nach
Alexander Puschkin, den er mit Heinrich George in der Hauptrolle schuf.
Aus mir unerfindlichen Gründen kommt sein Name im ‚Deutschen Film-
lexikon‘ überhaupt nicht vor.

War unser gegenseitiges Verhältnis vor dem Ende des Zweiten Weltkrieges
ein wenig formell geblieben, so änderte sich das im Nachkrieg zu herzlicher
Freundschaft. Er tat mir unendlich leid. Ich habe es nie wieder ähnlich
drastisch erlebt, wie ein Mann – eben noch im Zenit seiner Ruhmes und viel
Geld verdienend – von heute auf morgen kein Einkommen mehr hatte und
nichts wie Schwierigkeiten mit den Behörden. Er schwieg dazu. Man erzählte
sich, daß er anscheinend in seinem Leben eine ganze Anzahl von Frauen unglücklich gemacht hat, weil er unbeständig war. Und nun war ihm geschehen,
daß ihn seine junge Frau Inge mit der gemeinsamen Tochter stehen ließ und
einen hohen amerikanischen Offizier heiratete. Es war für mich traurig zu

erkennen, wie ein hochbegabter Mann, der seine sehr viel jüngere Frau auf Händen getragen hatte, das Verlassenwerden nicht verkraften konnte.

Hinzu kam, daß ein versuchtes Comeback beim Film total daneben gegangen ist. Er hat nach 1945 Anton Wildgans episches Gedicht ‚Kirbisch‘ (mit Paula Wessely in der Hauptrolle) verfilmt. Der Film hieß ‚Cordula‘ (nach der Hauptfigur im Buch von Wildgans). Ich war zur Premiere eingeladen und kann nicht vergessen, wie Ucicky mich, bevor die Vorstellung begann, zur Seite nahm und mir bedrückt sagte: „Wirst’ seh’n, es ist nix damit!“ Er sollte leider Recht behalten. Auch einige andere Filme, die er, vor seinem Tod (1961), in Hamburg lebend, drehte, brachten ihm nicht den gewünschten Erfolg.

Bevor er damals von Wien wegging, kam er, begleitet von seinem wunderschönen Springerspaniel-Rüden ‚Puck‘, ein schwarz-weißes Tier, in unsere Wohnung. „Also hör’ zu“, sagte er zu mir, „ich kann, nun allein lebend, mich nicht genügend um dieses liebe Tier, an dem ich hänge, kümmern und wollte fragen, ob Ihr vielleicht bereit wäret, ihn liebevoll bei Euch aufzunehmen?“ Wir machten einige Tage Probezeit aus und hatten die große Freude, daß sich ‚Puck‘ an sein neues Zuhause problemlos gewöhnte. Es trifft mich heute noch hart, daran zu denken, daß er – nicht mir, sondern Leuten in der Umgebung Wiens, denen man ihn anvertraut hatte – eines Tages verlorenging.

Um ein Haar war ‚Puck‘ Schuld daran, daß ich von dem russischen Posten vor dem rückwärtigen Eingang des Grand Hotel (damals von den Russen zur Unterbringung der Offiziere ihre Armee beschlagnahmt) erschossen worden wäre. Frau Inge war von einer kurzen Reise nach Amerika zurückgekommen und forderte mich zu meiner Verwunderung auf, mit ihr und ihrem zweiten Mann nach Grinzing hinauszukommen, wo sie einen kleinen ‚Heurigen‘ entdeckt habe, dessen Besitzer – trotz der allgemeinen Sperre solcher Lokale in der unmittelbaren Nachkriegszeit – des Abends gelegentlich einige Gäste empfänge. Ich sagte zu und nahm ‚Puck‘ mit, der nichts mehr liebte, als sich auszulaufen. Der Abend erwies sich als außerordentlich schwierig. Zunächst hatte es mir immer schon an einem Kontakt zu Inge Ucicky gefehlt. Ihr neuer Mann erwies sich als schweigsam. Er war sichtlich gelangweilt und vermochte der zauberhaften Atmosphäre eines zur Neige gehenden schönen Sommertages in den Weingärten von Grinzing nur sehr wenig abzugewinnen. Frau Inge hatte, um ein wenig Stimmung aufkommen zu lassen, einen Zieharmonikerspieler engagiert, der eine Reihe Alt-Wiener Melodien zum besten gab. Plötzlich verlangte sie von ihm, er möge eine bestimmte Melodie spielen und begann zu singen. Sie sprach immer noch ein wenig mit dem mir vertrauten sächsichen Akzent (den nur erraten konnte, wer wie ich, von dort stammte), waren wir doch beide in Leipzig geboren. Sie begann mit dem Lied: „Mei Muatterl war a Weanerin“. Sie imitierte das Wienerische, so gut sie es eben vermochte. Ich war baff und – wie in einem schlechten Theaterstück – gab es plötzlich etwas Spektakuläres: ich begann mit den vorderen Sesselbeinen durch den etwas morschen Holzboden der Veranda, auf der wir saßen, einzusinken! Es ging wie im Zeitlupentempo und mein Versinken hörte präzise in dem Moment auf, da Frau Inge mit der ersten Strophe des Liedes fertig war! So gab es wenigstens etwas Heiterkeit. Sie bestand darauf, mich im Jeep ihres Mannes in die Stadt mitzunehmen. Er, in amerikanischer Offiziersuniform, chauffierte, sie saß neben ihm. Hinter den beiden saßen ‚Puck‘ und ich. Als wir in die Mahlerstraße einbogen, bat ich darum, anzuhalten. Ich wollte keinen der beiden russischen Wachposten, die vor den beiden rückwärtigen Eingängen des ‚Grand Hotels‘ standen, provoziert sehen. Aber nichts half! Sie brachte es zuwege, daß der Jeep genau vor dem einen der beiden Eingänge hielt. ‚Puck' hatte sich als das harmloseste, friedliebendste Tier der Welt erwiesen. Aber plötzlich sprang er aus dem Jeep und ging zähnefletschend auf den Wachposten los. Ich in einem Satz hinterher. Ich versuchte verzweifelt, ihn am Halsband zu fassen und sah dabei genau in den Lauf der Maschinenpistole, die der Soldat von der Schulter gerissen hatte! Gerade im letzten Moment rief der Wachposten am zweiten Tor des Hotels seinem Kameraden etwas zu und dieser ließ seine Maschinenpistole sinken. Hätte er geschossen, hätte es wohl uns beiden das Leben gekostet! Ich machte dem Soldaten gegenüber eine Geste der Entschuldigung und trachtete, so rasch es ging, vis à vis in unser Haustor zu gelangen!

Nach diesem Vorfall habe ich Frau Inge nicht mehr gesehen, wohl aber gehört, wie tapfer sie ihr Eigentum verteidigt hat, als die Wiener Polizei, endlich von unguten kommunistischen Elementen gesäubert, wieder funktionierte und ihr half, das ihr Geraubte zurückzuerhalten. Der Bungalow in Schlagl war nämlich total ausgeplündert worden. Sie hatte erfahren, daß ihr ehemaliges Kindermädchen sich mittlerweile mit ihren Möbeln eine Wohnung in der Kärntner Straße eingerichtet hatte! Ausgestattet mit einem Fotoalbum ging sie, begleitet von zwei Polizeibeamten und Möbelpackern, in jene Wohnung und hatte es nicht schwer, Stück für Stück als ihr geraubtes Eigentum zu identifizieren. Bald war die Wohnung leer. Da fiel ihr Blick auf das ehemalige Kindermädchen, das tränenüberströmt herumstand. „Einen Moment", sagte Frau Inge, „die Bluse, die Sie tragen, kommt mir bekannt vor, lassen Sie doch einmal schauen! Richtig, da ist ja das Etikett von Braun und Co. am Graben, und meine Initialen. Also ausziehen! Und was muß ich erblicken? Dieses Hemd! Nun wessen Monogramm ist denn das?" Um es kurz zu machen: zur Erheiterung aller stand das Kinderfräulein schlußendlich so, wie Gott sie geschaffen hatte, da!

Gustav Ucicky ist 1961 in Hamburg gestorben. Bestattet wurde er jedoch auf dem Hietzinger Friedhof in Wien, in jenem Grab (Nummer 57/124), das er bereits 1929 für seine Mutter, an der er zärtlich hing und deren hartes Leben er in einem seiner Filme, ‚Mutterliebe' 1939, nachgezeichnet hat, begraben. Nicht sehr weit entfernt von dem Grab seines Vaters, Gustav Klimt.

42. Erich Lederer, ein Freund Egon Schieles

In der unmittelbaren Nachkriegszeit, nach 1945, hat mich Erich Lederer zum ersten Mal in unserer Wohnung Wien I., Mahlerstraße 13, aufgesucht. Es wurde spät, schließlich fand er es wegen der Russen zu riskant, in der Nacht durch die Straßen Wiens zu gehen. Da wir noch immer Untermieter in der Wohnung hatten, konnten wir ihm kein Bett anbieten. Das mache nichts aus, sagte er, er würde ohne weiteres im großen Fauteuil, indem er saß, sitzend die Nacht verbringen, wie er das schon öfters – einer schweren Operation wegen – zu tun gezwungen gewesen sei.

Wenn ich daran zurückdenke, welch' verwöhnter junger Mann er gewesen war! Er verkehrte vor 1938 nur in wohlhabenden Kreisen, fuhr einen weißgrün lackierten offenen Austro-Daimler. Man sah ihn in Kaffeehäusern, in Bars. Einem Beruf ist er niemals nachgegangen. Damals hätte er sich sicher nicht zu einem Besuch bei unsereinem herabgelassen! Nun aber war er vollkommen verändert, aimabel, ja, es entwickelte sich – von diesen bewegten Tagen des besetzten Wiens her – sehr bald Zuneigung und Freundschaft.

1938 war Erich Lederer mit seiner bezaubernden jungen Frau aus bester Wiener Gesellschaft Hals über Kopf nach der Schweiz geflohen und lebte in Genf bis in die sechziger Jahre hinein, in zwei Räumen eines eher als einfach zu bezeichnenden Hotels in der Rue de Montblanc, die über eine breite Brücke über den See zum anderen Stadtteil führt. Die Enge im Hotel muß bemerkenswert gewesen sein! Das Badezimmer diente ihm als Raum zur Verwahrung seiner Bücher und Auktionskataloge. Letztere zu studieren war eine der wichtigsten Aufgaben seines Tagesverlaufes. Er war immer auf den Spuren der Geschehnisse des aktuellen Kunstmarktes und liebte es – auch zu Zeiten, da er keinen Groschen besaß, sich vorzustellen, was er gerne erwerben würde. Und das waren in der Hauptsache italienische Bronzen der Renaissancezeit, von denen er – im Haus seiner Eltern in der Nähe des Wiener Rathauses – eine beachtliche Sammlung hatte zurücklassen müssen. Er hat in späteren Jahren einen Großteil dieser Sammlung – soweit sie nämlich 1938 in Museumsbesitz geraten war – zurückerhalten und vermehrt, hier und da etwas verkauft oder gegen bessere Objekte getauscht, denn er war ein in ganz Europa bekannter Spezialist auf diesem Gebiet. Gerettet hatte er sowohl die große Sammlung von auserwählten Zeichnungen Gustav Klimts (seine Eltern waren dessen große Mäzene und besaßen eine Reihe seiner wichtigsten Bilder) und die wahrscheinlich der Anzahl und Qualität nach bedeutendste Sammlung von Zeichnungen und Gouachen Egon Schieles, den er 1912 als ganz junger Mann im Hause seiner Eltern in Györ (Raab, Ungarn) – dort war die Spiritusfabrik seines Vaters – kennengelernt hatte. Die Familie hätte, so sagte er mir einmal, so viele Blätter Schieles besessen, als das Jahr Tage habe! Und – das muß erwähnt werden – alles, was die Lederers besaßen, war von erstklassiger Qualität. Aber was konnte er während des Zweiten Weltkrieges und in den unmittelbaren Jahren darauf schon mit diesem Besitz anfangen? Weder die Arbeiten Klimts noch Schieles besaßen – international gesehen – den geringsten Wert. Ich weiß aus dem Mund meines alten Freundes Dr. August Klipstein in Bern, daß er Erich Lederer während des Krieges des öfteren – rein aus Mitleid – Blätter von Schiele abgekauft hat. Mehr als 100,- Franken pro Stück konnte er allerdings dafür nicht bezahlen, weil er niemanden kannte, der ihm diese Zeichnungen abgenommen hätte! Ich füge hier ein, daß man sich überhaupt vor Augen halten muß, daß die Preise für Zeichnungen von Klimt und Schiele sozusagen in den Keller gefallen waren. Bis 1918 gab es in Wien noch einen Markt dafür. Dann aber ruinierte die Inflation die bisherige Käuferschicht. Nationale Kunst war nicht mehr gefragt. Man wollte, gab man schon für Kunst Geld aus, Internationales, Wertbeständiges.

Ich sprach einmal mit der in Wien wohlbekannten Frau Luise Kremlacek von der Galerie Würthle darüber. „Schauen Sie her", sagte sie zu mir, „das war mein ‚Schiele-Kastel'. In der untersten Lade waren Blätter zu je 10,- Schilling, in der zweiten Lade von unten für 20,- Schilling und in der obersten Lade waren die allerschönsten Blätter, für die ich um die 100,- Schilling verlangen konnte." Dies nur zur Illustration der Marktlage zwischen den beiden Weltkriegen und unmittelbar darauf.

Ich habe es 1968, knapp vor dem Erscheinen meiner ‚Klimt-Dokumentation', nach vielen Bitten erreicht, daß ich mir einmal die Klimt-Zeichnungen Erich Lederers ansehen durfte. Ich holte ihn von seinem Genfer Hotel ab. Dann wanderten wir langsam über die Rhone-Brücke bis zu einem an der Schleuse gelegenen Kaffeehaus und hier hieß es: „Jetzt gehen wir erst einmal

Erich Lederer, Genf, in gleicher Haltung vor seinem 1912 von Egon Schiele gemalten Öl-Portrait (heute als sein Geschenk im Kunstmuseum Basel)

Egon Schiele, Erich Lederer vor einem Fenster des von seiner Familie in Györ (Raab, Ungarn) bewohnten Hauses. Deckfarben, 1912 (Kallir, D. 1000)

einen Schwarzen trinken." Es war ein kleines, schäbiges Kaffeehaus. Wir gingen eine Treppe in die Räume des ersten Stocks hinauf und nahmen Platz. Eine Kellnerin bediente uns. „Sehen Sie sich diese schöne Person einmal genau an", sagte er zu mir, „können Sie sich vorstellen, daß sie mit einem Neger befreundet ist?" „Herr Lederer," sagte ich, „was mich anlangt, könnte sie auch mit einem Eskimo schlafen! Was ich heute gerne möchte, ist, ihre Klimt-Zeichnungen sehen. Anderes hätte mich wirklich nicht bewogen, hierher zu fahren." „Schon gut", meinte er und war sichtlich ein wenig verstimmt über mein Desinteressement! Es wurde nämlich immer später und ich fürchtete schon, daß die Bank, in der er einen Safe gemietet hatte, schließen würde. Aber trotz seines stets langsamen Ganges kamen wir doch noch rechtzeitig hin. Ich konnte mir einen großen Stoß Klimt-Zeichnungen ansehen, die – ohne Passepartouts und ohne daß Seidenpapier zwischen den Blättern eingelegt gewesen wäre, weil das Fach nicht groß genug war – dort aufbewahrt waren. Er war liebenswürdig genug, sich dann selbst um das Photographieren zweier Blätter, die mir als Illustrationen für mein Buch wichtig erschienen, zu bemühen.

Erich Lederer hatte bis in sein hohes Alter hinein eine Passion für die Weiblichkeit. Nichts interessierte ihn mehr, als die Lebensgeschichten von leichten Mädchen kennenzulernen, nichts liebte er mehr als die Konversation mit diesen ‚Damen'. Was ihn allerdings niemals davon abhielt, den wirklichen Damen der Gesellschaft die ihnen gebührende Hochachtung zu zollen und ihnen liebenswürdige Komplimente zu machen. Seine Geschichten waren stets amüsant, niemals offensiv und mehr als genüßlich und gekonnt erzählt. Leider gab es in seiner Umgebung niemanden, der sie aufgezeichnet hätte. Während des Krieges und auch in den unmittelbar darauffolgenden Jahren ist es ihm wirklich schlecht gegangen. Aber er hat mit unendlicher Geduld – und immer erstklassig anwaltlich beraten – nach und nach zurückbekommen, was seinen Eltern in Wien geraubt worden ist. Es dauerte lange Zeit, bis er sich finanziell erholen konnte, wofür in erster Linie die Preissteigerung auf dem Kunstmarkt für die österreichische Kunst um 1900 verantwortlich war. Wahrscheinlich – ich hörte nur gelegentlich ein Wort von ihm darüber, denn er war sein ganzes Leben lang ein außerordentlich diskreter Mann – war das große Ereignis für ihn der Verkauf von Gustav Klimts ‚Beethovenfries' an den österreichischen Staat. Dem waren die langwierigsten Verhandlungen vorausgegangen, die man sich denken kann. Es gelang ihm schließlich, zu einem Abschluß zu kommen, wenn auch sein Hauptwunsch, den Fries im Foyer der Wiener Staatsoper montiert zu sehen, nicht erfüllt werden konnte. Vor allem deshalb nicht, weil er für völlig andere Raum-Dimensionen geschaffen war. Ich halte dafür, daß seine heutige Unterbringung im Gebäude der Wiener Secession, genau unterhalb jenes Raumes, für den der Fries 1902 geschaffen worden war, die bestmögliche ist. Ursprünglich habe der damalige Bundeskanzler Kreisky, den Erich Lederer oft und oft in dieser Angelgenheit aufgesucht hat, durchgesetzt, daß beim Bau der Kongreßräume des ‚Vienna International Center' jenseits der Donau eine bestimmte Summe der aufgewendeten Baukosten für Kunst und somit für diesen Ankauf verwendet werden konnte. Daher war es auch möglich, den Fries außerhalb des Kunst-Budgets zu erwerben. Glücklicherweise ist man nach erfolgtem Ankauf staatlicherseits von der Unterbringung des Frieses im ‚International Center' abgekommen. Es hätte dort die Gefahr bestanden, daß irgendein fanatischer Mohammedaner – die aus religiösen Gründen strikt gegen jede Zurschaustellung eines unbekleideten weiblichen Körpers sind – agressiv tätig geworden wäre.

Man darf nicht glauben, daß der Staat sich vehement in diesen Ankauf gestürzt habe. Man hatte Erich Lederer sogar vorher tief verärgert und verstimmt, als man ihm eines Tages androhte, man würde den ‚Beethovenfries‘ (der im Depot langsam zu zerbröseln begann) enteignen, um ihn restaurieren zu lassen. Dagegen lehnte er sich energisch auf und blieb schließlich Sieger. Die schweren Platten konnten nur mit einem Hebekran auf den Kulissenwagen der Wiener Staatsoper gehoben und transportiert werden. (Ich habe in meinem Buch ‚Gustav Klimt und die Familie Lederer‘, Bern 1978, – nach Erich Lederers Mitteilungen – ausführlich über die mehr als 14 Transporte berichtet. Dort kann man auch – auf Grund der wiederaufgefundenen Briefe Schieles an Erich Lederer, die ich publizieren durfte – nachlesen, daß Erich Lederer bei Schiele Zeichenunterricht genommen hat und daß dieser ihm eines Tages klipp und klar schrieb, daß nur großer Ernst und Zielstrebigkeit einen Künstler aus ihm machen würde.)

Klimts Beethoven-Fries, der bemerkenswerterweise seit seiner Abnahme von den Wänden der Secession im Jahr 1902 niemals mehr zu sehen war, hat alle Fährnisse überstanden. Als er endlich in der Restaurierungs-abteilung des Bundesdenkmalamtes im Wiener Arsenal aufgestellt war und mir zum ersten Mal gezeigt werden konnte, staunte ich nicht schlecht über die herrlichen Farben. Man kannte ihn achtzig Jahre lang lediglich aus schwarz-weiß Abbildungen! Die Zerstörungen zeigten sich größtenteils an den Rändern der riesiggroßen schweren Platten. Trotzdem dauerte die Restaurierung (anläßlich welcher von den Künstlern des Denkmalamtes eine täuschend ähnliche Replik angefertigt worden ist) mehrere Jahre. Nun aber ist der Fries in einem wirklich geeigneten Ausstellungsort – unter ständiger Kontrolle der Restauratoren – untergebracht. Vor allem müssen Temperatur und Luftfeuchtigkeit des Aufbewahrungsraumes laufend kontrolliert werden! Dem Vernehmen nach hat Erich Lederer 15 Millionen Schilling für den Fries erhalten. Schlagartig hatten sich somit seine Vermögens-verhältnisse verbessert! Als er 1985 starb, war er ein vermögender Mann. Durch die Wiedergabe einiger Anekdoten über ihn möchte ich versuchen, ein lebendiges Bild seiner Persönlichkeit zu geben:

Eines Tages besuchte er meine Galerie und sank nach ein paar Schritten wehklagend auf eine der drei Stufen des ersten Absatzes meines Stiegenhauses. Dabei hielt er, mit leicht schmerzverzerrtem Ausdruck, sein linkes Knie umfaßt. „Was ist Ihnen, Herr Lederer“, fragte ich. „Hatten Sie einen Unfall? Kann ich irgendwie helfen?“ „Aber nein,“ war die Antwort, „mir ist etwas ganz Dummes passiert. Heute vormittag wollte ich in das Kunsthistorische Museum gehen. Ich war aber noch zu früh dran, weil ich vergessen hatte, daß man dort erst um 10 Uhr aufsperrt. Also bin ich ein wenig hin und her gewandert und plötzlich auf dem Grasboden zwischen den Wegen über einen Draht gestolpert, den ich nicht bemerkt hatte und schwer auf meine Knie gestürzt. Nun fällt mir das Aufstehen aus solcher Situation niemals leicht, aber mein Glück wollte, daß zwei junge Japanerinnen zu mir eilten, um mir aufzuhelfen. Sie waren besonders hübsch, kann ich Ihnen verraten. Unwillkürlich berührte ich beim Aufrichten die eine von Ihnen an der Brust. Und“, ab nun mit erhobener Stimme, dramatisch fortsetzend, „ich kann Ihnen verraten: die Brüste junger Japanerinnen sind so hart wie Golfbälle!“

Man brauchte nur den Namen irgend jemandes zu erwähnen, der irgendwie mit Kunst zu tun hatte, und schon überschüttete er einen mit seinen immer glänzend pointierten Erinnerungen. So erzählte er mir eines Tages: „In Paris lebte seit 1906 – wie Sie vielleicht wissen werden – Fürst Paolo Troubetzkoy (1866–1938), der sich dort als Bildhauer und Porträtmaler nieder-

Egon Schiele, Erich Lederer. Wasserfarben, Deckfarben und Bleistift, 1913 (Kallir, D. 1213). Obwohl das Ölportrait 1912 datiert ist, gibt es noch eine Reihe von Zeichnungen nach E. Lederer von 1913.

gelassen hatte. Es ging ihm glänzend, er erhielt viele gut bezahlte Aufträge. Eines Tages kommt er – ohne, daß man ihn erwartet hätte – früher als geplant von einer Reise zurück. Schließt – was ganz gegen seine Gewohnheit war – mit dem Schlüssel die Wohnungstüre auf, legt die Überkleidung und ein kleines Köfferchen im Vorzimmer ab und öffnet die Türe zu seinem Wohnzimmer. Mit einem Aufschrei springt von einem breiten Divan sein junger Sohn in die Höhe und rast, splitterfasernackt, aus dem Zimmer. Das junge, gleichfalls nackte Mädchen, das mit ihm dort geruht hatte, setzt sich auf, streicht sich die Haare aus dem Gesicht, blickt den Fürst aus großen, veilchenblauen Augen an und sagt: „Durchlaucht, ich bin die Baronnesse XYZ. Ich kann Ihnen gar nicht sagen, wie sehr ich bedauere, unter diesen Umständen Ihre Bekanntschaft zu machen!"

Eine andere Geschichte, die zu seinem Repertoire gehörte und die zu erzählen ich ihn des öfteren gebeten habe, war: Ein Mann mittleren Alters stand wie verzaubert auf der Place Vendôme in Paris vor dem in Vitrinen ausgestellten Schmuck eines bekannten Pariser Juweliers. In diesem Moment öffnete sich die Türe des Geschäftes und eine bildhübsche Dame ging auf ihr Auto zu. Gebannt von der Eleganz ihrer Erscheinung, starrte er sie mit aufgerissenen Augen an, faßte sich, verbeugte sich und lüftete seinen Hut. Bevor er noch ein Wort zu sagen imstande war, sprach sie ihn an und flötete: „Würde es Ihnen Spaß machen, mit mir nach Hause zu fahren?". „Aber sicher, Madame, sicher" stammelte der verwirrte Angesprochene. „Gut, dann steigen Sie ein!" Mittlerweile war ein Rolls-Royce Coupé vorgefahren. Der Chauffeur war herausgesprungen und hielt die Türen auf. Der Mann wußte nicht, wie ihm geschah, es hatte ihm die Rede verschlagen! Sie aber warf amüsierte Blicke auf ihn und sagte kein Wort. Nach kurzer Fahrt hielt der Wagen vor der Auffahrt zu einem eleganten Stadtpalais. Auf einen Wink der schönen Frau wurde unser Mann von einem Butler in Empfang genommen und in ein hochelegantes Schlafzimmer geführt. „Legen Sie mittlerweile ungeniert ihre Kleidung ab", sagte der Butler, „Madame wird sehr bald bei Ihnen sein". Plötzlich öffnete sich eine Flügeltüre und herein spazierte – zum Schrecken des Mannes – die feenhafte Erscheinung. An der Hand führte sie links und rechts ein paar kleine Kinder. Sie sagte zu ihnen: „Seht Euch diesen Herrn gut an. Wenn ihr weiterhin keinen Spinat essen wollt, werdet Ihr bald so ausschauen wie dieser!"

1956 veranstaltete Dr. h.c. Eberhard Kornfeld in seiner Berner Galerie, wo er als Nachfolger von Dr. August Klipstein erfolgreich tätig ist und dessen Firma er in die erste Reihe der Graphikhandlungen dieser Welt geführt hat, eine Ausstellung von Werken Egon Schieles mit drei frühen Bildern und 53 Zeichnungen. Ich kam gerade noch zurecht, um zwei der schönsten Aktzeichnungen zu erwerben, aber das Hauptblatt dieser (mit einiger Sicherheit aus Wiener Besitz stammenden) Sammlung, eine Selbstdarstellung Egon Schieles von 1912, im Gefängnis von Neulengbach entstanden, hatte schon einen Käufer gefunden. Dieser war, wie ich erst Jahre später erfuhr, Erich Lederer. Damals, als er dieses bedeutende Blatt erwarb, war die Ausgabe von einigen hundert Schweizer Franken für ihn sicher nicht problemlos, sondern ein Opfer gewesen. Aber er mußte ganz einfach dieses Blatt besitzen und war stolz darauf, es – trotz aller Widrigkeiten – seiner Sammlung von Blättern Egon Schieles einzuverleiben.

Eberhard Kornfeld kann köstlich darüber berichten, wie Erich Lederer damals kurz nacheinander, wöchentlich mindestens einmal, die Auslagen für die Hin- und Rückfahrt von Genf nach Bern nicht gescheut habe, um immer wieder die ausgestellten Blätter zu betrachten. Ihm fiel schließlich auf, daß Erich Lederer sich jedesmal – immer leise vor sich hinsummend, wie das seine Art war – vor einem ganz bestimmten Akt aufhielt und ihn immer wieder lange und intensiv betrachtete. Schließlich bat Kornfeld ihn zu sich in sein Comptoir und sagte: „Sie kommen jetzt zum soundsovielten Male zu mir und stehen immer wieder vor dem einen Schiele-Akt. Ist vielleicht etwas mit dieser Zeichnung nicht in Ordnung? Soll ich sie aus der Ausstellung entfernen?" „Aber woher", sagte Erich Lederer, „kommen Sie nur mit mir, junger Mann. Ich werde Sie aufklären". Vor den Blättern angelangt setzte er fort: „Schauen Sie (auf die erste Akt-Zeichnung deutend), mit der, mit der, (zur nächsten übernächsten und letzten schreitend) und mit der hab' ich mir ein Pantscherl angefangen. Aber an die da – die in der Mitte hängt – kann und kann ich mich nicht erinnern!" Ich setze erklärend hinzu, daß Erich Lederer als Jüngling sehr streng von seiner Mutter gehalten wurde und daß die vielen Besuche von Schieles Atelier eher dem Kennenlernen seiner Modelle als dem Zeichen-unterricht galten. Aber unzweifelhaft war es sein Enthusiasmus für Schieles Kunst, mit dem er seine eher konservativ eingestellten Eltern zu Ankäufen bei Schiele überredete.

Ich bedaure sehr, aus dem reichen Schatz dessen, was Erich Lederer über den Kunsthandel, über Museumsleute, über die Gesellschaft zu erzählen wußte, nichts berichten zu können. Es ging mit seinen Erzählungen wie mit einem Brillant-Feuerwerk, köstlich, amüsant, explodierend und verlöschend.

Er war, das möchte ich abschließend noch sagen, ein Kavalier der alten Schule. Ein Mann, der noch in der österreichisch-ungarischen Monarchie wurzelte und diese Zeit und die Zeit zwischen den beiden Weltkriegen in seinen Erzählungen lebendig zu machen verstand. Während ich wohl mit Sicherheit – hätte er seine Allüren von vor 1938 weiter fortgesetzt – niemals mit ihm befreundet hätte sein können, war er – nun gemildert durch seine schwere Erkrankung (die er heiter und gelassen ertrug) und durch die Er-lebnisse der Kriegs – und Nachkriegszeit nach dem Zweiten Weltkrieg ge-läutert, bescheiden und aimabel. Immer blieb er ein Herr und war zu den-jenigen, denen er sein Vertrauen schenkte, nicht nur von auserlesener Höflich-keit, sondern voll der Zuneigung und Anhänglichkeit. Er ruht übrigens auf dem Hietzinger Friedhof, unweit des Grabes von Gustav Klimt. Daß er sich dort beisetzen ließ, war eine menschlich schöne Geste. Ein Bekenntnis zu seiner Heimatstadt und zugleich ein Zeichen dafür, daß er das ihm Angetane zwar niemals vergessen, letztlich aber doch verziehen haben muß.

Prinz Pawel Petrowitsch Troubetzkoj, russischer Bildhauer, in Paris lebend (1866–1938). Erich Lederer erzählte von ihm. Ölbild von Joaquin Sorolla y Bastida (1863–1923)

Egon Schiele, Wally in roter Bluse mit erhobenen Knien. Deck- und Wasserfarben, Bleistift. 1913 (Kallir, D. 1335)

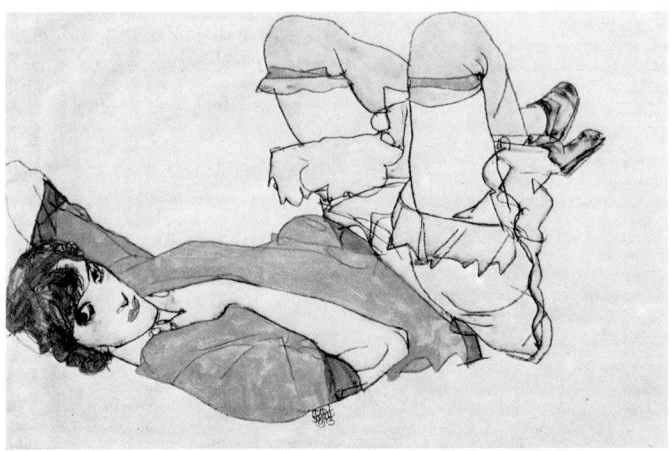

**The Anne S. K. Brown
Military Collection
John Hay Library
Box A**

Das Exlibris der Sammlung von Militär-Uniform-
büchern von Mrs. John Nicholas Brown

43. Mrs. John Nicholas Brown. Die Besitzerin der größten Sammlung von Uniform-Büchern

Bekanntlich zählen österreichische Uniformbücher, fast ausschließlich von hervorragenden Künstlern gestaltet, zu den schönsten, die es gibt. In der Zeit unmittelbar nach dem Zweiten Weltkrieg wollte es der Zufall, daß mir eine ganze Anzahl davon durch die Hände ging. Die Bestellungen liefen durchwegs über englische oder amerikanische Kollegen ein. Ich ahnte, daß es irgendwo in den USA einen großen Sammler geben müßte, kam aber nicht hinter seinen Namen. Bis ich 1951 meine Liste 32, ‚Fashion & Uniforms from the Library of an Austrian Nobelman' herausgab und eine große Bestellung von einer Mrs. John Nicholas Brown erhielt. War das allein schon erfreulich, so ehrten mich in der Folge die ersten persönlichen Zeilen der Sammlerin. Sie schrieb nämlich, wie außerordentlich zufrieden sie mit unserer Sendung sei und setzte hinzu, welche Wohltat es für sie wäre, sich – mehr als sechstausend Kilometer entfernt – auf Katalog-Beschreibungen verlassen zu können! In der Folge wurde Mrs. Brown eine der besten Kundinnen, die ich jemals hatte, und zugleich entwickelte sich eine tiefgehende Freundschaft, die bis zu ihrem Tod, anhalten sollte.

Sie war eine in vieler Hinsicht außerordentliche Dame – die wohl der unendlich vielen Zigaretten wegen, die sie zu rauchen pflegte – mit einer beinahe männlich-tiefen Stimme sprach, sodaß viele ihre Anrufe mit: „Yes, Sir" quittierten! Ich hatte die Auszeichnung, ihr beim Aufbau des österreichischen Teiles ihrer großartigen Sammlung von Büchern und Stichen zur Militärgeschichte behilflich zu sein. Als ich sie erstmals besuchte, benötigte ich drei volle Tage, um durchzusehen, was sie bereits besaß! Sie war die Gemahlin von John Nicholas Brown, von dem im nächsten Kapitel die Rede ist, der nicht nur von außerordentlicher körperlicher Größe, Bankier und ein ausgezeichneter Hochseesegler war, sondern auch ein gewichtiges Wort in amerikanischen Museumsange-legenheiten mitzusprechen hatte und ein Sammler von erstklassigen Handzeichnungen Alter Meister war. Bemerkenswerterweise gab er sein Sammeln zugunsten der Sammelleidenschaft seiner Frau auf. Eine seiner Zeichnungen hat er direkt von meinem Vater gekauft. Es ist die Nummer 160 des Kataloges ‚Die Zeichnung Heft IV. Zeichner der italienischen Kunst. Mit einem Vorwort von Oskar Fischel' und stammt aus der Hand von Paolo Veronese (1528–1588), eine Kopie des Blattes von Van Dyck, das sich in der Albertina, Wien, befindet. Das Blatt hat eine hervorragende Provenienz. Es stammt aus den berühmten Sammlungen Lawrence, Hesseltine (in dessen Katalog sich bereits eine Abbildung danach befindet) und D. G. de Arozarena, Paris um 1860. Mein Vater war beim Erscheinen dieses Kataloges bereits nach Berlin übersiedelt (1928). Er ahnte nicht, welch' wichtiger, großartiger Sammler von ihm kaufte und nahm daher seine Chance nicht war, endlich auf dem amerikanischen Markt Fuß fassen zu können. Sonderbarerweise entsann sich auch mir gegenüber Mr. Brown nicht des Namens meines Vaters und dieses Ankaufes. Nach dem Tod von Mrs. Brown wurden die Handzeichnungen an die National Gallery in Washington verkauft. Ihre Tochter Angela machte mich auf meines Vaters Rechnung für dieses Blatt aufmerksam.

Als Mr. Brown zur Welt kam, schrieb die ‚New York Times' (die es wissen mußte): „The richest baby in USA was born". Dabei war dieser Mann von einer beachtenswerten Bescheidenheit im Auftreten und von einer einfach überwältigenden Liebenswürdigkeit. Das Ehepaar lebte in einem der schönsten erhaltenen Häuser aus der Zeit um 1800 in 357, Benefitstreet, Providence, Rhode Island. Ein Haus von schlichter, klassisch-amerikanischer Architektur.

Mrs. Brown war das Unglück widerfahren, knapp nach ihrer Hochzeit in einen Autounfall verwickelt worden zu sein. Im letzten Moment rettete sie durch Herausspringen aus dem Auto zwar ihr Leben, aber eine Hüfte war derart verletzt, daß keiner der damaligen amerikanischen Chirurgen imstande war, sie erfolgreich zu operieren. Sie blieb für lange Zeit an einen Kranken-stuhl gefesselt. Erst ein Emigrant, ein ehemaliger Schüler von Professor Lorenz Böhler in Wien (1885–1973, dem die neuzeitliche Unfallchirurgie zu verdanken ist) operierte sie, sodaß nur mehr ein unmerkliches Hinken zu bemerken war! Ihr Mann hatte ihr zur Hochzeit – ohne im entferntesten zu ahnen, welche Konsequenzen dies haben würde – eine Kompanie kleiner, geschnitzter, buntbemalter, aufstellbarer Soldaten geschenkt. Um sich die Zeit zu vertreiben, begann sie, Bücher zu bestellen, die ihr helfen sollten, ihre Soldaten anhand der Uniformen zu bestimmen. Und damit begann ihre Leidenschaft für Uniformbücher und militärische Darstellungen. Ihre Biblio-thek wurde zur größten Privatsammlung dieses Faches auf der Welt! Was sie gesammelt hat, ist heute in der Brown University, Providence, als Schenkung untergebracht.

Das Ehepaar Brown kam das erste Mal zu einer Zeit nach Wien, da die Russen noch Niederösterreich besetzt hielten (also vor 1955). Ich holte sie mit meinem Auto vom damals noch mehr als primitiv eingerichteten Flughafen in Schwechat ab. Es stand zur Debatte, ob man es wagen könnte, sie mit dem Auto durch die russische Zone nach Wien zu bringen, oder ob es ratsamer sei, den Autobus zu benutzen. Nach kurzer Beratung stiegen sie in meinen ‚Fiat‘ ein, und Mrs.Brown meinte nach kurzer Fahrt etwas aufgeregt: „Oh, John, we are behind!" Womit sie natürlich den Eisernen Vorhang meinte! Wir ver-brachten drei oder vier schöne Tage in Wien. Eindrucksvoll für sie war be-sonders ein Besuch der ‚Graphischen Sammlung Albertina‘, wo man uns, auf beider Wunsch, vor allem die Dürer-Zeichnungen vorlegte. Dann aber wollte Mrs. Brown unbedingt einen der großen festlichen Aufzüge aus der Kaiser Maximilianischen Zeit sehen. Und hier verblüffte sie mich durch ihre profunde Kenntnis von deutschen und österreichischen Wappen. Es gab kaum eines, das sie nicht sofort zu identifizieren imstande war! Ich lud das Ehepaar auch in eine gute Aufführung der ‚Lustigen Witwe‘ ein. Als ich, nur wenige Zeit später, nach den USA kam, revanchierten sie sich auf das herzlichste, führten mich in eine gutgespielte amerikanische Operette und anschließend in eines der besten Restaurants von New York. Drei Tage später wurde ich in ihr Haus in Providence eingeladen. Damals war wegen einer Sturmflut die Auto-straße nach Boston unbenützbar, wir mußten auf kleinere Straßen aus-weichen. Daher dauerte die Fahrt auch länger als vorgesehen. Wir kehrten in ein großes ‚wayside restaurant‘ ein, und ich bekam dort erstmalig ein ‚T-bone Steak‘ gigantischen Ausmaßes vorgesetzt. Vorher langten wir aus meinem Mitbringsel zu: eine Schachtel Bonbons aus dem New Yorker Laden der Konditorei von Altmann und Kühne in Wien. Als wir in den ‚driveway‘ einfuhren, sagte Mrs. Brown plötzlich zu mir: „Do you know, you are the only bookdealer ever, who sets his foot over my threshold?" (Wissen Sie, daß Sie der einzige Buchhändler sind, der jemals seinen Fuß über meine Schwelle setzt?"). Ich war nicht wenig geschmeichelt.

Das Haus war um 1800 in einem schlichten ‚Colonialstil‘ erbaut, voller

Mrs. John Nicholas Brown, geborene Kinsolving aus Baltimore, 1906–1985. Ihre großartige Sammlung von Uniformbüchern der ganzen Welt ist heute in einem Gebäude der Brown University in Provi-dence, USA, untergebracht. Es ist die zweite große Bibliothek, die das unten abgebildete Haus als Stiftung verließ (die erste besteht aus Americana).

Das Haus 357 Benefitstreet, Providence, Rhode Island. Im schlichten ‚Colonial Style‘ erbaut, war seit ungefähr 1800 im Besitz der Familie Brown. Die Einrichtung bestand aus dem besten, ungemein kostbaren frühen amerikanischen Kunstgewerbe. Heute dient es der Universität als Gäste-Haus.

Einzug der Französischen Armee in Wien am 15. XI. 1805

Napoleon im Krönungsornat. Nach Jean Baptiste Isabey, französischer Miniaturmaler (1767–1855)

Qualität. Die Einrichtung, Möbel und Silber, waren wertvolle amerikanische Erzeugnisse derselben Zeit. (Erst kürzlich erzielte ein Möbelstück, Schreibtisch und Büchergestell in einem Stück, bei Sothebys, New York, über eine Million Dollar!). An den Wänden hingen in alten, kostbaren Rahmen die schönsten Handzeichnungen großer Meister, die man sich nur vorstellen kann. Den Vorraum zu meinem Badezimmer schmückten Aktzeichnungen von Rodin!

Das Haus quoll über von Büchern. Mr. Brown, der am nächsten Tag die Führung durch die „Browns University" übernahm, sagte zu mir, ob es denn nicht großartig sei, daß – abgesehen von der großen, von seinen Vorfahren der Universität gespendeten Sammlung früher Americana – hier nun die zweite Büchersammlung in diesem Haus entstünde?

In der Universitäts-Bibliothek wurden wir sehr liebenswürdig vom damaligen Direktor geführt. Und was mußte ich dort erblicken? In einer der Vitrinen lag aufgeschlagen der schöne geographische Codex, der mich um ein Haar die Symphatien meines Freundes, des Rechtsanwaltes Dr. Otto Kammerlander, gekostet hätte. Ich hatte in der unmittelbaren Nachkriegszeit aus den ins Ausland verlagerten Beständen einer bekannten Wiener Bibliothek in aristokratischem Besitz unter anderem auch diese Handschrift erworben gehabt. Und zwar – da es damals üblich war, daß ein großer Betrag in Devisen gefordert wurde – gemeinsam mit dem mir väterlich zugetanen Antiquar William Schab in New York, der aus Wien stammte. Er hatte den gesamten Betrag vorgeschossen und natürlich verlangt, daß alle Bücher ihm geschickt würden. So auch dieses Manuskript, zu dessen Bearbeitung ich nicht gekommen war. Ich fühlte mich absolut sicher, daß er in New York das Notwendige verläßlich veranlassen würde. Was dort wirklich geschah, blieb mir bis heute verhüllt. Tatsache ist, daß aus mir völlig unerfindlichen Gründen mit einem Mal einer der tüchtigsten Antiquare in New York diesen Codex in die Hand bekam. Und das erste, was dieser tat, war, daß er – nach einigen Recherchen daraufgekommen, aus welcher Bibliothek dieses Manuskript stammte – der Familie der ursprünglichen Besitzer einen Brief etwa folgenden Inhaltes schrieb: es würde ihm dieses Objekt in New York aus dunkler Quelle für einen sehr hohen Preis angeboten. Er sprach von annähernd 10.000,– Dollar, damals eine exorbitante Summe. Bevor er sich engagiere, wüßte er gerne Bescheid, ob er das Manuskript ruhigen Gewissens kaufen könne oder nicht. Die Folge war, daß ein Beauftragter des Besitzers – der obendrein noch zu meinen persönlichen Bekannten zählte – gemeinsam mit Dr. Kammerlander bei mir im Geschäft erschien und energisch um restlose Aufklärung bat! Ich sagte beiden Herren, daß ich voller Vertrauen gehandelt hätte und völlig konsterniert sei. Aber, setzte ich hinzu, ich sei sicher, daß hinter dieser Geschichte nichts anderes als eine üble Intrige steckte. Der genannte Preis sei ein böser Bluff, entspränge der Phantasie und sei nur erwähnt worden, um meinen Ruf in aristokratischen österreichischen Kreisen zu untergraben. Im übrigen erklärte ich mich zu einer Nachzahlung bereit. Hier in Providence gelang mir die Lösung des Falles. Ich fragte nämlich, ohne meine Karten aufzudecken, den Bibliothekar, was er denn für das Manuskript bezahlt habe? „Das kann ich Ihnen ruhig sagen: dreitausendfünfhundert Dollar", war seine Antwort! Mehr brauchte ich nicht zu hören! Meine Nachzahlung hatte sich glücklicherweise im richtigen Verhältnis zu dieser Summe bewegt und mir fiel, nach Wien zurückgekehrt, ein Stein vom Herzen, als ich meinen beiden Wiener Freunden berichten konnte, was ich in Erfahrung gebracht hatte.

In der Folge kam Mrs. Brown des öfteren nach Wien, mehrmals übrigens zur

Kontrolle der über meine Empfehlung bei der Klischéeanstalt Beissner und Co. In Wien hergestellten Farbreproduktionen für ihre Übersetzung des Buches von Henry Lachouque: ‚Napoleon et la Garde Impériale‘, das nun ‚The Anatomy of Glory. Napoleon and his Guard. A study in Leadership‘ heißt. Es erschien 1961 gleichzeitig bei der Brown University Press, Providence, und im Verlag von Lund Humphries in London. Natürlich wurden viele der schönsten Illustrationen dieses Buches nach Originalen ihrer Sammlung angefertigt. Sie setzte dem Text eine der schönsten Dedikationen voran, die ich kenne:

„*To J./ohn/ N./icholas/ B./rown/ whom many, given the chance, would follow to Elba . . .*“

Anläßlich eines ihrer Besuche wurde sie nicht nur von Mr. Brown, sondern auch von ihrem Sohn Carter, der damals Kunstgeschichte in München studierte, begleitet. Jetzt lebt er als ehemaliger Direktor der National Gallery, Washington, in Pension. Auch ihre Tochter Angela (jetzt mit einem der führenden Neurochirurgen Amerikas verheiratet), begleitete sie. Um ihnen allen einen Spaß zu machen und ihnen etwas typisch Österreichisches vorzuführen, lud ich sie ein, mit mir nach Gumpoldskirchen zu fahren, wo das ‚Weingut Stift Melk‘ exzellenten Wein ausschenkt. Zuvor hatte ich mir ein umfangreiches Paket besten Aufschnittes bei der Firma ‚Wild‘ am Neuen Markt besorgt. Es lag im Fond des Wagens und ich sagte spaßeshalber zu den jungen Leuten, daß darin ‚Inkunabeln von militärischem Interesse‘ eingepackt seien. Ich erkannte an ihren enttäuschten Mienen, wie sehr sie das gelangweilt haben würde! Als wir im Hof der Ausschank an einem der Holztische Platz genommen hatten und ich das Paket auspackte, konnte sich ein nebenan sitzender Herr nicht zurückhalten. Er beugte sich zu mir und sagte: „Was? Das wollen Sie wirklich alles aufessen?“ „Wir werden es probieren!“ war meine Antwort, und in der Tat: es blieb nichts davon übrig! Mrs. Brown wandte sich an mich und meinte, mit nichts hätte ich ihrem Mann mehr Freude machen können, als mit dem herrlichen Roastbeef, das unter den gekauften Dingen war. Ich hatte aber nur einen Wunsch, nämlich den, daß irgendetwas Außergewöhnliches geschehen möge, um diesem wohlgelungenen Abend die Krone aufzusetzen. Und richtig! Im gleichen Moment wankte durch das Tor des Hofes eine fröhliche, offensichtlich beschwipste Badener Soubrette, die sich hier und dort an einen der Tische setzte und lauthals, mit einem guten Sopran, Wiener Lieder sang. Kurzum, der Abend war ein voller Erfolg. Jahre später sagte mir Mrs. Brown, ihre Tochter hätte ihr anvertraut, sich – beinahe – in mich verliebt zu haben. Diese Mitteilung kam leider ein bißchen zu spät!

Unmittelbar vor Mrs. Browns letztem Besuch in Wien wandte sich meine damalige Garagistin an mich. Eine ihrer Kundschaften sei ihr seit langem Geld schuldig und habe ihr einen gerahmten Kupferstich an Geldesstatt gegeben. Ob ich ihr diesen in Bargeld verwandeln könnte? Ich war etwas im Zweifel, weil Mrs. Brown bei mir nur Einschlägiges, deutsches und österreichisches Militär betreffendes, gekauft hatte. Dieses Blatt mit einer Darstellung des toten Napoleon würde sie wohl bereits besitzen, aber wir könnten es ja probieren.

Ich hängte es an den Pfeiler zwischen den beiden Fenstern meines Ausstellungsraumes im ersten Stock, die übrigen Wände waren – wie bei jedem ihrer Besuche in meiner Galerie – mit österreichischen Militärdarstellungen (provisorisch in Ausstellungsrahmen eingelegt) behangen. Mrs. Brown er-

Übergang über die Donau-Auen in der Lobau.

Alle Abbildungen dieser beiden Seiten aus: ‚The Anatomy of Glory‘ von Lachouque, übersetzt von Mrs. Brown
Napoleon nach der Schlacht bei Austerlitz. Ölbild von François Gerard, französischer Maler (1770–1837), Ausschnitt

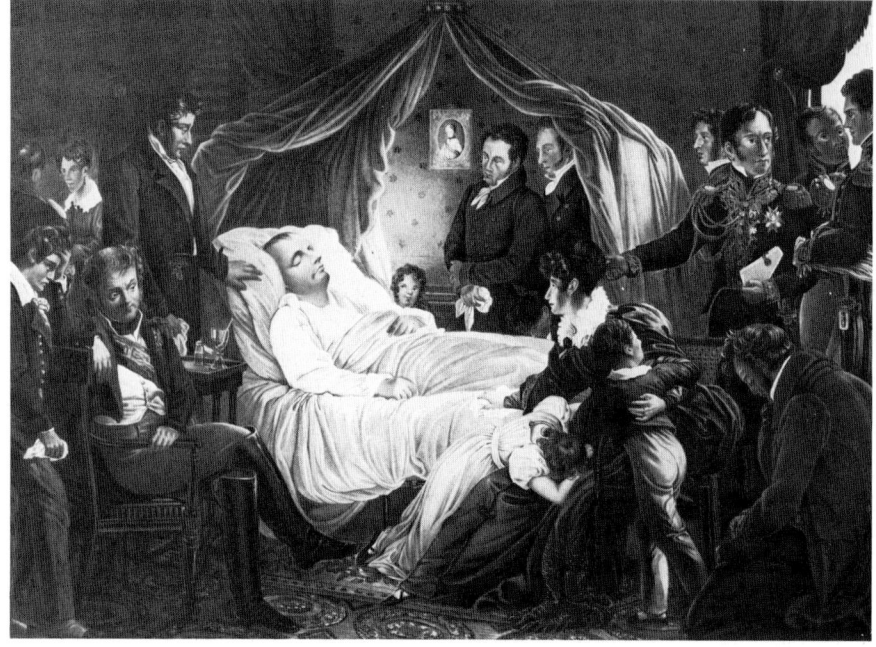

Der Tod Napoleons auf St. Helena am 5. Mai 1821. Lithographie nach einem Ölbild von Carl von Steuben (1788–1856). Vorne links General Bertrand. Sein kleines Töchterchen Hortense birgt weinend ihr Gesicht im Schoß der Mutter. Sie wurde später Mme. Amadée Thayer und gehört zu den Vorfahren von Mr. Brown. Mrs. Brown hatte viele Jahre hindurch vergeblich diese Lithographie gesucht. (Courtesy the Anne S. K. Brown Military Collection, Providence, R. I.)

schien, stutzte einen Moment beim Durchschreiten der Türe, machte ein paar Schritte bis vor das Napoleon-Blatt, verzog keine Miene und sagte bloß „How much?" Ich nannte einen bescheidenen Preis. Sie nickte und dann taute sie auf. Es war ein Blatt, das sie viele Jahre lang vergeblich auf dem französischen Markt gesucht hatte! Das kleine Mädchen, das seinen Kopf im Schoß der Mutter birgt, ist nämlich eine Verwandte von Mr. Brown. Sie hieß Hortense Bertrant und war die Tochter jenes Generals Henri G. Bertrant (1773–1844), der als einer der Getreuen Napoleon nach Elba begleitete. Sie heiratete später einen Cousin von Mr. Brown. Daher das brennende Interesse des Ehepaares an diesem Blatt. Ich wollte, ich hätte das gewußt! Mit welcher Freude hätte ich Mrs. Brown dieses Blatt zu Weihnachten geschenkt!

Weihnachtskarte, mir von Mrs. Brown geschickt. Ihr Mann gratuliert ihr zur Verleihung des Bakkalaureats der Brown-University.

44. Mr. John Nicholas Brown und das Wiederauffinden der ‚Reichsinsignien‘

Die ‚Reichsinsignien‘ sind der stolze Besitz der Wiener Schatzkammer. Es gibt auf der Welt ihresgleichen nicht! Sie bestehen im wesentlichen aus folgenden Stücken: a) Die Reichskrone, 2. Hälfte des 10. Jahrhunderts; b) Das Reichskreuz, um 1024/25; c) Die Stefansbursa (Reliquienbehälter), 1. Drittel des 9. Jahrhunderts; d) Das Reichsschwert, 2. Drittel des 11. Jahrhunderts; e) Der Reichsapfel, um 1200; f) Das Szepter, erste Hälfte des 14. Jahrhunderts. Sie haben eine bewegte Geschichte hinter sich. Von 1424 bis 1800 waren sie in Nürnberg verwahrt. Dann wurden sie vor eindringenden französischen Truppen nach Wien in Sicherheit gebracht und unter Kaiser Franz II. (der später als Franz I. Kaiser von Österreich wurde) in das Gewölbe der Wiener Schatzkammer verbracht. Als Österreich 1938 von den Deutschen besetzt wurde, war es klar, daß ihres Bleibens in Wien nicht länger gegeben sein würde.

Vom leider 1991 plötzlich verstorbenen Dieter Köchert, Inhaber der altrenommierten Juwelierfirma Köchert in Wien I., Neuer Markt 15, der ein guter Freund meiner Firma war, erfuhr ich bei einem zufälligen Gespräch nähere Details über den Transport von Wien nach Nürnberg, der voller Dramatik war. Jahrzehntelang war der Firma Köchert die notwendige Pflege der in Gold gearbeiteten, mit kostbaren Steinen besetzten ‚Reichsinsignien' anvertraut gewesen. Daher wurde sie von den damaligen Machthabern beauftragt, den Transport nach Nürnberg zu begleiten. Er fand am 29. VIII. 1938 bei Nacht und Nebel in einem Eisenbahn-Sonderzug statt. Für die Bewachung sorgten 7 SS-Soldaten. In einem Frachtwaggon wurden die Kisten mit dem kostbaren Schatz transportiert. Dieter Köchert erzählte mir, daß er und sein Begleiter dort Platz genommen und die Kisten nicht einen Moment aus den Augen gelassen hätten. Dies erwies sich als eine weise Vorraussicht, denn als der Zug in Nürnberg einfuhr, sollte sich herausstellen, daß die Herren von der Nationalsozialistischen Partei (die in einem Waggon erster Klasse untergebracht waren), dieses Ereignis mit sehr viel Sekt derart gefeiert hatten, daß kein einziger von ihnen imstande gewesen sei, auf den Füßen zu stehen! Der Transport vom Bahnhof bis zur Katharinen-Kirche, wo provisorische Vitrinen vorbereitet waren, wurde demnach lediglich von zwei Wiener Juwelieren begleitet! Den Bau prunkvoller Gebäude auf dem Gelände des Reichsparteitages in Nürnberg verhinderte der Ausbruch des Zweiten Weltkrieges.

Als der Weltkrieg II endlich vorüber war, war Mr. John Nicholas Brown ehrenhalber als ‚Monuments and Arts Officer' bei der amerikanischen Armee tätig, mit der besonderen Aufgabe, für die Rückstellung des von deutschen Behörden verschleppten Kunstbesitzes zu sorgen. Nach und nach waren alle aus Frankreich, Holland und Belgien verschleppten Kunstgegenstände, die in das Bergwerk von Bad Aussee gebracht worden waren (man bedenke, daß sich sogar der berühmte ‚Genter Altar' der Brüder Van Eyck darunter befunden hatte!), aufgefunden und zurückgestellt. Es fanden sich aber nicht die geringsten Spuren von den eingangs erwähnten kostbaren Objekten. Lediglich die leeren gotischen Lederbehälter, in Lederschnitt-Technik verziert, waren aufgefunden worden und verwiesen auf Nürnberg. (Sie sind heute in einer Vitrine neben den ‚Reichsinsignien' zur Schau gestellt und sind ohne jeden Zweifel das kostbarste jemals in dieser Technik Hergestellte). Der damalige Oberbürgermeister der Stadt Nürnberg, Willy Liebel, Hauptbetreiber für die künftige Aufbewahrung dort, war ums Leben gekommen, auch der Vizebürgermeister lebte nicht mehr. Die Amerikaner hatten lediglich den dritten Bürgermeister gestellt und verhaftet. Und dieser leistete es sich durch lange Zeit hindurch, sie wegen der ‚Reichskleinodien' in die Irre zu führen. Sie seien dort! Nein, Irrtum, ganz wo anders, etc. Schließlich sei es Mr. Brown, so erzählte er mir, zu bunt geworden. Er beauftragte einen jungen, energischen Offizier, jenen Vizebürgermeister auf einen Jeep zu laden und mit ihm nach Norddeutschland zu fahren, ohne ein Ziel anzugeben. Dieser Offizier hatte den Auftrag, durchblicken zu lassen, daß der Gefangengenommene nun der Gerichtsbarkeit zugeführt werde, um ihm einen Schreck einzujagen. Und das habe endlich gewirkt. Plötzlich habe er, der bis dahin mit zugekniffenem Mund dagesessen sei, gefragt, was man eigentlich mit ihm vorhabe? Die Antwort sei gewesen, daß er sich schuldig gemacht habe, wissentlich wichtige Informationen nicht preiszugeben. Daraufhin habe der Vizebürgermeister gefragt, was die Amerikaner denn mit den ‚Reichskleinodien' zu tun gedächten? Würden sie nach den USA verbracht, Ja oder Nein? Der Amerikanische Offizier sagte: „Selbstverständlich würden sie den gesetzlichen Besitzern zurückgestellt" (glücklicherweise ohne Österreich zu erwähnen). Darauf habe der Vizebürgermeister gesagt: „Halten Sie an und drehen Sie um! Wir müssen nach Nürnberg zurück!"

Der US-Soldat Ivan Babcock setzt sich die Reichskrone auf das Haupt, 1945. Das Photo ging seinerzeit durch die Weltpresse. Jedoch handelte es sich nicht um die Original-Reichsinsignien, die in einer Höhle bei Siegen aufgefunden, sondern um Kopien, die um 1900 für eine Ausstellung in Aachen angefertigt worden waren.

Die Reichskrone, Westdeutsch, 2. Hälfte des 10. Jahrhunderts (Schatzkammer, Wien)

Das Lederetui für die ‚Reichskrone', nach 1350 entstanden. Eine der kostbarsten erhaltenen Lederschnittarbeiten der Gotik (Schatzkammer, Wien)

Der amerikanische Offizier verwarnte ihn. Sollte sich das wiederum als falsch herausstellen, dann sei er zur Bestrafung fällig! Sie fuhren also nach Nürnberg zurück. Der Offizier meldete sich bei Mr. Brown mit den Worten, er habe den Eindruck, als seien sie endlich der Wahrheit nahe.

Der Vizebürgermeister führte Mr. Brown und eine Gruppe von Personen in einen der langen unterirdischen Gänge der Nürnberger Burg, der während des Zweiten Weltkrieges als Luftschutzkeller benutzt worden war. Überflüssig zu erwähnen, daß dieser Gang wiederholt mit hochempfindlichen Minensuchgeräten zentimeterweise abgetastet worden war, in der Hoffnung, irgendwo die vielleicht vergrabenen Schätze zu finden. An einer bestimmten Stelle angelangt, sagte er: „Halt! Holen Sie bitte einen Maurer und Leitern." Als dies geschehen war, habe er auf eine Stelle des Plafonds gedeutet und gesagt: „Öffnen Sie dort vorsichtig die Decke!" Alle standen atemlos und voll der größten Spannung herum, als plötzlich der Maurer eine Öffnung freilegte. „Und nun," erzählte mir Mr. Brown, „geschah es! Genau so, übrigens", setzte er hinzu, „wie es 1922 in Ägypten vor der Grabkammer des Tut-ench-Amun geschehen war. Der Entdecker der Grabkammer, H. Carter, hatte durch eine Öffnung in der letzten, trennenden Mauer eine elektrische Lampe eingeführt. Nun in das Innere der Grabkammer blickend, habe er zunächst keine Worte gefunden, dann aber Lord Carnarvon (der fünf lange Jahre hindurch seine Tätigkeit finanziert hatte) auf dessen ungeduldige Frage, was er denn sähe, geantwortet: „I see wonderful things!" Hier, in Nürnberg, war es so, daß jemandes Hand, in die geschaffene Öffnung langend, das Schwert der ‚Reichskleinodien' zum Vorschein brachte!

Im jüngst erschienen Katalog der Wiener Schatzkammer wird über das Auffinden leider nichts berichtet. Den Verfassern des vor einiger Zeit in Wien erschienenen Kataloges ist allem Anschein nach der von mir gebrachte Bericht Mr. Browns unbekannt geblieben. Auch dem Journalisten Hugo Portisch schien er unbekannt geblieben zu sein (siehe sein Buch: ‚Österreich II. Der lange Weg zur Freiheit', Wien 1986, mit ausgezeichneter Dokumentation). Hingegen ist seinem Buch die Aufklärung über jenes Photo zu verdanken, das den amerikanischen Soldaten Richard Swenson in Uniform zeigt, die Reichskrone auf dem Kopf, Szepter und Reichsapfel in den Händen, das Reichsschwert anscheinend an seinem Gürtel befestigt. Die Aufnahme ist in Siegen entstanden, wo 1945 in einer Höhle die im Jahr 1900 angefertigten völlig getreuen Nachahmungen der wichtigsten Objekte der ‚Reichskleinodien' (für eine Ausstellung in Aachen), eingelagert waren! Die Originale wurden im Januar 1946 aus Nürnberg in einem Flugzeug zum damaligen amerikanischen Luftstützpunkt Langenlebarn, westlich von Wien, in Niederösterreich gebracht und dann feierlich der ersten österreichischen Regierung übergeben. Jahre hindurch blieben sie im Depot der Postsparkasse, bis endlich 1954 die renovierte ‚Schatzkammer' der Öffentlichkeit vorgeführt werden konnte. Es ist Hugo Portisch übrigens auch gelungen, die Namen jener drei Verschworenen, die Herren Liebel, Stadtbaurat, Hans Schmeissner und Stadtrat Dr. Fries, Luftschutzdezernent, ausfindig zu machen, die die Hauptobjekte der ‚Reichsinsignien' eigenhändig in dem Gang unter der Nürnberger Burg oben an der Decke in der Nische hinter Eisenträgern zugemauert und vermörtelt hatten! Es wäre doch zu überlegen, ob man nicht in jenem Raum der ‚Schatzkammer', in dem die erwähnten Hauptobjekte der ‚Reichskleinodien' verwahrt werden, einen Hinweis auf die Tätigkeit Mr. Browns anbringen sollte. Mich hat es mehr als gefreut, einen Beitrag zur Nachkriegsgeschichte aus berufenem Mund mitteilen zu können.

45. Die ‚International League of Antiquarian Booksellers‘ (ILAB)

Vor dem Zweiten Weltkrieg gab es keine internationale Vereinigung der Antiquare. Aber am 31. März 1949 fanden sich ein paar Männer unseres Handels zusammen und beschlossen, eine Vereinigung derer zu bilden, die willens waren, die Wunden des Krieges zu heilen. Bemerkenswerterweise war der Hauptinitiator der Antiquar Menno Hertzberger in Amsterdam. Er war ein Mann, dem aus rassischen Gründen übel mitgespielt worden war. Er hatte große, vor allem menschliche Verluste erlitten, war aber – trotz alledem – durch und durch international denkend, großmütig und verzeihend gewesen und zeigte keine Ressentiments. Zu ihm gesellte sich auf britischer Seite Percy H. Muir, gleich ihm international, vielsprachig, humorvoll, freundschaftlich, vielseitig begabt. Ohne jemals zu den kühnen Großverdienern unseres Handels zu gehören, war er der Verfasser einiger mit Liebe geschriebener bibliographischer oder autobiographischer Bücher. Seinem eigenen Verband schien er allerdings zu international zu sein, weshalb man wohl leider auf seine weitere Tätigkeit verzichtete. Bei den Franzosen war es André Poursin, dem man den Offiziersrang des Ersten Weltkrieges ansah und der wegen seiner schweren Verwundung hinkte. In der Schweiz war William Kundig, in Genf lebend, zu ihnen gestoßen. Diese Herren gründeten 1948 die ‚International League of Antiquarian Booksellers‘, kurz ‚ILAB‘ genannt. Sie basierte – das sollte sich in den nachfolgenden Jahren herausstellen – in erster Linie auf englisch-französischer Freundschaft.

Mir war nahegelegt worden, doch eine österreichische Vereinigung zu gründen, auf meine Initiative hin der ‚Verband der Antiquare Österreichs‘ ins Leben gerufen, deren Präsident ich jahrelang blieb, bis ich endlich mein Amt weitergeben konnte.

1954 übernahm ich für den Verband der Antiquare Österreichs das große Risiko einer Einladung des Kongresses nach Wien. Wir hatten eine Gartenhälfte des Weingutes Stift Schotten in Heiligenstadt für uns reservieren lassen. Auf jedem der nahe von oder direkt unter großen alten Kastanienbäumen stehenden Tische flackerten Windlichter. Ein Heurigenquartett guter Musikanten spielte diskret. Kurz bevor die Gäste kamen, warf ich einen Blick in die Runde und wußte, es war alles perfekt und nichts konnte passieren!

Nachdem die Gäste mit Autobussen angekommen waren, herrschte bald eine gute, gelockerte Stimmung. Vielleicht die denkwürdigste Anekdote dieses Abends war, daß ich rein zufällig an einem im Schatten eines der großen Kastanienbäume stehenden Paar vorbeikam. Zählte man beider Alter zusammen, kam man unschwer auf 140 Jahre! Und was mußte ich hören? Die Dame sagte wörtlich zu ihrem bereits ergrauten Partner: „Oh, Mr. X, it's only since I met you that I know what a man is".

Die ILAB hatte sich von allem Anfang an zwei Aufgaben gestellt: die Herausgabe eines internationalen Adreßbuches der Antiquare und eines Wörterbuches. Es ist mir zugefallen, dafür zu sorgen, daß zunächst einmal das Format des Adreßbuches auf Taschenbuchformat reduziert wurde. Die ersten Jahrgänge erschienen in Wörterbuchgröße! Nicht abzubringen war die ILAB bis heute, bei der Angabe der Spezialitäten jedes Mitgliedes darauf zu verzichten, synonyme Wörter englisch und französisch zu bringen! Was soll es denn wirklich, wenn im Adressbuch der ‚gelehrten Antiquare‘ tatsächlich und oft wiederholt das Wort ‚Géographie‘ neben dem Wort ‚Geography‘ steht?

Hier blieben die Franzosen unnachgiebig. In wirkliche Schwierigkeiten kam ich übrigens gemeinsam mit meinem Halbcousin Alfred Frauendorfer, als wir, kurzerhand und ohne den Vorstand zu befragen, bei der uns anvertrauten Neuherausgabe für unsere Vereinigung einen nach der Zeichnung eines Graphikers auf einem Doppelblatt gedruckten Stadtplan einschalteten, der das Auffinden der einzelnen Firmen wesentlich erleichterte. Wir dachten, damit ein nachahmenswertes Beispiel zu setzen, wären aber beide um ein Haar hinausgeflogen, weil man uns diese Eigenmächtigkeit übelnahm. Schließlich fand man die Lösung und ließ unseren Verband die vier Druckseiten (quasi als Inserat) bezahlen! Allgemein durchgesetzt hat sich meine an sich gute Idee für andere Großstädte leider nicht.

Ganz arg stand es aber mit dem Wörterbuch der ILAB. Einer Idee von Menno Hertzberger (den man zwar als ‚père de la Ligue' bezeichnete, es aus mir niemals einsichtigen Gründen aber unterließ, ihm einen Ehrenrang einzuräumen) folgend, waren hier einschlägige Wörter, wie sie in unseren Katalogen immer wieder vorkommen, in mehreren Sprachen aufgelistet. Aber leider hatte der Autor bei Hauptwörtern in der französischen oder deutschen Sprache darauf vergessen, jeweils das Geschlecht kenntlich zu machen und manches andere mehr.

Viele meiner Vorschläge sind unbeachtet geblieben, aber es gelang mir doch, mit Hilfe eines befreundeten Anwaltes in Neuchâtel, die ILAB endlich in Genf registrieren zu lassen. Jahrelang war dies nicht der Fall gewesen, und das hätte uns beim ersten wirklichen Streitfall in erhebliche Schwierigkeiten gebracht!

Aber es gab auch für mich einen unlösbaren Konflikt. Eines nämlich war von allem Anfang an ein Grundprinzip der ILAB gewesen: Die Politik hatte außerhalb der Vereinigung zu bleiben, und der jeweilige Präsident hatte die Verpflichtung, sofort einzugreifen, wenn die Wogen einmal zu hoch gingen. In einer Komiteesitzung in der Schweiz geschah es, daß – aus heiterem Himmel heraus und ohne vorher mit mir zu sprechen – der damalige holländische Präsident die österreichische Regierung beschuldigte, im Depot von Mauerbach in Niederösterreich Bücher von Millionenwert, die Juden enteignet worden seien, zu horten und nicht herauszurücken! Da diese Anschuldigung in einer öffentlichen Sitzung erfolgte, hätte der damalige Präsident, der nur dasaß und schwieg und mich fassungslos protestieren ließ, eingreifen müssen. Hinterher redete er sich darauf hinaus: „Que la séance a été déjà fermée" („Die Sitzung sei bereits geschlossen gewesen"), was nicht den Tatsachen entsprach. Die aus diesem Vorfall entstandene Stimmung ließ sich nicht mehr bereinigen. Ich wußte übrigens, wie haltlos und aus der Luft gegriffen jene Anschuldigungen waren, denn man hatte mir einmal den Einblick in die Liste der in Mauerbach verwahrten Bücher gewährt. Sie sind keine Aufregung wert.

Was positiv bleibt ist, daß mir durch die Tätigkeit im Komitee der ILAB namhafte Freundschaft entstanden sind.

Es bedeutet für jeden Antiquar eine Auszeichnung, in einen nationalen Verband aufgenommen zu werden und es ist, insbesondere im Hinblick auf Kreditwürdigkeit, wichtig, der ILAB anzugehören. Die Zeit der rauschenden Feste ist sicherlich vorbei. Die Entfernungen zwischen den Ländern schmelzen zu Stunden, die Welt ist kleiner und offener geworden. Die uns nachgefolgt sind, sollten sich an die Anfänge der ILAB erinnern, der Männer gedenken, die ungezählte Stunden Arbeit dem gemeinsamen Ziel geopfert haben. Wie heißt doch das Motto der ILAB so schön: „Amor librorum nos unit" („Die Liebe zu den Büchern vereint uns").

46. Das Geheimnis um Beethovens ‚unsterbliche Geliebte‘ gelüftet

Das Auftauchen eines Beethoven-Briefes war – in meinen Anfangsjahren bei V. A. Heck (1935–1938) – immer aufregend, aber ein sicheres Geschäft, denn wir kannten in Zürich einen unermüdlichen Sammler. Er war der Bruder des bekannten Bibliophilen Martin Bodmer, der damals in Genf seine großartige Bibliothek der Weltliteratur zusammentrug. Zwar lernte ich niemals Herrn Dr. h.c. Bodmer selbst kennen, der im Laufe seines Lebens nicht nur bedeutende Musikautographen Beethovens, sondern (bis 1939) nicht weniger als 275 eigenhändige Briefe und Zettel des Meisters erworben hatte, damals ein Drittel aller bekannten Beethoven-Schriftstücke.

Es wird mir stets unverständlich bleiben, daß seine Heimatstadt Zürich die von ihm angebotene Schenkung seiner Sammlung mit der Begründung ablehnte, sie könne die Auflage nach Beistellung geeigneter Räume und eines wissenschaftlichen Kurators nicht erfüllen! Heute ist das Beethoven-Haus in Bonn im Besitz dieser großherzigen Stiftung! Dr. Bodmers Berater und unser direkter Abnehmer war mein Freund, der Antiquar August Laube, in der gleichen Stadt wohnhaft. Rief man ihn an, bellte er kriegerisch ins Telephon: „Laube da!" und war stets Ohr für einen Ankauf, den er prompt zu erledigen pflegte. Kurioserweise war er seinem ehemaligen Chef Heinrich Eisemann in London (wohin dieser nach seiner Emigration aus Frankfurt am Main gelangt war) zur Teilung des erzielten Nutzens bei jedem Ankauf Dr. Bodmers verpflichtet. Herr Eisemann war eine der bedeutendsten Erscheinungen unseres Handels. Ein strenggläubiger orthodoxer Jude mit prachtvollem Charakterkopf, den ein bläulich-schwarzer, assyrisch anmutender Bart schmückte. Er war ein Mann, der sich stets im Hintergrund hielt, der niemals in seinem langen Leben auch nur einen einzigen Katalog veröffentlicht hat, aber wohl alle großen Sammler dieser Welt zu seinen Kunden zählte und seine Geschäfte persönlich zu erledigen pflegte. War ein Mann von seltenem Anstand, von absoluter Treue und ein wahrhaft helfender Freund aller derjenigen, die sich in Not befanden. Er verfügte über ein unfehlbares Gedächtnis, kannte jedermann – seien es nun Sammler, Bibliothekare oder Kunsthistoriker – und war sein Leben lang einer der bestinformierten Männer unseres Handels. Seine Diskretion war ebenso vorbildlich wie seine unbedingte Zuverlässigkeit. Er sprach mit leiser Stimme ein charakteristisches, aber nur ganz leicht gefärbtes Frankfurterisch. War immer dunkel gekleidet, trug stets feine weiße Seidenhemden und hatte bemerkenswert schöne, gepflegte Hände. Besonders vor dem Ersten Weltkrieg war er einer der bedeutendsten Einkäufer für seine deutschen Kunden auf dem Weltmarkt. Die großen Auktionshäuser verstanden es, ihre Auktionen so abzuhalten, daß er anwesend sein konnte. Denn er beachtete die Gebote seines Glaubens. Freitag, bei Beginn der Dämmerung, zog er sich zurück, verbrachte die anschließenden Stunden im Gebet und war für niemanden – aus welchem Grunde immer – bis zum Ende des Sabbats am nächsten Tag zu erreichen! Jedermann achtete diesen exemplarisch lebenden Mann, der es in geschäftlichen Dingen verstand, jedes ihm anvertraute Geheimnis voll zu wahren! Vor dem Ersten Weltkrieg hatte er eine Zeitlang ein Antiquariat in Rom besessen, und hier war der damals sehr junge August Laube sein Angestellter gewesen. Seit dieser Zeit bestand zwischen den beiden ein einmaliges Freundschaftsverhältnis. Ich vermute, daß es Heinrich Eisemann war, der Dr. h.c. Bodmer als Beethoven-Sammler entdeckt hatte.

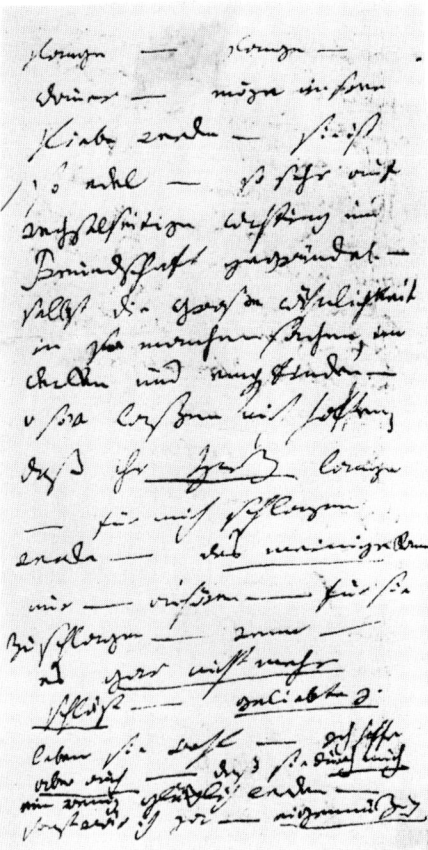

Transkription einer der Seiten des oben abgebildeten, von mir aufgefundenen Liebesbriefes Beethovens:

„lange – lange – / Dauer – möge unsrer / Liebe werden – sie ist / so edel – so sehr auf / wechselseitige Achtung und / Freundschaft gegründet – / selbst die große Ähnlichkeit / in so manchen sachen, im / Denken und empfinden – / o sie laßen mich hoffen, / daß ihr Herz lange / – für mich schlagen / werde – das meinige kann / nur – aufhören – für sie / zu schlagen – wenn – / es gar nicht mehr / schlägt – geliebte J. / leben sie wohl – ich hoffe / aber auch / daß sie durch mich ein wenig glücklich werden – / sonst wär ich ja – eigennützig"

Herr Laube erzählte mir eines Tages um 1960, daß eine von seinem Freund Eisemann geförderte Engländerin, Miß Emily Anderson, im Begriffe sei, ein Corpus aller Beethovenbriefe herauszugeben. Ich möge ihr in Wien behilflich sein, was ich gerne zusagte. Zunächst ging es darum, daß die Handschriftenabteilung der Österreichischen Nationalbibliothek in Wien die Transkriptionen ihres Bestandes an Beethovenbriefen anfertigen sollte. Dann aber entschloß sich Miß Anderson – die nur über ein sehr geringfügiges Reisebudget verfügte – selbst nach Wien zu kommen, weil sie sicher sein wollte, daß alles nach ihrem Schema gemacht werde. Ich besorgte ihr – wie sie es wünschte – ein Zimmer in einer bescheidenen Pension und freute mich darauf, sie kennenzulernen. Zuvor aber hatte ich eine Idee. Ich hatte damals einen hochbegabten Kalligraphen als Mitarbeiter, Josef Gruber. „Herr Gruber," sagte ich zu ihm, „heute habe ich eine besondere Aufgabe für Sie. Schauen Sie: hier habe ich ein Alphabet aller Buchstaben, wie sie Beethoven zu schreiben pflegte. Nehmen Sie, bitte, ein Blatt alten Vorsatzpapiers und schreiben Sie, mit brauner Tinte, wie folgt:

„Der einzigen, die imstande ist, meine Handschrift zu lesen, willkommen in Wien

Ludwig van Beethoven"

Das Resultat war derart verblüffend, daß ich ihn bat, das Datum hinzuzusetzen, damit ja mit diesem Blatt kein Unfug getrieben werde! Der Brief wurde mit ein paar Blumen und ein paar Zeilen meiner Hand in ihrer Pension abgegeben!

Es war noch nicht 11 Uhr, als bei meiner Türe stürmisch geläutet wurde. Miß Anderson war da, voller Empörung. Sie sei in die Handschriftenabteilung der Nationalbibliothek gegangen, habe sich vorgestellt und darum gebeten, die Beethovenbriefe vorgelegt zu bekommen. Man habe ihr höflich aber strikte erklärt, daß sie besser getan hätte, sich vorher anzumelden, denn die Briefe seien auf Monate hinaus nicht zugänglich. Man baue eine Zentralheizung ein. Die Schränke mit den Autographen seien mit Nylon-Folien verklebt und außerdem mit den Schranktüren zur Wand gedreht worden, um den kostbaren Inhalt vor Staub zu schützen. Nun machte Miß Anderson das Verkehrteste, was man in solchen Fällen in Österreich überhaupt tun kann: Sie ließ sich bei Hofrat Dr. Nowak, dem Leiter der Musikabteilung der Nationalbibliothek, melden (mit dem sie wohl korrespondiert hatte) und klagte diesem ihr Leid. Sicher, so meinte sie – völlig zu Unrecht – sei das Ganze eine Intrige derjenigen wissenschaftlichen Beamten, die ursprünglich in ihrem Auftrag die Transkription hätten vornehmen sollen. Hofrat Nowak griff zum Telephon und sprach mit dem Leiter der Handschriftenabteilung, der ihm bestätigte, was seine Beamten ihr gesagt hatten. Großes Achselzucken, ein paar höfliche Worte und da stand sie, verzweifelt, und nun kam sie zu mir.

Ich beruhigte sie, so gut ich konnte. Es werde manches in diesem Lande nicht so heiß gegessen, wie es gekocht werde. Sie möge es doch morgen vormittag noch einmal in der Nationalbibliothek versuchen. Traurig schob sie ab. Ich aber telephonierte einem alten Freund, der dort Aufseher war, bewährten Helfer in vielen Nöten, und bat ihn, des Nachmittags auf eine Tasse guten schwarzen Kaffees zu mir zu kommen. „Herr X.", sagte ich zu ihm, „ich ahne, was diese narrische ältliche Urschel Ihnen aufgeführt haben wird. Insbesondere das Gespräch mit Herrn Hofrat Nowak war mehr als überflüssig! Schauen Sie: Es bedarf sicherlich zweier starker Männer, um jenen Autographenkasten umzudrehen. Und ich weiß, daß starke Männer zumeist starke Zigarrenraucher sind. Hier habe ich zwei Schachteln der besten Erzeugnisse der Österreichischen Tabakregie für sie und ihren Helfer. Wie wär's?" Es gab einiges „Wenn und Aber", doch ich verabschiedete mich von ihm mit dem Gefühl, daß die Sache nun in guten Händen sei. Und richtig. Kaum war es Mittag, als Miß Anderson hereinstürmte. Glich sie gestern einer Trauerweide, so war sie heute eine entflammte Kämpferin. „Do you know what happened? I cannot believe it! I went back there this morning. Everybody smiled and there were my Beethoven letters!" (Wissen Sie, was ich erlebte? Ich kann es nicht begreifen! Ich ging heute in der Früh nochmals hin. Alle lächelten freundlich – und da lagen meine Beethoven-Briefe!). Ich hatte nicht das Herz, sie aufzuklären, sondern freute mich mit ihr, daß ihre Reise nicht umsonst gewesen war. Ich habe zu erwähnen vergessen, daß sie ein fabelhaftes Deutsch sprach und die deutsche Sprache, insbesonders die des frühen 19. Jahrhunderts, beherrschte, wie kaum jemand anderer. Und das half ganz wesentlich beim Transkribieren der manchesmal beinahe unleserlichen Handschrift Beethovens. Drei oder mehr Jahre Studium der Germanistik in der Jugend, in Göttingen verbracht, hatten ihr das beigebracht. Im übrigen erzählte sie mir etwas, das verdient, festgehalten zu werden: Während des Zweiten Weltkrieges habe man sich oft ihrer Fähigkeiten bedient, wenn es galt, irgendeinen vertrackten, verschlüsselten Funkspruch der deutschen Wehrmacht zu knacken (das mußte also vor jener Zeit gewesen sein, da es den Engländern gelungen war, mittels einer eroberten ‚Enigma Verschlüsselungsmaschine' den Code für Funksprüche der deutschen Luftwaffe und vor allem der Marine elektronisch sofort nach Empfang zu entschlüsseln). Man habe ihr jeweils eine große Blechdose guten Tees mitgebracht und zumeist, wenn auch nicht immer, habe sie des Morgens den entschlüsselten Text übergeben können!

Das von ihr verfaßte Corpus der Briefe Beethovens ist seither erschienen. Leider hat sie nicht vermocht, ihren uneinsichtigen englischen Verleger zu bewegen, selbstverständlich auch den deutschen Urtext abzudrucken!

Da mich in der unmittelbaren Nachkriegszeit – als ich noch von meiner Wohnung in Wien I., Mahlerstraße 13 aus arbeitete – nicht sehr viele Menschen in Wien kannten, war ich auf den Einfall gekommen, auf dem Stephansplatz die Auslage eines kleinen Schokoladegeschäftes zu mieten, das wegen Warenmangels geschlossen war, um dort ein paar Bücher und Stiche auszustellen. Das verhalf mir unerwarteterweise zu einem aufregenden Geschäft. Eines Nachmittags erschien bei mir ein sympathischer junger Herr namens Heller. Er stamme aus der benachbarten Tschechoslowakei und sei dabei, mit seiner Mutter und seinen Geschwistern nach Südamerika auszuwandern. Ob ich wohl am Kauf eines Beethoven-Briefes interessiert sei? Ich erwarb diesen Brief augenblicklich zu einem nach damaligen Begriffen beträchtlichen Preis, worauf er mir mitteilte, daß dieser Brief zu einer Beethoven-Korrespondenz gehöre, die in den Besitz seiner Familie gelangt sei. Sicherheitshalber habe er die Briefe bei Bekannten in der Schweiz deponiert. Könnte ich wohl seiner Familie bei der Verwertung helfen? Natürlich war ich wie elektrisiert und versprach, bereits zwei Tage darauf in Feldkirch, Vorarlberg, zu sein. Als ich abends dort eintraf, empfing mich Herr Heller, machte einen betrübten Eindruck. Es sei am Morgen dieses Tages etwas Unfaßbares geschehen: Sein Schweizer Bekannter (der Verwahrer der Briefe) habe ihn zur Grenze bestellt und ihm – ohne österreichischen Boden zu betreten – das kleine Paket mit den Autographen herübergeschleudert. Er wolle, so habe er gerufen, mit dieser Sache nichts mehr zu tun haben!

Josephine Gräfin Deym, geborene Gräfin von Brunsvik, seit 1799 mit dem Grafen Deym verheiratet. Wohl mit Sicherheit die ‚unsterbliche Geliebte' Beethovens, der erst mit ihr korrespondierte, seit sie Witwe war.

Ich war genauso konsterniert wie Herr Heller, der – nota bene – keine Ahnung von den strengen österreichischen Ausfuhrgesetzen für Kunst und ganz besonders für Autographen und Archivalien hatte. Nun konnte ich sehen, wie ich damit fertig würde! Zunächst gingen wir in sein Hotel, wo seine Mutter schon ängstlich auf mich wartete. Ich fand eine liebenswürdige ältere Dame vor, die noch von den Aufregungen anläßlich der Vertreibung der Familie aus der Tschechoslowakei und dem Verlust ihres Familienbesitzes gezeichnet war und mich beschwor, ihnen behilflich zu sein, was ich gerne zusicherte. Es ging zunächst darum, festzuhalten, welche Summe die Familie sich erwartete. Der Preis, auf den wir uns damals einigten, war, wie ich ihnen zusicherte, eine untere Grenze. Ich würde mich bemühen, mehr für sie herauszuholen. All das würde sich aber erst in Zürich feststellen lassen, wenn ich Gelegenheit gehabt hätte, mit dem Vertrauensmann meines Sammlers zu reden.

Die Tatsache, daß diese Briefe bis vor kurzem noch in der Schweiz gelegen hatten und auf keinen Fall aus Österreich selbst stammen konnten, bestimmte mich, das Risiko der Grenzüberschreitung auf mich zu nehmen. Lebten wir doch damals in außerordentlichen Zeiten und außerordentliche Zeiten verlangten außerordentliche Maßnahmen, dachte ich mir! Ich erbat mir die leihweise Überlassung eines alten, schäbigen Rucksackes und wanderte am nächsten Morgen über die Grenze. Kein Mensch schenkte mir irgendeine Beachtung! In Buchs stieg ich in einen Schnellzug nach Zürich ein und begann mit der Transkribierung der Briefe noch während der Fahrt. Beim Eintreffen in Zürich war ich damit fertig. Kein Zweifel: Es war ein großer Fund, die bisher völlig unbekannt gebliebene Liebeskorrespondenz des großen Komponisten!

Es waren insgesamt dreizehn Briefe Beethovens an Gräfin Josephine Deym (später veröffentlicht von J.Schmidt-Görg, Neue Briefe und Schriftstücke aus der Familie Brunswick, Beethoven-Jahrbuch 1955–56, S.11–23). 1964 sind noch weitere Briefe und Schriftstücke an Josephine Deym in London bei Sotheby's aufgetaucht und vom Beethoven-Haus in Bonn erworben worden. Eine Fußnote in einem anderen Aufsatz von Harry Goldschmidt, Berlin, ,Beethoven in neuen Brunswick-Briefen', Beethoven-Jahrbuch, Jahrgang 1973/77, Seite 99, weist darauf hin, daß die Familie Heller – aus deren Besitz die Briefe 1949 aufgetaucht sind – im 2. Prager Bezirk, Jindrisská 20, ein bekanntes Musikgeschäft betrieben habe und nach Südamerika ausgewandert sei. Seither ist also Josephine Deym als Adressatin des Briefes ,An die unsterbliche Geliebte' identifiziert!

In Zürich suchte ich August Laube auf, bei dem ich mich vorsichtshalber erst gar nicht angemeldet hatte. Feldkirch gehörte damals zur französischen Besatzungszone und ich dachte mir, ob nicht am Ende Auslandstelephongespräche abgehört würden. „Herr Laube," sagte ich, „hier bringe ich Ihnen mit allergrößter Wahrscheinlichkeit die größte Beethoven-Sensation aller Zeiten, vielleicht – ich vermute dies, ohne es derzeit vollgültig beweisen zu können – liegt hier der Schlüssel zum Geheimnis der ,Unsterblichen Geliebten'. All das wird unschwer herauszufinden sein. Ich beschwöre sie: Kaufen wir diese Korrespondenz gemeinsam und legen wir sie uns auf die hohe Kante, bis einmal bessere Zeiten da sein werden! Es kann Ihnen doch nicht schwerfallen, den verlangten Preis – viel Geld, wenn Sie so wollen, in Wahrheit aber ein Nichts im Verhältnis zum wahren Wert in normalen Zeiten – vorzustrecken und mir meine Hälfte zu finanzieren. Alles übrige wird man sehen!"

Es half mir nichts. Man kennt und fürchtet ja nicht zu Unrecht die Nüchternheit der Schweizer! Zumal hatte August Laube, das wußte ich, damals keineswegs große Summen Geldes auf der Bank liegen. Auch er kochte nach 1945 mit Wasser und nicht mit Wein. Und so blieb mir nichts anderes übrig, als die Beschwörungen der Frau Heller an ihn weiterzugeben, für die er jedes menschliche Verständnis hatte. Er griff zum Telephon, erreichte seinen Kunden, Herrn Dr. h.c.Bodmer, verkaufte ihm unseren Schatz und ich mußte mich seinem Entschluß fügen.

Frau Heller umarmte mich, als ich in ihr Hotelzimmer trat und ihr feierlich den Scheck überreichte, der auf einen weit größeren Betrag lautete, als sie hatte hoffen können!

Ich hörte merkwürdigerweise nie wieder etwas von der Familie Heller, bis das Leben – wie es mir so oft geschah – einen überraschenden Schlußpunkt setzte. Dreißig Jahre später gab es in der ‚Graphischen Sammlung Albertina‘ eines der schönen Barockmusik-Konzerte. Als Pianist fungierte Stanislav Heller aus Fribourg, Schweiz. Zunächst paßte ich nicht auf. Dann aber, in der Pause, fiel ein Wort über ihn, das mich aufhorchen ließ. Ich ging nach dem Konzert in den Raum, der als Künstlerzimmer benützt wird, stellte mich vor und fragte: „Sind Sie vielleicht verwandt mit jener Familie Heller, der ich im Nachkrieg geholfen habe, eine Beethoven-Korrespondenz zu verkaufen?“ Es war seine Familie! Ich hatte damals mit seinem jüngeren Bruder zu tun gehabt. Vor meiner Rückreise nach Wien war ich mit diesem noch in Feldkirch spazierengegangen. Vor einer Auslage hatte er ausgerufen: „Sehen Sie dieses Tonbandgerät? (das war damals etwas ganz Neues). Das wäre das Richtige für meinen Bruder, den Pianisten, der uns nach Brasilien vorausgefahren ist. Wie praktisch müßte das doch für ihn sein, sich selbst kontrollieren zu können!“ Damals schenkte ich seinen Worten wenig Beachtung. Ich fragte Herrn Stanislav Heller nach den Seinen. Sie waren, leider, alle bereits verstorben. Er selbst war von überströmender Liebenswürdigkeit und Dankbarkeit. Mein Handeln habe damals die Familie gerettet! Er setzt in Fribourg seine beachtliche Karriere als Pianist fort.

47. Anton Bruckner, das Manuskript der dritten Symphonie

Im Frühjahr 1949 war ich in Zürich und erfuhr, daß die Firma L'Art ancien, ein führendes Antiquariat, ein paar Tage später eine große und bedeutende Autographen-Auktion abhalten würde. „Eine Sensation“, sagte Alfred Frauendorfer, mein Cousin zweiten Grades, der dort Geschäftsführer war, zu mir. „Du wirst staunen, was wir da alles haben.“ In der Tat, ich staunte nicht schlecht, denn neben Original-Manuskripten der großen Symphonien Gustav Mahlers gab es im Katalog etwas, was sofort meine ganze Aufmerksamkeit in Anspruch nahm: Das eigenhändige Manuskript der drei ersten Sätze von Anton Bruckners Dritter Symphonie. Ich wußte, daß Anton Bruckner aus Devotion und Dank für die ihm als bereits altem Mann von Kaiser Franz Joseph zuteilgewordene Gnade, im Oberen Belvedere (genau gesagt im ‚Belvedere Stöckl‘) wohnen zu dürfen, dem Kaiserhaus seinen gesamten handschriftlichen Nachlaß vermacht hatte. Ich wußte ferner, daß man seit vielen Jahren in Wien damit beschäftigt war, und heute noch ist, Bruckners musikalisches œuvre wissenschaftlich an Hand seiner Autographen her-

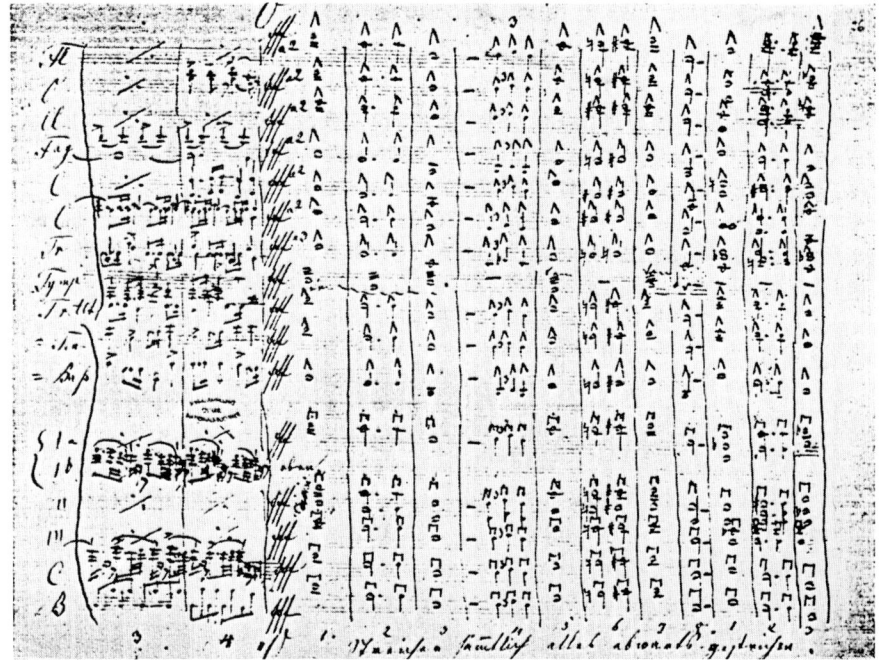

auszugeben. Ein großartiges Unternehmen und ein nationales Anliegen, denn es ist bekannt, daß Bruckner – wie kaum ein anderer Komponist – unausgesetzt an seinen bereits zur Aufführung gelangten Partituren Änderungen vornahm, sobald ihm nur die geringste Kritik zu Ohren gekommen war. Daher ist für die Gesamtausgabe die Kenntnis jeder Notenzeile unerläßlich. Die Züricher Firma L'Art ancien stand – seit ihrer Gründung – nach dem Jahr 1918 unter der Leitung des Antiquars L. Späth. Damals war sie auf die Geschichte der Wissenschaften spezialisiert, insbesonders auf das Gebiet der alten Medizin. Ein in jenen Jahren in englischer Sprache veröffentlichter dicker, gebundener Katalog galt und gilt als eine Art von Bibel für alle diejenigen, die dieses faszinierende Gebiet interessiert. Herr Späth machte den Fehler seines Lebens, als er in den dreißiger Jahren, da – bedingt durch die Wirtschaftskrise – die Geschäfte nicht mehr so gingen, wie zuvor, austrat und sich in der Nähe von Luzern selbständig machte. Dies führte zu einer menschlichen Tragödie, da es ihm nicht gelang, nun auf eigenen Füßen stehend, sich durchzusetzen.

Alfred Frauendorfer hatte es nicht leicht, seine Nachfolge anzutreten. Solange der Zweite Weltkrieg dauerte, war die Schweiz von kämpfenden Völkern umgeben und abgeschnitten von der übrigen Welt. Die Folge davon war, daß man nicht mehr auf dem alten Gebiet fortsetzen konnte. Es gelang ihm aber, mit großer Zähigkeit arbeitend, sich umzustellen. Er handelte mit Helvetica und hielt somit die Firma diese kritischen Jahre hindurch über Wasser. Aber es war – im Vergleich zu früher – eher ein vegetieren. Erst nach 1945 konnte er das Ruder herumwerfen und es gelang ihm in erstaunlich kurzer Zeit, etwas ganz anderes aus der Firma zu machen. Seine Leidenschaft galt von jeher der alten Graphik. Er hatte, unterstützt von meinem Vater, der ihm nicht nur nach seinem Fortgang von V. A. Heck in Wien eine Stelle bei C. G. Boerner in Leipzig gefunden hatte, sondern auch – als er diese wegen des Eintretens des Juniorchefs Dr. Wolfgang Boerner verlassen mußte (von Haus aus war sein Arbeiten dort mit der Beendigung von dessen kunsthistorischen Studium limitiert gewesen) – eine Stellung bei L'Art ancien. Schluß also mit der Medizin, Schluß vor allem mit den Helvetica, und nun erfolgreiche Tätigkeit mit Handzeichnungen Alter Meister, mit Miniaturen

des Mittelalters, mit alter und auch moderner Graphik, mit hochwertigen illustrierten Büchern.

Die Anwesenheit von Dr. Erwin Rosenthal in Zürich hatte diesmal einen besonderen Grund. Er lebte seit seinem erzwungenen Weggang von München in Kalifornien, da sich die Schweizer wenig entgegenkommend hinsichtlich einer Niederlassung erwiesen hatten. Es war ihm gelungen, das Vertrauen von Alma Mahler-Werfel zu gewinnen, die – nach dem Tode von Franz Werfel (26. August 1945) nach New York übersiedelt war und anfänglich in einer kleinen Wohnung, später aber in einem Hotel lebte. Dr. Erwin Rosenthal hatte sich erbötig gemacht, ihre kostbaren Autographen in Zürich zu versteigern. Er war sich bewußt, daß der amerikanische Markt für diese Autographen damals keineswegs aufnahmefähig war. Zürich schien der bessere Platz für eine Auktion zu sein. Gleichzeitig versprach er sich natürlich auch eine Stärkung des Ansehens seines Schweizer Hauses, das sich möglicherweise nach einem großen Erfolg auch in Zukunft als bedeutendes Auktionshaus etablieren könnte. Eine Hoffnung, die sich allerdings nicht erfüllen sollte.

Richard Wagner (dem die 3. Symphonie Bruckners gewidmet ist) im Gespräch mit Anton Bruckner. Scherenschnitt von Otto Böhler

Ich kannte Dr. Erwin Rosenthal bereits aus jenen Jahren, die ich in der Kunsthandlung meines Vaters in Berlin verbracht hatte. Er hatte Kunstgeschichte studiert und – entsinne ich mich richtig – eine bedeutende Doktorarbeit über Dürer als Illustrator verfaßt. Er war hauptsächlich an kostbaren illustrierten Manuskripten und Einzel-Miniaturen interessiert und handelte – vornehm und zurückgezogen – nur mit allererster Qualität. Er sprach leise und war von besonderer Liebenswürdigkeit. In der Zeit vor 1933 litt er an einer Phobie, die ihn zwang, niemals ohne Begleitung eines seiner Mitarbeiter zu reisen. Zwischen meinem Vater und ihm bestand ein Verhältnis gegenseitiger Achtung und Freundschaft. Letztere übertrug er nach meines Vaters Tod – ohne daß wir uns allerdings jemals menschlich nähergekommen wären – auf mich, dem sehr viel jüngeren. Das große Vertrauen, das man dem Haus Rosenthal auf der ganzen gelehrten Welt entgegenbrachte, verhalf ihm auch in den USA – ohne daß er dort eine Firma aufgemacht hätte – zu manchem erfolgreichen Geschäft.

Die brennendste Frage, die sich mir augenblicklich stellte, war natürlich der für das Bruckner-Autograph erwartete Preis. Es waren 30.000,- Schweizer Franken, für unsere Verhältnisse damals eine astronomische Summe, als Schätzung, respektive als Limit festgesetzt worden. Die zweite Frage war, wen könnte ich bitten, bei der Finanzierung eines Ankaufes des Bruckner-Autographs mein Partner zu sein? Die Firma L'Art ancien selbst fiel als Auktionator aus. Warum übrigens niemand daran gedacht hatte, auch nur ein Exemplar des Kataloges nach Wien zu senden, war mir vollkommen unverständlich. Wahrscheinlich betrachtete man damals im Haus L'Art ancien Österreich als ,quantité negligeable' und nicht einmal des Portos wert. Doch erwies sich diese Unterlassungssünde als mein Glück! Ich eilte zu meinem guten Freund August Laube, der als alter Draufgänger der richtige Mann zu sein schien. Der große, etwas bäuerlich wirkende Mann war der getreueste Freund seiner Freunde, besonders in der schwierigen Zeit des Zweiten Weltkrieges. Er öffnete mir einmal eine Lade seines Schreibtisches, die angefüllt mit unzähligen Kuverts war. „Sehen Sie", sagte er zu mir, „darin hebe ich Geld auf, das ich für mir anvertraute Ware in all diesen Jahren - wo die Verbindungen abgebrochen waren - erlöst habe."

Wenige Worte genügten, um ihm zu sagen, was zu tun sei: „Herr Laube, ich setze mich heute abend noch in den Zug und fahre nach Wien, um die Österreichische Nationalbibliothek zum Handeln zu bewegen. Voraussetzung

Anton Bruckner an der Orgel. Scherenschnitt von Otto Böhler

ist aber, daß Sie mir Vertrauen schenken und zunächst einmal bereit sind, mit jenen 30.000,– Schweizer Franken zum Ankauf in Vorlage zu treten. Alles übrige werde ich schaffen."

Herr Laube hatte zwar zu mir Vertrauen, das Geld allerdings stand ihm damals nicht zur Verfügung, er mußte einen seiner guten Freunde, einen Buchdrucker, als Finanzier bitten. Doch ich hatte eine halbe Stunde später seine Zusage und fuhr, voller Erwartung, nach Wien.

Daheim angekommen, setzte ich mich mit dem Generaldirektor der Österreichischen Nationalbibliothek, Dr. Josef Bick, in Verbindung und erreichte, daß ich sogleich bei ihm vorsprechen konnte. Er sah sofort ein, daß es sich hier für das ihm anvertraute Institut um eine einmalige Chance handelte. Das Geld zum Ankauf aufzutreiben sei er jedoch außerstande. Ich erklärte ihm, daß auch er zu mir volles Vertrauen haben müsse. Das Geld zum Ankauf sei bereits in Zürich bereitgestellt. Ich bedürfe aber seiner Zusicherung, daß sich die Bibliothek von einigen wertvollen Dubletten trennen würde. Ich wußte, daß die Österreichische Nationalbibliothek damals von allen Antiquaren der Welt um Abgabe von Dubletten bestürmt wurde und immer alle abgewiesen hatte. Jetzt aber wurde gehandelt. Der Generaldirektor rief die leitenden Herren der in Frage kommenden Abteilungen zusammen und teilte mir noch am gleichen Vormittag mit, daß auch hier die Wege geebnet seien. Ich könnte mich auf seine Zusage verlassen. Eile tat not, denn die Auktion fand am nächsten Tag in Zürich statt! Ich verbrachte eine durchwachte Nacht im Schlafwagen, kam aber noch zur rechten Zeit an. Mein erster Weg, kaum hatte ich meinen Koffer im Hotel abgegeben, war zur Firma L'Art ancien. Ich bat Dr. Rosenthal, ob es denn wirklich nicht möglich wäre, den sehr hohen Preis, der ihm als Limit gesetzt war, entgegenkommenderweise herabzusetzen, weil es sich doch um einen außergewöhnlichen Ankauf eines Landes handle, das nicht nur gutzumachen hatte, was der Krieg angerichtet hatte, sondern dessen Bewegungsfreiheit durch die Anwesenheit der Amerikaner, Engländer, Franzosen und Russen beschränkt sei. Dr. Rosenthals Antwort war negativ. Er verriet mir, wer der Einbringer all dieser kostbaren Dinge war: Alma Mahler-Werfel. Es habe ihn einen schweren Kampf gekostet, die nun schon recht alte Dame überhaupt zu dieser Versteigerung zu bewegen und er müsse – dafür erbitte er sich mein Verständnis – alles vermeiden, was sie beunruhigen könne. „Außerdem", setzte er mit einem Blick auf die Uhr fort: „Ich kann um diese Zeit nicht bei ihr anrufen. Es ist bekannt, daß sie am Abend große Mengen von ‚Benedictine' trinkt, um Ruhe zu finden. Jetzt ist in New York Nacht. Unmöglich für mich, ihren Schlaf zu stören. Ich bedauere sehr."

Die Auktion begann gegen drei Uhr nachmittags mit einem in Zürich ungewöhnlichen Empfangs-Cocktail. Im Vorzimmer des kleinen Auktionsraumes hatten – was wohl enttäuschend für die Auktionatoren war – kaum mehr als fünfzig Personen Platz genommen. Aus der erhofften Sensation wurde eine große Pleite, da alle bedeutenden Stücke vergeblich ausgerufen wurden und zurückgenommen werden mußten! Kein Mensch dachte damals daran, teure, eigenhändig geschriebene Partituren von Gustav Mahler zu kaufen! Das einzige Stück, auf das reell geboten wurde – viele der Rückgeher wurden verschleiert – war das Bruckner-Autograph! Hier kletterte der Preis von anfänglich 25.000,–Franken auf das Limit von 30.000,– Franken. Der einzige Bieter auf dieser Auktion war ich. Aufatmend bestieg ich des Abends wieder einen Schlafwagen, das wertvolle Manuskript unter meinem Arm geklemmt. Die Mitgabe des kostbaren Schatzes seitens der Auktionatoren war wiederum ein großer Vertrauensbeweis. Ich überreichte, in Wien angekommen, Herrn Hofrat Dr. Leopold Nowak, dem damaligen Leiter der Musikabteilung (gleichzeitig war er auch der Herausgeber der Bruckner-Gesamtausgabe) – das Autograph. Wie groß aber war meine Bestürzung, als ich frühmorgens am nächsten Tag ganz unerwartet seinen Besuch in I., Mahlerstraße 13/IV erhielt, wo ich damals meinen Geschäften nachging. „Herr Nebehay," sagte Hofrat Nowak, „ich komme mit einer bedauerlichen Nachricht zu Ihnen. Das Bruckner-Manuskript – wir haben es gestern nachmittag genau überprüft – ist leider nicht komplett. Es fehlt ein Blatt!" Ich vermeinte nicht recht zu hören und wurde totenblaß! Gar nicht auszudenken, was diese Unvollständigkeit für Konsequenzen haben würde! Aber im gleichen Moment setzte Hofrat Nowak, der sah, was seine Worte anzurichten im Begriffe waren, mit einem liebenswürdigen Lächeln fort: „Machen Sie sich bitte keine Sorge. Wir haben das fehlende Blatt gefunden und zwar unter unseren eigenen Beständen! Alles, was ich zu tun hatte, war, dem neuerworbenen Manuskript die gleiche Standortnummer zu geben."

Ich brauche wohl nicht hinzuzufügen, daß mir ein Stein vom Herzen fiel! Ich hatte es für selbstverständlich erachtet, daß die Beschreibung im Katalog der Firma L'Art ancien hundert Prozent richtig sein würde, denn die Firma war für ihre Akribie bekannt!

In der Folge gelang es, von der Nationalbibliothek als Dubletten im Tausch zu erhalten: ein prachtvoll koloriertes, breitrandiges Exemplar der Neunten deutschen Bibel (sie mußte von A. Laube dem Finanzier des Ankaufes für seine Bemühungen überlassen werden) und einige wundervolle ornithologische und botanische Werke. Die Sensation war zweifellos, daß sich darunter auch ein Exemplar des seltensten aller botanischen Prachtwerke befand: Johann Simon Kerners ‚Hortus semper virens' (Der immerblühende Garten), Stuttgart, 1795–1830. Groß Folio, 71 Hefte mit 851 Blatt Text und 851 Original-Aquarellen! Der Lieferpreis hatte bei Erscheinen im Jahr 1795 148 1/2 Taler pro Heft betragen oder insgesamt 10.453 1/2 Taler für das komplette Exemplar! Daher nannten die wenigen Bibliothekare, deren Auftraggeber es sich leisten konnten, dieses Werk zu subskribieren, die Publikation einen ‚Hortus semper vorans' (einen alles verschlingenden Garten). Brunet schrieb im ‚Manuel de Libraire', vol. III., Nr. 4943, Paris 1862: „Ce livre est un de plus magnifiques qui existent" und „on rencontre quelquefois des exemplaires des premières parties, mais prèsque jamais l'ouvrage entier." Er zählt zwei ihm bekannt gewordene erzielte Preise auf, ein Exemplar kostete 32.000,– französische Gold-Francs, ein anderes den oben erwähnten Originalpreis.

„Die Geschichte um das Manuskript der 3. Symphonie von Bruckner ist merkwürdig genug. Bruckner schenkte Gustav Mahler die drei ersten Sätze, damit er den Klavierauszug mache. Mahler war in Hamburg und sehr mit Arbeit überlastet. Den letzten Satz sollte Ferdinand Löwe bearbeiten. Gustav Mahler gab dann das Manuskript seinem Bruder. Der erschoß sich, weil er mit der Welt nicht fertig werden konnte, und das Manuskript lag nun mehr als dreizehn Jahre in einer schwarzen Kiste, die alle Habseligkeiten des Bruders Otto Mahler enthielt. Gustav Mahler brachte es nicht über sich, die Kiste zu öffnen, legte es mir aber ans Herz, zu forschen, ob das Manuskript noch drin sei. Nach dem Tode Mahlers ließ ich mir die Kiste kommen. Sie war ausgeraubt. Es fehlten Wäsche und Kleider – aber unter Schulbüchern und Notenheften lagen, genau wie Gustav Mahler es erwartet hatte, die drei ersten Sätze der 3. Symphonie" (Alma Mahler-Werfel, Mein Leben, Fr., 1989, S. 334).

Alma Werfel lebte nach der Annektion Österreichs mit Franz Werfel in Frankreich. Sie wollte gleich nach dem Anschluß, 1938, nach den USA auswandern, aber Werfel habe immer wieder gesagt: „er ließe den letzten Zipfel Europas nicht aus seiner Hand." So geschah es, daß sie viel zu spät an eine Flucht aus Frankreich dachten. Es gelang ihnen, in Paris ein Taxi aufzutreiben, das für die Fahrt nach Bordeaux 8.000,- Francs verlangte und auch erhielt! Schließlich strandeten sie in Carcassone und gaben, leichtsinnigerweise, das gesamte Gepäck inklusive der kostbaren Handschriften per Bahn nach Bordeaux auf. Es war wochenlang verloren, bis ein Hoteldirektor in Lourdes sich daran erinnerte, daß er einen Freund des Bahnhofsvorstandes in Bordeaux kannte und – wie durch ein Wunder – erhielten sie eines Tages den kleinen, nun zerfetzten Koffer mit den Partituren zurück. Amerikanische Freunde halfen mit Visa-Zusagen, Alma und Franz Werfel gelangten auf einer abenteuerlichen Flucht über einen Pyrenäenpass nach Spanien. Von dort ging es über Portugal in die USA. Der Aufenthalt in Lourdes bedeutete für Franz Werfel ein großes Erlebnis, das 1941 in dem Buch ‚Das Lied der Bernadette' seinen Niederschlag fand und dem Ehepaar 1943 einen namhaften Betrag für die Buch- und Filmrechte einbrachte. Einkommensmäßig standen sie somit an der Spitze aller deutschsprachigen Emigranten, waren hilfreich zu ihren Freunden und führten ein gastfreies Haus.

Diese Transaktion zählt zu meinen ersten großen Geschäften als selbständiger Antiquar.

48. Nicolas Rauch, Antiquar in Genf

Er war einer der begabtesten Männer unserer Branche, aber sein Leben bestand in einem unaufhörlichen Auf und Ab. Kein anderer hat wie er diese Höhenflüge und diese abgrundtiefen Stürze mitgemacht! Man muß ihn wohl – abgesehen von seinen großen Kenntnissen und Fähigkeiten als bibliophiler Antiquar – als einen ewigen Vabanque-Spieler bezeichnen. Vor dem Zweiten Weltkrieg lebte er, ein in Moskau gebürtiger Schweizer, in Paris. Er leitete zunächst die dortige Filiale von Maggs Bros. Ltd., dann gründete er dort gemeinsam mit einem außerordentlich wohlhabenden Buchhändler aus Genf die ‚Librairie Georges', die binnen kurzem allen übrigen französischen Firmen den Rang ablief und phantastisch aufgemachte Kataloge in alle Welt versandte. Mit Preisen, die einem den Atem verschlugen. Immer aber enthielten sie erstklassige Ware! Als es 1928 zum großen Börsenkrach kam, der mit einem Schlag das Wirtschaftsleben der Welt erschütterte, erwarb Rauch, ohne sich um das zu kümmern, was auf der Börse vor sich ging, von Wilhelm (später: William) Schab, von Gilhofer und Ranschburg, Wien – der gerade vom Einkauf seines Lebens aus Rußland mit einer phantastischen Sammlung kostbarster Bücher des französischen Dixhuitiême zurückgekommen war – diese Sammlung en bloc um einen sagenhaften Preis. Er hatte einen russisch sprechenden, ehemaligen höheren österreichischen Offizier mitgenommen, der in den Pausen der Geschäftsverhandlungen durch Taschenspielertricks die Russen erfolgreich zu unterhalten und zu verblüffen verstand. Herr Schab, meiner Meinung nach der beste und gewiegteste Einkäufer auf dem Gebiet kostbarer Bücher und Graphik, hatte bei seinen Verhandlungen in Rußland die Unterhändler darauf hingewiesen, daß er außerstande sei, Zweitrangiges zu erwerben. Er war gut vorbereitet, wie bei allen seinen Ankäufen. Einer seiner Aussprüche war: „Verdienen muß man beim Einkauf!" Er fragte die Unterhändler, wohin die Bestände einer ihm aus der Literatur bekannt gewordenen gräflich russischen Sammlung kostbarster Bücher des Dixhuitiême gekommen seien. An diese Bibliothek knüpft sich die Legende, der Graf (der in Frankreich während der Revolution zu sammeln begonnen hatte) habe – eines Tages nach Rußland zurückgekehrt – nicht gewußt, wie und wo seine Schätze unterzubringen seien und kurzerhand den damals führenden russischen Antiquar zu sich berufen. Ob er willens sei, seine Bibliothek zu erwerben, fragte er. „Selbstverständlich, Euer Gnaden", habe die Antwort gelautet. „Also gut. Sie kostet soundso viel hunderttausend Rubel" sei die Antwort gewesen.

Als der Händler ergebenst fragte, wann ihm die Besichtigung der in Kisten verwahrten Bücher gestattet sei, sei der Graf aufgefahren und habe geschrien: „Sie wagen es, an meinen Worten zu zweifeln? Raus mit Ihnen!"

Der Graf habe anschließend an dieses Gespräch in seinem Testament bestimmt, daß seine Bibliothek jener Universität zufallen solle, die in Rußland nach seinem Tod gegründet werde. Daher seien die Bestände nach Omsk in West-Sibirien gekommen! „Sehr gut, meine Herren", habe Herr Schab gesagt und riskiert, hoch zu pokern. „Lassen Sie sich das Benutzerbuch kommen. Wenn innerhalb der letzten 100 Jahre mehr als 100 Menschen diese Bibliothek besucht und benützt haben, gehört sie Ihnen. Falls dies nicht der Fall ist, verkaufen Sie sie mir." Was auch geschah!

Ein Kommentar von W. Schab, als man ihn nach dem fatalen Börsenkrach von 1928 fragte, was er denn in dieser schweren Zeit mache, war: „Ich verkaufe Bücher an solche, die noch nichts gemerkt haben." In der Tat: Der anscheinend überwältigende Sieg Nicolas Rauchs über den ganzen internationalen Handel erwies sich binnen kurzem als ein Pyrrhussieg, der seinem Partner sein gesamtes Vermögen kosten sollte. Ich sah diesen, lange Zeit später, in Genf, wo er eine unbedeutende Buchhandlung führte und mühsam sein Leben verdiente.

Darauf einmal von mir angesprochen, erzählte mir Nicolas Rauch das Folgende, immer zwischendurch eine neue Zigarette anzündend und hastig rauchend: „Wissen Sie, diese Zeiten damals! Da hatte sich doch unter all den herrlichen Büchern dieses Ankaufes ein Exemplar der ‚Fables de La Fontaine' in der Folio-Ausgabe befunden. Die Kupfer in herrlichen Abdrucken auf blütenweißem Papier, vollkommen unbeschnitten. Und – was das Schönste war: in tadellos erhaltenen gelben Maroquin-Bänden ‚aux armes de Madame de Pompadour'. Was wollen Sie mehr? Ein Traum von einem Exemplar! Sicher das schönste existierende Buch des gesamten französischen 18. Jahrhunderts! Nun, ich wollte immer 100.000,- Schweizer Franken dafür haben" Pause, fragender Blick. „Und wissen Sie, was ich am Ende für dieses Prachtexemplar akzeptieren mußte, weil ich wieder einmal keinen Pfennig in der Kasse hatte? Lumpige zwölftausend Franken! Sagt das nicht alles?" Ich konnte nur nicken, denn ähnliche Geschichten hörte man damals aus allen Branchen. Kurz und gut, die ‚Librairie Georges' mußte kurz darauf liquidiert werden, der Krieg brach aus. Nicolas Rauch ging in die Schweiz zurück und schlug sich mühselig durch.

Seine zweite Station, die schon in meine Zeit als Antiquar fällt, war die ‚Librairie Roth' in Lausanne. Es war ein modernes Sortiment, dem eine Buchdruckerei ‚Roth und Sauter' angeschlossen war, die auch im März 1942 den ersten Katalog des dort neugegründeten Antiquariates druckte, das Rauch nun führte: ‚Catalogue de Beaux Livres du XVme au XXme Siècle'. Diese

Der dritte von Nicolas Rauch in Mies am Genfersee herausgegebene Katalog. Auf dem Umschlag abgebildet: eine der 52 Karten des Spieles von Jost Amman, Nürnberg 1588

Einteilung wurde in allen Rauch-Katalogen beibehalten. Seine besondere Spezialität waren hervorragend gebundene Exemplare.

Die moderne Abteilung der ‚Librairie Roth‘ machte im unmittelbaren Nachkrieg unglaubliche Geschäfte mit dem Osten, dessen Bibliotheken einen enormen Nachholbedarf an moderner Literatur hatten. In der Folge erschienen in kurzen Abständen von Nicolas Rauch betreute, auf das schönste gedruckte Kataloge mit farbigen Abbildungen wertvoller Bücher. Mit anderen Worten: es war eine Wiederauferstehung der ‚Librairie Georges‘, Paris. Aber auch hier wollte es das Nicolas Rauch unweigerlich begleitende Verhängnis, daß eines Tages der große Rausch vorüber war. Der aufgeblähte Export der modernen Abteilung kam zum Erliegen und die Abteilung Antiquariat blieb auf einem viel zu teuer eingekauften Lager sitzen. Denn Rauch kannte, wußte er Geld hinter sich, keinerlei Hemmung! Ich hatte bei meinen Nachkriegsbesuchen beim Kunsthändler Charles Albert de Burlet in Basel Exemplare der schönen ‚Librairie Roth-Kataloge‘ in die Hand bekommen, meldete mich in Lausanne an und fuhr hinüber. Damals war ich mit dem Verkauf eines schönen gedruckten Livre d'Heures aus Wiener Privatbesitz beauftragt. Das wollte ich Herrn Rauch zeigen. Man muß verstehen, daß wir in Österreich damals arme Teufel waren. Der Krieg hatte tiefe Wunden geschlagen, die Kunden von einst hatten sich ins Ausland gerettet. Die wenigen neuen, die man während des Krieges gewonnen hatte, zitterten um ihre eigene Existenz. Ich faßte also Mut und erschien bei Nicolas Rauch, den ich vorher nicht kennengelernt hatte. Es war auf den ersten Blick zu merken, daß er nervös und über den Besuch eines total verarmten Kollegen aus den östlichen Landen kaum erfreut war. „Lassen Sie schauen“, sagte er, der Höflichkeit halber. Kopfschütteln. „Nein, bin leider nicht daran interessiert. Übrigens wird es hier bald, wie ich hoffe, Veränderungen geben, aber lassen wir dies alles, kommen Sie bitte mit mir Mittagessen.“

Kurze Zeit darauf hatte Nicolas Rauch, wie der Phönix aus der Asche wieder auferstanden, eine neue Firma. Nun war in Mies bei Genf im Landhaus der Frau seines Partners Edwin Engelberts die neue Firma ‚Nicolas Rauch S.a.‘ installiert, wie man es schöner nicht hätte haben können. Das Geld kam diesmal von Engelberts junger Frau. Eine bezaubernde Erscheinung, ein Wesen – so erschien es – aus einer anderen Welt. Sie arbeitete nicht im Geschäft mit, sondern blieb die liebenswürdige Hausfrau, jung, schlank und von großem Charme. Hier in Mies blühte die Firma noch einmal für einige Jahre auf. Solange nämlich der bis dahin den westschweizer Markt beherrschende William S. Kundig lebte, war die neue Firma von Genf sozusagen verbannt. Das Haus lag in schönster Lage auf einem sanft zum Genfer See abfallenden großen Grundstück, das bis zur Eisenbahnlinie Genf-Lausanne reichte und durch einen Tunnel im Damm der Eisenbahn mit dem Seegrundstück verbunden war. Als Geschäftsräume dienten zwei Zimmer des Parterres. Wieder sah man in den Vitrinen die schönsten Bücher, die man sich nur hätte wünschen können. Aber irgendwo steckte auch hier der Wurm. Wahrscheinlich war viel zu teuer eingekauft worden! Kurzum, es gab eine neue Krise, die nur dadurch überwunden werden konnte, daß die beiden Partner aus dem Nachlaß von W. Kundig dessen Firma (samt dem Recht, Auktionen zu veranstalten), erwerben konnten. Mit dem viel zu frühen Tod von Nicolas Rauch erlöschte dann auch die Genfer Firma, der noch ein paar Jahre hindurch spektakuläre Auktionen geglückt waren.

Nicolas Rauch ist sein ganzes Leben lang dem Phantom nachgejagt, eines Tages reich zu werden. Ich habe nie ganz verstanden, was die Ursache für sein

Das vom Ehepaar Engelberts (Partner von N. Rauch) in Mies bewohnte Haus. Unten links befand sich der Verkaufsraum der Firma N. Rauch

ständiges Hoch und Tief war. In seinem Privatleben war dieser elegante Mann von exemplarischer Bescheidenheit. Verheiratet mit einer liebenswürdigen, bescheidenen Frau, die als Schneiderin arbeitend zum Lebensunterhalt beitrug, bewohnte das Paar ein wenig vom Ort Mies entfernt ein kleines Haus. Privater Aufwand kann also kaum die Ursache seiner Schwierigkeiten gewesen sein. Vielleicht, daß er – ohne jemals darüber zu reden – sein ganzes Leben, von Gläubigern verfolgt war, die nur darauf lauerten, in dem Moment zu ihrem Geld zu kommen, da es ihm wieder besser ging?

Wir waren unserer Einstellung nach zu weit voneinander entfernt, als daß wir je große Geschäfte miteinander hätten tätigen können. Er hat mich stets mit seiner Freundschaft ausgezeichnet und es nicht an Versuchen fehlen lassen, doch einmal etwas Entscheidendes mit mir gemeinsam zu unternehmen. So lud er mich eines Tages gegen Ende des Sommers ein, ihn nach Rom zu begleiten, wo dem Anschein nach einige beachtliche Objekte zu wichtigen Einkäufen auf Besichtigung warteten. Selbstverständlich hatte er in vielen Ländern Agenten, die ihm teure Dinge anboten, meist ohne imstande zu sein, zu beurteilen, ob sie Brauchbares offerierten oder nicht.

Unsere Reise fing mit einem schlechten Omen an, denn ihm wurde am Flughafen in Rom die Einreise nach Italien verwehrt, weil sein Paß abgelaufen war. Er schien verdächtig zu sein, weil er in Moskau geboren war. Wir mußten stundenlang warten, bis sein Agent, ein Signor Argentieri, endlich aus der Stadt zurück war und nun – bewaffnet mit seinem italienischen Paß – als Bürge dienen konnte! Schon auf der Fahrt im Auto nach Rom stellte sich heraus, daß der Hauptzweck dieser Reise total verfehlt war. Die geheimnisvolle Sammlung ‚wertvollster alter Graphik‘, die ich begutachten hätte sollen, war nichts anderes als die um alle verkäufliche Graphik bereits entblößte Gräflich Harrach'sche Sammlung in Wien. Ein spekulierender Italiener hatte sie erworben. Ich war – Monate vorher – am Einkauf der brauchbaren Graphik beteiligt, weil es mir gelungen war, zwei Konkurrenten – William Schab aus New York und Dr. August Klipstein aus Bern – zusammenzubringen. Dr. Klipstein (der mein Partner war) hatte zu lange gezögert, nach Wien zu kommen und nun sahen wir uns, unerwartet, einem ernsten Konkurrenten gegenüber. Herr Schab war von der ehemaligen Geschäftsführerin seiner Luzerner Graphikfirma nach Wien geholt worden, mit der er, als sie zufällig im Geschäft von August Laube, Zürich, gleichzeitig mit mir anwesend war, unter keinen Umständen sprechen wollte. Nun hatte sie seinen Widerstand wegen eines interessanten Angebotes bezwungen! Wir beide, sie und ich, hatten unabhängig voneinander die viele tausend Blätter umfassende Sammlung Harrach durchgesehen. Ein Vergleich der von uns erarbeiteten Listen brauchbarer Graphik ergab, daß weder dem einen noch dem anderen das Geringste entgangen war.

Viele Jahre später habe ich im Gespräch mit Karl Kup, dem Curator der Spencer-Collection der New York Public Library, feststellen müssen, daß wir, die an diesem schwierigen Ankauf beteiligt waren, die große Sammlung der anscheinend unverkäuflichen Reproduktionsgraphik en bloc nach New York hätten verkaufen können! Denn es war vermutlich eine einzigartige Sammlung, aufgebaut als Dokumentation für die Harrach'sche Bildergalerie, die unbedingt geschlossen erhalten hätte werden müssen! Der Käufer (eben unser Signor Argentieri) hat später die einzelnen Blätter in den Kolonnaden der Peterskirche verhökert, was Jahre gedauert hat. Ein unrühmliches Ende!

Signor Argentieri war davon überzeugt, uns ein großes Geschäft zu vermitteln. Ich aber mußte, als im Gespräch endlich der Name des ursprünglichen Besitzers gefallen war, zu meinem Bedauern sagen, daß ich nicht bereit sei, diese Sammlung einer neuerlichen Durchsicht zu unterziehen, was Nicolas Rauch etwas verstimmte, den Agenten aber konsternierte!

Was gab er sich doch Mühe, uns etwas anderes Brauchbares in Rom zeigen zu können. Dazu gehörte unter anderem, daß er einen italienischen Aristokraten herbeischleppte, der sehr geheimnisvoll einen angeblich eigenhändigen Brief von Christoph Columbus aus der Aktentasche zog. Da er nicht bereit war, uns eine genauere Prüfung an einem neutralen Ort zu gestatten, ließen wir ihn leichten Herzens ziehen!

Dann aber erschien ein anderer Sammler mit einigen Büchern und einem interessanten geographischen Manuskript, für das er einen abenteuerlich hohen Preis forderte. Ich habe heute noch seine Worte im Ohr, mit denen er, begleitet von aufgeregten Gebärden, uns zu überreden trachtete. Zu wiederholten Malen beschwor er Nicolas Rauch mit den Worten: „Encore un petit effort, cher Monsieur Rauch!", sein Gebot zu erhöhen. In Wahrheit war seine Forderung überspannt und er zog betrübt ab. Signor Argentieri wurde von Stunde zu Stunde betrübter. Es störte mich, daß Nicolas Rauch ihn alle unsere Mahlzeiten und das Hotel bezahlen ließ. Aber er beruhigte mich, indem er sagte: „Cher ami, haben Sie denn eine Idee, was dieser Mann, dem ich jahrelang eine Provision auf zukünftige Geschäfte vorgestreckt habe, mir schuldig ist?" Auch dies sei ein Hinweis auf die spekulative Geschäftsgebahrung des Nicolas Rauch. Er ist leider viel zu jung an Lungenkrebs gestorben. Eine Erkrankung, die wohl in Anbetracht seines enormen täglichen Verbrauches an Zigaretten, die er nervös in seinen von Nikotin verfärbten Händen hielt, niemanden überraschte, aber alle seine Freunde tief schmerzte. Seinesgleichen werden wir vermutlich in unserem Handel kaum mehr sehen! So wie um 1900 der Händler Rosenbach in New York es verstanden hatte, sich Kunden zu ziehen und große private Bibliotheken entstehen zu lassen, war auch Nicolas Rauch ein Mann, der die Gabe hatte, andere zum Sammeln anzuregen. Zu bewundern war auch seine Gabe, nacheinander drei Finanziers zu finden, die bereit waren, ihm, der keinen Pfennig eigenen Kapitals besaß, ihre Vermögen zu opfern. Man möge über seine geschäftlichen Erfolge denken, wie man will, aber niemals ist etwas Gleichgültiges, Unbedeutendes durch die Hände dieses Ästheten gegangen. ‚Quality for ever‘ (und, wenn es sein mußte: ‚auch um jeden Preis‘) schien sein Motto zu sein. Ich füge abschließend noch hinzu, daß er mit seinem jeweiligen Partner die Tagesarbeit leistete. Niemals hatte er Angestellte, die imstande gewesen wären, ihm Arbeit abzunehmen. Denn – so er nicht auf Reisen war – saß er Tag um Tag an seinem Schreibtisch. Er war außerstande, einen Nachfolger auszubilden.

49. Ein königlicher Kunde

Eines Tages erhielten wir den Besuch von zwei distinguiert aussehenden, diskret-elegant gekleideten Herren. Während der eine von ihnen nahe dem Eingang zurückblieb, bat der andere in perfektem Englisch darum, sich unsere Porträts durchsehen zu dürfen. Im Gespräch stellte sich heraus, daß er alles über die Familie Savoyen suchte und – daß es König Umberto II. von Italien war, dem 1946 nur die wenigen Tage, die nach der Abdankung seines Vaters König Viktor Emanuel bis zur Ausrufung der Republik blieben, diese Würde zu tragen. Nun lebte er in Portugal und besuchte uns auf jeder seiner Wien-Reisen. Einmal begrüßte ihn vor unserem Haus jubelnd eine Gruppe junger Italiener.

Umberto II. hatte in Italien seine große Sammlung von Porträts seiner Familien zurücklassen müssen. Es war beachtlich, zu sehen, wie weit verzweigt seine Vorfahren waren und was er alles für die Sammlung erwarb. Der zweite Herr war übrigens sein Adjutant und ständiger Begleiter, den er aber nur bei seinen ersten Besuchen bei uns mitnahm.

Natürlich besuchte er als eifriger Sammler nicht nur uns, sondern auch alle übrigen Wiener Antiquariate des Ersten Bezirkes. Eines Tages, nachdem unsere Gespräche bereits persönlicher geworden waren, fragte er mich, wer denn der merkwürdige Besitzer eines in unserer unmittelbaren Nähe gelegenen Antiquitäten-Geschäftes sei. Es sei ihm dort nämlich Sonderbares widerfahren. Er habe höflich (wie es seiner Art entsprach) darum gebeten, eines der Portfolios dieser Firma, in welchem Porträts aufbewahrt gewesen seien, durchsehen zu dürfen. Knurrig habe man ihm ein Portfolio auf den Ladentisch gelegt. Als er nach erfolgloser Durchsicht um die Vorlage eines weiteren Bandes ersuchte, sei die erstaunliche Antwort gewesen: „Nein, wann Sie im ersten Band nix gefunden haben, werden Sie auch im zweiten nix finden. Habe die Ehre!"

Ich konnte nur die Achseln zucken und darauf hinweisen, daß der alte Herr sich zu einem sonderbaren Kauz entwickelt habe. Und erzählte ihm unser Erlebnis mit einem gestohlenen Aquarell von Rudolf von Alt. Das war eine aufregende Geschichte und ich bat ihn, ein wenig Platz zu nehmen, weil ich weit ausholen mußte.

In unserem Vorzimmer hing, einige Wochen hindurch, die große Ansicht des Hofes eines in der Steiermark gelegenen Liechtenstein'schen Schlosses. Es war uns von befreundeter Seite für 35.000,– Schilling zum Verkauf übergeben worden. An einem Samstag vormittag ging ich in dieses Vorzimmer und sah, daß das Blatt dort fehlte. Unsere neue Sekretärin hatte sein Fehlen überhaupt nicht bemerkt, aber sie beklagte mit von Tränen erstickter Stimme den Verlust ihrer Geldbörse. „Was war denn darin?", fragte ich. „Zweihundert Schilling" war die Antwort. Ich machte ihren Schaden gut, nahm das Telephon und rief das Sicherheitsbüro der Polizei an: „Sans auch sicher, daß Ihnen das bewußte Blatt fehlt?" war die erstaunliche Frage eines gelangweilten Diensthabenden, worauf ich erwiderte: „Hören Sie, heute ist Samstag und wir sind nur zu zweit im Geschäft. Ich bin aber sicher, daß uns das Blatt gestohlen wurde!" und hängte verärgert ein, um gleich wieder zum Telephon zu greifen, und, der Reihe nach, eine Kunsthandlung nach der anderen anzurufen. Mein Bestreben war, noch vor ein Uhr alle Firmen alarmiert zu haben, denn ich fürchtete vor allem, ein Dieb würde das Blatt, könne er es nicht gleich verkaufen, in den nächsten Papierkorb stecken. Beim dritten oder vierten Anruf hatte ich Glück. Die Angestellte einer alt-renommierten Kunsthandlung beim Michaelerplatz bedauerte sehr sagen zu müssen, daß der Dieb mit dem Blatt vorübergekommen sei. Sie hätte gar nichts unternehmen können, da ihr Chef unerreichbar gewesen sei. Daraufhin rief ich wieder beim Sicherheitsbüro an, sagte dem Beamten: „Noch bin ich im unklaren über diesen Fall, aber der Dieb rennt mit dem Blatt in Wien herum!", hängte ab, rief weiterhin bei Kunsthandlungen an und stellte mein Blatt eben in jenem Geschäft in unserer Nachbarschaft, wo man König Umberto II. so unfreundlich behandelt hatte. Die Tochter des Besitzers gab an, ihr Vater habe es soeben für 8.000,– Schilling erworben. Mir verschlug es zunächst die Rede, denn ich wußte, daß das Aquarell, bevor es zu mir gebracht worden war, durch einige Wochen hindurch dort zum Verkauf lag. Der alte Herr mußte demnach genau wissen, wem es gehörte und war ganz einfach der Versuchung erlegen, es billig zu erstehen! Mit einem Beamten der Sicherheitspolizei ging ich hinüber, es mir zu holen. Der fassungslosen Tochter des alten Herren übergab ich ein Kuvert mit den Worten: „Hier ist eine Wiedergutmachung Ihres halben Schadens in der Höhe von 4.000,– Schilling. Mehr zahle ich nicht, denn Ihr Vater soll wissen, was er angerichtet hat."

Zwei oder drei Tage später wurde ich sehr höflich zum Sicherheitsbüro vorgeladen. Als ich im Vorzimmer auf den diensthabenden Beamten wartete, kam ein Mann in Arbeitskleidung herein, der sich mit der vergoldeten, geschnitzten Figur eines Engels abschleppte, ungefähr ein Meter fünfzig groß, sichtlich eine Kopie. Aus reiner Neugierde fragte ich: „Ja, was haben Sie denn da?" Worauf ein diesem Mann folgender Herr sich als Direktor des Bundesmobilien-Depots in Wien VI., Mariahilfer Straße, mit den Worten vorstellte, dieser Engel sei das Duplikat eines genau gleichen, der ihnen letzten Samstag, am Portier des Depots vorbei, weggetragen worden war. „Was", rief ich, „wenn so etwas einem Museumsbetrieb passiert, brauche ich mir hinsichtlich meiner Sicherheitsvorkehrungen keine Vorwürfe zu machen." Aber dieser Zwischenfall war nicht die einzige Überraschung. Die Polizei legte mir ungefähr 30 Kupferstiche von Salomon Kleiner, Wiener Ansichten des 18. Jahrhunderts, vor. Ich wollte meinen Augen nicht trauen: sie hatten sämtlich meine Lagernummern und waren von meiner Hand mit Hinweisen auf die Topographie versehen. Man hatte sie in einem Antiquariat am Kärntner Ring sichergestellt. Sie waren vom Dieb unseres Alt-Aquarells dorthin verkauft worden, obwohl man meine Schrift – aus meiner langjährigen Tätigkeit dort – unbedingt hätte erkennen müssen. Aber, genauso wie der alte Herr, der das Alt-Aquarell bedenkenlos wider besseren Wissens erstanden hatte, war man auch hier der Versuchung eines spottbilligen Ankaufes erlegen. Erst einige Zeit später vermochte ich den ganzen Hergang zu rekonstruieren. Der Dieb hatte durch einen Komplizen unsere Sekretärin ablenken lassen und aus ihrer Handtasche die Geldbörse gestohlen, den Betrag eingesteckt, die Geldbörse selbst im Ausstellungsraum hinter eines von ihm aus dem Gestell hervor-gezogenes großes Graphik-Portfolio gelegt und dieses wieder zurück-geschoben. Vorher jedoch hatte er mit einem Griff jene Kupferstiche rasch herausgenommen und unter seinem Mantel versteckt. Beim Hinausgehen hatte er im Vorübergehen das Aquarell von Alt abgehängt und das Lokal verlassen. Als wir, Monate später, aus Sicherheitsgründen die bisherigen Holzgestelle des Ausstellungsraumes abbrachen und durch abschließbare Stahlschränke ersetzten, fanden wir die leere Geldbörse der Sekretärin. Alles in allem hatte dem Dieb der Besuch bei uns, rund 10.000,– Schilling in barem Geld eingetragen. Der Leitung des Antiquriates teilte ich mit, daß die Kupfer-stiche nun wieder bei mir seien, ich mich aber weigerte, ihnen auch nur einen Heller für ihren unglaublichen Leichtsinn beim Ankauf zu ersetzen. Wenige Zeit später gelang es mir, das Alt-Aquarell im Tauschwege der Familie Liechtenstein zu verkaufen.

50. *Das wiederaufgefundene Livre d'Heures des Herrn von Gutmann*

Einige Jahre waren nach der Auktion der Bibliothek von Rudolf von Gut-mann in Bern vergangen. Das bedeutete aber nicht, daß ich in der Zwischen-zeit nicht für ihn tätig gewesen wäre. Ich hatte große Möbeltransporte aus einem der Familie gehörigen Schloß in Südtirol zu organisieren, respektive darauf zu sehen, daß diese Möbel sachgemäß restauriert wurden. Ferner galt es auch, die aus dem Bergwerk geborgenen, überaus wertvollen italienischen Bronzefiguren der Renaissance nach Victoria, BC., zu transportieren, etc. Im ganzen glaube ich sagen zu können, daß ich mehr oder weniger zwei bis drei komplette Jahre mit diversen Aufträgen voll beschäftigt war.

Wenn immer ich in Zürich Herrn von Gutmann traf, pflegte er mit eini-gem Pathos zu mir zu sagen: „Junger Mann, Sie sind immer verläßlich und tüchtig gewesen und haben zu meiner Zufriedenheit gehandelt. Aber eines sind Sie mir schuldig geblieben: es fehlt mir noch immer mein berühmtes Livre d'Heures. Und eines sage ich Ihnen, Sie müssen es mir finden".

Vergebens waren alle Einwände, vergebens versuchte ich ihm klar zu machen, daß es einige Tausend Livre d'Heures gäbe. Daß man jederzeit die schönsten Exemplare, sei es privat oder auf Auktionen, erwerben könne. Im-mer winkte er gelangweilt ab, immer mit etwas erhobener Stimme endend: „Sie müssen es mir ganz einfach finden!" Und damit war ich entlassen!

Eines Tages saß ich an meinem Wiener Schreibtisch und wußte nicht recht, was ich als nächstes beginnen sollte, als mir einfiel, ich könnte doch wirklich einmal in die Handschriftensammlung der österreichischen Nationalbibliothek gehen und mir dort jene Arbeit eines französischen Forschers ansehen, der – wie mir Herr von Gutmann endlich bei unserem letzten Zusammentreffen als Hinweis mitgeteilt hatte – über sein Livre d'Heures geschrieben habe: Le Comte A. de Laborde ,La mort chevauchant un boeuf', Paris 1923. Endlich also hatte ich einen brauchbaren Hinweis, um dieser Sache nachgehen zu können. In der Handschriftenabteilung fand ich alle Plätze in dem kleinen Raum, in dem man sich unter der Oberaufsicht des jeweiligen Leiters der Ab-teilung die kostbaren Handschriften vorlegen lassen kann, besetzt. „Macht nichts", sagte ich zu dem mich begleitenden Aufseher, der nach meinen

Wünschen fragte. „Ich nehme halt einstweilen im Vorzimmer Platz". Und das sollte sich als ein Glück erweisen, denn ich saß neben einer aus Siebenbürgen stammenden sehr sympathischen jungen Beamtin, mit der ich schon des öfteren ein paar Worte gewechselt hatte. Sie saß direkt am Fenster. Plötzlich wandte sie sich mir zu und sagte in ihrer freundlichen Art: „Und was führt Sie heute eigentlich her? Haben Sie uns wieder einmal etwas besonders Schönes zu zeigen?" „Nein", sagte ich, „wissen Sie, da habe ich einen Kunden, für den ich in letzter Zeit tätig gewesen bin. Er hat nun alles an Büchern, was ihm einst gehörte, zurückbekommen, aber es pestilenziert mich, daß ich dazu auserlesen sei, ihm ein ihm sehr ans Herz gewachsenes Livre d'Heures aufzufinden. Das geht nun schon seit geraumer Zeit. Erst bei meinem letzten Besuch in Zürich hat er mich endlich auf die vor mir liegende Arbeit verwiesen, in der ein französischer Miniaturen-Forscher etwas über eine ikonographisch seltene Darstellung geschrieben hat. Sehen Sie", damit hielt ich jene nur einige Druckseiten umfassende, in einen einfachen Bibliotheksband gebundene Arbeit hoch und wies auf eine der Illustrationen: ein Skelett, den Tod darstellend, der auf einem Ochsen einherreitet. „Nun weiß ich endlich, wie eine der Miniaturen seines Livre d'Heures ausgesehen hat und" in diesem Moment unterbrach mich die junge Dame mit den Worten: „Aber, aber", sagte sie, „wenn mich nicht alles täuscht, ist dieses Livre d'Heures vor geraumer Zeit unserem Hofrat Dr. Franz Unterkircher (der damalige Vorstand der Handschriftenabteilung) gezeigt worden. Setzen Sie sich doch mit ihm in Verbindung!" Ich sauste in meine Firma zurück und rief ihn an. Er erinnerte sich sofort an das Manuskript und sagte mir, es sei ihm von der Wiener Versteigerungs-Anstalt ‚Dorotheum' mit der Bitte vorgelegt worden, ob es echt sei und ob sie wagen könnten, es mit einem bestimmten Betrag zu belehnen. Ich rief abends Rechtsanwalt Dr. Steger – Rechtsberater der Familie von Gutmann – in seiner Wohnung an und wußte, daß er sich zielstrebig in Bewegung setzen würde. Und in der Tat, pünktlich um 8 Uhr früh des darauffolgenden Tages stand er, begleitet von einem hohen Beamten des Sicherheitsbüros der Polizeidirektion Wien und einem Polizisten, im ‚Dorotheum', legitimierte sich und erhielt das kostbare Objekt ausgefolgt, nachdem er die belehnte Summe samt mittlerweile aufgelaufenen Zinsen erlegt hatte. Dann kam er mit dem Stundenbuch zu mir. Er war außer sich. Wie konnte das ‚Dorotheum' dieses Livre d'Heures überhaupt belehnen? Er vermutete irgendeinen düsteren Zusammenhang, gestützt auf einige Nachrichten, die kürzlich über Vorfälle im ‚Dorotheum' in der Presse erwähnt worden waren. Ich aber sagte ihm: „Erlauben Sie mir, Ihnen zu widersprechen. Ich habe mich in der Zwischenzeit erkundigt. Sie wissen doch, daß ich als Schätzmeister in der Bücherabteilung dort tätig gewesen bin. Sie können mir über andere Abteilungen des Hauses erzählen, was Sie wollen, aber über die Bücherabteilung lasse ich nichts kommen, denn ich kenne alle dort beschäftigten Herren. Wenn der Einbringer ins Haus kommt, um sein Pfand umzusetzen, werden wir schon erfahren, wer er ist und wieso er zu diesem kostbaren Objekt gekommen ist."

Ganz überzeugt ist Dr. Steger nicht von mir weggegangen. Mit einem Seufzer sagte er, daß wir halt warten müßten, wie sich die Dinge weiterentwickeln würden. Zu näherem Verständnis führe ich an, daß das Belehnen von Wertgegenständen im ‚Dorotheum' anonym geschieht. Der Sachverständige hat zu entscheiden, wie hoch er belehnen kann, und ist stets außerordentlich vorsichtig, was die Höhe dieser Darlehenssumme anlangt, denn er haftet persönlich für begangene Fehler. Und was die Persönlichkeit des Überbringers anlangt, ist es seinem gesunden Menschenverstand überlassen, ob er einen Verdacht schöpfen soll oder nicht. Er versucht natürlich, sich durch ein kurzes Gespräch einen Eindruck vom Einbringer zu verschaffen, ist aber nicht gehalten, auf Ausweisleistung zu bestehen! Jede Pfandbestätigung verfällt nach einer vorher festgesetzten und dem Einbringer bekannt gegebenen Frist. Läßt er diese verstreichen, dann bringt das ‚Dorotheum' den Gegenstand auf eine der nächsten Auktionen zur Versteigerung und das Pfand geht dem Einbringer verloren, außer es gelingt ihm, im letzten Moment den Pfandbetrag inklusive aller Abgaben zu erlegen.

In diesem Fall wurde der Einbringer natürlich gleich bei seinem Erscheinen angehalten und die Polizei nahm ihn mit auf das Sicherheitsbüro. Und was stellte sich heraus? Der Betreffende hatte seiner Mutter, die lange Zeit hindurch als Vertrauensperson in einer großen Schweizer Graphikfirma tätig gewesen war, dieses Livre d'Heures, das sie daheim in einem Wandsafe verwahrte, heimlich aus dem Safe genommen und versetzt, weil er für seine Firma dringend Geld benötigte! Ich konnte Dr. Steger Näheres erzählen. Jene Dame war wieder nach Wien zurückgekehrt und muß dieses Livre d'Heures von den Nazibehörden für irgendwelche geleisteten Dienste erhalten haben. Sie wußte natürlich genau, woher es stammte. Das Naheliegende, nach Ende des Krieges sich mit dem Besitzer in Verbindung zu setzen, hat sie unterlassen und handelte leider genau so wie viele Menschen, die ganz einfach einer großen Versuchung nicht widerstehen können! Aufatmend konnte Dr. Steger das Livre d'Heures nach Victoria, B.C., senden. Herrn von Gutmann hatte er sofort telephonisch verständigt gehabt. Dr. Steger sagte zu mir, er würde – die Zeiten waren noch immer reichlich unsicher – dieses kostbare Objekt nicht der österreichischen Post anvertrauen, sondern es in Zürich selbst aufgeben, sodaß nichts geschehen könne. Selbstverständlich entsprechend versichert.

So geschah es. Aber die Geschichte ist noch nicht zu Ende, denn es kam, trotz aller getroffener Vorsichtsmaßnahmen, nicht in Victoria, B.C., an! Verzweifelt telephonierte Herr von Gutmann mit allen nur möglichen Stellen. Mit der Fluglinie zuallererst; mit dem kanadischen Zoll; mit der kanadischen Polizei (Dr. Steger stellte ähnliche Nachforschungen – gleichfalls vergeblich – in Zürich an). Nichts half, die Sendung blieb verschollen! Bis eines Tages Herr von Gutmann des Morgens an die Grenze seines Grundstückes zu seinem auf der Zufahrtsstraße aufgestellten Postkasten ging. Es war tiefer Winter und er mußte sich mühselig einen Weg dorthin bahnen. Als er den Postkasten aufschloß, fiel ein ganzer Packen von Zeitungen zu Boden und auch ein nur nachlässig verschnürtes kleines Paket. Anscheinend war das Livre d'Heures irgendwo auf einem kanadischen Zollamt liegen geblieben, ohne daß man es nachher der Mühe wert befunden hätte, es wieder sachgemäß zu verpacken! Habent sua fata libelli!

Herr von Gutmann, der mir immer wieder versichert hatte, er würde bereit sein, einen großen Betrag für die Wiederauffindung seines Livre d'Heures hinzulegen, hatte sich – sonst immer nobel und großzügig – merkwürdigerweise anders besonnen und sandte mir als Dank für meine Bemühungen ein seltenes österreichisches Uniformbuch, mit dem er mir wenig Freude bereitete.

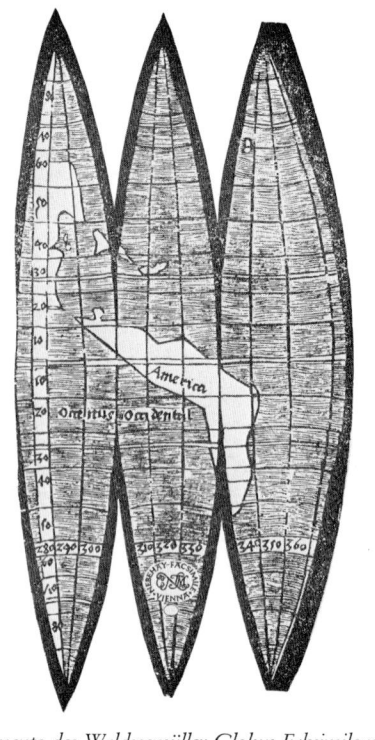

Segmente des Waldseemüller-Globus-Faksimile mit der erstmaligen Erwähnung von Amerika

51. Herstellung von Globen-Faksimiles

Der Beruf eines Antiquars bringt es mit sich, daß es des öfteren über längere Zeit hindurch einen kompletten Leerlauf gibt. „Gut ist", pflegte ich zu sagen, „entweder der Tag, an dem etwas Größeres verkauft wird, oder aber, wenn ein interessanter Ankauf gelingt". Ich war mir selbstverständlich beim Einzug in die Annagasse 18 bewußt, daß diese stille Gasse eine abgelegene ist und daß ich kaum mit einem lebhaften Ladenverkehr würde rechnen können. Daher gab es Betrebungen, etwas zur Belebung des Umsatzes zu tun, um vor allem die Monatsletzten leichter zu gestalten. Denn ein anderer meiner Aussprüche ist: „Dem Pierpont Morgan in New York (in meiner Kindheit der Prototyp des sagenhaft reichen Amerikaners) geht's zum Monatsletzten auch nicht besser wie mir. Fehlen mir 5.000,- Schilling, so fehlen ihm 50.000,- Dollar. Unsere Sorgen jedoch sind die gleichen!"

Der zufällige Erwerb von gestochenen Globussegmenten für den Erd- und Himmelsglobus von Georg Christoph Eimmart (1638–1765) brachte mich auf die Idee, Globen zu faksimilieren. Dazu genügen die in Kupfer gestochenen Segmente, denn von seinen original montierten Globen hat sich keiner erhalten. Eimmart war einer der besten Mathematiker Deutschlands und stand in freundschaftlichem Verkehr mit Gottfried Wilhelm von Leibnitz (1646–1716, universeller Gelehrter, Jurist, Sprachforscher, Erfinder der ersten 4-Spezies Rechenmaschine) und mit Johannes Hevel (1611–1687, errichtete sich 1641 seine eigene Sternwarte. Sein Buch ,Selenographie', 1647, bildete lange Zeit hindurch die Grundlage der Mondforschung). Eimmarts Globen – die Kugeln haben einen Durchmesser von 30 cm – erschienen in seinem Todesjahr.

Wien ist nicht umsonst die Stadt ausgezeichneter Handwerker, und so fand ich einen Herrn Miller, ein wirkliches Original. Ein kleiner Mann mit einem Ziegenbart, zwischen den rauchgeschwärzten Zähnen stets eine glimmende, mit billigstem Tabak gefüllte Pfeife. Aber er verstand sein Handwerk! War Bildhauer, Restaurator, ein Tausendsassa in allen möglichen Künsten! Er hinkte etwas, war stets fröhlich und vergnügt, tat köstliche Aussprüche und fühlte sich in unserer Werkstatt im zweiten Stock geborgen. Nach langem Experimentieren gelang es ihm, Papiermaché-Kugeln herzustellen, die brauchbar waren und vor allem schon in der Masse den alten Globuskugeln glichen. Es stellte sich heraus, daß sie leicht abgeplattet sein mußten, damit die mit Leim bestrichenen einzelnen Papiersegmente nahtlos paßten. Für die Fertigung der durchgehenden Achse (aus Messing) und der Meridiankreise (aus dem gleichen Metall) fand er einen begabten Schlossermeister und dann auch einen Graveur; für die Holzgestelle (die sich als der am leichtesten herzustellende Teil erwiesen) fand er einen Drechsler. Kurzum, unsere Eimmart-Globen-Faksimiles konnten sich sehen lassen! Der Verkaufserfolg war leider entmutigend. Wir schenkten je ein Exemplar unserer Faksimiles der großen Globensammlung der österreichischen Nationalbibliothek und verkauften vielleicht insgesamt 30 oder 40 Paare (Erd- und Himmelsglobus). Das war mehr minder alles. Ich vergaß zu erwähnen, daß wir, um jeden Mißbrauch vorzubeugen – auf den Südhälften der beiden Kugeln die Worte „Nebehay Facsimile Vienna" in die Druckbögen der Segmente eindrucken ließen.

Wir stellten dann noch ein zweites Globuspaar her, dessen Kugeln einen Durchmesser von nur 16 cm haben. Die Originale sind Erzeugnisse eines Johannes Oterschaden, über den nichts Näheres bekannt geworden ist. Sein

Antiquariat Ch. M. Nebehay, Prospekt für die Eimmart-Globen-Faksimiles

Erdglobus ist sichtlich von italienischen Kartographen des 16. Jahrhunderts, insbesondere von Lafreri beeinflußt. Die Globen tragen kein Datum, sind aber dem Urban von Saint Gelais, Bischof von Comminges in der Gascogne, der von 1580 bis 1613 residierte, gewidmet, sodaß man sie mit ‚um 1600' datieren kann. Im Gegensatz zu den beiden Eimmart-Globen sind die Kugelhälften dieser Globen handgedrechselt und verleimt. Es gibt kein Holz, das genügend dick wäre, um Kugeln größeren Durchmessers daraus zu drechseln. Auch etwas, was mir erst im Laufe der Beschäftigung mit Globen-Faksimiles zu Bewußtsein gekommen ist. Naturgemäß sind Kugeln aus Papiermaché wenig widerstandsfähig und zerbrechen leicht. Das ist eine Erklärung für die relative Seltenheit alter Globen. Vielleicht sollte man erwähnen, daß sich die Stern-bilder der Himmelsgloben mehr minder gleichen. Die Erdgloben jedoch wurden von den ursprünglichen Herstellern stets auf den Stand neuester geographischer Erkenntnisse gebracht. Dieses um die Hälfte kleinere Oter-schaden-Globus-Paar verkaufte sich merkwürdigerweise weniger gut, als die beiden größeren Eimmart-Globen.

Unsere größte Hoffnung setzten wir auf unser Faksimile nach dem Erd-globus von Martin Waldseemüller. Von ihm hat sich kein einziges montiertes Exemplar erhalten und von den Segmentstreifen – es sind überhaupt die ersten der auf uns gekommenen – gibt es nur zwei Exemplare auf der Welt. Das eine Exemplar stammt aus der berühmten Sammlung des Feldzeugmeisters Franz Ritter von Hauslab (1798–1883, bahnbrechender Kartograph. Seine Sammlung gelangte in den Besitz des Fürsten von Liechtenstein in Wien. Leider existiert kein gedruckter Katalog von der Sammlung, die eine der kostbarsten gewesen sein muß. Sie wurde nach 1945 aufgelöst). Über den Londoner Handel ge-langte dieses Exemplar in die F. Bell Collection der University of Minnesota, USA.

Der Durchmesser des kleinen Globus beträgt ca. 11 cm. Wir haben ein Gestell dazu nach einer Abbildung im Buch von E. L. Stevenson: ‚Terrestrial and Celestial Globes', Fig. 55 (ein in Paris verwahrter Globus von 1535) drechseln lassen. Im Fuß haben wir einen gravierten Metallstreifen eingelassen mit den Worten: ‚The earliest Globe with the name of America. Made by Waldseemüller, 1507'. Da die Globusstreifen unkoloriert sind, haben wir sie für unser Faksimile nach einem Exemplar der Ptolomäus-Ausgabe von 1482 der Österreichischen Nationalbibliothek kolorieren lassen.

Martin Waldseemüller (der sich auch Walzemüller oder Hylacomylus nannte) war ein Kartograph, geboren 1480 in Radolfzell, gestorben 1521 in Saint-Didié. Er war es, der in seiner gleichzeitig erschienenen Schrift ‚Cosmographiae introductio' den Namen ‚America' für den neuentdeckten Weltteil vorschlug. Auf den Streifen unseres Erd-Globus kommt dieser Name *erstmalig* vor.

Als dieser Globus fertig war und einige Exemplare davon für den Verkauf bereitstanden, schrieb ich an die Bibliothek in Minnesota, legte eine Abbildung unseres Erzeugnisses bei und fragte an, ob sie nicht vielleicht eine Anzahl unseres Faksimiles zum Verschenken an prominente Gäste der Bibliothek bestellen wollte? Auf alles wäre ich vorbereitet gewesen, nur nicht auf den wütenden Brief des Bibliothekars, der mir mit einer Klage vor Gericht drohte, weil ich mich unterstanden hätte, unseren Globus ohne ausdrückliche Er-laubnis nach den Streifen der Bell Collection zu reproduzieren!

Ich schrieb zurück, daß seit dem Tod Waldseemüllers rund 500 Jahre vergangen seien und wohl kein ‚copyright' für die Bibliothek in Anspruch genommen werden könne.

Der Eimmart-Faksimile-Globus (1705)

Das auf jedem Globus-Faksimile eingedruckte Firmenzeichen

Faksimile des Oterschaden-Himmelsglobus (um 1600)

52. Die endlich gefundene Ruhe

Zu den getreuen Besuchern meiner Galerie gehörte viele Jahre hindurch Profesor Eduard Wimmer-Wisgrill (1882–1961). Er war Architekt, Kunstgewerbler, vor allem aber Modeschöpfer, hauptsächlich für die ‚Wiener Werkstätte‘, aber auch Lehrer an der Wiener Kunstgewerbeschule, sowie Vortragender an diversen Volkshochschulen. Längere Zeit hatte er lehrend in den USA verbracht, in New York und in Chicago. Der große Mann war von bewundernswerter Eleganz. Was immer er trug, winters oder sommers, gab Zeugnis von seinem besonderen Stil. Immer sah man ihn mit charakteristischen Kopfbedeckungen. Etwa ein Barett oder Hüte mit heruntergebogenen Krempen. Man konnte ihn, wenn er in seiner betont langsamen Gangart durch die Straßen Wiens wandelte, ganz einfach nicht übersehen. Wie sein Gang war auch seine Sprechweise.

Zu mir war er stets von vollendeter Freundlichkeit. Er übertrug auf mich Sympathien, die er viele Jahre hindurch für meinen Vater gehegt hatte. In jenen Jahren, da ich nach meiner Scheidung unverheiratet geblieben war, erkundigte er sich vor dem Weggehen aus meiner Galerie öfters, ob ich denn nicht nochmals zu heiraten gedächte? Ich mußte ihm berichten, daß ich einige Male vom Pech verfolgt gewesen sei. Ich war nämlich der Reihe nach auf junge, betont katholische Damen gestoßen, die Mitglieder der ‚Legio Mariae‘ waren, deren religiöse Bindung es aussichtslos machte, einen geschiedenen Mann als Ehekandidaten zu betrachten. In einem Fall tat mir dies ganz besonders leid, denn ich hatte das Gefühl, die Richtige vor mir zu haben. Kopfschüttelnd ging er von dannen.

Eines Tages rief er mich an. Ob ich Lust hätte, abends zu ihm auf einen schwarzen Kaffee in die Prinz Eugen-Straße zu kommen? Er habe eine junge Engländerin zum Abendessen eingeladen und würde sich freuen, käme ich nachher auf einen Plausch zu ihm. Seit meiner Scheidung lebte ich einige Jahre hindurch bei meiner Mutter in ihrer kleinen Wohnung, Wien IV., Argentinierstraße 20. Sie war nach Auflösung unserer Stadtwohnung in Wien IV., Schwindgasse 3, dorthin mit meiner – später nach Beauvais in Frankreich verheirateten – Schwester Steffy gezogen. Nun war es einsam um meine Mutter geworden und sie war froh, mich um sich zu haben. Ich erzählte meiner Mutter, die sich rührend um mich kümmerte, von dieser Einladung. Ich staunte nicht schlecht über ihren Kommentar, denn sie sagte mir: „Wenn Professor Wimmer Dich mit einer Dame bekannt macht, dann wirst Du sie heiraten!“ „Aber!“ sagte ich, „warte doch bitte erst einmal ab, welchen Eindruck ich gewinne und wer sagt Dir denn, daß Professor Wimmers Geschmack dem meinen gleicht?“ Damit ging ich die wenigen Schritte hinüber in die Prinz Eugen-Straße. Nonchalant, wie ich mir einredete, in Wahrheit aber doch mit einigem Herzklopfen!

Der Abend bei Professor Wimmer verlief in reizender, entspannter Atmosphäre. An den Wänden seiner behaglich eingerichteten Wohnung hingen einige schöne Egon Schiele-Zeichnungen und vor allem Schieles Selbstbildnis als Halbakt mit ornamentaler Drapierung, ein Ölbild vom Jahr 1909. Professor Wimmer gab mir – als er mein Interesse wahrnam – zu verstehen, daß er über seinen Schielebesitz bereits verfügt habe. Es sollte sich nach seinem Tod herausstellen, daß ein bekannter Wiener Schiele-Sammler der Käufer war. Anscheinend hatte er jahrelang Geld für Professor Wimmers Urlaube etc. vorgestreckt.

Gegenüberliegende Seite: Renée Nebehay, geborene King, Kreidezeichnung von David Hankinson, London (entstanden in Wien, 1981)

David Hankinson
1981

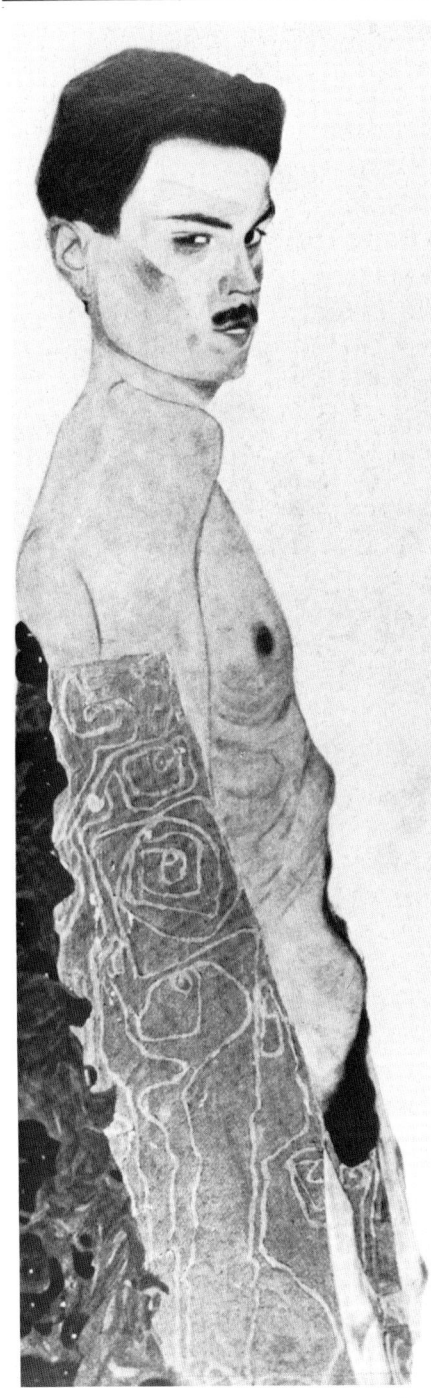

Egon Schiele, *Aktselbstbildnis mit ornamentaler Drapierung. Öl und Metallfarben, 1909 (Kallir P. 154). Es fand kurz nach Professor Wimmers Tod seinen Weg ins Ausland.*

Die junge Blondine, Mrs. Renée King, der ich vorgestellt wurde, war nicht nur eine vollendete Dame von großem Charme, sondern – was mich augenblicklich für sie einnahm – polyglott. Binnen kurzem stellte sich heraus, daß sie in gleicher Vollendung Englisch (die Sprache ihres Vaters), Französisch (die Sprache ihrer Westschweizer Mutter), Italienisch (erlernt während eines vierjährigen Aufenthaltes in Florenz, das sie – bevor sie nach Wien kam – aufzusuchen hatte, da die Nebel Londons auf die Dauer ihrer Gesundheit abträglich waren) und – last not least – ein bezauberndes, kultiviertes Deutsch sprach, das sie durch ihren jetzigen vielmonatigen Aufenthalt in Wien perfektioniert hatte. Sie arbeitete, wie sich herausstellte, bei der internationalen Atombehörde und erzählte sehr lebendig von einer Reihe großer Reisen, die sie – als Dolmetscherin tätig – bis in das mittlere Afrika geführt hatten. Ich war mehr als beeindruckt, hütete mich aber, meiner Mutter (die liebenswürdigerweise immer so lange wach blieb, bis ich nach Hause kam) einen allzu enthusiastischen Bericht zu liefern, da ich fühlte, es nahe eine Entscheidung, die nur ich allein zu treffen hätte. Daher also beschränkte ich mich auf das Ausrichten von Grüßen seitens Professor Wimmers, den sie sehr schätzte, wiewohl ich mich nicht entsinnen kann, daß er jemals Gast am ‚Himmelhof‘ gewesen wäre.

Es verging einige Zeit, bis ich Renée King wiedertreffen konnte, denn ich mußte zuerst eine damals noch bestehende Bindung sanft beenden. Die junge Dame, um die es sich handelte, war schwer geprüft aus einem Nachbarland nach Wien gekommen. Bei aller Anteilnahme an ihrem Schicksal jedoch fühlte ich, daß ich mit Sicherheit an ihrer Seite niemals die Ruhe finden würde, die ich suchte.

Ein paar Wochen später, an einem warmen Sonntag, besuchte ich mit Renée eine Ausstellung französicher Skulpturen im Garten des Palais Schwarzenberg. Ich freute mich über den Gleichklang unserer Einstellung zur Kunst. Anschließend rief ich bei meiner Mutter an, ob ich wohl mit meiner Begleiterin zum Tee kommen dürfe. Nie zuvor hatte ich einen ähnlichen Wunsch an sie gerichtet. Sie fragte mich streng: „Ja, wer ist denn das?" „Jene Dame", sagte ich, „die ich durch Professor Wimmer kennengelernt habe". „Ach so," antwortete sie zu meiner Verblüffung, *die* meinst Du! Langsam verliere ich die Übersicht über die Dir nahestehenden jungen Damen! Aber bitte sehr, ich werde mich freuen!„ Nichts war – nebenbei bemerkt – während ich bei ihr wohnte, vorgefallen, das sie berechtigt hätte, so zu sprechen!

Meine Mutter hat es verstanden, aus allen Wohnungen, die sie nach der Auflösung unseres ‚Himmelhof‘-Hauses bewohnte, ein verkleinertes Abbild der dortigen, von uns allen so geliebten Räume zu schaffen. So war es in der Argentinierstraße und dann auch in ihrer letzten Wohnung, im Haus I., Annagasse 18, wo ich sie wenige Monate nach meiner Hochzeit unterbringen konnte und wo sie bis zu ihrem Tod, Tür an Tür, mit ihrer Schwester Dora wohnte. Die alten vertrauten Kirschholz-Biedermeier-Möbel; die blaugestrichene zierliche bayrische Rokoko-Garnitur; ein paar Silbergegenstände der ‚Wiener Werkstätte‘; an den Wänden zwei schöne Bilder von Leandro da Ponte, genannt Bassano (1557–1662), eine vollendet gemalte Anbetung der Hirten; von Giovanni Battista Pittoni (1687–1767), dessen Bilder oftmals Tiepolo, Ricci, Solimena und anderen zugeschrieben werden, das bezaubernde Porträt eines jungen Mädchens; kunstvoll geraffte Musselinvorhänge; die Böden belegt mit schönen, farbenprächtigen alten Teppichen.

Es fehlte an diesem Nachmittag nicht ein kleines Blumenstöckchen, um dem mit Liebe gedeckten Teetisch ein festlicheres Aussehen zu geben. Miteingeladen war die jüngere Schwester meiner Mutter, die zierliche Tante Dora, die noch ein wenig mit Leipziger Akzent sprach. Ich hatte ihr in den letzten Jahren ihres Lebens eine kleine Wohnung im Haus Annagasse 18 verschafft, wo sie glücklich und zufrieden bis zu ihrem Tod als mein Gast wohnte.

Meine Mutter konnte oftmals ausgesprochen schwierig sein, an diesem Nachmittag jedoch war sie die Liebenswürdigkeit selbst. Wir saßen vor dem Kamin. Plötzlich sagte sie: „Und jetzt gehe ich in die Küche, um den Tee zu bereiten!" Renée sprang zu meiner Überraschung auf und sagte: „Keineswegs, gnädige Frau, den Tee bereite selbstverständlich ich, denn *ich* bin die Engländerin in diesem Kreis!" Und bevor meine Mutter sich von der Überraschung erholen konnte, stand sie schon nebenan in der kleinen Küche. Es verschlug mir im wahrsten Sinn des Wortes die Rede, denn die Küche war – von eh und je – meiner Mutter Heiligtum! Nie hätte sie jemandem dort Zutritt gewährt! Damit war ihr Einverständnis mit meiner Wahl offensichtlich. Es hätte kein besseres Zeichen geben können!

Nicht minder wichtig war die erste Begegnung Renées mit meinen beiden Söhnen aus erster Ehe, Niki und Michael. Ich mußte ganz einfach sicher sein, daß es keine Ablehnung von der einen wie von der anderen Seite gäbe. Und es war mir mehr als eine große Freude, konstatieren zu können, daß sich zwischen ihnen allen eine bemerkenswerte Freundschaft bildete.

Renées Mutter lebte in Auvenier bei Neuchatel. Sie hatte dort, in den letzten Jahren ihres Lebens, einen langgehegten Traum in die Wirklichkeit umsetzen können, indem sie sich ein bungalow-ähnliches Haus inmitten der Weingärten bauen ließ. Ich fuhr mit Renée – es war unsere erste gemeinsame Reise – über Florenz zu ihr. Florenz ist eine wichtige Stadt für Renée, weil ihre Schneiderin, Edina Piazzesi – eine der reizendsten, warmherzigsten Frauen, die ich überhaupt kenne – dort lebt. Mit großem Hallo wurde ich dort eingeführt. Es gab – wie üblich – Kaskaden in schnellstem Italienisch, Umarmungen und Küsse. Plötzlich verließ Signora Piazzesi mit einem merkwürdigen Lächeln das Zimmer, ging in ihre Werkstatt und kehrte von dort, eine Kleiderpuppe unter dem Arm, zu uns zurück, stellte sie auf und verwies mit dramatischer Geste darauf: „Ecco la Signora Renée!" sagte sie strahlend.

Wir fuhren dann in Renées kleinem, aber sehr schnellen Auto, das sie meisterhaft beherrschte, weiter über den Comosee nach der Schweiz. Nach Überqueren des Bernina-Passes aßen wir in einem gemütlichen ländlichen Gasthof eine exzellente Käse-Fondue. Beschwingt ging es weiter nach Neuchatel. An der Straße, die zum Haus führte, empfing uns meine zukünftige Schwägerin, Denise Wormald, Renées ältere Schwester. Sie sagte in ihrer liebenswürdigen Art, daß sie sich freute, einen Schwager begrüßen zu können. Uns verbindet seither herzliche Freundschaft und Zuneigung. Auch meine zukünftige Schwiegermutter, Mme. Thérèse King-Dubied, ließ es sich nicht nehmen – obwohl sie bereits an den Folgen eines Schlaganfalles litt und sich nur mit einiger Mühe bewegen konnte – uns bis zur Eingangstüre entgegenzukommen. Sie nahm mich liebevoll auf, und wir beide vertrugen uns vom ersten Moment an bestens! Die Umgangssprache mit ihr war stets Französisch, daher etwas formell. Sie liebte es, meine kleinen Geschichten zu hören und hatte ein herzhaftes, gewinnendes Lachen. Sie ließ aber keinen wie immer gearteten Zweifel an der Tatsache, daß sie die wichtigste Person innerhalb der Familie sei und brachte es auf ihre köstliche Art tatsächlich fertig, meiner Mutter (die mit meinem Bruder Ingo und dessen Frau Sigrid zur Hochzeit im anschließenden Februar gekommen war) sehr streng zu sagen: „Vous, vous êtes Maman deux, mois je suis Maman un!"

Professor Eduard Josef Wimmer (1882–1961). Er war ein hervorragender Modeschöpfer, stand dem Kreis um die ‚Wiener Werkstätte' nahe und lehrte viele Jahre hindurch Mode in Wien.

Renée und Ch. M. Nebehay nach dem Verlassen des Standesamtes von Neuchâtel

Tischkarte für das Hochzeitsessen im Palais de Peyrou, Neuchâtel. Beschriftung von meinem Mitarbeiter Josef Gruber

Zur Hochzeit waren auch die nicht in der Schweiz lebenden Mitglieder von Renées Familie gekommen. Von unserer Seite aus war noch meine Schwester Steffy mit ihrem Mann Henry Belloin aus Beauvais angereist. Wir heirateten am 2. 2. 1962 im Standesamt von Neuchatel. Das Hochzeitsessen fand im ‚Palais du Peyrou' statt, ein inmitten eines Parkes stehendes Gebäude, Anfang des 19. Jahrhunderts. Mein Mitarbeiter Herr Gruber, hatte über meine Bitte eine kalligraphierte Einladung zur Hochzeit gezeichnet, die auch als Menukarte Verwendung fand.

Natürlich mußte auch ich ein paar Worte sprechen. Es gab viel Gelächter, als ich mich an meine Schwiegermutter wendete, ihr feierlich ein Fünffrankenstück übergab und dazu sagte: „Voila cinq Francs d'avance pour chaque faute de mon Français!" Sie hatte nämlich die Gewohnheit, mir scherzhafterweise eine kleine Geldstrafe aufzuerlegen, wenn mein Französisch nicht korrekt war! Dann zitierte ich Giacomo Casanova, der sich einmal in einem Bittbrief an Kaiserin Maria Theresia als kleines, unscheinbares Wesen, sich zu ihren Füßen windend, bezeichnet hat. Damit wollte ich der Persönlichkeit von Renées Mutter Tribut zollen.

Am Abend fuhren wir nach Genf und von dort flogen wir tags darauf über den herrlich schneebedeckten Montblanc nach Rom. „Und es war alles, alles gut!" So endet die bezaubernde Erzählung ‚Aus dem Leben eines Taugenichts' von Joseph Freiherr von Eichendorff (1788–1857). Er läßt damit seinen Helden nach mancher Irrfahrt in die Geborgenheit der Heimat zurückkehren.

Ich fand an Renées Seite die Ruhe, die ich ersehnte und verbringe mit ihr seither ein erfülltes Leben, wie ich es mir schöner nie hätte träumen lassen können. Es war uns beiden leid, daß Professor Wimmer, der Stifter unserer Ehe, vor unserer Eheschließung tödlich verunglückte und nicht unser Ehrengast sein konnte.

Ich führe seit dem Beginn unserer Ehe einmal wöchentlich ein Tagebuch mit Aufzeichnungen der wichtigsten Vorfälle, eine Arbeit, die mich Woche für Woche mindestens eine Stunde Zeit kostet. Die vollgeschriebenen Blätter kommen, nebst aller privater Korrespondenz, Photographien, Einladungen und was immer es an persönlichen Zuschriften gibt, in einen gewöhnlichen Ordner. Die vollen Ordner werden von einem Buchbinder in graues Leinen gebunden. Die Vorderdeckel ziert eine von mir gezeichnete und aquarellierte Darstellung, die jeweils auf ein hervorzuhebendes Ereignis abgestimmt ist. Solcherart hoffe ich, mit diesem Tagebuch – das heute schon mehr als 100 Ordner umfaßt und nach meinem Ableben von Renée der Österreichischen Nationalbibliothek gewidmet werden soll – einen Überblick über ein erfülltes Leben zu hinterlassen.

Ich möchte dieses Kapitel nicht abschließen ohne darauf hinzuweisen, daß Renée eine der perfektesten Hausfrauen Wiens ist. Ihre Küche ist stadtbekannt. Nichts macht ihr mehr Freude, als in einem der in großer Zahl in der Küche aufgestellten internationalen Kochbücher ein neues Gericht aufzufinden, das sie noch nie probiert hatte. Kommt sie mit einem strahlenden Lächeln aus der Küche zu den wartenden Gästen, dann sagt sie wohl: „You all will be guinea-pigs tonight" (Ihr werdet heute abend alle Versuchskaninchen sein) oder aber – was gelegentlich vorkommt „Dont look too close at Christian's menu. You wont get what he has drawn." (Ihr werdet nicht zu essen bekommen, was er gezeichnet hat). Das bezieht sich auf meinen bescheidenen Beitrag zu jedem festlichen Essen. Ich entwerfe stets ein Menü, das in einem Wechselrahmen aufgestellt wird und – in den meisten Fällen – auf die Tätigkeit des Ehrengastes anspielt.

53. Ein Abend, Marie-Antoinette gewidmet

Einer unserer langjährigen Freunde, Jean-René Bory aus Coppet bei Genf, bat uns eines Tages, ob er nicht in unseren Räumen im 4. Stock der Annagasse 18 den zweiten Teil seines Vortrages über das Leben und Sterben der Marie-Antoinette halten könnte. Den ersten Teil würde er vor geladenen Gästen in der Schweizer Botschaft halten. Wir sagten sofort zu. Er ist Sekretär der ,Freunde von Versailles' in Genf und war damals am dortigen ,Musée d'Art et d'Histoire' tätig, ein hochbegabter, hochgeachteter Mann von großen geschichtlichen Kenntnissen. Er bediente sich bei beiden Vorträgen eines an sich alten Verfahrens für das Vorführen von Dias, das die Engländer ,dissolving views' betitelt haben .

Atelier der Madame Elisabeth Vigée-Lebrun, Öl-bildnis des Königs Louis XVI., der sich in der Pose des Königs Louis XIV. malen ließ. Gegenstück zur Abbildung auf Seite 228

Die beiden Vorträge unseres Freundes waren in jeder Hinsicht brillant. Sowohl, was die Fülle der sorgfältig ausgesuchten Dias anlangte, als auch die von ihm gewählten Worte, die souverän und ohne jegliches Pathos mit wohlklingender Stimme vorgetragen wurden. Es gab keinen Moment, der etwa langweilig gewesen wäre! Sorgsam aufgebaut strebte der Vortrag auf das erschütternde Ende der Königin zu. Unvergeßlich wird allen Teilnehmern des zweiten Vortrages das letzte Dia sein, das die berühmte Zeichnung, – zugeschrieben dem Jacques Louis David (1748–1825) – zeigt. David wandte sich, nach seiner in Rom genossenen Ausbildung, zum strengen Klassizismus hin, dessen erster wichtigster Vertreter er wurde; er bekannte sich wenig später zu den Idealen der französischen Revolution, organisierte große Feiern und förderte vor allem die staatliche Kunstpflege. Später ernannte ihn Napoleon zum Hofmaler und er verherrlichte das Kaiserreich. Die Zeichnung von Marie-Antoinette auf dem Karren, der sie zum Schafott führt, ist – von der Hand eines großen Meisters hingeworfen – eines der eindrücklichsten Dokumente jener schrecklichen Zeit. Er hat „. . . die Silhouette der Königin festgehalten, das hagere Profil einer Frau, die zwar ihre Schönheit und ihre königliche Stellung, nicht aber ihre Haltung verloren hatte. Was immer man meinte, ihr vorwerfen zu müssen, zu Recht in Zeiten des Glücks, zu Unrecht in Zeiten des Unglücks – es verlor jegliche Bedeutung vor der Würde ihres Sterbens . . .“ (Ursula Tamussino ,Pardon, es war nicht Absicht', ein Artikel in der ,Presse', Wien, 16. Oktober 1993). Mit diesen, wohl ihren letzten Worten, habe sich die Königin beim Scharfrichter entschuldigt, dem sie – versehentlich – auf den Fuß getreten war. Als jenes ob seiner unbedingten Wahrhaftigkeit wegen erschütternde Dia ausgeblendet wurde, konnte Renée nur mit erstickten Worten und unter Tränen zum vorbereiteten bescheidenen Buffet bitten. Die meisten der anwesenden Damen tupften mit ihren Taschentüchern die Tränen von den Wangen! Der Vortrag war eine wahre Sternstunde!

Über meinen Wunsch willigte unser Freund Bory ein, ihn anläßlich meines 85. Geburtstages, 11. Mai 1994, zu wiederholen. Diesmal wurde ein von Schauspielern besprochenes Tonband abgespielt und die Dias wurden, computergesteuert, von sechs Objektiven auf eine 3 x 3 Meter große Leinwand projiziert, die im Studiensaal der Albertina aufgestellt war. Auf daß jedermann dem sehr schnell gesprochenen französischen Text folgen konnte, hatte ich ihn übersetzt und allen Besuchern eine Kopie in die Hand gedrückt. Wieder war es ein großer Erfolg und wir sind unserem Freund, der mit 35 kg Gepäck angereist kam, zu großem Dank verpflichtet!

Wir hatten an jenem ersten Vortragsabend ebensoviele Gäste als die Schweizer Botschaft ein paar Tage vorher und konnten uns vor dem Ansturm

derjenigen, die unbedingt dabeisein wollten, kaum retten. Und so saßen die Zuseher – es waren weit über hundert – teilweise auf Kissen auf dem Boden. Übrigens manche von ihnen unterhalb unserer beiden Ölbilder, Porträts von Louis XVI. und von Marie-Antoinette. Letzteres Bild ist von Madame Vigée-Lebrun (1755–1842) gemalt, die mit ihren Frauenporträts europäischen Ruf erlangte, und war für ein Mitglied des Hauses Habsburg nach Wien geschickt worden.

Marie-Antoinette, eines der 16 Kinder der Kaiserin Maria Theresia, ist 1770 mit dem Dauphin und späteren König Louis XVI. verheiratet worden, damals kaum fünfzehn Jahre alt. Als Mozart acht Jahre zuvor, noch ein Kind, auf seiner ersten Konzertreise in Wien auf dem ihm ungewohnten, glatt gebohnerten Parkett vom Schloß Schönbrunn ausglitt und hinfiel, war sie es, die hinlief, um ihm aufzuhelfen. Worauf er – so will es die Legende – zur allgemeinen Erheiterung um ihre Hand angehalten haben soll.

Eine langjährige Freundin unseres Hauses, Baronin Liliane de Rothschild, Paris, ist eine der größten Bewunderinnen der unglückseligen Königin (sie besitzt eine beachtliche Sammlung von Erinnerungsgegenständen an sie) und hatte vor einigen Jahren die bemerkenswerte Idee, Marie-Antoinettes Fahrt von Wien nach Versailles, Station um Station, nachzufahren. Man kennt jeden Aufenthalt ihrer langen Reise in der Karosse nach Paris. In Frankfurt sah Goethe Marie-Antoinette auf der Durchfahrt. Sie wurde jubelnd von der Menge in Paris und Versailles begrüßt. Aber ihre kindliche Unreife, später wohl auch ihre Unsicherheit infolge der ehelichen Schwierigkeiten im Zusammenleben mit dem Dauphin, verführten sie zu einem flatterhaften, dem Luxus hingegebenen Leben. Vergebens warnte die besorgte Mutter in vielen zu Herzen gehenden Briefen. Es half auch nichts, daß sie ihr, incognito, ihren Bruder, den späteren Kaiser Josef II. von Österreich nach Versailles als Überbringer persönlicher Warnungen schickte. Zu Unrecht war Marie-Antoinette verstrickt in die sogenannte ‚Halsbandaffaire‘, das Werk der Betrügerin Jeanne de La Motte. Sie hatte vorgetäuscht, daß sich die Königin ein kostbares Brillant-Halsband wünsche und den Kardinal Rohan dazu bewogen, es zu erwerben. Einmal im Besitz des Halsbandes, zerstückelte sie es, und teilte die Brillanten unter ihren Mithelfern auf. Der Betrügerin gelang es, sich aus dem Gefängnis zu befreien und nach London zu entfliehen, um von dort aus durch Pamphlete der Königin weiterhin zu schaden. Marie-Antoinette verlor in der Folge alle Symphatien. Man hielt die ‚Autrichienne‘ für schuldig an der Mißwirtschaft, an der verfehlten Außenpolitik Frankreichs. Aber irgendeine nachweisbare Schuld gab es weder für Louis XVI. noch für sie. Beider Prozesse waren schwere Verstöße gegen die erst vier Jahre zuvor erklärten Menschenrechte. Kein Richter konnte einem von beiden auch nur eine einzige Gesetzesüberschreitung nachweisen. Die beinahe geglückte Flucht des königlichen Paares fand in Varennes durch eine Ungeschicklichkeit des eher pathetisch-passiven Königs ein jähes Ende, und die Geschichte nahm ihren unheilvollen Verlauf. Mr. Bory verfehlte nicht, in seinem Vortrag darauf hinzuweisen, daß der König die erste große Chance, nämlich den Befehl an die ihm treu ergebene Schweizer Garde, gegen den das Schloß in Versailles belagernden Mob mit Waffen vorzugehen, verabsäumt habe.

Von unseren beiden aus Habsburger Besitz stammenden Porträts des Königspaares ist jenes der Königin hervorragend und entspricht gänzlich der im obenerwähnten Artikel wiedergegebenen Beschreibung in den Memoiren der Madame Vigée-Lebrun: „. . . Es ist sehr schwer, demjenigen, der die Königin nicht gesehen hat, einen Begriff davon zu geben, wieviel Anmut und Hoheit sie vereinigte. Sie war groß, wunderschön gebaut, etwas voll, jedoch nicht sehr. Sie verstand von allen Frauen Frankreichs am besten zu gehen; den Kopf erhoben, schritt sie mit einer Majestät einher, die sie inmitten ihres Hofes sogleich als Herrscherin erkennen ließ, ohne im geringsten ihren lieblichen und wohlwollenden Anblick zu beeinträchtigen. Nie habe ich einen so strahlenden Teint gesehen – ihre Haut war so durchsichtig, daß sie gar keinen Schatten zeigte. Für diese Frische fehlten mir einfach die Farben, die feinen Töne, die eben nur diesem entzückenden Gesicht eigen waren und die ich nie bei irgendeiner anderen Frau wiedergesehen habe . . .“ Das Ölporträt des Königs ist wohl von anderer Hand. Es zeigt ihn in der Haltung und Kleidung von Louis XIV.

Es besteht wohl kein Zweifel daran, daß beide Todesurteile nichts anderes als vom Mob erzwungene Morde waren. Das ‚Tribunal criminel extraordinaire et revolutionnaire‘ unter dem Ankläger Antoine Fouquier-Tinville klagte die Königin als ‚Marie-Antoinette, dite Lorraine d'Autriche, veuve de Louis Capet‘ an und scheute sich nicht, sie eines sexuellen Vergehens, begangen an ihrem kleinen Sohn (der später spurlos verschwand), zu beschuldigen. Die Abstimmung hatte mit lauter Stimme zu erfolgen. Jede Aufforderung zur Milde würde mit der Guillotine bestraft, hieß es. Die Verhandlung, bei der sie ihre Würde zu bewahren wußte, dauerte bis in die frühen Morgenstunden des Hinrichtungstages an. Es erfüllt mit Befriedigung, daß Fouquier-Tinville, nach Robespierres Fall selbst vor Gericht gestellt und nach 41 tägiger Prozeßdauer der Guillotine übergeben wurde.

Louis David (1748–1825), zugeschrieben: Marie-Antoinette auf dem Weg zum Schafott. Durch ihre unerschütterliche Haltung erwies sie sich als echte Tochter der Maria-Theresia (Photographie aus dem Archiv von Jean René Bory, Coppet).

Die gedruckte Anklageschrift gegen Marie-Antoinette. Ihr Prozeß war eine Farce, man vermochte ihr keine strafbare Handlung nachzuweisen. Die Beisitzer hatten öffentlich abzustimmen, jede Empfehlung zur Milde war mit dem Tod bedroht. (Im Besitz des Wiener Antiquariats, Ingo Nebehay)

ACTE D'ACCUSATION

DE MARIE-ANTOINETTE,

Dite Lorraine d'Autriche, veuve de Louis Capet.

ANTOINE FOUQUIER-TINVILLE, Accusateur public du Tribunal criminel extraordinaire et révolutionnaire, établi à Paris, par décret de la Convention nationale, du dix mars mil sept cent quatre-vingt-treize, l'an second de la République, et sans aucun recours au Tribunal de Cassation, en vertu du pouvoir à lui donné par l'article II d'un autre décret de la Convention, du même août suivant, portant : que l'Accusateur public dudit Tribunal est autorisé à faire arrêter, poursuivre et juger, sur la dénonciation des autorités constituées ou des citoyens.

EXPOSE, que suivant un décret de la Convention du premier août dernier, *Marie-Antoinette*, veuve de Louis Capet, a été traduite au Tribunal Révolutionnaire, comme prévenue d'avoir conspiré contre la France ; que par autre décret de la Convention du 3 octobre, il a été décrété que le Tribunal Révolutionnaire s'occuperoit sans délai et sans interruption du jugement ; que l'accusateur public a reçu les pièces concernant la *veuve Capet*, les 19 et 20 du premier mois de la deuxième décade, vulgairement dit 11 et 12 octobre présent mois ; qu'il a été aussi-tôt procédé par l'un des juges du Tribunal à l'interrogatoire de la *veuve Capet* ; qu'examen fait de toutes les pièces transmises, il en résulte que la *veuve Capet*, à l'instar des Messalines, Brunehaut, Frédégonde et Médicis, que l'on qualifioit autrefois de reines de France, et dont les noms, à jamais odieux, ne s'effaceront pas des fastes de l'his-

A

Zwei japanische Holzfiguren. Sie stellen Hausgötter vor und gelten als Symbole langen Lebens. Oben: Ohna, unten: Okina. Geschenke von Hiroko und Takao Shiraishi anläßlich ihrer Hochzeit in unserem Haus

54. Die ‚Mittwochrunde‘

Durch die Liebenswürdigkeit von Thomas Salzer, Chef des Verlages und der Buchdruckerei der Carl Ueberreuter Verlagsgesellschaft in Wien, wurde mir eines Tages die Ehre zuteil, in den Rotary-Club, Wien, aufgenommen zu werden. Es ist der älteste Rotary-Club auf deutschem Sprachgebiet. Er wurde selbstverständlich 1938 nach dem ‚Anschluß‘ an Deutschland prompt aufgelöst, wiewohl es betont kein politischer Club ist, da seine Mitglieder aus dem Berufsstand auserwählt werden, wobei man immer bestrebt ist, den jeweils Bestbeschriebenen zu gewinnen. 1925 gegründet, ist unser Club heute einer von 11 in Wien. Man trifft sich einmal in der Woche zu einem ungezwungenen Mittagessen, zu dem stets entweder eines der Mitglieder oder ein von einem Mitglied eingeführter Gast ein halbstündiges Referat zu halten hat. Da es keinerlei Beeinflussung der Themenwahl gibt, lernt man jedesmal, gleichgültig, ob man de facto an dem Thema interessiert ist oder nicht, etwas dazu. Unser Club setzt sich hauptsächlich aus Männern der Wirtschaft zusammen. Da es keinerlei Tischordnung gibt, sitzt man zu Mittag in stets veränderter Zusammensetzung bei Tisch und lernt sich solcherart näher kennen. Es gilt, eine strenge Präsenz einzuhalten, die niemals unter 60% fallen darf, sonst erfolgt der Ausschluß. Allmählich bilden sich persönliche Freundschaften heraus, und ich freue mich, sagen zu können, daß dies für mich – der ich durch lange Abwesenheit von Wien kaum Freundschaften von der Schulzeit her habe – von großer Bedeutung war und ich eine große Anzahl wirklicher Freunde gewonnen habe. Die Rotary-Bewegung umfaßt heute die ganze westliche Welt. Es steht jedem Mitglied frei, auf seinen Reisen andere Clubs zu besuchen, deren jeweilige Sekretäre immer bestrebt sind, wünschenswerte Verbindungen herzustellen. Das Wichtigste, was Rotary tut, ist die Vergabe von Stipendien an aufstrebende junge Menschen, die ein Studium hinter sich haben und in einem fernen Land auf einer Universität oder Hochschule ihre Kenntnisse erweitern wollen.

1969 war ich nicht nur auf ein Jahr Präsident des ‚Rotary Clubs Wien‘, sondern auch der Counsellor für eine junge japanische Sängerin, Hiroko Ochiai, die nach Wien gekommen war, um sich auf der Akademie im Gesang zu perfektionieren. Sie war damals 24 Jahre alt, sehr wohlerzogen und höflich, es haperte allerdings mit der deutschen Sprache. Stimmlich ist sie ein dramatischer Sopran. Ihr Fleiß ist sagenhaft, ihr Bestreben zu lernen war enorm. Sie gehört dem eher bäuerlichen Typ einer Japanerin an und ist ein warmherziges, liebenswertes Geschöpf. Ich bemühte mich redlich, sie in Clubkreisen bekannt zu machen und ergriff mehrmals als Präsident das Wort, um Mitglieder zu veranlassen, sich doch um sie zu kümmern. Ich betonte stets, jedes Verständnis dafür zu haben, daß es Hausfrauen in unserer Zeit schwer hätten: Personalmangel, wenig Zeit etc. Aber, sagte ich, es würde mir doch niemand einreden können, daß es nicht möglich wäre, einmal beim Theater- oder Kinobesuch eine Karte zusätzlich zu kaufen, oder Hiroko einmal zum Tee oder zu einem Ausflug einzuladen. Nichts dergleichen geschah! Schließlich hatten wir beide, Renée und ich, genug von diesem Desinteressement und beschlossen, etwas für Hiroko zu tun. Und das war die Geburtsstunde unserer ‚Mittwochrunde‘, die sich bis zum heutigen Tag in unserer Wohnung, im 4. Stock der Annagasse 18, allwöchentlich Mittwoch mittags um 3/4 1 Uhr zu einem bescheidenen Essen einfindet. Der Hausfrau entsprechend typisch englisch, vollkommen zwanglos. Keine Anmeldung, kein Abmelden. „Wer kommen will, ist uns willkommen", sagt Renée. Sie kocht mittwochs für 12 Personen. Zum Beispiel: eine Kartoffelsuppe, hinterher gibt es Himbeeren oder Erdbeeren aus dem Pulkauer Garten. Kommen weniger als 12 Gäste, sind die Portionen reichlich, kommen mehr (der Rekord waren einmal 22), dann wird eben alles gestreckt und manche müssen stehen, statt zu sitzen! „No fuss" auf gut englisch. Es gibt stets fröhliche Unterhaltung, viel Gelächter, manchmal eine kurze musikalische Einleitung. Wir haben heute beinahe in jedem Land Europas und in vielen Städten Amerikas unsere mittlerweile verheirateten jungen Freunde und sind glücklich, bei Besuchen fremder Länder ein paar Stunden mit ihnen zu verbringen.

Ich will im Nachstehenden nur ein paar Beispiele typischen Geschehens anführen. Da war zunächst Hiroko, die allmählich ihre große Scheu und Zurückhaltung abgelegt hatte und eines Tages zu mir, kam. „Bitte, bitte, heiraten!" sagte sie. „Ich freue mich Hiroko. Wer ist denn der Glückliche?" „Takao". „Takao? Deine Wahl ist nicht schlecht! Was aber kann ich für Euch tun?" Ich muß erwähnen, daß wir Takao auch kennengelernt hatten. Er war viele Jahre hindurch der ungemein beliebte Korrepetitor der Volksoper. Ist ein erstklassiger Pianospieler und – nun mit Hiroko nach Tokio zurückgekehrt – Professor für Liedgesang an mehreren Hochschulen, Arrangeur von Konzerten, Sekretär der Freunde der Wiener Philharmoniker in Japan, etc. In allerletzter Zeit wurde er Dirigent und Organisator eines aus Japanern bestehenden Kammerorchesters, das kürzlich vor 1400 Zuhörern Premiere hatte. Ein durchschlagender Erfolg! Wir bestaunten beim Abhören eines Tonbandes, daß es ihm im zweiten Teil gelungen war, Wiener Unterhaltungsmusik in einmaliger Qualität zu bringen. „Was aber kann ich für Euch tun?" fragte ich noch einmal. „Bitte, bitte, heiraten. In weißem Kleid, mit Kranzl." „Gut", sagte ich, „bietet keinerlei Probleme, es gibt genug Leihanstalten, die für alles das sorgen werden. Wo aber steckt das Problem? Welche ist Deine Religion?" „Bitte, bitte Buddhist!" Ja, das war wirklich ein Problem, aber wir lösten auch das im Nu. Ich ging zur evangelischen Pfarrgemeinde in der Dorotheergasse, mit der ich nach dem Tod meiner Mutter wieder Verbindung aufgenommen hatte. Die evangelische Kirche war sofort bereit, Hiroko aufzunehmen, und ich hatte die Freude, sie eines schönen Tages im August an meinem Arm zum Altar führen zu dürfen. Hiroko und Takao verstanden es, aus diesem Tag in aller Bescheidenheit ein wirkliches Fest zu machen! Zuerst, am Vortag, kam er und überreichte mir feierlich ein kleines Paket, dem ich zwei rotbemalte Figürchen aus geschnitztem Holz entnahm. Das seien Hausgötter, sagte er mir, die Sorgen und Kummer aus unserem Leben zu vertreiben hätten. Aber, sie müßten auf unserem Konzertflügel zwischen den Photographien beider Eltern aufgestellt werden, sodaß diese jeden Hereinkommenden sehen könnten! Dann erschien ein junger Freund von ihnen. Für 300,– Schilling machte er sich erbötig, unsere beiden großen Räume (Wohn- und Musikzimmer) in einen Blumenhain zu verwandeln, und dies gelang ihm auch in bezaubernder Weise.

Nach der kirchlichen Zeremonie gab es einen Empfang bei uns, mit vorbereiteten Aufschnitt-Platten, Salaten, Wein und Obstsaft. „Aunt Renée, come quickly!" rief Renées englische Nichte Philippa, die bei uns zu Besuch war, über den Hof – alle Fenster standen offen. Renée ließ alles liegen und stehen und eilte zum Vorzimmer der Küche. Da stand auf einem Tisch unsere geliebte Spanielhündin ‚Potzerl' und hatte bereits die Hälfte einer Schinken-Platte schnabuliert!

Nach Tisch – das Haus schwirrte von glucksenden, kichernden, lieben, jungen

Während die Mittagessen der „Mittwochrunde" betont einfach sind, ist Renées Küche stadtbekannt. Mein Beitrag sind gezeichnete Menüs, die sich zumeist an ein Vorbild anlehnen (wie hier: an Picasso) oder aber Bezug auf die Tätigkeit des Ehrengastes nehmen.

Der erste Musikabend in der Annagasse 18/IV. am 1. V. 1963. Zeichnung von F. Smetana

Japanern – gab es ein Konzert. Die Freunde des jungen Ehepaares, an der Musikhochschule studierend, brachten ihnen ein Ständchen, das sich hören lassen konnte! Es war dieser Tag ein wirklich schöner in unserem Leben, und ich füge hier an, daß Hirokos Übertritt zur evangelischen Kirche vor kurzem Takao nachkommen ließ, der nunmehr auch in Tokio die protestantische Kirche besucht!

Hiroko und Takao ließen es sich nie nehmen – waren sie über ein Wochenende in Pulkau eingeladen – ein japanisches Mahl zu kochen. Ab 9 Uhr morgens standen sie dann in der Küche und hantierten mit allen vorhandenen Pfannen. Was sie an Lebensmitteln benötigten, hatten sie mitgebracht. Was sie produzierten, war stets ein Festmahl! Wir betrachten die beiden als unsere Kinder, und es herrscht das schönste Einvernehmen zwischen uns! Wir bedauern ihre Rückkehr nach Japan (aus beruflichen Gründen) sehr. Unsere Wohnung in Wien nimmt Hiroko jedes Jahr einige Wochen als Gast auf. Es gibt niemanden, der besorgter um uns und aufmerksamer wäre! Pünktlich, ruhig, viel Gelächter und warmes Abbusseln des Morgens und des Abends!

Einmal zu Weihnachten hatten wir ein uns befreundetes englisch-russisch-amerikanisches Ehepaar, deren beide Töchter und ihren Neffen zur Feier des Heiligen Abends nach Pulkau eingeladen. Ich hatte sie gebeten, im Zug nach einer jungen Sängerin aus den USA, Sally Arneson, Ausschau zu halten, die ebenfalls unser Gast sein sollte. Sally, ein bezaubernder Koloratursopran, blond, hat strahlende Augen, ist mehr als liebenswürdig, unübersehbar. Aber der Zug fuhr in der Station Eggenburg, 10 km von Pulkau entfernt ein, keine Sally! Ich war nicht nur ungehalten über die Passivität unserer englischen Freunde, die sich im Zug nicht nach ihr umgesehen hatten, sondern auch besorgt, denn es war bereits halb fünf Uhr nachmittags und wir wollten – wie immer – gegen 6 Uhr bescheren. Ich stand mit den schlechten Nachrichten vor Renée, die gleich mir traurig war und sich auch keinen Rat wußte. Plötzlich ging das Telephon. Ich stürzte hin. Ein hohes Stimmlein, das aus dem fernen Sibirien zu kommen schien, piepste an mein Ohr: „Halloh, Sally here!" „Sally?" ich atmete auf, „where are you?" „I am at Irnfritz." „Sally", sagte ich, „give me somebody who speaks German. Irnfritz doesn't exist." Aber ich war im Irrtum. Eine sonore Stimme meldete sich: der Stationsvorstand von Irnfritz, ganz nahe der tschechischen Grenze. Es stellte sich heraus, daß der Zugschaffner Gefallen an Sally gefunden hatte und sie in der Station Eggenburg geflissentlich ablenkte, sodaß sie sitzengeblieben war. Ich muß hinzufügen, daß dieser 24. Dezember in punkto Wetter einer der kältesten Tage des damaligen Winters war. Die Straßen waren total vereist und trotz der Winterreifen kaum befahrbar, zudem war es bereits vollkommen dunkel geworden. Aber das Glück wollte, daß gegen 5 Uhr plötzlich ein besonders heftiger Föhneinbruch zu konstatieren war, der wenigstens die Oberfläche des Eises auftauen ließ. So fuhr ich, begleitet von unserem amerikanischen Komponisten-Freund Eugene Hartzell, gegen Norden, und Weihnachten war gerettet!

Sally stammt aus einer aus Norwegen nach den USA eingewanderten Familie. Sie wuchs auf der Farm ihrer Eltern – 400 km vom nächsten Flughafen entfernt – als typische ,farmer's daughter' auf, erlernte bereits mit 12 Jahren das Fahren mit Traktoren und mit dem Auto. Sie ging dann auf eine Middle-West University und wollte Bibliothekarin werden. Aus Vergnügen am Singen half sie beim Chor. Eines Tages rief sie der Leiter des Chores zu sich. Was ihr denn einfiele, fragte er, er höre unausgesetzt ihre Stimme aus dem Chor heraus. Dann aber setzte er sich ans Klavier und es kam zutage, daß sie nicht nur ein absolutes Gehör besitzt, sondern über einen bemerkenswerten Sopran verfügt! Also ließ sie sich ausbilden. Eines Abends in Wien brachte ich Sally zum Taxistand Ecke Kärntner Straße/Hotel Sacher. Beim Zeitungsverkäufer fragte ich, ob ich ihr eine ‚Presse‘ kaufen dürfe. Als der Zeitungsverkäufer zu ihr aufsah, sagte er mit Devotion: „Oh, guten Abend, Frau Kammersängerin", was eine typisch wienerische Übertreibung war. Der Titel Kammersänger wird nur an einige wenige Auserlesene verliehen! Als ihr Taxi weggefahren war, fragte ich ihn: „Ja, woher kennen Sie denn Miß Arneson?" „Na hörn'S", sagte jener, „ich soll sie net kennen? Hab' i doch Autographen von einer jeden, die was in der Oper singt! Ich stell' mich allerweil vor dem Bühnentürl an. Meine Sammlung von Künstler-Unterschriften zählt bereits mehrere hundert Stück!" Dann, nach einer kleinen Pause: „Und wie kommen Sie zu derer?" Das kann einem wirklich nur in Wien passieren!

Bis zur Generalsanierung des Hauses Annagasse 18, 1992, hatten wir im 5. Stock winzig kleine Wohnungen, wo wir Studenten unterbrachten. Oftmals übte eines der Mädchen Skalen, klimperte eine andere auf dem Klavier, oder es ertönten Hörnerklänge. Das war Bob aus Amerika. Er begrüßte mich, wann immer er nach Pulkau kam, mit dem Siegfried-Motiv aus dem ‚Ring des Nibelungen‘. Auf der anderen Seite des Hofes wohnte damals Nancy, gleichfalls aus Amerika; sie studierte Gesang. Eines Tages sagte Bob zu uns: „Keep that girl away from me. I cannot stand her!" („Haltet sie mir fern, ich kann sie nicht ausstehen"). Kurze Zeit später haben die beiden sich verlobt und sind ein glückliches Paar geworden! Natürlich hat er das Horn an den Nagel gehängt und arbeitet heute in der Versicherungsbranche. Man muß sich fragen, warum man an den Akademien nicht strenger auswählt. Ginge es nach mir, dann könnte jedermann, der glaubt, ein Talent zu besitzen, ein Jahr lang an einer Akademie studieren. Dann aber strenge Prüfungen und Aussieben. Hat es doch keinerlei Sinn, hunderte von Klavierspielerinnen jahrelang auszubilden, die sämtlich von der großen Karriere träumen und letztlich als Klavierlehrerinnen in ‚Klein-Stinkenbrunn bei Chicago‘ enden! Lieber jenen, die Förderung verdienen, mehr Aufmerksamkeit widmen, als ein musikalisches Proletariat heranzubilden, nur weil Professoren stolz auf die große Anzahl ihrer Schüler sind.

Ich denke auch an eine reizende junge Sängerin, die dabei war, eine Opern-Karriere zu machen. Sie sang den ‚Oktavian‘ im ‚Rosenkavalier‘ in der Schweiz, ging dann nach Deutschland, zuerst nach Lübeck, von dort – leider – in eine entlegene Provinzstadt, und dort war Endstation. Eines Tages wurde sie gekündigt und war arbeitslos. Mittlerweile hatte sie eine besorgnis-erregende Liebesaffäre, sprach von einer Weltumsegelung, die sie demnächst antreten werde und schlug alle meine Warnungen und Ratschläge in den Wind. Zum Schluß stellte sich heraus, daß ihr Freund ein Schwindler war, daß das Segelboot, von dem sie schwärmte, gar nicht ihm gehörte, daß er außer ihr zwei andere Freundinnen hatte. Kurzum, es sah traurig um sie aus, die mittlerweile, um nicht müßig zu sein, angefangen hatte, in Heidelberg an der Universität Chinesisch zu lernen. Aber eines Tages riß mir die Geduld. „Was Du tust, ist reiner Unsinn", sagte ich zu ihr, „geh' zurück in Deine Heimat, nach Sidney, es wäre doch gelacht, kämst Du dort nicht an der Oper unter!" Sie folgte meinem Rat, arbeitete kurz an der Oper, traf dort einen reizenden Mann, heiratete ihn und ist zufrieden.

Die jungen Leute kommen und gehen. Bei vielen ist es Renée und mir gelungen, in ihnen eine Liebe zur Stadt Wien, zu Österreich wachzurufen, und es ist rührend für uns, ihre Anhänglichkeit zu erleben. Wir betrachten sie alle als Botschafter unseres Landes, bemuttern niemanden, sind aber immer da, gibt es eine Krise. Und sie wissen, daß sie kommen und ihr Herz ausschütten können. Und erst dann trachten wir, guten Ratschlag zu geben, den sie von uns eher akzeptieren als von ihren Eltern. Einmal saß ein besonders liebenswertes junges Geschöpf bei mir, deren Karriere als Sängerin wir liebevoll verfolgt hatten und die plötzlich unser Haus verlassen hatte, ohne daß wir verstanden hätten, warum. Wir wußten, daß sie ernstlich mit einem Musiker befreundet war. Nun aber saß sie, äußerlich gefaßt, innerlich verzweifelt, vor mir. Sie könne sich nicht dazu entschließen, jenen Mann (bei dem sie nun wohnte) zu heiraten, er ginge ihr auf die Nerven mit seinem stundenlangen Üben. „Und?" fragte ich. „Außerdem erwarte ich ein Kind von ihm!" Ich muß gestehen, daß ich mich selten in einem schwereren Gewissenskonflikt befunden habe. Ich wußte genau, was immer ich ihr riete, würde mir später einmal schwere Vorwürfe einbringen. Nach längerem Nachdenken sagte ich zu ihr: „Hör zu. In dieser Situation gibt es nur einen einzigen Menschen auf dieser Erde, der Dir raten kann." Sie blickte auf. Ich setzte fort: „Und das bist Du selber! Pack' Dich zusammen, fahre auf eine einsame Berghütte, gehe in Gottes freier Natur spazieren und höre auf Deine innere Stimme. Und dann tue, was Du für gut hältst." Ich treffe sie von Zeit zu Zeit. Ihre kleine Tochter wächst heran, sie – heute in gesicherter Stellung – hat die richtige Entscheidung getroffen.

Wir hatten mit keinem der jungen Menschen jemals Ärger. Nur einmal gab es für mich eine unüberwindliche Barriere. Ein junger Japaner war mir zugeteilt worden. Ich war sein ‚counsellor'. Er war bereits, was mich wunderte, 30 Jahre alt und schrieb ein perfektes Deutsch. Er hatte in Japan Germanistik studiert, jetzt aber wollte er in Wien in der berühmten Konditorei Demel das Zuckerbäckerhandwerk erlernen. Im nächsten Brief hieß es, er käme an einem Samstag um 10 Uhr 20 mit einer Maschine der ‚Swissair' in Wien an. Ich war ungehalten, denn ich hatte keine Lust, mir mein Wochenende in Pulkau durch ihn verpatzen zu lassen. Was tun? Schließlich fiel mir ein, bei der ‚Swissair' anzurufen. „Sie haben Glück," sagte mir ein freundliches Mädchen, „ich bin noch in direktem Kontakt mit unserer Maschine, die auf dem Flugfeld von Tokio steht und kann ihre Botschaft verläßlich ausrichten." Und so geschah es auch.

Samstag vormittag meldete sich mein Japaner am Telephon. Er sprach langsam, aber in tadellosem Deutsch. Ich bat ihn, mit einem Taxi zum Franz-Josephs-Bahnhof zu fahren und dort in den Berliner Schnellzug einzusteigen. Ich würde ihn bei der Station Eggenburg abholen. „Ja, gut," hieß es, „Sie haben mein Photo erhalten. Wie aber werde ich Sie erkennen?" „Lieber junger Freund" war meine Antwort, „ich wette mit ihnen um 1.000,– Schilling: Sie werden der einzige Japaner sein, der in Eggenburg den Zug verläßt!" Und so war es! Er war liebenswürdig, aber völlig weltfremd und störrisch. Man hatte ihm – Gewerkschaft hin, Gewerkschaft her – sogar eine Lehrstelle bei der Konditorei Heiner gefunden (Hauptgeschäft Wollzeile, eine Filiale in der Kärntnerstraße, da es unmöglich war, ihn bei Demel unterzubringen). Sehr bald schon freute es ihn dort nicht mehr. Er blieb aus, entschuldigte sich nicht bei Heiner, rief mich nicht an. Schließlich setzte ich mich mit dem damaligen Präsidenten unseres Rotary-Clubs in Verbindung und bat darum, meiner ‚counsellor'-Verpflichtung entledigt zu werden. Der junge Mann war kurz darauf der einzige, der je von unserem Club aus heimgeschickt worden ist.

55. Der Kauf des Pulkauer Hauses

Ich hatte, wann immer im Haus Annagasse 18 eine Wohnung frei wurde, darauf gesehen, sie augenblicklich zu erwerben. Bereits vor meiner Heirat mit Renée gelang mir der Kauf des größeren Teiles der Wohnung im vierten Stock des Hauses. „Schön!" sagte Renée, als ich ihr noch vor unserer Hochzeit die Räume zeigte, „aber leider zu klein für meine Vorstellung." Mit

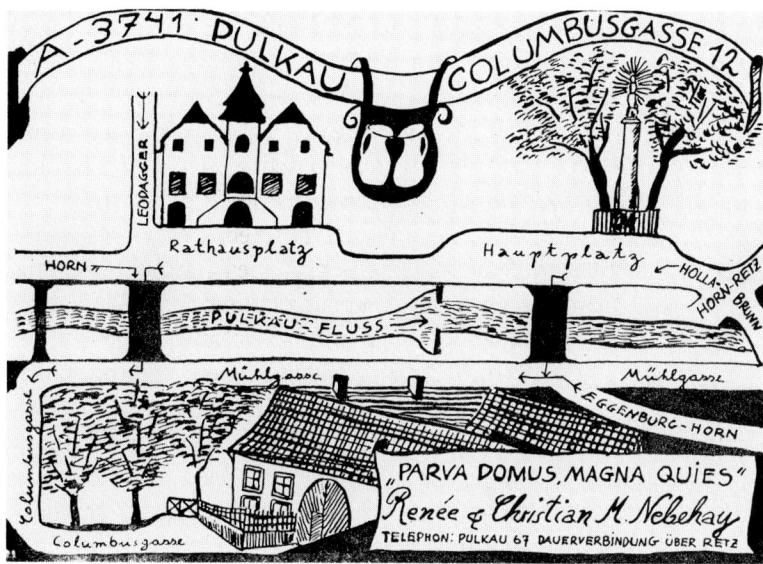

einiger Mühe glückte es, eine ältere Frau, die jahrelang in der Seilerstätte – also um die Ecke des Hauses – ein Lebensmittelgeschäft betrieben hatte und nun in Pension war, zum Ausziehen zu bewegen. Sie hatte den rückwärtigen Teil dieser Wohnung bewohnt. Es fiele ihr, so sagte sie, allmählich schwer, die eng gewundene, rückwärtige Stiege des Hauses zu benützen. Ihr Wunsch stand nach einer Wohnung, die aus einem Zimmer und einem Bad (was sie in dem von ihr bisher bewohnten Teil der Wohnung zu entbehren hatte) bestehen sollte. Und das in einem Haus des ersten Wiener Bezirkes mit Lift. Genau der Typ von Wohnungen, den es in der Innenstadt damals kaum gab. Aber mit Hilfe eines Vermittlungsbüros gelang es, doch eine ihren Wünschen ent-sprechende Wohnung, allerdings im 13. Bezirk, zu finden. Sie lag nahe der U-Bahn Haltestelle ‚Hietzing‘. Die Züge erreichen die Oper innerhalb von 10 Minuten. Es gab dort einen Vorgarten, der sie freute und – vor allem – die Räume der kleinen Wohnung gingen gegen Süden und waren lichterfüllt. Es dauerte eine Weile, bis sie endlich dorthin übersiedelte, dann aber konnten wir an die Einrichtung des ganzen Stockwerkes denken. Die ersten Monate unserer jungen Ehe hatten wir in Renées Wohnung, auch im ersten Bezirk, im obersten Stockwerk eines in der Zwischenkriegszeit erbauten Hauses in der Riemergasse verbracht. Renées Nachbar dort war der Pianist Friedrich Gulda. Anfänglich zeigte er sich am Erwerb ihrer Wohnung interessiert, fand aber dann, daß die Akustik seinen Vorstellungen – hauptsächlich für Schall-plattenaufnahmen – nicht entsprach. Es fiel aber letztlich nicht schwer, einen anderen Käufer zu finden.

Der Umbau des 4. Stockes der Annagasse 18 erfolgte 1962 nach Renées Wünschen. Dem Rat unseres guten Freundes Alexander Melingo-Saginth, der die Verwaltung des Hauses – die frei geworden war – übernommen hatte,

Vorder- und Rückseite einer von Ch. M. N. ent-worfenen und gezeichneten Karte, die Gästen die Zufahrt zum Pulkauer Haus erleichtern soll

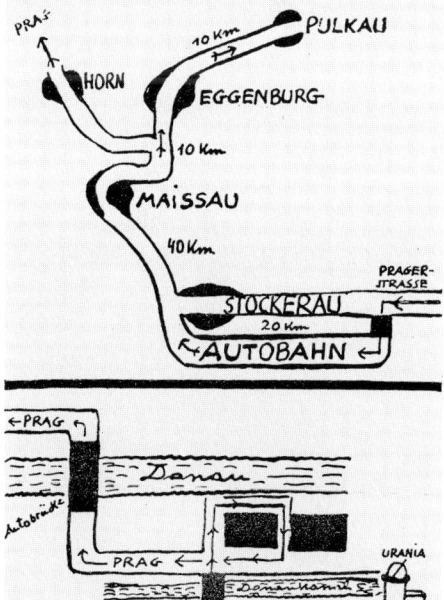

Wolfgang Stracke, Blick vom Hof zur Einfahrt des Pulkauer Hauses. Bisterzeichnung, 1979.

folgend, verbanden wir die beiden großen Räume der Straßenseite mittels eines Durchbruches. Im letzten rückwärtigen Zimmer wurde der Bechsteinflügel Renées aufgestellt, den sie von ihrer Mutter geschenkt bekommen hatte. Ein wunderbares Instrument, das sie ihre ganze Jugend hindurch begleitet hat. Im anschließenden Raum wurde das Wohnzimmer eingerichtet, mit einem großen Kamin, dessen weiße Kacheln von dem damals bei uns arbeitenden, künstlerisch hochbegabten Josef Gruber mit schönen Darstellungen nach Anna Sibylla Merians Insektenbuch, 1705, bemalt und gebrannt wurden. Beide Räume haben seither ungezählte Male ein größeres Publikum zu festlichen Anlässen – seien es nun Konzerte oder Vorträge – aufgenommen. Nur die Wichtigsten: Den Vortrag von Jean-René Bory über das Leben der Marie-Antoinette erwähnte ich bereits. Ein anderer bedeutender Sprecher war Professor William L. Moore, ein Amerikaner, der in Tokio lebt. Er hat ein umfangreiches Buch über den Dichter Walt Whitman verfaßt und verstand es, frei sprechend, seine Zuhörer durch Zitieren der schönsten Stellen aus des Dichters Gedichten in seinen Bann zu ziehen. Auch hiebei vermochte der Raum kaum die erschienenen, hauptsächlich jugendlichen Gäste aufzunehmen. Sie saßen zum Großteil auf dem Fußboden und lauschten seinen mit wohlgepflegter Stimme vorgebrachten Worten. Ein anderes Mal führte seine japanische Frau im Kimono mit breiten Pinseln schwungvoll dem staunenden Publikum japanische Kalligraphie vor. Ihre beiden kleinen Mädchen saßen einstweilen mucksmäuschenstill und bescheiden in einer Ecke, angetan in österreichischer Tracht, und waren als Anblick beinahe ebenso spektakulär wie die vollendete Fertigkeit der Mutter! Viele unserer jungen Musikstudenten wurden an Konzertabenden vorgestellt. Es gab oft ausgezeichnete Vokalmusik, aber auch Soloabende. Anläßlich eines runden Geburtstages von mir hatte Renée den bezaubernden Puppenspieler Norman Shetler eingeladen – er ist von Beruf Pianist und Korrepetitor – der seine Puppen – unterstützt von seiner Frau – vollendet vorführt und ihnen dazu auf die unterhaltsamste Art und Weise Worte unterlegt, die ganz wunderbar und eindrucksvoll wirken.

Kurzum, wir haben eine wirklich schöne und großzügig ausgestattete Wohnung. Eine Küche voll der modernsten Apparate, zugleich gemütlich eingerichtet, mit einer Anrichte, die die Tätigkeit der Hausfrau vom Eßtisch her abschirmt. Es tat uns beiden leid, daß wir unser Heim Renées Mutter nur in Photos zeigen konnten, da sie nicht mehr zu reisen fähig war. Als alles fertig und wohlgelungen war, fragte ich Renée, ob sie denn nun glücklich und zufrieden sei? Ihre Antwort traf mich hart. Denn was sagte sie? „Ja, es ist alles sehr schön und genau so, wie ich es mir immer gewünscht habe. Aber was mir fehlt, ist eine Wohnung auf dem Land, fern von der Großstadt, mit einem geräumigen Garten!" Ich vermeinte nicht richtig zu hören! „Renée," sagte ich, „ich kann Dich nicht verstehen! Warum hast Du das nicht gleich gesagt? Dann hätte ich diese Wohnung hier abgegeben und wir hätten uns etwas an der Peripherie gesucht!" „Nein", war ihre Antwort, „Du verstehst nicht, was ich sagen will. Ich bin schließlich Engländerin, und Engländer haben nicht umsonst das ‚weekend' erfunden. Ich sehne mich nach einem Garten, fern von der Großstadt."

Da war nun zunächst guter Rat teuer. Es hatte mich ohnehin geraume Zeit gekostet, bis ich mich an die Dimensionen dieser großen Wohnung gewöhnt hatte, denn immer steht mein Sinn nach kleinen Räumen! Auch hatten wir uns finanziell vollkommen ausgegeben und konnten überhaupt nicht daran denken, zusätzlich etwas zu suchen. Dann kamen die guten Freundinnen, die – meiner Meinung nach – in jeder Ehe gefährlich sind, weil sie sich stets mit

Der winterlich verschneite Eingang zu einem der vier tief in den Hang hineingebauten Weinkeller

ihren Ratschlägen einmischen. So gab es auch in diesem Fall eine reizende Engländerin, Vivian Karg, die seit vielen Jahren in Wien lebte. Sie war es, die genau wußte, was wir zu tun haben würden. Nämlich: jedes Wochenende hinaus auf das Land fahren, in kleinen Gaststätten das Vertrauen der Wirte zu gewinnen trachten, um von diesen dann gute Tips für eventuell zum Verkauf stehende Objekte zu erhalten. „Nein," sagte ich, „das ist mir zu ungewiß. Ich schlage vor, wir warten, bis das auf Dich entfallene Geld aus der Verlassenschaft Deiner Mutter (sie war zu unserem Leidwesen inzwischen in Auvernier verstorben) bei uns in Wien eingetroffen ist. Dann, ich verspreche dies, setze ich mich in Bewegung, und wir werden sehen, wie weit wir kommen!"

Blick von der Mitte des Hofes (man erkennt gerade noch die Blätter des großen Maulbeerbaumes) gegen den Wohnungseingang

Einmal war Renée bereits strahlend von einem ländlichen Ausflug zurückgekommen, und wir waren gemeinsam nach Maria Taferl (Wallfahrtsort am nördlichen Donauufer) gefahren, wo sie – in einiger Entfernung von dieser Ortschaft – einen zauberhaften Besitz entdeckt hatte, der auch mein Herz höher schlagen ließ. Man hatte von dort aus, wo ein altes, bereits etwas baufälliges Haus stand, einen herrlichen Blick. Nicht nur nach Süden, wo der Ötscher hinter den Hügeln des jenseitigen Donauufers zu sehen war, sondern auch auf den Lauf der Donau, von Melk bis auf die Donauschlinge im Westen. Aber: erstens war dort nichts zu verkaufen und zweitens schien mir nicht nur die Entfernung von Wien bedenklich, sondern auch die Zufahrt wenig einladend zu sein, denn sie führte vom Donautal in einer engen, wenig befahrenen Straße bergwärts. Ich mußte mich fragen, ob diese Straße bei Schnee überhaupt befahrbar sein würde. Wir ließen, zu unserem beiderseitigen Bedauern, die Sache sanft einschlafen.

Aber eines Tages war es soweit. Unser Anwalt, Dr. Otto Kammerlander, rief uns an. „Es ist nun alles geregelt," sagte er, „das Geld ist eingetroffen, jetzt können Sie versuchen, etwas Geeignetes zu finden." Dann setzte er hinzu: „Und ich, als alter Pessimist, sage Ihnen gleich, was geschehen wird: Sie werden etwas finden, das Ihnen preislich zusagt, aber es wird ein paar ‚Kleinigkeiten' geben, die unbedingt noch als zusätzlich angesehen werden müssen. Beispielsweise eine neue Wasserleitung muß her, Telephon muß eingeleitet werden, auch die Zufahrtsstraße gehört ausgebaut. Kurzum, zur Erwerbssumme wird ein ganz schöner Batzen Geld kommen. Ich wünsche Ihnen viel Glück!" Und damit verabschiedete er sich. Ich aber setzte mich an meinen Schreibtisch und konzipierte den Text eines Inserates, das ich in den drei führenden Tageszeitungen veröffentlichte. Der Text lautete ungefähr:

Wohnungseingang mit Blick auf die holzgeschnitzte, bemalte Figur des Heiligen Leopold, Landespatron von Niederösterreich, XVIII. Jhdt.

> „Kapitalkräftiges Ehepaar (das waren wir wirklich einmal in unserem Leben, kurze Zeit hindurch) sucht zur liebevollen Ausgestaltung eines Alterssitzes Haus mit Garten in der Umgebung von nicht weiter als 60 km von Wien. Unter der Nummer . . ."

Am Tag nach dem Erscheinen dieses Textes traf Otto Kammerlander Renée in der Kärntner Straße vor einer Auslage. „Küß' die Hand, liebe gnädige Frau", sagte er mit einem maliziösen Lächeln. „Kapitalkräftiger Einkauf in der Stadt, oder?" Er hatte tatsächlich erkannt, daß wir es waren, die diese Inserate aufgegeben hatten! Aber das Lächeln sollte ihm vergehen, denn die Inserate hatten einen gar nicht vorraussehbaren Erfolg. Wir erhielten auf Anhieb nicht weniger als 45 Briefe an unsere Kennummer. Und – wieso dies geschah, vermag weder Renée noch ich zu erklären – sie öffnete von allen Briefen zuerst den einzigen, der von einem Realitätenvermittler in Stockerau abgesandt worden war. Aus dem Kuvert fielen ein paar Farbphotos, die einen großen Hof zeigten, in dessen Mitte ein wunderbarer, großer Baum stand. Renée warf einen Blick auf die Photos, überflog den Inhalt des Briefes und rief aus: „That's my house!" Wir haben dann tatsächlich keinen der anderen Briefe mehr geöffnet! Haben den Agenten angerufen und sind am nächsten Tag, begleitet von meinem älteren Sohn Niki, nach Pulkau gefahren. Columbusgasse 12 war die Adresse. Es sollte sich herausstellen, daß dieses Gäßchen nicht nach dem Entdecker Amerikas, sondern nach seiner Hochwürden Dr. Josef Columbus, Religionslehrer des jungen Kaiser Franz Joseph, benannt war. Daher auch das ‚C' zu Beginn des Namens!

Pulkau liegt nördlich der Donau, im Herzen des niederösterreichischen Weinviertels – auf halbem Weg zwischen Horn und Retz – und ist eine bezaubernde kleine Ortschaft, erst kürzlich zur Stadt ernannt, wiewohl sie nur 1500 Einwohner zählt. Viele Häuser haben gepflegte Barockfassaden. Es gibt ein schönes Rathaus und zwei bemerkenswerte Kirchen: Die Pfarrkirche ‚Heiliger Michael', auf einem Hügel inmitten des ummauerten Friedhofes gelegen. Man erkennt noch die frühromanische Konstruktion. Daneben steht ein 1260 geweihter Karner. Interessanterweise befinden sich Karner (auch ‚Beinhäuser' genannt und zur Aufnahme von Überresten Verstorbener verwendet) beinahe ausschließlich entlang der Ostgrenze Österreichs. Jemand hat vermutet, daß diese im Grundriß achteckigen Gebäude in der Zeit der Kreuzzüge (Ende des 11. bis zum Ende des 13. Jahrhunderts) als Memento für das Grab Christi in Jerusalem erbaut worden seien. Dann gibt es die ‚Heiligblutkirche', im hochgotischen Stil errichtet, jedoch ein Torso geblieben. Der große gemalte und geschnitzte Flügelaltar stammt von Nicolas Breu, bekannt als ‚Pulkauer Meister', ein Bruder des berühmten Augsburger Malers Jörg Breu. Anlaß zum Bau dieser Kirche war ein ‚Hostienwunder', das sich 1283 zugetragen haben soll. Ortsansässige Juden wurden beschuldigt, die Hostie entwendet und mit einem spitzen Instrument durchlöchert zu haben, worauf sie zu bluten begonnen habe. Die darauf bezugnehmenden gemalten Tafeln des Altars (der bei geöffneten Flügeln sechs Meter in der Breite mißt) sind nicht in der Kirche, sondern in Wien im Schottenkloster zu sehen – dem die Kirche zugehörig ist –, um nicht Anlaß zum Entstehen antisemitischer Ausbrüche zu sein.

Uns empfing eine Frau Türk, die Hausbesitzerin, eine etwas vergrämte Frau mittleren Alters. Sie war seit einiger Zeit verwitwet. Ihr Mann war beim Schneeschaufeln tot zusammengesunken. Ohne dies beweisen zu können, vermuten wir, daß sie die Direktorin einer Mädchenschule gewesen war, nach 1945 aus politischen Gründen ihren Posten verloren und sich in die Provinz zurückgezogen hatte. Nein, unser Hund dürfe keinesfalls den Hof betreten, hieß es gleich zum Empfang! Aber das störte uns nicht, denn wir erkannten, daß wir auf Anhieb das Haus unserer Wünsche gefunden hatten. Allein der Innenhof war faszinierend. In seiner Mitte steht ein großer Maulbeerbaum, der den ganzen Hof beherrscht. Er ist in Niederösterreich heute bereits als selten vorkommend anzusprechen und wohl als ein Relikt des von Maria Theresia befürworteten Projektes anzusehen, durch die Einführung der Seidenraupenzucht der ländlichen Bevölkerung ein Einkommen zu verschaffen. Allein, es erwies sich damals als zu schwierig, die zur Zeit des Schlüpfens der Raupen notwendige, gleichmäßige Erwärmung der Bruträume durchzuführen.

Ich nehme hier vorweg, daß uns dieser prächtige Baum viel Sorgen bereiten sollte. Zunächst einmal deshalb, weil man uns nicht aufmerksam gemacht hatte, daß seine großen Äste regelmäßig alle zwei bis drei Jahre gestutzt werden müssen. Wir erlebten, daß zwei von ihnen, die von der Mitte des

Hofes bis zu den umgebenden Gebäudeteilen reichten, zu schwer wurden und – zu unserem Leidwesen – herunterbrachen. Der Stamm ist von vielen Rissen durchfurcht, am oberen Ende mittels Beton ausgebessert und mit einer dicken Schichte von Baumteer bedeckt. Durch Stutzen horizontaler Äste bleibt er erhalten. Wir haben endlich eine Baumschule gefunden, die versteht, ihn zu betreuen. ‚Experten‘ des Ortes warfen gelangweilt einen Blick auf die Krone des Baumes, schüttelten den Kopf und sagten: „Am besten ist, Sie schneiden ihn um!“ Damit forderten sie uns zum Kampf um seine Erhaltung heraus, den wir – all die dreißig Jahre lang, die wir nun dort sind – siegreich bestanden haben. Im Frühjahr ist er stets einer der letzten Bäume unseres Gartens, der Laub ansetzt. Dafür erlebten wir eines Morgens im Herbst das Fallen des Laubes wie nie zuvor. In einer wahren Kaskade fielen die Blätter mit einem zuvor niemals vernommenen zischenden Geräusch zu Boden. Es muß in dieser Nacht plötzlich starken Frost gegeben haben. Innerhalb von zwei Stunden lagen alle der nun gelb gewordenen Blätter knietief auf dem Boden.

An drei Seiten ist der Hof von Gebäuden eingefaßt; die vierte Seite begrenzt eine hohe Mauer, die den dahinterliegenden, höhergelegenen ehemaligen Weingarten zurückhält. Die Eingangstüren zu dem weit ins Innere des Hügels hinter dem Haus führenden Keller sind dort angebracht. Wir wurden im Wohnhaus herumgeführt, das – wie übrigens auch die anschließenden Gebäude (eine große Scheune und ein ehemaliges Preßhaus mit großer, guterhaltener Weinpresse) – in gepflegtem Zustand war. Kein Dachziegel fehlte. Die Besitzer hatten lediglich begonnen, vor dem Hauseingang einen aus Plastikteilen bestehenden Windfang zu bauen. Auch die gärtnerische Gestaltung des Hofes ließ zu wünschen übrig. Aber wir alle drei fühlten, es handle sich um einen Glücksfall! Renée strahlte, und auch der sonst zurückhaltende Niki war enthusiastisch. Ich hingegen erkannte die Gefahr, die darin bestand, daß wir alle zu sehr unsere Freude bekundeten und sorgte durch einige sanfte Stöße mit dem Fuß unter dem Tisch dafür, daß die Freude nicht zu offenkundig wurde. „Ja,“ sagte ich, „alles in Ordnung, es gefällt uns. Es gibt aber einige schwere Bedenken. Vor allem stört mich sehr, daß das Haus doch viel weiter von Wien entfernt liegt, als wir dies gewünscht hatten. Unser Limit waren 60 und nicht 80 Kilometer gewesen. (Mittlerweile hat der Ausbau der Autobahn von Wien bis Stockerau die Fahrzeit nach Pulkau derart verkürzt, daß wir innerhalb einer Stunde von Haus zu Haus gelangen). Auch liegt mir das Haus zu weit von der Bahn entfernt, denn es könnte doch sein, daß man eines Tages auf diese angewiesen ist. Aber, da es in erster Linie meiner Frau gefallen muß, akzeptieren wir Ihren Preis.“ Als ob sie nur darauf gewartet hätte, fuhr Frau Türk erregt dazwischen: „Eines sage ich aber gleich. Selbstverständlich bleibe ich so lange hier wohnen, bis ich mir ein anderes Haus gefunden habe!“ Ich stand in aller Ruhe auf, sagte zu den Meinen: „Kommt's Kinder!“ und zu ihr „Ja, was fällt Ihnen denn eigentlich ein? Wir sind nicht gekommen, um Ihnen das Haus abzuluchsen. Sie sind es, die einen Agenten beauftragt haben, Ihnen einen Käufer zu finden. Sie haben einen Kaufpreis bestimmt, der uns zusagt, und jetzt fangen Sie an, Schwierigkeiten zu machen? Guten Tag, wir gehen!“ Und damit wandte ich mich zur Türe. „Halt, halt,“ rief der Agent energisch zu Frau Türk, „so einfach geht das nicht, wie Sie meinen! Schon einmal haben Sie mir, törichterweise, einen Käufer verjagt. Jetzt habe ich genug! Vertreiben Sie mir wiederum dieses zum Kauf entschlossene Ehepaar, dann ist meine Provision fällig, und Sie haben mir 35.000,- Schilling auf den Tisch zu legen! Überlegen Sie sich bitte augenblicklich, was sie tun wollen." Darauf lenkte Frau Türk ein. Etwas weinerlich meinte sie, der Betrag reiche nicht aus, daß sie ein Bungalow-ähnliches Haus in Hainburg an der Donau erwerben könne, woher ihr Mann gestammt hätte. Der Agent machte sich erbötig, ihr beim Aushandeln des Kaufpreises dort behilflich zu sein und schaffte es auch, sodaß sie auszog. Aber nur, um dort gar nicht erst auszupacken! Flehentlich bat sie den Agenten ein paar Tage später, für sie doch diesen Bungalow wieder zu verkaufen. Sie könne dort nicht leben und wünsche sich eine Eigentumswohnung in Baden bei Wien. Auch diese verschaffte er ihr. Aber nur kurze Zeit später trieb sie den Preis eines zum Kauf angebotenen Hauses in Pulkau so lange in die Höhe, bis es ihr zufiel! Dort ist sie, leider, nach kurzer Zeit gestorben. Boshafterweise könnte man sagen: Wie es einen ‚Hans im Glück' gibt, war sie in ihrer Unentschlossenheit halt ‚eine Gans im Unglück'!

Wir erlegten am Tag nach unserem ersten Besuch den Kaufpreis bei einem Notar in Horn und wurden rechtmäßige Eigentümer des Pulkauer Hauses, Columbusgasse 12, umgeben von 6000 Quadratmeter Garten, der teilweise mit alten Obstbäumen bepflanzt ist. Mit einem kleinen Photoalbum, das uns ausgehändigt worden war, sprachen wir ein oder zwei Tage später bei Dr. Kammerlander vor. Wortlos legte er das Album nach dem Durchblättern aus den Händen, blickte auf und sagte: „Jetzt habe ich nur eine einzige Bitte: ladet mir nie meine Frau nach Pulkau ein. Ihr habt genau das Haus gekauft, das zu kaufen wir uns jahrelang gewünscht haben!"

Über Vermittlung unseres Malerfreundes Arnulf Neuwirth lernten wir Professor Friedrich Euler kennen, der kurz zuvor sehr einfühlend das sogenannte ‚Blutgassenviertel' im Ersten Wiener Bezirk vorbildlich saniert hatte. Wir hatten Ursache, unsere Wahl nie zu bereuen! Er hat mit sehr viel Liebe und Können jene Umbauten vorgenommen, die wir uns gewünscht haben, sodaß die alte Bausubstanz erhalten geblieben ist. Das Haus hatte sogar eine – allerdings primitiv mit Kohlen befeuerte – Zentralheizung, die nun durch eine moderne Ölheizung ersetzt wurde. Im Inneren wurden ein paar Wände versetzt und zwei Badezimmer eingebaut. Wir können nun – und haben dies oft getan – bis zu sechs Gäste bei uns übernachten lassen, ohne daß einer den anderen stört! Renées Küche wurde zu einer ob ihrer praktischen Gestaltung viel bewunderten. Sie befindet sich dort, wo früher der Küchengarten war, mit zwei großen Fenstern und einem Terrassenvorbau. Da die Ölpreise nach der Ölkrise in die Höhe schossen, konnten wir die Küche nicht mehr richtig heizen. Ich gab einem guten Hafner in Horn einen großen grünen Kachelofen in Auftrag, der hermetisch abschließbar – die Glut auf viele Stunden lebendig hält. Ich überraschte Renée, als sie von einer Reise zurückkam, mit einer selbstgezimmerten Ofenbank, Lieblingsplatz unserer damaligen Spanielhündin Topsy. Das Heizungsproblem war gelöst!

Ein paar Jahre später hat Professor Euler mit dem gleichen Einfühlungsvermögen unsere Scheune in ein Schwimmbad verwandelt. Die Aushubarbeiten gestalteten sich aufregend. Der Baggerfahrer brachte es fertig, mit hochbeladener Schaufel an die sechzig Mal durch das gartenseitige Tor zu fahren, ohne nur ein einziges Mal anzustreifen. Plötzlich legte er ein tiefes Loch frei, vermutlich einen stillgelegten Brunnen. Der Baumeister stand die ganze Zeit über im Inneren der Scheune und ließ nun einige Baggerschaufeln Erde hineinschütten und wir konnten aufatmen. Die beiden großen Fensterscheiben gehen gegen den Hof. Es ist kaum zu schildern, wie schön es – besonders im Winter – ist, dort zu baden! Immer mit dem Blick auf den verschneiten Hof. Nebenan entstand eine Sauna. Wir bezeichneten unser

Pulkauer Haus als ‚Kuranstalt', die wir pünktlich jeden Freitagabend aufsuchen, um bis Sonntag abends zu bleiben. Zweimal Sauna, zweimal des Morgens vor dem Frühstück Schwimmen und Liegen unter Bestrahlungslampen. Unbezahlbar ist die Ruhe, die Entspannung und die befriedigende Freude, die dieses einfache Haus auf uns und alle unsere Gäste ausstrahlt. Wir beide schöpfen hier die Kraft zum Leben. Ich verdanke der Ruhe vor allem die Fertigstellung von mehr als zehn Büchern, deren Vorwort stets erkennen läßt, wo sie geschrieben wurden.

Mit einem Großteil der Bevölkerung Pulkaus stehen wir auf gutem Fuß, mit einigen Menschen sind Freundschaften entstanden. Nie gab es Streit oder Unfrieden. Wie heißt es so schön:

> *„Der Herrgott segne dieses Haus*
> *Und all die gehen ein und aus!"*

Die großen Festtage sind Weihnachten und Ostern. Zu Weihnachten versteht es Renée, das Haus einmalig schön zu schmücken. Überall Tannenreisig und Zweige, die sie irgendwo, samt Efeu, in der Nähe gefunden und vergoldet hat. Der große Tisch ist immer eine wahre Sehenswürdigkeit, mit ausgegrabenen Weinstockwurzeln, besetzt mit bunten Kugeln und lustigen Vöglein und vielen großen roten Kerzen. Er steht neben dem reichgeschmückten Christbaum, der von oben bis unten mit einfachem Schmuck aus Holzspänen verziert ist, eine Aufmerksamkeit unserer Mitarbeiterin Helga.

Aber die große Überraschung für alle ist immer der Moment, wenn das Glöckchen läutet und draußen auf der Terrasse die vor einem der Kellereingänge aufgebaute Krippe beleuchtet zu sehen ist. Die lebensgroßen Figuren (Vorbilder waren Graphiken von Albrecht Dürer) habe ich aus Preßspanplatten ausgeschnitten, mit Papier überklebt, bemalt und gefirnißt. Sie halten nun bereits seit beinahe 30 Jahren, sind inzwischen allerdings ein wenig abgestoßen, aber geben – aus einiger Entfernung betrachtet – noch immer ein zauberhaftes Bild, bei dem auch ein höher aufgestelltes Kamel mit den Heiligen Drei Königen nicht fehlen darf. Ich vergaß zu erwähnen, daß wir auch eine kleine Reise-Weihnachtskrippe mit Papierfiguren haben, die ich – als Überraschung für Renée – für unser erstes gemeinsames Weihnachtsfest in Auvernier hergestellt habe. Sie war es, die mich in Padua anläßlich meines ersten Besuches dort in die von Giotto ausgemalte ‚Capella degli Scrovegni' geführt hatte. Diese dient als Vorbild. Die kleinen Figuren sind sorgfältig aus dünnem Karton herausgeschnitten und bemalt. Als wir auf der Fahrt nach Auvernier in Buchs die Zollkontrolle über uns ergehen lassen mußten, bestand der Zöllner darauf, daß ich mein geheimgehaltenes Paket öffne. Er lachte dann herzlich, als er sah, was ich da hatte! Wir beide haben diese kleine Krippe sehr liebgewonnen.

Für den Ostermontag laden wir die Kinder der Umgebung zum Ostereiersuchen ein, was immer ein großes Hallo bedeutet. Ich besorge beim ‚Zauberklingel' in Wien I. in der Führichgasse, der dort Zauberartikel – teilweise von ihm selbst erfunden – aber auch zu kleinen Preisen Scherzartikel wie: Tinte, die keine wirklichen Flecken hinterläßt, wasserspritzende, trickreiche Uhren und dergleichen führt. Sie werden auf unserer Terrasse mit Hilfe eines von mir gebastelten Roulettes verlost, wobei streng darauf geachtet wird, daß keines der Kinder schwindelt und der in Umdrehung versetzte Zeiger tatsächlich genau auf die ausgelegten ‚Schätze' zeigt.

56. ‚Casanoviana‘. Der Casanova-Forscher J. Rives Childs

The Honorable J. Rives Childs, dessen Spürsinn und Unermüdlichkeit hauptsächlich dazu beitrugen, daß beinahe alle Rätsel der Memoiren Casanovas gelöst sind. Ölbild von Nicolai Fechin, amerikanisch-russischer Maler (geboren 1881)

Die nachfolgenden Zeilen dienen der Erinnerung an einen großen Bibliophilen, J. [James] Rives Childs. Er war mir zunächst bekannt als Autor einer gründlich erarbeiteten Bibliographie, hauptsächlich basierend auf seiner Sammlung der Werke des französischen Schriftstellers und Sittenschilderers Nicolas Edme Restif de la Bretonne (1734–1806), „der in seinen Schriften das Leben auf dem Lande und in den Städten am Vorabend der Revolution schilderte, die eine ganze Epoche lebendig werden lassen. Er beschreibt nur, was er selbst gesehen und gehört hat. Ohne dieses Werk wäre unsere Kenntnis des 18. Jahrhunderts unzulänglich." Schiller bezeichnete Restifs Werk als unschätzbar für jemand, der, wie er selbst, wenig Gelegenheit hatte, die Menschen im wirklichen Leben kennenzulernen, und Paul Valery erklärte: „Ich stelle Restif über Rousseau" (Kindlers Literatur-Lexikon, Deutscher Taschenbuch Verlag, Band 6, Seite 2158). Das Buch von Childs trägt den Titel: ‚Restif de la Bretonne. Témoignages et Jugements. Bibliographie, Paris, 1949‘. Einen Großteil seines Lebens widmete Childs auch den Nachforschungen über das Leben und die Schriften Casanovas.

Keiner hat ein bewegteres Leben in einem schier unglaublichen Auf und Ab geführt, kaum ein anderer Schriftsteller hat mehr Rätsel aufgegeben als Giovanni Giacomo Casanova (1725–1798), der sich – da es seiner Meinung nach jedem Menschen freistünde, sich des Alphabetes zu bedienen – ‚Chevalier de Seingalt‘ nannte. Seine Memoiren erschienen 1822–1828, also posthum. Ausgerechnet bei F. A. Brockhaus in Leipzig (später weltbekannt durch sein berühmtes Lexikon). Casanova war, worauf immer wieder vergessen wird, nicht nur der Schreiber von Geschichten schlüpfriger Affairen mit billigen Mädchen, es gibt in den Memoiren nur eine zu Herzen gehende Liebesgeschichte mit einer ‚Henriette‘. Alle anderen Frauen, Mädchen, Tänzerinnen, Dienstboten, etc., wurden ebenso rasch vergessen, wie er sie kennengelernt hatte. Er war ein hochgebildeter Mann und berichtet über Begegnungen und Gespräche mit den bedeutendsten Persönlichkeiten seiner Zeit. Zum Beispiel: mit Jean Le Rond d'Alembert (französischer Physiker und Mathematiker, der gemeinsam mit Denis Diderot der Herausgeber der berühmten ‚Encyclopédie‘ in 33 Bänden Groß-Folio war); mit Prosper Jolyot de Crébillon (französischer Trauerspieldichter); mit Prince Charles Joseph de Ligne (Diplomat, Schöngeist, Dichter, Bibliophiler, mit dem er gegen Ende seines Lebens viel korrespondierte); mit Voltaire (der ihn auf seinem Landsitz ‚Les Délices‘ unweit von Genf, empfing und in dessen Gegenwart Casanova die Gesellschaft durch endlose, auswendig vorgetragene Passagen aus Ariost unterhielt); mit Pietro Metastasio (italienischer Dichter am Wiener Hof); mit Dr. Samuel Johnson (englischer Dichter, Herausgeber des ‚Dictionary of the English Language'); mit Friedrich II. von Preußen, dem Großen (der ihn in Potsdam als Hofmeister für ein neugegründetes Kadetten-Corps adeliger Pommern gewinnen wollte); mit Katharina der Großen; mit Joseph II. (der ihm während eines Gespräches im Laxenburger Schloßpark erklärte, er verachte Personen, die sich den Adel käuflich erwürben, worauf Casanova schlagfertig, aber riskant antwortete: „Ja, Sire, was aber sollte man von jenen halten, die Adel verkaufen?"); mit dem damaligen Papst ebenso wie mit dem Schwindler Alessandro Graf von Cagliostro (eigentlich Guiseppe Balsamo), um nur wenige zu nennen. Von vielen anderen Menschen seiner Zeit wüßten wir überhaupt nichts, kämen sie nicht in seinen Memoiren vor. Casanova war

Abenteurer, Spieler (der es gelegentlich nicht ganz genau nahm), Liebhaber vor allem von ungezählten Mädchen und Frauen (wobei seine spektakulären Niederlagen genauso offen geschildert sind wie seine ‚Siege'). Auch gelegentlich Alchimist (es gibt eine skandalöse Geschichte, wie er eine bereits ältliche Mme. d'Urfé zu verjüngen vorgab). Er verdiente Unsummen durch die Einführung des Lottos in Paris, war aber, kehrum die Hand, bald wieder ohne Geld. So gut wie unbekannt ist die Tatsache, daß er nicht weniger als 43 Bücher und Pamphlete veröffentlicht hat, von denen allerdings die meisten heute vergessen sind. Gegen Ende seines Lebens, seit 1785, fand er, vereinsamt und gealtert, ein Refugium als Bibliothekar beim Grafen Waldstein in Dux (bei Eger) in Böhmen, verlacht und verspottet von der Dienerschaft. Dort verfaßte er seine Memoiren.

Diese Memoiren sind das einzige bedeutende Werk der Weltliteratur, das von einem Italiener in französischer Sprache geschrieben wurde und erst in der Übersetzung (durch den mehr oder minder unbekannten Schriftsteller Wilhelm von Schütz) in deutscher Sprache das Licht der Welt erblickte! In späteren Jahrzehnten war es dem seriösen Verlagshaus Brockhaus gar nicht recht, daß sie dieses Werk hatten erscheinen lassen. Sie hüteten das Originalmanuskript, das Carlo Angiolini, ein Neffe Casanovas, ihnen für ein Nichts verkauft hatte, in der hintersten Lade ihres Geldschrankes. Bis die Memoiren endlich in den Jahren 1960–1962 bei Brockhaus nach dem Original-Manuskript in französischer Sprache herauskamen. Mr. Childs, dem man nebst vielen anderen seriösen Wissenschaftlern jahrelang die Einsicht verweigert hatte, war anwesend, als der Safe geöffnet wurde! Erst dann wußte man endlich, daß alles, was man bisher darüber gemunkelt hatte, vollkommen falsch war. Viele waren der Meinung, das Originalmanuskript müsse viel freier sein als die Erstausgabe. Dies ist jedoch nicht der Fall, und Wilhelm von Schütz hat gute Arbeit geleistet. Anders jedoch steht es mit den französischen Ausgaben, von denen die erste 1825–1829, erschienen bei Tournachon-Molin in Paris, eine Rückübersetzung in das Französische ist. Teilweise mit eingeblendeten Texten, die nichts mit der Originalausgabe zu tun haben. Die in Paris 1826–1828 von Jean Laforgue herausgegebene Ausgabe folgt wieder dem Originalmanuskript, hat aber viele Ver-schleierungen und Einschübe des Herausgebers, die sinnstörend sind. Mr. Childs schenkte seine auf mehrere tausend Exemplare angewachsene Casanova-Bibliothek der Walter Hines Page Library seiner Heimatstadt Richmond, Virginia, USA und hielt sich an meinen Rat, sie nicht der Stadt Venedig zu stiften, die – meiner Meinung nach – bis zum heutigen Tag ein gestörtes Verhältnis zu Casanova hat. Sonst könnte man dort – was sicherlich eine Attraktion wäre – Casanovas Fluchtweg aus den Bleikammern des Gefängnisses (Piombi) nachgehen und eine Reihe von inzwischen identifizierten Casanova-Stätten aufsuchen.

Die Memoiren wurden vielfach als Erfindungen hingestellt. Der erste, der sie bezweifelte, war 1827 der italienische Dichter und Literaturhistoriker Ugo Foscolo. Der französische Geschichtsschreiber und Publizist Paul Lacroix schrieb 1857, nur Stendhal könne der Autor sein! Heute sind die Memoiren bis in die geringfügigsten Details überprüft und werden mit Recht als die wertvollste Dokumentation über das Leben im 18. Jahrhundert angesehen. In den vergangenen Jahren haben sich viele seriöse Forscher mit den Memoiren beschäftigt und Schritt um Schritt aufgeschlüsselt, was Casanova – zum Beispiel durch Verwendung von Monogrammen – verborgen halten wollte. Hatten doch die Engländer lange Zeit hindurch abgestritten, daß er je in London gewesen sei, bis es Mr. J. Rives Childs gelang, Casanovas Inserat

CASANOVIANA

AN ANNOTATED WORLD BIBLIOGRAPHY
OF
JACQUES CASANOVA DE SEINGALT
AND OF WORKS CONCERNING HIM
BY
J. RIVES CHILDS
AUTHOR OF
RESTIF DE LA BRETONNE, TEMOIGNAGES ET JUGEMENTS,
BIBLIOGRAPHIE

PRIVATELY PRINTED
FOR THE
CASANOVA SOCIETY OF VIRGINIA

CHRISTIAN M. NEBEHAY, ANNAGASSE 18
VIENNA, I, AUSTRIA
1956

Titelblatt der Casanova-Bibliographie von J. Rives Childs, die im Verlag von Ch. M. Nebehay erschien

Das einzige authentische Porträt Casanovas, 1788

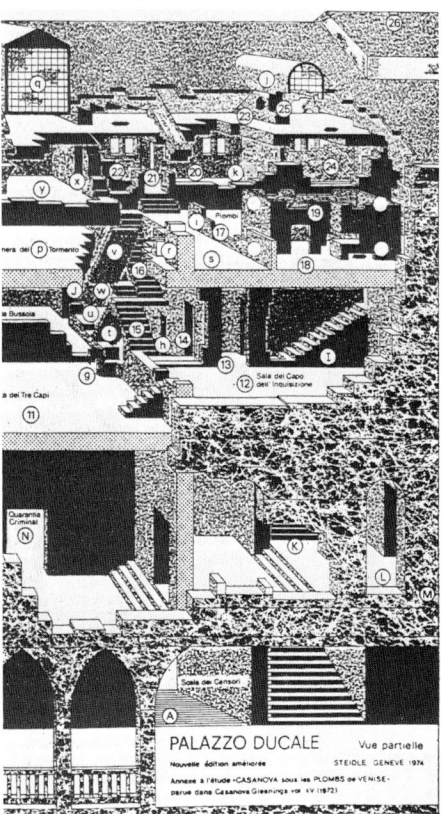

Schnitt durch den Dogenpalast, Venedig, rechtes Drittel. Gezeichnet von Th. Steidle, Genf, 1972. Mit Hilfe dieses Plans ist Casanovas Flucht aus den Bleikammern, 1756, rekonstruierbar.

aufzufinden. Und zwar im Zusammenhang mit der Untervermietung der Räume seiner Wohnung an eine aus Hannover stammende Witwe, die mit ihren drei Töchtern nach London gefahren war, um bei Hofe eine Klage durchzusetzen. Daß die jungen Damen – eine nach der anderen – bei ihm im Bett landeten, steht auf einem anderen Blatt. Casanova hat immer behauptet, es sei schwer, ein junges Ding zu verführen. Aber seien es zwei oder drei zur selben Zeit, wolle keine der anderen nachstehen! Die Engländer hatten das Inserat vergeblich in der ‚Times' gesucht! Childs hat sich der Mühe unterzogen, sämtliche Zeitungen des betreffenden Jahres in Londons Bibliotheken zu durchsuchen und hatte es tatsächlich in einem nur bezirksweise verbreiteten Blatt gefunden.

Nach der Herausgabe seines weiter unten besprochenen Buches ‚Casanoviana' hat Childs 20 Jahrgänge der Revue ‚Casanova-Gleanings' (Nachlese) von 1958–1977 erscheinen lassen. Die Folge wird seit 1984 fortgesetzt mit dem Titel ‚L'Intermediaire des Casanovistes'. Beide Folgen enthalten eine Fülle lesenswerter Beiträge über offene Fragen. Zu bedauern bleibt, um dies vorwegzunehmen, daß es nicht zur Herausgabe der bereits in Arbeit befindlich gewesenen kommentierten Ausgabe der Memoiren gekommen ist, die Childs gemeinsam mit dem Nestor der französischen Casanova-Forscher, Charles Samaran, geplant hatte.

Casanova ist in Dux, im Schloß des Grafen Waldstein, am 4. Juni 1798 gestorben. Sein Grab ist nicht erhalten, jedoch befindet sich an der Seitenwand einer kleinen Kapelle des ehemaligen Friedhofes eine in der Wand eingelassene Marmortafel mit den Worten:

Jakob / Casanova
Venedig 1725 / Dux 1798

Ich habe diese Stätte mit einiger Rührung vor fünfzehn Jahren gemeinsam mit unserem Prager Gastgeber, dem österreichischen Gesandten Dr. Georg Schlumberger und dessen Gattin Marielen besucht und anschließend im Schloß die zwei ‚Casanova-Zimmer' besichtigt, die erstaunlich großzügig als Gedenkräume gestaltet wurden. Man sieht in einem Raum an der Wand eine Tafel, auf der Casanovas zahlreiche Reisen kreuz und quer durch Europa zu erkennen sind. In einer Vitrine sind einige seiner Bücher in Original-Ausgaben ausgestellt. Im Nebenraum sieht man den Ohrenfauteuil, in dem er angeblich sein Leben ausgehaucht hat und an der Decke einen venezianischen Spiegel, den er angeblich aus seiner Heimat mitgebracht hatte.

‚The Honorable J. Rives Childs' war, als ich mit ihm in Verbindung trat, amerikanischer Botschafter in Saudi-Arabien. Als er 1952 seinen Abschied nahm – sein letzter Posten war Äthiopien – hatte er ein erfülltes, zum Teil aufregendes Leben hinter sich. Er war zur Erkenntnis gekommen, daß das State-Department in Washington in keiner Weise willens war, von seiner mehr als 25jährigen Tätigkeit im Nahen Osten zu profitieren. Er sah mit Bedauern das Schwinden aller Sympathien für Amerika in den arabischen Ländern seit der Gründung des Staates Israel. Er fand, das Nichteinhalten von damals feierlich gegebenen Versprechungen habe dazu beigetragen, daß viel – seiner Meinung nach viel zu viel – des ‚goodwill' für sein Land verlorenging. In seiner Jugend wurde er ‚Master of Arts' an der Harvard University. 1915 meldete er sich freiwillig als Soldat und kam nach Paris. Hier wurde er durch einen niemals aufgeklärten Irrtum dem ‚Deuxième Bureau' (französische Abwehr) zugeteilt und war 1918 mitbeteiligt am Dechiffrieren des unmittelbar vor dem letzten, vielleicht entscheidenden Durchbruch-Versuches der deutschen Armee an der französischen Front eingeführten, komplizierten deutschen Geheimcodes. Die Lösung gelang im allerletzten Moment, und der Fehlschlag der deutschen Operation bedeutete das Ende des Ersten Weltkrieges! Denn die Angreifer stießen zunächst in ein von Truppen geräumtes Gebiet vor und wurden eingekesselt.

Wenige Zeit später sehen wir Mr. Childs als einen Kontroll-Beauftragten der großartigen amerikanischen Hilfsaktion für das von Hunger betroffene Rußland. Auch etwas, woran sich heute niemand mehr erinnert! Sein Hauptquartier bei der ‚ARA‘ (American Relief Administration) war von 1921 bis 1923 die Stadt Kasan, Hauptstadt des Tataren-Rätestaates mit 150.000 Einwohnern, nahe der Wolga gelegen. Auf einer Dienstreise nach Leningrad lernte er im Hauptquartier der ‚ARA‘ eine bezaubernde, junge russische Dame aus bestem Haus kennen, die – nach mannigfachen Mißgeschicken (Verlust des gesamten in einer Bank deponierten Vermögens) – nun bescheiden in zwei Zimmern des einstigen Palastes mit ihrer alten Mutter wohnte. Von den kostbaren Juwelen war nur wenig übriggeblieben. Die junge Dame war weit gereist und wohlerzogen, hatte ihre Pensionatszeit in Dresden und bei einer englischen Familie in Eastbourne, dann in London verbracht. Ihre französische Mutter war mit einem hohen russischen Marine-Offizier verheiratet gewesen. Vom kostbaren Mobiliar konnten sie lediglich einige wertvolle Bilder großer Maler aus dem Rahmen nehmen und retten. Eine Sammlung von über achtzig Golddosen ging auf törichte Weise verloren, als die Damen – einem Ratschlag Childs folgend – versuchten, sie in einem Paket per Post ins Ausland zu versenden! Childs erbat sich, mit der jungen Dame korrespondieren zu dürfen, später verlobten sie sich, heirateten standesamtlich in Kasan und formell in der Kathedrale St. Isaak in Leningrad. Ihrer beider Ausreise stand nichts im Wege, schwierig muß es aber gewesen sein, für die Mutter die Ausreise zu erhalten. Seit 1923 war Childs im State-Department angestellt. In welchem Land auch immer er sich befand, er pflegte es stets durch ausgedehnte Fahrten und kleine Expeditionen gründlich kennenzulernen.

Zu den hervorragendsten Eigenschaften dieses bemerkenswerten Mannes gehörte, daß er ein geborener Sammler war. Er war kein Mann, der über große Geldsummen verfügte. Er lebte von seinem Gehalt als Diplomat. Was ihn aber auszeichnete, war sein Spürsinn. Kam er in eine Stadt Mitteleuropas, dann verbrachte er ganze Tage beim Durchstöbern von Antiquariaten, stieg dort auf Leitern und machte oftmals die erstaunlichsten Funde! Er war ein kleiner, ungemein charmanter und jovialer Mann. Immer elegant, immer ein wenig verschmitzt, immer lächelnd und liebenswürdig. Er war ein großer Freund der Wiener Operettenmusik und verbrachte jeden Abend seiner Wiener Aufenthalte in Vorstellungen der ‚Volksoper‘. Als seine Casanova-Sammlung bereits einen beträchtlichen Umfang angenommen hatte, machte er mir – wir waren mittlerweile in ein mehr als herzliches Verhältnis getreten – den Vorschlag, ob ich nicht bereit sei, auf seine Kosten sein Buch ‚Casanoviana. An annotated world bibliography of Jacques Casanova de Seingalt and of works concerning him‘ in 500 Exemplaren zum Druck zu befördern? Ich tat dies bereitwilligst. Damals hatte ich noch die Hoffnung, daß der jüngere meiner beiden Söhne aus erster Ehe, Michael, als mein Nachfolger in mein Geschäft kommen würde, und ich dachte mir, es sei vielleicht nicht schlecht, für ihn in meinem Antiquariat eine neue Abteilung zu schaffen. Das Buch gliedert sich in die folgenden Abteilungen: a) Originalwerke

Casanovas, b) alle Ausgaben der Memoiren, c) Briefwechsel, d) Werke über Casanova, e) Bücher von Casanova inspiriert, Filme, Addenda. Es wurde kein großes Geschäft, aber allmählich kamen die Druckkosten herein. Childs Frau hatte einen beträchtlichen Anteil an seinem Buch, denn ihre exzellenten Sprachkenntnisse halfen ihm bei allen fremdsprachigen Büchern. Ich möchte diese Zeilen über J. Rives Childs aber nicht beenden, ohne eine seiner Anekdoten zu erzählen, die er brillant zu Gehör zu bringen verstand. In Saudi-Arabien sei er binnen kurzem in einem ausgezeichneten Verhältnis zu König Ibn Saud gestanden. Dieser habe ihn mit der Übergabe goldener Uhren, Füllfedern, Feuerzeuge und dergleichen maßlos zu verwöhnen begonnen. So lange, bis sich Mr. Childs einmal aufmachte, um Audienz bat und dem König sagte, er bedaure es sehr, aber er könne die guten Gespräche mit ihm nur dann fortsetzen, wenn er keine Aufmerksamkeiten mehr erhielte, so sehr diese ihn auch erfreut und geehrt hätten. Der König, dem viel an den vertrauten Gesprächen lag, gab nach.

Eines Tages aber äußerte Mrs. Childs den Wunsch, Ibn Saud kennenzulernen. Vergeblich trachtete Mr. Childs ihr klarzumachen, daß dies der Haltung der Araber Frauen gegenüber widerspräche. Aber, sie gab nicht nach. Und eines Tages erhielt er die Erlaubnis, seine Frau an den Hof bringen zu dürfen. Er sauste, so schnell er konnte, nach Hause und fand sie, der schrecklichen Hitze halber in der Badewanne sitzend und im – eher lauwarmen denn ‚kalten‘ – Wasser Kühlung suchend. „Komm', komm'“, rief er aufgeregt, „der König erwartet jetzt deinen Besuch!“ Sie antwortete, sie dächte gar nicht daran, ihre Badewanne zu verlassen, der einzige Ort in diesem traurigen Lande, in dem sie sich halbwegs wohl fühle (es gab damals noch kein air-conditioning!). Nichts half! Er zog sie mehr oder weniger aus der Wanne, sie kleidete sich in aller Hast an und die Audienz konnte gerade noch pünktlich stattfinden. Wenig später flogen die beiden heimwärts. Auf dem Flugfeld erschien plötzlich ein riesengroßer Mann im weißen Burnus und holte unter seinem Arm ein total verschwitztes, noch dazu in gewöhnliches Zeitungspapier eingewickeltes Etwas hervor und wollte es Mr. Childs mit den gemurmelten Worten: „pour Madame“ übergeben. Mr. Childs winkte ab, deutete auf seine Frau, und diese nahm das ominöse Paket mit spitzen Fingern entgegen. Im Flugzeug warf sie es, degoutiert, ganz einfach ins Gepäcksfach und schenkte ihm weiters keine Beachtung. Mr. Childs sagte zu ihr: „Darling, an Deiner Stelle würde ich doch einmal nachsehen, was im Paket ist!“ Also wurde das Paket heruntergeholt und geöffnet. Und was kam zum Vorschein? Zuerst ein wunderschön gearbeitetes Lederetui und, als sie dieses öffnete, eine zweireihige, herrliche Perlenkette mit echten Perlen! „Exzellenz“, fragte ich, „und was haben Sie denn damit gemacht, da Ihnen die Annahme von Geschenken verboten ist?“ Childs lächelte und sagte: „Ich war schlau, wissen Sie. Ich schrieb ganz einfach einen Brief an das State-Department, erklärte, auf welche Weise wir in den Besitz dieses kostbaren Geschenkes gekommen seien und stellte es ihnen zur Verfügung.“ „Na und?“ fragte ich. „Nie hat jemand von dort danach gefragt!“ Mr. Childs lebte viele Jahre lang in einer Wohnung im Château des Baumettes in Nizza. Dort ist auch seine Frau gestorben, mit der er all die Jahre hindurch glücklich verheiratet war. Noch ein paar Mal ist er nach ihrem Tod nach Wien gekommen, aber er war nicht mehr derselbe. Später hat er die Wohnung in Nizza aufgegeben und zog in ein Hotel in Richmond, Virginia, seiner Heimatstadt. Er hat sich durch sein exemplarisches Sammeln und sein unermüdliches Forschen selbst das schönste Denkmal gesetzt, das man sich nur wünschen könnte.

57. Dr. med. R. P. Berry, Arzt in St. Moritz (1912–1983)

Dr. R. P. Berry, im Freien malend. Nicht nur, daß wir einander außerordentlich ähnlich waren, teilten wir auch die Passion des Landschafterns. In St. Moritz sind die besten meiner Gouachen entstanden.

Seit über 40 Jahren bin ich des Sommers Kurgast im gleichen Hotel im Heilbad St. Moritz. Viel zu wenig Menschen ist sonderbarerweise die Heilkraft der St. Moritzer Quelle bekannt. Für Bergwanderer ist es ein Paradies. 1800 Meter Seehöhe, ein weites, nach Süden gehendes breites Tal, vom Inn durchflossen. Nicht weniger als 160 Kilometer gepflegte Spazierwege, die Baumgrenze reicht bis 2400 Meter Höhe, das ganze Gebiet ist durch Bergbahnen erschlossen, die Wanderungen bis in das Gebiet von rund 3000 Meter ermöglichen.

Im Frühsommer 1952 traf ich in Zürich mit einem alten Wiener Bekannten zusammen: Wilhelm Schab aus New York, der sich nun William Schab nannte, und es in den vergangenen 14 Jahren zu einem der wichtigsten Antiquare und Graphikhändler in den USA gebracht hatte. Ich hatte ihm 1938 in Wien noch vor seiner Emigration helfen können, indem ich für ihn, seiner Bitte folgend, ein Aquarell von Rudolf von Alt verkauft habe, das ein Interieur von Schloß Schönbrunn darstellt. Damals war ihm der Erhalt des Gegenwertes wichtig, um – wie es seine Art war – vorsorglich jeden Schritt bedenkend, seine Abreise aus Österreich vorzubereiten. Wiliam Schab gehörte Dank seiner Klugheit zu den wenigen Menschen, für die der Einmarsch der Deutschen in Wien nicht gleichbedeutend mit dem totalen Verlust ihrer wirtschaftlichen Existenz war. Schon seit dem Ende des Ersten Weltkrieges hatte er Vorsorge getroffen, indem er in Luzern eine Graphikhandlung ,H. Gilhofer und H. Ranschburg' ins Leben gerufen hatte, die internationale Bedeutung erlangte. Somit war er imstande, wichtige Geschäfte aus dem in den unmittelbaren Nachkriegsjahren von Inflation gerüttelten Österreich in die Schweiz zu verlegen und dort auch bedeutende Buch- und Graphikauktionen abzuhalten. Finanziell war er abgesichert. Besaß er nämlich an dem Wiener Stammhaus ,Gilhofer und Ranschburg' in Wien I., Bognergasse 2 (eine Firma, in die er als Lehrling eingetreten war und die seiner Tüchtigkeit nach dem Tod ihres Gründers nicht nur ihren Weiterbestand, sondern ihr Aufblühen zu verdanken hatte) lediglich 20% des Kapitals und des Gewinnes, so war es in Luzern gerade umgekehrt. Seine Wiener Partner, Erben nach dem Gründer der Antiquariats-Abteilung Heinrich Ranschburg (die geschäftlichen Erfolge des Kompagnons Gilhofer, der das Sortiment führte, waren unbedeutend) mußten sich nun in Luzern mit jenem kleinen Anteil begnügen, den sie ihm in Wien zugestanden hatten.

Was ich nur ganz kurz streifen will, ist die Tatsache, daß 1938 die Übersiedlung von Handbibliothek, Lager und wohl auch des Kapitals seiner Luzerner Firma nach den USA ein psychologisches Meisterwerk William Schabs war. Er hegte nämlich den – wie sich später herausstellen sollte – nicht unbegründeten Verdacht, daß diejenige Dame, die ihm in Luzern seit der Gründung der Schweizer Niederlassung die Geschäfte führte, mit fliegenden Fahnen in das nationalsozialistische Lager umgeschwenkt war. Verständlicherweise konnte er sich einen nochmaligen Verlust von Lager und Handbibliothek nicht leisten. In Wien hatte er es verstanden, durch die Übergabe der Firma an einen zur damaligen Obrigkeit über beste Beziehungen verfügenden, finanziell jedoch schwachen Nachfolger, nicht nur die Ausreise seiner selbst und seiner Familie, sondern auch aller zur Familie Ranschburg zugehörigen Verwandten zu erreichen, sodaß niemandem ein Leid geschah. In Luzern ließ er sich von seinem Verdacht nichts anmerken, blieb freundlich

aber wortkarg, schickte die Betreffende auf eine längere Geschäftsreise, und – als sie zurückkam – stand sie vor leeren Wänden! Er aber war bereits in London und auf dem Weg in die USA. Dort angekommen, konnte er binnen kurzem alle Verluste wettmachen und wurde zum wohlhabenden Mann. Das Lager und die Bibliothek, die Adressen-Kartei, die Korrespondenz und alle geschäftlichen Unterlagen waren, in Kisten verpackt, auf dem Luftweg nach New York verschickt worden!

Das Schöne an meinem Zusammentreffen mit William Schab in Zürich war, daß wir vom ersten Augenblick an miteinander so sprechen konnten, als wären die inzwischen verflossenen 14 Jahre wie ein Tag gewesen. Ohne, daß es mir notwendig gewesen wäre, auch nur ein Wort der Rechtfertigung meiner Integrität zu verlieren, wußte er, wen er vor sich hatte. Er stand nun als unglaublich erfolgreicher Geschäftsmann vor mir. Ich war damals am Beginn meiner Selbständigkeit, war voller Optimismus, was meine geschäftliche Zukunft anlangte, aber auf dem privaten Sektor war ich bedrückt.

„Was machen Sie denn eigentlich diesen Sommer?" fragte mich Herr Schab. „Ich habe leider keine Pläne", erwiderte ich. „Wissen Sie was? Kommen Sie mit meiner Frau und mir nach St. Moritz. Wir haben bereits gemietet und sind auf dem Sprung dorthin." „Herr Schab", sagte ich, „leider verwechseln Sie mich mit Pierpont Morgan! St. Moritz? Wo denken Sie hin?" „Unsinn", war seine Antwort, „Sie wissen doch ganz genau, auf welche Weise wir früher unsere Sommer verbracht haben. Wenn ich Ihnen sage, Sie können sich diesen Aufenthalt leisten, brauchen Sie keinerlei Bedenken zu haben!" Also fuhren wir am nächsten Tag bei strahlendem Wetter – ich war damals stolzer Besitzer eines bequemen Steyr-Fiat 1400 (den ich mir kurz vorher in Steyr abgeholt hatte) – in die Ostschweiz. Auf dem Julierpaß ließ Herr Schab mich bei der römischen Wegsäule halten, die er aus der Literatur kannte. Dann fuhren wir hinunter nach St. Moritz. Ich hatte 1928 auf einer großen Reise, die ich mit meinem Motorrad (ein BMW Sportmodell mit Beiwagen) zusammen mit meinem jüngsten Bruder Ingo unternommen hatte, das Engadin durchfahren. Wir hatten uns damals erlaubt – was für uns ein Luxus war – in Zuoz in einer Konditorei eine Tasse guten englischen Tees zu trinken. Ansonsten waren wir allen Versuchungen geflissentlich aus dem Weg gegangen und hatten alle luxuriösen Hotels und Restaurants links liegen lassen.

Herr Schab hatte Zimmer im Hotel ‚Kurhaus' (das heute ‚Parkhotel Kurhaus' heißt) bestellt. Er hätte keine bessere, angenehmere Wahl treffen können! Damals stand das Haus noch unverändert im Glanz der Einrichtung aus der Zeit der Jahrhundertwende, mit einer altmodischen Hotelhalle, bestückt mit einigen Schreibtischen. Ein überaus freundlicher Portier begrüßte uns ebenso wie der Hoteldirektor (der damals das Haus zur linken Hand führte, selbst aber ein anderes, bescheideneres Hotel besaß). Der große, altmodisch eingerichtete Speisesaal ist bis heute im wesentlichen unverändert. An den Wänden hängen schöne Jugendstil-Landschaften, auf die ich zurückkommen werde. Nachmittags, auch nach dem Essen, spielte in der Halle das obligate Trio, das man seinerzeit in allen großen Hotels des Ortes fand. Frau Schab war damals schon etwas schwerhörig und so konnte es geschehen, daß, als wir nach dem Abendessen in der Halle saßen, ihr Mann sagte: „Hörst Du, Adilein. Puccini! La Bohème!" Worauf sie etwa antwortete: „Ja, ja, das Wetter hätte heute wirklich besser sein können!" Man mußte sich also daran gewöhnen, laut und deutlich zu ihr zu sprechen! Es gab, da wir sehr früh in der Saison angekommen waren, wenige Gäste. Der Pensionspreis war wirklich, wie Herr Schab gemeint hatte, für mich durchaus erschwinglich. Ein bescheidenes Zimmer ohne Bad (wie ich es gewählt hatte) kostete nicht mehr als 15,- Franken! Das Essen im Hotel war, wie sich das für ein gut geführtes Schweizer Hotel versteht, ausgezeichnet. Man hatte die Wahl zwischen drei Menüs: Diät, Schonkost, normale Kost. Man konnte aber jederzeit und ohne Schwierigkeiten von dem einen Menü dieses und von dem anderen jenes wählen! Man präsentierte uns die Weinkarte. Ich wollte meinen Augen nicht trauen. Da gab es die köstlichsten Sorten an Rhein- und Moselweinen der Zeit vor dem Ersten Weltkrieg, zu 7,- Franken die Flasche! Die Direktion mußte den Inhalt ihres Kellers an die Gäste des Hauses abverkaufen, da der Wein, so sagte man uns, bereits zu lange gelagert gewesen war und keinen Transport mehr vertrüge.

Herr Schab war sechs Jahre jünger als mein Vater, beide schafften den Aufstieg aus tristen Verhältnissen. Während mein Vater nach Ende des Ersten Weltkrieges mehr Geld ausgab, als klug war, lebte William Schab sparsam. Sie standen zueinander in guten geschäftlichen Beziehungen. Einmal, als eine große Sammlung kostbarer Handzeichnungen Alter Meister aus Beständen der Albertina durch Herrn Schab verkauft wurde, war ich mit meinem Vater in Luzern und sah staunend, mit welcher Schnelligkeit er die großen Passepartout-Stöße durchsah, kurz überlegte und für viele Tausend englische Pfund Zeichnungen erwarb. Sie waren von der Albertina zu jener Zeit erworben worden, da Erzherzog Friedrich dort Hausherr war und wurden ihm nach 1918 zurückgegeben, als die Albertina vom Staat entgeltlos übernommen wurde.

Herr Schab begann, mich zu schätzen, und der ungetrübt verlaufende St. Moritzer Aufenthalt schuf die Voraussetzung für eine Reihe wichtiger Geschäfte, die wir später miteinander tätigen sollten. Er war vor allem sein Leben lang ein hervorragender Einkäufer, der klug seine Chance abzuwarten verstand und der – dank der erwähnten persönlichen Sparsamkeit – immer über bares Geld verfügte, ansonsten, als zuverlässig bekannt, über entsprechende Kredite verfügend. Es gefiel mir so gut in diesem Hotel – um auch dies vorwegzunehmen – daß ich, wie gesagt, seit über 40 Jahren ohne Unterbrechung, jedes Jahr dorthin zurückgekehrt bin, heute als einer der ältesten und sehr geehrten Kurgäste des Hauses! Das Klima, die Höhe (die ich besonders gut vertrage), die Kur, herrliche Spaziergänge. Was will man mehr?

Beim Frühstück am nächsten Morgen blickte mich Herr Schab streng an und sagte: „Sie kommen jetzt mit mir zum Kurarzt! Ich habe Sie bereits angemeldet!" „Unsinn, Herr Schab", war meine Antwort. „Was soll ich denn dort? Gewiß, ich bin derzeit seelisch bedrückt (stand ich doch vor meiner Scheidung), aber das kann kein Arzt beheben. Sonst aber fühle ich mich gesund und hier besonders wohl. Es wäre wirklich hinausgeworfenes Geld!" „Das bitte, verstehen Sie nicht", war seine Antwort. „Wenn man in einem Hotel wohnt, das ‚Kurhaus' heißt, geht man selbstverständlich zum Kurarzt. Kommen Sie nur!" Und damit gab es kein Zurück für mich! Die Begegnung mit Dr. Berry verlief in angenehmster Weise. Ich füge hier ein, daß er ein auf der ganzen Welt bekannter und geschätzter Internist gewesen ist. Ein Mann, der sich eine Ehre daraus machte, die einfachen Bauern des Engadins genauso gründlich und aufmerksam zu betreuen, wie die vornehmste ‚Haute-volée' von St. Moritz, die jetzt in der Wintersaison den Ton angibt. Bis zum Aufkommen des Wintersports war die kurze Sommersaison vorherrschend. Damals entstanden alle großen, abenteuerlich häßlichen Hotelbauten. Dr. Berry war der Sohn eines Mannes, der vor ihm bereits dort Kurarzt war. Da er des Winters ärztlich nichts zu tun hatte, besuchte er zu dieser Jahreszeit die ‚Academie Julien' in Paris, um sich dort als Maler weiter ausbilden zu lassen. Seine schönen Landschaftsbilder, die an Segantini erinnern – ohne, daß er von

Die beiden Winteraufnahmen entstanden 1961 in Arosa. Renée vor einem Brunnen

diesem abhängig gewesen wäre – schmücken den Speisesaal des Hotels heute noch. Als Arzt war Dr. P. R. Berry ein Mann der alten Schule, der sich viel mehr auf Erfahrung und Intuition verließ, als auf irgendwelche neumodische Untersuchungsmethoden. Er besaß die große Gabe, zuhören zu können und vermochte den Patienten auf den ersten Blick einzustufen. Seinen geschulten Augen, seinen sorgsam tastenden Händen entging kaum je eine verdächtige Kleinigkeit, deren rechtzeitiges Erkennen entscheidend sein kann. Sein Eintritt in ein Krankenzimmer, seine souveräne Art, Menschen zu behandeln, brachten dem Patienten augenblicklich Beruhigung. Dabei arbeitete er natürlich mit den großen Schweizer Spitälern zusammen. Seine Patienten konnten sich darauf verlassen, daß er nicht einsame Entscheidungen traf, sondern darauf bedacht war, den Rat erfahrener Kollegen dann einzuholen, wenn es notwendig schien.

Als ihn Renée – wir waren jung verheiratet – einmal verzweifelt telephonisch um Rat fragte, was sie machen solle, um mir aus einer schweren

Depression zu helfen, sagte er: „Keine Aufregung! Bringen Sie ihn mir sofort. Ich garantiere Ihnen, ich mache ihn innerhalb von zwei Tagen gesund." Und so geschah es auch! Mein älterer Sohn Niki half Renée beim Chauffieren bis Innsbruck, und schon in den nächsten beiden Stunden besserte sich mein Zustand, je höher die Straße stieg, um die Höhe von St. Moritz zu erreichen. Ein Medikament, von Dr. Berry verabreicht, sein Zuspruch, und bereits tags darauf fühlte ich mich frisch und frei.

Als ich anläßlich meines ersten Besuches bei ihm schon im Begriff war, fortzugehen, hielt er mich mit den Worten zurück: „Bitte, bleiben Sie doch noch einen Moment, und warten Sie im Nebenzimmer auf meine Nurse. Sie wird Ihnen etwas Blut abnehmen, zur Kontrolle Ihrer leichten Gicht, die ich an Ihren Fingern erkannte." Also ging ich in das nebenan gelegene kleine Zimmer seiner Ordination im Heilbad, krempelte den Ärmel hoch, streckte den Arm aus und der eintretenden Nurse entgegen. Sehr routinemäßig – und ohne aufzublicken – begann sie mit ihrer Arbeit. Als sie jedoch die ge-füllte Spritze herauszog, blickte sie mir voll ins Gesicht, stieß einen Schrei aus, zog die Nadel schnell aus meinem Arm und verließ fluchtartig den Raum! Ich wußte nicht, wie mir geschah, zog mich an und verließ das Haus. Und staunte nicht schlecht, als ich bemerkte, daß sämtliche Nurses des Heilbades lachend, mit den Fingern auf mich deutend, aus den Fenstern blickten! Erst später kam ich darauf, daß Dr. Berry mein eineiiger Zwilling hätte sein können, derart ähnlich waren wir einander. Lediglich die Sprechweise unterschied uns. Jene Nurse hatte mich beim Betreten des Raumes gar nicht weiter beachtet und war beim Herausziehen der Nadel im Glauben, sie habe versehentlich ihrem Chef Blut abgenommen! Nach und nach gewöhnten sich auch die übrigen Kurgäste an unsere Ähnlichkeit. Zu Anfang ist es oft vorgekommen, daß etwa eine wohlbeleibte Schweizerin auf mich, der ich an einem der Schreibtische in der Halle saß, zukam und im landesüblichen Dialekt sagte: „Grüzzi wohl, Herr Doktor, i hätt' gern noch eppes g'fraget!" Meine Antwort war: „Gerne, gnädige Frau. Ich bezweifle nur, daß ich imstande sein werde, Ihnen richtig zu antworten!" worauf sie fassungslos mit rotem Kopf von dannen ging!

Dr. Berry war ein großer, elegant angezogener Herr, der mit gleicher Leichtigkeit viele Sprachen und natürlich auch das landesübliche Rätoroma-nisch beherrschte. Nach und nach entwickelte sich aus unserer gegenseitigen Achtung eine herzliche Freundschaft. Übrigens auch zu seiner bildschönen, schlanken Frau, die, wie er, eine blendende Reiterin war. Ich traf die beiden in den ersten Jahren meines Aufenthaltes des öfteren beim abendlichen Ausritt auf ihren edlen Pferden. Nach meiner Hochzeit mit Renée wurde diese in unsere Freundschaft miteinbezogen und wir verbringen, Jahr für Jahr, einen Abend in ihrem schönen Engadiner Haus. Sogar in einer unserer Passionen waren wir einander ähnlich: wir malten alle vier mit Leidenschaft, und immer waren Renée und ich gebeten, das, was wir während des Sommeraufenthaltes gemalt hatten, mitzubringen. Es gab aber einen prinzipiellen Unterschied: er war ein hochbegabter Aquarellist, der es – wie etwa William Turner – ver-stand, aus seiner Rocktasche einen kleinen Zeichenblock zu ziehen und mittels eines winzigen Aquarell-Farbkastens in atemberaubender Geschwindigkeit eine Gegend, eine Stimmung festzuhalten. Während ich mich in den ersten Jahren in St. Moritz noch mit einem Ölfarbenkasten und großen Kartons abplagte und erst später zur großformatigen Gouache-Malerei überging. Eine Technik, die auch Renée aufgriff. Wir verdanken unserem Malen viele schöne Stunden in der herrlichen Landschaft des Engadins.

Das gemeinsame Erleben der herrlichen Bergwelt von Graubünden schuf eine tiefgehende Freund-schaft zwischen Renée, Niki und Michael (meinen beiden Söhnen aus erster Ehe).

Eines Tages überraschte mich Dr. Berry mit der Bitte, ihm bei der Bewertung einer Bibliothek alter Bücher, die er von seinem Verwandten, dem Hotelier Badrutt, geerbt hatte, behilflich zusein. Was ich, stolz darauf, auf meinem Gebiet Experte zu sein, gerne tat. In den letzten Jahren unserer Aufenthalte in St. Moritz konnten wir ihn nicht mehr konsultieren, da er bereits nicht mehr Kurarzt war und Jahr für Jahr, erst knapp vor unserer Abreise, aus Sardinien heraufkam, wo er ein Haus besaß. Er hat den jetzigen Kurarzt, Dr. Eberhart, selbst ausgesucht und dieser, ein Internist, nun hochmodern eingerichtet, ist sein würdiger Nachfolger. Noch vor seiner Retraite hat Dr. Berry entscheidend mitgeholfen, daß das veraltete Heilbad St. Moritz durch einen Neubau ersetzt, und nach seinen Ideen gestaltet wurde. Zu Beginn meiner Aufenthalte dort war es noch unsagbar primitiv. Auch heute noch hat St. Moritz unbegreiflicherweise Schwierigkeiten, sich als Heilbad durchzusetzen. Dabei sind seine kohlensäurehältigen Quellen die stärksten Europas und waren sowohl bereits den Römern als auch Paracelsus bekannt! Allerdings trank man ursprünglich mehr das heilkräftige Wasser, als daß man es für Bäder benutzte. Das Wasser sprudelt mit ungefähr nur sechs Grad Wärme aus dem Berg. In der alten Badeanstalt gab es wohlbeleibte, ältere, einheimische Badefrauen. Sie ließen die Wannen vollaufen, senkten dann mit viel Geschnaufe perforierte Bügel hinein, aus denen Heißdampf entströmte, der das Wasser langsam erwärmte, ohne daß zuviel der Kohlensäure entwich. Die Badefrauen hielten ein großes Thermometer in der Hand und kontrollierten genau die dem Patienten vorgeschriebene Temperatur. Waren die Wannen damals zum Großteil noch aus Holz, so blinken sie heute in poliertem Stahl. Statt jener gemütlichen Badefrauen sind junge Mädchen aus dem benachbarten Italien und den umliegenden Tälern am Werk. Sie bedienen die moderne Einrichtung wie etwa Büromaschinen, ohne viel zu denken oder zu sprechen. Sie drehen an ein paar Hähnen und schon schießt das Wasser – bereits gemischt und in der gewünschten Temperatur – in die Wanne. Nachher wird die Wanne genauso schnell entleert. Geblieben sind in der Wand eingelassene Kästen, in denen große Badetücher vorgewärmt werden, aber die einstige Gemütlichkeit ist beim Teufel! Das Heilbad gehört von alters her der Gemeinde St. Moritz, die nun auch das mit ihm baulich verbundene ‚Parkhotel Kurhaus‘ erworben hat.

Als das neue Bad eingeweiht wurde, wollte man voller Stolz auch die hochmoderne Füllung der Moorbäder vorführen. Alles stand herum, der Bademeister drehte nervös an allen möglichen Hähnen, bis plötzlich, explosionsartig, sich ein Pfropfen in der Leitung löste und alle in der Nähe Stehenden von schwarzem Schlamm übergossen wurden! Vor dem Abbruch des Hauses machte ich als einziger mit meiner ‚Minox-Kamera‘ Aufnahmen vom Interieur. Frau Dr. Berry bereitete ihrem Mann damit eine Weihnachtsüberraschung.

Wir sahen Dr. Berry ein letztes Mal im Sommer 1983, als er – gerade aus Sardinien zurückgekommen – durch den großen Speisesaal schritt und sich die Bilder seines Vaters eingehend betrachtete. Wir wechselten einige Worte. Er lud uns ein, ihn zwei Tage darauf abends zu besuchen und ging. Eine halbe Stunde später sank er zusammen. Man transportierte ihn mittels Helikopters nach Chur ins Spital. Er starb wenig später in den Armen seines Sohnes, der dort als Arzt hospitierte, an einem Aneurysma der Bauchaorta. Wir waren über dieses plötzliche Geschehen wie vor den Kopf geschlagen. Ich überlegte ernstlich, ob ich es denn, meiner Ähnlichkeit halber, wagen könnte, zur Abdankung in die Kirche zu gehen, wo sein Sarg beim Altar stand. Da lag mein

,Zwillingsbruder', mit dem mich so viel verbunden hatte, und der ungezählten Menschen hatte helfen dürfen, als Opfer des Todes, den er so oft erfolgreich bekämpft hatte! Jedes Jahr, an seinem Todestag, bringen wir Alpenblumen an sein Grab, die Renée mit Liebe pflückt und zusammenstellt, wobei sie Bedacht nimmt, seine Lieblingsblumen mit anderen auf einem Moosgesteck zu vereinen. Und ich erinnere mich stets seiner Worte, als ich beim ersten Aufenthalt von ihm Abschied nahm: „Wenn Ihnen der Aufenthalt hier oben so gut getan hat, wie ich mich freue, konstatieren zu können, dann werden Sie jedes Jahr die Sehnsucht empfinden, hierher zurückzukehren." Und damit hat er recht behalten!

Das Photo Dr. Berrys gibt Zeugnis von der außerordentlichen Ähnlichkeit mit Ch. M. N.

Dem Hotel verdanke ich übrigens die Bekanntschaft mit Karl Ulrich Freiherr von Hutten, dessen schönes Schloß in Steinbach an der Lohr buchstäblich am letzten Tag des Zweiten Weltkrieges in Flammen aufging. Seine große Bibliothek hat er aber retten können und gelegentlich erwarb er bei mir ein größeres Werk, so die Encyclopédie von Diderot und d'Alembert. Auch frühe Ausgaben der Werke von Ulrich von Hutten. Mit seiner Witwe, Ilse Freifrau von Hutten, die Jahr für Jahr ins Engadin kommt, verbindet uns herzliche Freundschaft. Ich staunte nicht schlecht, als sie eines Tages bei unserem Hotel mit ihrem großen Auto vorfuhr, das vollgepackt war. Auf meine neugierige Frage hieß es, daß ihr Mann nicht anders als im eigenen Bettzeug schlafen könne. Daher müsse sie dieses stets mitschleppen!

Herr von Hutten war ein Nachfahre des berühmten Reichsritters und Humanisten Ulrich von Hutten (1488–1523). Dieser war ein leidenschaftlicher Papstgegner und vermeinte, gemeinsam mit Martin Luther und Franz von Sickingen, das Programm einer Reichsreform mit starkem Kaisertum durchführen zu können. Zuletzt lebte er im Asyl auf der Insel Ufenau im Zürchersee, wo er auch starb. Als vor einer Anzahl von Jahren sein Grab aufgefunden wurde, lud man Karl Ulrich von Hutten zur neuerlichen, würdigen Bestattung der Überreste ein. Er kam dorthin mit einem kleinen Eichensarg, den er aus dem Holz seiner Wälder hatte anfertigen lassen. Auf der Fahrt zum Grab hatte ihn seine Tochter begleitet. Auf der Heimfahrt lächelte diese verschmitzt und sagte zu ihrem Vater: „Weißt Du, bei der Auferstehung wird es so seine Schwierigkeiten geben. Ich habe ein kleines Knöchelchen mitgehen lassen. Hier ist es!" Und damit wickelte sie es aus ihrem Taschentuch!

Obwohl St. Moritz uns nur zur Erholung dient und nicht etwa den Versuch zur Anknüpfung von Geschäfts-beziehungen bedeuten soll, gelang es mir einmal – ausgerechnet in einer chemischen Putzerei – ein schönes Münchner Ölbild mit der Frauenkirche, 1908 vom spätimpressionistischen Maler Charles Palmié (1863–1911) zu erwerben. Es stand in der Auslage! Ein Kunde sei in Geldschwierigkeiten gekommen, hieß es auf meine Frage, was das Bild denn dort mache, und habe es an Geldes Statt übergeben. Heute hängt es in London bei Sir George Solti, dem großen Dirigenten!

58. „Museumsbeamter versinkt in einem Brunnen.“

So oder ähnlich konnte man um 1960 in der Rubrik ‚Tagesereignisse‘ in einer Wiener Zeitung lesen. Erst nach einigen Recherchen fand ich aber heraus, was geschehen war. Vieles in dieser mehr als seltsamen Geschichte blieb unaufgeklärt. Bis zum Jahr 1953 hatte das Historische Museum der Stadt Wien in dunklen, unzulänglichen Räumen im ersten Stock des Neuen Wiener Rathauses amtiert, oder besser gesagt, vegetiert. Anläßlich des 80. Geburtstages des damaligen Bundespräsidenten General a. D. Theodor Körner (der vorher Bürgermeister gewesen war) hatte sich die Stadtverwaltung endlich zu einem Neubau entschlossen. Es entstand ein zweistöckiges Museum auf dem Karlsplatz, ungefähr dort, wo der große Wiener Architekt Otto Wagner mit seinem pompösen Jugendstilprojekt für ein städtisches Museum gescheitert war. Der Kriegsausbruch von 1914 verhinderte dann den von ihm geplanten Bau auf dem Gelände des ehemaligen Exerzierplatzes ‚Schmelz‘ im XV. Bezirk. Nun hatte man den Hoffmann-Schüler, Architekten und Kunstgewerbler Oswald Haerdtl (1899–1959) mit dem Bau beauftragt. Soviel man erfahren konnte, herrschte mit einem Male Eile, und diese Eile erklärt vielleicht, warum man auf den unglücklichen Gedanken verfiel, das Gebäude unmittelbar vor der Fassade des dahinterstehenden vierstöckigen Häuserblockes zu errichten. Vor dieser Silhouette hätten nur Pavillons entstehen dürfen, nichts Höheres. Ganz abgesehen davon, daß das zweistöckige Gebäude von allem Anfang an viel zu klein konzipiert werden mußte. Die Räume erlauben nicht mehr als zehn Prozent des Museumsbestandes zu zeigen, alles übrige ist – weit vom Museum entfernt – in Magazinen untergebracht! Trotz alldem ist beachtlich, was geschaffen worden ist. Denn ab nun verdient die Sammlung den Namen Museum.

Zum Direktor bestellte man Dr. Franz Glück. Sein Vater war der hochangesehene Hofrat Dr. Gustav Glück, dem jahrzehntelang die Gemäldegalerie des Kunsthistorischen Museums anvertraut gewesen war. Ein feiner, hochkultivierter Kunsthistoriker, der mit einer aus gutbürgerlichem Milieu stammenden Frau verheiratet war. Mein Vater schätzte ihn besonders. Ich sah das Ehepaar oft als seine Gäste in der Loge am Trabrennplatz in der ‚Krieau‘. Sie hatten auch eine Tochter, die in der Zwischenkriegszeit einen gutgehenden Salon für Damenwäsche gegründet hatte. Als sich eines Tages Anton Edthofer, Kammerschauspieler des Josefstädter Theaters, um sie bewarb, fragte das Ehepaar meinen Vater um Rat, was sie tun sollten. Mein Vater zögerte nicht, ihnen gegenüber hinsichtlich der Dauerhaftigkeit der Bindung mit einem umworbenen Mann der Bühne Bedenken anzumelden, stellte aber in Folge dem jungen Paar freundschaftlichst seine Wohnung in Berlin (anschließend an sein Geschäft, Schönebergerufer 37) zur Verfügung. Sie verbrachten 1928 in seiner Abwesenheit – da er damals in Wien wegen seiner Bemühungen um die Freigabe der Kunstgewerbesammlung Dr. Albert Figdor festgehalten war – ihren ‚honeymoon‘ dort. Edthofer hatte damals ein Engagement am ‚Deutschen Theater‘, dem Stammhaus von Max Reinhardt. Mein Vater spielte mit ihm, kam er auf kurzen Besuch nach Berlin, abends des öfteren Schach. Wie er es vorausgesehen hatte, hielt die Ehe des jungen Paares nicht, und sie trennten sich bald nachher.

Hofrat Dr. Glück war der typische Vertreter des besten Typus eines k. & k. Beamten. Er war hochgeachtet und auch im Museum verehrt. Während seiner Amtszeit gelang ihm 1923 (in einer wirtschaftlich schwierigen Zeit) der Erwerb eines bis dahin unbekannten Ölbildes von Albrecht Dürer, Bildnis einer jungen Venezianerin, 1505. Es stammte aus Litauen und war ein aufsehenerregender Ankauf! Hofrat Glück hatte ein- oder zweimal die Woche vormittags Besuchsstunde für Interessenten, die Auskunft über ein Kunstwerk haben wollten. Zumeist war sein Vorzimmer voller Besucher, die lange zu warten hatten. Man erzählte sich im Wiener Kunsthandel, daß einer seiner Aufseher – was ein unglaublicher ,faux pas' war – ohne anzuklopfen mit den folgenden Worten in sein Amtszimmer gestürzt sei: „Herr Hofrat, Herr Hofrat, kommen's g'schwind. Draust sitzt aner mit an Dürerbild!" Hofrat Glück habe sich selbstredend Zeit gelassen, denn auf ein bloßes Geschwätz hin setzt sich ein altösterreichischer Hofrat keineswegs in Bewegung! Dann aber, als er des Bildes ansichtig wurde, habe er blitzartig gehandelt!

Sein Sohn, Dr. Franz Glück, der seiner Abstammung wegen 1938–1945 bittere Jahre der Zurückstellung erlebte und froh sein mußte, in einem angesehenen Wiener Verlag eine bescheidene, untergeordnete Stellung zu haben, wurde zum Direktor des ,Historischen Museums' bestellt. Er meisterte die schwierige Aufgabe, unter den unglaublich reichen Beständen seines Museums die Spreu vom Weizen zu sondern. Das von ihm erstellte Konzept ist bis heute gültig. Er hatte von seinem Vater vor allem das Qualitätsgefühl geerbt. Nur das Beste schien ihm gut zu sein. Das Museum, das nicht umsonst ,Historisches Museum' heißt, hat jedoch diverse Belange zu erfüllen, und hier geriet er mit dem fähigsten seiner Beamten, Dr. Hubert Kaut, in folgenschwere Konflikte. Dieser, ein außerordentlich kenntnisreicher Mann, hatte andere Ziele im Auge als sein Direktor. Der Erwerb des letzten sich in Privatbesitz befindlichen Wiener Posthornes zum Beispiel schien Dr. Kaut weit wichtiger zu sein als der Ankauf irgendeiner Miniatur von Heinrich Füger, weil er genau wußte, daß es nicht die Aufgabe dieses Museums sei, mit der ,Albertina' in Konkurrenz treten zu wollen. Dort gab es an die 40 bedeutende Miniaturen Fügers in unerreichbarer Qualität. Er unterlag, das Posthorn wurde zu seinem Schmerz anderweitig verkauft, aber für den Ankauf der Miniatur ein damals exorbitanter Preis bewilligt!

Im Gespräch mit Dr. Glück brachte ich einmal die Sprache auf das sogenannte ,Fruhwirthaus' in unmittelbarer Nähe, angebaut an die Karlskirche, neben einigen Häusern aus dem Anfang des 19. Jahrhunderts, alle in desolatem Zustand. Ich sagte ihm, daß ich nicht verstehen könne, daß die wohlhabende Gemeinde Wien diese Häuser nicht allesamt erwerbe, um dort Raum für diejenigen Dinge zu schaffen, die im neuerbauten Museum keinen Platz hätten. Da fuhr mich Dr. Glück an: „Was reden Sie denn da? Ich will eben kein ,Musée Carnavalet'" (womit er das bekannte Pariser stadtgeschichtliche Museum meinte). Ich aber glaube noch heute, wo all diese Häuser längst Neubauten weichen mußten, daß man sich da eine Chance entgehen ließ, um die es schade ist! Ein anderes Mal las ich im Kaffeehaus, daß wenige Tage später in Genf eine Auktion stattfände, bei der das von Josef Hoffmann für den Maler Ferdinand Hodler 1914 geschaffene Mobiliar versteigert werde. Ich stürzte zum Telephon und beschwor Dr. Glück, mit dem nächsten Flugzeug nach Genf zu fliegen, um dieses Interieur zu erwerben. „Was soll ich damit?" war die erstaunliche Antwort. Ich hätte es mir denken können, denn es war immer so in Wien, daß derjenige, der für Adolf Loos war – wie Franz Glück –, unter gar keinen Umständen bereit sein würde, das Schaffen eines Josef Hoffmann anzuerkennen! Und so steht heute die Sitzgarnitur Josef Hoffmanns verloren im ,Musée d'Art et d'Histoire' in Genf im Hodler-Saal herum.

Dr. Kaut tat sich auch sonst schwer mit seinem Direktor. Er saß übrigens in einem kleinen, einfenstrigen Büroraum des Museums, in dem es gewaltig zog. Als ich – bei ihm sitzend – darauf zu sprechen kam, sagte er zu mir: „Das ist die verdammte Luftheizung. Unlängst, als ein Besucher bei mir war, habe ich – um den Luftzug zu demonstrieren – ein Blatt Papier vor das Gitter der Öffnung dort oben gehalten und – schwupp – wurde es eingesogen, blieb im Schacht stecken und verursachte einen Höllenlärm im Haus. Da es sich – unglückseligerweise – um ein Blatt aus einem wichtigen Akt handelte, das solcherart verlorenging, können Sie sich vorstellen, was ich zu hören bekam!"

Als im Zweiten Weltkrieg die Bombengefahr in Wien akut wurde, hatte die Stadt viele der wertvollsten Bestände des ‚Historischen Museums' in Schlössern der Wiener Umgebung geborgen. Was sich im Semmeringgebiet in der Burg Stixenstein befunden hatte, war von russischen Soldaten, in vollkommener Unkenntnis, daß es sich um Museumsbesitz handelte, arg in Mitleidenschaft gezogen worden. So weiß ich aus dem Mund meines alten Freundes Hofrat Dr. Hans von Ankwicz-Kleehoven, Bibliothekar am Museum für angewandte Kunst (1883–1962), daß er seine Sammlung von Photographien der Aufführungen von Richard Teschners Marionetten-Theater ‚Figurenspiegel' (heute im Theatermuseum, Wien) dort geborgen hatte. 1945, gleich nach Beendigung der Kampfhandlungen, fuhr er nach Burg Stixenstein, um Nachschau zu halten. Dort hatten sich leider die Soldaten einen besonderen Spaß daraus gemacht, diese auf starke Kartons montierten Photos zu zerreißen! Als er sich auf dem Trümmerhaufen umsah, fiel ihm eine ganz unscheinbare Metallbrille auf, die unbeschädigt herumlag. Blitzartig schloß er, vollkommen richtig, daß es sich nur um Franz Schuberts Brille – welch kostbares Relikt – handeln könne und steckte sie zu sich (sie ist heute im Schubert-Museum der Stadt Wien zu sehen)! Im Burggraben bemerkte er auch zersplitterte, auf Holz gemalte Ölbilder. Die Soldaten hatten sie aus höher gelegenen Fenstern geworfen. Auch hier schloß er richtig, daß es sich wohl nur um Bilder von Ferdinand Georg Waldmüller (1793–1865, Vorkämpfer des Realismus in der österreichischen Malerei) handeln könne, also um Bestände des ‚Historischen Museums' in Wien. Und so war es auch! Die Bilder wurden kurz darauf von Alpinisten geborgen, die sich aus den Fenstern der Burg in den Burggraben abseilen ließen. Keiner dieser Aufbewahrungsorte war als Museums-Notdepot gekennzeichnet worden. Ein selbstverständlicher Hinweis in mehreren Sprachen wäre in den Augen der damaligen Machthaber Defaitismus gewesen! So kam es jenen Soldaten überhaupt nicht in den Sinn, daß sie Dinge von musealem Wert zu zerstören im Begriffe waren.

Ich muß immer daran denken, wie anders es Georg Graf Clam-Martinic ergangen ist, als er vom Krieg heimkam und an der Pforte seiner wohlerhaltenen Burg Klam (bei Grein in Oberösterreich) mit einer von einem russischen Offizier angeführten Patrouille zusammenstieß. Der Offizier verlangte, in alle, wohlverstanden alle Zimmer des Schlosses geführt zu werden. Als sie zum Dachboden kamen, durchfuhr es Graf Clam. Warum haben wir daran nicht gedacht, fragte er sich? In jenem Raum war nämlich auf einer Kleiderpuppe der Uniformrock eines seiner Vorfahren aufgehängt, der an den Freiheitskriegen zur Zeit Napoleons teilgenommen hatte und später österreichischer Militärattaché in St. Petersburg gewesen war. Die Brustseite war mit Kriegsdekorationen besteckt. Der russische Offizier stieß einen Schrei der Begeisterung aus: „Svjatoi Anni!" rief er ein über das andere Mal. Damit meinte er den St. Anna Orden, eine hohe zaristische Auszeichnung. Von diesem Moment an stand Schloß Clam unter dem Schutz der russischen Besatzungsmacht. Ganze Kompanien russischer Soldaten wurden von Offizieren hin zu jenem Orden geführt. Wer hätte das gedacht?

Die Heimführung aller geborgenen Gegenstände des ,Historischen Museums' der Stadt Wien brauchte lange Zeit. Anscheinend waren die Verlagerungsprotokolle teilweise verlorengegangen. Was zurück ins Museum kam, wurde von mehreren Beauftragten gesichtet, überprüft und mit neuen Inventar-Nummern versehen. Als die Rückführungen abgeschlossen waren, stellte man, insbesondere bei der Graphik, fest daß es große, unerklärliche Lücken in den Beständen gab. Dem bereits genannten Dr. Hubert Kaut fiel eines Tages ein Zeitungsinserat auf, in welchem von irgendeiner ihm wohlbekannten Zeichnung, die nachweisbar zu den Beständen des Museums gehört hatte, Reproduktionen zu einem mäßigen Preis angeboten wurden. Er schlug Alarm beim Sicherheitsbüro der Polizei, und diesem fiel es nicht allzuschwer, der Sache nachzugehen. Es stellte sich etwas wirklich Groteskes heraus: Es gab im Museum eine ungetreue Angestellte, die jahrelang mit dem Neuinventarisieren rückgeführter Bestände betreut war. Und diese hatte nach und nach Hunderte von wertvollen Graphikblättern abgezweigt und still mit nach Hause genommen. Sie wohnte mit ihrem Mann (oder Lebensgefährten?) in einer kleinen Villa in der Westbahngegend. Und dieses Haus quoll über von Beständen des Museums, die erstaunlicherweise wohlgeordnet waren. Die beiden wollten, so hieß es, die Dinge nicht etwa verkaufen, sondern hatten vor, nach und nach ein großes Archiv aufzubauen. Sie wollten in der Lage sein, Interessenten, die beispielsweise Darstellungen über die Bierbrauerei suchten, Reproduktionen zu liefern. Die Blätter wurden nach und nach von ihnen photographiert. Es gab bereits eine große Menge davon. Aber, abgesehen von graphischen Blättern, befanden sich dort – nach Mitteilungen von Dr. Kaut – auch eine Menge erstklassiger Aquarelle und Bilder. Als er mit der Polizei in jene Villa kam, wollte er ganz einfach seinen Augen nicht trauen! Er sortierte, so rasch er konnte, zunächst einmal das Wertvollste aus (es waren Aquarelle von Rudolf von Alt darunter!), nahm ein paar Stücke davon unter die Arme und schritt durch den Garten auf das Auto der Polizei zu. Nicht den Weg benützend, sondern querfeldein über eine Wiese, abkürzend. Und hier geschah es! Mit einem Mal brachen morsche Bretter, die über einen noch mit Wasser gefüllten, sonst aber nicht mehr benutzten Brunnen gelegt worden waren ein, und Dr. Kaut stürzte mit einem Hilfeschrei in den Brunnen hinab. Vorher jedoch hatte er das geborgene Gut abgeworfen. Als er einige Tage später, wie es seine Angewohnheit war, nach seinen Dienststunden zu uns auf einen Besuch kam, empfing ich ihn mit scherzhaft gemeinten Worten, die ihn kränkten: „Grüß Gott, lieber Dr. Kaut," sagte ich, „ja, wo haben Sie denn Ihren Taucheranzug gelassen?" „Erlauben Sie mir", schnaubte er zornig, „Sie machen Witze und ahnen gar nicht, was da geschehen ist! Um ein Haar wäre ich dort ertrunken, denn ich kann nicht schwimmen! Und ich wäre verloren gewesen, wäre nicht einer der Detektive knapp hinter mir geschritten!" Ich labte ihn, der sich schrecklich über mich erregte, rasch mit einer Tasse Kaffee und entschuldigte mich. Das Erstaunlichste an der ganzen Sache aber war das Stillschweigen, das von den zuständigen Stellen gewahrt worden ist. Man erfuhr weder den Namen der ungetreuen Angestellten, noch auch nur eine Silbe über den Vorfall oder über einen Prozeß. Man kann die Sache hin und her drehen wie man will – Diebstahl bleibt Diebstahl! Es war wohl wieder einmal die uns allen bekannte, bedauerliche österreichische Manie, alles Unangenehme einfach zu vertuschen!

Ich sprach eingangs über Hofrat Dr. Hans Ankwicz-Kleehoven, der seit dem Jahr 1935 zu meinen guten Bekannten gehörte. Er war ein hochgebildeter, sehr kleiner Mann und – wie so viele kleine Menschen – von unbeschreiblicher Eitelkeit. Aber er war auch – wie er mir erzählte – der Träger einer nur selten verliehenen Tapferkeits-Auszeichnung aus dem Ersten Weltkrieg. Er war der hervorragendste Kenner der österreichischen Kunst um 1900 und hat nicht nur ungezählte Aufsätze geschrieben, sondern viele der Artikel in Thieme-Beckers Künstler-Lexikon verfaßt. Er besaß in seiner kleinen Wohnung in der Florianigasse im VIII. Bezirk – die ein Juwel ganz eigener Art war – nicht nur eine große Sammlung von Gegenständen der ‚Wiener Werkstätte‘ (Bilder, Graphik, Zeichnungen und Kunstgewerbe), sondern darüber hinaus ein Archiv von Autographen und Zeitungsausschnitten, die ihm halfen, seine Lebensbeschreibungen auf das glücklichste zu ergänzen. Er war ein geborener Sammler, der unablässig die Bestände der Antiquariate durchstöberte und oftmals die erstaunlichsten Funde machte. Dabei hatte er – außer seinem Beamtengehalt als Bibliothekar – keine Extra-Einkünfte und mußte mit dem wenigen Geld, das ihm zum Sammeln blieb, vorsichtig umgehen. Die Wohnung, wie gesagt, ging buchstäblich über. Er liebte es, seine Besucher, die vor der Verbindungstüre zum 2. Wohnraum standen und vier Klimt-Zeichnungen bewunderten, die auf beiden Türflügeln aufgehängt waren, zu fragen: „Wollen Sie auch meine Schiele-Zeichnungen sehen? Bitte sehr, treten Sie durch die Türöffnung.“ Dann schlug er die beiden Türflügel zurück. Dort hingen die Schiele-Zeichnungen! Er führte, unterstützt von seiner liebenswerten, stillen Frau, ein gastliches Haus. Insbesondere während der Zeit des Zweiten Weltkrieges waren seine Einladungen zum Tee mit hauchdünn bestrichenen Brötchen bekannt und berühmt. Es traf sich dort ein Kreis Gleichgesinnter; immer lernte man interessante Menschen kennen. Was seine schriftstellerische Tätigkeit anlangt, so war es bedauerlich, daß er niemals den Entschluß gefaßt hat, die Geschichte der österreichischen Kunst um 1900 zu schreiben. Er wäre wie kein anderer hiezu berufen gewesen! Von früher Jugend an mit Künstlern befreundet, zählte er zum engeren Kreis um Josef Hoffmann. Man traf ihn immer an dessen Tisch im Café Kremser zum schwarzen Kaffee. Enger noch waren seine Frau und er mit dem Marionettenspieler Richard Teschner (1879–1948) befreundet. Dr. Ankwicz half hinter der Bühne mit, spielte – war dies gefragt – auf dem Piano, oder er betätigte die Musikautomaten. Sonst blieb Teschners Bühne stumm. Das Jahr 1938 traf Dr. Ankwicz schwer. Er muß abstammungsmäßig den damaligen Vorschriften nicht hundertprozentig entsprochen haben und verlor deshalb den Posten als Bibliothekar am Museum für angewandte Kunst. Ärger noch war, daß der damalige Direktor des Hauses ihn mit einem Hausverbot belegte. Er war mit ihm wegen dessen Ankaufstätigkeit in Konflikt geraten, weil er – Ankwicz's Meinung nach – die goldene Chance auf den Auktionen, die nach 1935 den Lagerbestand der sich in Liquidation befindlichen ‚Wiener Werkstätte‘ für ein paar Groschen verschleuderten, nicht ergriff, da seine Welt die der Gotik und Frührenaissance war. Nach 1945 kehrte Hofrat Ankwicz auch nicht dorthin zurück, sondern wurde Bibliothekar an der Akademie der bildenden Künste in Wien. Dort hatte er zunächst einmal den Sachkatalog seines unmittelbaren Vorgängers auszumisten, da dieser den ‚Verdeutschungswahn‘ gehabt hatte. Zu den Glanzstücken seiner Tätigkeit hatte es gehört, daß er zum Beispiel allen Ernstes beim Schlagwort ‚Erotik‘ den Hinweis: „siehe schamlos“ angebracht hatte! Sapienti sat!

Ich benutzte unmittelbar nach 1945 meine damaligen guten Beziehungen zu Bern, um dem dortigen Kunstmuseum eine Ausstellung der großartigen

Aquarelle des Malers und Radierers Joseph Anton Koch (1768–1839), die in der Schweiz geschaffen worden waren, vorzuschlagen. Koch entwickelte einen Stil der klassischen heroischen Landschaft. Viele seiner Blätter liegen in der Graphiksammlung der Bibliothek der Wiener Akademie, die Hofrat Ankwicz mitunterstand. Wir fuhren gemeinsam im Schlafwagen (inklusive unserer kostbaren Fracht) und wohnten im gleichen, bescheidenen Hotel. Es war mir eine besondere Freude, den seit vielen Jahren nicht mehr ins Ausland gekommenen Hofrat ein wenig verwöhnen zu können, als kleiner Dank für viele seiner mir erwiesenen Liebenswürdigkeiten. Die Ausstellung in Bern selbst wurde zu einem Erfolg.

59. ‚Mrs. Beeston's Tierklinik‘, 1970

Die Idee zu ihrem erfolgreichen Kinderbuch ‚Mrs. Beeston's Tierklinik‘ war Renée in einem Traum gekommen, den sie während eines unserer alljährlichen Schiurlaube in Davos hatte. Da sie all ihre Bücher stets vollkommen im Kopf hat, bevor sie zu schreiben anfängt (sehr im Gegensatz zu mir, der ich die erste Niederschrift auf der Schreibmaschine heruntertippe und dann die Abschriften korrigiere), dauerte es nicht lange, bis ihr Manuskript abgeschlossen war. Als wir uns 1961 kennenlernten, war Renée noch bestrebt, ihre Stimme ausbilden zu lassen. Ihre Liebe zur Musik ist beherrschend groß. Solange noch Zeit gewesen wäre, Gesang zu studieren, mußte sie sich – sei es in London beim Verlag Faber & Faber, sei es später in Wien bei der Atombehörde – Geld für ihren Lebensunterhalt verdienen und konnte sich nicht genügend Zeit zum intensiven Studium abgewinnen. Ich merkte, wie sie sich über ihren mangelhaften Fortschritt kränkte und bat sie eines Tages, doch ein anderes Ziel anzustreben. „Weißt Du was", sagte ich zu ihr, „Du bist doch eine intelligente Frau und verfügst über Einfühlungsvermögen, Humor und große Sprachbegabung. Es wäre doch gelacht, gelänge es Dir nicht, zu

Doubleday, das Entlein, dessen Füße nach außen gedreht waren

‚Mrs. Beeston's Tierklinik‘ entstand nach einem Traum, den Renée zur Winterszeit in Davos hatte. Das Titelblatt mit den Hauptfiguren: Doubleday (Entlein), Bruce (Bulldogge) mit Cuthbert (Kuckuck), Mrs. Beeston mit Papagei Percival und Maurice (Mäuschen, in der Schürze), Chi-Chi (die Katze) und Prudence (Schweinchen)

Doubleday, das Entlein als Tellerträger

Mrs. Beeston mit Brennschere und dem kleinen Entlein

schreiben." „Aber was denn?" war ihre Frage, die durch jenen Traum beantwortet wurde. Unklar war jetzt nur noch: wer würde geeignet sein, ihr Buch zu illustrieren? Eines Samstags fiel mir in der Zeitung ‚Die Presse' eine skurril-humoristische Zeichnung von Walter Schmögner auf. „Renée," sagte ich, „schau! Ich glaube, ich habe Deinen Illustrator gefunden!" Binnen kurzem hatte sie zu Walter Schmögner einen Kontakt hergestellt, und schon seine erste Probe-Zeichnung erfüllte uns beide mit Freude und der Gewißheit, den richtigen Mann entdeckt zu haben. Auch ihn freute der Auftrag, und bald darauf lagen seine bezaubernden Illustrationen vor uns.

In der Tierklinik der Mrs. Beeston treffen nacheinander Tiere mit sonderbaren Defekten ein. Da ist ein Entlein Doubleday, dessen Füße nach außen gedreht sind; der alte schäbige Papagei Percival, der das vom Regen durchnäßte Entlein mit ‚Charlie Chaplin'-Rufen verhöhnt und von Mrs. Beeston an die Luft gesetzt wird; Cuthbert, der stotternde Kuckuck; das Schweinchen Prudence, dessen Schwänzchen gerade wegsteht und nicht geringelt ist; die Bulldogge Bruce, ärgerlich auf ein neues Gebiß wartend; Maurice der Mäuserich, der Katzen liebt; Chi-Chi die Katze, die einen verknoteten Körper hat. Für alle diese sonderbaren Patienten weiß Mrs. Beeston Rat. Es ist ein Buch feinsten Humors und hat auch als ‚dtv Taschenbuch' großen Erfolg! Es war das erste Buch einer neuen Reihe von Kinderbüchern dieses Verlages. Die Original-Ausgabe erschien 1970 im Verlag für Jugend und Volk in Wien. Sie wurde vom Verlag beim Wettbewerb um die besten in diesem Jahr erschienenen Jugendbücher in deutscher Sprache eingereicht. Ich füge hier an, daß Renée stets Englisch schreibt. Ihr Deutsch ist aber so ausgezeichnet, daß die Verleger ihre Übersetzung (der man nur gelegentlich eine reizvolle Abweichung von den Regeln anmerkt) übernommen haben! Autorin und Illustrator hatten zu gleichen Teilen die Ehre, innerhalb der Kategorie ‚illustrierte Jugend-Bücher' mit einem ersten Preis bedacht zu werden, der 1970 in Nürnberg vergeben wurde. Wir fuhren mit großer Spannung zur Preisübergabe (auch Walter Schmögner war mitgekommen) und waren alle sehr bald vom Zauber dieser Stadt eingenommen. Die Verleihung fand in einem großen, dichtbesetzten Saal statt, Presse und Fernsehen waren anwesend. Es sollte sich herausstellen, daß es den Verantwortlichen sehr schwer fiel, sich der Situation gemäß zu bewegen. Früher einmal, in meiner Jugend, wäre ein solcher Akt Anlaß zum Erscheinen im ‚Cut' gewesen, mit vielen furchtbar schwitzenden älteren Herren. Das war gewiß schrecklich und paßte auch nicht mehr in die heutige Zeit. Aber die legere, lockere Art lag den damals beteiligten Funktionären auch nicht. Lange Haare und Rollkragen-Pullover waren zwar ‚in', aber irgendwie paßte es nicht zu den Festreden. Den Vorsitz hatte eine Dame der zuständigen Abteilung des Ministeriums für Unterricht. Sie hätte ihre Sache an sich nicht schlecht gemacht, wäre sie nicht gegenüber den beiden unglücklichen Autoren eines Jugend-Lexikons, dessen aggressiv-politischer Stil ihr nicht paßte, in aller Öffentlichkeit ausfällig geworden!

Unter den Feierlichkeiten in Nürnberg war auch ein Empfang im Spielzeugmuseum. Die Autoren preisgekrönter Bücher waren gebeten worden, vor dem Mikrophon jeweils ein Stück aus ihrem Buch vorzulesen. Renée, die bei derartigen Gelegenheiten immer über sich selbst hinauswächst – tat dies in charmanter und vollendeter Form. Anschließend gab es in einem getäfelten Saal des Rathauses einen Empfang. Ein Quartett von Blasinstrumenten spielte, die Stimmung war gut und feierlich. Renée weiß köstlich über diese Veranstaltung zu erzählen. Es fixierte sie ein gutaussehender Herr, der entfernt von uns stand. Als die Musik vorüber war, näherte er sich ihr mit vollendeter

Höflichkeit, stellte sich vor und sagte: „Sie müssen schon entschuldigen, gnädige Frau, daß ich Sie derart angestarrt habe. Aber endlich weiß ich, wer Sie sind!" An diesem Punkt unterbricht Renée stets ihre Erzählung, richtet sich ein wenig die Haare, zupft ein wenig an ihrer Kleidung herum und spricht aus, was sie sich damals dachte: ‚So ist also der Ruhm. Er weiß, daß ich Preisträgerin bin. Wie schön!' Aber im gleichen Moment setzte jener Herr seine Anrede mit den Worten fort: „Sie sind doch die Frau des Antiquars Christian Nebehay aus Wien, nicht wahr?" Ein Donnerschlag hätte nicht schrecklicher das Gebäude ihrer Illusionen zum Einsturz bringen können!

Leider gab es einen Wermutstropfen in unserem Freudenbecher. Wir dachten natürlich beide, es werde eine Fortsetzung ihres Buches geben, und Renée hatte bereits während der Heimfahrt begonnen, Pläne zu schmieden. Allein, Walter Schmögner machte ihr unerwarteterweise einen Strich durch die Rechnung. Nein, er wolle keine Fortsetzung ihres ‚Mrs. Beeston's- Buches gestalten. Ab nun würde er sich lediglich seinen Büchern widmen, die er selbst schreiben und illustrieren werde. Um es kurz zu machen: er wäre sicherlich besser beraten gewesen, hätte er fortgesetzt, was er erfolgreich begonnen hatte, denn keines seiner Bücher hat seither einen ähnlichen Erfolg gehabt! Walter Schmögners aquarellierte Entwürfe zu den Illustrationen für ‚Mrs. Beeston' hängen an den Wänden von Renées Schlafzimmer in unserem Pulkauer Landhaus. Wir waren glücklich, alle Originale von ihm erwerben zu können. Es ist jedesmal ein Vergnügen, sie zu betrachten. Selten hat ein Illustrator mit seiner zeichnerischen Phantasie den liebenswürdigen, skurrilen Text eines Autors besser zu illustrieren verstanden, wie Walter Schmögner!

Leider war es Renée bisher nur mit einem ihrer anderen Bücher vergönnt, den Erfolg von ‚Mrs. Beeston's Tierklinik' zu wiederholen. Es gelang wiederum, einen kongenialen Illustrator zu finden. Sie veröffentlichte 1979 im Anette Betz Verlag, Wien-München, ‚Petersilie, Suppenkraut wächst in unserem Garten'. In diesem Buch werden in 48 Kapiteln die Jahreszeiten Frühling, Sommer, Herbst und Winter in unserem Landhaus in Pulkau beschrieben. Der Illustrator ist der ungemein begabte Wolfgang Stracke, den wir – während wir für vier Wochen auf Sommerurlaub waren – mit Frau und Kindern in unser Pulkauer Domizil eingeladen hatten. Es ist ihm gelungen, in einer großen Anzahl von Bisterzeichnungen den ganzen Zauber dieses Hauses und seines großen Gartens einzufangen. Seine Originalzeichnungen hängen gleichfalls in Renées Zimmer. Sie sind weit zarter, als es die Buchillustrationen ahnen lassen! Der vierfärbige Umschlag des Buches zeigt die Autorin, leicht gebückt, einen Kohlkopf in den Korb gebend, vor dem ein Knäblein sitzt, das in ihrem Buch der imaginäre Gesprächspartner ist. Etwas entfernt sieht man mich, mit aller Mühe eines unserer mechanischen Gartengeräte bändigend, während unsere damalige goldbraune Spanielhündin ‚Potzerl' Reißaus nimmt. Im Hintergrund – der Blick geht von unserem oberen Feld auf die Ortschaft – sieht man die beiden charakteristischen Kirchen Pulkaus samt dem Karner. Auf den beiden Innendeckeln und den Vorsatzblättern ist das Haus und der umliegende Garten aus der Vogelperspektive zu sehen. Viele unserer Gäste haben unser Haus genauso lieben gelernt wie wir. Keiner unter ihnen jedoch hat Haus und Garten mehr liebgewonnen als der Künstler, denn sonst wäre ihm das Festhalten vieler liebenswerter Details nie gelungen.

Renées Text ist – wie der ihres ersten Buches – voller Humor und es rührt mich jedesmal, wenn ich es zur Hand nehme, darin zu erkennen, wie sehr ihr unser Haus ans Herz gewachsen ist. Sie hat nun nach einigem Umherirren und etlichen Übersiedlungen dort einen Ruhepunkt gefunden. Das Buch trägt

Vorderseite des Einbandes von ‚Petersilie, Suppenkraut …' Die Autorin bei der Kohlernte, rechts trachtet Ch. M. N. ein Gartengerät zu bändigen. Im Hintergrund die beiden Kirchen von Pulkau. Illustrationen von Wolfgang Stracke, der mit seiner Familie vier Wochen hindurch unser Haus betreute und zeichnete

Renée widmete ihren ‚Knipserich' ihrer Schwester Denise Wormald und ihrem Bruder Cecil King.

*Renée nennt die Eichkätzchen „Tweedledee"
(braun) oder „Tweedledum" (schwarz). Oftmals
allerdings heißen sie umgekehrt.
Zwei Illustrationszeichnungen von Wolfgang Stracke
aus „Petersilie, Suppenkraut ..."*

eine gedruckte Widmung an mich: „Für Christian, der es weiß". Der Text schildert auch, nachsichtig, meine Eigenheiten. Kapitel [3] heißt ‚Wildes Pferd im Küchengarten' und beschreibt meine erfolgreiche, aber mühevolle Bearbeitung eines großen Fleckens Erde für einen Küchengarten. Kapitel [5] schildert das Ausschlüpfen eines Segelfalters. Hier verarbeitete Renée eine Erzählung aus meiner Jugendzeit, als mein Vater – der ein begeisterter Schmetterlingsfreund war – sich aus Deutschland Schmetterlingspuppen kommen ließ, die er zwischen mit Organdin bespannten Fenstern auf befeuchtetes Moos legte. Es gab von allen einheimischen Arten welche, bis zum ‚großen Wiener Nachtpfauenauge', einem Nachtschwärmer von beachtlicher Größe. Meines Vaters Wunsch war es, durch das Freilassen der ausgeschlüpften Falter dazu beizutragen, daß sie sich in der Nähe der damals von uns bewohnten Villa ‚Am Himmelhof' in Wien, Ober St. Veit, vermehren würden. Verglichen mit der Gegenwart hat es an sich in der näheren Umgebung Wiens damals noch genug Falter gegeben. Was er jedoch außer acht ließ, war der Umstand, daß zur erfolgreichen Bereicherung die richtigen Futterpflanzen gehört hätten, daher war sein Unterfangen leider ein Mißerfolg. Für uns Kinder jedoch bedeutete das Ausschlüpfen der Falter, ihr Hinaufkriechen – noch mit eingerollten, feuchten Flügeln – auf das Organdin, das allmähliche Aufrollen der Flügel, deren langsames Erstarken, bis sich die Falter in die Luft erheben konnten, immer wieder ein unvergeßliches Erlebnis. Im Kapitel [15] wird die ‚Zischratterplumpsmaschine' beschrieben, die unser Nachbar, der Müller, der ein etwas tiefer gelegenes Grundstück sein eigen nennt, sich Jahr für Jahr ausleiht, um das Gras zu schneiden, das in einem Arbeitsgang gebündelt und gepreßt wird. Im Kapitel [23] schildert Renée den ‚eingepökelten Sommer' und meint damit ihre Tätigkeit, abgeschnittene Zweige von allerhand Gewächsen und Sträuchern in eine Lösung aus Glycerin und heißem Wasser zu stecken, um dann für die übrige Jahreszeit getrockneten Schmuck für ihre Vasen zu haben. Kapitel [25], ‚Ein Hauch von Frühling', macht sich lustig über die Texte von Prospekten und Katalogen, mit denen große Firmen in Österreich, Deutschland und Holland großsprecherisch ihre neuesten Blumen-Züchtungen anpreisen. Im Kapitel [38] schildert Renée ein von mir konstruiertes Fütterungshaus für Fasane. Es wird nach dem ersten Schneefall aufgestellt, steht auf vier Pfosten und hat ein schräges Dach, das mit frischen Tannenzweigen bedeckt wird. Auf dem Boden steht eine längliche Blechplatte mit aufgebogenen Rändern. Dorthin kommen die gelben Kukuruzkörner und bleiben – was wichtig ist – trocken. In unseren ersten Jahren in Pulkau hatten wir des Morgens oftmals bis zu zwanzig Fasane, die sich mit gravitätischen, immer aber vorsichtigen Schritten dem Fütterungsplatz näherten! Seit ein paar Jahren ist leider ein wunderschönes, großes angrenzendes Feld parzelliert und verbaut worden. Daher kommen Fasane jetzt nur mehr spärlich zu uns. Immer aber schicken die Männchen die Weibchen aus, bevor sie selbst sich exponieren! Schließlich wird im Kapitel [42] meiner Weihnachtskrippe gedacht, die wir nun auch schon seit 26 Jahren alljährlich nahe dem Kellereingang vor der Küche aufstellen. Wolfgang Stracke hat die aufgestellte Krippe unter Zuhilfenahme einer meiner farbigen Gouachezeichnungen für die Leser des Buches festgehalten. Es war mir eine Freude, Renée zum Schreiben angeregt und mitgeholfen zu haben, daß sie mit Walter Schmögner und Wolfgang Stracke zwei Illustratoren für ihre bezaubernden Kinderbücher gefunden hat.

60. Die verschwundene Mappe mit Zeichnungen

In den 60er Jahren sprach ein junger Künstler aus Oberösterreich bei mir vor. Klein von Gestalt und überströmend von devoter Ergebenheit. Er brachte eine Mappe seiner Zeichnungen mit. Würde ich geneigt sein, ihn auszustellen? Ich betrachtete mir die Zeichnungen. Nichts Aufregendes, brave Arbeiten auf Mittelschullehrer-Niveau. Was seine Porträts anlangte, sagte ich zu ihm: „Hier böte sich – vielleicht – eine Chance. Wir haben noch niemals eine Porträt-ausstellung gemacht." Mit diesen Blättern allerdings sei nichts anzufangen. Was sollten wir in Wien mit dem Rundfunkintendanten von Oberösterreich, was mit dem Direktor des Linzer Gymnasiums, was mit dem Innungsmeister des Oberösterreichischen Fleischhauergewerbes beginnen? Das würde doch niemanden interessieren. „Aber," setzte ich hinzu, „ich finde, daß Porträts Ihre Stärke sind. Ich würde Ihnen Empfehlungen geben. Probieren Sie doch, ausgestattet mit meinen Visitkarten, prominente Persönlichkeiten des Wiener Kulturlebens zu zeichnen: Museumsdirektoren, Leute von der Bühne, von der Oper, kurz Menschen, die man hier kennt. Nur dann wird das Publikum imstande sein, zu beurteilen, ob Ihre Porträts gelungen sind. Vielleicht, daß man Ihnen dann Aufträge erteilen wird!"

Er hörte mir nur halb zu. Es war offensichtlich, daß ihm dies aus irgendeinem Grund nicht behagte. Vor dem Weggehen sagte er zu mir: „Die Mappe mit meinen Zeichnungen lasse ich bei Ihnen. Sie soll sie jedesmal, wenn Sie sie sehen, an mich mahnen, auf daß ich nicht bei Ihnen in Vergessenheit gerate." Um ihn nicht zu kränken, stimmte ich zu. Nein, eine Übernahmsbestätigung brauche er nicht, er habe volles Vertrauen zu meinem Haus, und er ging. Ich hörte nicht von ihm, ob er überhaupt jemals den Versuch unternommen hatte, wichtige Menschen in Wien zu zeichnen. Aber eines Tages kam er und verlangte seine Mappe zurück. Ich konnte diese nicht gleich finden und bat ihn, doch am nächsten Tag wiederzukommen. Die Mappe hatte sich aber, trotz intensiven Suchens, nicht finden lassen. Jeder bei uns wußte, wie sie aussah, keiner wußte, wo sie war! Ich vertröstete den Künstler. Als er das nächste Mal kam, bat ich ihn in mein Chefzimmer und sagte zu ihm: „Es tut mir leid, Ihnen sagen zu müssen, daß wir Ihre Mappe nicht finden konnten. Ich weiß, daß ich dafür haftbar bin. Machen Sie mir die Sache nicht allzu schwer! Ich bin bereit, Ihnen eine angemessene Summe für Ihre Blätter zu bezahlen. Was verlangen Sie? Vor allem: wie viele Zeichnungen waren denn überhaupt in der Mappe? Wir haben die Blätter niemals gezählt und niemals ordnungsgemäß übernommen!" Der Künstler, der während meiner Worte schon begonnen hatte, unruhig hin und her zu wetzen, fuhr mit einem Mal kerzengerade in die Höhe und brüllte: „I wüll ka Geld, I wüll meine Kinder!" und war nicht zu beruhigen. „Seien Sie doch vernünftig!" sagte ich zu ihm: „Sie sind ein junger angehender Künstler und wissen doch ganz genau, daß man mit diesen ihren Studien kein Geld verdienen kann. Noch einmal: was verlangen Sie?"

Er war im Begriff, wortlos fortzugehen, als ich ihn zurückrief: „Eines möchte ich Ihnen nur warnend sagen. Wenn Sie jetzt meinen gutgemeinten Vorschlag ablehnen, dann weiß ich genau, was weiterhin geschehen wird. Sie werden zu einem Anwalt laufen. Dieser wird sich die Hände reiben ob der guten Causa, die ihm in den Schoß fällt und Sie davon überzeugen, daß – durch seine Intervention – Ihnen eine große Summe Geldes zufließen wird. Ich werde natürlich auch zu meinem Anwalt gehen müssen. Wir beide werden auf diese Art viel Geld auszugeben gezwungen sein. Zum letzten Mal: Was verlangen Sie? Ich bin durchaus bereit, das meine zu tun, auf daß die Sache gütlich bereinigt werde!" „Hörn's auf, hörn's auf. I was (weiß) schon, was i tuen werde!" Damit schlug er die Türe zu und ging. Natürlich lief er nicht zu einem Anwalt, sondern zunächst einmal zur Tagespresse. Die erschienenen Artikel ließen an Deutlichkeit nichts zu wünschen übrig. Die Überschriften lauteten ungefähr so: ‚Reicher Kunsthändler verweigert armem Künstler die Herausgabe seiner Zeichnungen' und ähnliches mehr. Dann aber flatterte mir, wie erwartet, der Brief eines Anwaltes ins Haus. Es hieß darin, er habe die Kunstabteilung des Versteigerungsinstitutes ‚Dorotheum' befragt und dort erfahren, daß man den abhandengekommenen Zeichnungen auf Grund von vorgelegten anderen Erzeugnissen des Künstlers einen Durchschnittspreis von eintausend Schilling pro Blatt beimesse. Ergo werde ich ersucht, binnen 14 Tagen den Betrag von 135.000 Schilling zu erlegen. Sonst Klage bei Gericht!

Man kann sich wohl unschwer vorstellen, daß mir nicht sehr wohl zumute war, und ich fragte mich bereits, wie die Sache für mich ausgehen würde, als sich jemand bei mir meldete. Er habe in der Zeitung von meinem Verlust gelesen und möchte mir mitteilen, daß er vor geraumer Zeit in der Gebrauchtwarenabteilung des ‚Dorotheums' ein Konvolut von Zeichnungen des Künstlers erworben habe und zwar zu einem ganz niedrigen Preis. Er sei daran nicht interessiert und würde gerne mit mir tauschen. Hätte ich denn nicht einige Kupferstiche mit österreichischen Ansichten aus dem Buch von Matthäus Merian, Topographia Provinciarum Austriacarum, Frankfurt, 1649? Wir wurden rasch handelseinig und ich hatte somit 40 der vermißten Blätter zurückerworben. Dann erschien ein Mitglied eines der großen Wiener Orchester. Er sei Sammler, so sagte er mir, habe ebenfalls im ‚Dorotheum' ein Konvolut Zeichnungen des Künstlers erworben, wisse, daß ich ersatzpflichtig sei und wolle tauschen. „Da hängen doch ein paar ganz schöne Herbert Boeckl-Aquarelle", sagte er, auf die Wand des Vorzimmers deutend. „Geben Sie mir diese drei und einen runden Betrag dazu, und Sie haben Ihre vermißten Blätter." Überflüssig zu sagen, daß ich ihn kurzerhand hinauswarf; denn damals betrug bereits der Wert eines Boeckl-Aquarells das mehrfache des vom ‚Dorotheum' geschätzten Preises für eine der vermißten Zeichnungen! Das Verhalten jenes Musikers war übrigens bereits dem Sicherheitsbüro der Polizeidirektion aufgefallen, das eine Anzeige wegen versuchter Erpressung erwogen habe, erfuhr ich später durch einen Hinweis. Mittlerweile kamen wir darauf, was eigentlich passiert war. Ein in meiner Nachbarschaft wohnender Herr hatte uns eine Mappe mit völlig wertloser alter Graphik zur Begutachtung gegeben gehabt. Ich bat ihn, diese wieder abzuholen, weil wir keinerlei Verwendung dafür hätten. Er kam leider nicht selbst ins Geschäft, sondern schickte seinen Chauffeur. Und diesem wurde von einer sonst überaus verläßlichen Mitarbeiterin, die sich damals allerdings aus privaten Gründen in einer schwierigen Situation befand, versehentlich mit der richtigen Mappe auch die Mappe des jungen Künstlers ausgehändigt! Der Chauffeur ging auftragsgemäß mit den Mappen in die Kunstabteilung des ‚Dorotheums'. Diese übernahm die Mappe mit alter Graphik, schickte ihn aber – wegen Geringwertigkeit – mit der zweiten in die Gebrauchtwarenabteilung. Dort wurden die darin befindlichen Zeichnungen des Künstlers in zwei Konvoluten zu einem Bagatellpreis von wenigen hundert Schilling versteigert. Und damit standen meine Chancen bei einem zu erwartenden Prozeß ausgezeichnet. Ich hätte bei der Verhandlung ganz einfach den Richter gebeten, festzustellen, welcher Wert seiner Meinung nach nun diesen 135 Zeichnungen beizumessen sei? Jener völlig aus der Luft gegriffene Preis des Gutachters der Kunstabteilung des ‚Dorotheums‘ oder der Zuschlagpreis in der Gebrauchtwarenabteilung?

Mittlerweile hatte ich, über jemanden Dritten, noch weitere 30 oder 40 Blatt der vermißten Zeichnungen erwerben können. Kurze Zeit später erhielt ich einen Anruf meines Rechtsberaters und Freundes Dr. Otto Kammerlander. Er sagte zu mir: „Da hat sich bei mir der gegnerische Anwalt gemeldet, und diesem habe ich erzählt, wieviele Zeichnungen Sie bereits in der Hand hätten. Seine Anfrage lautet nun dahin: wären Sie bereit, diese Zeichnungen dem Künstler zurückzugeben? Wenn ja, würde ich Sie bitten, ein paar tausend Schilling in bar springen zu lassen, damit der ‚arme Künstler‘ seinen Anwalt bezahlen kann". Und so geschah es! Allerdings – was wohl selbstverständlich war – gegen die schriftliche Bestätigung des gegnerischen Anwaltes, daß der Künstler nach erfolgter Rückgabe keine wie immer gearteten Ansprüche an mich stellen würde.

Was nun folgt, würde der geneigte Leser unschwer als eine Zuflüsterung meiner Phantasie bezeichnen, wenn es nicht der reinen Wahrheit entspräche. Der gegnerische Anwalt ließ den Künstler in den Justizpalast kommen und vor einem Verhandlungszimmer warten. Plötzlich stürmte er aus dem Zimmer, schwenkte in der Hand einen Scheck mit den Worten: „Na, was habe ich Ihnen gesagt? Der Nebehay zahlt alles! Hier sind seine 135.000,– Schilling. Meine Rechnung schicke ich Ihnen morgen zu!" Es war bereits nach Schalterschluß. Somit konnte der Künstler erst am nächsten Morgen zur betreffenden Bank wegen der Einlösung des Schecks gehen. „Was wollen's denn mit dem Scheck da?" war nach einer Weile die verblüffende Frage des Kassiers, „der ist ja ungedeckt! Hab' die Ehre!" Und damit ließ er den total vernichteten jungen Mann stehen. Dieser machte kehrt und stürmte in die Anwaltskanzlei. Fand den Anwalt auch, überreichte ihm, zitternd vor Zorn, aber doch noch beherrscht, den Scheck. „Ja, um Gottes Willen," rief der Anwalt aus, „was ist mir denn da passiert? Ich habe das falsche Formular erwischt! Hier ist ein neuer Scheck!" Mit diesem eilte der mittlerweile stutzig gewordene Künstler tags darauf zu der betreffenden Bank. Aber nur, um am Schalter die gleiche Antwort zu erhalten! Auch dieser Scheck war ungedeckt! Nun, bereits wutschnaubend, zurück zur Kanzlei. Diese war geschlossen, und als der junge Künstler zur Polizei lief, mußte er erfahren, daß sein Anwalt sich noch in der gleichen Nacht ins Ausland abgesetzt hatte! Wir haben niemals herausgefunden, was diesen Mann zu seiner mehr als sonderbaren Handlung veranlaßt haben könnte. Da er nie zurückkam, konnte man ihn nicht befragen. Diese merkwürdige Geschichte ist noch nicht zu Ende, denn wenige Tage später erhielt ich einen weh- und demütigen Bettelbrief des Künstlers. Ich hätte doch wahrscheinlich aus der Zeitung erfahren, welches Unglück ihm neuerlich wegen seiner Blätter zugestoßen sei. Er käme nun auf mein – wie er nunmehr einsehe – doch sehr freundliches Angebot zurück. Würde ich es nicht über mich bringen, einem armen, vom Leben hart enttäuschten Künstler pekuniär zu helfen? Meine Antwort war sehr kurz: „Holen Sie sich aus der Kanzlei meines Anwaltes Ihre Blätter, die Ihr Anwalt – samt Verzicht-Erklärung auf alle weiteren Forderungen – mir gegenüber bereits quittiert hat. Von mir bekommen Sie selbstverständlich nicht einen luckerten Heller!"

61. Der Dichter Peter Altenberg

An einem schönen Wintertag waren Renée und ich in Davos mit der Parsenn-Standseilbahn hinaufgefahren, um die lange Ski-Abfahrt nach Klosters zu unternehmen. Beim Anschnallen oben bemerkte ich, daß die Bindung eines Skis nicht funktionierte. Da es niemanden gab, der sie hätte reparieren können, blieb nur übrig, schweren Herzens mit der Bahn nach Davos hin-

Peter Altenberg, auf einer Semmering-Wiese rastend. Um 1910

unterzufahren. Mit einem Mal sprach mich eine ältere Dame in altmodischer Winterkleidung mit großen, lachenden Augen an: „Sie sind doch sicherlich aus Wien," sagte sie zu mir, „ich merke es an Ihrer Aussprache. Aber die gnädige Frau? Ich vermag Ihr Deutsch nicht zu lokalisieren. So, so, aus England ist sie! Und was ist eigentlich mit Ihnen los, daß sie an diesem herrlichen Tag talabwärts fahren?" Ich erklärte es ihr mit ein paar Worten. Sie nannte mir daraufhin die Adresse einer nahe der Talstation gelegenen Skiwerkstätte, wo man mich sicher gut bedienen werde. Plötzlich aber wechselte sie das Thema, sah mir fest in die Augen und sagte, sehr bestimmt: „Also schlagen Sie mir einmal fest gegen meinen Bauch!" Ich war zunächst so verwirrt, daß ich überhaupt nicht reagierte, worauf sie hinzusetzte: „Ich meine es ernst, schlagen Sie zu!" Mit einem leichten Achselzucken tat ich, was sie wollte und versetzte ihr einen zarten Schlag. „Nein, nein" rief sie, „wenn ich schlagen sag', dann mein' ich's auch! Also, genieren Sie sich nicht und schlagen Sie fest zu!" Ich blickte mich um, ob nicht am Ende ein zu ihr gehöriger stämmiger Begleiter sich allsogleich auf mich stürzen würde, holte tief Atem und schlug, so kräftig ich mich getraute, zu. Wie groß jedoch war meine Überraschung. Es war so, als hätte ich gegen eine Eisenplatte geschlagen! Mein Schlag schmerzte mich auf jeden Fall weit mehr, als sie ihn wohl verspürte, und lachend sagte sie: „Wissen's, ich bin Ihnen natürlich eine Erklärung schuldig. Ich lebe nämlich im Sommer in Altenberg (am Südufer der Donau, oberhalb von Wien, etwas unterhalb von Greifenstein) und jeden Morgen, den mir der liebe Herrgott schenkt – bei Regen, Sonnenschein oder Sturm – schwimme ich von dort vom Mai bis Oktober die rund sechzehn Kilometer bis nach Wien-Nußdorf! Meine Kleider ziehe ich, in einem wasserdichten Beutel wohl verwahrt, an einer Schnur hinter mir her. Angelangt trockne ich mich ab, ziehe mich rasch an und fahre mit der Straßenbahn in die Stadt, daher meine prächtigen Muskeln! Was sagen Sie nun?"

Zunächst war ich völlig sprachlos, dann aber dämmerte mir, wer sie sein könnte: ein Mitglied jener bekannten Familie des Zacharias Konrad Lecher (1829–1905), dem aus Vorarlberg stammenden Schriftsteller und Journalisten, der seit 1864 Herausgeber der damals neugegründeten führenden Wiener Tageszeitung ‚Neue freie Presse' war. Nebenbei war er der Gründer des heute noch bestehenden Schriftstellervereins ‚Concordia' und eng mit dem Heimatdichter Peter Rosegger (1843–1918) befreundet. In Altenberg hatte er einen großen Besitz erworben. Und dort lernte Richard Engländer, Sohn einer wohlhabenden Wiener Textildynastie, eine der Töchter des Hauses kennen, verliebte sich in sie und wählte ihren Kosenamen ‚Peter' und den Ort, wo er sie kennengelernt hatte, zu seinem Pseudonym. ‚Peter Altenberg' war der Name, unter dem fortan alles, was er schrieb, erscheinen sollte. Noch heute bedaure ich, daß ich im Gedränge des Aussteigens jene höchst kuriose Dame aus meinen Augen verlor und es mir auch späterhin nicht gelang, ihr noch einmal zu begegnen.

Für diejenigen, denen der Name des berühmt gewordenen Dichters Peter Altenberg wenig bedeutet, sei gesagt, daß er zu den interessantesten Erscheinungen des literarischen Wien um 1900 zählt. Er war ein feinsinniger Bohemien, den das Brockhaus Konversations-Lexikon mit Recht als ‚einen Meister der impressionistischen Kleinkunst' bezeichnet. Ich selbst habe ihn niemals zu Gesicht bekommen. Er war in vielfacher Hinsicht ein sonderbarer Mensch, ein Nachtvogel vor allem und das, was man in Wien sehr treffend als ‚Schnorrer' bezeichnet. Weil er unweigerlich jeden, mit dem er ins Gespräch kam, ohne jede Hemmung um Geld anging. Es sollte sich nach seinem Tod herausstellen, daß er ein Sparkassenbuch mit einer ansehnlichen Einlage hinterlassen hat!

Völlig unbekannt geblieben ist, daß Peter Altenberg schöne Worte über Egon Schieles Tod gefunden hat: „. . . Spanische Grippe, die neue, unerforschliche, mysteriöse Krankheit über euch! Also mit 28 Jahren mußtest du verschwinden, Maler Egon Schiele, zwei Tage vorher in ihrem funkelnden, zarten Messingbettchen an derselben Erkrankung deine süße, elfenhafte 22jährige Frau. Nie hättest du es natürlich je zu etwas Besonderem gebracht, sondern nur immer wird er direkt abnorme, deformierte, fast verhungerte Mädchen gezeichnet, keineswegs aber wirklich entmaterialisierte Ideale. Dein Idealismus hatte keine Kraft, deine Kraft keinen Idealismus! Dein Bemühen war tragisch, weil eben edel-vergeblich ringend mit künstlerischen Kräften, die nicht genügend vorhanden waren. Aber immerhin, du wolltest und wolltest, was, das erkannte freilich niemand wie die Snobs, die es schon gar nicht erkennen! Die ‚Spanische Grippe' hat dir alle Enttäuschungen erspart. Und vielleicht auch ebenso ihr, deiner elfenhaft zarten 22jährigen in ihrem funkelnden Messingbettchen. Man ist nicht Künstler, weil man es sein möchte oder will, sondern nur weil man es sein muß, von Gottes Gnaden oder meistens Ungnaden aus. Der Wille in der Kunst ist das Unkünstlerischeste, aus den Mysterien des vollkommen Unbewußten muß es kommen! Deine gequälten Ambitionen löscht liebevoll-schrecklich die ‚Spanische Grippe'! Ihr waret nämlich bereits vollkommen unheilbar längst vor dieser belanglosen, erlösenden Erkrankung, wie die meisten Menschen! Nur ist ihr Selbst-

Das von Peter Altenberg im ‚Grabenhotel‘, Wien I., Dorotheergasse 3, jahrelang bewohnte Zimmer. Die Wände waren vollständig mit Photographien behängt.

Photographie von Bertha Lecher (die „Peter“ genannt wurde) und eine ihrer Haarlocken, 1880, Altenberg an der Donau. Altenberg wählte aus ihrem Kosenamen und dem Ortsnamen der Begegnung sein Pseudonym (Historisches Museum der Stadt Wien, Inv.-Nr. 94833).

erhaltungstrieb stärker, zu ihrem Lebensunglücke, das sich erst nach Jahren erweist! Jeder trägt ein Stückchen seiner ‚Spanischen Grippe‘ ewig in sich herum!“ (Peter Altenberg, Gesammelte Werke, Band II, Seite 407–8, Wien–Berlin, 1987)

Ich möchte hier von einer Begegnung erzählen, die mein Vater – damals noch in Leipzig lebend – anläßlich eines seiner Besuche in Wien hatte. Er sei – so erzählte er uns – eines Abends nach dem Theater noch in eine Wiener Bar gegangen, um einen ‚Nightcup‘ zu trinken und habe dort Peter Altenberg in Begleitung des Schriftstellers und Kulturhistorikers Egon Friedell (eigentlich Friedmann, 1878–1938. Er stürzte sich 1938 aus Angst, verhaftet zu werden, aus dem Fenster seiner Wohnung. Er hat nach Altenbergs Tod seine Erinnerungen an ihn in dem Buch ‚Altenberg Brevier‘, 1921, festgehalten) getroffen. Durch den Oberkellner hat mein Vater Friedell zu sich gebeten und diesem, nachdem er sich vorgestellt hatte, gesagt: „Ich habe unlängst irgendwo eine kleine Altenberg-Skizze gelesen, in der er sich darüber beklagt, daß es ihm anscheinend niemals vergönnt sein werde, einmal in Frieden eine Flasche ‚Veuve Cliquot‘ zu trinken, ‚ohne, daß der ekelhafte Kerl, der dafür bezahlt, sich mir aufdrängt und an meinem Tisch sitzen will‘. Und deshalb habe ich mir erlaubt, beim Ober eine Flasche von Altenbergs Lieblings-Champagner auf meine Rechnung zu bestellen und bitte Sie, sie gemeinsam mit dem Dichter, den ich seit Jahren verehre, auf mein Wohl zu leeren. Gute Nacht!“

Altenbergs Schriften sind heute beinahe vergessen. Vieles ist zu weitschweifig. Er ufert oftmals in seinem Enthusiasmus über Belangloses aus. Aber ich liebe besonders jene kleinen Skizzen, in denen er den Wiener Vorstadtmädchen auf den Mund schaut und in unübertrefflicher Weise deren Geschichte erzählt. Hervorragend trifft er die Sprache dieser Geschöpfe, und was er über sie und ihre Sorgen zu schreiben versteht, ist rührend und immer leicht melancholisch. Er hält in diesen Miniaturen eine heute bereits versunkene Zeit fest. Um sein Bild abzurunden, muß noch seine Passion für unmündige Mädchen erwähnt werden. Auf der Ausstellung ‚Traum und Wirklichkeit‘, Wien 1985, waren Photographien aus dem Besitz des ‚Historischen Museums der Stadt Wien‘ zu sehen, aus jenem Zimmer im heute noch existierenden kleinen ‚Grabenhotel‘, Wien I., Dorotheergasse 3, das Peter Altenberg jahrelang bewohnte. Es war mehr als bescheiden eingerichtet, die Wände waren mit kleinen eingerahmten Photographien von oben bis unten behängt. Auf das Photo eines beinahe unbekleideten vierzehnjährigen Mädchens hat er geschrieben: *Die liebliche gutmütigste zarteste / anhänglichste Frau / Albine Ruprich 14 Jahre alt / In Dankbarkeit / Peter Altenberg / 1914“.*

Dies möge als Beispiel genügen. Er teilte übrigens diese kaum verständliche Passion für Mädchen im Pubertätsalter mit anderen berühmten Zeitgenossen. Zum Beispiel mit dem Architekten Adolf Loos, der dem Vernehmen nach mehrmals deshalb mit dem Gesetz in Konflikt gekommen sei. Auch mit Egon Schiele, dem 1912 wegen einer ähnlichen Begegnung um ein Haar seine bürgerliche Existenz verlorengegangen wäre.

Um auf den Ort Altenberg zurückzukommen, so hatte dort der berühmte Orthopäde Adolf Lorentz (1854–1946) eine große Villa. Ihm ist die unblutige Behandlung der angeborenen Hüftgelenksverrenkung zu verdanken. Während bis dahin abertausende von Kindern an den Folgen chirurgischer Eingriffe ein Leben lang zu leiden hatten, schenkte er mit seiner Behandlungsmethode unzähligen Kindern normales Gehen. Sein Sohn und Schüler, Albert Lorentz, hat in seinem bezaubernd geschriebenen Buch ‚Erinnerungen an Adolf Lorentz‘, Wien 1952, festgehalten, was er mit seinem Vater erlebt hat:

268

„. . . Die drei Lecher-Buben übten eine brutale Gewaltherrschaft über ihre jüngeren Schwestern aus . . . Sie hielten sie sich als Sklaven zur persönlichen Bedienung; oder doch nicht ganz als Sklaven, denn die armen Mädchen bekamen wöchentlich von ihren Brüdern ein großes Kupfer-Vierkreuzerstück als Löhnung. Dafür mußten sie den Brüdern allerhand Dienste verrichten, ihnen die Schuhe ausziehen und putzen, die Betten machen, das Frühstück bringen und so weiter. Der einzige Dienstbote der elfköpfigen Familie hatte stets Wichtigeres zu tun. Es ging aber gegen das Empfinden dieser drei altdeutschen Helden, weibliche Sklaven zu besitzen, daher wurden die Namen der Schwestern vermännlicht: Emma hieß ‚Sklave Emmlinger‘, Hedwig – ‚Hedlinger‘, Hilde – ‚Hildinger‘, und Berthas Name wurde in ‚Peter‘ verwandelt. Die Mädels hätten natürlich aufmucken können, aber häusliche Arbeiten mußten sie ohne Lohn sowieso verrichten, und bei dem chronischen Geldmangel in der Familie waren die vier Kreuzer wöchentlich nicht zu verachten; so fronten sie weiter . . .“

Es sei ergänzend mitgeteilt, daß Peter Altenberg nicht imstande war, seine schwärmerische Verehrung für die Lecher-Tochter Bertha, von der sich eine von ihm beschriftete Photographie mit Haarlocke erhalten hat, in feste Bande zu verwandeln. Er beschriftete die Photographie mit: *„Bertha (Peter gerufen) Lecher, 13 Jahre alt, 1880, in Altenberg a. d. Donau.“*

Er blieb sein Leben lang der Adorateur der kleinen Mädchen, die er poetisch anzuhimmeln verstand. Für mich bedeutete dieses zufällige Zusammentreffen mit jener Dame aus der Familie Lecher eine der Sternstunden meines Lebens.

Lediglich der Kuriosität halber führe ich an, daß die japanischen Zollbehörden 1985, beim Auspacken der nach Tokio gesandten Wiener Ausstellung ‚Traum und Wirklichkeit‘, alle mitgesandten Akt-Photos aus dem Wiener Altenbergzimmer beschlagnahmten und es erst nach vieler Mühe gelang, sie per amtlich versiegelter Kiste nach Wien ins ‚Historische Museum‘ zurückzuschicken!

Alwine Ruprich, 14jährig, Halbakt-Photo, vom Dichter beschriftet: „Die liebliche gutmütigste zarteste anhänglichste Frau (!) Alwine Ruprich 14 Jahre alt in Dankbarkeit Peter Altenberg 1914“ (Historisches Museum, Inv.-Nr. 94945)

Dr. Walter Feilchenfeldt am Deck eines Schiffes. Ausschnitt aus einer Photographie, aufgenommen von seiner Frau Marianne, geborene Breslauer

62. Auguste Renoir malt die Schauspielerin Tilla Durieux

Bei einem Besuch des Metropolitan Museums, New York, fiel mir im Saal der herrlichen Sammlung von Bildern der Impressionisten ein Porträt der Schauspielerin Tilla Durieux (eigentlich Ottilie Godeffroy, 1880–1971) von Renoir auf. Nichts verweist auf die Dargestellte. Sie begann ihre Bühnenlaufbahn in Olmütz, war 1903–1911 Mitglied der Reinhardt-Bühne in Berlin, als eine betont intelligente Schauspielerin brillierte sie in Hebbels ‚Judith‘, als Shakespeares ‚Kleopatra‘, dann in Stücken von Hauptmann und von Shaw. Sie emigrierte 1938 nach Jugoslawien. Dort verbrachte sie, versteckt, Jahre der Angst und Entbehrung, blieb jedoch ungebrochen. Als sie 1952 nach Berlin zurückkehrte, feierte sie erneut Triumphe. Natürlich fehlt im Metropolitan Museum auch jeglicher Hinweis auf die nicht undramatische Geschichte des Renoir-Porträts.

Zur Zeit, da es in Paris gemalt wurde, war Frau Durieux (die mit meinen Eltern befreundet war) die Gattin des berühmten Berliner Kunsthändlers und Verlegers Paul Cassirer (1871–1926), der einer der wichtigsten Wegbereiter für die Anerkennung und Verbreitung der Kunst der französischen Impressionis-

Die Schauspielerin Tilla Durieux, sitzend, mit
großem Hut. Um 1910 (Bildarchiv der öster-
reichischen Nationalbibliothek, Nr. 529513)

ten in Deutschland war. Ungezählte Bilder von Renoir, Manet, Monet, Van Gogh etc. sind durch seine Hände in deutschen Privat- und Museumsbesitz übergegangen. Sein Leben endete tragisch, weil er Schwierigkeiten in seiner Ehe mit Tilla Durieux bekam und im Begriffe stand, sich von ihr scheiden zu lassen. Anläßlich einer letzten Besprechung im Büro seines Anwaltes erschoß er sich in einem Nebenzimmer. Als der Anwalt und Frau Durieux in das Zimmer eilten, fanden sie Paul Cassirer sterbend. Damals hieß es gerüchteweise in Berlin, er habe lediglich beabsichtigt, durch einen Schreckschuß die Verhandlung zu seinen Gunsten zu beeinflussen und sich dabei tödlich verletzt. Tilla Durieux veröffentlichte 1928, zwei Jahre nach seinem dramatischen Tod, das Buch ‚Eine Tür fällt ins Schloß‘, verfehlte jedoch, sich Sympathien seitens der Leser zu verschaffen.

Als das Bild Renoirs 1914 fertiggestellt war, ging der Pariser Aufenthalt von Frau Durieux zu Ende. Meiner Meinung nach ist es übrigens Renoir nicht gelungen, das Tierhaft-Dämonische dieser Frau in seinem Porträt festzuhalten. Sie konnte es nicht mitnehmen, weil es noch zu naß war und trocknen mußte. Dazu brach, im August 1914, der Erste Weltkrieg aus. Nur sehr wenige Betrachter des Bildes werden wissen, daß sich mit ihm eine aufregende Geschichte verbindet, die nur Krieg, Nachkrieg und Inflation hat schreiben können. Es ist anzunehmen, daß die Verbindung zum Porträtauftrag Renoirs über dessen Vertreter, die Kunsthandlung Durand-Ruel in Paris, erfolgte. Als der Erste Weltkrieg vorbei war und man sich endlich wieder schreiben konnte, flatterte Paul Cassirer ein sehr freundlicher Brief der Firma Durand-Ruel ins Haus. Sie freuten sich, daß nun endlich alles vorbei sei und man hoffentlich pro futuro wieder – wie in den Jahren vor dem Krieg – große Geschäfte werde tätigen können. Das Porträt von Tilla Durieux hätten sie vorsichtshalber mit anderen wertvollen Bildern ihres Lagers nach New York geschickt. Es habe Transport und Aufenthalt gut überstanden und stünde zu seiner Verfügung. Sie hingegen erwarteten, daß man ihnen jene Bilder impressionistischer Maler nach Paris zurücksenden möge, die sie vor 1914 an Paul Cassirer zum kommisionsweisen Verkauf gegeben hätten. Dieser Brief schlug wie eine Bombe ein, denn Cassirer mußte in seiner Antwort bekennen, daß durch die Schuld seines damaligen Kompagnons, Dr. Leo Blumenreich, während seiner Abwesenheit von Berlin diese Bilder verkauft und der an Durand-Ruel entfallende Erlös bei einer Berliner Bank hinterlegt worden wäre. Leider habe niemand das Ausmaß der inzwischen eingetretenen Inflation rechtzeitig erkennen können, das hinterlegte Geld sei entwertet und es sei ihm jetzt unmöglich, seine Schuld zu bezahlen. Die Franzosen zögerten nicht einen Moment und wandten sich an die Reparations-Kommission. Deutschland war damals verurteilt worden, nicht weniger als 132 Milliarden Goldmark an Frankreich für Kriegsschäden zu bezahlen. Die Franzosen besetzten, da es Deutschland unmöglich war, seinen Verpflichtungen nachzukommen, gemeinsam mit den Belgiern das Deutsche Ruhrgebiet. Die allgemeine Verschlechterung der Weltwirtschaftslage verhinderte übrigens letztlich die volle Bezahlung der bereits ermäßigten Summe.

Eines Tages erschien das Berliner Finanzamt in den Räumen der Kunsthandlung Paul Cassirer und forderte die Bezahlung von einer Million Mark als Gegenwert für jene Bilder. Paul Cassirer verlor den Kopf, rief seine Mitarbeiter zusammen und erklärte ihnen, nun müsse er sein Haus liquidieren. Da sprang der damals jugendliche, energische Verlagsleiter Dr. Walter Feilchenfeldt auf und erklärte, so man ihn an der Firma beteiligte, mache er sich erbötig, die Sache mit dem Finanzamt zu regeln. Vermutlich hätte ich niemals

Auguste Renoir, von schwerem Rheumatismus be-
fallen, in einem Rollstuhl sitzend und am Porträt
von Frau Durieux arbeitend. Der Pinsel mußte an
seiner Hand befestigt werden. Photo, 1914

Auguste Renoir, Porträt der Schauspielerin Tilla
Durieux, Öl, 1914. (Courtesy of the Metropolitan
Museum, New York, Bequest of Stephen Clark)

von dieser Geschichte erfahren, wenn ich nicht zufällig an einem bestimmten Tag vis-à-vis von ihm an seinem Schreibtisch gesessen wäre. Besuche in der Victoriastraße 35 waren immer irgendwie aufregend. Die vom belgischen Architekten Henry van de Velde (1863–1957) vornehm, aber außerordentlich nüchtern eingerichteten, mit hellgrauen Stoffen bespannten Räume, an deren Wänden man niemals – außer, es wurde gerade eine große Ausstellung veranstaltet – auch nur ein einziges Bild sah, wirkten geheimnisvoll. Nur selten ließ sich Dr. Feilchenfeldt dazu herbei, einen seiner bedeutenden Neu-Ankäufe zu zeigen. Diese Erwerbung wurde dann von einem Geschäftsdiener herbeigebracht und auf einem mit dem gleichen Stoff überzogenen, mobilen Gestell in das bestmögliche Licht gestellt. Fasziniert hat mich bei jedem meiner Besuche das Funktionieren der in jedem der Besuchsräume oben angebrachten Lichtsignal-Anlage, bei der eine von drei Zahlen gelegentlich aufleuchtete und einen der an der Firma Beteiligten zum Telephon in einen anderen Raum rief: Dr. Feilchenfeldt (unruhig, energisch, explosiv), Dr. Grete Ring (ruhig. Ihre Hauptaufgabe war es, die Verbindung zu Museumsbeamten aufrecht zu erhalten, hatte sie doch einst zu ihnen gehört. Sie war stets hervorragend über alles, was in den wichtigsten Museen vorging, informiert. Mein Vater, nie verlegen, wenn es um ein witziges Wort ging, erfand für sie den Ausdruck

Tilla Durieux in ihrem Heim sitzend, Photo, um 1910 (Bildarchiv der österreichischen National-bibliothek, Nr. 606843)

‚Grete Ring mit dem Strumpf am laufenden Band', was mit ihrer oftmals wenig attraktiven Art, sich zu kleiden, zusammenhing. Sie war übrigens eine bedeutende Sammlerin deutscher Zeichnungen des 19. Jahrhunderts, die sie nach ihrem Tod einem englischen Museum hinterließ) oder Dr. H. Lütjens (der wiederum das genaue Gegenteil seiner beiden Partner war: sportlich, kurzgeschorenes Haar. Er hatte die knappe, abgehackte Redensart, wie sie etwa beim deutschen Militär üblich war. Er war übrigens ein Bruder jenes unglücklichen deutschen Admirals, der mit dem von ihm befehligten Schlachtschiff ‚Bismarck' unterging. Er führte die Amsterdamer Filiale der Firma Cassirer, tat deutschen Emigranten viel Gutes, betreute unter anderem den allseits verehrten Geheimrat Max J. Friedländer, vordem Leiter des Berliner Kupferstichkabinettes und ein hervorragender Gelehrter. Dr. Lütjens war es auch, der den bei der überstürzten Flucht vor den herannahenden deutschen Truppen in Holland zurückgelassenen Sohn Walter, damals noch ein Kind, des Ehepaares Dr. Walter und Marianne Feilchenfeldt mutig in deren Schweizer Asyl brachte).

„Christian", rief Dr. Feilchenfeldt, als ich bei ihm saß, „dies ist ein schöner Tag! Wissen Sie, daß es mir heute möglich war, die letzte der damals mit dem Finanzamt ausgehandelten zehn Jahresraten zu bezahlen?" Ich gratulierte ihm sehr. In meinem Buch ‚Die goldenen Sessel meines Vaters' habe ich beschrieben, wie ich 1928/29 inmitten seiner schwierigen Verhandlungen um die Freigabe der Sammlung Dr. Albert Figdor, Wien, erkannte, daß Dr. Feilchenfeldt innerhalb des Ankaufskonsortiums der einzige war, der die schwerwiegenden begangenen Fehler klar erkannte und mit seinem Pessimismus hinsichtlich des zu erwartenden Resultates der Versteigerungen (die sein Haus durchführte) vollkommen recht behielt. In dem zitierten Buch schildere ich auch, daß ich einige Jahre später einige Monate hindurch die neugegründete, aber kurzlebige Filiale von Paul Cassirer in Paris beaufsichtigte. Die Zusammenarbeit mit dem hypernervösen Dr. Feilchenfeldt verlief allerdings nicht zu beiderseitiger Zufriedenheit.

Cassirers hatten sich 1932 in Paris in der Rue Godot des Maurois zu ebener Erde zwei Räume gemietet, die der Galerie Georges Petit gehörten, die im gleichen Haus (mit einem Eingang auf der Boulevard-Seite) ihre Galerie betrieb. Es war ein Versuch, in Paris Fuß zu fassen. Aber die mit dieser Galerie 1932 veranstaltete Versteigerung von Bildern der Impressionisten zweier großer deutscher Privatsammlungen, Simon und Silberberg, – bei deren Vorbereitung ich mithalf – erwies sich als Fehlschlag. Ich war Dr. Feilchenfeldt dankbar für die Chance, die er mir gegeben hatte und kehrte nach dreimonatiger Tätigkeit in das väterliche Geschäft nach Berlin zurück. Ich vermute, daß wenige Zeit später die Pariser Filiale aufgelassen wurde. Als der Zweite Weltkrieg 1945 zu Ende war, übersiedelte Dr. Feilchenfeldt aus dem Tessin – wo sein Schwiegervater, der Berliner Architekt Breslauer sich eine Villa erbaut hatte - nach Zürich und verstand es, sich allsogleich in große Geschäfte einzuschalten. Insbesondere war er für das Haus Liechtenstein in Vaduz beim Verkauf von Zeichnungen Alter Meister und einiger bedeutender Bilder tätig. Nach seinem unzeitigen Tod, 1953, führte seine Frau Marianne, unterstützt von ihrem Sohn Walter (der im Londoner Handel ausgebildet worden war), die Firma erfolgreich weiter.

63. Der englische Maler J. M. Turner und die Erotik

Der künstlerische Nachlaß von Joseph Mallord William Turner (1775–1851), Maler und Aquarellist, einer der bedeutendsten englischen Farbtheoretiker, war überwältigend reichhaltig. Zählte man doch – abgesehen von seinen Ölbildern – nicht weniger als 19.049 Blatt Zeichnungen und Skizzen (eingeschlossen sind bei dieser Zählung allerdings auch seine 260 Skizzenbücher)! Er hinterließ alles der englischen Nation mit der Auflage, dafür zu sorgen, daß der Nachlaß in einem zu gründenden Turner-Museum verwahrt würde. Heute ist endlich – nach über 100 Jahren – alles in London im neuerbauten Museum neben der Tate Gallery an der Themse untergebracht. Jahrzehntelang waren die Zeichnungen und Skizzen im Printroom des British Museum verwahrt, denn die Keller der Tate Gallery wurden 1928 vom Hochwasser der Themse überflutet und viel von diesen Schätzen ging dadurch zugrunde. Solange Turners gezeichneter Nachlaß im British Museum aufbewahrt war, bemühte man sich, durch hervorragende Ausstellungen die Öffentlichkeit darauf aufmerksam zu machen. So 1975, wo unter 500 hervorragenden Blättern zwölf herrliche, rasch hingeworfene Ansichten des Rigi in der Schweiz ausgestellt waren, die mich entzückten. Turner hatte stets ein Skizzenbuch in der Tasche und einen kleinen Malkasten dazu und verstand es – wie kein anderer – im Nu eine Stimmung festzuhalten. So gab es damals den Rigi im Nebel, bei Sonnenschein, im Regen, im Mondeslicht etc., zu sehen. Ein Blatt war schöner als das andere, am schönsten die beiden berühmten Blätter ‚The Red Rigi‘ und ‚The Blue Rigi‘, beide zirka 1841 entstanden. Mr. Rowlands (der damalige ‚Keeper‘ des Printroom) machte mich darauf aufmerksam, daß Turner diese Art von Skizzen niemals verkaufen konnte, da die englischen Sammler, die Schönheit dieser ad hoc geschaffenen, rasch hingeworfenen Blätter überhaupt nicht begreifend, darauf bestanden, ausgeführte, bildähnliche Aquarelle geliefert zu bekommen. Damit habe, so Mr. Rowlands, dieses Publikum die damals hochentwickelte englische Aquarellkunst des 19. Jahrhunderts zu Fall gebracht.

Einer der ersten Käufer von Arbeiten Turners war der englische Schriftsteller und Kunstkritiker John Ruskin (1819–1900), der durch gedankentiefe, kunstkritische Schriften die englische Ideenbewegung wie kein anderer beeinflußt hat. Seine erste grundlegende Veröffentlichung ‚Modern Painters‘ erschien 1843–1860 in 6 Bänden. Wichtiger ist sein berühmtes Buch ‚The Stones of Venice‘, 1851–1853, das die Gesetze der Baukunst erläutert und viele Auflagen erlebte. Er trat übrigens auch als Vorkämpfer der Präraffaeliten auf. Eine ergiebige – doch wenig beachtete – Quelle für sein Leben und seine Tätigkeit ist das Buch von Frank Harris (1854–1931). Dieser war in London als Journalist und Autor eine der buntschillerndsten Erscheinungen, der auf der Höhe seiner Tätigkeit um ein Haar Herausgeber der ‚Times‘ geworden wäre und ein hervorragender Biograph war. Er schrieb zum Beispiel über das Leben von Oscar Wilde. Er ist außerhalb von England hauptsächlich wegen seines 1925 erschienenen Buches ‚My Life & Loves‘ bekannt, das viele Jahrzehnte hindurch nur in Frankreich verkauft werden durfte, weil es stellenweise zu frei geschrieben ist. Aber man täte diesem Buch Unrecht, würde man es als Pornographie abtun, denn es ist ein ungemein lebendig geschriebenes Zeitdokument. Ruskin hatte zu Turner ein besonders enges Verhältnis. Harris läßt ihn wie folgt sprechen: „. . . Als Turner gestorben war, er seinen Nachlaß der Nation hinterlassen hatte, ging ich diesen zu besichtigen und fand ihn noch

T. Fearnley, der Maler J. M. Turner beim Firnissen eines seiner in der Royal Academy, London, ausgestellten Bilder

273

immer in den Kellern der National Gallery in Kisten verwahrt, nicht beachtet und sichtlich total vernachlässigt . . ." Ruskin schrieb daraufhin an den damaligen Premierminister, Lord Palmerston, und erhielt daraufhin von den Trustees der Verlassenschaft die Erlaubnis zur Sichtung der Bestände. Diese Arbeit dauerte eineinhalb Jahre, von 1857–1858. Ruskins Plan, einen ‚Turner Print Room‘ ins Leben zu rufen, wurde nicht realisiert. Er teilte das Material in große Bündel, von denen er einige als ‚schlecht‘, ‚Abfall‘ oder ‚wertlos‘ bezeichnete, andere waren wieder ‚fine‘, ‚interesting‘ oder ‚good for distribution‘. Letztere wurden in einer sorgfältig von Ruskin geplanten Reihe im South Kensington Museum, in Oxford und in der National Gallery, London, gezeigt.

Bevor wir fortsetzen, zitieren wir zunächst einmal die außerordentlich lebendige Beschreibung von Ruskin aus der Feder von Harris: „. . . Ich habe mein ganzes Leben hindurch niemanden getroffen, dessen Erscheinung mich mehr enttäuscht hätte als die von Ruskin. Bevor ich ihn erblickte, hatte ich immer daran geglaubt, daß ein Mann von großen Fähigkeiten seine Begabung in einem charakteristischen Merkmal zeigen würde, aber ich konnte in Ruskins Zügen oder an seinem Körperbau nichts entdecken, das außergewöhnliches Talent verraten hätte. Seine Erscheinung war nicht einmal einnehmend zu nennen. Er sah eingeschrumpft und abgemagert aus. Obwohl er vielleicht fünf Fuß 8 oder 9 maß (= ungefähr einen Meter sechzig), erschien er leicht gebrechlich und gebückt. Trotz einer hervorstehenden schnabelartigen Nase war sein Gesicht klein, skelettartig und sehr runzelig; das Haar, das einmal von rötlicher Farbe gewesen sein mußte, war sorgfältig flach gekämmt, Bart und Koteletten waren auch grau. (Seine Augen waren) das eine Mal aufblitzend, das andere Mal nachdenklich unter dicken, hervorstehenden Augenbrauen; die mächtige krumme, vogelartige Nase war abgesetzt durch ein zurücktretendes Kinn. Er machte den Eindruck eines alten, unglücklichen Vogels: nichts – weder im Gesicht noch an seiner Figur – war eindrucksvoll oder fesselnd. Selbst seine Kleidung war altmodisch; er trug einen dunkel-

Eine der wenigen erhalten gebliebenen erotischen Darstellungen Turners, die dem englischen Kunstkritiker John Ruskin bei der Sichtung des Turner-Nachlasses entgangen ist. Die Schwarz-weiß-Reproduktion läßt nur schwer das zu Boden gesunkene Schweizer Nationalkostüm zu Füßen des Bettes erkennen (Courtesy of the Tate Gallery, London, Inv.-Nr. DO 4708)

blauen Gehrock und eine sehr kleine blaue Krawatte. Sein Gehaben war scheu, der eigenen Schwäche bewußt, unsicher. Ich war so enttäuscht, daß ich fast seine Fähigkeiten in Zweifel ziehen mußte. Doch im Moment, da er im Gespräch erregt wurde, riß seine Stimme mich fort. Ein dünner, hoher Tenor, unwiderstehlich; oftmals wehklagend, manchesmal verfluchend, aber immer hochgespannt. Die Seele dieses Mannes war in dieser wunderlichen, musikalischen Stimme mit ihrem noblen rhetorischen und ihrem heftig erregten moralischen Appell . . ." Harris erzählt, wie Ruskin in einem der mit ihm geführten Gespräche auf seine Frau Euphemia (Effie), geborene Chalmers Gray, zu sprechen kam, die er eines Tages, unerwartet nach Hause kommend, auf einem Diwan in den Armen des Malers John Everett Millais (1826–1896), dem Begründer der Präraffaeliten-Bewegung, fand, der damals sein Porträt zu malen begonnen hatte. Er hoffte, daß dieses Bildnis eines der großen Porträts auf dieser Welt sein werde und wollte, daß es fertiggestellt werde. Zur gleichen Zeit aber wollte er seine Würde bewahren. Daher zog er sich diskret zurück. Kurz darauf wurde seine Ehe, die anscheinend niemals ‚de facto‘ vollzogen war, annulliert, und seine geschiedene Frau heiratete den Künstler!

Millais malte übrigens 1851/52 eines seiner Hauptwerke, die im ruhigen Wasser inmitten von Seerosen dahintreibende tote ‚Ophelia‘ (Tate Gallery, London). In einer Sonderausstellung dieses Bildes erfuhr man, daß der Künstler zunächst mit seiner Leinwand nach Schottland gefahren sei, um dort einen Tümpel zu malen. Dann transportierte er die Leinwand zurück in sein Londoner Atelier, füllte eine große Badewanne mit Wasser und stellte eine Anzahl brennender Grabkerzen darunter, die das Wasser allmählich erwärmten. Das Modell hatte stundenlang mit geöffnetem Haar darin auszuharren!

Harris läßt Ruskin berichten: „Ich verstand immer eine Menge von Malerei und ich war der erste, so glaube ich, Turners Größe erkannt zu haben. Ich kaufte viele seiner Arbeiten, bevor ich 23 Jahre alt war. Sie wissen ja, daß der erste Band meines Werkes ‚Modern Painters‘ herauskam, als ich 24 Jahre alt war . . . Ich hatte immer daran geglaubt, das Gute und das Reine und das Schöne wäre ein Ganzes, eine Offenbarung des Göttlichen. Immer wieder

hatte ich die Schönheit von Farbe in der Malerei mit Gottesfurcht im Leben in Zusammenhang gebracht. Ich wußte natürlich, daß die Regel nicht unwandelbar war. Man behauptete, daß Tizian ein lockeres Leben geführt habe, es gab Bezichtigungen im Zusammenhang mit seiner Tochter, aber dies schien mir eine Verrücktheit, eine reine Legende zu sein, die nicht zu beachten ist. Ich habe stets den Begriff in Ehren gehalten, daß Güte und Weisheit und Reinheit und Wahrheit ein großes Talent begleiteten und Turner war mein Held. Eines Tages (ich glaube es war im Jahr 1875) stieß ich auf eine Mappe, angefüllt, Bild um Bild, mit Turners Arbeiten von der schändlichsten Sorte. Schamteile von Frauen, unentschuldbar und für mich unerklärlich. Ich machte mich an die Arbeit, um die Zusammenhänge herauszufinden und stellte fest, daß mein Held sein Haus in Chelsea am Freitag nachmittag zu verlassen pflegte, nach Wapping (Hafenviertel von London) ging, dort bis Montag morgen in Bordellen mit den Matrosen-Liebchen lebte und sie in jeder nur denkbaren Pose von gänzlicher Hingabe malte. Welch ein Leben! Und welche Bürde dies mir auferlegte! Was sollte ich machen? Wochen hindurch war ich verzweifelt und niedergeschlagen, obwohl ich immer wieder versuchte, mich aufzuraffen, bis es mir mit einem Mal dämmerte, daß vielleicht ich als derjenige ausersehen war, in dieser Sache zu einer großen Entscheidung zu kommen. Ich nahm Hunderte von anstößigen Skizzen und Malereien und verbrannte sie, dort, wo sie waren, alle. Sind Sie nicht auch der Meinung, ich habe richtig gehandelt? Ich bin stolz darauf, stolz . . . – und seine Unterlippe stülpte sich über die Oberlippe, was einen merkwürdigen Effekt halsstarriger Entschlossenheit ergab. Ich dachte, daß dies das außerordentlichste Geständnis war, das ich jemals gehört hatte. Ich entsinne mich, daß es mich für Tage davon abhielt, Ruskin zu besuchen. Wo nahm er das Recht her, das Werk eines anderen zu zerstören, noch dazu das Werk jemandes, den er als einen vom Himmel gesandten Genius hielt? . . .“

Auf der erwähnten Ausstellung im ‚Printroom‘, London, entdeckte ich an einer Wand, inmitten anderer in der Schweiz entstandener Blätter Turners, eines, das ein Liebespaar im Bett zeigt. Im Vordergrund liegt, am Boden deutlich erkennbar – ein Schweizer Trachtenkostüm. Bedenkt man die seit jeher in der Schweiz herrschende Sittenstrenge, wäre es wohl ausgeschlossen gewesen, daß diese Zeichnung irgendwo anders als in einem Bordell entstehen hätte können. Giacomo Casanova schildert in seinen Memoiren einen Besuch bei den Mädchen der ‚Matte‘, wie das damals am Ufer der Aare in Bern gelegene Prostituierten-Viertel geheißen hat. Mein guter Freund Dr. August Klipstein konnte hiezu einen amüsanten Beitrag liefern. Er erzählte, daß man in Bern auf kolorierte Umrißradierungen (Kostümblätter, um 1800) aufmerksam geworden sei. Dargestellt sei immer das gleiche Mädchen, stehend im Nationalkostüm. Der einzig erkennbare Unterschied sei eine stets verschiedene, niedrige Nummer an der Hauswand hinter ihr. Endlich kam jemand auf des Rätsels Lösung: diese anscheinend in ziemlicher Menge hergestellten Blätter waren ‚Geschäftskarten‘, mit denen sich die Mädchen von ihren Besuchern verabschiedeten, mit der Bitte, doch ja auf die Nummer ihrer Behausung zu achten, wenn sie ein anderes Mal wiederkämen! Sie empfingen offensichtlich ihre Kunden in Schweizer Nationalkostümen! Mr. Rowlands hörte aufmerksam zu, was ich zu berichten wußte, schmunzelte und versprach, meinen Bericht im Handexemplar des Ausstellungskataloges zu vermerken!

Auf der Turner-Ausstellung in der Royal Academy, 1974, war unter der Nummer 194 ein anderes bemerkenswertes Aquarell von Turner zu sehen, über welches ebenfalls Amüsantes mitgeteilt werden kann. ‚A First-Rate taking in Stores‘ (Ein Kriegsschiff erster Klasse, Proviant übernehmend), 1818, Bleistift und Wasserfarben, 28,6 : 39,7 cm. Im Besitz der Cecil Higgins Art Gallery in Bedford. Das Blatt stellt – von rückwärts gesehen – ein großes, abgetakeltes englisches Kriegsschiff, am Quai liegend, dar. Der Rumpf des Schiffes ragt unheimlich hoch empor. Die See ist bewegt, die Wellen leicht schaumgekrönt. Weiter hinten sieht man etwas undeutlich zwei andere große Schiffe, im Mittelgrund kreuzt ein Fischkutter im frischen Wind. Dieses Blatt, das vor der Natur gezeichnet zu sein scheint, hat eine erzählenswerte Entstehungsgeschichte, die beweist, wessen ein Aquarellist vom Range eines Turner fähig war. Er war damals über das Wochenende Gast bei Walter Fawkes auf dessen Besitz ‚Farney Hall‘. Die Frau eines Enkels des Gastgebers erinnerte sich: „Eines Morgens sagte Walter Fawkes beim Frühstück zu ihm (Turner): ‚Ich wünsche mir von Ihnen eine Zeichnung in normaler Größe, die eine Vorstellung von den Dimensionen eines ‚Man of War Ships‘ gibt.‘ Dieser Wunsch gefiel Turner, und mit einem Lächeln sagte er zu Walter Fawkes ältestem Sohn, damals ein Knabe von 15 Jahren: ‚Come along, Hawkey, und wir werden sehen, was wir für den Papa machen können.‘ Der Knabe saß den ganzen Morgen an seiner Seite und beobachtete die Entstehung (des Blattes). Seine Beschreibung von der Art und Weise, wie Turner arbeitete, war außerordentlich. Er begann damit, daß er nasse Farbe über das Papier goß, bis es gesättigt war. Er riß, er kratzte, er kritzelte darauf los in einem Anfall von großem Eifer und das ganze Ding war chaotisch. Jedoch nach und nach – wie durch Zauberei – nahm das wundervolle Schiff mit all seinen exquisiten Details Formen an und als es Mittag war, wurde es im Triumph hinuntergebracht . . .“ Eine wohl einmalige Schilderung der Entstehung eines Hauptblattes englischer Aquarellkunst, zugleich ein Zeugnis für das unglaubliche Gedächtnis eines Turner.

Es wird wohl immer zu bedauern sein, daß unsere großen Aquarellisten wie Rudolf von Alt, sein Bruder Franz Alt, Peter Fendi, Thomas Ender, etc., deren Schaffen im Ausland bis heute viel zu wenig bekannt ist, nicht in ihrer Jugend nach England geschickt worden sind, um die englische Aquarellkunst kennenzulernen. Die überragende Meisterschaft eines Turner blieb ihnen somit unbekannt.

64. Die ‚Gesellschaft der Freunde der Albertina‘

‚Die Gesellschaft der Freunde der Albertina‘ ist meine Gründung, die auf meiner Freundschaft mit Hofrat Professor Dr. Walter Koschatzky beruht, der in den Jahren 1961–1986 Direktor der ‚Graphischen Sammlung Albertina‘ war. Der Gründungstag ist der 6. II. 1969. Eine ministerielle Verfügung hatte damals nicht nur die ‚Albertina‘, sondern sämtliche Wiener Museen all jener kleinen Einnahmen beraubt, die bis dahin geholfen hatten, das alltägliche Leben der Institute zu erleichtern. Für die ‚Albertina‘ waren es zum Beispiel kleine Gebühren, die von jedermann verlangt wurden, der eine Photographie bestellte (was in den meisten Fällen mühseliges Nachforschen notwendig macht). ‚Die Gesellschaft der Freunde‘ sprang vielfach helfend ein, zahlt auch heute noch Vorschüsse auf Gehälter, finanziert Reisen leitender Beamter, Kataloge und Drucksachen etc. Abgesehen davon hat sie auch einige Male der ‚Albertina‘ wertvolle Meisterzeichnungen erworben (zum Beispiel von Anton Romako, Rudolph von Alt, Martin van Meytens, diverse Blätter von Meistern des 17.-19. Jahrhunderts, von Karl Hasenauer und modernen Künstlern ebenso wie eine Beteiligung am Ankauf einer wichtigen Zeichnung von Jan Toorop). Alles wurde als Dauerleihgabe zur Verfügung gestellt.

Eine der Hauptaufgaben jedoch war und ist die Finanzierung der ‚Albertina-Konzerte‘, die etwas ganz Besonderes sind und fünf- bis sechsmal pro Saison veranstaltet werden. Dem Programm nach sind sie hauptsächlich der frühen Musik gewidmet. Solange der Gründer dieser Konzerte, Professor Josef Mertin, sie leitete, gab es viel Mittelalterliches zu hören. Er hat übrigens für den Saal eine kleine Orgel erbaut, die – so sie nicht im Gebrauch steht – hinter zwei Türflügeln verborgen ist. In den letzten Jahren wird unter der Leitung von Mertins ehemaligem Schüler, Professor Eduard Melkus, der ein hervorragender, weltbekannter Geiger ist, in der Hauptsache Musik der Barockzeit bis zur Musik der Schubertzeit gespielt. Konzerte für Anspruchsvolle also, mit einem Programm, das man kaum anderswo zu Gehör bekommt. Die Konzerte haben ihren unübertrefflichen Reiz nicht allein wegen der hohen Qualität der musikalischen Darbietung (es gelingt immer wieder, weltbekannte Instrumentalisten, die auf Gastspielen in der Stadt sind, einzuplanen), sondern deshalb, weil jeder Abend mit einer brillant vorbereiteten Einführung in die dargebotene Musik beginnt, sich somit ein ansonsten ganz ungewöhnlicher Kontakt des musikalischen Leiters mit seinem dankbaren Publikum ergibt. Ganz abgesehen davon, daß die Direktion der ‚Graphischen Sammlung Albertina‘ in den Pausen entweder durch die jeweilige Ausstellung führen läßt, oder kleine Sonderausstellungen arrangiert, die auf den jeweiligen Konzertabend abgestimmt sind. Somit die Verbindung von Kunst und Musik auf glücklichste Weise hergestellt ist. Mir wurde die Auszeichnung zuteil, der ‚Gesellschaft der Freunde der Albertina‘ als Obmann zu dienen, und ich habe dieses Amt seit der Gründung der Gesellschaft bis 1991 ausgeübt.

Dr. Koschatzky wurde 1961 als Direktor zum Gegenteil seines unmittelbaren Vorgängers, krempelte die Ärmel hoch und räumte auf. Er war sich vollkommen im klaren darüber, daß der Direktor der Albertina gerade zu den schaffenden Künstlern in ein freundschaftlich förderndes Verhältnis zu treten habe. In seiner Haltung war ihm immer seine beim Militär verbrachte Zeit anzumerken. Von dort her brachte er vor allem das Pflichtgefühl mit, das ihn geformt hat. Damit aber verband sich eine überaus liebenswürdige, gewinnende Art, mit der er jedermann gegenübertrat. Es war erstaunlich zu sehen, in welch kurzer Zeit er nicht nur in sein Amt hineinwuchs, sondern zu einer im Wiener Kulturleben beliebten und bestimmenden Erscheinung wurde. Er verstand es, seiner ‚Albertina‘ auf der ganzen Welt neue Freunde zu gewinnen. Besonders stürzte er sich von allem Anfang an auf eine Belebung der bisherigen Ausstellungstätigkeit. Es sollte nicht lange dauern, daß die Besucherzahl der von ihm betreuten Ausstellungen stets zunahm. Großzügig verhielt er sich auch zu Leihgaben für internationale Ausstellungen, die Schätze der Albertina zeigten. Ich erwähne hier nur die sensationelle, gemeinsame Ausstellung der Albertina-Zeichnungen mit jenen des Dresdner Kupferstichkabinettes, über die ich im folgenden Kapitel ausführlich berichte.

Im Nachstehenden zeichne ich auf, wie es gelungen ist, die Einnahmen der Gesellschaft (die, wie alle Vereine ihresgleichen, von den Mitgliedsbeiträgen allein weder leben noch sterben kann), ganz wesentlich zu vermehren.

Wenn ich eines bedauere, so den Umstand, daß ich in jenen Jahren, da Friedrich (auch Friedensreich) Hundertwasser (geboren 1928) zum ersten Male an die Öffentlichkeit trat, zu sehr um die Geschäfte meines Antiquariates bemüht war, um auch noch die zeitgenössische Kunstszene zu beachten. Die leicht hingehauchten frühen Aquarelle Hundertwassers sind von beneidenswerter Qualität. In späteren Jahren wiederholt sich Hundertwasser zu oft. Man wird seiner technisch brillanten, höchst kompliziert gedruckten Lithos mit ihren Goldauflagen etc. nach ein paar Wochen leicht überdrüssig. Außerdem stören den seriösen Sammler die hohen Auflagen. Ich habe Hundertwassers Bekanntschaft erst vor ein paar Jahren gemacht, als die Schiele-Forscherin Professor Alessandra Comini aus Dallas, Texas, eines Tages Renée und mich aufforderte, mit ihr in sein Atelier zu kommen. Damals dachte sie daran, über ihn ein Buch in den USA zu publizieren, doch es wurde nichts daraus.

Wir gingen mit ihr zum Meister, der im Dachgeschoß des Hauses Wien I., Am Graben Nr. 10 (ein von Otto Wagner erbautes Gebäude, der sich ganz oben ein zweistöckiges, verglastes Atelier eingerichtet hatte) wohnte. Dieses Atelier hat einen prachtvollen Blick auf St. Stephan und ‚Den Graben‘. Hundertwasser ist von zierlicher Gestalt. Er trägt im Freien statt eines Hutes zumeist eine Kappe, aber stets Strümpfe verschiedener Farbe. Er spricht leise und intelligent. Man hat den Eindruck, als fühle er sich in seiner Haut nicht wohl und neige zur Melancholie. Im übrigen ist er – heute ein wohlhabender Mann – von unbeschreiblicher Bedürfnislosigkeit und Bescheidenheit. Auf seinem Bett lagen übrigens zwei halbfertige große Aquarelle. Da man ihm seine Bilder seit Jahren aus der Hand reißt, kommt er den Anforderungen kaum nach. Anläßlich seiner Retrospektiv-Ausstellung 1974 in der ‚Graphischen Sammlung Albertina‘ erlebte ich einen seiner Auftritte in der Öffentlichkeit. In der ersten Reihe saß Frau Minister Firnberg, die damals dem Ministerium für Wissenschaft- und Forschung vorstand. Hundertwasser stellte sich grußlos und ohne Verbeugung vor die Frau Minister, vor das Publikum. Deutlich sah man einen blauen und einen roten Socken! Er trug Sandalen, war also absichtlich salopp gekleidet. Seine Worte waren bemerkenswert. Er fing nämlich – ohne jede Anrede – damit an, daß er diese Ausstellung als eine Wiedergutmachung für ein ihm zugefügtes Unrecht ansehe. Der verstorbene Direktor der ‚Albertina‘ habe ihn als jungen Menschen miserabel schlecht behandelt. Er habe eines Tages Mut geschöpft und sei das Stiegenhaus in der ‚Albertina‘ hinauf zur Direktion gegangen. Dort aber sei, gleich zu Beginn, eine Tafel gehangen, auf der zu lesen war, daß Künstlern prinzipiell der Zugang und die Vorsprache in der Direktion verboten sei. Das hätte ihm genügt, um an den Sekretärinnen vorbei direkt in das Allerheiligste des Direktors zu marschieren. Der habe ihn angefahren, was er sich denn unterfange? „Nichts anderes," sei Hundertwassers Antwort gewesen, „als Ihnen einmal meine Arbeiten vorzulegen und um Ihr Urteil zu bitten." Damit sei er aber schön angekommen! Der Direktor habe getobt und ihm nachzuweisen versucht, daß seine Kunst keineswegs originell sei, sondern daß er nach den Vorbildern dieses oder jenes Künstlers arbeite. Hundertwasser setzte zur allgemeinen Heiterkeit hinzu, daß er bis heute nur wenige dieser Künstler dem Namen nach kenne!

Die Ausstellung selbst war interessant. Zeigte sie doch die Entwicklung des in schwierigen Verhältnissen aufgewachsenen Künstlers. Er wurde am 15. 7. 1928 geboren, seine Mutter war Jüdin. Sein Familienname ist ‚Stowasser' (‚Sto' bedeutet ‚hundert' in slawischen Sprachen). Er ist mit seinem zeichnerischen Œuvre sehr sorgfältig umgegangen, und so konnten im kleinen Katalog dieser Ausstellung Zeichnungen vom April 1943 an gezeigt werden. In seinem Schulausweis vom Schuljahr 1941/42 heißt es, er sei „gleichgültig, unzuverläßlich, nachlässig, ungefestigt, schlampig, träge und störend". Der Maler Herbert Boeckl - weiß es Gott kein bequemer Mensch - sagte der Mutter Hundertwassers, als sie mit dem Aquarell ‚Donaukanal mit Überfuhr, 10. Mai 1945 gegen die Friedensbrücke' bei ihm (der damals Rektor der Akademie war) vorsprach: „Wenn Ihr Sohn kein Maler wird, sind Sie schuld!"

Ich war an jenem Abend besonders froh, denn es war endlich meinem Drängen gelungen, daß Hofrat Koschatzky vom Künstler die bindende Zusage zur Schenkung einer Farbradierung für unsere Gesellschaft erhielt. Er hatte vorher alle Ausflüchte, die nur möglich waren, ins Treffen geführt, um sich dieser Geste zu entziehen. Sein Gegenvorschlag hatte gelautet, er werde statt dessen im Hof der ‚Albertina' einen Baum pflanzen! Das möge er selbstverständlich tun, sagte ich, so sich die Burghauptmannschaft damit einverstanden erkläre. Wir, die ‚Gesellschaft der Freunde der Albertina' hingegen, bestünden auf die Schenkung einer Graphik. Dies war eine meiner besten Ideen gewesen. Es war mir klargeworden, daß unsere Gesellschaft den an sie gestellten Anforderungen nur dann nachkommen könnte, wenn wir von den ausstellenden Künstlern - denen es doch eine große Ehre bedeuten müßte, wenn die ‚Albertina' ihnen ihre Pforte öffnete - eine Graphik geschenkweise erhielt. Die Kosten des Druckens würden übernommen, der Verkaufspreis gemeinsam bestimmt. Kein unterstützender Verein kommt mit den Mitgliedsbeiträgen aus. Die Verkäufe der gestifteten Graphiken erhalten unsere Gesellschaft am Leben. Schließlich gab Hundertwasser nach. Ich obsiegte, weil ich hart blieb. Kurz zuvor hatte der 1929 geborene (Arik) Erich Brauer, Maler, Dichter, Sänger - wie Hundertwasser international berühmt - uns seine erste Farbradierung übergeben. Er hatte sich ein neues Verfahren ausgedacht, das ihm einen Vierfarbendruck von nur zwei Platten ermöglichte. Zu ihm ging Hundertwasser, ließ sich kurz unterweisen und schuf für uns seine erste Farbradierung. Er ließ 240 Exemplare auf seine Kosten drucken, 120 davon in drei Farbvarianten blieben zu unserer Verfügung. Er bestimmte einen Verkaufspreis von 10.000,– Schilling pro Blatt und forderte, daß man Namen und Adresse der Käufer festhielt, was wir zusagten. Wir verkauften sofort 45 Exemplare. Der Reingewinn gehörte uns. Hundertwassers Agent kam eines Tages und erkundigte sich, was denn mit den restlichen Abzügen geschehen sei? „Die liegen dort, im Stahlschrank", sagte ihm unsere Sekretärin, Kristin Widlar, eine Enkelin Joseph Maria Olbrichs, des Erbauers der Wiener Secession. „Was, des Meisters Kinder eingesperrt im Fach eines Stahl-

schrankes! das geht auf keinen Fall!" rief der Agent aus. „Auch gut," sagte ich, „wir wollen dem Meister keine unruhigen Nächte bereiten. Soll er uns die noch verbleibenden 45 Stück zu unserem Verkaufspreis abkaufen." Kaum zu glauben, aber wir erhielten 450.000,– Schilling in Banknoten, denn mittlerweile war der Wert der einzigen Farbradierung des Meisters über jene 10.000 Schilling hinaus gestiegen. Wir aber waren mit einem Mal von allen kunstfördernden Vereinen Österreichs der bestfundierte! Und sind Meister Hundertwasser heute noch dankbar für seine Großzügigkeit. Selbstverständlich ist unsere Gesellschaft in gleicher Weise all jenen Künstlern dankbar, die je eine Graphik gespendet haben. Es waren dies (in alphabetischer Reihenfolge), ohne Nennung Hundertwassers, die Nachgenannten:

Arik Brauer – Jim Dine – Martin Disler – Adolf Frohner – Hans Fronius – Ernst Fuchs – Rudolf Hoflehner – Rudolf Hradil – Alfred Hrdlicka – Horst Janssen – Broncia Koller – Karl Korab – Maria Lassnig – Alois Riedl – Karl Rössing – Gottfried Salzmann – Roman Scheidl – Walter Schmögner – Bernard Schultze – Markus Valazza – Emilio Vedova – Johannes Wanke – Max Weiler – Günter Wolfsberger – Othmar Zechyr

Es war schon immer der Wunsch des Hofrates Koschatzky gewesen, die häßlichen Beleuchtungskörper im Studiensaal der ,Albertina' stilgemäß zu ersetzen. Der Saal war von Erzherzog Carl (Erbe des kinderlos gebliebenen Herzogs Albert von Sachsen-Teschen) als Ballsaal eingerichtet worden. Den Umbau hatte der Architekt Josef Kornhäusel (1782–1860), „einer der bedeutendsten Vertreter der schon dem Biedermeier sich zuneigenden Phase des Wiener Klassizismus" (Thieme-Becker, Künstlerlexikon) vorgenommen. Geschmückt mit den hervorragenden Statuen der neun Musen, ein Werk des begabten Wiener Bildhauers Josef Klieber (1773–1850), ist er der schönste Empiresaal Österreichs.

Was seit dem Ersten Weltkrieg von der hohen Decke hing, ähnelte fatal irgendwelchen Beleuchtungskörpern für Bahnhöfe. Niemand wußte aber, daß diese Lampen, die um 1920 im Handel waren, ursprünglich mit blauen Filtern versehen waren, die das Tageslicht wirkungsvoll ersetzen sollten. Ich kannte sie vom Geschäft meines Vaters im Alten Hotel Bristol her. Josef Hoffmann hatte den ehemaligen Lichthof damit ausgestattet, als er den Raum für die Zwecke meines Vaters adaptierte. Die Originalluster waren nach 1918, laut einem nicht erfreulichen Vertrag zwischen der jungen Republik und Erzherzog Friedrich, letzterem mitsamt dem übrigen Mobiliar überlassen worden. Kein Ruhmesblatt in der Geschichte der österreichischen Republik, noch weniger allerdings die entschädigungslose Konfiszierung der Bestände der graphischen Sammlung des Herzogs Albert von Sachsen-Teschen. Zugrunde lag, daß Erzherzog Friedrich, der letzte Eigentümer der Sammlung, seines immensen Landbesitzes in Ungarn halber, den Treueeid auf die junge Republik nicht ablegen konnte.

Durch einen Hinweis von Georg Graf Clam-Martinic, der ehrenhalber im Bundesdenkmalamt arbeitete, waren wir darauf aufmerksam gemacht worden, daß – durch Erbschaft – der prachtvolle Luster, der einst im Mittelpunkt des Ballsaals des Palais hing, in den Besitz der Familie Habsburg-Lothringen auf Schloß Persenbeug gekommen war. Da er nicht in die dortigen Räume paßte, sei die Familie nicht abgeneigt, ihn zu verkaufen. Sie verlangten eine runde Summe dafür. Wir beide, Hofrat Koschatzky und ich, haben keinen Moment lang gezögert, sind nach Persenbeug gefahren und haben den Luster erworben. Er wurde von der Luster-Firma Zahn (die mittlerweile in das Eigentum der berühmten Glasfirma Lobmeyr gelangt ist) von dort abgeholt und in ihrer in der Salesianergasse, Wien III., gelegenen Werkstatt gereinigt. Ich sah ihn dort, auseinandergenommen. Erst in der Nähe konnte man die feinziselierte Goldbronzearbeit des Lusterkörpers, der vermutlich aus Frankreich stammt, bewundern. Es war für uns alle ein erhebender Augenblick, als er zum ersten Male im ‚Albertina-Saal‘ entflammt wurde! Wir ließen dann zusätzlich die nicht auffindbaren vier kleineren Luster des Raumes von der Firma Zahn nachbauen. Niemand vermag heute zu erkennen, daß sie getreue Kopien nach alten Photographien sind. Ich selbst bin stets bewegt, wenn bei den ‚Albertina-Konzerten‘ langsam die Lichter dieser prachtvollen Luster aus- oder angehen. Und es ist ein befriedigender Gedanke, daß prominente Künstler durch die Stiftung ihrer Graphik zur Wiederherstellung der Schönheit des ‚Studiensaales‘ der ‚Albertina‘ beigetragen haben.

Es sei hier noch angefügt, daß ich mich immer gefragt habe, auf welche Weise man eigentlich in der Vergangenheit die Wachskerzen dieser Luster angezündet hat. Vor vielen Jahren sah ich einmal den schönen Film ‚Un carnet de Bal‘. Eine Hauptszene des Films zeigt das gleichzeitige, schlagartige Aufflammen aller Luster in einem großen Ballsaal. Es waren über die Wachskerzen eines jeden Lusters schnellabbrennende Zündschnüre gelegt. Auf das Händeklatschen das ‚Majordomus‘ hin zündeten Bedienstete in Hofuniform die herunterhängenden Zündschnüre an, und der Saal erstrahlte im gleichen Augenblick im schönsten Licht!

Im Winter 1992 geschah etwas Unfaßbares. Aus bis dato unbekannter Ursache brach plötzlich in der Nacht ein Feuer im sogenannten großen und kleinen ‚Redoutensaal‘ der Hofburg aus. Um ein Haar wäre auch der anschließende Prunksaal der Nationalbibliothek den Flammen, die sich in unfaßbarer Geschwindigkeit über große Dachflächen ausbreiteten, zum Opfer gefallen! Entscheidend, daß dies nicht geschehen ist, war erstens die Richtung des Windes, der von Süden kam und somit die Flammen in Richtung Palais Pallavicini trieb, und – wahrscheinlich noch wichtiger – daß der neuernannte

Stadtbaudirektor endlich ein Parkverbot auf dem Josefsplatz durchgesetzt hatte. Dieses Parkverbot war wenige Zeit vorher erlassen worden, und somit konnten die Autos der Feuerwehr unbehindert vorfahren. Zum Glück hat sich herausgestellt, daß sich der angerichtete Schaden in Grenzen hält, und man ist bereits mit dem Wiederaufbau beschäftigt. Den zuständigen Behörden sitzt aber immer noch der Schreck in den Gliedern und wird zur Folge haben, daß sich die weitläufig geplanten Umbaupläne für die ‚Graphische Sammlung Albertina‘ beschleunigt in die Tat umgesetzt werden. Alle Räume des ersten Stockes des Palais werden in Zukunft im Stil der Zeit (aus den Beständen der Hofmobiliensammlung) eingerichtete Prunk- und Schauräume sein, mit zeitgenössischen Ölbildern an den Wänden. Die prachtvollen, eingelegten Parkette werden mit großem Geldaufwand restauriert. Der gesamte wissenschaftliche Betrieb, ein modern eingerichteter Studiensaal, Ausstellungs- und Büroräume etc. kommen in den ersten Stock eines gartenseitig in die Tiefe gebauten Annexes. Tiefgelegene Magazine werden durch Liftanlagen mit dem ersten Stock verbunden sein. Der Eingang zur ‚Albertina‘ wird auf der Parkseite des Gebäudes wiederhergestellt, etc. Man hat im Frühjahr 1994 damit begonnen die Bibliothek der ‚Albertina‘ in von der Österreichischen Nationalbibliothek zur Verfügung gestellte Räume ihres neugeschaffenen unterirdischen Bücherspeichers zu verlagern. Nun sind bereits alle Sammlungsbestände der ‚Albertina‘ nachgefolgt. Dort wird auch auf die Dauer der Bauarbeiten im alten Palais ein provisorischer Betrieb der ‚Albertina‘ eingerichtet sein.

Im Oktober 1991 habe ich, vor einer Operation stehend, darum gebeten meinen Vorsitz abgeben zu dürfen. Die Herren des Vorstandes waren sich darüber einig, daß ein Nachfolger aus dem Vorstand kommen müsse. Die Wahl fiel auf Magister Heinz Kretschmann, Apotheker und hervorragender Sammler, der – unterstützt von der Sekretärin Kristin Widlar – die Geschicke der ‚Gesellschaft‘ weiterhin lenkt ‚Ad maiorem Albertinae gloriam‘, wie wir alle überzeugt sind.

65. Hans Makarts Bild ‚Der Einzug Karl V. in Antwerpen‘ wiederhergestellt

Der Maler Hans Makart (1840–1884) gilt als der österreichische Repräsentant des Historismus und war der bedeutendste Maler der Wiener Gründerzeit. Als Jüngling besuchte er die Wiener Akademie, verzweifelte ob deren Lehrmethoden, wanderte zu Fuß nach Salzburg zurück, dann nach München und wurde dort Schüler von Karl von Piloty (1826–1886). Piloty hatte 1855 mit der Ausstellung seines Bildes ‚Seni an der Leiche Wallensteins‘ (Neue Pinakothek, München) einen sensationellen Erfolg errungen und hielt für Jahre eine führende Rolle im Kunstleben Münchens. Alljährlich präsentierte er eines seiner großen historischen Bilder, die der Maler Moritz von Schwind witzig als ‚geschichtliche Unglücksfälle‘ bezeichnete. Als Piloty 1873 das Bild ‚Thusnelda im Siegeszug des Germanicus‘ zur Weltausstellung nach Wien sandte, mußte er erleben, daß es seinem Schüler Makart gelungen war, ihm mit seinem gleichzeitig im ‚Künstlerhaus‘ Wien ausgestellten Bild ‚Der Einzug Karls V. in Antwerpen‘ den Rang abzulaufen. Dieses Bild wurde im ‚Künstlerhaus‘ von Tausenden bestaunt. Die Treppe in den ersten Stock war mit einem roten Teppich belegt. Diener in Livrée standen mit brennenden Kerzen im verdunkelten Aufgang und legten beschwörend zwei Finger auf ihre Lippen. Langsam und lautlos stiegen die Besucher hinauf, schlugen schwere Plüschvorhänge zur Seite und erlebten – nun im vollen Tageslicht – das Bild. Ein langes Verweilen gab es nicht, andere drängten nach. Später reiste das Bild durch ganz Europa.

Hans Makart, Der Einzug Karl V. in Antwerpen. Ölbild, 5 Meter 20 hoch und 9 Meter breit (Kunsthalle, Hamburg). Erworben aus den Zinsen des Carl Heinesche Vermächtnisses, 1881. Reproduziert nach dem Holzstich im ‚Makart-Album‘. Um 1880

In der Folge gab es in Wien eine unglaubliche Makart-Begeisterung. Es gab Makart-Hüte, Makart-Rosen (die eigens gezüchtet wurden), Makart-Bouquets aus getrockneten Blumen und selbstverständlich das Makart-Rot als dominierende Farbe für die Damenmode. Die Begeisterung der Wiener für Makart fand 1879 ihren Höhepunkt in dem von ihm bis ins kleinste Detail gestalteten Huldigungsfestzug anläßlich der silbernen Hochzeit des Kaiserpaares Franz Joseph I. und Elisabeth von Bayern. Makart hatte nicht nur bis in das kleinste Detail die Entwürfe für 27 Fest-Wagen entworfen, sondern mehrere hundert historische Kostüme nach seinen Entwürfen in seinem Atelier nähen lassen! Als er (am Sattel festgebunden, da er nicht reiten konnte) hoch zu Roß als Letzter des Zuges am Kaiserpaar vorbeiritt, waren die Ovationen der Zuschauer beinahe enthusiastischer als für die Jubilare selbst! Zwei Jahre später wandte sich alles von dem gefeierten Mann ab, weil man ihm die Heirat mit seiner zweiten Frau nicht verzieh, die einen zweifelhaften Ruf hatte. Drei Jahre später starb Makart und wurde vergessen.

Es gibt zu diesem Makart-Phänomen einen Parallelfall: die Mucha-Mode in Paris. Alphonse Mucha (1860–1939) hat wie kein anderer einer ganzen Stil-Epoche seinen Stempel aufgedrückt. In Frankreich war der ‚Style Mucha‘ lange Zeit hindurch gleichbedeutend mit dem Begriff ‚Art nouveau‘. Mucha begann seine künstlerische Karriere mit einer längeren Tätigkeit in einem Wiener Atelier für Theaterdekorationen. Nach dem Ringtheaterbrand (1881) arbeitslos geworden, stellte er, um Geld zu verdienen, im Schaufenster einer Nikolsdorfer Buchhandlung eine Porträtzeichnung nach einer Dame aus, mit dem Zettel „Fünf Gulden im Hotel Löwen“, was mißverständlich war und zu einem Zusammenlauf des Publikums führte! Solcherart wurde ein Graf Khuen auf den jungen Künstler aufmerksam, nahm ihn auf, ließ von ihm Dekorationsarbeiten in seinem Schloß Emmahof, später auch im Schloß Gangegg (bei Eppan in Südtirol) fertigen. Der Graf nahm ihn auch auf Kunstreisen mit, ließ ihn zunächst in München, dann aber in Paris studieren. Es bleibt daher unverständlich, wieso Mucha im Mannesalter zu einem feurigen Chauvinisten und einem Hasser des Deutschtums wurde. Als Graf Khuen seine monatlichen Subventionen eines Tages wortlos einstellte, mußte sich Mucha in Paris mühsam als Illustrationszeichner fortbringen. Seine Stunde schlug, als er zu Weihnachten 1894 in der Lithographieanstalt Lemercier Korrekturarbeiten ausführte, plötzlich für die berühmte Tragödin Sarah Bernardt (1843–1923) ein Theaterplakat benötigt wurde und niemand in der Stadt war, der den Auftrag hätte übernehmen können. Mucha sprang ein, hatte die glänzende Idee, die von Natur aus kleine Schauspielerin innerhalb eines schmalen Hochformates darzustellen und errang ihr und sich mit dem Plakat zur ‚Cismonda'-Aufführung im ‚Theatre Renaissance' einen durchschlagenden Erfolg, dem andere Plakate, dann auch Schmuck und Entwürfe für die Wohnungseinrichtung der Künstlerin folgten. Mucha konnte sich buchstäblich vor Aufträgen kaum retten und unternahm 1904 seine erste Reise nach New York, in der Hoffnung, dort ein ruhiges Leben führen zu können. Aber auch in Amerika wurde er mit Aufträgen überschüttet. Endlich aber fand er im wohlhabenden Charles R. Crane einen Mäzen, der es ihm durch jährliche Zahlungen ermöglichte, sein Lebenswerk, seinen Zyklus ‚L'Epopée Slave' (Das Slawen Epos) zu malen, 17 Bilder auf Leinwand in der Größe von 6 zu 8 Meter, die er 1928 der Stadt Prag schenkte. Diese erfüllte aber nicht seinen Wunsch: nämlich den Bau eines Gebäudes, in dem die Riesenbilder hätten ausgestellt werden können. Nach mancher Irrfahrt sind sie – die Zeugnisse eines des erstaunlichsten künstlerischen Wandels (Abkehr vom Jugendstil und Rückkehr zum Stil seiner historisierenden, unbedeutenden Illustrationen um das Jahr 1880 herum) sind – heute im Schloß von Mährisch-Krumau, nahe von Znaim, zu sehen.

Zwei der Blumenmädchen zu Füßen des Kaisers. Vergrößerter Ausschnitt aus der gleichen Photographie

Anläßlich der Ausstellung der von mir in Trient erworbenen Egon Schiele-Zeichnungen und nach dem Besuch von Schieles Schwester Gertie in meinen Räumen hatte ich das Vergnügen, einen außerordentlich distinguierten und interessanten älteren Herrn zu empfangen. Wir gerieten in ein längeres Gespräch. Ich erzählte ihm von Gertie Peschkas Besuch, bei dem sie mir bestätigte, daß sie tatsächlich das Modell zur Schiele-Zeichnung von 1910, ‚Die Hämische', gewesen sei.

Plötzlich sagte mein Besucher: „Ich kann zu diesem Thema auch etwas beisteuern, denn ich hatte in meiner Jugend ebenfalls eine denkwürdige Begegnung. Ich bin, wie Sie wissen, Rechtsanwalt. Damals war ich ein armer Student, dem die außerhalb Wiens wohnenden Eltern nur ein sehr knapp bemessenes monatliches Taschengeld zur Verfügung stellen konnten. Daher galt nach meiner Ankunft in Wien meine Hauptsorge dem Auffinden eines halbwegs geeigneten Zimmers. Sie wissen ja, wie trostlos die Wohnungsverhältnisse in Wien in der Zeit vor dem Ersten Weltkrieg waren. Ich war, nachdem ich tagelang vergebens treppauf, treppab gepilgert war, mehr als verzweifelt. Aber eines Tages fand ich ein Kabinett (so werden auch heute noch in Wien einfenstrige Zimmer genannt). Es war in ruhiger Gegend, nicht allzuweit vom Zentrum entfernt, sauber, die Vermieterin gesetzt und sympathisch. Wir standen vor dem Mietvertragsabschluß, als ich auf einen großen gerahmten Holzstich zuging, der über dem Schlafdiwan (der nachts in ein Bett verwandelt werden konnte) hing. In diesem Augenblick ritt mich der Teufel. Ich muß Sie, bevor ich fortsetze, darum bitten, meinen Worten Glauben zu schenken: Ich war und bin heute noch im Umgang mit Frauen ein außerordentlich zurückhaltender, ja schüchterner Mann. Niemals wäre es mir eingefallen, einer weiblichen Person auch nur die geringste Zweideutigkeit zu sagen. Und da stand ich also vor einer Reproduktion eines Hauptwerkes

Folgende Doppelseite: Hans Makart: zwei (von fünf) Darstellungen der Sinne. Öl. Oberes Belvedere, Wien. Die Reproduktionen geben Zeugnis von Makarts künstlerischem Können und stellen dar: Gehör und Geruch.

Makarts, dem ,Einzug Karls V. in Antwerpen', gemalt nach Schilderungen von Albrecht Dürer, der im Tagebuch seiner niederländischen Reisen, 1520/21, festgehalten hat, was er damals erlebte. Man kann ihn, wie Sie sicher wissen werden, in der linken Ecke des Bildes im Hintergrund erkennen. Seine katholische Majestät Karl V. ist zu Pferd dargestellt. Sein Blick schweift in die Ferne und streift nicht die größtenteils unbekleideten Bademädchen, die Blumen streuen. Sie werden sicher auch wissen, daß Dürer in seinem Tagebuch erzählt, daß diese Nackedeis seinem künstlerischen Auge mehr als wohlgefällig gewesen seien. Hatte er doch – wie es damals so war – große Schwierigkeiten, sich Modelle für seine Darstellungen unbekleideter Frauen zu verschaffen! Also, wie immer dies auch gewesen sei, ich weiß bis heute nicht, was mir damals in den Sinn gekommen ist. Plötzlich wendete ich mich der Vermieterin zu, deutete auf eine der Frauenfiguren und sagte: ,Wissen'S, wenn Sie so ausschauten wie die da, wären Sie schon eine Sünde wert!' Ihre Antwort war verblüffend. Sie wurde rot bis in die Haarwurzeln und stieß hervor: ,Was reden Sie da? Haben Sie mich vielleicht erkannt?' Sie war das Modell Makarts für eines der Blumenmädchen im Vordergrund!"

Der Text Dürers lautete übrigens wie folgt: „Da waren die pforten köstlich geziert mit kammerspiln, groß freudigkeit und schöne jungfrauen bilder, dergleichen ich wenig gesehen hab". Gegenüber Melanchthon erwähnt er später die Nacktheit der jungen Antwerpnerinnen ohne davon viel Aufhebens zu machen. (nach: Ausstellungskatalog der Hamburger Kunsthalle ,Experiment Weltuntergang', München 1981).

Ich habe diese köstliche Anekdote zur Erheiterung der Mitglieder des Hamburger Kunstvereins 1981 anläßlich eines zweimal wiederholten Vortrages über ,Wien um 1900' während dieser Ausstellung vorgetragen. Der aus Wien stammende Direktor der ,Kunsthalle', Professor Dr. Werner Hofmann, erzählte mir mehr über dieses Bild. Es ist riesig in seinen Dimensionen und mißt fünf mal neuneinhalb Meter! Makart hatte sich in seinem Atelier eigens eine versenkbare Abroll-Vorrichtung für das Bemalen großer Malflächen eingebaut. Es war von der ,Kunsthalle' bereits 1881 erworben worden, aber das Hamburger Publikum habe es niemals geliebt.

„. . . Makart überträgt die Antwerpener Schaustellung auf das Wien seiner Zeit. Ein Zeitgenosse plaudert aus, worüber in der ganzen Stadt gemunkelt wurde: ,Daß die Antwerpnerinnen dem Künstler so gelangen, verdankt er den Wienerinnen, denn unter den Frauen und Mädchen findet man fast ausschließlich Portraits früherer und gegenwärtiger Stadtschönheiten . . . Wir begegnen da den schönen edlen Zügen der Frau H . . ., die himmlische Rosen ins irdische Leben eines unserer Volkswirte webt, auf dem Bilde aber vor dem einherreitenden Kaiser Blumen streut; Frau von T . . . mit leuchtenden Augen, rosenlachendem Munde . . .' Das Vergnügen, stadtbekannte Schönheiten zu erkennen und sich selbst, als Betrachter und Voyeur, in das Bildgeschehen einzubeziehen, lockte innerhalb weniger Tage 34.088 Besucher in das Künstlerhaus, wo das Bild im März 1878 erstmals zu sehen war, ehe es zur Pariser Weltausstellung verschickt wurde. Daran schloß sich jene ausgedehnte Wanderausstellung. Vom März 1879 bis zum Januar 1881 feierte ,Karl V.' seinen Einzug in Berlin, München, Dresden, London, Hannover und Basel. Danach wurde das Bild für die Hamburger Kunsthalle erworben. Der ,Einzug Karl V.' war kein Auftragsbild. Für Makart war das Bild zunächst ein Vorwand, seinem eigenen Handwerk, der Malerei zu huldigen. 1877 – die große Komposition war bereits über ihr erstes Stadium hinaus gediehen – fuhr er als Abgesandter der Genossenschaft bildender Künstler Wiens nach Antwerpen, wo Rubens aus Anlaß der 300. Wiederkehr seines Geburtstages gefeiert wurde. Dieser Reise verdankte der ‚Einzug‘ den Anstoß zu seiner raschen Vollendung . . .“ (Nach dem Ausstellungskatalog der Hamburger Kunsthalle).“

Nach der Machtergreifung in Deutschland durch Adolf Hitler habe man in der ‚Hamburger Kunsthalle‘ nicht zu Unrecht gefürchtet, er könnte ihnen das Bild wegnehmen, denn Makart gehörte, neben Rudolf von Alt, zu Hitlers Lieblingskünstlern. Das aber mußte auf alle Fälle verhindert werden! Und so entschloß man sich zu einem Akt, den man beinahe als Vandalismus bezeichnen könnte: Nicht nur, daß man das Bild schleunigst abhängte und im Keller verwahrte. Nein, man nahm es auch aus dem schweren, geschnitzten Rahmen. Und das sollte nicht genügen! Man nahm es von dem Chassis ab und rollte die riesige Leinwand ein! Nach Beendung des Krieges wollte man es wieder aufhängen. Da aber erwies sich, daß eine Entrollung und neuerliche Spannung unmöglich sei, ohne die Malerei zu zerstören. Ein Restaurator nach dem anderen lehnte die Arbeit wegen des zu hohen Risikos ab. Aber Direktor Hofmann ließ nicht locker. Für die – wie alle seine großartigen Ausstellungen – sorgfältig geplante Schau ‚Experiment Weltuntergang‘ war es unzweifelhaft ein dominierender Ausgangspunkt, auf den der Blick jedes Besuchers beim Betreten des ersten Saales fallen sollte. Hauptwerk jenes Makart, der einst Wien in seinem Bann gehalten hatte. Der ein Meteor war, hell aufleuchtend und doch bald verglühend und in der Folge vergessen wurde. Klimt, er war einmal als junger Mann an einem Besuchstag bewundernd in Makarts Atelier gestanden, war klug genug zu verstehen, daß sein Weg ein anderer, neuer sein müßte. Schon war jede Hoffnung auf Rettung des Bildes aufgegeben, da fand sich in der Person eines jungen Restaurators, Henning Großeschmidt (vom Bayrischen Nationalmuseum, München) jener Mann, der den richtigen Weg vorschlug und dem die Restaurierung gelang. Er hatte den glückhaften Einfall, zwei riesige elektrisch aufheizbare, drehbar eingerichtete Aluminiumrollen zu konstruieren. Und über diese Rollen wurde das Bild zentimeterweise, unendlich behutsam abgerollt. Die Ölfarbe gewann langsam wieder an Geschmeidigkeit, und einige Zeit später konnte die Leinwand wieder auf einen Blendrahmen aufgespannt werden! Es gab aber noch ein Problem. Der schwer vergoldete Originalrahmen war im Laufe der Zeit verschwunden bis auf ein kleines, zirka einen dreiviertel Meter langes Stück. Und wer verfertigte danach den neuen Rahmen, der das Bild heute schmückt? Die Werkstatt des Hamburger Opernhauses! Es ist mir heute noch leid, daß ich den Moment, da man – knapp vor der Eröffnung der Hamburger Ausstellung – mit einer komplizierten Hebevorrichtung das Bild langsam vom Boden abhob und an der Wand befestigte, nicht miterlebte. Das muß innerhalb eines Zeitraumes von einer halben Stunde geschehen sein.

Es scheint heute vergeblich zu sein, für Makarts Kunst neue Freunde finden, besonders die Jugend steht ihm ablehnend gegenüber. Ein großangelegter Versuch, den man 1972 mit der Makart-Ausstellung in der staatlichen Kunsthalle Baden-Baden unternahm, mißlang. Es ist gewiß so, daß er – wie besessen malend – bei vielen seiner Bilder oberflächlich blieb und sich allzusehr auf Effektmalerei verließ. Auch, daß durch das Verwenden anfänglich brillant glänzender, damals neu aufkommender Asphaltfarben seine Bilder Schaden erlitten. Aber unzweifelhaft gibt es in seinem Œuvre künstlerische Höhepunkte, wie beispielsweise seine Darstellungen der fünf Sinne (Oberes Belvedere, Wien). Selten übrigens ist ein allseits gefeierter umjubelter Künstler wie er, knapp vor seinem frühen Tod bereits der Vergessenheit anheimgefallen.

Es bedeutete für Ostdeutschland eine große Sensation, daß es 1978 möglich wurde, in Dresden zum ersten Mal ausländische Kunstschätze zeigen zu können. Der Zusammenarbeit zwischen Hofrat Professor Dr. Walter Koschatzky (Direktor der ‚Graphischen Sammlung Albertina‘, Wien) und Dr. Werner Schmidt (damals Leiter des Dresdner Kupferstichkabinettes, heute Direktor der Sammlungen des Zwingers) war es gelungen, eine großartige Ausstellung zustandezubringen, die die Tätigkeit des aus Sachsen stammenden Herzogs Albert von Sachsen-Teschen (1738–1822, Gründer der ‚Graphischen Sammlung Albertina‘ in Wien) an hervorragenden Beispielen erkennen ließ. Den sorgfältig ausgewählten Wiener Altmeister-Zeichnungen waren – ebenso bedacht gewählt – jeweils die im Dresdner Kabinett verwahrten Zeichnungen der gleichen Künstler gegenübergestellt. Der Rahmen reichte von der Gotik bis zum Jugendstil.

Mir bereitete auf der Dresdner Ausstellung ein Blatt eine freudige Überraschung, nämlich Nummer 181 des Kataloges: eine Kohlezeichnung Egon Schieles, ein kniender weiblicher Akt, signiert und datiert 1918 (Kallir D., Nr. 2306). Der Katalog vermerkt, daß das Blatt 1920 als Geschenk der Firma C. G. Boerner in Leipzig an das Kupferstichkabinett Dresden gekommen sei. Da mein Vater (damals Teilhaber von C. G. Boerner) mit dem Kunstgelehrten Max Lehrs, der bis 1924 Direktor des Kupferstichkabinetts dort war, eng befreundet gewesen ist, kann die Widmung des Blattes nur von ihm veranlaßt worden sein. Max Lehrs (1855–1938) war der Herausgeber des Monumentalwerkes ‚Geschichte und kritischer Katalog des deutschen, niederländischen und französischen Kupferstiches im 15. Jahrhundert‘, 1908–1934. Ein anderes Arbeitsgebiet von ihm war die zeitgenössische Graphik junger Künstler. Er war befreundet mit Emil Orlik und bevorzugte Max Klinger, Otto Greiner und Hans Thoma.

Es muß den beiden verantwortlichen Herren – Hofrat Koschatzky und Dr. Schmidt – nicht leicht gefallen sein, die Zustimmung der Behörden in Wien und in Ost-Berlin zu erreichen, aber es gelang, und die beiden Ausstellungen (im Frühjahr in Wien, dann im Herbst in Dresden) wurden große Erfolge. Ich vermag nicht zu sagen, wie viele Menschen zur Dresdner Ausstellung strömten, aber das Publikum hatte sich stundenlang anzustellen. Es wurde Renée und mir gestattet, uns der Wiener Deputation als Gäste anzuschließen. Ich brauche wohl nicht darauf hinzuweisen, daß 1978 Reisen nach dem Osten Deutschlands beschwerlich waren. Zunächst waren sie abhängig von einem Visum. Dann mußte man nicht nur ein genaues Reiseprogramm vorlegen, sondern getätigte Zimmerreservierungen und deren Bezahlung nachweisen, was eine genaue Planung notwendig machte. Renée kannte Ostdeutschland überhaupt nicht. Ich wollte ihr bei dieser Gelegenheit vor allem die Stätten meiner Jugend in Leipzig zeigen.

Abgesehen davon, daß der Zug ab der österreichischen Grenze nur langsam dahinkroch und das Essen im mitgeführten Speisewagen miserabel war, verlief die Fahrt klaglos. Der erste Eindruck von Dresden war niederschmetternd. Der Hauptbahnhof, den ich gut kannte, stand noch und war – Ironie des Schicksals – beinahe unbeschädigt geblieben, obwohl er ein einzig gerechtfertigtes Ziel zur Zeit des Bombardements (Frühjahr 1945) gewesen wäre! Man sah in seiner Nähe drei oder vier mehrstöckige, häßliche neue Hotelbauten. Sonst jedoch gab es auf eineinhalb Kilometer nach Norden, dort, wo früher die Altstadt sich ausbreitete, eine plattgewalzte, öde, unverbaute Fläche bis zum Elbeufer. Nur am Rande sei mit Bedauern vermerkt, daß man überflüssigerweise 1992 jenem ‚Bomber Harris‘, dem die Zerstörung der völlig unverteidigten Stadt – keinerlei Flak (Flieger-Abwehr), keinerlei Jäger oder Nachtflugzeuge – dafür aber Zehntausende vor den Russen aus Schlesien geflüchteten Zivilisten angelastet werden muß, im Herzen von London ein Denkmal errichtete!

Das Hotel war zwar dem Preis nach Luxusklasse, nach unseren Begriffen war es bestenfalls drittklassig. Beim Büffetfrühstück mußte man zeitig genug aufgestanden sein, um noch etwas erlangen zu können. Oftmals aber geschah es etwa beim Anstellen, daß von hinten plötzlich ein Arm, mit einer Gabel bewaffnet, genau nach jenem Stück Wurst zielte, das man sich zu nehmen im Begriff stand! Dresden war das beliebteste Ausflugsziel der Russen. Man hörte in den Sälen der Gemäldesammlung im Zwinger alle nur möglichen Sprachen, in denen schnatternde Dolmetscherinnen in Uniform apathischen Besuchergruppen (russische Soldaten) Erläuterungen gaben.

Des Abends waren wir gleich nach unserer Ankunft gebeten, mit zur ‚Moritzburg‘ zu kommen, ein in den Moritzburger Teichen gelegenes Wasserschloß der Wettiner, 1542 begonnen, unter August dem Starken vollendet. Im großen Saal hatten wir ein besonderes Erlebnis: in allen vier Ecken brannten in großen, offenen Kaminen Holzscheite von ungewöhnlicher Länge und Stärke. Sie erfüllten den Raum nicht nur mit Wärme, sondern auch mit einem knatternden Geräusch. Es klang wie Schüsse. Man hatte plötzlich das Gefühl, in vergangene Zeiten zurückversetzt zu sein! Man überreichte Hofrat Koschatzky einen jagdlichen ‚Willkommbecher‘, einen großen, kunstvoll verzierten alten Pokal, an dem die Hälfte eines großen Hirschgeweihes befestigt war. Er schaffte es, ihn nach Jägerart mit der linken Hand zu ergreifen und zu leeren, was ihm Applaus eintrug. Dann gab es hervorragende Musik, gespielt von einer Gruppe des sächsischen Staatsorchesters, uns zu Ehren Musik von Haydn und Mozart. Wir waren von der Reise ermüdet und hatten zu stehen. Die Musikanten (die heute das Orchester der wiederaufgebauten Dresdner Oper bilden) überboten sich an Qualität des Vortrages, nur meinten sie es zu gut, es dauerte zu lang! Endlich waren sie zu Ende, und nun gab es eine andere Überraschung, auf die niemand von uns vorbereitet war: sächsischen Sekt sehr guter Qualität, aber dazu nicht einen Bissen zu essen! Mittlerweile war es fast Mitternacht geworden. Unsere Bitte nach etwas Eßbarem setzte die Gastgeber in keine kleine Verlegenheit, denn daran hatte niemand gedacht! Es gab aufgeregtes Hin- und Hereilen, und endlich brachte man uns ein wenig Aufschnitt und Brot! Die Heimfahrt nach Dresden war auch nicht ohne. Frau Dr. Schmidt ließ es sich nicht nehmen, uns in ihrem neuen Auto zu fahren. Gestand aber, daß es die erste Nachtfahrt ihres Lebens sei! Es ging aber alles glatt! Wie überhaupt die Herzlichkeit des Empfanges unüberbietbar war.

Tags darauf besichtigten wir den hervorragend von polnischen Baumeistern und Bildhauern restaurierten ‚Zwinger‘ und dann die Schätze des ‚Grünen Gewölbes‘, die im Parterre des ‚Albertinums‘ (Glyptothek) in einem riesigen, durch mehrfache Mauer-Durchbrüche gewonnenen Saal ausgestellt sind. Kostbarer Marmor an den Wänden, an der Decke und als Fußboden. In großen Abständen in den Wänden eingelassene und von innen beleuchtete Vitrinen, in denen – sehr sparsam und ungemein wirkungsvoll – kostbarster Schmuck und hervorragendes Kunstgewerbe aufgestellt sind. Ich habe kaum je etwas Eindrucksvolleres gesehen und dachte sofort an die damals im Umbau befindliche Wiener ‚Schatzkammer‘, und wie schön es wäre, deren

Schätze ähnlich präsentiert zu sehen. Wenngleich natürlich in Wien die Wiederherstellung der alten Einrichtung aus den Zeiten Maria Theresias vorrangig war. Ich würde mir wünschen, daß die derzeitige Aufstellung auch nach erfolgter Restaurierung des damals noch in Trümmern liegenden Dresdner Schloßes erhalten bliebe. Es berührte einen mehr als merkwürdig, daß die Gebäude am Elbeufer dem Holocaust der übrigen Stadt mehr minder entrinnen konnten.

Renée und ich fuhren an einem der nächsten Vormittage mit der Bahn nach Freiberg, der ältesten Bergstadt Sachsens und größten Stadt des Erzgebirges, ehemals Hauptort des sächsischen Silberbergbaus und damit des Reichtums Sachsens, ausgebeutet vom 12. bis zum 19. Jahrhundert. Der spätgotische Dom wurde 1484–1501 anstelle der romanischen Frauenkirche aus dem 12. Jahrhundert errichtet. Von dieser hat sich die ‚goldene Pforte‘ mit der Figur der Königin von Saba (um 1230) erhalten. Im Inneren überwältigend, die Ruhestätte der protestantischen Fürsten der albertinischen Linie, Decke und Wände von neapolitanischen Künstlern überreich gestaltet (um 1600).

Wir gingen vom höher gelegenen Bahnhof dem Dom zu. Trostlos die Armut, die verfallenen Häuser, die leeren Geschäfte und die beinahe menschenleere Straße! Mit einem Mal überholten uns zwei Damen, Mutter und Tochter. Die Tochter trug – wir wollten unseren Augen nicht trauen – eine waschechte, brandneue ‚blue jeans‘. Sogar das unterhalb des Bundes angebrachte Etikett der amerikanischen Herstellerfirma war deutlich zu erkennen! Wie der Zufall es wollte, ging dieses Paar zweimal an uns vorbei. Beim dritten Mal konnte ich mich nicht länger zurückhalten und sprach das junge Mädchen an. Meine Frage lautete, wo sie sich denn jene Hose verschafft hätte? „Nu, im shop", (dies im breitesten Sächsisch) war die Antwort. Ich dankte für die Auskunft und setzte hinzu: „Erlauben Sie mir, Ihnen zu sagen, daß ich ein handelsgerichtlich beeideter Sachverständiger aus Wien bin. Mein Urteil ist, daß Sie – meiner Meinung nach – das schönste Mädchen von Sachsen sind!" Die Reaktion der beiden war verblüffend! Die Tochter kam gar nicht dazu, mir zu antworten, wiewohl ihre Augen lustig blinzelten, aber die Mutter zog sie mit beiden Händen gewaltsam in das nächste Haustor! Ihrer Meinung nach waren wir wohl üble Menschen aus dem Westen, die ihre Tochter kapern wollten!

Zum nächsten Mittag gab es eine formidable Staatseinladung für die Wiener Gäste in einem nahe der ‚Moritzburg‘ gelegenen, tadellos modernisierten Pavillon. Dort gingen uns im wahrsten Sinn des Wortes die Augen über! Allein der Empfang war von unüberbietbarem Luxus! Zahllose Diener in grünen Uniformen, mit auf Hochglanz polierten silbernen Knöpfen an den Westen, servierten auf silbernen Tabletts eisgekühlten Wodka. Im Inneren des Gebäudes gab es einen elegant eingerichteten Raum, mit einem prachtvoll gedeckten Tisch. Schöne Kerzen flackerten auf silbernen Chandeliers, viele Blumen, ein erlesenes Gedeck aus bestem Meißner Porzellan. Um den an den Schmalseiten abgerundeten Tisch saßen sich vis-à-vis Frau Bundesminister für Wissenschaft und Forschung, Dr. Herta Firnberg aus Wien, und der ostdeutsche Unterrichtsminister Hoffmann. An der linken Seite des Tisches saßen wir Österreicher: Hofrat Koschatzky, der Rektor der Wiener Akademie, Renée und ich. Das Menu war nicht von schlechten Eltern! Man überbot sich an kulinarischen Delikatessen! Weder hatte ich jemals zuvor Kibitz-Eier als Vorspeise gegessen, noch ein Stück Bärenfleisch als Entrée serviert bekommen. Daß es vermutlich der älteste Zirkusbär Rußlands war, dessen Schinken man uns vorsetzte, tat der Überraschung keinen Abbruch! Es folgte ein Fleisch-Hauptgang mit vielen Gemüsen, eine opulente Nachspeise, Kaffee, Cognac – man kam aus dem Staunen nicht heraus! Der Unterschied zwischen dem, was hier serviert wurde und der täglichen kärglichen Zuteilung von Lebensmitteln an die Bevölkerung oder an normale Restaurants sprach wirklich nicht für die vielgelobte soziale Ausgeglichenheit in diesem Land!

Es gab die obligaten Trinksprüche. Der ostdeutsche Minister fand lobende Worte über Albert von Sachsen-Teschen, der ja von hier stammte, über seine großartige Tätigkeit als Sammler. Frau Minister Firnberg replizierte sehr geschickt, indem sie meinte, jeder Epoche fielen andere Aufgaben zu. So der unseren der Wiederaufbau nach Kriegszerstörungen, und sie wolle hoffen, daß künftige Zeiten das anerkennen würden. Daraufhin erhob sich der ostdeutsche Minister nochmals und sagte, er bäte darum, sich doch nicht von den überall in der Stadt aufgespannten Transparenten mit Texten wie: ‚Unsere lieben russischen Brüder‘ etc. irre machen zu lassen (es war an diesem Tag nämlich der feierliche Empfang des aus Jena stammenden, soeben aus dem Weltall zurückgeholten ostdeutschen Staatsbürgers, dem die Ehre zuteil geworden war, russische Astronauten auf einem Flug ins Weltall zu begleiten). Der Minister fuhr fort: „Wir wissen genau, welche Fehler wir in den letzten 35 Jahren gemacht haben!“ und setzte sich. Peinliches Schweigen! Ich dachte nichts anderes, als daß sich nun eine unter unseren Sitzen angebrachte Falle öffnen und wir vier Österreicher sang- und klanglos in einem schaurigen, mittelalterlichen Gefängnis landen würden. Aber nichts dergleichen geschah! Ich machte ein paar Jahre später den deutschen Bundeskanzler Helmut Kohl, dem ich einmal im Oberen Belvedere in Wien vorgestellt wurde, auf diesen immerhin bemerkenswerten Vorfall aufmerksam. Er nickte und erzählte, daß sich überhaupt in letzter Zeit vielversprechende Anzeichen mehrten. Es vollzöge sich – zumal auf kulturellem Gebiet – langsam eine Annäherung der beiden deutschen Staaten. So hätten die Ostdeutschen erst vor kurzem den 150. Geburtstag des Grafen Alfred von Schlieffen (1833–1913) in einer erstaunlichen Art und Weise gefeiert, wie es selbst die Preußen vor dem Zweiten Weltkrieg nicht prunkvoller zustandegebracht haben würden. Er war einst der Chef des deutschen Generalstabs und Verfasser jenes berühmten strategischen Planes (Schlieffen-Plan) gewesen, der knapp vor 1914 entscheidend abgeändert und somit unzweifelhaft die Ursache der deutschen Niederlage 1914–18 war. Man hatte Schlieffens eindringliche Empfehlung: ‚Macht mir den rechten Flügel stark‘ – (Worte, die mir mein Vater oft erwähnte) – leichtsinnig mißachtet! Wie auch Generaloberst Moltke, ein Neffe seines berühmten Vorgängers von 1870, nicht wiederholen konnte, was jener, befragt, was er nach erfolgter Kriegserklärung zu tun gedenke, gesagt hatte: ‚Jetzt lege ich mich schlafen. Alles läuft wie am Schnürchen!‘ oder ähnlich. Denn 1914 mangelte es dem Heeresführer Moltke an Genie, und die Front kam zum Stillstand für vier Jahre! All das hier Aufgezeichnete gehört seit der Wiedervereinigung von West- und Ostdeutschland gewiß bereits der Geschichte an, aber es schien mir doch interessant genug zu sein, diese kleinen Details festzuhalten.

Nach dem Essen fragte Frau Minister Firnberg, ob es wohl möglich wäre, die Karl May-Villa in Dresden-Radebeul besichtigen zu können. Ich bat darum, mitgenommen zu werden, denn er war auch in meiner Jugend einer meiner Lieblingsautoren! Außerdem wußte ich aus dem Bericht eines meiner Freunde, Thomas Salzer, Buchdrucker und Verleger in Wien, auf welch' abenteuerliche Weise er es verstanden hatte, sich nach 1945 die Verlagsrechte an dem Werk Karl Mays zu sichern. Er war mehr minder zu Fuß und recht umständlich – zusammen mit seinem Prokuristen – nach Radebeul gewandert und hatte der Familie Karl Mays (die aus dem Nachlaß des Schriftstellers an die siebzig Häuser in Dresden besaß) klargemacht, daß für viele Jahre der deutsche Buchhandel gelähmt sein werde. Er hingegen könne weltweit und ungestört arbeiten. Man hörte ihm aufmerksam zu, allein eine Stellungnahme wurde auf den nächsten Tag verschoben. Und dann erlebte er, daß er von der Familie in eine angebaute Kapelle, innen mit Muschelkalk ausgekleidet, geführt wurde. Dort wurde allen Ernstes der große Manitu beschworen, ein zustimmendes oder ablehnendes Wort erkennen zu geben. Thomas Salzer meinte, wenn er in dieser Kapelle, wo man ihn scharf beobachtete, seine Miene auch nur im geringsten verzogen hätte oder gar herausgeprustet wäre, alles verloren gewesen sei! So aber obsiegte er, verlegte und druckte Karl May von billigen Heftausgaben (gedruckt mit der riesigen, seinerzeit angestaunten, von ihm erworbenen Maschine, die in einem Arbeitsgang druckt, beschneidet und bindet) bis zu schön gedruckten Büchern in riesigen Auflagen. Seit 1960 gibt es ein neues Karl May-Museum in Bamberg. Ich vergaß zu erwähnen, daß die ostdeutschen Behörden die Verbreitung von Karl Mays Werk verboten hatten, weil Adolf Hitler das Gesamtwerk auf seinem Nachtkastel aufgestellt gehabt hätte! Karl Mays Villa trägt heute noch die Aufschrift ,Villa Old Shatterhand'! Angebaut ist ein kleines Blockhaus, das ein indianisches Museum beherbergt, wohl um die Amerikaner zu ärgern? Man sah dort auch die so oft in Karl May-Bänden erwähnten Gewehre, den ,Henry Stutzen' und den ,Bärentöter'. Allerdings waren wahrheitsgemäß diese Schaustücke mit Etiketten versehen, die darauf hinwiesen, daß die Waffen nicht im ,Wilden Westen' sondern in der Nähe von Dresden hergestellt worden sind und vermutlich niemals in Gebrauch standen! Immerhin bot dieser Besuch einen unerwarteten, interessanten Abschluß der Dresdner Tage.

In Leipzig fand ich den berühmten Hauptbahnhof, 1900–1915 mit einer 267 Meter langen Front und über 40 Gleispaaren erbaut, unverändert. Er hatte eisenbahntechnisch das Mißgeschick, als Kopfbahnhof konstruiert und niemals seiner großartigen Anlage entsprechend ausgenutzt worden zu sein, weil die Deutsche Eisenbahnverwaltung es vorzog, den Verkehr nach und von Berlin über das benachbarte preußische Halle an der Saale zu leiten, um somit das langwierige Umrangieren von Lokomotiven zu ersparen! Auch Leipzig hatte im Zweiten Weltkrieg viel unter Bomben zu leiden gehabt. Sie zerschlugen beinahe alle großen Bauten um den Augustusplatz herum und vor allem das Buchhandelsviertel, wo in einer Nacht über 6 Millionen moderner Bücher in den Lagern der Verlage und Auslieferer verbrannten!

Was persönliche Erinnerungsstätten anlangte, so war ich in der Lage, Renée das Haus zu zeigen, in dem ich geboren wurde (ehemals Windmühlenweg 7). In diesem Haus wohnte übrigens der Physiologe Professor Ernst Theodor von Brücke, bis er 1916 Vorstand des physiologischen Institutes in Innsbruck wurde; nach 1938 ging er an die Harvard University in Boston, wo er 1941 verstarb. Sein Sohn, der Chirurg Professor Dr. Hans von Brücke, mein guter Freund (um 3 Jahre älter als ich), hat mit mir als Kind in diesem Haus gespielt. Bei einem kürzlichen Besuch bei mir erinnerte er sich an die eiserne Haustüre dieses Gebäudes und daß er sich beim Ausbruch der 16 Löwen aus dem Zirkustransport (siehe mein Buch ,Die goldenen Sesseln meines Vaters', Wien, 1983, S.84) erst dann sicher gefühlt habe, bis er diese Türe zugeschlagen hatte! Wir suchten auch jenes Haus (nahe dem ehemaligen Reichsgericht, Harkortstraße 10) auf, in dem meine Großeltern Sonntag gewohnt haben. Ich verbrachte in ihrer Wohnung, die seit 1928 in eine Pension verwandelt war, während meiner Leipziger Buchhandels-Lehrzeit eineinhalb

Jahre, verschönt durch das Erlebnis meiner ersten Liebe. Aber ich stand anschließend traurig mit Renée vor einer plattgewalzten Fläche der Kaiserin Augusta-Straße 16. Einst stand dort ein ganz modernes Haus, knapp vor 1914 erbaut, mit Liftanlagen für Herrschaft und Personal, wo wir bis zur Übersiedlung nach Wien, Frühjahr 1916, gewohnt hatten. Ebenso traurig war es vor manch andrer Stätte zu stehen. Zum Beispiel war die Kurprinzstraße, wo sich meine Lehrfirma, die moderne Buchhandlung Alfred Lorentz befunden hatte, ebenfalls plattgewalzt. Kein einziges Haus stand mehr dort! Und ebenso stand es um das Haus, in dem sich meines Vaters Arbeitsstätte, die Graphikhandlung C. G. Boerner befunden hatte. Oftmals hielt ich im Wandern inne und sagte: „Hier war dies und hier war jenes!" und alles war trist, wie in einem bösen Traum, in dem plötzlich alles nebelhaft verschwindet. Ich hatte mir fest vorgenommen, mir meine Nostalgie und Melancholie nicht anmerken zu lassen, weil ich Renée den Aufenthalt nicht verderben wollte. Aber ich gestehe, daß mir dies oftmals mehr als schwer fiel. Kam ich mir doch vor wie ein durch die Gegend wandelndes Relikt, das hier nichts mehr zu suchen hatte!

Glücklicherweise gab es insoferne einen Ausgleich, als sich die Direktion der ‚Deutschen Bücherei' mehr als hilfsbereit und großzügig mir gegenüber erwies. Ich hatte mich durch den Direktor der Österreichischen Nationalbibliothek an Generaldirektor Dr. Helmut Roetsch empfehlen lassen. Es ging mir darum, für mein beinahe abgeschlossenes Buch ‚Die goldenen Sessel meines Vaters' einiges zu verifizieren. Ich hatte völlig übersehen, daß die ‚Deutsche Bücherei', vom Börsenverein des deutschen Buchhandels 1912 gegründet und erbaut (heute mit einem Bestand von rund 3,5 Millionen Büchern), nur ab diesem Datum das deutsche Schrifttum sammelt. Die Direktion hatte aber liebenswürdigerweise die Vorsorge getroffen, mir aus der Stadtbibliothek jene Jahrgänge von Zeitungen vorzubereiten, die die Begegnung des Zeppelins ‚Sachsen' mit dem aus Berlin herübergeflogenen Zeppelin ‚Victoria Louise' am 22. Juni 1913 schilderten. Meine Erinnerung hatte mich demnach nicht betrogen! Im Kapitel ‚Zwei Zeppeline kreuzen über Leipzig' in meinem erwähnten Buch kann man darüber Genaueres nachlesen.

Unserer Bekanntschaft mit Generaldirektor Dr. H. Roetsch verdankten wir auch die Einladung zu einer schönen Aufführung im neuen Opernhaus der Stadt. Man gab eine Neueinstudierung von Verdis ‚Macbeth'. Die Aufführung war musikalisch, was das Orchester anlangt, hervorragend. Es spielten die Musiker des ‚Gewandhausorchesters'. Das ‚Gewandhaus' sah man vis-à-vis der Oper im Entstehen, dort, wo früher einmal das Leipziger Kunst-Museum gestanden hatte. Die Gesangskräfte entsprachen gutem Durchschnitt. Es war eine Abonnementvorstellung wie in guten alten Zeiten. Wir waren mehr als angenehm überrascht, wie gepflegt das Publikum war. Der Besuch einer Opernvorstellung war hier noch ein Ereignis, zu dem man sich – wie in meiner Jugend – entsprechend kleidete. Es gab keinen Herrn, der nicht im Sonntagsgewand gekommen wäre, und die Damen überboten sich in ihren einfachen, aber guten Toiletten. Bemerkenswert war während der Pause die Begegnung mit einem 16jährigen Mädchen, die uns sagte: „Sie können sich wohl gar nicht vorstellen, mit welcher Freude ich den heutigen Abend genieße. Seit Monaten habe ich daheim den Klavierauszug studiert!" Wir blickten einander an. Wo gibt es denn noch so etwas, fragten wir uns?

Nachher hatten wir das Ehepaar Roetsch zu uns ins Hotel eingeladen, um uns zu revanchieren, wohl wissend, wie wichtig ein Abend mit gutem Essen für sie sein würde. Und während des Abendessens, das sich in besonders herzlicher Atmosphäre abspielte, sagte Generaldirektor Roetsch plötzlich zu uns: „Jetzt kann ich Ihnen ja ruhig sagen, warum es ein paar Tage gedauert hat, bis ich mich um Sie so, wie ich wollte, kümmern konnte. Wir hatten nämlich den Besuch der russischen Chefbibliothekarin. Sie war 1945, gleich nach Beendigung der Kampfhandlungen, zu uns mit den Worten gekommen: ‚Guten Tag, meine Herren. Ich weiß natürlich genau, wo ich bin und sage Ihnen sofort, was nicht geschehen darf: An der Stätte, wo das gesamte deutsche Schrifttum gesammelt wird, darf mir nicht auch nur eine Seite eines in der Nazi-Zeit erschienenen Buches, einer Zeitschrift oder einer Zeitung vernichtet werden! Selbstverständlich erwarte ich, daß das gesamte Schrifttum dieser Nazi-Jahre sekretiert wird und nur für genau kontrollierte wissenschaftliche Zwecke einem kleinen Kreis zur Verfügung gestellt werden darf!' Sie können sich denken", sagte Generaldirektor Dr. Roetsch, „wie außerordentlich dankbar wir heute noch dieser Frau gegenüber sind, und welche Freude es für uns war, sie wiederzusehen." In der Tat war das eine lobenswerte Entscheidung, die sich wohltuend von dem unterschied, was wohl parteigebundene deutsche Bibliothekare in Rußland getrieben haben würden!

Auf der Fahrt nach Weimar unterbrachen wir in Naumberg und besichtigten den Dom St. Peter und Paul mit den 12 großartigen Statuen der Stifter (etwa um 1260). Es führte uns eine liebenswürdige jüngere Frau, die ihrem großen Bedauern über die antireligiöse Erziehung der Jugend in Ostdeutschland Ausdruck gab. Unlängst habe ein Bub sie gefragt, wer Christus sei! Wir waren in Weimar im ‚Hotel zum Elefanten' sehr gut untergebracht und auch gut verköstigt. Es empörte uns nur, mitansehen zu müssen, wie gegen Ende des Mittagessens sich Weimarer Bürger im Gang hinter einer Glastüre anstellten, in der Hoffnung, vielleicht etwas von den in erster Linie für Fremde reservierten Mahlzeiten zu ergattern! Weimar wurde im Zweiten Weltkrieg schwer bombengeschädigt, doch alle Schäden waren hervorragend restauriert worden. Sehr bald sollte sich herausstellen, daß wir den Aufenthalt viel zu knapp bemessen hatten. Die Überfülle dessen, was es in dieser einmaligen Stadt zu sehen gibt, ist überwältigend. Aber es war damals so, daß man ein einmal eingereichtes und genehmigtes Programm nicht ändern konnte. Unser erster Besuch galt dem Goethe-Haus am Frauenplatz, den wir am nächsten Morgen wiederholten. Es sind dort nicht die ‚schönen' Zimmer, die beeindrucken, sondern es ist die Bibliothek mit ihren schlichten Einbänden, das einfache Arbeitszimmer und vor allem sein kärglich eingerichtetes Schlafzimmer. Mit dem einfachen Bett und dem großen Lehnsessel, in dessen linke Ecke gedrückt Goethe am 22. März 1832 mittags um 12 Uhr so still entschlief, daß zunächst niemand seinen Tod wahrnahm. Über die bewußte Einfachheit der wichtigsten Räume seines Hauses hat er sich zu Eckermann wie folgt geäußert. „Geringe Wohnung, wie dieses schlechte Zimmer, worin wir sind", sagte er zu ihm am 23. März 1829, „ein wenig unordentlich, ein wenig zigeunerhaft, ist für mich das Rechte; es läßt meiner inneren Natur volle Freiheit, tätig zu sein und aus mir selber zu schaffen." Und am 25. März 1831 bekräftigt er noch einmal: „Eine Umgebung von bequemen, geschmackvollen Möbeln hebt mein Denken auf und versetzt mich in einen behaglichen passiven Zustand".

Im Museum nebenan, mit den vielen Zimmern, deren jedes einem anderen von Goethes Werken gewidmet ist, fiel uns auf, daß es kein Porträt von Napoleon gab (außer einem kleinen Stahlstich, der nahe eines Fensters hing). War er es doch, der Goethe bei seinem Besuch von Jena mit den berühmten Worten: „Voilà un homme!" seiner Begleitung vorstellte. Ursache der Animosität der Russen gegenüber Napoleon, auf die man wohl Rücksicht zu nehmen hatte, war wohl die Erinnerung an die Einnahme und an den Brand von Moskau (1812). Es fehlte auch, törichterweise, jeder Hinweis auf die zahlreichen Frauen, die in Goethes Leben eine entscheidende Rolle gespielt haben (Sex war in Ostdeutschland sichtlich verpönt!). Und dann: keinerlei Erwähnung vom Besuch unseres Dichters Franz Grillparzers beim alten Herrn. Wie er sich vormittags einem wandelnden Eisblock gegenübersah, der unnahbar schien. Wie er ihn dann nach dem Mittagessen bei seinen Rosen, mit einem Bauernjanker bekleidet, sehr menschlich fand. Und vor allem keine Erwähnung der Tatsache, daß Grillparzer die ihm zuteilgewordene seltene Ehre, auch noch am Abendessen teilnehmen zu dürfen, ausschlug und abreiste, wohl aus Furcht davor, irgend etwas zu sagen, was ihn später reuen würde!

Wir besuchten anschließend das von Schiller bewohnte Haus mit Räumen, die mir eigentlich in ihrer Einfachheit besser gefielen als die Zimmer in Goethes Haus. Dann auch das von Liszt bewohnte Gebäude, voller Erinnerungsgegenständen aus seinem Leben. Daß sich im herzoglichen Schloß eine umfangreiche Sammlung der besten Bilder Lucas Cranachs befindet, war mir unbekannt geblieben, wie auch die Tatsache, daß sich Cranachs Sterbehaus in Weimar befindet und daß er einer der reichsten Männer seiner Zeit in Deutschland war!

Vor der Ausreise aus Ostdeutschland hielt der Zug – der sich mittlerweile beinahe vollkommen geleert hatte – an der Grenze und alle Abteile wurden kontrolliert. Man stierte mit eisernen Stangen unter den Sitzen; kontrollierte die Gepäcksnetze; ein besonders unfreundliches Polizeiweib forderte barsch die Pässe ein, blätterte lange darin herum und verließ grußlos das Abteil! Es war, als sei ein Alptraum von einem genommen, als der Zug endlich die Fahrt aufnahm und ins freie Deutschland fuhr! Am Bahnhof von Frankfurt am Main, wo wir umsteigen mußten, ließen die Nackedeis auf den Umschlägen der deutschen Illustrierten keinen wie immer gearteten Zweifel daran, daß man sich im Westen befand!

Unser kurzer Aufenthalt in Ostdeutschland brachte viele Bekanntschaften mit Menschen, die – gleichgültig, welchen Herkommens und Alters, besonders aber die Jungen – voller Klagen über das Regime waren. In Wahrheit hat die DDR fortgesetzt, was das Nazi-Regime so hassenswert gemacht hat: die absolute Mißachtung des Individuums und die weitgehende Einschränkung der persönlichen Freiheit. Charakteristisch war das Senken der Stimme, sobald jemand, dem man nicht vertraute, auch nur in die Nähe kam, das Umsichblicken auf der Straße und sogar in geschlossenen Räumen, aus Angst, beobachtet und abgehört zu werden! Viele Menschen Ostdeutschlands sind – nach unserer Erfahrung – seit der Befreiung auf lange Zeit hinaus noch gekennzeichnet von dem unerträglichen Druck, der jahrzehntelang auf ihnen lastete. Nachdem sich der Jubel über den endlichen Zusammenschluß beider Teile Deutschlands gelegt hat, erkennt man, daß es vermutlich ein bis zwei Generationen dauern wird, bis die heutigen Schwierigkeiten, vor allem auf menschlichem Gebiet, ausgeglichen sein werden. Man lebt eben nicht ungestraft über 50 Jahre in einem Polizeistaat!

67. Ein Berufsmodell Klimts

Ich hatte mein Buch ‚Gustav Klimt, Dokumentation', Wien 1969, bereits ver-öffentlicht, ohne daß es mir zu meinem Bedauern gelungen war, auch nur die Spur eines Berufsmodells von Klimt aufzufinden. Aber viele Jahre später ging eines Tages die Türe meiner Galerie auf, und eine nett gekleidete Frau unbe-stimmten Alters trat mit der Frage an mich heran: „Sagn S'amal, was wird denn eigentlich mit dem ‚Beethovenfries' von Klimt?" Meine Antwort war voreilig schroff, denn ich sagte ihr: „Warum gehen Sie denn nicht zum Bun-deskanzler Bruno Kreisky (der damals die absonderliche Idee hatte, diesen Fries jenseits der Donau, in der Halle des ‚Vienna Centers' einbauen zu lassen ohne zu bedenken, daß die nackten Frauengestalten der Schmalseite um-gehend von fanatischen arabischen Puristen zerstört worden wären)? Fragen Sie doch ihn!" und wendete mich zum Gehen, als sie sagte: „Wissen's, i war nämlich ein Klimt-Modell." Und sie war es in der Tat! Frau Louise Sammer erwies sich trotz ihrer 83 Jahre als frisch und kregel, voller Charme. Ich bat sie tags darauf mit ihrem Mann zu uns in unsere Wohnung im 4. Stock der Annagasse 18 – also oberhalb der Galerie – zu kommen. Es wurde dieser Be-such zu einer einmaligen Sternstunde. Sie erzählte, daß sie als junges Mädchen, damals im Begriff, Modistin zu werden, in Wien-Hietzing von einer Zu-fallsbekannten angesprochen worden sei, die ihr gesagt habe: „Weißt, jetzt bist Du noch zu jung. Wannst einmal achtzehn Jahr' alt bist, bring ich Di zum Maler Klimt, der immer wieder nach Modellen Ausschau hält. Bist guat g'wachsen und er wird Di schon brauch'n können!" Dann habe ihre Bekannte sie in die ‚Secession' mitgenommen, wo damals (1902) Klimts ‚Beethovenfries' ausgestellt war. Und dieser Fries sei ihr erster bewußter Kunsteindruck ge-wesen. Einige Jahre später habe sie jenes Mädchen wiedergetroffen und sei tatsächlich von ihr zu Klimt mitgenommen worden.

„Erzählen Sie", sagte ich. „Haben Sie gesehen, was er nach Ihnen ge-zeichnet hat?" „Na (sehr gedehnt), aber wo denken S'hin? Nie hätt' i mi ge-traut anzuschauen, was er mit raschen Strichen auf das Papier geworfen hat. An großen Huat, den i damals g'habt hab', der hat eahm guat g'falln und den hab' i auch als Akt aufsetzen müssen". Es hat sich leider bis heute keine Akt-zeichnung Klimts mit einem solchen Hut gefunden). „Aber i hab' Schwie-rigkeiten mit eahm g'habt. Wissen S', mei Balkon (eindrucksvolle Geste auf ihren Busen) hat eahm net g'falln und dann war no was: I hab' ka weiße Haut net g'habt!" Sie vermochte mir nicht zu erklären, was Klimt damit gemeint habe. Ich komme später noch darauf zurück. Mitgekommen zum Tee war ihr Mann, weit mehr gealtert als sie und eher still und gedrückt. Auch er war, das stellte sich heraus, ein männliches Modell Klimts gewesen, die beiden hatten sich in Klimts Vorzimmer kennengelernt. Er sei aber nicht lange Klimt zur Verfügung gestanden, denn dieser habe ihm Dinge zumuten wollen, die zu erfüllen er nicht bereit gewesen sei. Damals sei sein Körper athletisch aus-gebildet gewesen, jeder Muskel hätte sichtbar ins Spiel gebracht werden können. Daß dem so war, bestätigte ein Mann, den die beiden mitgebracht hatten, ein ehemaliger Schlosser, mit Händen so groß wie Prager Schinken, die eindrucksvoll durch die Luft segelten, wenn er erzählte. Er war der Bruder eines wahren Muskelprotzes von Mann, der damals auf der Wiener Akademie das gesuchteste Modell gewesen sei. Er habe am plastischen Schmuck des heutigen ‚Regierungsgebäudes' (damals Kriegsministerium) am Ring, der vom Bildhauer Hans Bitterlich entworfen worden ist, als Gehilfe mitgearbeitet.

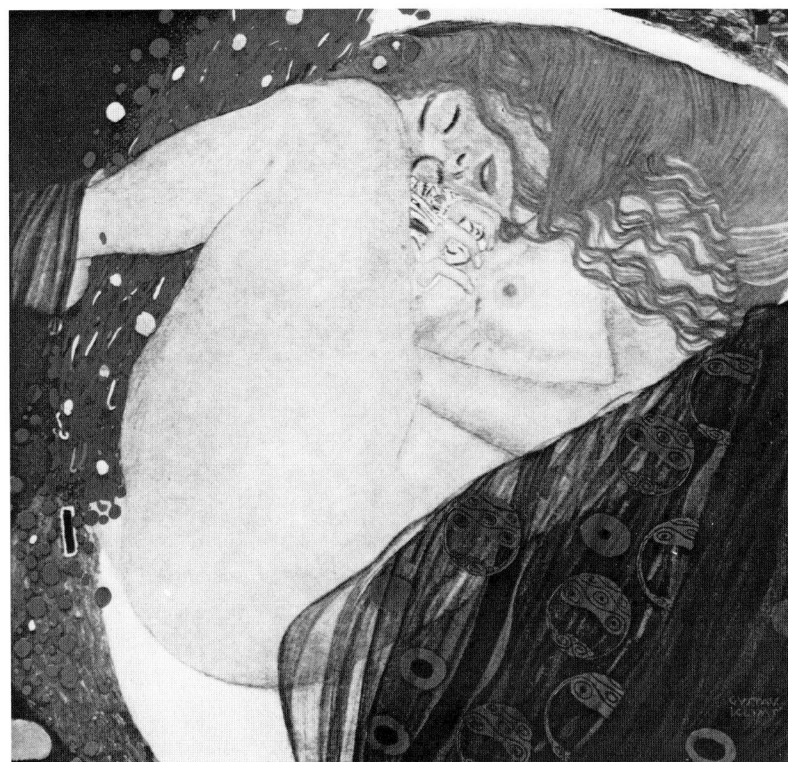

Gustav Klimt, Danae, um 1907–08, Öl auf Leinwand (D. 151)

Klimt habe ihn für den Rückenakt des letzten Teils seines ‚Beethovenfrieses‘ Modell stehen lassen. Später sei er selbst Bildhauer geworden. Jener Schlosser wußte sehr lebhaft zu erzählen, sie hätten zu dritt ein kleines Stück Wiese im Prater gemietet gehabt und dort trainiert. Einmal habe jener Muskelprotz Kniebeugen, auf einem Bein stehend, zu üben begonnen. „Sie werden's nicht für möglich halten, aber wie ich nach zwei Stunden vom Einkaufen zurückgekommen bin, hat er noch immer die gleiche Übung, auf dem gleichen Bein, pausenlos durchgeführt!"

Frau Sammer erzählte auch ein wenig aus ihrem bewegten Leben. Sie habe nach Aufgabe der Lehre als Modistin zu tanzen begonnen und sei schließlich als ‚Rosette de Lumière‘ in Paris zunächst allein, in der Folge jedoch dort bei den berühmten ‚Tillergirls‘ aufgetreten, die in spektakulärer Disziplin als Gruppe in Music Halls und Varietés tanzten. Später habe sie, nach Wien zurückgekehrt, ihren Mann, der damals bereits als chinesischer Jongleur aufgetreten sei, wiedergetroffen, ihn geheiratet und ihm in der Folge bei seinen Auftritten assistiert.

Die Mitteilung Frau Sammers über die ihr mangelnde ‚weiße Haut‘ hat mich lange Zeit beschäftigt, bis ich endlich Aufklärung darüber fand. Ambroise Vollard, der bekannte Pariser Kunsthändler, hat ein lesenswertes Buch der Erinnerungen an den Maler Auguste Renoir veröffentlicht, in dem er viele Gespräche festhielt, die er mit dem Meister geführt hatte. „. . . Ich sprach mit Renoir über die beiden Akte im Speisezimmer und wie entzückt ich von ihnen sei.“ ‚Es sind Studien nach meinem Dienstmädchen‘, antwortete Renoir. ‚Ich hatte einige mit einem wundervollen Körperbau und die saßen ruhig wie Engel. Freilich muß ich hinzufügen, daß ich nicht anspruchsvoll bin. Das erste beste Hinterteil (Renoir drückte sich weit derber aus) ist mir gerade recht, vorausgesetzt, daß die Haut das Licht auffängt. Ich weiß nicht, wie es die anderen anstellen, so faisandiertes (von faisande = Fasanenhenne [?]) Fleisch zu malen . . ‘ “.

An einer Stelle desselben Buches läßt er Renoir sich noch deutlicher äußern: „. . . [man] muß das Vergnügen, diese holländischen Museen zu besuchen, teuer bezahlen, und ich verstehe nicht, daß es in einem solchen Lande mit seinen vergifteten Kanälen noch gesunde Leute gibt! Und dann, abgesehen von drei oder vier großen Malern, was für langweilige Kerle, alle diese Holländer! . . . Zwar habe ich in dem düsteren Holland das Modell gefunden, das mir zu diesem Bild dort an der Wand saß: eine wahre Madonna! Und welch' jungfräuliche Haut! Sie können sich nicht die schwere feste Brust dieses Mädchens vorstellen. Und die hübsche Falte darunter mit dem goldenen Schatten. . . . Leider hatte sie wenig Zeit zum Sitzen, wegen ihrer Arbeit, die sie nicht aufgeben wollte. Aber ich war so zufrieden mit ihrer Anstelligkeit und dieser Haut, die so gut das Licht auffing, daß ich sie mit nach Paris nehmen wollte, und ich sagte mir schon: wenn man mir sie nur nicht gleich entjungfert, und sie nur kurze Zeit diesen Pfirsichton bewahrt. Ich bat also ihre Mutter, sie mir anzuvertrauen, und versprach ihr, darüber zu wachen, daß die Männer sie nicht berührten. ‚Was soll sie aber in Paris machen, wenn sie nicht arbeitet?', fragte mich die Mutter erstaunt. Ich verstand, welche Art ‚Arbeit' meine ‚Jungfrau' verrichtete! Unnötig Ihnen zu sagen, daß ich von meinem Vorsatz abließ . . .!"

Später läßt Ambroise Vollard Renoir noch eine andere köstliche Geschichte über Aktmalerei berichten: „. . . Im folgenden Sommer /1881/ ging ich nach der Insel Guernsey, die westlichste der britischen Kanalinseln, wo ich einige Strandbilder malte. Welch' angenehmes Land! Welche patriarchalischen Sitten! Wenigstens zur Zeit, da ich dort war. All diese englischen Protestanten hielten es während ihres Landaufenthaltes nicht für nötig, so schamhaft zu tun wie in ihrer Heimat. So war beim Baden die Badehose unbekannt. Keine dieser kleinen so niedlichen ‚Misses' genierte es, neben einem ganz nackten Knaben zu baden. So konnte ich meine Studie zu Wege bringen: ‚Nackte Jungen und Mädchen im Bad'. Ich bewohnte ein Erdgeschoß mit meiner Frau und mein Freund Lauth (Frédéric Charles Lauth, 1865–1922, Porträt-, Interieur-, Landschafts- und Stillebenmaler, verheiratet mit Aurora, Enkelin der George Sand) den zweiten Stock eines Hauses, in dem der erste und dritte an einen protestantischen Pfarrer aus London vermietet waren. Ich konnte, wenn ich am ersten Stock, dessen Türen immer weit geöffnet waren, vorbeiging, die ganze Familie des Pastors, das Mädchen – eine gewisse Mary – mitinbegriffen, beobachten, wie sie splitternackt, so wie sie aus dem Bad gekommen waren, eins hinter dem anderen stehend, sich auf die Hinterbacken schlugen, um sich zu erwärmen und dabei sangen: ‚Popp goes the weasel' (Es läuft, es läuft das Wiesel, bekanntes englisches Lied). Und es genierte sie auch nicht, ganz nackt über die Treppe zu spazieren, wenn sie vom ersten Stock in den dritten wollten. Eines Tages sieht Lauth, der kurzsichtig wie ein Maulwurf ist, auf der Treppe vor sich ein paar Hinterbacken. Er gibt einen Klaps darauf und ruft: ‚He, Mary!' Es war der Pfarrer selbst! Was wir gelacht haben! . . ."

Die von Frau Sammer überlieferte Bemerkung Gustav Klimts über ihre Haut, die ihm mißfiel, erklärt – durch den Umweg über Renoir – was ein Maler an einem Akt schätzt. Mir schien diese Bemerkung wichtig genug zu sein, um sie aufzuklären und festzuhalten.

68. Egon Schiele und seine Schwester Gertie

Im Juni 1966 erreichte mich, auf Umwegen, ein Brief aus Italien. Auf dem Kuvert stand ganz einfach: „*Signor Christian Nebehay Akademie, Wien*".

Man hatte die Freundlichkeit, ihn mir von dort aus zuzuleiten. Mit zierlicher Handschrift teilte mir die Schreiberin mit, sie habe in einer italienischen Tageszeitung ein Interview gelesen, das ich mit einer Journalistin über die Malerei in Wien um 1900 geführt hätte. Solche Bitten um Auskünfte sind in den vergangenen Jahren nicht selten. An dieses spezielle Gespräch hatte ich jedoch keinerlei Erinnerung mehr. Der weitere Inhalt dieses Briefes war sensationell: Die Dame, die mir jenen Brief schickte, war Frau Lydia Tomasi. Sie sei, so schrieb sie, die bereits betagte Schwester des bekannten, leider frühverstorbenen Tridentiner Malers Oddone Tomasi (1884–1929), der in Wien an der Akademie studiert und dort mit Egon Schiele, „der doch jetzt so berühmt geworden wäre", Freundschaft geschlossen habe. Bei seinem Fortgang aus Wien hätten sie miteinander einige Zeichnungen getauscht und sie erlaube sich die Anfrage, ob ich eventuell daran interessiert sei, diese zu sehen? Vielleicht wäre sie auch zu einem Verkauf bereit. Kurz darauf bin ich mit Renée und unserer damals wenige Wochen alten Spanielhündin ‚Potzerl' auf dem Weg zur alljährlichen Kur in St. Moritz nach Trient gefahren. Wir übernachteten in einem gediegenen, altmodischen Hotel, redeten am Morgen unserer kleinen Potzerl gut zu, Ruhe zu halten und baten das Stubenmädchen, ein wenig nach ihr schauen zu wollen. Über den Hauptplatz mit dem großen Neptunbrunnen mit wasserspeienden Figuren – der mir von dem Aquarell Rudolf von Alts aus dem Jahr 1865 her vertraut war – gingen wir über ein gewundenes Stiegenhaus in den ersten Stock eines alten Hauses mit schönem Portal. Statt einer elektrischen Glocke ein Glockenzug, und bald war das Stiegenhaus mit dem lustigen Gebimmel eines hellen Glöckchens erfüllt. Die Türe öffnete sich. Eine liebenswürdige alte Dame bot uns den Willkomm auf graziöse Art. Sie war angetan in ein schwarzes Kleid und eine hochgeschlossene bestickte Bluse, am Hals jene Fischbein-Stäbchen, wie ich sie bei

Remondini, „*La presentacion de nuestro Senor al templo*". Goldgehöhter Kupferstich. Die spanische Legende gibt Zeugnis von der durch Wanderhändler in ganz Europa verkauften Produktion des oberitalienischen Verlagshauses in Bassano, um 1750. Das Blatt wird heute im Metropolitan Museum, Graphic Department, New York, verwahrt. Ich verkaufte dorthin die gesamte Remondini-Sammlung der Familie Tomasi, Trient.

299

Gerti Schiele mit einem großen (wahrscheinlich von ihrer älteren Schwester Melanie verfertigten) Sommerhut

Egon Schiele, Porträt seiner Schwester Gerti, Bunt- und Bleistift, 1909, (Kallir, D. 293). Abbildung nach meinem Katalog 14, Nr. 4. Das Blatt stammt aus dem Nachlaß von Oddone Tomasi, Trient.

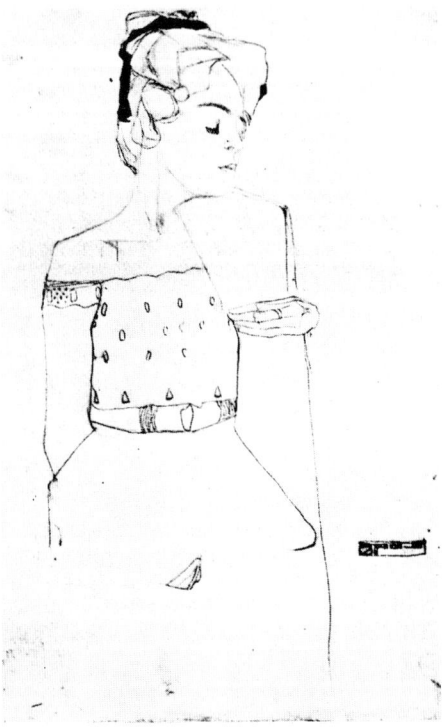

meiner Großmutter Lina Sonntag in Leipzig kennen gelernt hatte. Sie huschte uns voraus in den Salon – und wir befanden uns mit einem Mal im alten Österreich-Ungarn! Wallende weiße Vorhänge, hier und da ein wenig ausgebessert, seitlich von anderen, dunkler gefärbten, schweren Vorhängen eingefaßt, vor den Fenstern. Spitzenbesetzte Deckerln auf dem Tisch. Auf einem gläsernen Rechaud über einer flackernden Kerze eine große Kaffekanne, umgeben von einigen zierlichen Tassen. Silbernes, reich monogrammiertes Eßbesteck. Schwere eichene Möbel, eine gläserne Vitrine mit Krimskrams durfte nicht fehlen. Die Bezüge der Sessel und des Sofas waren leicht geschossen. Mir war, als sei die Zeit stehengeblieben und ich befände mich in der Harkortstraße 10, der Wohnung meiner aus Wien stammenden, unvergeßlichen Großmutter in Leipzig. Die Salontüre öffnete sich und am Arm des Bruders, eines gutaussehenden, gleichfalls weißhaarigen Mannes aufrechter Haltung, wurde die zweite Dame, ihrer beider Schwester, die erblindet war, hereinbegleitet und mit liebevoller Sorgfalt an ihren Platz geführt. Selbstverständlich saßen alle drei kerzengerade um den Tisch herum und zwar so, daß sie nur ein Drittel der Sitzfläche ihrer Sessel bedeckten. Sie sprachen jenes anheimelnde, noch bis vor kurzer Zeit im Wiener Burgtheater heimische Alt-Wienerisch. Am besten noch Frau Lydia, die beiden anderen waren sichtlich schon viele Jahre lang außer Übung. Es fiel nicht schwer, zu diesen liebenswürdigen Menschen, Zeugen einer längst verflossenen Zeit, Kontakt zu finden. Der Vater der drei war ein italienischer Ingenieur gewesen, der – dienstlich in Böhmen tätig – dort seine Frau gefunden hatte. Sie kannten Wien aus den Jahren vor dem Ersten Weltkrieg, und so kreiste die Konversation um ihre Erinnerungen.

Es dauerte lange Zeit, bis es mir endlich gestattet wurde, die Zeichnungen des jungen Schiele zu sehen, von denen in jenem Brief die Rede gewesen war. Ein Blick genügte. Sie waren unzweifelhaft echt. Auf die Frage, ob sie denn auch bereit seien, sie zu verkaufen, ergriff, nach Blickwechsel mit ihrem Bruder, Frau Lydia das Wort. Ja, sie würden eventuell – eventuell – daran denken. Ich müsse aber verstehen, daß in ihren Augen diese neun Blätter ein teures Andenken an ihren Künstlerbruder seien. Daher fiele es ihnen schwer, sich davon zu trennen. Was wären sie wohl wert? Nun, es war immer meine Art, vollkommen offen zu reden, wenn es darum ging, etwas zu erwerben, und ich teilte ihnen jenen Preis mit, den ich dafür zu zahlen bereit sei. Bruder und Schwester blickten einander an. Fast schien es, als seien sie einverstanden, als Frau Lydia plötzlich aufstand und sagte: „Ich muß Ihnen, bevor wir weiterreden, etwas anderes zeigen, von dem wir uns leichter trennen würden. Würden Sie bitte ins Nebenzimmer kommen?"

Und dort lag eine große Mappe voller kolorierter Kupferstiche, in großquer-folio Format, der Stecher-Familie Remondini, die von 1640–1848 in Italien tätig war und ihren geschäftlichen Höhepunkt unter Giuseppe Remondini (1677-1750) und seinen Söhnen erreichte. Ihre Kupferstiche waren, wie man in Johann Peter Hebels ‚Schatzkästlein des rheinischen Hausfreundes' (seinen gesammelten ‚Kalendergeschichten' der Jahre 1808–1815) nachlesen kann, in ganz Europa – ja sogar bis Übersee – durch Wanderhändler vertrieben worden. Bunte religiöse Szenen, vor allem aber auch Ereignisse, Kriegsszenen etc. Es dürften an die 100 Blatt gewesen sein, die vor mir lagen, alle in gutem Zustand und sicher selten. Aber eben ‚Imagerie populaire', also keine künstlerisch bedeutenden Arbeiten, zumeist nach fremden Vorbildern gestochen, und vermutlich nicht leicht verkäuflich. Das erklärte ich den Anwesenden, die sich sicherlich vorher Informationen eingeholt haben dürften. Sie waren überrascht, als ich ihnen jenen Preis nannte, den ich bei Erwerb von zunächst der Hälfte des mir Gezeigten anzulegen bereit sei. Ich möge beruhigt sein, hieß es, die Schiele-Blätter blieben mir reserviert. Aber zuerst müsse dieser Verkauf getätigt werden. Sie waren alle drei derart charmant, daß mir gar nichts anderes übrig blieb, als mich ihren Wünschen zu fügen! Ich teilte also das Vorhandene in zwei Partien und wir nahmen für dieses Jahr Abschied voneinander. Ich möge das Jahr darauf wiederkommen, hieß es. Um es kurz zu machen: Auch im nächsten Sommer wollten sie mit ihren Schiele-Zeichnungen nicht herausrücken. Jetzt hieß es, müsse ich zuerst die zweite Partie der Remondini-Kupferstiche erwerben. Es half, daß es mir inzwischen gelungen war, die erste Partie an die ‚Print Collection‘ der New York Public Library in New York zu verkaufen, und diese erwarb auch die zweite Hälfte der Sammlung. Denn es ging mit all jenen groß-quer-folio Blättern so, daß sie ihres Formates wegen, kaum in Schubladen aufbewahrt werden konnten, daher gerahmt wurden und an den Wänden ausgebleicht und unansehnlich geworden, den Weg alles Irdischen gingen.

Aber im dritten Jahr nach unserer ersten Begegnung gelang es endlich, wenn auch zu entsprechend erhöhtem Preis, die Schiele-Blätter zu erwerben. Frau Lydia hatte Tränen in den Augen, als ich mich von ihr verabschiedete. Damals war ihre erblindete Schwester bereits tot, ihr nun sehr gealterter Bruder, mit dem ich ein paar Worte wechselte, nahm, wie bei den Remondinis, kaum Anteil am Gespräch. Er wohnte im zweiten Stock über ihr. Unausgesprochen schwebte über uns die Erkenntnis, daß dieser Besuch wohl mein letzter in diesem mir so lieb gewordenen Haus sein würde.

Nach Wien zurückgekehrt, ging es an das Katalogisieren der neun Blätter. Darunter war eine Zeichnung einer jungen Frau mit großem Hut, die – wie mir scheinen wollte – eine gewisse Ähnlichkeit mit Egon Schieles rätselhaftem Blatt ‚Die Hämische‘ von 1910 hatte. Es ist jenes Blatt eine der berühmtesten Zeichnungen des jungen Schiele. Sie wurde bereits 1911 von seinem Wegbereiter Arthur Roessler in der Zeitschrift ‚Bildende Künstler‘ veröffentlicht. Acht Jahre später, nach Schieles Tod, schmückte sie als aufgeklebte Vignette den ersten überhaupt erschienenen Verkaufskatalog von Handzeichnungen Schieles: ‚Die Zeichnung / Heft 1 / April 1919 / Egon Schiele. Gustav Nebehay / Kunsthandlung / Wien I. Hotel Bristol. Altes Haus‘. Der Katalog beschreibt sie wie folgt: „(Nummer) 7 Die Hämische. Aquarell, Tempera und Kohle, weiß gehöht. 45 × 31 cm.“ Mit einem Verkaufspreis von 750,– Kronen war sie die teuerste der im Katalog angezeigten 162 Zeichnungen Schieles. Augenscheinlich war der Preis zu hoch für damalige Zeiten angesetzt, denn sie war – unverkauft – im Besitz von Schieles jüngerer Schwester Gertrude Peschka-Schiele geblieben. Auf der Innenseite des Katalog-Umschlages liest man ein Vorwort aus der Feder meines Vaters: „Die für das Œuvre eines Malers so ungemein wichtige Handzeichnung und Skizze ist bisher noch viel zu wenig gewürdigt worden. ‚Die Zeichnung‘ soll ein bescheidener Beitrag zur Vermittlung der Kenntnis unserer Künstler sein. In zwangloser Folge soll jedes Heft möglichst einem Künstler gewidmet sein. . . . Die besten der beschriebenen Blätter stammen aus dem Nachlaß von Gustav Klimt und Koloman Moser, meist frühere, aber ganz erstaunlich starke Arbeiten . . .“

1919 stand die junge österreichische Republik, an deren Fortbestand nur Optimisten zu glauben wagten, am Beginn der unmittelbar darauf ins Uferlose anschwellenden Inflation, was die völlige Verarmung des Bürgertums und der bisherigen Käuferschichte zur Folge hatte. Ab nun trachteten diejenigen, die noch über Geld verfügten, sichere – will heißen: internationale – Werte zu

Umschlag meines Kataloges Nr. 14, der den von mir in Trient erworbenen Nachlaß von Schieles Akademie-Freund Oddone Tomasi beschreibt

Gerti Schiele als Mannequin vor dem großen Spiegel in Schieles Atelier. Er hatte sie eine Zeitlang bei der Modeabteilung der ‚Wiener Werkstätte‘ untergebracht gehabt.

Egon Schiele, ‚Die Hämische'. Die rätselhafteste Zeichnung in seinem Oeuvre, da es unverständlich bleibt, warum er sie alt und häßlich zeichnete. (Kallir, D. 546)

Vorderseite des ersten jemals veröffentlichten Kataloges von Schiele-Zeichnungen, Kunsthandlung Gustav Nebehay, April 1919. Schieles Blatt ‚Die Hämische' war dort erstmals abgebildet. Es blieb (wahrscheinlich des hohen Preises von 700.– Kronen halber) unverkauft.

erwerben. Mein Vater, der sich – immer hellwach – bereits einige Male neue Arbeitsgebiete gesucht und gefunden hatte, wechselte nochmals sein Arbeitsgebiet und wurde zu einem international bekannten Fachmann für den Handel mit Handzeichnungen Alter Meister. Die Verwertung des künstlerischen Nachlasses von Klimt und Schiele war das Ende seiner Bemühung, als Händler für die junge österreichische Kunst tätig zu sein – sieht man von dem von ihm jahrelang unterstützten Maler Herbert Boeckl ab. Niemals ein Freund der Herausgabe von Katalogen, wurde die begonnene kleine Serie ‚Die Zeichnung Heft 1 und 2' eingestellt und fand erst Jahre später in formatmäßig ähnlichen Heften ‚Die Zeichnung I–IV' eine Fortsetzung.

Schieles Blatt ‚Die Hämische', 1910 datiert, zeigt die Dargestellte erschreckend häßlich, mit grimassierenden Zügen und welken Brüsten. Ihr Oberkörper ist nackt. Sie trägt einen großen Hut, die gekreuzten Hände sind auf die Knie aufgelegt. Wer die Bezeichnung ‚Die Hämische' ausgewählt hat, ist nicht nachweisbar. Vermutlich war es Schiele selbst. Er hat oftmals signifikante Titel für seine Blätter gefunden. Allein hier fällt auf, daß er es unterließ, das Blatt so zu beschriften. 1968 lebte Gertrude (Gertie) Schiele noch. Sie war Egons jüngere Schwester und hatte ihres Bruders Jugendfreund, den Maler Anton Peschka (1885–1940) geheiratet, der sich künstlerisch nicht durchzusetzen vermochte. Sie war in ihrer Jugend ein bildschönes Geschöpf. Egon hatte sie zeitweise als Mannequin in der von Josef Hoffmann 1903 gegründeten ‚Wiener Werkstätte' untergebracht gehabt. Als sie zu mir in den ersten Stock meiner Galerie kam und ich sie – vor der Eröffnung meiner Ausstellung – in den Raum zu jener Zeichnung, die Ähnlichkeit mit der ‚Hämischen' hatte, geleitete, rief sie spontan – in dem ihr eigenen breiten Wiener Vorstadtdialekt – aus: „Hörn'S, was hab' i denn damals für an depperten Huat aufghabt?". „Ja, sind Sie denn wirklich die ‚Hämische'?", fragte ich. „Freili, freili. Und i werd' Eahna glei erzähl'n, wia des war. I war beim Aufwischen des Fußbodens. Der Egon kommt herein. Ich fahr' ihm mit dem Besenstiel zwischen die Füß' und er schimpft. Ich nicht faul, schneid' ihm eine Grimasse und er sagt, ‚Wart', bleib' aso!', läuft in sein Zimmer, holt seinen Zeichenblock und zeichnet nach mir."

Durch ihre Worte war also nicht nur die ‚Hämische' erstmalig als tatsächlich nach ihr gezeichnet identifiziert, sondern – was für mich damals fast noch wichtiger war – meine Skizze als Vorzeichnung zu diesem Blatt bestimmt. Die damals von Frau Peschka gegebene Erklärung kann wohl kaum unwidersprochen bleiben. Der große Hut, den sie erwähnt, dürfte eine der Schöpfungen ihrer älteren Schwester Melanie gewesen sein, die sich in ihrer Jugend mit dem Hutmachen beschäftigte, bevor sie eine untergeordnete Eisenbahnbeamtin wurde. Ich habe nicht verstanden, warum Frau Peschka damals kein Hinweis auf ihre Schwester eingefallen ist. Man hat immer vermutet, daß Egon und Gertie einander sehr nahe gestanden seien. Es gibt nach der damals wohl kaum mehr als sechzehnjährigen Gertie eine Anzahl von Zeichnungen, darunter auch einige Akte. Bedenkt man den Moralkodex jener Jahre, ist es wohl mehr als ungewöhnlich, daß ein junges Mädchen sich unbekleidet von ihrem Bruder zeichnen ließ. Aber genauso unwahrscheinlich wäre es doch, daß sie sich, ähnlich entkleidet, an Haushalts-Arbeit gemacht haben könnte. Es gäbe vielleicht eine Erklärung für die ‚Hämische', die naheliegender als jene ‚Besenstielgeschichte' ist: Daß nämlich Egon, eifersüchtig auf den Mann, den seine Schwester einmal heiraten würde, sie absichtlich derartig entstellt und gealtert dargestellt hat. Wie dem auch immer sei: feststeht, daß durch den damaligen Besuch von Gertie Peschka-Schiele ein Hauptblatt ihres

Bruders hinsichtlich des Modells einwandfrei identifiziert werden konnte. Wir haben Kenntnis von 60 oder 80 Namen und Adressen seiner Modelle, ohne daß es gelungen wäre, auch nur eines einer bestimmten Zeichnung zuzuordnen! Ein Versäumnis, das allen damals lebenden österreichischen Kunsthistorikern anzulasten ist, die sich – was ihre wissenschaftliche Arbeit angeht – mit allen nur erdenklichen Themata beschäftigt haben, nur nicht mit der Sicherung von Nachrichten, das Leben großer zeitgenössischer österreichischer Künstler betreffend.

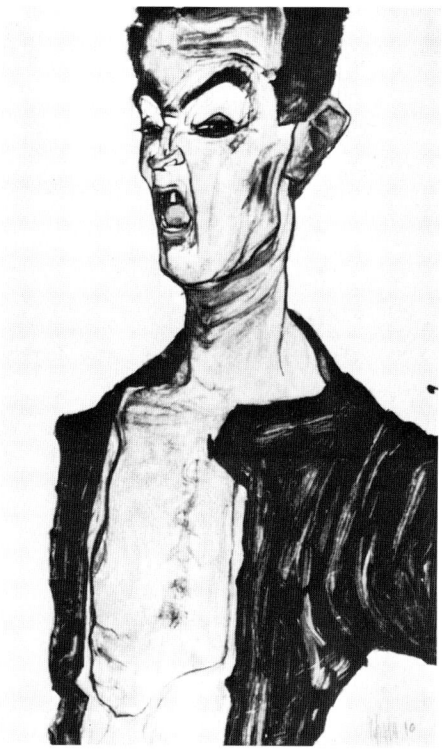

Egon Schiele, Fratze schneidender Mann (Selbstbildnis). Wasser- und Deckfarben, Kohle, 1910. (Privatsammlung, Wien. Kallir, D. 705). Wir haben diese Zeichnung bewußt ausgewählt um darzutun, daß sich Schiele 1910 selbst nicht schonte, sondern sich genauso verhäßlichte wie seine Schwester Gerti.

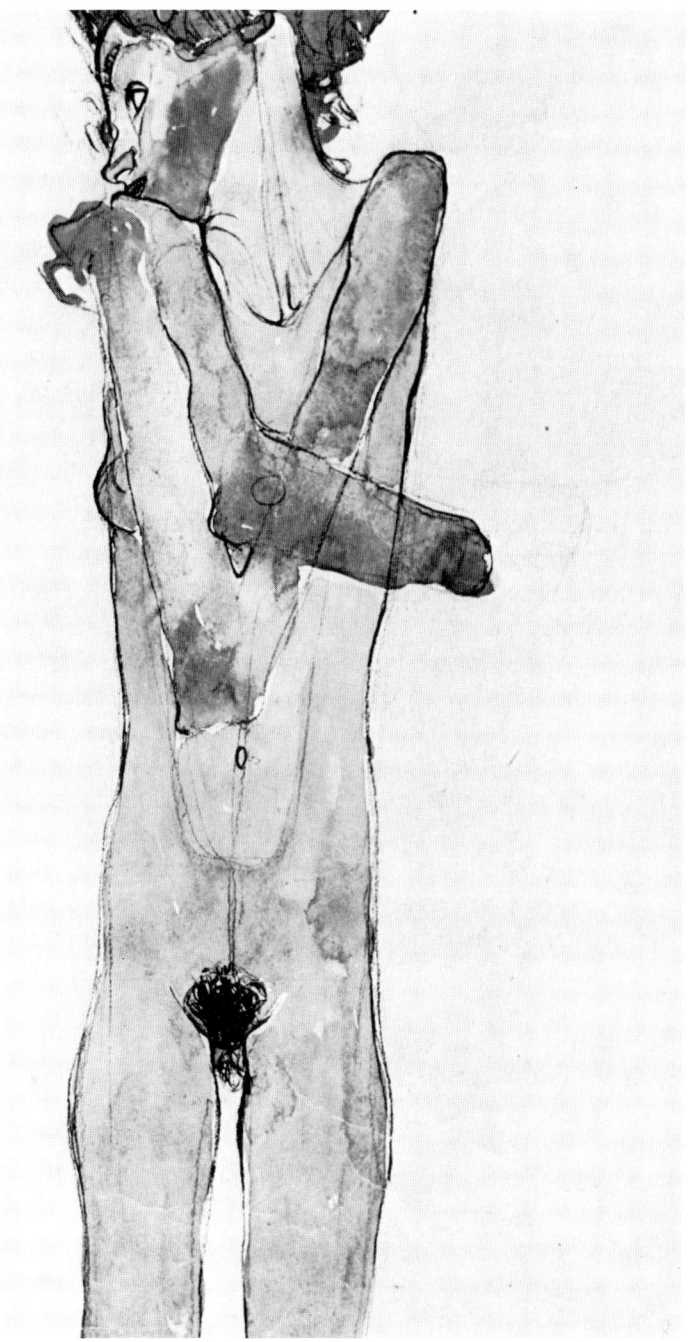

Egon Schiele, Mädchenakt mit verschränkten Armen (Gertrude Schiele). Wasserfarben und schwarze Kreide, signiert „S", 1910 (Graphische Sammlung Albertina). Daß sich Gerti als Akt ihrem Bruder zur Verfügung stellte, konnte – bedenkt man die damalige Sittenstrenge – wohl nur in einem vaterlosen Haushalt geschehen.

69. Drei Kulturfilme: Klimt, 1975, Schiele, 1977, Makart, 1977

Im Frühjahr 1975 trat das Österreichische Fernsehen (ORF) an mich mit der Bitte heran, ob ich bereit wäre, ein ihnen eingereichtes Filmmanuskript zu überprüfen? Sein Titel lautete: „L'Art Nouveau et Gustave Klimt". Es stellte sich heraus, daß es sich bei diesem Projekt um eine französisch-österreichisch-deutsche Gemein-schaftsarbeit handelte, die vom Bayrischen Fernsehen, München, vorgeschlagen worden war. Es kostete mich wenig Mühe, fest-zustellen, daß das Manuskript zwar seriös, jedoch für österreichische Zwecke unbrauchbar war. Es gab bis dahin keinen Dokumentarfilm über Gustav Klimt, und ich gab in meiner Antwort zu bedenken, daß der Film unter allen Umständen: ‚Gustav Klimt und der Jugendstil' heißen müßte. Ich sei bereit, ein neues Drehbuch zu schreiben, falls dies gewünscht werde. Binnen kurzem hatte ich die Antwort in Händen, daß man einverstanden sei, und die Mit-teilung, daß ein französisches Team den Film gestalten werde. Jean Louis Fournier werde der Regisseur sein und er würde einen ausgezeichneten Kameramann mitbringen. Ich erklärte mich zur Mitarbeit bereit, allerdings unter der Bedingung, daß ich zunächst einmal darum bäte, mich mit dem Regisseur zusammenzubringen. Wäre dieser nämlich ‚un Français entêté' (also ein Besserwisser und Eingebildeter), wäre ich nicht bereit, mitzuarbeiten, denn ich hatte mit Franzosen dieser Art meine Erfahrungen in der ILAB (Inter-national League of Antiquarian Booksellers) gemacht! Kurz darauf traf Monsieur Fournier in Wien ein. Ein liebenswürdiger, junger Filmemacher, begeistert vom Jugendstil, besonders von Klimt. Er war leicht davon zu überzeugen, daß wir sein Projekt, für das bereits Außen- und Innenaufnahmen in Barcelona (Gaudi), Paris (Architektur), Nancy (Musée de l'Ecole de Nancy) und in München (Villa Stuck) abgedreht worden waren, ändern müßten. Er war nicht nur mit meinen Ideen einverstanden, sondern glücklich, mit einem in der Materie Klimt erfahrenen Menschen zusammenzuarbeiten und auch bereit, sich meinen Vorschlägen zu fügen. Wir waren uns sofort darüber einig, daß es zu keinem Versuch kommen dürfte, Klimt als Person auftreten zu lassen, wie dies vorher in einer Reihe von Dokumentar-Filmen über das Leben von Künstlern geschehen war. Wo man – schrecklicherweise – einen entsprechend geschminkten Schauspieler im Malerkittel, Palette in der Hand, mit trockenem Pinsel auf die Farbreproduktion irgendeines bekannten Bildes des betreffenden Malers losgehen ließ, um ihn quasi an der Arbeit zu zeigen! Nachdem dies geklärt war, ging alles andere sehr leicht. Ich würde mich kei-neswegs in seine eigentliche Arbeit mischen, versprach ich, sondern ihn und sein Team lediglich zu allen interessanten Plätzen führen, die ich für den Film für geeignet hielte. Mit anderen Worten: die eigentliche Filmarbeit war voll und ganz ihm überlassen. Ich würde mir hier und da vielleicht erlauben, einen Ratschlag zu erteilen, ihn aber niemals in seinem Schaffen stören. So konnte ich mich nach seiner Abreise an die Arbeit machen und habe in sehr kurzer Zeit ein Drehbuch vorgelegt, daß seine Zustimmung fand. Auch die Pro-duzenten (da gab es einen schwierigen Mann in München, den man in eini-gem Abstand halten mußte) waren einverstanden. Federführend in Wien war die ‚Schönbrunn-Filmgesellschaft' unter Leitung von Robert Siepen. Über-flüssig ist die Erwähnung, daß ein solcher Dokumentarfilm über ein mehr als schmales Budget verfügt. Für die eigentliche Dreharbeit waren, bei allen drei Filmen, nicht mehr als acht Tage genehmigt! Irgendwelche ausgefallenen Wünsche, die Geld gekostet hätten, wurden glatt gestrichen!

Jean Louis Fournier hatte einen Blick für das Künstlerische und für filmische Möglichkeiten. Sein Enthusiasmus beim ersten und dem in der Folge entstandenen Film über Egon Schiele war mitreißend, nur zu Hans Makarts Kunst (dem dritten Film, den wir gemeinsam drehten) fand er keinerlei Beziehung. Er lehnte ihn als Künstler ganz einfach ab. Wie gesagt: Mr. Fournier war ein Augenmensch, und selbst wenn er der deutschen Sprache mächtig gewesen wäre (es gab damals so gut wie keine französische Literatur über einen der drei Künstler), wäre er niemals allein fertiggeworden! Es zählte im übrigen auch zu meiner Aufgabe, den eingeblendeten Text für die Filme zu verfassen. Es gab mit Mr. Fournier eine Schwierigkeit, auf die ich nicht vorbereitet war: er gestand mir, daß er praktisch außerstande sei, einen Film zu schneiden! Nun weiß jedermann, daß das Schneiden eines Filmes in Wahrheit über Erfolg und Mißerfolg entscheidet. Und, ist die Schneidearbeit einmal vorüber, dann fällt es schwer, im letzten Moment noch verbessernd eingreifen zu wollen! Ich tat mich daher in diesem Punkt schwer mit ihm, und erst beim Makart-Film saß ich zum Schluß selbst drei Tage lang in Paris am Schneidepult und habe ihm – weil ich nach Wien zurückfahren mußte – Szenen-Aufzeichnungen hinterlassen, die er dann getreu verwendet hat. Seine junge Assistentin, die während dieser Arbeit neben mir saß und die Stoppuhr bediente, bockte, weil sie fand, daß man dem ‚Maître‘ völlig freie Hand lassen sollte! Es war also nicht ganz einfach, mit dieser unerwarteten Schwierigkeit fertigzuwerden. Der ‚Klimt-Film‘ wurde im übrigen mit dem 1. Preis für den besten in seinem Herstellungsjahr geschaffenen Kunstdokumentationsfilm ausgezeichnet, eine Ehre, der zur Gänze Mr. Fournier teilhaftig wurde, denn wer kümmert sich in dieser hektischen Branche schon um diejenigen, die hinter den Kulissen verantwortlich sind?

Beim ‚Klimt-Film‘ ging es in erster Linie um ein Modell, das in entsprechender Kleidung die Klimt-Zeit zu dokumentieren hatte. Ihre Person wurde immer wieder in einem anderen Jugendstilkleid eingeblendet, um Leben in den Film zu bringen. Mr. Fournier erzählte mir, daß er in Wien nicht weniger als 60 Modelle habe antreten lassen. Die allerletzte war diejenige, auf die seine Wahl fiel! In der Tat ist die Szene in der ‚Loos-Bar‘ in Wien, wo sie – ihr Gesicht beschattet von einem großen, schwarzen Hut (typisch für die Zeit) – zigarettenrauchend im Hintergrund des engen, schmalen Lokals sitzt, eine der eindrucksvollsten des Films. Die Kamera fährt langsam gegen den Eingang zurück. Von ihrem Gesicht bleibt zum Schluß nur ein heller Fleck, umgeben von bunten Farben übrig und ohne Übergang wird eines der Klimtporträts der Zeit um 1909 (die Dargestellte trägt einen ähnlichen Hut und dunkle Kleider) eingeblendet. Sie bewegt sich auch, in anderer Kleidung, im Stiegenhaus des Kunsthistorischen Museums, wo man das Filmen erlaubte (während es keine Möglichkeit gab, im Oberen Belvedere auch nur eines der berühmten Klimt-Bilder an Ort und Stelle zu filmen). Und, letztlich, sommerlich gekleidet, in einem Ruderboot. Statt der herrlichen Umgebung des Attersees mußten wir – aus Kostengründen – mit der ‚Alten Donau‘ Vorlieb nehmen! Improvisation ist beim Film oberstes Gebot und Mr. Fourniers erstklassiger Photograph tat Wunderdinge an zufriedenstellender Arbeit. Die beiden waren derart aufeinander eingespielt, daß es kaum vieler Worte zwischen ihnen bedurfte. Es war auch bemerkenswert, wie dieses Team es verstand, mit den Sprachschwierigkeiten fertigzuwerden, wenn ich nicht mit dabei sein konnte!

Um Mr. Fournier die ihm gebührende Ehre teilhaftig werden zu lassen, muß ich darauf hinweisen, daß er nicht nur Freude an seiner Wiener Filmarbeit hatte, sondern daß er sich inspiriert fühlte und selbst viele gute Ideen einbrachte. So zum Beispiel das erwähnte Filmen in der ‚Loos-Bar und, wichtiger noch, weil sublimer und wahrscheinlich gar nicht von jedermann verstanden: das von ihm veranlaßte erstmalige Ausleuchten (mittels im Inneren aufgestellter Scheinwerfer) der aus einigen hundert Metallblättern bestehenden Kuppel des Secessions-Gebäudes. Und dann – für mich ein absoluter Höhepunkt unseres Filmes – das allmähliche Verlöschen der Beleuchtung am Ende des Filmes in dem Moment, da von Gustav Klimts Tod die Rede ist!

Während das Leben Klimts in einfacher Form verlief, gab es im Leben Egon Schieles (unser zweiter Film) Schwierigkeiten. Vor allem wegen der bis dahin ungeklärten gerichtlichen Anklage gegen ihn, wegen einer angeblich schweren sittlichen Verfehlung an einem unmündigen kleinen Mädchen. Als der ORF mit dem Vorschlag eines Schiele-Films an mich herantrat, erbat ich mir acht Tage Bedenkzeit, während der ich versuchen wollte, mir Klarheit über die ‚Affäre von Neulengbach‘ (wo Schiele beinahe drei Wochen im Gefängnis in Untersuchungshaft saß) zu verschaffen. Ich habe mich anderen Ortes (siehe Ch. M. N., Egon Schiele, Leben und Werk in Dokumenten und Bildern, dtv, Nr.2884, München 1983) ausführlich damit beschäftigt und glaube sagen zu können, daß es mir gelungen ist, den Sachverhalt bis zu 95% aufzuklären. Hundertprozentig kann das nicht mehr gelingen, da nach 1945 die Gerichtsakten von St. Pölten – wo 1912 Schieles Prozeß stattfand – von russischen Besatzungssoldaten, denen kalt war, mit anderen Aktenbündeln verheizt worden sind!

Ich ging zunächst in das Archiv der Stadt Wien und hatte das Glück, daß mir dort als erstes Dokument ein Brief des Landesgerichtsrates Dr. Max Scheffenegger namens des Zweigvereins der österreichischen Richtervereinigung vom Oktober 1922 in die Hände fiel. Darin nimmt der Schreiber gegen die in einem obskuren Provinzblatt gebrachte Rezension des von Arthur Roessler (literarischer Förderer und Berater Schieles) 1922 veröffentlichten Buches ‚Egon Schiele im Gefängnis‘ (in Ich-Form geschrieben, und – wie ich nachweisen konnte – eine literarische Fälschung) Stellung. Roessler und andere waren nämlich zeitlebens bemüht, Schiele eine Märtyrerkrone zuzuteilen. Er sei, behaupten sie, schuldlos von der Sittenschnüffelei der österreichisch-ungarischen Monarchie verfolgt worden. In Wahrheit hatte man Schiele oft genug gewarnt, im Umgang mit Kindern vorsichtiger zu sein. Er mußte 1912 Krumau (Geburtsstadt seiner Mutter) verlassen. Vermutlich, weil man dort Anstoß daran nahm, daß er unverheiratet mit seinem Modell Wally zusammenlebte. Möglicherweise waren aber bereits dort die Besuche zahlreicher Kinder in seinem ‚Gartenhäuschen‘ der Grund zu Unmut. Bald darauf kam er in Neulengbach, westlich von Wien, mit dem Gesetz in Konflikt. Er verbrachte drei Wochen in Untersuchungshaft und wurde schließlich im St. Pöltner Prozeß lediglich zu drei Tagen Haft verurteilt (die durch die Untersuchungshaft abgebüßt waren). Dr. Scheffenegger erwähnt, daß eine Aussage in der Voruntersuchung bei der Verhandlung gemildert worden war (wie ich vermute: unter dem Einfluß der Eltern, die ihr Kind nicht mit dem Makel, in einen derartigen Prozeß hineingezogen gewesen zu sein, belastet sehen wollten), wodurch dieser Punkt der Anklage (der Schiele mit Sicherheit einige Jahre Zuchthaus eingebracht hätte) fallen gelassen wurde. Bestraft wurde er für seine Nachlässigkeit, erotische Akte frei im Atelier an die Wände des von ihm in Neulengbach gemieteten kleinen Hauses gehängt zu haben, wo Kinder ihrer ansichtig wurden. Im übrigen gibt es genug Beispiele im Wien der

Plüsch- und Pleureusenzeit, wo geistig hervorragende Männer, Künstler wie Schriftsteller, sich mit Mädchen im Pubertätsalter und noch jüngeren einließen!

Mein nächster Weg war in die ‚Graphische Sammlung Albertina‘, wo seit 1953 als Vermächtnis des Hofrates Dr. Max Wagner das von ihm zusammengebrachte Egon Schiele-Archiv verwahrt wird. Ich fand es in kompletter Unordnung. Keines der über eintausend Schriftstücke war numeriert. Das vom Sammler angelegte Verzeichnis hat der Sohn (der sich über meine Konstatierung der Unordnung aufregte) nicht mitübergeben gehabt! Hofrat Dr. Walter Koschatzky, der damalige Direktor der Sammlung, war einverstanden mit meinem Vorschlag, das Archiv zu ordnen. Ich erhielt dafür seine Erlaubnis, das Material publizieren zu dürfen, was 1979 auch geschah. Somit hatte ich – nach Einsicht in beide Archive – für die Erstellung meines Drehbuches verläßliche Quellen zur Verfügung.

Kurioserweise drehte sich in Schieles Familie alles um die Eisenbahn. Nicht nur, daß sein Vater Stationsvorstand von Tulln in Niederösterreich war. Sein Großvater väterlicherseits, Ludwig Schiele, war ein genialer, aus Westdeutschland stammender Eisenbahningenieur, Erbauer der ‚Böhmischen Westbahn‘, die von Prag nach Eger (ungefähr 180 km) führt. Es standen ihm, laut Vertrag – den er erfüllte – lediglich drei Jahre Zeit zur Verfügung, um diesen Streckenbau zu vollenden. Dieses Übermaß an Arbeit und Verantwortung zehrte an seiner Gesundheit, sodaß er sehr jung, nur 45 Jahre alt, starb. Er war der erste, der in Österreich eine Eisenbahnstrecke unter Berücksichtigung von geologischen Schichtenlinien durchführte, was für den Bau österreichischer Bahnen in gebirgigem Gelände später Vorbild wurde. Sein Schwiegersohn, der in der Literatur oftmals schlecht behandelte Leopold Czihaczek, war Egon Schieles Mitvormund. Er veröffentlichte unter anderem eine kleine Schrift: ‚Dem Andenken Ludwig Schieles‘, Wien 1910 (Egon Schiele-Archiv der Albertina, Wien, Nr. 840). Czihaczek erwähnt auch, daß Ludwig Schiele – statt der bisher in Verwendung stehenden Holzbrücken – Eisenbahnbrücken nach dem System von Clark und Neyville verwendet habe. Auch schrieb er ein Buch, das als wichtiges Werk betrachtet wird und einige Neuauflagen erlebte: ‚Theorie der Ausweich-Geleise und Bahnkreuzungen‘. Für mich besteht übrigens kein Zweifel, daß Schieles Großvater als wohlhabender Mann gestorben ist, denn es ist offensichtlich, daß Leopold Czihaczek sein Vermögen durch seine Heirat mit der Schwester von Schieles Vater erworben und – im Gegensatz zu jenem – auch bewahrt hat. Er wurde nach dem Tod von Schieles Vater Egons Mitvormund. Nach allem, was wir wissen, war er durchaus hilfsbereit. Nur – da er selbst keine Kinder hatte – fiel es ihm schwer, den heranwachsenden Egon zu verstehen. Mehr als merkwürdig bleibt, daß sich allem Anschein nach Egon Schiele der Bedeutung seines Großvaters niemals bewußt gewesen ist. Es hat sich jedenfalls über diesen keine Zeile von Egons Hand finden lassen, hingegen spricht er in seiner ‚Skizze zu einem Selbstbildnis‘ (die Arthur Roessler erstmalig abgedruckt hat) davon, daß er „ein Urenkel des Justizrates Friedrich Karl Schiele, erster Bürgermeister von Bernburg im Herzogtum Anhalt“ sei. Wir halten dafür, daß auch Arthur Roessler nichts über Ludwig Schiele wußte und diese Stelle ganz einfach in Schieles ‚Skizze‘ hineinmanipuliert hat, um seinen Schützling besser in Deutschland bekanntmachen zu können!

Im Zusammenhang mit der Eisenbahn dürfen wir nicht vergessen, daß der erwähnte Onkel Czihaczek (1842–1929) ein Ingenieur und Oberinspektor der K. K. Staatsbahnen (Nordbahn) war. Wir erwähnen nur kurz, daß Schieles ältere Schwester Melanie eine Eisenbahn-Schalterbeamtin war und daß auch

Schieles väterlicher Freund, Heinrich Benesch (1862–1947) als Zentralinspektor der Südbahn tätig war. Er wurde auf Schiele anläßlich einer Ausstellung in Klosterneuburg, 1908, aufmerksam, sammelte seine Zeichnungen und wurde ein rührender, väterlicher Freund. Wir trachteten daher, im Film der Eisenbahn die ihr gebührende Rolle einzuräumen. Leider reichten die für die Produktion des Schiele-Films ausgeworfenen Gelder nicht dazu, daß wir von den Bundesbahnen eine alte Dampflokomotive in Betrieb hätten erbitten können. Als der Regisseur beim Technischen Museum vorüberfuhr, erblickte er die außerhalb des Gebäudes ausgestellten Dampflokomotiven. Er ließ anhalten und stellte sich dem Direktor vor, der mit dem Filmen einer der Lokomotiven einverstanden war. Als er nach einer Weile beim Fenster hinaussah, entdeckte er zu seinem Entsetzen, daß dem Schornstein dieser Lok Rauch entquoll. Was war geschehen? Die Franzosen hatten eine angezündete Fackel in den Rauchfang geworfen! Er aber dachte wohl nicht anders, als daß diese verflixten Franzosen seine Lokomotive unter Dampf gesetzt hätten!

Damit ist aber das Thema ‚alte Dampflokomotiven‘ noch nicht erschöpft. Auf meinen Rat hin fuhr ein Hilfsregisseur mit einer Amateurkamera (anders hätte man damals in der CSFR nicht filmen dürfen, denn die tschechischen Behörden verlangten die Teilnahme und Bezahlung eines inländischen Teams von rund 20 Mann, die dann ruhig irgendwo bei einem Glas Bier saßen und sich darüber freuten, daß andere ihre Arbeit machten) nach Krumau, dessen romantische Häuser Schiele oft gemalt hatte. Ich hatte für die Dreharbeiten die wichtigsten Blicke nach Photos genau zusammengestellt – sie wären mit eingeblendeten Aufnahmen nach Schieles Öl-Bildern konfrontiert worden. Den jungen Mann hatte ich gebeten, er möge doch zusätzlich dort eine der immer noch verkehrenden Dampflokomotiv-Garnituren filmen. Er kam zurück und erzählte, wie er eine herrlich geeignete, etwas ansteigende Strecke gefunden habe, an der jeder Zug qualmend hinaufpustete. Leider mußte er beim Näherkommen erkennen, daß die Lokomotiven Beutelokomotiven aus Österreich waren, mit aufgemalten Emblemen: Hammer und Sichel vorne am Kessel! Also unbrauchbar für unsere Zwecke! Betrübt fuhr er nach Wien zurück, nur um daheim festzustellen, daß er seine Kamera schlecht verschlossen gehabt hatte. Alle Aufnahmen – auch die der Krumauer Häuser – waren durch Lichteinfall unbrauchbar! Eine Wiederholung dieser Aktion wurde aus finanziellen Gründen abgelehnt!

Beim Makart Film, unserer dritten Gemeinschaftsproduktion, ist – trotz des Desinteresses von Mr. Fournier – vieles gut gelungen. Wir haben im Depot des Historischen Museums der Stadt Wien Makarts Ölentwürfe für die 1879 von ihm für den Kaiser Jubiläums-Festzug (veranstaltet von der Gemeinde Wien zur Feier der silbernen Hochzeit des Kaiserpaares Franz Joseph I. und Elisabeth von Bayern) geschaffenen Festwagen gefilmt und ein paarmal Arbeits-Szenen eingeblendet, die in einer Glasbläserei, in einer Schmiede, in einer Konditorei etc., gedreht wurden.

Ein entzückender Einfall Mr. Fourniers war die Kameraeinstellung im Inneren der Konditorei Demel am Kohlmarkt: ein Knabe, der ungeduldig auf eine Riesenportion Schlagobers wartet, die ein Mehlspeiskoch in der Küche im Kupferkessel schlägt. Eben dieser Koch schreibt übrigens zu Beginn des Filmes mit einer Konditortüte, gefüllt mit Schlagobers, Makarts Namen auf eine Schokoladentorte! Zweimal ist Mr. Fournier meinen – wie ich heute noch glaube – guten Ideen nicht gefolgt. Ich wollte ein Künstler-Atelier gefilmt haben mit einer großen Leinwand, die so angeleuchtet hätte werden müssen, daß durch die Leinwand hindurch der Schatten des malenden ‚Makart‘ erkennbar gewesen wäre. Vorher hätte ein etwas üppiges Modell sich schamhaft hinter einem aufgestellten Paravent ausziehen und Stück um Stück ihre Unterwäsche auf den Paravent ablegen sollen, um schließlich unbekleidet hervorzutreten (meinethalben einen Fächer in der Hand haltend). Um dann, von ‚Makart‘ dirigiert, die Stellung eines der ‚fünf Sinne‘ einzunehmen (fünf 1872–1879 entstandene große Ölbilder, die zu seinen qualitätvollsten Arbeiten gehören). Man vergißt immer wieder, wie prüde in Wahrheit die Franzosen sind, daher die Ablehnung meines Vorschlages durch Mr. Fournier.

Auch für den Schluß ist er mir nicht gefolgt. Ich hatte vorgeschlagen, daß man eine typische Ecke des Makart-Ateliers hätte rekonstruieren sollen. Die an der Wand aufgehängten Bilder und Gegenstände wären nacheinander heruntergenommen worden, um einem Auktionator, der unterhalb hätte sitzen sollen, die Möglichkeit zum Vorzeigen und zum Animieren des Publikums zu geben. Letztlich wäre die Wand leer gewesen, aber die Umrisse aller dort gehangenen Stücke hätten sich in hellem Weiß abheben sollen von einem grauen, total verstaubten Untergrund. Die Auflösung von Makarts Atelier, in das er Unsummen von Geld für Tand verschwendet hatte, fand nach seinem Tod statt und erbrachte nur Bruchteile der von ihm einst aufgewandten Beträge!

Um die Vergänglichkeit der Makartzeit aufzuzeigen, erreichten wir die Erlaubnis, im Kellerdepot der Wiener Hofburg filmen zu dürfen. Es existiert dort eine unheimliche, unwirkliche Welt der Gipsmodelle, für die auf kaiserlichen Wiener Bauten verwendeten Skulpturen. Andererseits hat Mr. Fournier Wunder vollbracht, da er in der Requisitenkammer einer großen Kostümleihanstalt, angeräumt mit den wunderlichsten Gegenständen jener Zeit, quasi ein ‚Makartatelier‘ nachvollzog. Aber, um nur einen typischen Punkt seines Desinteresses aufzuzeigen: während er sich beim Klimt-Film alle Mühe gegeben hatte, um endlich ein ihm geeignet scheinendes Modell aufzutreiben, verwendete er für den Makart-Film gelangweilt das erste beste, das sich anbot – und leider überhaupt nicht fähig war, ein ‚Makart-Modell‘ darzustellen. Hinzu kommt, was auch erwähnt werden muß, daß Mr. Fournier stets die musikalische Untermalung selbst bestimmte. Beim Makart-Film (wir zeigen auch die in Riga verwahrten Entwürfe Makarts für Bayreuth, die Richard Wagner abgelehnt hatte) läßt er, weil er den Text nicht verstand, mehrmals die Stelle aus der ‚Götterdämmerung‘ mit den Worten „Hagen, was tatest Du?" ertönen, auch dort, wo Makarts Entwürfe anderes als Siegfrieds Tod zeigen! Damit schafft er einen komischen Effekt, der nicht beabsichtigt war!

Zusammenfassend sei gesagt, daß diese Filmarbeit eine interessante, herausfordernde Tätigkeit war, die ich nicht missen möchte. Trotz aller Widrigkeiten ist – was ich jedesmal beim Abspielen der drei Filme in zeitlich großen Abständen festellen muß – es doch gelungen, drei bedeutende Künstler der Zeit um 1900 dem Publikum, vor allem der Jugend, näherzubringen.

70. *Ingenieur Norbert Gradisch und das Schiele-Museum*

Der Eingang zum Schiele-Museum, Tulln, vom Donaupark her. Gestaltung des geschmiedeten Tores nach einem Entwurf von Architekt Werner Nedoschill, der den gesamten Umbau des alten Tullner Stadtgefängnisses durchführte

Die Arbeit am Egon Schiele Film (1976) brachte mich in engeren Kontakt mit Ingenieur Norbert Gradisch. Er war nach dem Tod der älteren Schwester Schieles, Melanie Schuster-Schiele (1886–1974) in den Besitz ihres Erbteiles gekommen. Er war kein direkt Verwandter, sondern der Neffe ihres Mannes Gustav Schuster (1884–1933), der – wie konnte es in dieser Familie von Eisenbahnern denn anders sein – als Oberrevident der Österreichischen Bundesbahnen gestorben ist. Ich habe Melanie Schuster-Schiele nicht persönlich kennengelernt, nur sehr viel von ihr gehört, denn Alessandra Comini, Kunsthistorikerin in Dallas, Texas, hat – während ihres langen Studienaufenthalte in Wien – Abend für Abend mit ihr verbracht und ganze Tonbänder von den Gesprächen (die sie übrigens auch mit der jüngeren Schwester, Gertrude Peschka-Schiele geführt hat) aufgezeichnet. Melanie Schuster-Schiele war von 1909 bis zu ihrer Pensionierung 1933 Schalterbeamtin der Bundesbahnen. Sie muß, so erzählt Sandra Comini, in außerordentlich beschränkten Verhältnissen gelebt haben. Hatte es aber verstanden, ihren Erbteil an der Verlassenschaft Egon Schieles beinahe zur Gänze zu bewahren. Wenn nicht gegen Ende ihres Lebens geschehen wäre, daß jemand – wohl ihre Verwirrtheit ausnützend – sich in den Besitz eines Großteils ihrer Bilder und Zeichnungen gesetzt hätte. Es gab einen Aufsehen erregenden Prozeß, bei dem viele ungute Dinge zur Sprache kamen, aber schließlich gelang es Ingenieur Gradisch mit Hilfe seines Anwaltes, die meisten Dinge, wenn auch nicht alles, zurückzuerobern. In dem Maß nun, da Schiele in den letzten Jahren immer bekannter und gesuchter wurde, stieg Ing. Gradisch's Geschäftigkeit. Er betrachtete die Betreuung des ihm zugefallenen Nachlasses als seine Lebensaufgabe und hat, begabt mit Eloquenz und Zähigkeit, viel erreicht.

So zum Beispiel, daß nun jene Häuser in Hietzing, in denen Schiele gelebt und gearbeitet hat, Gedenktafeln aufweisen. Im Hietzinger Bezirks-Museum (Hietzing, Am Platz) wurde über seine Initiative ein Egon Schiele-Raum mit Reproduktionen und Faksimiles eingerichtet. Daran, daß sein großes Vorhaben, die Errichtung eines Egon Schiele Museums in dessen Geburtsstadt Tulln nicht zu seinen Lebzeiten in die Tat umgesetzt werden konnte, war sein Tod schuld. Ing. Gradisch hatte im Zweiten Weltkrieg eine schwere Verwundung davongetragen, die ihm ein Leben lang Beschwerden verursachte und letztlich Schuld an seinem frühen Tod war. Er war ein etwas untersetzter Mann mit gesunder Gesichtsfarbe, sein Leben lang von unermüdlicher Geschäftigkeit, immer aufgeregt und aufgebracht, wenn ihm in punkto Schiele – sein Name kam bei ihm jedes zweite Wort vor – etwas gegen den Strich ging. Da war eine Äußerung in der Tagespresse, dort ein falsches Datum, hier stimmte doch das und jenes nicht! Kurzum es schien, als drehte sich die Welt um Schiele. Dabei war diese seine Lebensaufgabe keineswegs die Tätigkeit eines Pensionisten, der nichts Besseres anzufangen wußte. Er ging seinem Beruf, auf langen und mühseligen Autofahrten in die Nachbarländer, mit gleicher Energie nach.

Während die Familie Peschka-Schiele wohlwollend meine Bemühungen bei der Herstellung des Filmes oder meines großen Buches ‚Egon Schiele. Leben, Briefe, Gedichte', Salzburg 1979 verfolgte, fand ich in Ing. Gradisch einen beflissenen, hilfsbereiten Mann, der viel von mir hielt und mich nach Kräften unterstützte. Nach einem großen, auch vor Gericht ausgetragenen Streit zwischen den beiden Familien, hatte er es erreicht, daß ihm die Wahrung der

Urheberrechte nach Schiele auf gemeinsame Rechnung übertragen worden ist. Daher hatte ich bald nur mehr mit ihm zu tun. Manche Woche war es so, daß Ing. Gradisch beinahe täglich bei uns vorbei kam. Eines Tages, ich wollte meinen Ohren nicht trauen, nahm er mich geheimnisvoll zur Seite, er hätte mir etwas Wichtiges mitzuteilen. Es kam heraus, daß er aus dem blauen Himmel heraus beschlossen habe, seinen Beruf aufzugeben, um in meine Firma als Partner einzutreten. Ich hatte alle Mühe ihm klarzumachen, daß davon keine Rede sein könne! Man konnte immer nur staunen, was ein Mann, der einmal eine ,Idée fixe' gefaßt hat, imstande ist, durchzusetzen. Er hatte im Jahre 1980 in Schieles Geburtsstadt Tulln eine Ausstellung ,Egon Schiele 1890–1918. Heimkehr nach Tulln. Werke und Dokumente aus Familienbesitz' veranstaltet. Damals bereits war er denjenigen, die für diese Stadt tätig sind, menschlich sehr nahe gekommen. Die aufgeschlossene Stadtverwaltung war leicht für seine Pläne zu gewinnen. Sehr würdevoll und feierlich wurde eines Tages in einem Saal des Rathauses die „Internationale Egon Schiele Gesellschaft" ins Leben gerufen. Es gab musikalische Untermalung durch ein ausgezeichnetes Quartett und anschließend einen Umtrunk. Das war der verheißungsvolle Beginn dieser Gesellschaft, die von allem Anfang an unter einem litt, nämlich: daß sie unrealistisch aufgezogen war. Hörte man bei den Sitzungen Ing. Gradisch zu, dann hatte es den Anschein, als drehe sich die Welt um Egon Schiele. Bei diesen Sitzungen, ich muß gegen 20 davon in meiner Eigenschaft als ,wissenschaftlicher Beirat' mitgemacht haben, geschah in Wahrheit überhaupt nichts. Ing. Gradisch führte den Vorsitz mit einer unverständlichen Umständlichkeit. Es gehörte wirklich Langmut dazu, weiter mitzumachen. Aber eines Tages schlug dort dreimal eine Sternstunde. Das eine Mal, als ein Mitglied der Stadtverwaltung, Frau Eleonore Hebenstreit, freudestrahlend einen liebenswürdigen Herren vorstellte, der der glückliche Besitzer eines Skizzenbuches von Egon Schiele, aus dessen Frühzeit, ist. Er hatte die Liebenswürdigkeit sein Skizzenbuch für das Egon Schiele Museum als Leihgabe zur Verfügung zu stellen.

Das zweite Mal geschah jedoch etwas wirklich Aufregendes. Der damals amtierende Bürgermeister, Edwin Pircher, erhob sich und teilte in wenigen Worten mit, daß es gelungen sei, ein geeignetes Gebäude für das beabsichtigte

Ein Blick in den Parterre-Gang. Man erkennt noch die alte Zelleneinteilung. Die Türen haben die belassenen Klappen zum Einblick durch den Aufseher

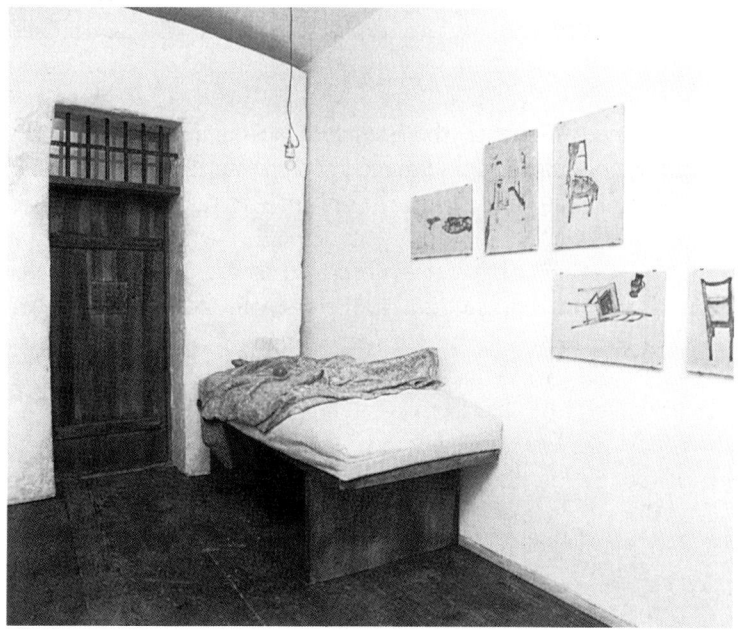

Egon Schiele schuf 1912 während seiner Untersuchungshaft im nahe gelegenen Neulengbacher Stadtgefängnis 14 Zeichnungen (Albertina, Wien). Nach einer eingekerbten Initiale in einer Zellentüre gelang es Professor Alessandra Comini, Dallas, Texas, Schieles Zelle zu identifizieren. Im Tullner Museum ist sie – innerhalb einer der alten Zellen – nachgebaut und nach der Schiele-Zeichnung, von ihm beschriftet: „Die Orange war das einzige Licht" (Kallir, D. 1179), eingerichtet.

‚Egon Schiele Museum' zu finden. Es war das ehemalige Gefängnis der Stadt, das nun leer stand und preisgünstig erworben werden konnte. Es liegt an einem schönen Punkt, nämlich an der Donaulände. Da die Donaukraftwerke 1983 in Greifenstein eine Donau-Staustufe errichtet hatten, waren sie verpflichtet, die Ufer entlang der Stadt gärtnerisch zu gestalten. Das Gebäude selbst ist ein einfacher, aber solider, typisch ärarischer Bau, aus der Mitte des vorigen Jahrhunderts. Es könnte, so meinte ich, ohne besonders großen Aufwand in ein Schielemuseum mit Vortragssaal, etc. verwandelt werden. Wobei besonders reizvoll wäre, eine der noch vorhandenen Zellen jener nachzubauen, in der Egon Schiele 1912 im nicht weit entfernten Neulengbach drei Wochen bitterer Haft verbracht hatte. Eine Zelle übrigens, die von der vorher genannten Alessandra Comini wiederaufgefunden wurde. Sie konnte einen der damaligen Kohlenkeller – auch dort ist das Gefängnis seit langem aufgelassen – auf Grund von in der Türe von Häftlingen hineingeschnittener Initialen – als die von Schiele belegte Zelle identifizieren. Er hat diese Türe auf seiner in der Albertina befindlichen Zeichnung mit der Bezeichnung „Die eine Orange war das einzige Licht 19. IV. (19)12" genau festgehalten.

Natürlich waren alle Anwesenden vom Museums-Projekt begeistert und Ing. Gradisch strahlte vor Glück. Nun schien alles zum Greifen nahe zu sein. Aber bei seinem plötzlichen Tod sollte sich herausstellen, daß er – und davor hatte ich ihn immer wieder gewarnt – das Wichtigste vergessen hatte: Nämlich die von ihm beabsichtigte Stiftung seiner Sammlung juristisch abzusichern. Vor allem seiner Familie gegenüber, denn er hatte zwei Söhne aus erster Ehe, die erbberechtigt waren. Es bedurfte langwieriger Verhandlungen, bis endlich die Verlassenschaft abgehandelt werden konnte. Ich wurde gebeten, die im Safe einer Wiener Bank aufbewahrte Sammlung zwischen den drei Erbberechtigten aufzuteilen. Ich tat dies unter der Bedingung, daß ich die Dinge nicht zu schätzen haben würde, sondern daß ich die verlangte Teilung auf Grund einer Jahre zurückliegenden Schätzung eines angesehenen Münchner Versteigerungshauses vornehmen würde. Dem wurde zugestimmt. Wie nicht anders zu erwarten, gab es hinterher einen Streit über die Echtheit eines der frühen, von Ing. Gradisch durch Tausch erworbenen, Bilder der Verlassenschaft. Ich war froh sagen zu können, daß ich lediglich nach bestem Wissen und Gewissen die verlangte Teilung vorgenommen habe. Noch auch hätte ich mich mit Echtheitsfragen auseinander zu setzen gehabt. Die Münchner Schätzung, nicht meine eigene, war die Grundlage und das hat mir viel Ärger erspart.

Vor dem Museum entstand eine Parkanlage, die sich sehen lassen kann. Mit Blumenbeeten, Springbrunnenanlagen, einer Anlegestelle für Schiffe und einer kleinen Seebühne für gelegentliche Veranstaltungen. Man betritt das Museum von dieser Parkanlage aus. Nach meinen Zeichnungen wurde eine Hinweistafel geschaffen. Architekt Werner Nedoschill schuf Entwürfe für ein handwerklich hervorragend ausgeführtes, großes doppelflügeliges Eingangstor aus Schmiedeeisen. Anschließend entwarf er einen Aufgang, der – gärtnerisch gestaltet – zum alten Gefängnis-Gebäude führt, dessen Fassade unangetastet blieb. Daß einige wild in die Gegend gestellte Betontrümmer Schieles Durchbruch zur Modernen Kunst versinnbildlichen sollen, ist als der typische Einfall eines heutigen Architekten zu werten. Was er damit beabsichtigte wird wohl jedem Besucher verborgen bleiben!

Im baulich (bis auf die Durchbrüche von Zelle zu Zelle) unangetastet gebliebenen Parterre sieht man die liebevoll restaurierten eisernen Zellentüren, mit ihren Gucklöchern zur Beobachtung der Gefangenen. Die alten Fenster mit ihren starken Gittern sind erhalten und so auch der durchgehende Gang zum neugestalteten Stiegenhaus. Dort befindet sich in einem Rondeau der Abguß einer von Schiele selbst geschaffene Plastik seines Kopfes, sowie moderne Gedenktafeln. In den Gängen und Räumen ist die Dokumentation untergebracht, die aus Vergrößerungen nach zeitgenössischen Photos besteht, die so montiert sind, daß sie praktisch unzerstörbar sind und sich sofort als Reproduktionen erkennen lassen. Im Stiegenhaus hängt eine Reihe von Schiele-Ausstellungsplakaten. Ein sorgfältig geplanter Höhepunkt ist allerdings nicht nach meinen Wünschen gestaltet worden: eine getreue Replik der Zelle des Gefängnisses von Neulengbach. Nach seiner von ihm 1912 im Gefängnis geschaffenen Zeichnung haben wir für diesen Rekonstruktionsversuch die Originalzelle des ehemaligen Tullner Gerichts-Gefängnisses belassen, wie sie war. Wir hätten gerne die Originaltüre eingebaut. Spät aber doch kann sie nunmehr in Neulengbach besichtigt werden.

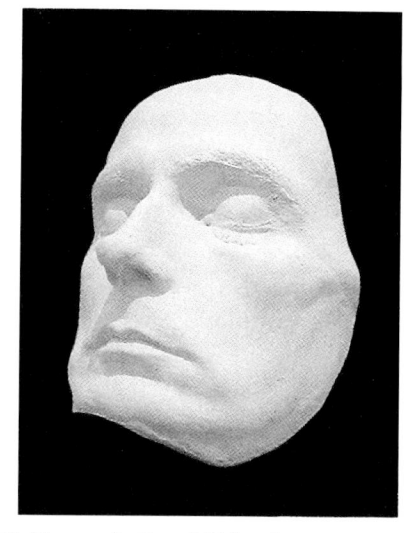

Die Totenmaske Egon Schieles, abgenommen vom Bildhauer Anton Sandig (Privatbesitz)

Der dritte Glücksfall war, daß die Direktion des Niederösterreichischen Landesmuseum in Wien I., Herrengasse, sich bereit erklärte, dem Egon Schiele-Museum alle sich in ihrem Besitz befindlichen Zeichnungen und Gemälde als Dauerleihgaben zu überlassen. Da alle Dienststellen des Landes Niederösterreich über kurz oder lang nach St. Pölten (der neuen Hauptstadt von Niederösterreich, bisher war es Wien) übersiedeln werden und es vermutlich viele Jahre dauern wird, bis ein neues Museum dort entsteht, ist dieser großherzige Entschluß besonders löblich. Die Bestände des Museums vereinigen sich harmonisch mit jenen der Sammlung Gradisch, sodaß wir 90 Originale des jungen Schiele im ersten Stock ausstellen können. Das Egon Schiele-Museum (von Wien aus in einer halbstündigen Eisenbahnfahrt leicht erreichbar), ermöglicht einen Überblick über seine phänomenale Entwicklung vom zeichnenden Bürgerschüler zum expressionistischen Künstler. Eine Hoffnung – uns bereits fest zugesagt – wird sich demnächst erfüllen. Nach dem endlich erfolgten Auszug einer Mietpartei wird es möglich sein, im mittlerweile restaurierten Bahnhofsgebäude von Tulln Schieles Geburtszimmer im ersten Stock einrichten und zeigen zu können.

Erwähnen muß ich noch die nach einem Entwurf des Architekten Nedoschill modern gestaltete Mansarde als großen Ausstellungsraum. Die Stadtverwaltung unter Bürgermeister Edwin Pircher ließ sich davon überzeugen, daß alle nachträgliche Bauarbeit im elektronisch abgesicherten Museum undenkbar wäre und ließ auch das Dachgeschoß ausbauen. Die Baukosten für die Errichtung des Museums beliefen sich auf 12 Millionen Schilling! Es wird auch in Zukunft das Bestreben sein, durch Ankäufe oder Leihgaben Arbeiten des jungen Schiele in Tulln auszustellen. Mittlerweile erwarb die Stadt Tulln das bis dahin von Werner Gradisch leihweise zur Verfügung gestellte bedeutendste Ölbild des jungen Schiele ‚Klosterneuburg im Nebel‘, 1907, Kallir, Paintings Nr. 90.

Die Eröffnung fand in den späten Nachmittagsstunden des 12. Juni 1990 statt. Im Park vor der Donau waren an die 300 Sessel aufgestellt, ein kleines Orchester spielte zwischen den Ansprachen. Die große Überraschung war, daß die Stadt zu diesem festlichen Auftakt Ehrenbürger-Urkunden an drei Personen übergab: an Frau Eva Gradisch, Witwe von Ingenieur Norbert Gradisch, an den Sohn aus erster Ehe, Dipl. Ing. Werner Gradisch und an mich. Das Museum erfreute sich vom ersten Tag an eines guten Zuspruches: man zählte im ersten Jahr 25.000 Besucher. Sage ich zuviel, daß dieser Tag die Krönung meiner Tätigkeit für die moderne Kunst Österreichs bedeutete?

71. Der Philosoph Ludwig Wittgenstein als Bildhauer

Der Ursprung der Familie Wittgenstein liegt in Westfalen und zwar in Korbach im ehemaligen Fürstentum Waldegg. Der erste, von dem wir Nachricht haben, hieß ursprünglich Moses Mayer und nannte sich erst später Wittgenstein. Sein Sohn Herrmann Christian Wittgenstein (1802–1878) war Wollgroßhändler in Deutschland und heiratete Fanny Figdor (1814–1890), die Schwester des bekannten Dr. Albert Figdor in Wien, der eine der bedeutendsten Kunstgewerbesammlungen Europas besaß, über deren Schicksal ich ausführlich in ‚Die goldenen Sessel meines Vaters‘ berichtet habe. Hermann und Fanny Wittgenstein lebten zunächst im Leipziger Vorort Gohlis und wurden erst 1860 in Wien ansässig. Von den 11 Kindern des Ehepaares war der erfolgreichste Karl Wittgenstein (1847–1913), Unternehmer und zugleich namhafter Kunstmäzen. Er war 1865 zum zweiten Male von daheim durchgebrannt und kam 1867 nach einem entbehrungsreichen Aufenthalt in Amerika nach Wien zurück. Er studierte kurz an der Technischen Hochschule, zeichnete 1872 die Pläne für die ‚Teplitzer Walzwerke‘ des Paul Kupelwieser in Ternitz, Niederösterreich. Wurde 1877 dort Generaldirektor, gründete die St. Aegyder Eisen- und Stahlindustrie, rief als erfolgreicher Unternehmer das erste Schienenkartell Österreichs zusammen, erwarb Aktien der Alpine Montangesellschaft, etc. Nach sagenhaftem Aufstieg wurde er durch geschickte Spekulationen in kurzer Zeit zu einem mehr als wohlhabenden Mann. Er zog sich im Alter von nur 52 Jahren von seinen Geschäften zurück und widmete sich fürderhin seinem Gut Hochreit, in Niederösterreich. In Wien hatte er in den frühen siebziger Jahren das von Friedrich Schachner erbaute Palais Pranter in der Alleegasse 16 (die seit 1921, in Erinnerung an die generösen Fleischspenden der Argentinier an die hungernde Wiener Bevölkerung der Nachkriegsjahre, ‚Argentinierstraße‘ heißt) erworben und zum typischen Wohnsitz eines reichen Mannes der sogenannten ‚Gründerzeit‘ umgestalten lassen. Betrachtet man die erst in jüngster Zeit bekanntgewordenen photographischen Aufnahmen der Innenräume, wird eine gewisse Zwiespältigkeit seines Geschmackes erkennbar. Vorherrschend ist, das sieht man auf den ersten Blick, der traditionelle Wiener Geschmack der ‚Gründer-Jahre‘, also der Zeit vor dem Ersten Weltkrieg. Es hängen dort Bilder der vornehmlich im Künstlerhaus ausgestellten Maler der Genre- und Historienmalerei.

Betrachtet man unsere Abbildungen genauer, dann nimmt man beim Musiksalon rechts einen schwarzen Sockel aus, auf dem in Umrissen der Oberkörper eines Sitzenden erkennbar wird. Dies ist eine bildhauerische Verkleinerung – für Karl Wittgenstein hergestellt – des Marmorteils von Max Klingers berühmter Beethovenfigur, die 1902 in der Wiener Secession zum ersten Male ausgestellt war. Es ist bekannt, daß die Secessionisten, mit Gustav Klimt an der Spitze, dieser Figur, in der Absicht, das Ihre zu tun, auf daß sie Wien erhalten bliebe, einen Empfang bereitet haben, wie er in der Kunstgeschichte des 20. Jahrhunderts einmalig dasteht. Sie vermeinten, damit der bedeutendsten Schöpfung der Plastik ihrer Zeit ihre Referenz zu erweisen, verkannten aber Rodin, dessen Werk in Wien keinen Anklang fand. Er beschickte die erste, vierte, siebente, neunte und sechzehnte Ausstellung der Secession, sandte aber großteils nur Gipsabgüsse statt Bronzen. Solcherart verfehlte selbst seine großartige Gruppe ‚Die Gefangenen von Calais‘ ihre Wirkung auf das Wiener Publikum. Wie dem auch sei, die Secessionisten

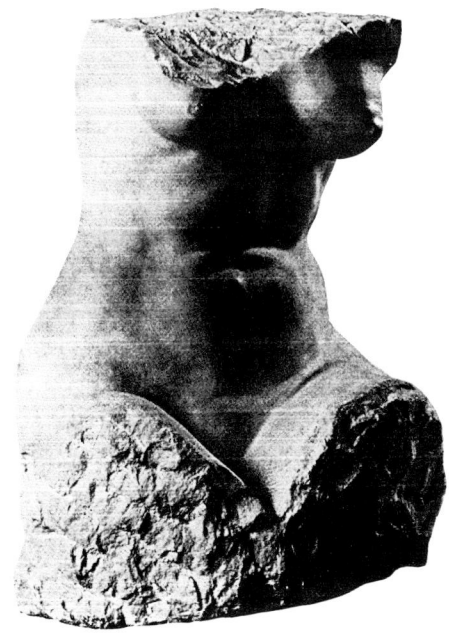

Anton Hanak, österreichischer Bildhauer (1875–1934). Torso aus Marmor. Von mir aus dem Besitz von Dr. Thomas Stonborough-Wittgenstein an das Hanakmuseum, Langenzersdorf bei Wien, verkauft

314

schufen (jeder für sich und ohne jede Aussicht, für ihre Arbeit bezahlt zu bekommen) für diese Ausstellung Kunstwerke, von denen sich einzig Klimts ‚Beethovenfries‘ erhalten hat, der heute (einen Stock tiefer als der ursprüngliche Ausstellungsraum) wieder im Haus der Secession zu sehen ist. Klingers ‚Beethoven‘ wurde noch 1902 von der Stadt Leipzig erworben und schmückt heute das Foyer des neuerbauten ‚Gewandhauses‘ auf dem ehemaligen Augustusplatz, vis-à-vis der gleichfalls nach 1945 neuerbauten Leipziger Oper. Die von Klinger angefertigte Reduktion des Marmorteiles seines ‚Beethoven‘ muß als Geschenk von Paul Wittgenstein in das Museum von Boston gelangt sein, wo sie lange Zeit unbeachtet im Keller verbannt war. Ich war hinter den Kulissen daran beteiligt, daß sie 1985 zur Ausstellung ‚Traum und Wirklichkeit‘ nach Wien gesandt wurde, wo sie – allerdings schlecht aufgestellt – im Künstlerhaus zu sehen war.

Ludwig Wittgenstein, Philosoph (Wien 1889 – Cambridge 1951). Idealkopf. Nach einem jungen Mädchen seines Freundeskreises von ihm in Ton modelliert. Vom Meister Zöttl in 5 Exemplaren in Bronze gegossen

Im ‚Roten Salon‘ des Palais Wittgenstein sieht man rechts auf dem schwarzgestrichenen Holzsockel eine andere Skulptur Max Klingers, ‚Die Kauernde‘, 1900/1901. Sie wurde von ihm aus einem in Rom in der Via Nazionale aufgefundenen antiken Marmorbruchstück geschaffen und von Karl Wittgenstein erworben. Diese Figur nun hat Dr. Thomas Stonborough-Wittgenstein (von dem weiter unten die Rede sein wird) dem Museum des 20. Jahrhunderts im Schweizergarten in Wien (beim Arsenal) zur Verfügung gestellt. Aber auch dort war es so, daß das Museum mit dieser bedeutenden Plastik nichts Besseres anzufangen wußte, als sie neben der Garderobe, noch dazu auf dem Fußboden, aufzustellen! Viele Besucher deponierten ahnungslos ihre Hüte auf dem Kopf der Plastik! Als Dr. Stonborough diese Mißachtung seiner Geste eines Tages zu arg wurde, übergab er mir die Figur zum Verkauf. Wir transportierten sie mit viel Mühe in den oberen Ausstellungsraum meines Geschäftes und veranstalteten dort eine kleine Ausstellung. Mit dem Erfolg, daß das Kunsthistorische Museum dafür Interesse zeigte und die Plastik erwarb! Als sie abtransportiert werden sollte, kamen der damaligen Direktorin, Frau Dr. Friederike Klauner Bedenken wegen des Gewichtes. Sie hätte, so sagte sie uns, einen besonders passenden Platz hiefür, nämlich unterhalb eines großen Ölbildes von Segantini, ausgesucht gehabt. Die ‚Moderne Galerie‘ des Kunsthistorischen Museums befand sich eine Anzahl von Jahren hindurch, im ersten Stock der ‚Stallburg‘, wo die Lippizaner der Spanischen Reitschule untergebracht sind. Der denkwürdige Telephonanruf Frau Dr. Klauners lautete ungefähr wie folgt: „Sagen Sie einmal: wie schwer ist denn Ihrer Meinung nach diese Figur? Was, Sie meinen weit über 600–800 Kilo! Um Gottes Willen, das ist viel zu schwer für die Tragfähigkeit der Stallburgfußböden. Wissen Sie, es ist schon immer mein Angsttraum, daß wir diese Fußböden einmal überbelasten und sie einbrechen. Vielleicht just in dem Moment, zu dem eines der Prachtpferde der Spanischen Reitschule von seinem Bereiter vom Stall über den Hof in die Manege geleitet wird. Trifft es den Bereiter, wäre das natürlich ein Unglücksfall bedauerlichster Art. Geht aber der Hengst ‚Majestosos Austria‘ dabei zugrunde, das würde ich nicht überleben!" Und so kam es, daß in der Folge Klingers Marmorfigur lange Zeit hindurch – wieder weggestellt und nicht richtig präsentiert – im Umgang des Stiegenaufganges im ersten Stock des Kunsthistorischen Museums zu sehen gewesen ist.

Auch eine andere bedeutende Figur aus dem Hause Wittgenstein ging durch unsere Hände. Es ist ein weiblicher Torso von Anton Hanak (1907 Brünn–Wien 1934), Monumental-Plastiker. Auch diesen stellten wir in unserer Galerie aus und veröffentlichten einen kleinen Katalog mit Abbildungen. Als interessierter Besucher erschien der Bildhauer Fritz Wotruba (1907–Wien–

Meister Alfred Zöttl in seiner Werkstatt. Er goß viele der Kleinplastiken von Henry Moore. Pressephoto

Max Klinger, Bildhauer in Leipzig (1857–1920). „Die Kauernde", Marmor, um 1900/01. Aus einem in der Via Nazionale, Rom, ausgegrabenen Bruchstück geformt. Von mir an das Kunsthistorische Museum, Wien, verkauft

1975). Mit seiner Kirche ‚Zur Heiligen Dreifaltigkeit', ‚ein sakraler Zyklopenbau' (Österreichisches Personen Lexikon, Wien 1986), dessen Fertigstellung er nicht mehr erlebte, setzte er sich ein umstrittenes, aber großartiges Denkmal. Er war der begabteste Schüler seines Meisters Hanak und begann bei uns seine Besichtigung der Hanak-Figur damit, daß er die Plastik mehr als kritisch prüfte. „Da schaun Sie einmal her", sagte er zu mir, „was der Hanak für ein Patzer gewesen ist. Nix hat er gekonnt, schlampig ist er gewesen. Hier," er fuhr mit dem Fingernagel in eine kleine Aushöhlung hinein, „hat er es nicht einmal für notwendig befunden, ordentlich zu polieren, wie sich das gehört." „Herr Wotruba", rief ich, ihm mit immer größer werdenden Bedenken zusehend, „lassen Sie, bitte, die Hände von der Plastik. Was fällt Ihnen denn ein? Begreifen Sie denn nicht, daß wir dem Besitzer dafür haften, daß sie in gutem Zustand bleibt?" „Aber, regen Sie sich nicht auf", war seine Antwort, „ich hör' eh' schon auf. Wissen's, der Hanak, das war so einer! Da hat er in seinem Atelier einen großen Lederfauteuil gehabt, und wann immer ein neues Modell zu ihm gekommen ist, hat er es dort auf seinen Schoß gezogen, eine der in den Spalten des Fauteuils versteckten pornographischen Photographien hervorgezogen und sich am Entsetzen des Mädchens erfreut". Was sollte ich ihm darauf antworten? Wußte ich doch, daß er – eines dieser Mädchen halber – mit seinem Meister übers Kreuz gekommen war und daß sie seitdem Todfeinde waren! Es gelang uns kurze Zeit darauf, den Torso an das niederösterreichische Landesmuseum zur Aufstellung im Hanak-Museum in Langenzersdorf bei Wien zu verkaufen.

Es sei Karl Wittgenstein unvergessen, daß er einer der großen und noblen Förderer der neugegründeten Secession war. Es ist heute kaum mehr bekannt, daß er es war, der den jungen Künstlern das Geld für den Bau zu dem von Joseph Maria Olbrich erbauten Ausstellungsgebäude gestiftet hat! Das älteste der acht Kinder Wittgensteins war seine Tochter Hermine (1874–1950). Sie war unzweifelhaft die kunstbegabteste. Sie verfügte über ein beachtliches Zeichentalent und war Schülerin von Gustav Klimts Lehrer Ferdinand Laufenberger. Es mag sein, daß sie es war, die ihren Vater mit den jungen Secessionisten zusammengebracht hat. Ich habe sie seit dem Jahr 1934, als ich begann, im Antiquariat V. A. Heck am Kärntnerring 12 zu arbeiten, des öfteren dort gesehen. Es hieß, daß sie in ihrer Jugend eine bedeutende Sammlung von illustrierten mittelalterlichen Manuskripten besessen habe. Sie war eine stille, vornehm-zurückhaltende Dame, zu der ich jedoch keinerlei Kontakt herzustellen vermochte. Sicher ist, daß in jenen Jahren das enorme väterliche Vermögen bereits zusammengeschrumpft war. Sie sammelte nun mit Leidenschaft und viel Verständnis jene Alt-Wiener Glückwunschkarten, die auch heute noch das Entzücken von Sammlern erregen. Ich bin mehrmals von V. A. Heck aus, als ich mir dort die ersten Sporen im Antiquariat verdiente, in das Palais Wittgenstein geschickt worden, jedoch wurde ich niemals weiter vorgelassen, als in das – wie es mir vorkam – üppig-kalte Stiegenhaus. Ich erinnere mich recht deutlich, gleich beim Eingang, nach dem Durchschreiten der schweren eichernen Doppeltüre, hoch oben an der Wand Gustav Klimts Bild ‚Das Leben ein Kampf', 1903, hängen gesehen zu haben. Es fiel mir damals schon auf, daß es gar nicht in das Dekor dieses Stiegenhauses passen wollte und ich empfand, wahrscheinlich mit Recht, daß es dort nur geduldet war, weil man für das Bild im Haus selbst keinen passenden Platz gefunden hatte. Es war übrigens viele Jahre hindurch verschollen und kam erst vor einigen Jahren auf einer Londoner Auktion wieder zum Vorschein. Klimt, dessen gestaltende Phantasie beschränkt war, hatte den ‚gerüsteten Starken' seines ‚Beethovenfrieses‘ von 1902 abgewandelt. Stand er dort in seiner goldenen Rüstung im Profil nach rechts, so reitet er hier – ziemlich steif, wie mir scheinen will – auf einem Rappen nach links. Ein zweites Klimt-Bild, ‚Schloß Kammer am Attersee‘ IV, 1910, habe ich nie zu Gesicht bekommen. Von Klimts Porträt der Wittgenstein-Tochter Margarete ist weiter unten die Rede. Karl Wittgenstein hatte fünf Söhne. Drei von ihnen verübten in jungen Jahren Selbstmord. Anscheinend hatten sie es schwer, sich dem dominanten Vater gegenüber durchzusetzen.

Paul Wittgenstein (1887–1961), das dritte Kind seiner Eltern, war ein weltbekannter Pianist. Die Musik hat im Haus Wittgenstein wahrscheinlich eine weit beherrschendere Rolle gespielt, als die bildende Kunst. Schon in seiner Leipziger Zeit hatte sich das Ehepaar Hermann und Fanny Wittgenstein des Geigers Joseph Joachim (1831–1907) angenommen und ihn, der ein entfernter Verwandter war, als jungen Menschen in ihr Gohliser Haus aufgenommen. Sie ermöglichten ihm, der ein musikalisches Wunderkind war, den Besuch des seinerzeit in Leipzig von Felix Mendelssohn gegründeten Konservatoriums. Karl Wittgenstein unterstützte in späteren Jahren das Joachim-Quartett, das europäischen Ruf erlangte. Darüber hinaus waren Johannes Brahms, Clara Schumann (deren Vater Friedrich Wieck Anna Wittgenstein in Leipzig unterrichtet hat) und Gustav Mahler häufig Gäste im Palais Wittgenstein. Auch Richard Strauss verkehrte dort und musizierte. Es mögen diese Hinweise genügen.

Paul Wittgenstein hatte das Unglück, im Ersten Weltkrieg den rechten Arm zu verlieren. Seine persönliche Freundschaft mit namhaften Komponisten der Zeit – ich führe nur Franz Schmidt, Erich Wolfgang Korngold, Richard Strauss, Maurice Ravel oder Benjamin Britten an – führte dazu, daß diese Klaviermusik für die linke Hand schufen, mit denen Wittgenstein oft konzertant aufgetreten ist. Er hat mit einer ungewöhnlichen Selbstdisziplin dieses schwere Hemmnis brillant überwunden. Auch er war ein Sammler. Und zwar interessierten ihn hervorragende Beispiele naturwissenschaftlicher Illustration. Er war – noch vor meiner Zeit – Kunde bei V. A. Heck am Kärntnerring 12, wo es Heinrich Hinterberger (der damals die Geschäfte führte) verstand, mit dem überaus schwierigen Kunden fertig zu werden. Mein Vater war knapp vor seinem unzeitigen Tod, 1935 gezwungen, sich vom liebsten zu trennen, was wir Kinder in seiner Bibliothek oft und oft zu bewundern Gelegenheit hatten: einer Sammlung von über 600 Aquarellen mit Schmetterlingen und Blumen eines holländischen Künstlers namens Van Strij. Paul Wittgenstein griff zu und erwarb, wenn ich mich recht erinnere, die prachtvollen Blumenaquarelle aus dieser Sammlung. Die Schmetterlingsblätter fanden andere Käufer.

Gleich zu Beginn meiner Tätigkeit als Geschäftsführer bei V. A. Heck, also 1935, geschah es, daß mit einem Male – kaum war das Geschäft geöffnet – mit derbem Tritt die verglaste Eingangstüre aufgestoßen wurde und Paul Wittgenstein in das Geschäft stürmte. Man kann es nicht anders bezeichnen. Da ich ihn niemals vorher gesehen hatte, erkannte ich ihn lediglich daran, daß er einarmig war und sein Spazierstock in der linken Tasche seines Jacketts hing. Ohne ein Wort zu sagen, ohne auf unseren Gruß auch nur im geringsten zu reagieren, raste er mehrmals um den großen Ladentisch. Er hielt sich etwas vorgebeugt, seine Augen blitzten, seine Gesichtszüge waren wie erstarrt. Plötzlich riß er die Ladentüre auf und verschwand, uns fassungslos zurücklassend, auf der Ringstraße! Es blieb uns verborgen, was er eigentlich mit seinen Besuchen bezweckte.

Der bedeutendste Sproß des Hauses Wittgenstein war Ludwig Joseph Johann (1889–1951). Er begann als Student der Ingenieurwissenschaft in Berlin und Manchester, interessierte sich vor allem für die Konstruktion eines Hubschraubers und versuchte sich mit dem Strahlantrieb, einem Antrieb durch Rückstoß an den Blattspitzen des Propellers. Er meldete im November 1911 seine Erfindung zum Patent an, das unbeachtet blieb. Unabhängig von ihm erfand Friedrich Doblhoff den Motor erneut. Dies führte zu einem Hubschrauberkonzept, das 1943 erstmals erfolgreich getestet wurde (Katalog der Wittgenstein-Ausstellung 1989, p.35). Anschließend studierte Wittgenstein in Cambridge Philosophie, war 1920–1926 als Professor der Philosophie in Cambridge, wo er eine Theorie über Möglichkeit und Wesen der Sprache und des Denkens entwickelte. Die sich anschließenden Theorien der Logik, Mathematik und Wahrscheinlichkeit wurden im Neopositivismus, besonders in der Wiener Schule und in der analytischen Philosophie einflußreich. Er gab diese Lehren seit 1933 teilweise, zugunsten einer vornehmlich in Großbritannien beachteten kritischen Sprachphilosophie, auf (dtv, Brockhaus Lexikon, vol. 20, p. 126).

Ludwig Wittgensteins Schwester Margarete Stonborough-Wittgenstein, mit einem Amerikaner verheiratet, habe ich selbst niemals gesehen. Gustav Klimt hat von ihr eines seiner bedeutendsten Porträts gemalt, das sie in ganzer Figur zeigt. Rank und schlank, vor einem etwas kalt wirkenden Marmorhintergrund. Man muß sie als schöne Frau bezeichnen, die nicht nur Klimt beeindruckt hat, sondern auch andere österreichische Künstler. Es gibt von ihr vom Bildhauer Anton Hanak eine lebensgroße Figur in ähnlicher Haltung (Hanak-Museum, Langenzersdorf bei Wien). Das Klimt-Porträt hängt heute in der Neuen Pinakothek in München und ist ihr vermutlich außerordentlich ähnlich geworden. Ich vermag leider keine Vergleichsmöglichkeit zu erbringen, denn leider ist etwas Unvorhergesehenes mit der einzigen Photographie nach ihr aus der Zeit der Entstehung ihres Porträts geschehen: Der Sohn, Dr. Thomas Stonborough-Wittgenstein hatte die Liebenswürdigkeit, mir diese zur Reproduktion anzuvertrauen. Im Photoatelier, von einer Säure übergossen, ging sie zugrunde! Im übrigen erzählte er mir, daß es ihm nicht schwergefallen sei, sich von dem Klimt-Porträt seiner Mutter zu trennen, denn es habe ihr von allem Anfang an mißfallen. Sie habe niemals gestattet, daß es in ihrer Wohnung aufgehängt werde und es schließlich auf den Dachboden ihrer Gmundner Sommervilla verbannt, wo er es bei seiner Rückkehr nach 1945 total verstaubt, aber gut erhalten, aufgefunden habe. Dr. Thomas Stonborough, der Enkel Karl Wittgensteins, war ein außerordentlich gut aussehender Mann sportlichen Typs. Man hätte ihn unschwer für einen Polospieler halten können, zudem war er stets vom besten Schneider in englischer Art gekleidet. Der Umgang mit ihm war sowohl wegen seiner abrupten Wendungen im Gespräch, als auch durch sein selbstbewußtes Auftreten nicht einfach. Zu Beginn unserer Bekanntschaft wohnte er noch in dem berühmten - von seinem Onkel Ludwig erbauten Palais im 3. Bezirk, Kundmanngasse 16. Ein Haus, das sicherlich genial ersonnen ist, aber in den Innenräumen die Kälte der allzu glatten Betonmauern ausströmt. Man konnte sich dort niemals richtig wohlfühlen! Damals hing an den Wänden noch eine große Anzahl von bedeutenden Aquarellen Rudolf von Alts, die er mir dann - Jahre später - zum Verkauf anvertraute. Ich hatte immer den Eindruck, daß Dr. Stonborough, dessen Aufwand beträchtlich war, eine Spielernatur sei, daß ihm somit - wie dies öfters der Fall ist - am Besitz nicht viel lag. Solange er noch daran interessiert war, weitere Aquarelle von Rudolf von Alt zu erwerben, beendete er die meisten seiner Besuche bei mir mit den Worten: „Was Sie mir da zeigen, interessiert mich nicht. Aber, wenn Sie jemals ein Alt-Aquarell von Schönbrunn finden, dann kaufe ich dieses sofort!" Eines Tages war es mir tatsächlich gelungen, bei Mme. Dreyfus-Reymond in Genf, die sich (als Witwe eines Sammlers) als ‚Marchande amateur' mit der Spezialität ‚Helvetica' betätigte und gute Beziehungen zum Londoner und Pariser Markt hatte, ein kleines, aber qualitätvolles Aquarell des Schlosses Schönbrunn von Rudolf von Alt zu erwerben. Nach Wien zurückgekehrt, rief ich Dr. Stonborough an. „Schönbrunn?", sagte er. „Hold your horses, ich komme innerhalb der nächsten 10 Minuten zu Ihnen!" Voller Erwartung und auch ein wenig stolz auf meine Erwerbung legte ich ihm das Blatt vor und harrte seiner Entscheidung. „Ja, ja, hm, hm," hieß es. „Wissen Sie, das ist natürlich eine schöne Ansicht des Schlosses von bester Qualität. Aber was ich mir wünsche, ist eine Ansicht vom Hof her!" Als es einige Jahre später zum Verkauf seiner Alt-Sammlung kam, gab es zunächst nichts als Schwierigkeiten. Niemals hat es mir irgendeiner meiner Kunden schwerer gemacht als dieser Mann! Er schaltete seinen Anwalt ein und zwang ihn, mir einen Vertrag aufzusetzen, der – wie man in Wien zu sagen pflegte – ‚alle Stückeln spielte'. Was aber blieb mir übrig, als zu unterschreiben? Diese Angelegenheit war zu wichtig. Es ging letztlich auch alles glatt über die Bühne – und zwar zu unserer beider Zufriedenheit.

Wenige Zeit darauf hatte Dr. Stonborough das Haus in der Kundmanngasse verkauft und wohnte nun in einer schönen und nobel eingerichteten Wohnung in Wien III., Salesianergasse 31. Als ich ihn einmal dort aufsuchte, fiel mein Blick auf das Gipsmodell der Büste eines jungen Mädchens. Das sei, so erklärte er mir, die einzige künstlerische Arbeit seines Onkels, des Philosophen Ludwig Wittgenstein. Dieser sei, so sagte er, in seiner Jugend in die Dargestellte verliebt gewesen. Laut Katalog der Wittgenstein-Ausstellung, Wien 1989, hat Wittgenstein den Kopf im Atelier seines Freundes, des Bildhauers Michael Drobil (1877–1958) modelliert. Er hatte diesen während der Kriegsgefangenschaft im Ersten Weltkrieg kennengelernt und war mit ihm durch eine 20jährige Freundschaft verbunden. „Da hätte ich eine Idee," sagte ich. „Warum lassen wir nicht von diesem Modell in einer kleinen Auflage von – sagen wir fünf Stück – Abgüsse in Bronze machen? Sie würden einen davon als Dank für die Überlassung der Gipsbüste erhalte. Mit dem Verkauf von zwei Abgüssen bezahlen wir die Herstellungskosten, den verbleibenden Gewinn teilen wir". „Keine schlechte Idee", meinte Dr. Stonborough. „Aber wer ist heutzutage noch imstande, eine solche Arbeit erfolgreich zu Ende zu bringen? Kennen Sie jemanden?"

„Ja," sagte ich, „wenigen Menschen in Wien ist bekannt, daß wir innerhalb der Mauern unserer Stadt einen Gießer von europäischem Ruf haben. Er heißt Alfred Zöttl und gießt seit vielen Jahren die meisten der kleinen Bronzen von Henry Moore. Genügt Ihnen das als Empfehlung?" „Ausgezeichnet", rief Dr. Stonborough, „bringen Sie mir diesen Mann her. Wir werden dann alles Weitere hier besprechen". Ich fuhr also zu Meister Zöttl in dessen mittelalterlich anmutende Werkstatt in Wien V., Margaretenstraße 146, mit in dem Lehmboden eingelassene großen Schmelztiegeln. Unter den meisten loderte ein Feuer, dessen Widerschein von den Wänden reflektiert wurde. Mit Gesellen, die – wie ihr Meister – rauchgeschwärzte Gesichter hatten und lange Lederschürzen und dickgefütterte Handschuhe zum Schutze ihrer Hände trugen. Herr Zöttl zeigte mir eine der schwierigsten Arbeiten, die er jemals unternommen hatte. Mit den Bildhauern, so sagte er mir, habe er stets das allergrößte ‚Gfrett‘, da diese heutzutage drauflosarbeiten, ohne die geringsten Kenntnisse der technischen Voraussetzungen zu besitzen. So sei es auch mit diesem Modell der von Fritz Wotruba geschaffenen Kirche, die man heute in Wien XXIII. bewundern kann. Ein großartiger, unheimlicher Bau, das typische Produkt eines Bildhauers, dem niemals aufgegangen ist, daß die Fenster viel zu klein geraten sind und die herrliche Landschaft der Wienerwald-Umgebung vom Inneren aus nicht erkennen lassen. Auch wirken die manchmal wie schwebend über den Bänken angeordneten riesigen Zement-Trümmer beklemmend. Man duckt sich unwillkürlich, steht man darunter, in der Angst, sie könnten einem auf den Kopf fallen.

Dieses Modell, so erklärte mir Meister Zöttl, sei von Wotruba dermaßen unterschnitten gestaltet worden, daß er überall eingreifen und Stützen anbringen mußte, um dem Ganzen einen Halt zu geben. Den Modellabguß hatte Frau Dr. Ottilinger (geboren 1919) in Auftrag gegeben. Sie war auch diejenige, deren Initiative der Bau der Wotruba-Kirche zu verdanken ist. Von Beruf war sie eine höhere Ministerialbeamtin. Sie muß es sich aus niemals völlig aufgeklärtem Grund mit der russischen Besatzungsmacht verdorben haben und wurde 1948 auf einer Dienstreise mit ihrem Vorgesetzten, dem damaligen Minister für Wirtschaftsfragen, Dr. Peter Krauland (1903–1985), auf der Ennsbrücke (an deren Westseite die amerikanische Zone begann) verhaftet. Man wirft dem Minister seine Untätigkeit bei diesem skandalösen Vorfall vor. Frau Ottilinger wurde zunächst von einem Militärtribunal zum Tod verurteilt, dann nach Moskau verschleppt, wo sie zu 25 Jahren Lagerhaft verurteilt worden ist. Erst 1956 (nach Abschluß des Staatsvertrages) kam sie, schwer gezeichnet, nach Österreich zurück. Sie war eine strenggläubige Katholikin. Keine Gedenktafel in der Kirche selbst weist auf ihre Initiative hin!

Herr Zöttl ist ein untersetzter, kräftiger Mann der Vorstadt, der es nicht liebt, viele Worte zu machen. Er hörte mir interessiert zu und sagte, als ich ihm von dem Gipsmodell Ludwig Wittgensteins erzählte: „Also gut! Fahren wir hin!“ Wenig später standen wir in der Wohnung von Dr. Stonborough. Herr Zöttl nahm das Gipsmodell in seine riesigen ‚Pratzen‘ (Hände), drehte und wendete es, betrachtete es von oben und von unten, stellte es zurück und sagte: „S’is guat, Herr Doktor. Mach’mer! Handschlag?“ und damit hielt er ihm seine Hand hin. Zögernd schlug Dr. Stonborough ein. Nie aber sah ich irgendjemand verblüffter über das, was anschließend geschah! Auf seinem Schreibtisch lag bereits ein von seinem Anwalt konzipierter, vielseitiger Vertragsentwurf. Er kam aber gar nicht dazu, ihn zu diskutieren, denn mittlerweile hatte Herr Zöttl die Büste nochmals in seine Arme genommen, sagte „Hab’ die Ehre, Herr Doktor!“ und verschwand durch die Vorzimmertür im Stiegenhaus, ohne auch nur eine Empfangsbestätigung gegeben zu haben! Als wir auf der Straße angelangt waren, fragte ich ihn, wie er denn das zerbrechliche Modell transportieren werde? „Des werden’S glei’ sehn!“ sagte er, schritt auf seinen Volkswagen zu, öffnete dessen Vorderhaube, rückte ein paar grobe Decken zurecht, die dort lagen, wickelte das Modell darin ein und rief mir zu: „Alsdann, fahrn’ mer?“ „Nein“, sagte ich. „Sie werden doch nicht allen Ernstes glauben, daß ich eine derartige ‚Himmelfahrt‘ mitmache? Der geringste Stoß würde genügen, um dieses unersetzliche Modell zu zerstören. Das, bitte, verantworten Sie schon alleine!“ Und damit ging ich heim. Um es kurz zu machen: nichts ist passiert, und nach einigen Wochen lieferte er fünf Güsse in bester Qualität ab!

72. Franz Werfel, Heimholung nach Wien

Franz Werfel in mittleren Jahren. Photographie

Der Schriftsteller Franz Werfel (1890–1945) stammte aus Prag, wo er zum Wortführer einer Gruppe expressionistischer deutscher Lyriker und Dramatiker wurde. Zu seinen engeren Freunden gehörten Max Brod, Franz Kafka und andere. Nach Wien zog es ihn allerdings schon früh. So finden wir ihn in den Novembertagen des Jahres 1918 als kommunistischen Propaganda-Redner auf der Plattform eines Militärlastwagens, wilde Aufrufe an die nach vier Jahren härtester Kämpfe müde und zerschlagen zurückkehrenden Soldaten richtend. Egon Erwin Kisch, sein Prager Jugendfreund, der als ‚rasender Reporter‘ in die Literaturgeschichte dieser Zeit Einzug gefunden hat, tat desgleichen. Doch war dies – wir beeilen uns, es zu betonen – eine verzeihliche Jugendsünde! Werfel ist, wie so viele Deutschsprachige, 1918 heimatlos geworden und seither als Weltbürger, nirgendwo wirklich seßhaft werdend, herumgezogen. Österreich, Frankreich, USA waren die Stationen seines Lebens. Er war ein glühender Verehrer Giuseppe Verdis, schrieb 1924 dessen Biographie, verstand es auch, sämtliche Verdi-Arien lautstark zu singen. Erst in seinem späteren Leben geschah eine Hinwendung zur Schilderung von gläubigen, leidenden Menschen und Völkern und zum Katholizismus, ohne sich jedoch taufen zu lassen, denn Werfel entstammte einer jüdischen Familie.

1928 heiratete er Alma (1879–1964), Tochter des Landschaftsmalers Emil Schindler. Er war ihr dritter Mann und um elf Jahre jünger als sie, die unzweifelhaft eine der bemerkenswertesten Frauen der Wiener Szene in der Zeit vor und nach dem Ersten Weltkrieg war. Sie hat knapp vor ihrem Tod Memoiren veröffentlicht, die ob ihrer Offenheit schockierten: ‚Mein Leben‘, 1960. Herausgeber war der Schriftsteller Willy Haas (1891–1973). Er war, gemeinsam mit Ernst Rowohlt, in den Jahren 1925 bis 1933 Herausgeber der Wochenzeitschrift ‚Die literarische Welt‘. Er nennt Almas Memoiren treffend: „. . . ein riesiges Kompendium der großen Liebe und Güte, des Hasses, der Hellsichtigkeit und Blindheit in einer der wichtigsten Epochen des deutschen Geisteslebens . . . die einmal vollständig veröffentlicht werden müßten . . .“ Haas traf – aus Rücksicht auf noch Lebende – eine vorsichtige Auswahl.

Alma war dreimal in ihrem Leben verheiratet und hatte, nebenher, eine ganze Reihe leidenschaftlicher Liebesaffairen. Ihre 1902 geschlossene Ehe mit dem Komponisten und Dirigenten Gustav Mahler (1860–1911), der zwei Töchter entsprossen (von denen die eine im jugendlichen Alter starb), war eine frustrierte. Sie war wohl zu jung und zu unerfahren für diesen genialen Mann. Auch Mahler war mit ihr nicht glücklich und machte sogar einmal den – allerdings vergeblichen – Versuch, bei Sigmund Freud Rat und Hilfe zu finden, vermochte aber keinen gedeihlichen Kontakt mit diesem herzustellen. Als Alma ihn kennenlernte, war Mahler der bewunderte und zugleich wegen seiner Unerbittlichkeit in künstlerischen Fragen angefeindete Direktor der Wiener Hofoper, die er in die wohl glanzvollste Periode ihrer Geschichte führte. Er war 1907–1909 als Dirigent an der Metropolitan Opera in New York tätig und war mit Alma 1911, knapp vor seinem Tod, nach Europa zurückgekommen. Doch weder in Paris noch in Wien war Hilfe und Besserung seiner schweren, damals unheilbaren Virusinfektion zu finden.

Alma Mahlers zweiter Mann wurde der berühmte Architekt und Schöpfer des ‚Bauhauses‘, Walter Gropius (1883–1969). Ihre Beziehung zu ihm – sie spricht in ihren Memoiren von ihm mit allem Respekt vor seinen menschlichen Eigenschaften – begann bereits während ihrer Ehe mit Mahler. Aus

Alma Mahler-Schindler zur Zeit ihrer Ehe mit Gustav Mahler. Aus dieser nicht sehr glücklich verlaufenden Ehe stammen zwei Töchter, von denen die eine sehr jung an Kinderlähmung starb.

dieser zweiten Ehe stammt ihre Lieblingstochter Manon, die ein bezauberndes Geschöpf war und, unheilbar an Kinderlähmung erkrankt, Männer wie den Komponisten Alban Berg oder den Schriftsteller Carl Zuckmayer in ihren Bann schlug. Sie starb 1935 – von allen, die sie kannten, tief betrauert – im Alter von 19 Jahren.

Noch vor ihrer ersten Ehe hatte Alma eine Zuneigung zu Gustav Klimt, die aber von ihrem energisch dazwischentretenden Stiefvater, dem Maler Carl Moll, beendet wurde. In die Zeit der zweiten Ehe fällt ihre wilde und leidenschaftliche Bindung an den Maler Oskar Kokoschka. 1913, als sich die Beziehung bereits abzukühlen begann, malte Kokoschka sein berühmtes Bild ‚Die Windsbraut‘, auf dem sie beide dargestellt sind. Der Titel des Bildes stammt vom Lyriker Georg Trakl (1887–1914), der es im Kokoschka-Atelier sah. Es ist eines von Kokoschkas Hauptwerken und heute im Kunstmuseum Basel.

Almas dritter Mann, den sie 1929 heiratete, war Franz Werfel. Auch diese Verbindung war zu Beginn eine wilde und leidenschaftliche. Sie wandelte sich jedoch in Amerika, wo der Schriftsteller, der seit seiner Jugend an einem schwachen Herz litt, schwer krank wurde, in eine fürsorgliche und betreuende Liebe. Sie schreibt in ihren Memoiren, daß ihr Interesse für Werfel bereits im Jahr 1915 geweckt worden war, als sie in der Zeitschrift ‚Die weißen Blätter‘ sein Gedicht ‚Der Erkennende‘ gelesen hatte: „. . . Das Gedicht schlug über mir zusammen . . . ich war vollkommen gelähmt und der Seele Franz Werfels ausgeliefert. Das Gedicht gehört zum Schönsten, was ich überhaupt kenne. Ich habe . . . das Gedicht komponiert . . .“. Von Franz Werfel existiert ein Ausspruch über Alma, einem Bekannten gegenüber: „Schauen Sie sich diese Frau an! Was wäre aus mir geworden, hätte ich sie nicht kennengelernt? Ich hätte noch ein paar Gedichte geschrieben und wäre selig verkommen!“ Es würde zu weit führen, hier noch mehr über beider Leben zu schreiben. Bis 1938 finden wir sie in ihrem Haus auf der Hohen Warte in Wien XIX., das damals zu einem gesellschaftlichen Mittelpunkt Wiens wurde. Es trafen sich dort, als die Zeiten politisch immer bedrohlicher wurden, viele aufrechte Österreicher. Mit dem Einmarsch begann eine zweijährige Flucht und Wanderschaft, die das Paar zunächst nach Paris, dann an die Riviera führte. Als die deutsche Wehrmacht Frankreich besiegt hatte, begann – da Werfel sich bis zu diesem Moment geweigert hatte, nach den Vereinigten Staaten auszuwandern – eine abenteuerliche Flucht über die Pyrenäen nach Spanien, von dort nach Portugal und gerade noch rechtzeitig nach USA. Sie hatten ihre letzten Reserven aufgelöst und auf der Flucht verbraucht. Der Besuch von Lourdes, ein Ort der Werfel tief ergriffen hatte, führte 1941 zu seinem Roman ‚Das Lied der Bernadette‘, der ihn mit einem Schlag in Amerika bekannt machte. Die vierzehnjährige Müllerstochter Bernadette (eigentlich Maria Bernada) Soubirous (1844–1879) erlebte seit dem 11. 2. 1858 in der Höhle Masabielle Marienerscheinungen und wurde zur Heiligen erklärt. Eine 1858 nach den Erscheinungen dort entsprungene Quelle gilt als heilkräftig und wurde 1977 von der katholischen Kirche als Wunder anerkannt.

Er wurde zu einem der größten Bestseller-Erfolge mit über einer Million verkauften Exemplaren! – und brachte – nicht zuletzt wegen der großen Summe für die Filmrechte – einen Betrag ein, von dem andere Emigranten nur träumen konnten.

Aber Werfel kannte für sich selbst keine Schonung. Er putschte sein krankes Herz mit ungezählten Tassen stärksten Kaffees auf und wahrscheinlich schlimmer noch – er blieb trotz aller Warnungen ein unverbesserlicher Kettenraucher, sodaß er eines Tages, nur 55 Jahre alt, an seinem Schreibtisch von einem sanften Tod überrascht wurde. Er wurde im Hollywood Rosedale Cemetary in Beverly Hills beigesetzt. Alma Mahler-Werfel schrieb: „. . . So bat ich denn um ein rein weltliches Begräbnis. Der Sarg stand in der Friedhofskapelle. Bruno Walter spielte die Orgel und Lotte Lehmann sang ein Lied von Schubert. Der Jesuitenpater Georg Moenius sprach am Sarge. Er ließ keinen Zweifel darüber, daß dies nicht ein konfessionelles Begräbnis war. Ich erinnere mich an die Stelle in Werfels ‚Stern der Ungeborenen' und ließ ihn genauso begraben, wie er es dort erzählt hatte: in seinem Smoking, darunter sein Seidenhemd und ein zweites Seidenhemd neben ihm, ferner ein Smoking-Taschentuch und seine Brille, so wie er sie immer in der Brusttasche getragen hatte . . .“. Alma beendet ihre Memoiren wie folgt: „Mein Leben war schön. Gott vergönnte mir, die genialen Werke unserer Zeit zu kennen, ehe sie die Hände ihrer Schöpfer verließen. Und wenn ich für eine Weile die Steigbügel dieser Ritter des Lichtes halten durfte, so ist mein Dasein gerechtfertigt und gesegnet. Mein Leben liegt vor mir wie ein offenes Buch. Ich sehe noch den Tod meines Vaters, den Tod Gustav Mahlers, Manons und Franz Werfels. Ich habe viel in meinem Leben verloren, aber ich darf nicht klagen. Das Leid ist aufgewogen durch so viel Glück, das ich erleben durfte . . .“. Sie starb am 11. Dezember 1964 in New York und hatte verfügt, daß sie in Wien, auf dem Grinzinger Friedhof, neben ihrer Tochter Manon ihre letzte Ruhestätte zu finden wünschte. Sie ließ also ihren geliebten Mann allein in den USA zurück, wiewohl sie kurz nach seinem Begräbnis an Willy Haas geschrieben hatte: „Mein Leben ist mit Franz Werfels Tod beendet“.

In den 80er Jahren war ich eingeladen worden, in den USA mehrere Vorträge über den österreichischen Jugendstil zu halten. Die Reise (gemeinsam mit Renée) führte von New York nach Williamstown, Boston, Las Vegas (Ausgangspunkt für einen Abstecher in das ‚Death Valley' und für einen unvergeßlichen Flug zum Colorado River) nach San Francisco, zur Stanford University in Kalifornien, von dort über San Francisco nach Dallas, Texas, um unsere Freundin, die Kunsthistorikerin und Schiele-Forscherin Alessandra Comini zu besuchen. Einen Abend jedoch verbrachten wir im Haus unseres Kunden Stanley Marcus, dem Senior-Chef des berühmtesten aller amerikanischen Warenhäuser Neiman-Marcus, der wiederholt in Wien unser Gast gewesen war. Er suchte uns auf, weil er Bücher allerkleinsten Formates sammelte. Wir verbrachten in seinem schönen Heim einen angenehmen, animierten Abend. Plötzlich sagte er zu mir: „Kennen Sie eigentlich Mr. Vartan Gregorian, den derzeitigen Leiter der New York Public Library? Nein? Das ist ein Fehler! Den müssen Sie unbedingt kennenlernen. Ich melde Sie an.“

Und so geschah es. In der riesigen New York Public Library war sozusagen der rote Teppich für uns ausgelegt. Die Türen zu allen Teil-Sammlungen waren weit geöffnet, die jeweiligen Kuratoren bereit, uns ihre Schätze vorzuführen. Und endlich standen wir Mr. Gregorian gegenüber, zu dem wir vom ersten Moment an Kontakt fanden. Er ist – sein Name verrät dies bereits – ein geborener Armenier. Klein von Gestalt, sehr lebhaft und warmherzig. Er erzählte uns von seiner harten Jugend, wie er als Kind auf der Flucht aus seinem Heimatland (die Türken betrieben 1895/96 und 1914/15 eine blutige Armenierverfolgung) nach Venedig gekommen sei und dort im Kloster der Mechitaristen liebevolle Aufnahme gefunden habe. Dieser Orden wurde 1701 von dem armen Mönch Mechithar (= der Tröster, eigentlich Peter Manuk, 1676–1749) nach der Antoniusregel als katholisch-armenische Ordens-

Alma Mahler-Werfel um 1929, vor einem in Venedig gemieteten Haus aufgenommen

gemeinschaft gegründet. Seit 1717 besteht der Orden unter der Benediktinerregel auf der Insel San Lazzaro bei Venedig. 1773 spaltete sich ein Teil ab, der zuerst in Triest, dann – seit 1810 – in Wien seßhaft wurde. Im Wiener Kloster können auch heute noch in mehr als dreißig Sprachen des Nahen Orients Bücher gedruckt werden.

Mit einem Mal kam unser Gespräch auf Franz Werfel. Mr. Gregorian sagte: „Sie wissen wahrscheinlich nicht, daß ich es war, der ihn nach Wien heimgeholt hat? Ich bin eines Tages beim Spazierengehen im Friedhof von Beverly Hills auf sein total vernachlässigtes Grab gestoßen. Da lag er nun, der arme Teufel, allein und verlassen! Ich empfand, ich müsse augenblicklich etwas für ihn tun. So ergriff ich, kaum ins Hotel zurückgekehrt, das Telephon und rief in Wien Bürgermeister Zilk an, mit der Frage, ob es der Stadt Wien möglich wäre, ein Ehrengrab für Franz Werfel bereitzustellen? Er sagte sofort zu. Ich veranlaßte in Kalifornien alles weitere und flog selbst nach Wien. Dort angekommen begann ein Leidensweg, auf den ich nicht vorbereitet war. Es ging darum, wer Werfel einsegnen würde. Ohne Zeremonie, so fand ich, sollte die Bestattung nicht vor sich gehen. Ich ließ mich daher zunächst beim Erzbischof von Wien, Kardinal Franz König melden. ‚Bedauere sehr‘, sagte dieser, nachdem er einige Informationen eingeholt hatte, ‚aber Franz Werfel ist – wiewohl er unserer Kirche in den letzten Dezennien seines Lebens sehr nahestand – niemals getauft worden.‘ Eine Zeitlang hieß es, Werfel sei vor seinem Tod, dank der Bemühungen des erwähnten Jesuitenpaters Georg Moebius und des Erzbischofes von Los Angeles, der sogenannten ‚Begierdetaufe‘ teilhaftig geworden, was jedoch nicht nachgewiesen werden konnte. Daraufhin ging ich zur israelitischen Kultusgemeinde. Dort war der Empfang merklich kühler. ‚Werfel‘, hieß es, ‚was soll das? Ist er doch aus unserer Religionsgemeinde ausgeschieden. Ich empfehle mich Ihnen. Guten Tag.‘ Und damit stand ich vor der Türe! Auch bei den Protestanten ging es mir nicht sehr viel besser. Man blieb dort höflicher, aber kühl. Es ginge, leider, auf gar keinen Fall! Sie können sich vorstellen“, sagte Mr. Gregorian „wie mir zumute war. Endlich aber hatte ich die richtige Idee. Ich ging zum Erzabt des Mechitaristenklosters. Dem brauchte ich nicht zu sagen, wer Franz Werfel war, denn mit seinem 1933 verfaßten Roman ‚Die 40 Tage des Musa Dagh‘ wird er von allen aufrecht denkenden Armeniern verehrt. Nach kurzem Zögern sagte mir der ehrwürdige Herr: ‚Gut, ich bin bereit. Aber ich brauche einen Diakon als Begleiter, und der werden Sie sein! Warten Sie ein wenig, wir werden gleich sehen, ob wir irgendeinen für Sie passenden Ornat haben. Richtig, da ist einer, der Ihnen passen wird.‘ Ich bekleidete mich und fuhr mit dem ehrwürdigen Erzabt hinaus auf den Zentralfriedhof.“ So konnte es geschehen, daß der Direktor einer der größten Bibliotheken der Welt (8 Millionen Bände) einem berühmten Schriftsteller, dessen Werke in Millionen Exemplaren auf der ganzen Welt zu finden sind, die letzte Ehre erwies.„ Es gibt in der jüngsten Literatur leicht abweichende Darstellungen von dieser Schilderung, die ich genau nach den mir mitgeteilten Worten eines seriösen, ob seiner Verdienste anerkannten Mannes bringe. Er ist derzeit Rektor der Brown's University, Providence, USA. Ich persönlich betrachte die Begegnung mit ihm als einen Hauptgewinn unserer Reise durch die Vereinigten Staaten.

73. Der Tänzer Rudolf Nurejew

Das erste Mal, als ich ihn in meiner Galerie sah, fand ich einen mehr als simpel gekleideten jüngeren Mann vor mir. Er trug eine Art von Windjacke und eine große Schirmmütze, die er nicht abgenommen hatte. Er war im lebhaften Gespräch mit unserer Mitarbeiterin Helga von Chmel. Ich hatte keine Ahnung, wer er war und hatte eigentlich Bedenken, Helga allein mit einem – wie mir vorkam, schlecht gekleideten – Unbekannten in den unteren Räumen der Galerie zu wissen. Erst nach seinem Fortgehen sagte sie mir, daß der Besucher der Tänzer Nurejew gewesen sei, der seit 1964 an der Wiener Staatsoper auftrat und sich dort in späteren Jahren hervorragend als Choreograph (‚Schwanensee‘, ‚Dornröschen‘, ‚Raymonda‘) betätigte. Wenig später kam er wieder, und nun kam ich mit ihm ins Gespräch. Es stellte sich heraus, daß er außerordentliches Interesse an Wiens barocker Epoche hatte. Schon bei seinem ersten Besuch ging es um den Kauf einer der großen Wiener Stadtpläne aus der Zeit der Maria Theresia. In der Folge erwarb er von uns alles, was wir an wichtigen Büchern oder Stichen aus jenen Jahrzehnten auftreiben konnten. Die Unterhaltung mit ihm erfolgte immer auf Englisch (ich weiß nicht einmal zu sagen, ob er, dem man die österreichische Staatsbürgerschaft verliehen hat und der Ehrenmitglied der Staatsoper wurde, die deutsche Sprache beherrschte, nehme es aber an, denn er war ein außerordentlich gebildeter Mann). Seine Erscheinung außerhalb der Bühne war ebenso bescheiden wie sein Auftreten oder sein Sprechen. So, als wollte er unter allen Umständen vermeiden, auch nur das geringste Aufsehen zu erregen. Als Kunde war er mehr als angenehm, er wußte genau, was er wollte und war dankbar für alle ihm erwiesene Aufmerksamkeit. Unter den vielen Dingen, die er bei uns erwarb, war auch ein besonderes Objekt: eine Sammlung von über 70 Folgen von Guckkastenbildern.

Guckkästen waren in der Mitte des 18. Jahrhunderts überaus beliebt. Zumeist waren es Erzeugnisse aus dem Verlag von Christian und Martin Engelbrecht in Augsburg. Die größeren Ausführungen wurden auf Marktplätzen vorgeführt. Der Besitzer stand neben dem Vorführkasten, in dessen Mitte eine vergrößernde, kreisrunde Linse eingebaut war, um welche sich die Zuschauer drängten. Kerzen sorgten für die Beleuchtung. Er gab die notwendigen Erklärungen zu dem Gezeigten. Aber die Vorführungen konnten auch stumm erfolgen, denn jedes neueingeschobene Bild trug oben oder unten eine Schriftzeile, aus der ersichtlich wurde, welche Gegend oder Darstellung gezeigt wurde. Diese sogenannten ‚Guckkastenbilder‘ kommen auch heute noch relativ oft im Handel vor und sind – weil sie zumeist schablonenhaft koloriert wurden – als Ansichten nicht sonderlich beliebt. Aber, außer Stadtbildern – bei denen oftmals zum Entzücken der Zuschauer alle Fenster ausgeschnitten und mit durchsichtigem, verschiedenfarbigem Papier hinterklebt sind – gibt es auch biblische oder dramatische Szenen, wie Feuersbrünste, Vesuvausbrüche, Unglücksfälle aller Art und dann Interieurs. Von unserem Heim am ‚Himmelhof‘ her war mir bekannt, daß es auch eine Serie solcher Bilder im verkleinerten Format gab. Hier waren die Kupferstiche weit sorgfältiger ausgeführt, die einzelnen der sich nach hinten verjüngenden Kulissen auf das zierlichste mit der Schere ausgeschnitten, sodaß der Haupteffekt im Perspektivischen lag. Wir hatten daheim zwei solcher Kästen, die leider verlorengegangen sind. Ihre Kanten waren an allen drei Seiten mit einer zierlichen Goldborte beklebt. Oben war eine gleichfalls eingefaßte Glasscheibe

Rudolf Nurejew im Ballet der Oper ‚Tancred‘ von Rossini. Staatsoper Wien (Foto Fayer)

montiert, damit das Licht nicht nur von den beiden Seiten her, sondern auch von oben einfallen konnte. Mit anderen Worten: man hielt diese kleinen Kästen in der Hand und drehte sie so, daß man alle Details erkennen konnte. Jede Art von Bezeichnung fehlte. Wahrscheinlich haben sich die Verleger Engelbrecht der billigen Arbeitskraft von Kindern bedient, die diese sicher in großen Auflagen erzeugten Produkte vollenden halfen. Es ist erstaunlich, daß so viele davon auf uns gekommen sind, denn Papier ist schließlich Papier!

Eines Tages kam eine Dame, in der ferneren Umgebung von Wien wohnend, mit einem großen Paket zu uns. Sie möchte uns gerne etwas zeigen, sagte sie und setzte hinzu: „Wissen's, mir ist etwas Sonderbares widerfahren. Ich habe das, was ich Ihnen gleich zeigen werde, zuerst einem bekannten Antiquitätengeschäft in der Inneren Stadt angeboten. Und" jetzt schnaufte sie, erregt und empört, „wissen'S, was mir dort g'scheh'n ist? Der Händler hat sich das, was ich ihm zeigte, nur ganz flüchtig ang'schaut und hat mir dann g'sagt, daß er dafür eigentlich nur wenig Interesse habe. Wenn ich wollte, würde er mir auf der Stelle 7.000,– Schilling für das ganze Paket geben. Aber ich müsse mich gleich entscheiden. Käme ich damit wieder zurück, zahle er mir um 20% weniger! Na, was sagen Sie dazu? So ‚was hab' I doch mein Lebtag net g'hört! Was es nicht alles auf dieser Welt gibt! Natürlich habe ich alles zusammengepackt und bin zu Ihnen gekommen. Hätten Sie vielleicht Interesse daran?"

Mir klopfte nach ihren Worten das Herz! Natürlich hatte ich Interesse, denn vor mir lag in diesem Paket eine Sammlung der Kulissen für einen der kleinen Engelbrecht'schen Guckkasten! Niemals hatte ich soviel davon auf einmal zu sehen bekommen! Ich mußte einen Weg finden, um die – wie mir scheinen wollte – mit Recht aufgebrachte Dame zu beruhigen und zu versuchen, diese Sammlung zu erwerben. Ich stand daher auf und bat um einen Moment Geduld, denn ich würde die Sache gerne mit meinem Kompagnon, Dr. Krug, besprechen. Und zu diesem sprach ich: „Das ist doch eine zu dumme Geschichte. Wir können doch gar nicht anders, als ihr mindestens das

Zehnfache für diese Sammlung bieten. Es kann uns passieren, daß sie dann vollkommen den Kopf verliert, davonrennt und wir sie nie wieder sehen!" Wir waren uns beide darüber im klaren, daß wir das eben riskieren müßten. Ich ging zu ihr, schöpfte tief Atem. „Also hören Sie, liebe gnädige Frau," sagte ich. „Unser Handel ist weit schwieriger, als Sie das glauben würden. Ich kenne den mir genannten Kollegen recht gut und halte ihn für einen durchaus seriösen Menschen. Vielleicht darf ich Ihnen als Vergleich folgendes sagen: Kämen Sie mit einer noch so kostbaren Porzellanschale zu mir und fragten mich, was ich dafür zu bezahlen bereit sei, dann könnte ich spontan nur irgendeinen Preis nennen, der mir dafür angebracht schiene. Von der Seltenheit eines Porzellangegenstandes verstehe ich ungefähr soviel, wie dieser Mann von Papierdingen. Was ich nur nicht verstehe ist, warum er mich nicht angerufen hat. Ich hätte ihn gleich richtig informiert. Und das tue ich nun auch Ihnen gegenüber. Uns wäre diese Sammlung nicht 7.000,– sondern 70.000,– Schilling wert. Was sagen Sie, bitte, dazu?" „Was I dazu sag' is, daß es doch auf dieser Welt noch anständige G'schäftsleute gibt. I nimm' Ihr Gebot dankend an, weil es viel mehr ist, als ich mir gewünscht hätte und sag' Ihnen gleich noch 'was. Daß I nämlich daheim noch ein paar Serien habe. Die bring' ich Ihnen nächste Woche gratis nach. Na, so ein." Hastig unterbrach ich Sie und sagte: „Hauptsache ist doch, daß Sie zufrieden sind, oder?"

Sie verließ unsere Firma nach einem längeren, sehr freundlichen Gespräch. Die Dame hatte die Liebenswürdigkeit, uns wirklich 14 Tage nach dem erfolgten Ankauf noch zu bringen, was daheim geblieben war. Dann erfolgte, vielleicht zwei Monate später, einer der überraschendsten Anrufe, den ich jemals in meinem Leben bekommen habe. Sie meldete sich am Telephon mit den Worten: „Grüß Gott, Grüß Gott! Wissen Sie das Neueste? Nein? Na, I werd's Ihnen verraten: Wissen'S, I krieg nämlich an kleinen Guckkasten!" Ich vermeinte, nicht richtig zu hören! War das eine unerschöpfliche Quelle? In diesem Augenblick setzte sie hinzu: „Net so, wie Sie vielleicht meinen. I krieg a Baby! Und wenn's a Bua wird, werd' ich ihn entweder auf den Namen Christian oder Hansjörg (Name meines Kompagnons Dr. Krug) taufen! Na, was sagn'S jetzt? I hab' mi über jenen Herrn derart aufgeregt, daß es halt g'schegn is und jetzt g'freu I mi!" Leider haben wir niemals erfahren, ob's ein Bub oder ein Mädel war!

Wie meist beim Kauf wußten wir gar nicht, wem wir diese bezaubernde Sammlung anbieten sollten. Aber bald danach – wir hatten, um sie besser vorführen zu können – von einem geschickten Restaurator eine Einsteckvorrichtung anfertigen lassen – haben wir die Sammlung an Rudolf Nurejew verkauft.

Zu meinem 70. Geburtstag 1979 überraschten mich übrigens meine Mitarbeiter mit einem Guckkasten, der – in Anlehnung an die alten Vorbilder – in perspektivischer Verkürzung das Interieur meiner Galerie zeigt. Verteilt im Raum sind Figuren aller, die bei uns arbeiten, in Rokokotracht. Man hat für die Gesichter Verkleinerungen nach Photographien gemacht, sodaß jeder zu erkennen ist! Eine wohlgelungene Arbeit unserer Mitarbeiterin Wally Kudrna, die als junges Mädchen in unser Haus gekommen ist.

Aus gesundheitlichen Gründen mußte Nurejew das Tanzen in den letzten Jahren seines Lebens aufgeben. Er war unheilbar an Aids erkrankt. So ist er in Paris gestorben und wurde auf dem russischen Friedhof von St. Geneviève in Paris beigesetzt. Er wird allen, die Gelegenheit hatten, ihn auf der Bühne zu bewundern, seiner Tanzkunst halber unvergeßlich bleiben. Man bestaunte seine wohlausgewogenen Bewegungen. Vor allem seinen schönen Gang.

Die männliche Figur stellt Ch. M. N. dar, rechts unsere Spaniel-Hündin ‚Potzerl'

Explicit

Ich habe in meinem langen Leben an die dreißig Bücher veröffentlicht. Keines von Ihnen hat mir mehr Zuspruch und Anerkennung gebracht, als ‚Die goldenen Sesseln meines Vaters' (im gleichen Verlag, 1983, erschienen). Es schildert sein und mein Leben bis zum Jahr 1935, seinem Todesjahr. Es war zugleich das Jahr des Beginnes meiner selbstständigen Tätigkeit.

In beiden Büchern habe ich mich bemüht, allzu Persönliches fortzulassen. Auch der zweite Band meiner Memoiren ist daher nichts anderes, als ein Rückblick auf eine bewegte Zeit, die tiefe Einschnitte in mein Leben brachte. Vor allen Dingen wollte ich die Erinnerung an jene Menschen wachhalten, die meine großen Kunden waren oder mir mit gutem Rat zur Seite gestanden sind. Zugleich jedoch wollte ich erzählenswerte Vorfälle und Begegnungen aufzeichnen, an denen mein Leben besonders reich gewesen ist. Ich hoffe, daß es mir gelungen ist, dem Leser einen Einblick in das an Überraschungen reiche Leben eines bibliophilen Antiquars zu vermitteln.

Ich möchte mit einem schönen Spruch von Franz Grillparzer abschließen, der sich geschrieben von seiner Hand auf dem Titelblatt eines seiner Bücher befindet, das mir aus der Bibliothek eines Mannes, dem ich mich heute noch verbunden fühle, liebenswürdigerweise von seiner Witwe geschenkt worden ist:

> *„Tadle mich nicht! ich thu's schon selber*
> *Lobe mich nicht! denn es beschämt mich.*
> *Nimm es als ein Leben an*
> *Und leb' es mit, wie ich gethan.*
> Am 22. Februar (1)854 / Franz Grillparzer"

Es bleibt mir, all jenen zu danken, die mir bei der Arbeit des Entstehens geholfen haben. In erster Linie muß ich meine Frau Renée erwähnen, die stets Verständnis dafür aufbringt, daß ich in meiner Freizeit beim Schreibtisch sitze. Ich danke ferner meinem Verleger, Dr. Christian Brandstätter, für seine Bemühungen. Herrn Rudolf Metzger für die Arbeit am Layout. Meinem Partner, Dr. Hansjörg Krug (seit meiner Pensionierung Geschäftsführer unseres Antiquariates) dafür, daß er unermüdlich arbeitend mir meine schriftstellerische Tätigkeit ermöglicht, und für eine letzte Textrevision. Kristin Widlar (Sekretärin der ‚Gesellschaft der Freunde der Albertina' und Betreuerin des ‚Egon Schiele-Museums' in Tulln), hat sich mit der ihr eigenen Hingabe um das Lektorat bemüht. Marietheres von Pasetti teilte sich mit Ursula Küpferling die zeitraubende und schwierige Schreibarbeit.

Pulkau, im April 1994   Ch. M. N.

Inhaltsverzeichnis

Register

ABKÜRZUNGEN: B. = Berlin, L. = Leipzig, Ldn. = London, N.Y. = New York, P. = Paris, W. = Wien, Z. = Zürich

Bildnachweis

Albertina, Wien: S. 281; Ellen Berry-Grieder, St. Moritz: S. 247, 253; Archiv Jean Rene Bory, Coppet: S. 229 o.; Courtesy the Anna S. K. Brown Military Collection, Providence R. I., 1961: S. 196; aus: Casanova Gleanings vol. XV., Nizza, 1972: S. 245; Courtesy the Cecil Higgens Museum, Castle Close, Bedford, England: S. 275; aus: A. von Euw und M. Platzek, Die Handschriften der Sammlung Ludwig, vol. III.: S. 174/5; Photo Fayer, Staatsoper, Wien: S. 325; Marianne Feilchenfeldt, Zürich, Ausschnitt: S. 269; nach: „Frohes Schaffen", 11. Jahrgang, 1934: S. 43; Historisches Archiv, Villa Hügel, Essen: S. 133; Historisches Museum der Stadt Wien: S. 268/9 o.; H. Lachouque, The Anatomy of Glory. Napoleon and his Guard. Übersetzt von Anna S. K. Brown, Brown University Press, Providence, R. I., 1961: S. 194/5; Courtesy The Metropolitan Museum N.Y., Bequest of Stephen Clark: S. 271 l.; Wiener Antiquariat Ingo Nebehay: S. 229 u.; Bildarchiv der Ö. N. B.: S. 152/3, 165 o., 184, 270, 272; Musiksammlung der Ö. N. B.: S. 201, 206; nach: Portisch, Österreich I: S. 66, 69; Lothar Rübelt: S. 18 u., 43/4, 66, 69; Schiele-Museum, Tulln: S. 310/11; aus: Josef Schöner, Wiener Tagebuch, Verlag Böhlau, 1992: S. 154/55; Courtesy the Tate Gallery, London: S. 274; Ausstellungskatalog „Turner's Rivers of Europe", London Tate Gallery: S. 276; Ullstein Bilderdienst, Berlin: S. 44; Ausschnitt aus der Umschlagphotographie: S. 105; Gino Wimmer, Wien: S. 225. Alle im Bildnachweis nicht angeführten Bilder stammen aus dem Archiv Christian M. Nebehays.

Die Deutsche Bibliothek – CIP-Einheitsaufnahme
Nebehay, Christian M.: Das Glück auf dieser Welt:
Erinnerungen / Christian M. Nebehay. –
Wien: Brandstätter, 1995
ISBN 3-85447-554-3
Ne: HST

1. Auflage

Die graphische Gestaltung des Werkes sowie die technische Herstellung
besorgte Rudi Metzger, der Entwurf des Schutzumschlages –
unter Verwendung einer Photographie von Yoichi R. Okamoto –
stammt von Christian Brandstätter.
Die Rückseite zeigt die erste Geschäftskarte des Antiquariats Ch. M. Nebehay,
entworfen von Josef Gruber.
Das Lektorat besorgte Kristin Widlar.
Die Reproduktion der Photos erfolgte bei Beissner & Co., Wien,
die Gesamtherstellung des Werkes bei der Druckerei Berger in Horn.
Gesetzt wurde aus der Garamond, 12 auf 13 Punkt.

Christian Brandstätter Verlagsgesellschaft m.b.H.
A-1080 Wien, Wickenburggasse 26
Telephon (+43-1) 408 38 14